Vernunft fürs Volk

Friedrich Eberhard von Rochow
1734 – 1805
im Aufbruch Preußens

herausgegeben von
Hanno Schmitt und Frank Tosch

Henschel

PREUSSEN | 2001

KULTURLAND 2001 BRANDENBURG

Gefördert mit Mitteln der Bundesregierung,
Beauftragter für Kultur

Gefördert mit Mitteln des Ministeriums für Wissenschaft, Forschung und Kultur des Landes Brandenburg

Gefördert mit Mitteln von Victoria Dagmar von Rochow und Bernhard Litscher

Mit freundlicher Unterstützung der Ostdeutschen Sparkassenstiftung im Land Brandenburg gemeinsam mit allen brandenburgischen Sparkassen

Kooperationspartner:
Bibliothek für Bildungsgeschichtliche Forschung, Berlin
Brandenburgisches Landeshauptarchiv, Potsdam

Die Deutsche Bibliothek – CIP-Einheitsaufnahme
Ein Titeldatensatz für diese Publikation ist bei der Deutschen Bibliothek erhältlich.

ISBN 3-89487-394-9

Titelbild:
Friedrich Eberhard von Rochow, Kopie eines verschollenen Originals (Ausschnitt): Alice von Rochow, geb. Seeler.
Museen und Gedenkstätten der Stadt Brandenburg/Havel

Gestaltung: Hans Spörri
Fotosatz und Lithos: typossatz GmbH Berlin
Umschlaggestaltung: DesignBureau Di Stefano, Berlin, nach einer Grundkonzeption von Damm und Lindlar, Büro für Corporate Design
Druck und Bindung: Offizin Andersen Nexö Leipzig
Pinted in Germany

Gedruckt auf alterungsbeständigem Papier mit chlorfrei gebleichtem Zellstoff

Grußworte

Das Preußenjahr 2001 bietet an einer Vielzahl von Orten in Berlin und Brandenburg die Gelegenheit, auf den Spuren der Vergangenheit zu wandeln. Hier spielte sich in den Schlössern wie auf den Schlachtfeldern, in Schulen und Fabriken, auf Höfen und in Kirchen der erstaunliche Aufstieg Preußens zu einer europäischen Großmacht ab, die bei vielen Beobachtern trotz mancher Rückständigkeit als modernstes Staatswesen des Kontinents galt.

Auch dreihundert Jahre nach der Krönung des preußischen Königs und über fünfzig Jahre nach seinem Untergang hört dieses einzigartige Gebilde nicht auf, uns Nachgeborene zu faszinieren. Und sowenig eine staatliche Wiedergeburt zu erwarten oder zu befürchten wäre, so lebendig ist es in vielem geblieben. Gerade in Berlin und Brandenburg erinnern nicht nur Orte, Straßen und Plätze an diese gemeinsame Geschichte, auch in den Schlössern, Museen und Bibliotheken ist sie lebendige Wirklichkeit.

Die Veranstaltungen rund um das Jubiläum können helfen, einen Teil der preußischen Ideale, Ideen und Tugenden für unsere Gegenwart zu erschließen. Das Zusammenleben von Menschen unterschiedlicher Herkunft, die sich an die bestehende Werte- und Rechtsordnung halten, die Toleranz zwischen verschiedenen Religionsgemeinschaften, die Betonung der Pflichten gegenüber dem Nächsten, der Loyalität gegenüber dem Staat, Sparsamkeit, Effizienz und Akkuratesse, all das gehört zum preußischen Vermächtnis für das neue Jahrhundert. Ich denke, wir können uns auch heute noch durchaus von Preußen inspirieren lassen und jenseits der Mythen und Legenden noch einiges von Preußen lernen.

Eberhard Diepgen
Regierender Bürgermeister von Berlin

Berlin und Brandenburg begehen das Preußenjahr 2001 gemeinsam. Bereits bei den Vorbereitungen war man sich einig, dass der 300. Jahrestag der Selbstkrönung des Kurfürsten zum König Friedrich I. kein Datum der Bilanzierung, der Abrechnung, sein darf.

Die Regentschaft preußischer Könige war eher kurz im historischen Vergleich. Dennoch hat sie Deutschland unübersehbar geprägt. Das ist eine Tatsache, egal, ob sie gefällt oder nicht. An Preußen scheiden sich die Geister. Es weckt widersprüchliche Emotionen, spricht nicht selten eher den Bauch als den Kopf an. Preußen wird bewundert und kritiklos verehrt, beargwöhnt und gar gehasst.

Wer sich mit der Geschichte Preußens befasst, tut gut, sich diese widersprüchlichen Reaktionen bewusst zu machen. Der preußische Staat war durch Zweideutigkeiten und Ambivalenzen geprägt. Der preußische Adler – so hatte es hellsichtig Madame de Staël bereits 1810 definiert – ›zeigt ein Doppelgesicht wie der Januskopf, ein militärisches und ein philosophisches‹.

Mit den Veranstaltungen im Preußenjahr soll also kein neuer Vorstoß unternommen werden, Bilanz zu ziehen über Preußen. An Anstrengungen, dies ernsthaft und endgültig zu tun, hat es gerade in den vergangenen Jahrzehnten nicht gefehlt – man denke nur an die erste große Preußen-Ausstellung in der Bundesrepublik, die 1981 über eine halbe Million Besucher in den Berliner Martin-Gropius-Bau zog und eine bis dahin kaum vorstellbare Springflut an Veranstaltungen und Veröffentlichungen, an Debatten und Diskussionen mit sich brachte.

Vieles ist aus diesen Versuchen zu lernen, besonders wichtig scheint die Erkenntnis, dass es ein Ende der Beschäftigung mit Preußen nicht geben kann – und nicht geben sollte. Es geht um Selbstvergewisserung in der Gegenwart, um Orientierung für die Zukunft. Landesgeschichte stiftet Identität und weist Wege. Auch in diesem Sinne ist die Einladung zum Besuch der Ausstellungsorte des Preußenjahres 2001 in Berlin und Brandenburg zu verstehen.

Die Region heißt ihre Gäste willkommen. So vielfältig, wie die Ausstellungsorte sind, so breit gefächert ist das Angebot. Kommen Sie, schauen Sie, diskutieren Sie mit! Brandenburg und Berlin freuen sich auf die Neugier und den Disput.

Manfred Stolpe
Ministerpräsident des Landes Brandenburg

Vorwort

Mit der ersten gemeinsamen Landesausstellung ›Preußen 2001 – Facetten einer Epoche‹ stellen Berlin und Brandenburg wichtige Entwicklungen aus ihrer preußischen Geschichte exemplarisch vor. Anlass für dieses große Kulturereignis ist das 300. Jubiläum der Krönung des brandenburgischen Kurfürsten Friedrich III. zum ersten König in Preußen.

Das Preußenjahr 2001 ist in verschiedener Hinsicht für die partnerschaftliche Zusammenarbeit beider Länder ein Pilotprojekt: Einerseits soll durch die Aufarbeitung und Dokumentation von Zusammenhängen – mit heutiger Distanz und ›befreit von Legenden‹ (Sebastian Haffner) – das Verständnis für Preußens Geschichte befördert sowie die traditionelle Verbundenheit der Region Berlin-Brandenburg unter kulturhistorischen Aspekten reflektiert werden. Andererseits ist dieses Preußenjahr, für das die beiden Landesregierungen – insbesondere die zuständigen Kulturressorts – den politischen Handlungsrahmen liefern, als Bewährungsprobe für weitere gemeinsame Themenjahre gedacht.

Für die Ausstellungen in der ehemaligen preußischen Kernprovinz Brandenburg, die der Museumsverband des Landes im Rahmen der Dachkampagne ›Kulturland‹ präsentiert, spielen authentische Orte eine besondere Rolle. Das südlich der Stadt Brandenburg/Havel gelegene Reckahn ist untrennbar mit dem Wirken des märkischen Adelsgeschlechts derer von Rochow, besonders mit Friedrich Eberhard von Rochow (1734–1805) (Sohn des Kgl. Staatsministers Friedrich Wilhelm von Rochow und der Tochter des Generalpostmeisters und Ministers von Görne) verbunden. Nach Verwundung als Offizier im Siebenjährigen Krieg und Heirat mit Christiane Louise (geb. von Bose) übernahm Rochow 1760 die Verwaltung der väterlichen Güter Reckahn, Krahne, Rotscherlinde und Göttin in der Mark und wurde zwei Jahre später Domherr zu Halberstadt. Als Vertreter der Aufklärung und des Philanthropismus war Rochow vor über 200 Jahren ein Visionär, der mit beiden Beinen im märkischen Sand wurzelte, ohne in ihm zu versinken. Durch die auf den Rochowschen Gütern *erfolgreich* betriebenen ökonomischen, sozialen und pädagogischen Reformen wurde lange vor den Preußischen Reformen um Stein und Hardenberg der Weg in die moderne bürgerliche Gesellschaft geebnet.

Rochows Reformpraxis wird in zahlreichen Schriften deutlich. Er unterbreitete darin u.a. Vorschläge zur Armenfürsorge, zur sozialen Hebung des Bauernstandes, zur Rationalisierung der landwirtschaftlichen Produktion sowie zur Reform des Elementarschulwesens. Die von Rochow in Reckahn 1773 erbaute Schule avancierte schnell zum Modell einer zweiklassigen Landschule und beeinflusste maßgeblich die preußische Volksschulentwicklung bis weit ins 19. Jahrhundert hinein. Seit 1992 befindet sich in dem restaurierten originalen Schulhaus ein Schulmuseum mit schon jetzt jährlich fast 5000 Besuchern.

Im Preußenjahr wurde die vollständige Restaurierung des Rochowschen Schlosses in Reckahn durch die Brandenburgische Schlösser GmbH abgeschlossen. Dadurch wird ein einzigartiges geschichtsträchtiges Ensemble mit Barockkirche, Schulhaus, Schloss mit Schlosspark für die Öffentlichkeit dauerhaft museal zugänglich gemacht. Dieser weitere kulturhistorische Höhepunkt im Land Brandenburg wurde erst durch ein beispielgebendes finanzielles Engagement des Landkreises Potsdam-Mittelmark realisierbar.

Die museale Dauerausstellung ›Vernunft fürs Volk – Friedrich Eberhard von Rochow im Aufbruch Preußens‹ versucht, das Schloss architektonisch als originale Lebens- und Wirkungsstätte von Rochow in den Mittelpunkt zu rücken und lädt den Besucher zu einer Zeitreise ins 18. Jahrhundert ein. Interessierte Besucher, Schulklassen mit ihren Lehrerinnen und Lehrern an Projekttagen sowie Wissenschaftler werden zahlreiche Ansatzpunkte für einen spannenden Museumsbesuch finden.

Johanna Wanka
Ministerin für Wissenschaft,
Forschung und Kultur des Landes Brandenburg

Inhalt

Friedrich Eberhard von Rochow, Kopie eines verschollenen Originals: Alice von Rochow (geb. von Seeler)

Der sanfte Modernisierer Friedrich Eberhard von Rochow: Eine Neuinterpretation

Hanno Schmitt

Schloss Reckahn

Das Zeitalter der Aufklärung hat in bemerkenswerter und vielfältiger Weise die Grundeinstellungen zum Leben, die Denkweisen, Weltbilder und Mentalitäten eines Teils der Menschen in der zweiten Hälfte des 18. Jahrhunderts verändert. Diese allgemeine Entwicklung wurde zunächst nur von *wenigen* Einzelpersonen oder kleineren Gruppen, meist bürgerlicher Herkunft, initiiert und getragen. Als interessantes Beispiel kann in diesem Zusammenhang der Einstellungswandel des märkischen Gutsherrn Friedrich Eberhard von Rochow (1734–1805) dienen. Rochow entsprach ganz mustergültig dem Ideal des aufgeklärten Gutsbesitzers und konterkariert damit das gemeinhin übliche Bild des bornierten preußischen Adeligen. Die äußere Erscheinung beschreibt ein Zeitgenosse: ›Rochow war von etwas mehr als mittelmäßiger Statur, und von einem starken wohlgestalteten Körper- und Muskelbau. Sein Gang war fest und munter, sein blaues Auge freundlich und hell, Geist und Verstand verkündigend, seine Gesichtszüge sehr edel, etwas pockennarbig, sein Haar ehedem blond, im Alter silberweiß. Sein ganzer Anstand und Tragung des Körpers war ehrwürdig, und da auch die abgeschliffensten feinsten Sitten und Manieren hinzu kamen, so war er auch in dieser Hinsicht ein vollkommener Mann; sein ganzes Aeußeres aber Zutrauen erweckend‹[1].

1 Heinrich Gottlieb Zerrenner: Dem Andenken des Herrn Domkapitular's Friedrich Eberhard von Rochow, des edeln und unvergeßlichen Schul- und Kinderfreundes gewidmet. Berlin und Stettin 1805, S. 35 f.

Einzig erhaltenes Portrait von Friedrich Wilhelm von Rochow (Reproduktion 1941)

Schon zu Lebzeiten war Rochow ein allseits geliebter und berühmter Zeitgenosse. So berichtet ein biographisches Handbuch aus dem Jahre 1790 bewundernd: ›Er lebt unter Landleuten, sah die Mühseligkeiten ihres Standes und ihre Vorurtheile, wodurch sie schwer gedruckt werden, und da jammerte ihn des Volks [...]. Er dachte auf Mittel und Wege, wodurch dem Elend dieses mühseligen und geplagten Menschenhaufens abgeholfen werden konnte; er fand eine Hauptwurzel desselben in der Vernachlässigung ihres jugendlichen Unterrichts‹[2]. Solche Einsichten waren für einen aus einem alten, herausragenden und einflußreichen Rittergeschlecht stammenden märkischen Gutsherrn (siehe Beitrag Escher) außerordentlich untypisch, ja ohne Vorbild und für Rochows Biographie und heutige Bedeutung prägend. Wodurch wurde Rochows einfühlender Blick auf die Landbevölkerung in Gang gesetzt? In welchen Entwicklungskontexten vollzog sich der damit einhergehende Anschauungswandel? Worin liegt die bildungsgeschichtliche und sozialpolitische Bedeutung von Rochow? Welche Zusammenhänge, biographischen Spuren und Kontexte können erklärend herangezogen werden?

Spuren zu Kindheit und Jugend

Es gibt nur wenige Anhaltspunkte zu Rochows früher Kindheit. Er wurde am 11. Oktober 1734 in Berlin als Sohn des Königlich Preußischen Staats- und Kriegsministers[3] Friedrich Wilhelm von Rochow (1690–1764) und dessen Ehefrau Fridericke Eberhardine geb. von Görne[4] (1699–1760) geboren. Die Eltern heirateten am 7. Januar 1721 und im November des gleichen Jahres bekamen sie ihre erste Tochter.[5] Friedrich Eberhard war das zehnte von insgesamt vierzehn Kindern und der einzige Sohn, der seine Eltern überlebt hat. Wie aus dem Taufregister in der Berliner Nicolaikirche ersichtlich ist[6], waren bei einer Reihe der Rochowschen Kinder Mitglieder der königlichen Familie und Angehörige angesehener preußischer Adelsfamilien Taufpaten. Dieser Umstand verdeutlicht nochmals, welcher angesehenen adligen Familie Friedrich Eberhard von Rochow entstammte.

Nach den spärlichen Quellen[7] hatte Friedrich Eberhard zu seiner Mutter eine warmherzige Beziehung. Die Mutter hat sicherlich auch Rochows lebensweltlich orientierte Sittenlehre (siehe Beitrag Sprenger) mitgeprägt. Rochows Freund und Biograph Zerrenner berichtet darüber: ›Besonders erinnerte er sich oft auch gegen mich der schönen Lebensweisheitens-Regeln und kurzen Sentenzen, die seine vortreffliche Mutter oft im Munde zu führen und sie so seinem Herzen und Gedächtnis einzuprägen pflegte‹[8].

Friedericke Eberhardine von Rochow (geb. von Görne)

Rochows Erziehung scheint sich ganz im Rahmen der im 18. Jahrhundert üblichen Adelserziehung bewegt zu haben. Friedrich Eberhard erhielt mit vier Jahren seinen ersten Hauslehrer. Die im Adel selbstverständliche Erziehung durch Hofmeister hatte für Friedrich Eberhard zur Folge, daß dieser bis zum 15. Lebensjahr von insgesamt *elf* Hauslehrern unterrichtet und erzogen wurde. Diese durch Rochow selbst berichtete Tatsache erinnert an die durch Armseligkeit geprägte Berufgeschichte des Hofmeisterstandes im 18. Jahrhundert. Wir können vermuten, daß die mit einer standesgemäßen Erziehung beauftragten *elf* Hauslehrer Rochows reine *Gelegenheitspädagogen* waren. Wahrscheinlich entsprachen sie dem in der Literatur häufig belegten ungehobelten und halbgebildeten Typus[9] von Hauslehrern. Diese kamen vermutlich mit den traditionell-ständischen Lernanforderungen von Rochows Eltern und den dazu im Widerspruch stehenden kindlichen Bedürfnissen und Interessen des jungen Rochow nicht zurecht und mußten sich deshalb schon nach kurzer Zeit einen anderen Broterwerb suchen. In einem der wenigen autobiographischen Zeugnisse berichtet Rochow später über diese Zeit: ›Man führte mich nach den Gebräuchen meiner Zeit zum toten Buchstaben zuerst. Mein lebhafter Geist verseufzete die lernfähigsten Lebensjahre hinter lateinischen Autoren im dumpfen Zimmer. Sie handelten von Dingen, die mich nichts angingen. Auswendig gelernte Zeitrechnungen, welche die Natur widerlegt und Geschlechterfolgen aller Tirannen kosteten mir Schmerz und Tränen‹[10]. Die einzige Literatur, die der junge Rochow gerne las, waren enzyklopädische Lexika, ansonsten hat ihn körperliche Betätigung in der freien Natur besonders angezogen. Vor diesem Erfahrungshintergrund rät der *Pädagoge* Rochow allen Eltern den

Fürtreffeliche Bildung des Geistes und des Hertzens.

2 [Samuel Baur]: Charakteristik der Erziehungsschriftsteller Deutschlands. Ein Handbuch für Erzieher. Leipzig 1790, S. 2.

3 Der vollständige Titel lautete: Königlich Preußischer wirklicher Geheimer Staats- und Kriegsminister und Chef-Präsident aller Kriegs- und Domainerkammern in den Preußischen Westphälischen Provinzen, Erb- und Gerichtsherr auf Reckahn usw. Vgl. Zerrenner: Andenken (Anm. 1), S. 3.

4 Sie war die Tochter von Friedrich von Görne, Königlich Preußischer wirklicher Geheimer Staats- und Kriegsrat, Vicepräsident und dirigierender Minister bei dem General-Ober-Finanz-Kriegs- und Domainen-Direktorio, General-Postmeister, Ritter des schwarzen Adlerordens, Domdechant zu Brandenburg, Erbherr auf Plaue, Kützkow, Golwitz, desgleichen zu Ernstburg, Lugerwan in Preußen. Vgl. ebenda.

5 Vgl. Litterarische Korrespondenz des Pädagogen Friedrich Eberhard von Rochow mit seinen Freunden. Neu herausgegeben und vermerht von F. Jonas. Berlin 1885, S. 262.

6 Vgl. ebenda.

7 Die wichtigste und umfangreichste Quellensammlung: Fritz Jonas/Friedrich Wienecke (Hrsg.): Friedrich Eberhard von Rochows sämtliche Schriften. 4 Bde. Berlin 1907–1910. Der 4. Band enthält die Korrespondenz, das Verzeichnis der Besucher der Reckahnschen Schule (1772–1805), das Verzeichnis der gedruckten Schriften Rochows sowie ein Lebensbild. Diese Edition bleibt für die weitere Forschung grundlegend. – Wie in verschiedenen Beiträgen des vorliegenden Bandes deutlich wird, gibt es über die Ausgabe von Jonas/Wienecke hinaus weitere gedruckte und ungedruckte Quellen, die bisher in der Rochowforschung noch nicht berücksichtigt wurden. – Grundlegend für die Forschung bleibt auch die Biographie von Ernst Schäfer: Friedrich Eberhard von Rochow. In: Monatsschrift für Innere Mission, 26. Bd. Gütersloh 1906, S. 121–132; 161–192; 201–267. Im vorliegenden Aufsatz wird nach dieser Ausgabe zitiert. Die Schrift ist auch als gesonderte Schrift unter dem Titel: Ernst Schäfer: Friedrich Eberhard von Rochow. Ein Bild seines Lebens und Wirkens. Gütersloh 1906 erschienen. Nach Jonas/Wienecke 1907–1910 wurden kaum neue Forschungsperspektiven entwickelt oder neue Quellen erschlossen. Ausnahmen bilden: Achim Leschinsky/Peter Martin Roeder: Schule im historischen Prozeß. Zum Wechselverhältnis von institutioneller Erziehung und gesellschaftlicher Entwicklung. Stuttgart 1976. – Wolfgang Neugebauer: Absolutistischer Staat und Schulwirklichkeit in Brandenburg-Preussen. Berlin/New York 1985. Sowie mit anregenden Fragestellungen Gerhard Sprenger: Weltbürger oder Patriot? Vor 250 Jahren wurde Friedrich Eberhard von Rochow geboren. In: Jahrbuch für Brandenburgische Landesgeschichte. 35. Bd. Berlin 1984, S. 92–116.

8 Zerrenner: Andenken (Anm. 1), S. 4. Berichtet werden die Sentenzen: ›Was nicht so nöthig ist wie's Feuer, das ist für einen Dreyer zu theuer. Vordenken ist besser als Nachdenken‹.

9 Vgl. Ludwig Fertig: Die Hofmeister. Ein Beitrag zur Geschichte des Lehrerstandes und der bürglichen Intelligenz. Stuttgart 1979, S. 93.

10 Friedrich Eberhard von Rochow: Etwas Praktisches über Erziehung. In: Jonas/Wienecke (Anm. 7), Bd. 2, S. 32.

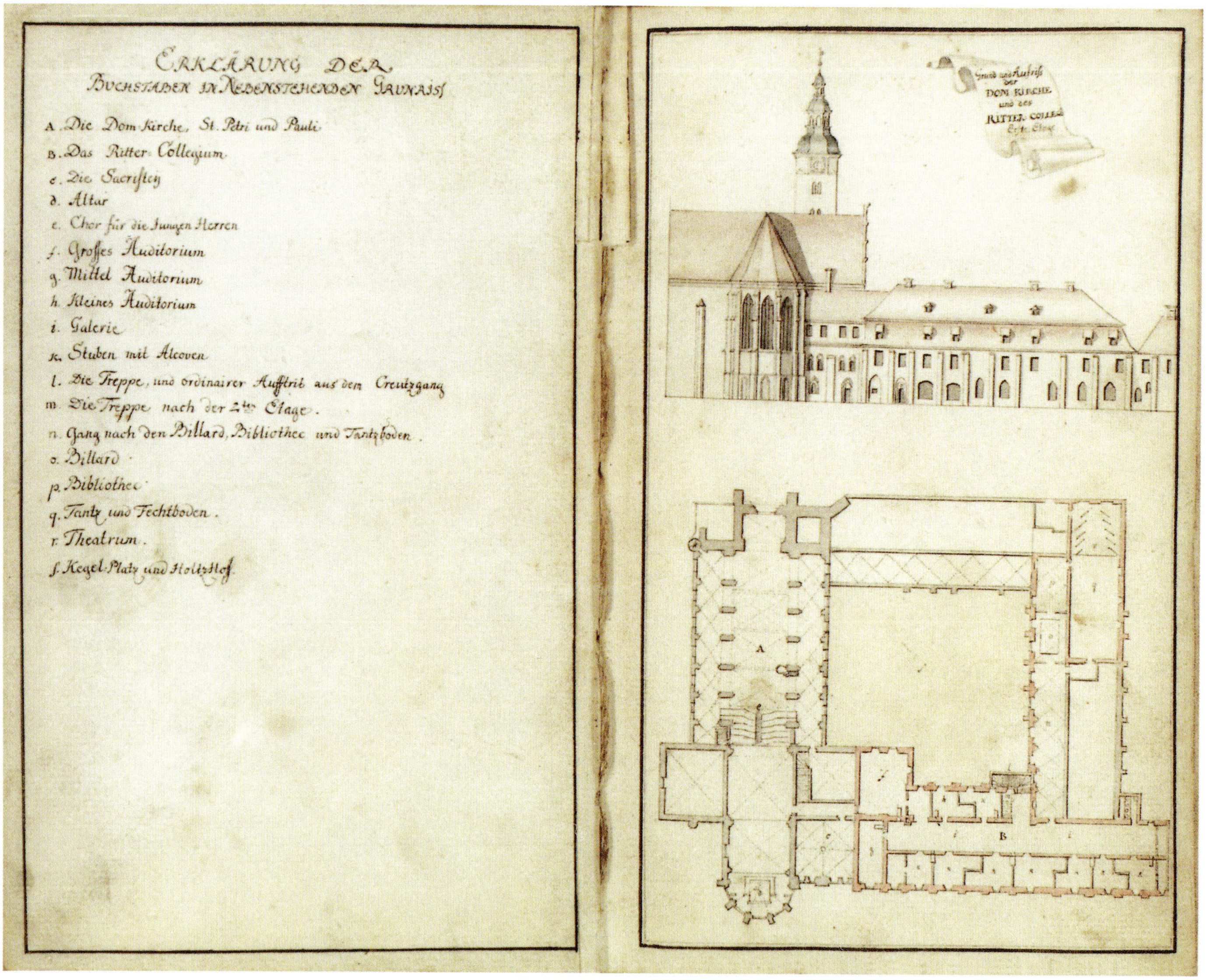

ersten Unterricht ›nicht in der Stube, sondern in der freien Natur‹[11] zu beginnen.

Der Wechsel Friedrich Eberhards an die Brandenburger Ritterakademie erfolgt am 13. Januar 1750 im 16. Lebensjahr.[12] Ritterakademien hatten die Aufgabe, den jungen Adel auf sein zukünftiges Leben vorzubereiten. Sie waren Fachschulen, die ›ebenso gut für den Kriegsdienst, wie für die Diplomatie, für Hof- und Regierungsämter (in den Kriegs- und Domänenkammern)‹[13] vorbereitet haben. Auch Rochows Vater hat die Brandenburger Ritterakademie und damit den auf praktische Lebensanforderungen an den Adel ausgerichteten Unterricht besucht. Rochows Wechsel an die Ritterakademie war für dessen Bildungslebenslauf sicher ein Gewinn, zumindest aber eine wichtige neue Erfahrung. Durch das erhalten gebliebene, vom Rektor verfaßte Aufnahmeprotokoll wird deutlich, daß der elfjährige Hauslehrerunterricht trotz der großen Lehrerfluktuation durchaus Früchte getagen hatte. Rochow antwortete in der Aufnahmeprüfung ›gar vernünftig, was die geoffenbahrte Religion wäre. […] Er laß das Latein gleich deutsch fertig her.‹ Die philosophischen Kenntnisse waren ›ziemlich gut‹. In Geographie und Genealogie ›hatte er sich auch wohl geübt‹ und in der Geschichte war ›er nicht unwissend‹[14].

Brandenburger Ritterakademie, um 1830

Sicher hat Rochow auf der Brandenburger Ritterakademie die von ihm geschätzten körperlichen Übungen im Fechten, Reiten, Springen und die neuen Bekanntschaften mit anderen Mitschülern genossen. Mit dem Wechsel an die Ritterakademie war zunächst auch eine Lockerung der Eltern-, insbesondere der Mutterbeziehung und damit eine Ablösung von der elterlichen Autorität verbunden. Dies hatte gewissermaßen zwangsläufig eine Hinwendung zu gleichaltrigen Jugendlichen zur Folge: Dabei war Rochow, wie belegt ist, kein Musterschüler, sondern ein lebensfroher ›Draufgänger‹[15]: Am 3. April 1751 erhielt er als Strafe drei Stunden Karzer und einen Monat Spielplatzverbot, weil er einen kleinen Kameraden verprügelt hatte; am 27. November 1751 erhielt er ein dreitägiges Erholungsverbot, weil er sich mit zwei Mitschülern auf seiner Stube ›mit trinken sehr übernommen‹ hatte. Zu dem Bild des ungestümen und lebenslustigen Junkers von Rochow paßt sicher auch das Interesse an den Kostümfesten und Schulaufführungen der Ritterakademie, in denen die Welt des Adels verherrlicht wurde.[16]

Militäreintritt und Begegnung mit Christian Fürchtegott Gellert

Durch den Wechsel von der Ritterakademie in den Militärdienst wurde bei dem 17jährigen Junker von Rochow die Anpassung an die Realitäten der adligen Erwachsenenwelt gefördert. Dieser erfolgte Ende 1751 oder Anfang 1752. Rochow begann seine damals sicher zukunftsträchtige Militärlaufbahn zunächst im Leib-

11 Ebenda S. 34.

12 Vgl. C. Kehr: Aus den Aufnahmeprotokollen des Ritterkollegiums im achtzehnten Jahrhundert. In: Festschrift zur 200jährigen Jubelfeier der Ritterakademie auf dem Dome zu Brandenburg a. H. Brandenburg 1905, S. 144.

13 Ritterakademien. In: K. A. Schmidt (Hg.): Encyklopädie des gesamten Erziehungs- und Unterrichtswesens. 7. Bd. Gotha 1869, S. 171.

14 Kehr: Aufnahmeprotokolle (Anm. 12), S. 146.

15 Schäfer: Rochow (Anm. 7), S. 129.

16 Vgl. ebenda S. 123.

carabinier-Regiment in Rathenow. Am 15. Mai 1754 wurde er dann auf Wunsch Friedrich II. in die vornehmste Truppe des preußischen Heers, die Garde du Corps in Potsdam versetzt. Diese Militärzeit kommentierte Rochow über vierzig Jahre später verhalten, ohne die tatsächlichen, auch persönlichen Verwerfungen des militärischen Alltags[17] zu erwähnen: ›Man sieht schon, daß Rathenow und Potsdam keine Universitäten sind; auch hatten die Standartenjunker damals noch nicht, wie jetzo, den ausgezeichneten Trieb, sozusagen auf ihre eigene Hand den Wissenschaften obzuliegen. Es blieb also bei dem Bischen Lateinisch, Französisch, Italienisch und Depententien, die ich von Brandenburg mitgebracht hatte, und bei der [als Kind einsetzenden] Lesesucht‹[18].

Die selbstbestimmte Neigung zum Lesen (Lesesucht) verweist auf eine wichtige Entwicklungslinie in Rochows Lernbiographie. Alle Rochowinterpreten haben diesem im späteren Leben *Gelehrsamkeit* bescheinigt, ›so sehr seine Bescheidenheit gegen diesen Namen protestierte‹[19]. ›Er konnte seyn und werden und lernen, was er wollte‹[20]. Diese Entwicklungslinie hat sich mit Eintritt in das Erwachsenenalter und wachsender persönlicher Mündigkeit noch verstärkt. Gleichwohl hat Rochow niemals eine Universität besucht. Wie Leonardo da Vinci, Jakob Böhme, Johann Joachim Winkelmann, Friedrich Nicolai oder Moses Mendelssohn war auch Rochow *Autodidakt*. Die freiwillige Selbstbildung hat, trotz mancher Schwierigkeiten, einen anerkannten Vorteil: Autodidakten erklären durch Lebendigkeit und Realitätsnähe ihres Wissen, durch Originalität, Authentizität und Selbständigkeit die Phänome von Natur, Kultur und Gesellschaft. Auch Rochow hat dies, wie sein umfangreiches schriftstellerisches Werk und die damit einhergehende Reformpraxis dokumentiert (vgl. die übrigen Aufsätze in diesem Band), tatsächlich realisiert.

Für die weitere Lebensgeschichte Rochows waren sodann eine schwere Krankheit, eine Verwundung im Siebenjährigen Krieg (1756–1763) und ein Duell folgenreich. Zunächst bekam der noch nicht 18jährige Kornett Rochow im März 1752 eine schwere Pockenkrankheit, bei der er ›dem Tode sehr nahe war‹[21]. Die Spuren der Pocken behielt er lebenslang im Gesicht. Als ihn der Freund und Verleger Friedrich Nicolai um ein Portrait bat, schrieb er diesem selbstironisch: ›Wenn Ew. Wohlgeb. einen guten Maler wissen, der sich im Treffen der Pockengruben üben will, so bin ich es zufrieden, vor ihm stille zu sitzen, weil Sie das wünschen‹[22].

von Rochow
Friderich, Wilhelm, aus Reckan in der Mittelmarck
Hanns, Friderich, Gottfried, Christian aus Plössow
Adam, Ernst, aus Stülpe
Adam, Wilhelm aus Trechwitz
August, Christoph
Friederich, Ehrenreich aus Geserick
Wilhelm, Heinrich
Hanns, Albrecht
Ernst, Ehrenreich aus Trechwitz
Friedrich, Eberhard aus Reckan
Botho, Wigand aus Trechwitz
Philip, Christian Ludewig, Hanns aus Zollchau

Die Rochows als Schüler der Ritterakademie

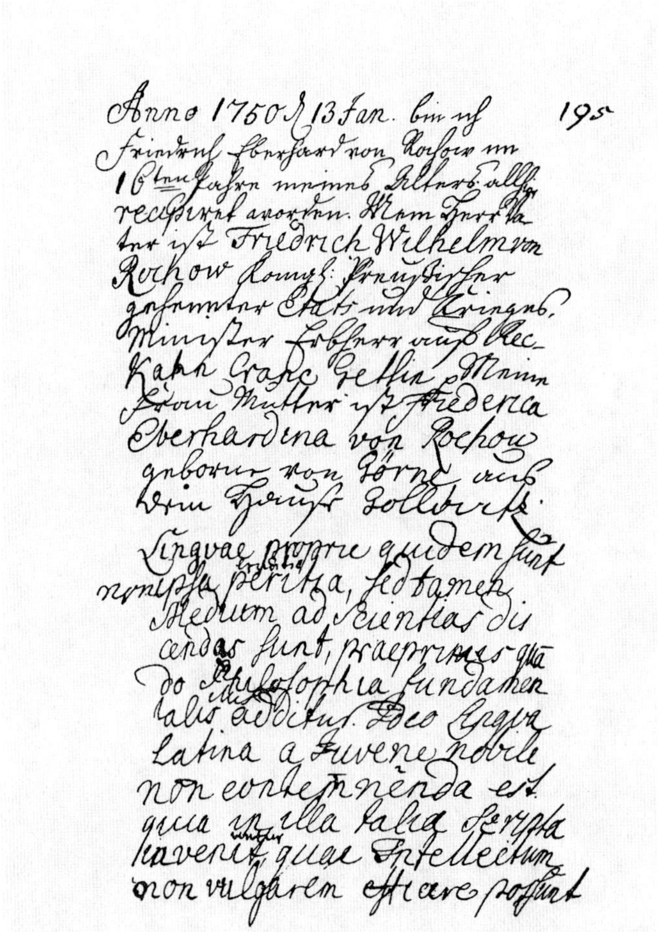

Schriftliche Prüfung Rochows bei der Aufnahme in die Ritterakademie

Bereits in der ersten größeren Schlacht des Siebenjährigen Krieges wurde Rochow am 1. Oktober 1756 durch einen Schuß in den linken Arm (siehe Beitrag Pfeiffer) verwundet und kam darauf ins Winterquartier nach Leipzig. Über die Folgen dieser Verwundung schrieb der im gleichen Regiment dienende Potsdamer Dichter und Offizier Ewald von Kleist an seinen Dichterfreund Johann Wilhelm Ludwig Gleim (1719–1803): ›Mich freut des Rochows erlangte Ehre sehr. Er ist ein junger Mensch, der ziemlich Studia, unter andern Philosophie hat. Seine Jugend machte, daß er sich zuweilen mit seinem Wissen wollte sehen lassen; er war deswegen bei seinen Kameraden etwas verachtet. Ich sehe wohl, daß er mehr wert war als die meisten, die nicht viel von ihm halten wollten, und nun hat er einen Beweis von seinem Wert abgelegt, und man urteilt nun billing von ihm‹[23].

Eine positive Seite der Verwundung war auch die Ernennung Rochows zum Leutnant im Februar 1757. Im April des gleichen Jahres wurden die Kriegshandlungen fortgesetzt, wobei Rochow aber nicht in den Kämpfen eingesetzt wurde. Vielmehr kam es auf dem Rückzuge des preußischen Heeres zu einem Streit Rochows mit einem Kameraden, dem Leutnant v. Kuhlemann. Das sich daran anschließende Duell, in dem Rochow an der rechten Hand die Pulsader durchschnitten und dadurch schwer verletzt wurde, wird in fast allen Rochow-Biographien verschwiegen. Nur Schäfer (siehe Beitrag Pachali) berichtet über den Gang mit der blanken Waffe und nennt als Ursache der Ehrenaffäre, daß Rochow ›allerlei anzügliche Bemerkungen über die Abstammung Kuhlemanns gemacht‹[24] habe. Zerrenner zitiert Rochows Bericht aus dessen nachgelassenen Papieren: ›Ich ward [...] ohnmächtig ins Lager getragen, und erst nach drey Jahren war ich im Stande, eine Schreibfeder, nie aber wieder einen Cavallerie-Pollasch [= langes Schlachtschwert mit großer breiter Klinge] zu führen‹[25]. Friedrich II. soll über das Duell verärgert und ›die Partei des von Rochow beleidigten Leutnants von Kuhlemann ergriffen‹[26] haben. Da die Genesung Rochows sehr lange Zeit in Anspruch nahm, glaubte der König, Rochow wollte sich ungerechtfertigt dem Dienste entziehen. Deshalb verfügte er am 14. April 1758 Rochows *unehrenhafte* Entlassung (siehe auch Beitrag Niedermeier).[27]

Obwohl die Quellen darüber schweigen, wird man davon ausgehen können, daß die schwere Duellverwundung und die unehrenhafte Entlassung aus der Eliteeinheit Garde du Corps den

C. F. Gellerts Ehrendenckmahl.

24jährigen Rochow in einen Konflikt, ja in eine persönliche Krise gestürzt haben. Dieser Konflikt war in der ständischen Gesellschaft angelegt und traf gleichzeitig die Persönlichkeit Rochows im Kern. Der erfolgsgewohnte adlige Leutnant mit literarischen Ambitionen war in das Netz soldatischen Ehrgefühls geraten.

17 Der Dichter Ewald v. Kleist (1715–1759) war wie Rochow Offizier in Potsdam. Der Berliner Philosoph Johann Georg Salzer (1720–1779) schrieb an den Schweizer Schriftsteller Johann Jakob Bodener am 11. Mai 1756: ›Wäre Kleist nur an einem anderen Ort, so würde er ein ganz anderer Mensch sein. Allein so ist er auf einer Seite mitten unter einem Haufen sehr ruchloser und viehischer Menschen, auf der anderen Seite mitten in der Sklaverei‹. Zit. nach: Jonas/Wienecke (Anm. 7), Bd. 4, S. 390 f.

18 Ebenda S. 347.

19 Zerrenner: Andenken (Anm. 1), S. 26.

20 Ebenda S. 23.

21 Ebenda S. 5. Die Pocken waren nach Erlöschen der Pest die schwerste Epedemie. Sie trat in kurzen Abständen regelmäßig auf. Die Ansteckungsquote bei Kindern wird mit 90 % angegeben. Jedes achte Kind starb. Die Ärzte der Charité haben 1769 die erste Pocken-Inokulation vorgenommen. Vgl. Helga Schulz: Berlin 1650–1800. Sozialgeschichte einer Residenz. Berlin 1992, S. 271 f.

22 Rochow an Nicolai, Reckahn 27. Dezember 1793. In: Jonas/Wienecke (Anm. 7), Bd. 4, S. 332.

23 Zitiert nach ebenda S. 391 f.

24 Schäfer: Rochow (Anm. 7), S. 128.

25 Zerrenner: Andenken (Anm. 1), S. 7.

26 Schäfer: Rochow (Anm. 7), S. 129.

27 Vgl. ebenda.

Berufsunfähigkeit und schandvolle Entlassung aus dem Militärdienst waren nur die *äußeren* Seiten des Konfliktes. Am Tiefpunkt der *inneren* Krise wurde ein gedemütigter Draufgänger, ›ohnmächtig ins Lager getragen‹, der danach am Wundfieber heftig erkrankte. Die weitere Entwicklung kann man sich so vorstellen: Da der Autodidakt Rochow erst nach drei Jahren wieder mit der rechten Hand schreiben konnte, lernte er ›mit der linken Hand nothdürftig schreiben, und [...] so viel Englisch, daß [er] Miltons ersten Gesang im *verlorenen Paradiese* [Herv. H. S.] ins Deutsche‹[28] übersetzen konnte. Die Übersetzung des in jener Zeit gerühmten Hauptwerkes ›Paradise lost‹ des nach Shakespeare wohl bedeutendsten englischen Dichters Johan Milton (1608–1677) durch Rochow ist sicher paradigmatisch für Rochows Krisenbewältigung und die dabei hervortretende neue Lebensperspektive. Miltons Epos behandelt die Schöpfung des Menschen und den paradiesischen Sündenfall. Das Epos hat auf die deutsche Literatur, insbesondere auf Klopstock und Gellert, aber eben auch auf Rochow große Faszination ausgeübt. Gewissermaßen programmatisch für

Posten der Garde du Corps Nr. 13 in Hofgalauniform, um 1797

Ehepaar Rochow, einzig erhaltenes Portrait der Ehefrau Christiane Louise von Rochow (geb. von Bose)

den durch die Krise initiierten Wertewandel mußte Rochow bei seinem Entwurf einer zukünftigen Lebensperspektive nicht nur den Verlust des Paradieses beklagen, sondern er konnte auch auf die 1752 erschienene deutsche Übersetzung von Miltons *Wiedererobertes Paradies* hoffnungsvoll zurückgreifen. Wir können davon ausgehen, daß auch bei dem jungen Rochow die Krise durch die Erarbeitung neuer positiver Perspektiven schrittweise entschärft worden ist.

Für die Bewältigung der zumindest zwischen 1757 und 1759 andauernden Krise Rochows war die 1757 erfolgende Begegnung Rochows mit Johann Fürchtegott Gellert (siehe Beitrag Overhoff) die alles entscheidende, wichtigste Erfahrung. In dem schon mehrmals zitierten, kaum mehr als eine Seite umfassenden autobiographischen Zeugnis Rochows heißt es lapidar: ›Da lernte ich im Winter 1757 den hochseligen Professor Gellert kennen. Er würdigte mich seiner Freundschaft, die bis an seinen Tod währte – und wieder anfangen wird. Die Briefe an Herrn v. R. in seinem Posthumis sind an mich. Auch nahm er mich in gelehrte Gesellschaften mit‹[29]. Hinter diesem Zitat steht ein längerer Aufenthalt Rochows in Leipzig, bei dem dieser in den Kreis von Gellerts Freunden aufgenommen wurde. Gellert, den wir heute oft nur noch aus Schulbüchern kennen, hat im 18. Jahrhundert eine ähnliche Anerkennung wie Schiller im 19. Jahrhundert erfahren. Seine *Fabeln und Erzählungen* waren im 18. Jahrhundert neben der Bibel das meistverbreitete Buch.[30] Gellert hielt in Leipzig seine Vorlesungen meist vor mehr als 400 Zuhörern.[31] Als Gellert in Leipzig starb, ist der Rat der Stadt noch nach Wochen gezwungen, den Johannisfriedhof vor dem Verehrerstrom zu schließen, weil der Grabhügel Gellerts zu Andenkenzwecken abgetragen wurde.[32]

Auch Rochow war von Gellerts ›moralischem Charakter‹, dem ›zur Gestalt gewordene[n] Lebensentwurf, in dem eine ganze Zeit sich wiedererkennt und in dem sie ihre Identität endlich gefunden zu haben glaubt‹[33], zeitlebens stark beeinflußt. Gellerts Person wirkte zunächst stärker als seine Schrift, deshalb war die persönliche Bekanntschaft mit ihm für Rochow so entscheidend. Im Zentrum stand dabei Rochows moralische Selbstfindung, die Kultivierung des als latent chaotisch empfundenen Affektes, als

28 Zerrenner: Andenken (Anm. 1), S. 7.
29 Jonas/Wienecke (Anm. 7), Bd. 4, S. 347 f.
30 Vgl. Gottfried Hannefelder: Christian Fürchtegott Gellert. In: Deutsche Dichter des 18. Jahrhunderts, hrsg. v. Benno von Wiese. Berlin 1977, S. 116.
31 Vgl. Hermann Hettner: Geschichte der deutschen Literatur im 18. Jahrhundert, Bd. 1. Berlin und Weimar 1979, S. 297.
32 Vgl. Hannefelder: Gellert (Anm. 30), S. 115.
33 Ebenda S. 115 f.

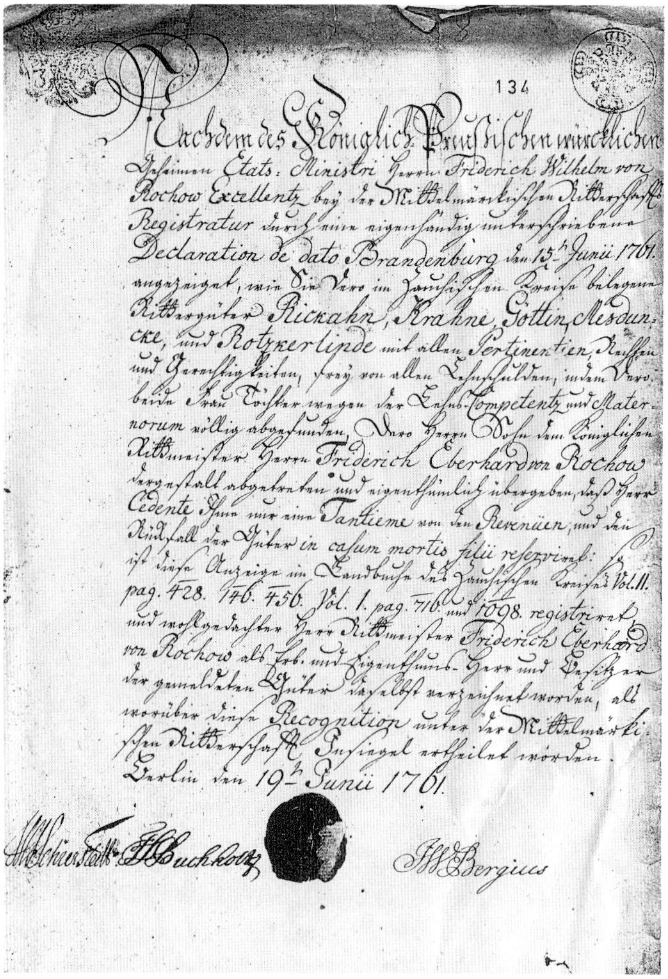

Urkunde mit Eintragung der Eigentumsrechte an Rochow

dessen extremer Ausdruck die Duellerfahrung gedeutet werden kann. Die Kultivierung des Affektes wird somit zum Kristallisationspunkt der Moral. Programmatisch wird die durch Gellert vertretene moralische Selbstfindung in einer seiner überlieferten Vorlesungen evident: ›Singen Sie, meine Herren, der Vernunft, der Tugend und der Religion zur Ehre, so werden Sie mit Beifall singen [...]. Ich verspreche Ihnen im Namen der Zukunft Ehre und Unsterblichkeit [...]. Ehren Sie Gott [...], ich bitte Sie als meine Freunde und meine Brüder, ehren Sie ihn dadurch, daß Sie Weisheit und gute Neigungen unter den Menschen ausbreiten‹[34]. Gerade dadurch, daß Moral im privaten Bereich beginnt, kann sie zugleich zur politischen und pädagogischen Gestaltungskraft werden.

Zweifellos haben die durch Rochow nach 1760 beförderten Agrar- und Landschulreformen, aber auch sein veränderter persönlicher Lebensentwurf in vielfältigster Weise Impulse durch Gellert erfahren. Dabei ist es besonders augenfällig, daß Gellerts Programm bereits seinerseits volksaufklärerische Züge (siehe Beitrag Böning) trug und daher gewissermaßen als Initialzündung gewirkt hat. ›Mein größter Ehrgeiz‹, schreibt Gellert, ›besteht darin, daß ich den Vernünftigen dienen und gefallen will und nicht den Gelehrten im engen Verstande. Ein kluges Frauenzimmer gibt mir mehr als eine gelehrte Zeitung, und der niedrigste Mann von gesundem Verstande ist mir würdig genug, seine Aufmerksamkeit zu suchen, sein Vergnügen zu befördern und ihm in einem leicht zu behaltenden Ausdrucke gute Wahrheiten zu sagen und edle Empfindungen in seiner Seele rege zu machen‹[35].

Modernisierung auf dem Lande: Die Übernahme der Gutsherrschaft

Das Ende der persönlichen Krise des vierundzwanzigjährigen Rochow wird man spätestens mit dessen Hochzeit am 4. Januar 1759 ansetzen können. Die Heirat mit Christiane Louise von Bose (1734–1808)[36] (siehe Beitrag Mayer) war sicher eine Liebesheirat, die im Adel des 18. Jahrhunderts keineswegs selbstverständlich war. Rochow hat seine Braut als ›Gellerts Freundin‹[37] in dessen Freundeskreis kennengelernt. Zu diesem Freundeskreis gehörte auch der Bruder der Braut, Friedrich Carl von Bose (1737–1764), der ab 1755 in Leipzig studiert und bei Gellert gewohnt hat.[38] Anläßlich der Hochzeit schrieb Gellert an Rochow: ›Der Herr von Bose hat mir durch seine freudigen Beschreibungen alles das bestätigt, was ich gewünschet und mit Gewißheit gehoffet, und ich bin sicher, daß Ihro Ehe eine der glücklichsten und rühmlichsten seyn wird [...]. Gott hat Sie Beide vor andern vorzüglich beglücken und durch das große Glück des Lebens Ihr edles Verlangen, andre glücklich zu machen, desto mehr beleben

Geerbter Tierbestand

	Pferde		Schafe		Rindvieh		Schweine		Federvieh	
	Stück	Schätzwert. in Rthl	Stück	Schätzwert. in Rthl	Stück	Schätzwert. in Rthl	Stück	Schätzwert. in Rthl	Stück	Schätzwert in Rthl
Reckahn	9	150	940	869	57	469	70	110	237	37
Krahne	–	–	1354	1261	48	390	34	86	206	28
Göttin	–	–	621	528	26	280	29	36	107	13
Mesdunck	–	–	–	–	68	529	10	20	122	16
Rotscherlinde	–	–	668	620	28	208	13	32	94	8
Insgesamt	**9**		**3583**		**227**		**156**		**766**	
5690 Rthl.		**150**		**3278**		**1876**		**284**		**102**

(Quelle: BLHA Rep 37 Reckahne 5)

Besitzungen Fr. E. v. Rochows –
Wertschätzung für die Feuersozietät (in Rthl.)

Reckahn	
Massives Wohnhaus mit Möbeln u. Zubehör	10000
Das Verwaltungshaus nebst Brauhause	1500
Eine Scheune v. 4 Dielen	3000
Ochsenstall	1500
Kuhstall	1500
Pferdestall nebst Remise	1500
Kleiner Schafstall	300
Das Thorwärterhaus	250
Das Jäger und Gärtnerhaus	800
Das inliegende Haus v. 10 Familien	800
Das inliegende Haus v. 6 Familien	400
Das inliegende Haus v. 4 Familien	300
Das Schäferhaus mit großem Schafstall	600
Das Wein Meister Haus	150
Insgesamt	**22600**
Krahne	
Das herrschaftl. Wohn- u. Verwaltungshaus	3000
Eine große Scheune, 4 Dielen	5000
Ein großer Stall (für Pferde, Ochsen u. Kühe)	2000
Eine großer Schafstall	1800
Das Meyer u. Schäferhaus	500
Das Inliegende	300
Insgesamt	**12600**
Göttin	
Das herrschaftl. Wohn u. Meyerhaus	800
Eine große Scheune 2 Diehlen	1200
Die kleine Scheune	400
Pferdestall	400
Kuhstall	200
Ochsenstall	200
Schafstall	150
Das Schäferhaus neben groß. Schafstall	500
Insgesamt	3850
Rotscherlinde	
Das Meyer und Försterhaus	500
Scheune mit 3 Dielen	2000
Schafstall	400
Ochsen- und Kuhstall	500
zwei kleine Ställe mit Bauernhaus	200
Insgesamt	**3600**
Mesdunck	
Das herrschaftl. Wohnhaus	800
Scheune	900
Großer Kuhstall	800
Kleiner Kuhstall	500
Inliegerhaus von 4 Familien	300
Inliegerhaus von 2 Familien	150
Insgesamt	**3450**

(Quelle: BLHA Rep 37 Reckahne 5)

wollen. Es ist wahr, teuerster Herr v. Rochau, auch die beste Ehe kann die Zufälle, die uns als Menschen bevorstehen, nicht von uns entfernen; aber die beschwerlichsten Fälle unseres Lebens verlieren doch durch eine gegenseitige Liebe die Hälfte Ihrer Last, so wie sich viele Sorgen und Unruhen an der Hand der Liebe und Tugend zuletzt in Annehmlichkeiten und Belohnungen verwandeln‹[39].

Etwa eineinhalb Jahre nach der Hochzeit übergab Rochows Vater Friedrich Wilhelm (am 7. Juli 1760) die Rittergüter Reckahn, Krahne, Göttin, Mesdunck und Rotscherlinde (vgl. die Karten auf dem Umschlag dieses Bandes) an seinen Sohn Eberhard. Die schuldenfreie Übergabe wurde mit Eintragung der Eigentumsrechte am 19. Juni 1761 besiegelt (siehe Abb.). Vor der Übergabe des Erbes hatte Rochows Vater seit 1742 ›durch seinen unermüdeten und klugen Fleiß‹[40] den Familienbesitz nach den großen Kriegsschäden (siehe Beitrag Escher) wieder so gut saniert, daß die Gutsherrschaft nach dem Urteil Büschings[41] jährlich wieder einen Ertrag von über 6000 Rthl. abgeworfen hat. Aus der im Gutsarchiv Reckahne (siehe Beitrag Heegewaldt) befindlichen Übergabeakte[42] läßt sich genauestens rekonstruieren, wie bedeutend und ausgedehnt der Besitz gewesen ist. Gleichzeitig bekommt man eine Vorstellung davon, welche hervorragenden organisatorischen, ökonomischen und landwirtschaftlichen Fähigkeiten eine erfolgreiche und effektive Verwaltung dieses Besitzes von Friedrich Eberhard von Rochow verlangt hat.

Zur Veranschaulichung des Gesagten seien nur folgende empirische Fakten angeführt: Allein zur Feststellung des geerbten Besitzes brauchte man über einen Monat. Rochows Erbe bestand u.a. aus 9 Pferden, 165 Schweinen, 227 Stück Rindvieh, 767 Stück Federvieh (313 Gänse, 310 Hühner, 80 Tauben, 44 Enten, 20 Puten) und 2865 Schafen. Für die Tiere wurde jeweils der ortsübliche Verkaufswert angesetzt, so hatten die Tiere zusammen einen Schätzwert von 5690 Rthl. (siehe Tabelle). Weiterhin wurde das ausgesäte Getreide und der Lohn für die Bestellung bei der Übergabe des Erbes errechnet. Zur Aussaat kamen Weizen, Gerste, Hafer, Erbsen, Buchweizen, Linsen, Bohnen, Hirse, Mohn

34 Gellert, Anreden, zit. n. Hettner: Geschichte der deutschen Literatur (Anm. 31), S. 299.
35 Gellert, zit. n. Hettner: Geschichte der deutschen Literatur (Anm. 31), S. 297.
36 Diese war die Tochter des Sachsen-Weißentalsschen Geheimrats und Kanzlers Karl Gottlob von Bose auf Bosenhof bei Zwickau.
37 Zerrener: Andenken (Anm. 1), S. 8; Jonas: Litterarische Korrespondenz (Anm. 5), S. 239.
38 Vgl. Brief Gellert an Bose, Bonau, 5. Dezember 1757. In: John F. Reynolds (Hg.): C. F. Gellerts Briefwechsel, Bd. II. Berlin/New York 1987, S. 140 f.
39 Ebenda S. 208.
40 Anton Friedrich Büsching: Beschreibung seiner Reise von Berlin über Potsdam nach Reckahn. Frankfurt und Leipzig [2]1780, S. 258.
41 Vgl. ebenda S. 258.
42 Brandenburgisches Landeshauptarchiv Potsdam (im folgenden: BLHA) Rep 37 Reckahne 5.

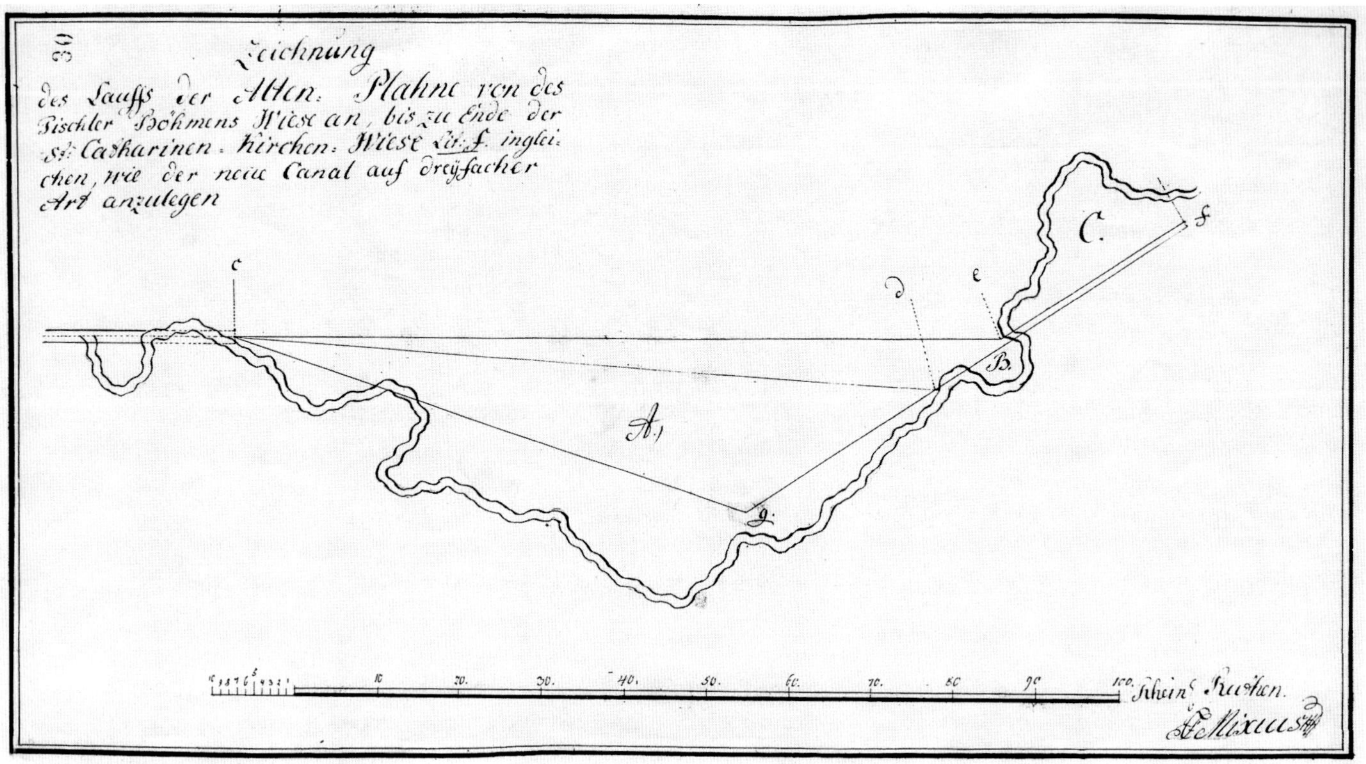

Skizze zur Regulierung der Plane (BLHA Rep. 37 Reckahne Nr. 114)

und Mohrrüben im Wert von insgesamt 2364 Rthl. Der Lohn für die Bestellung betrug insgesamt 3423 Rthl. Zuzüglich von Gerätschaften im Werte von 181 Rthl. belief sich das in der Übergabeakte natürlich sehr viel differenzierter aufgeschlüsselte Erbe auf insgesamt 11 658 Rthl.

Die Übergabeakte enthält *nicht* den Wert der geerbten *Gebäude*. Dieser läßt sich aber anhand der geschätzten Versicherungssumme für die Landfeuersozietät aus dem Jahr 1765 in etwa rekonstruieren.[43] Danach war der Rochowsche Besitz in Reckahn 22 600 Rthl., in Krahne 12 600 Rthl., in Göttin 3 850 Rthl., in Rotscherlinde 3 600 Rthl. und in Mesdunck 3 450 Rthl. wert. Insgesamt hat Rochow also Gebäude (siehe Tabelle) im Feuerversicherungsschätzwert von 46100 Rthl. geerbt.

Bilanzierend muß festgehalten werden: Rochows Erbe hatte insgesamt einen Wert von 57758 Rthl.[44] (Gebäude, Tiere, mit Saat bestellte Felder und Gärten). Dieses Erbe wurde, was außergewöhnlich war, *schuldenfrei* übergeben. Nach der Übergabe des Erbes war Rochow zweifelsfrei einer der *reichen* Gutsherrn in Preußen.[45]

Die Übergabe des Erbes an Friedrich Eberhard durch den Vater erfolgte, wie bereits erwähnt, am 7. Juli 1760. Einen Monat zuvor (am 12. Juni 1760) war die Mutter verstorben. Nach Büschings Zeugnis ging Rochows Vater 1762 im Alter von 62 Jahren nach Preussen, um die ererbten, im Krieg verwüsteten Güter seiner Frau wieder in Ordnung zu bringen. Hier starb er am 16. Juli 1764.[46] Für Friedrich Eberhard hatte diese Entwicklung erhebliche Konsequenzen: Er mußte nach der Übernahme seines Erbes über vielfältigste ökonomische, juristische, landwirtschaftliche und wie man heute sagen würde, ›Fähigkeiten zur Menschenführung‹ verfügen, wenn der landwirtschaftliche Großbetrieb erfolgreich weiterbewirtschaftet werden sollte. Auf die dafür notwendigen Kenntnisse und Fähigkeiten hatten die Brandenburger Ritterakademie und der Militärdienst nicht vorbereitet. Büsching weist in diesem Zusammenhang darauf hin, daß ›der frühzeitige Kriegsdienst des Adels, wegen dessen er ganz unwissend in der Oekonomie und in der Kenntnisse der Rechte‹[47] war, eine Ursache für die Verschuldung der Rittergüter in Preußen war.[48] Rochow hat sich die von ihm geforderten Fähigkeiten sicherlich nicht ausschließlich autodidaktisch erarbeitet. Es ist evident, daß er bei seinem bereits sehr erfolgreich wirtschaftenden Vater nach der Heirat bis 1762 in die ›Lehre‹ gegangen ist und dadurch die wichtigsten und wesentlichen Fähigkeiten als lernender Nachfolger im ›Betrieb‹ erworben hat.

Nach dem Wegzug des Vaters hat Rochow die noch in den überlieferten Akten sichtbar werdende präzise Buchführung über die Gewinne und Verluste der landwirtschaftlichen Produktion penibel fortgeführt. Die *Aussaat und Ernteregister* der Rittergüter[49] sind übrigens auch entscheidende Grundlage für Rochows agrarreformerische Vorschläge und praktische Versuche, über die er später ausführlich in den *Annalen der Märkischen Oekonomischen Gesellschaft zu Potsdam* und in dem – von der gleichen Gesellschaft herausgegebenen – *Gemeinnützigen Volksblatt* publiziert hat (siehe Beitrag Tosch). Weiterhin hat Rochow genauestens über die Entwicklung der Tierbestände (insbesondere der Schafe,

Wappen Karl Abrahams von Zedlitz

Rinder und Schweine) Buch geführt. Dadurch konnte er noch nach Jahren rückschauend über Krankheiten, Viehseuchen mit Todesfolge und den Erfolg der ergriffenen Gegenmaßnahmen auf einer empirischen Grundlage urteilen.[50] Bilanziert wurden natürlich auch der Kartoffelverkauf[51], der Grasverkauf[52] oder auch die Wirtschaftlichkeit einer 1772 errichteten Ziegelei.[53] Erhalten sind schließlich auch Akten, die ›Einnahmen und Ausgaben aller Gold- und Silbermünzen 1777–1786‹ enthalten.[54]

Wirtschaftlichkeit von Investitionen und deren professionelle Planung waren für Rochows Entscheidungen selbstverständlich. Das kann man exemplarisch an der Akte ›Die Räumung der Plane und Gräben, die Verschaffung von Vorflut und die Unterhaltung der Brücken und Dämme (1752–1800)‹[55] eingehend studieren. In dem vom Berliner Ingenieur-Leutnant Pirschner angeforderten Kostenvoranschlag (Berlin 27. Mai 1772) heißt es: ›Die alte Plane ist an verschiedenen Orten [...] gänzlich zugesandet und mit Schilf verwachsen. An denen Orten, wo sie noch fließend ist, verhindert das Strauchwerk und Rohr den Abfluß und überschwemmet die davor gelegenen Wiesen‹[56]. Die Kosten für die von Rochow 1773 veranlaßte Vertiefung des Flußbettes, so daß die Plane für kleine Kähne schiffbar wurde, hatte der Ingenieur mit 445 Rthl. veranschlagt. Büsching hebt in seinem Bericht über die Räumung der Plane den ökonomischen Nutzen hervor, daß der Fluß ›Fisch- und Krebsreich‹ sei und eine Mühle bei Göttin antreibe, wofür Rochow jährlich 180 Rthl. Pacht bekomme.[57]

Bekämpfung von Armut und Bettelei

Wichtiger als die Vertiefung des Flußbettes der Plane war für eine produktive Entwicklung von Rochows Besitzungen aber die Lösung der anstehenden sozialen Probleme. Insbesondere durch den Siebenjährigen Krieg (1756–1763) war neben einer allgemeinen Verarmung der niederen Volksklassen das Problem der Soldatenwitwen und ihrer Kinder dringlich. Noch im Sommer 1775 gab es auf Rochows Gutsherrschaft ca. 100 Soldatenwitwen, die ohne Rochows Hilfe zwangsweise zu Bettlerinnen geworden wären. ›Um diese und die Tagelöhner zu ernähren, wies ihnen der Gutsherr jährlich etwas von seinem Brachlande an, welches sie gruben, düngten und mit Lein, Hirse, Mohn, Linsen und Kichern [siehe Beitrag Albrecht], gelben Rüben und Erdäpfeln besaeten und beplanzten [...]. Die Haushalte sorgten selbst für Mist, wenn

Bettelfrau mit zwei Kindern

43 Vgl. BLHA Rep 37 Reckahne 140. Hieraus alle folgenden Zahlenangaben.

44 H. Schultz hat die jährlichen Lebenshaltungskosten einer vierköpfigen Lohnarbeiterfamilie in Berlin berechnet. Für Nahrung, Kleidung, Miete, Feuerung, Licht errechnet sie für das Jahr 1750 123 Rthl.; für das Jahr 1765 156 Rthl. Für 1740 gibt sie ein geschätztes Jahreseinkommen für Tagelöhner von 51 Rthl., für Handwerksmeister von 225 Rthl. und für Kaufleute von 3600 Rthl. Berlin war im Vergleich zu ländlichen Gebieten teurer. Auch sank der Wert des Talers in der 2. Hälfte des 18. Jahrhunderts erheblich. Zu den Zahlen vgl. Schultz: Berlin (Anm. 21), S. 156 und 231.

45 Eine ausführliche und differenzierte Beschreibung von Rochows Besitz und der dort wohnenden, in die ständische Gesellschaft eingebundenen Männer, Frauen und Kinder findet sich im Beitrag von Felix Escher in diesem Band.

46 Vgl. Büsching: Beschreibung (Anm. 40), S. 258.

47 Ebenda S. 282.

48 Die Verschuldung der Rittergüter in Preußen war insbesondere am Ende des Siebenjährigen Krieges sehr groß. Für Schlesien wurden 25 Millionen Rthl. (= über ein Drittel des Gesamtwertes) angesetzt. ›Ähnlich, wenn auch nicht ganz so schlimm, war es in Brandenburg und Pommern‹ (Schäfer: Rochow (Anm. 7), S. 179f.).

49 Vgl. BLHA Rep 37 Reckahne 162–206.

50 Vgl. ebenda Nr. 216, 217.

51 Vgl. ebenda Nr. 207.

52 Vgl. ebenda Nr. 208.

53 Vgl. ebenda Nr. 218.

54 Vgl. ebenda Nr. 219–226.

55 Ebenda Nr. 114.

56 Ebenda fol. 11.

57 Vgl. Büsching: Beschreibung (Anm. 40), S. 254 f.

sie aber keinen hatten, so überließ ihnen der Gutsherr eigene Fuder, und für eines derselben mußten sie einen Tag umsonst dienen. Durch dieses Mittel ist verhütet worden, daß in den schwersten Zeiten keiner von diesen Leuten auswärtig gebettelt hat‹[58]. An diesem scheinbar einfachen Mittel gegen die Bettelei wird deutlich, daß Rochow *nicht*, wie dies zuweilen in der Literatur behauptet oder durch einen Vergleich mit Pestalozzi nahegelegt wird, *selbstlos Almosen* an die ärmsten der Armen verteilt hat. Rochows Mittel gegen Armut und Bettelei bestand vielmehr in dem Bemühen, die betroffenen Personen zur *Eigeninitiative* und *Selbsthilfe* zu bewegen. Im Falle des fehlenden Mistes ging es Rochow bei der Forderung nach Bezahlung durch entsprechende Dienstleistungen weniger um die Arbeitskraft als um die Vermittlung des *Selbstwertgefühls*: Jeder gesunde Mensch kann seinen Lebensunterhalt selbst erarbeiten und ist nicht auf Almosen angewiesen. Gleichzeitig war auch Rochow bei der Vergabe des Brachlandes keineswegs nur ein Samariter, sondern er bekam durch die Düngung und Bearbeitung des Brachlandes längerfristig eine größere und ertragreichere Anbaufläche und damit die Chance für höhere Erträge in seinem eigenen Betrieb. Die in diesem Beispiel sichtbar werdende *Berücksichtigung* (nicht etwa Vorherrschaft!) von wirtschaftlichen Interessen bei allen angezielten Reformmaßnahmen (siehe zum Spektrum der Reform Beitrag Tosch) weist Rochow als zukunftsweisenden, wir würden heute sagen, *sanften Mordernisierer* aus.

Rochow konnte nur die Bevölkerung der eigenen Gutsherrschaft vor dem Betteln bewahren. Auswärtige Bettlerinnen und Bettler haben zeitweise auch an Rochows Haustür scharenweise gebettelt: ›Und es sind Tage gewesen, wo an die 90 Bettler allein an meiner Thüre gewesen sind‹[59]. Als 1774 der Minister Zedlitz durch polizeiliche Maßnahmen die etwa 10 Prozent der Bevölkerung ausmachenden Bettlerinnen und Bettler aus Berlin zu vertreiben begann, flüchteten diese natürlich auf das Land. In einer zeitgenössischen Quelle wird über die daraus folgenden ›Bettel-

plagen‹ berichtet: ›Eine ungeheuer große Menge von Menschen aus alle Ständen, männlichen und weiblichen Geschlechts, jung und alt, Ausländer und Einländer, laufen im Land umher, von Haus zu Haus, von Dorf zu Dorf, von Stadt zu Stadt, erbitten, erbettlen, erbäten, ertrotzen, erschimpfen, erdrohen, erstehlen sich den nöthigen Lebensunterhalt‹[60]. Gegen eine derartige Übermacht waren individuelle Einzelaktionen machtlos, hier konnte nur ein staatlich unterstütztes Hilfsprogramm, für das Rochow in seinen Schriften geworben hat[61], Lösungsperspektiven eröffnen. Wie wir wissen hat aber die Verarmung der Bevölkerung Ende des 18. und im 19. Jahrhundert noch zugenommen. Rochow konnte zwar erreichen, daß die Vertreibung der Bettler aus Berlin aufgehört hat, an einer grundsätzlichen Lösung der Armutsfrage ist er aber, wie alle Zeigenossen, gescheitert.[62]

Bahnbrechende Landschulreform

Konnte Rochow aus einsichtigen Gründen die Bettelei nicht grundsätzlich bezwingen, so hat er doch in seiner Gutsherrschaft, neben den bereits geschilderten Erfolgen durch die Bewirtschaftung des Brachlandes, den bildungsgeschichtlich strukturell nachhaltigsten Lösungsweg zur Bekämpfung von Armut und Bettelei beschritten. Die durch Rochow ab 1765 gedanklich vorbereitete und ab 1773 tatsächlich realisierte *Landschulreform* war ein kalkuliertes Instrument, der Verarmung seiner Gutsuntertanen vorzubeugen.[63] Rochow wollte ›*Arm werden* seltener [...] machen‹[64]. Der dabei eingeschlagene Weg war durch die Ethik der Aufklärung (siehe Beitrag Sprenger) und die damit einhergehende positive Sicht der niederen Volksklassen vorgezeichnet, wobei die Analyse der Ursachen für Armut und Bettelei durch Rochows Lebenserfahrung bekräftigt wurde: ›Ich lebe unter Landleuten. Mich jammerte des Volks. Neben der Mühseligkeit ihres Standes werden sie von der schweren Last der Vorurteile gedrückt. [...] Sie wissen weder das, was sie haben, gut zu nutzen, noch das, was sie nicht haben können, froh zu entbehren. Sie sind weder mit Gott, noch mit der Obrigkeit zufrieden. [...] Daher ist ihre Religion meistenteils der verderblichste Fatalismus‹[65]. Vor dem Hintergrund dieser Analyse war für Rochow ›schon blos von seiten der *Finanz* betrachtet‹[66] Volksaufklärung (siehe Beitrag Böning) durch Schulbildung der auf der Hand liegende Lösungsweg: Denn ›der Dumme denckt [...] nicht gehörig weder *nach* noch *vor*, weiß sich nicht zu helfen, kann guten Rat nicht würdigen und wird eben darum ein Opfer der Ereignisse‹[67].

Was war das für eine Schulbildung, die vor nunmehr fast 230 Jahren in Reckahn nachweislich verwirklicht wurde? Warum wurde die Rochowsche Schule schon wenige Jahre nach ihrer Gründung ›unter allen [...] bekannten deutschen Volksschulen in jeder Hinsicht *Musterschule* genannt‹?[68] Warum sind nach der Fertigstellung des von Rochow erbauten neuen Schulhauses (siehe Beitrag Markussen und Beckmann/Brekow) buchstäblich Besucher*ströme* (siehe Beitrag Keck und Scholz) nach Reckahn gepilgert? Diese und weitere interessante Fragen (siehe Beitrag Kopitzsch) können im Rahmen des vorliegenden Aufsatzes nur in gebotener Kürze beantwortet werden. Die Darstellung stützt sich dabei ausschließlich auf *Augenzeugenberichte*. Auch kann die Breite und Vielfalt der vorhandenen Quellen zur Reckahner Schule hier nicht ansatzweise ausgeschöpft werden.[69] Ebenso müssen die theoriegeschichtlichen Bezüge zwischen der Reckahner Musterschule und dem Philanthropismus sowie die persönliche Freundschaft zwischen Rochow und Basedow (siehe Beitrag Overhoff und Hirsch) hier ausgeklammert werden. Schließlich wird die politische Dimension von Rochows Schrift ›Vom Nationalcharakter durch Volksschulen‹ im Beitrag Stübig behandelt. Um die Authentizität der Besucherberichte des 18. Jahrhunderts für uns heutige Leser deutlich zu machen, werden aber etwas längere Passagen im ›Originalton‹ zitiert.

In den publizierten Nachrichten zu Reckahn, die in fast allen Zeitungen und Journalen des späten 18. Jahrhunderts erschienen sind, wird zunächst immer wieder staunend hervorgehoben, daß

58 Ebenda S. 260.

59 Rochow an Zedlitz, Januar 1775. In: Jonas/Wienecke (Anm. 7), Bd. 4, S. 88.

60 Ueber das Betteln auf dem platten Lande und in kleinen Städten. In: Berlinische Monatsschrift, Bd. 9, 1787, S. 3f.

61 Rochow verstand unter Armut: ›Nothwendige fünf Bedingungen der menschlichen und bürgerlichen Existenz sind: Nahrung, Kleidung, Wohnung, Feuerung, Leuchtung [...]. Wenn es also an einem oder mehreren dieser fünf Stücke fehlt, der ist arm‹ (Rochow: Versuch über Armen-Anstalten und Abschaffung aller Betteley. Berlin 1789, S. 21). Rochow hat nach dem Vorbild der Dessauischen Armenanstalt Basedows und nach der Hamburgischen Armenanstalt staatliche Armenanstalten für ganz Preußen vorgeschlagen. Vgl. auch Karl Vahlbruch: Das soziale Lebenswerk Friedrich Eberhard von Rochows. Langensalza 1928, S. 42 – 47. Zu den Erfolgen von Rochows Bemühungen vgl. Schäfer: Rochow (Anm. 7), S. 190 f. Auf seiner eigenen Gutsherrschaft gründete er gemeinsam mit seiner Frau bereits 1774 eine Armenkasse, in die ein Anfangskapital von 1000 Rthl. von dem Ehepaar eingezahlt wurde (vgl. ebenda S. 163).

62 Vgl. zur weiteren Behandlung des Armenwesens, ebenda S. 182 – 192, hier S. 186 f.

63 Vgl. so schon Manfred Heinemann: Schule im Vorfeld der Verwaltung. Göttingen 1974, S. 133.

64 Rochow: Über die Notwendigkeit einer zweckmäßigen Einrichtung der niederen Stadt- und Landschulen in Rücksicht auf die Armenanstalten. In: Jonas/Wienecke (Anm. 7), Bd. 3, S. 60 – 67, hier S. 61.

65 Rochow: Versuch eines Schulbuches für Kinder der Landleute oder zum Gebrauch in Dorfschulen (1772). In Jonas/Wienecke (Anm. 7), Bd. 1, S. 3.

66 Rochow: Geschichte meiner Schule (1795). In: Jonas/Wienecke (Anm. 7), Bd. 3, S. 10.

67 Ebenda.

68 Der deutsche Schulfreund, Bd. 11. Erfurt 1795, S. 111.

69 Auf die bekannteste, in der dritten Auflage über 300 Seiten umfassende Beschreibung der Reckahnschen Schule von Carl Friedrich Riemann (Berlin und Stettin 1798) wird in den übrigen Beiträgen dieses Beibuches öfter Bezug genommen.

Gehälter der Lutherischen Küster und Schulmeister in der Churmark 1774

Gehalt in Rhtl.	Anzahl der Schullehrer
über 100 Rhtl.	49
100 Rthl.	33
90 Rthl.	47
80 Rthl.	64
70 Rthl.	77
60 Rthl.	132
50 Rthl.	164
40 Rthl.	185
30 Rthl.	250
20 Rthl.	301
10 Rthl. und darunter	184
5 Rthl.	111
Gar kein Gehalt[1]	163
	1760[2]

1 Sogenannte Winterschulmeister

2 Daneben gab es ca. 80 reformierte Küster und Schulmeister

(Quelle: Landeschulbibliothek. Oder Handbuch für Schullehrer auf dem Lande. Bd. 2, 2. St. Berlin 1781, S. 120)

Anonymer Besucherbericht

›Ich fand in der Reckanischen Schule gerade das Verhältnis der Fähigkeiten der Kinder, das ich wünsche. Sie waren sich nicht gleich, wie sie sich bey unsern gewöhnlichen Schul-Examinibus sind, wo wir sie wie Papgeyen, jedes sein bescheiden Theil auswendig lernen oder herlesen lassen, und damit nicht Tage sondern ganze Wochen verderben, und dann dieses blosse elende Gedächtniswerk, worin man höchstens den Lehrer ein wenig kann kennen lernen, ein Schulexamen, eine Kinder Prüfung nennte. Diese Art von Gleichheit vermißt ich gern; aber eben so gern sah ich, daß nicht, wie auch wohl bey etwas besser eingerichteten, oder unerwarteten Prüfungen geschieht, zwey oder drey Kinder die Sprecher der ganzen Classe waren, sondern ich nur eine gewisse natürliche Abstufung, wie sie auch bey der besten und gleichsten Bearbeitung von Kindern in ihren Fähigkeiten seyn muß, wahrnehmen konnte, wovon wieder ein Theil auf die Rechnung des kürzern und längern Schulgehns zu setzen war. Alle Kinder wurden gefragt; und alle Kinder antworteten – nicht gleich fertig und nicht gleich gut, aber keins verstummte bey mehrern Fragen ganz, und keins sagte etwas Gedankenloses, obwohl nicht jedes gerade das treffendste. Dafür lernten sie ja auch.‹[1]

1 An H[errn] D[omkapiturlar] R[ochow]. In: Journal für Prediger, 12. Bd., 1. St. Halle 1781, S. 38.

Rochow für das 1773 gebaute Schulhaus in Reckahn 900 Rthl. aus eigener Tasche bezahlt hat.[70] Auch das für einen Landschulmeister absolute Spitzengehalt des Lehrers Heinrich Julius Bruns[71] von 180 Rthl. zuzüglich 4 Fuder Heu, das notwendige Brennholz und freie Wohnung im Schulhaus hat allgemeines Erstaunen ausgelöst.[72]

Schließlich wird die Unentgeltlichkeit des Unterrichts für alle ca. 70 Schülerinnen und Schüler[73] hervorgehoben, wobei auch ›das Lesebuch der *Kinderfreund*, auf herrschaftliche Unkosten angeschafft‹[74] wurde. Jedes Kind hatte, was wiederum außergewöhnlich war, sein *eigenes* Lesebuch! Selbst Papier und Tinte wurden für besonders arme Kinder bezahlt. ›Es ist also auf alle Art dafür gesorgt, daß durch äussere Hindernisse kein Kind zurückgehalten wurde, den Unterricht zu nutzen‹[75].

Was berichten die Quellen nun über den beobachteten, tatsächlich abgelaufenen Unterricht? Zunächst wird der Unterricht in allen Berichten mit einer Ausnahme[76] überaus positiv beurteilt. Aus den nebenstehend abgedruckten zwei zeitgenössischen Unterrichtsbeschreibungen bekommt man sicher eine gewisse Vorstellung über die Qualität, wir würden heute sagen, die Professionalität des in Rochows Musterschule tatsächlich abgelaufenen Unterrichts. Dieser wird noch ausführlich in den Beiträgen von Mayer, Tenorth, Gessinger und Sandfuchs konkretisiert und interpretiert. An dieser Stelle soll knapp die *disziplinierende* und *sozialisierende Funktion* des Unterrichts vorgestellt werden, die von einer würdevollen Sicht der Kinder sowie klaren Regeln und Ritualen geprägt war.

Für den Erfolg der Schule war ein regelmäßiger Schulbesuch unumgänglich.[77] ›Aber daß die Aeltern ihre Kinder vom Unterricht nicht zurückhalten, und dadurch den Anwachs ihrer Kenntnisse nicht hindern, ist nicht genug: auch die Kinder müssen *selbst wünschen* [Hrv. H.S.], nicht zurückgehalten zu werden‹[78]. Dies war nach den Quellen tatsächlich der Fall: ›Ja, schon bey den ganz kleinen Kindern [siehe Beitrag Sandfuchs] äussert sich diese Lust, sie sprechen gern von der Schule, und ohne, daß sie von ihren Aeltern besonders dazu angehalten werden dürften, gehen sie mit Freuden und ehe es noch Zeit ist, hinein.‹ Unser Berichterstatter fragt sodann nach, wie die von ihm beobachtete ›Liebe zur Schule‹ in Reckahn erreicht wurde. Die Antwort ist differenziert und erfolgt auf unterschiedlichen Argumentationsebenen. Zunächst weist er darauf hin, daß mit dem Stock die ›Liebe zum Lehrer, und Lust zum Lernen zugleich dahingebläuet wird‹. Folgerichtig sei der Stock in Reckahn auch kein ›Schulstubengeräth‹. Zwar gab es in Rochows Schule auch harte körperliche Strafen, die aber nur in den seltensten Fällen bei ›Widersetzlichkeit und Ungehorsam gegen den Lehrer‹, bei schweren Lügen und bei Diebstahl ausgeübt wurden.

Die gebräuchlichen Strafen bei ›Unachtsamkeit und Faulheit‹ waren ganz anderer Natur: ›Ein Kind darf alsdann, wenn es einmal vorher gewarnt ist, keine Lektion mitmachen, nicht mitlesen, oder nicht schreiben, nicht rechnen; sondern muß einen stummen unthätigen Zuhörer abgeben, und sein Buch, wenn etwa eben gelesen wird, zumachen.‹ Belohnungen für Wohlverhalten hielt man dagegen für unnötig, ›weil ein Kind nicht um des besonderen Lohns, sondern um des eigentlichen Nutzens willen, den es davon hat, gut, fleißig und ordentlich seyn muß. Das, was es lernt, muß ihm Belohnung genug seyn.‹ Auch wurde kein Kind ›wegen eines geringeren Maaßes von Fähigkeiten als dumm und unwissend gescholten; denn, wenn es das ist, so wird's dadurch nicht fähiger und klüger: vielmehr sucht der Lehrer an selbiges seinen vorzüglichen Fleiß zu wenden.‹

Der Unterrichtsablauf war durch Rituale strukturiert. Unterrichtsbeginn und -schluß waren genau festgelegt. Jedes Fehlen von Schülern wurde verzeichnet und von Rochow selbst vierteljährlich überprüft. Alle Kinder hatten ihren festen Platz und durften aus gesundheitlichen Gründen nicht nur sitzen, sondern konnten auch aufstehen. ›Die Rangordnung, in der sie nach einander auf ihren Bänken sitzen, bestimmt sich nicht nach dem Alter, nicht nach den Jahren, die sie schon in der Schule zugebracht, auch nicht allein nach den Fähigkeiten des Schülers; sondern Fähigkeit, Aufmerksamkeit und ordentliches Betragen zusammen genommen geben einem Kind vor dem andern im Sitzen den Vorrang.‹

Disziplin und Ritualisierung gehören bis heute zu jeder funktionsfähigen Schule. In Rochows Musterschule haben sie aber nach unserem heutigen Kenntnisstand historisch *erstmals* auch dazu beigetragen, Wißbegierde und Fleiß, Lernbegierde und vernünftiges Denken bei Bauernmädchen und Bauernjungen zu entwickeln. Wie aus der nebenstehenden Unterrichtsbeschreibung des Studenten Paulus deutlich wird, wurde in der Reckahner Schule eine sachangemessene Unterrichtsorganisation und ein

Tagebuchauszug des Hospitanten Paulus

›Der Zwek des ganzen ist: den Bauernkindern die ihrem Stand nüzliche Begriffe u. Kenntnüsse ihnen verständlich zu machen. Die ganze weibl. u. männl. Schuljugend ist in 2 Theile geteilt. Die jüngere versammlen sich von 1=3 Uhr Nachmit. Die ältere von 7=11 Uhr Vormittags in einer genugsam geräumigen Schulstube bei H. Cantor Julius Heinr-Bruns. Dieser Mann hat Geduld u. Geschick, ohne Tändelei aber auch ohne Gewalt seine Kinder, unausgesetzt aber mit abwechslendem Inhalt, so zu unterhalten u. zu belehren, daß sie sichtbar gerne in ihrer Schule sind. Schon Aufmerksamkeit auf das äusere, so sehr die anscheinende Kleinigkeit ist, trägt hiezu sehr viel bei. Die Kinder können nicht anders, als in armen Kleidungen erscheinen, aber sie müssen doch so viel möglich reinlicher erscheinen. Sie dürfen abwechslend sizen oder stehen, aber sie müssen immer gerade u. stille sein. Der Lehrer fragt sie auser der Ordnung, bei schwereren Puncten muntert er sie ausdrükentlich auf. Ich hörte zuerst die jüngere Classe.

Die ältere darunter oder vielmehr die geübtere lesen eine Geschichte aus dem Kinderfreund mehreremal, andere syllabierten sie ebenso: Sie müssen pünctlich u. deutlich nach dem Accent aussprechen. Indeß verbesserte der Lehrer einige vorgelegte Schreibeproben, schrieb für andere einige Rechnungsexempel an die Tafel. Nun wand er sich los an die *Kleineren*, lies sie zälen, auch mündlich addieren u. subtrahieren. Bald fragte er sie über Unterschieds- u. Ähnlichkeitsmerkmale zwischen einigen bekannten Gegenständen, dräng dabei (ein Hauptbedürfniß, ohne dessen Hebung keine Predigt, kein Gerichtsurteil verstanden wird) immer auf richtige rein teutsche Aussprache [siehe Beitrag Gessinger], machte sie endlich auf wesentliche u. zufällige Merkmale aufmerksam. Unterdessen hatten die Aelteren geschrieben. Nun nahm er alle zusamen, gieng mit ihnen die erst vorgelesene Geschichte Wort für Wort durch, lehrte sie unbekanntere Worte verstehen, den Sinn u. die nächste Anwendung des Ganzen fassen, sich selbst das gute und böse daraus unterscheiden, einige Folgen für jetzt u. künftig daraus finden. Er besizt darinnen Faßlichkeit u. Unterscheidungskraft.‹

Heinrich Eberhard Gottlob Paulus (1761–1851): Eigenhändiger Reisebericht (2 Bde. 1787–1790), unveröffentlicht. In: Universitätsbibliothek Heidelberg, Handschriftenabteilung, hier 1. Bd., S. 559–561.

70 Rochow hat auch in Göttin 1777 und Krahne 1779 neue Schulhäuser (diese kosteten jeweils 450 Rthl.) erbauen lassen. Deren Entwicklung wird aus Gründen des Umfangs hier vernachlässigt.

71 Die Vocation (Kopie) Halberstadt, 26. Oktober 1772. Das Zeugnis über die bestandene Probe-Catechisation, Reckahn, 7. Dezember 1772. In: BLHA, Pr. Pr. Rep 2 A, Abt. II z, Nr. 2089. Zu Bruns mit weiteren wichtigsten Quellen: Frank Tosch (Hg.): ›Er war ein Lehrer‹. Heinrich Julius Bruns (1746–1794). Potsdam 1995.

72 Vgl. Landschulbibliothek. Oder Handbuch für Schullehrer auf dem Lande. Bd. 2, 2. St.. Berlin 1781, S. 122. Im gleichen Band (S. 120) befindet sich eine differenzierte Gehaltsaufstellung (siehe nebenstehende Aufstellung). Vgl. zur Situation des niederen Schulwesens im 18. Jahrhundert umfassend: Wolfgang Neugebauer: Absolutistischer Staat und Schulwirklichkeit in Brandenburg-Preussen. Berlin/New York 1985.

73 Nach Büsching: Beschreibung (Anm. 40), S. 256, gab es 1775 in Reckahn 14 große Söhne und 14 große Töchter, 26 Söhne und 29 Töchter unter 10 Jahren. Schäfer: Rochow (Anm. 7), S. 211 nennt die Zahl von ca. 70 Schülern.

74 Kurze Beschreibung einiger äusern Schuleinrichtungen zu Reckahn. In: Landschulbibliothek (Anm. 72), S. 142.

75 Ebenda.

76 Vgl. Gnädigst privilegiertes Leipziger Intelligenz-Blatt in Frag- und Anzeigen, für Stadt- und Landwirte, zum Besten des Nahrungsstands, Freitag, 23. Juni 1786, S. 223–227. Die Gegendarstellung von Johann Stuve: Ueber die Rochowsche zu Reckahn. In: Berlinische Monatsschrift, Bd. 10, 1787, S. 325–341.

77 Der regelmäßige Schulbesuch war auf dem Land noch bis weit ins 19. Jahrhundert eine Ausnahme.

78 Alle nachfolgenden nicht eigens nachgewiesenen Zitate aus: Landschulbibliothek (Anm. 72), S. 125–137.

auf Kinder bezogenes freundliches Unterrichtsklima tatsächlich realisiert. Der zweite Augenzeugenbericht bestätigt diese Beobachtungsperspektive, verdeutlicht aber zudem, daß die Kinder in der Reckahnschen Musterschule auch als soziale und individuelle Persönlichkeiten wahrgenommen und respektiert worden sind. Durch diese, bis in unsere heutige Zeit keineswegs selbstverständliche reformpädagogische Unterrichtspraxis wurden die Schülerinnen und Schüler immerhin schon vor 230 Jahren zu einer selbstverantwortlichen Lebensbewältigung angeleitet. Die für das Überleben am Ende des 18. Jahrhunderts notwendigen Agrarreformen (siehe Beitrag Tosch) hatten durch Aufklärung der jungen Generation, d. h. durch die Fähigkeit zum Lesen, Schreiben, Rechnen und zu selbständigem Denken sowie zu bewußtem Planen deutlich bessere Erfolgschancen. Auch wurde durch die von Rochow initiierte *bahnbrechende* Landschulreform auf dessen Gutsherrschaft *nachhaltig* der strukturelle Boden für Verarmung und Bettelei entzogen.

Vernunft fürs Volk: Kontexte und Wirkungsgeschichte

Wie aus den übrigen Aufsätzen dieses Beibuchs zur Ausstellung *Vernunft fürs Volk* deutlich wird, hat Rochow während seines ganzen Lebens mit Ausdauer und Intensität die unterschiedlichsten ökonomischen, agrarreformerischen, sozialpolitischen und

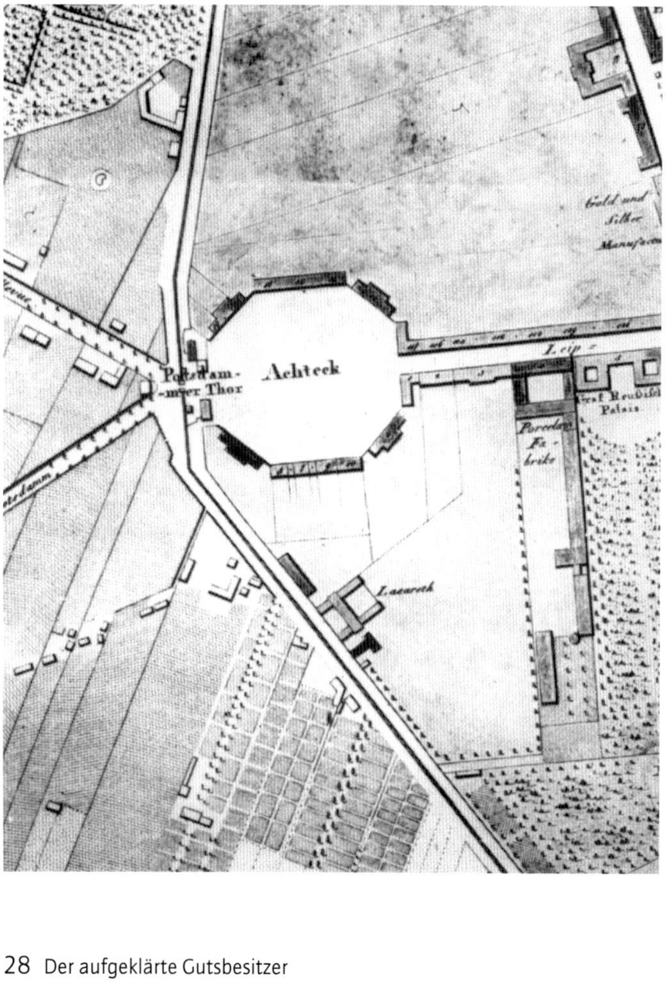

Blick vom Leipziger Platz in die Leipziger Straße, um 1825

pädagogischen Projekte verfolgt. All diese Vorhaben hat er mit Energie, Tat- und Entschlußkraft betrieben, war doch Initiative, Dynamik und erfolgreiche Lösung der in seinem persönlichen Umfeld entstandenen Aufgaben ein Kennzeichen von Rochows Lebensbewältigung. Neben dem Rochow 1762 übertragenen Amt eines Domherrn in Halberstadt hat er eine Vielzahl von Aufgaben und mit Ämtern verbundene Verpflichtungen bewältigt.[79] Sodann hat Rochow periodisch an unterschiedlichsten Wohnorten gelebt: neben der zeitweiligen Präsenzpflicht als Domherr in Halberstadt (siehe Beitrag Sippach) hat er noch über ein herrschaftliches Haus in Berlin am Achteck (dem späteren Leipziger Platz) und über ein von ihm 1789 in Brandenburg erbautes Stadtpalais verfügt.[80] In den verschiedenen Lebensphasen hat er immer wieder an diesen unterschiedlichen Orten und nicht in Reckahn gewohnt. Hinzu kamen die Reisen zur Märkischen Oekonomischen Gesellschaft in Potsdam (siehe Beitrag Tosch). Das dreigeschossige Barockgebäude in Brandenburg befand sich in der St.-Annen-Str. 12 an der Ecke zum Deutschen Dorf. Dort waren u.a. der Kronprinz (der spätere Friedrich Wilhelm III.) und die spätere Königin Luise Gäste des Ehepaars von Rochow. Schließlich war Rochow auch noch ein passionierter Jäger mit eigener Jagd und regelmäßigen Jagdbesuchen beim Fürsten Franz von Anhalt-Dessau (siehe Beitrag Hirsch).[81]

Neben all diesen Verpflichtungen hat Rochow ein auf 1700 Seiten gedrucktes schriftstellerisches Werk[82] (ohne die im Beitrag Tosch zusätzlich nachgewiesenen Aufsätze) zu volksaufklärerischen, schulpädagogischen, sozialpolitischen und poetischen Themen hinterlassen. Wie konnte Rochow all diese Aktivitäten mit der erfolgreichen Bewirtschaftung seiner Gutsherrschaft vereinbaren? Woher hat er die Kraft und die Zeit für all seine Initiativen genommen? Wie können wir uns die unterschiedlichsten Tätigkeiten im Alltag vorstellen?

Zunächst verdeutlicht der Beitrag von Escher, daß Rochow, wie alle Gutsherrn, selbstverständlich Verwalter und andere Bedienstete hatte, an die er (insbesondere bei seiner Abwesenheit) die notwendigen Aufgaben und Geschäfte deligiert hat. Sodann wird durch den Beitrag von Christine Mayer deutlich, wie umfassend gebildet Christine Louise von Rochow (geb. von Bose) in allen Angelegenheiten der Hauswirtschaft, bei der Bewirtschaftung des Gutes sowie bei der Betreuung der vielen Besucherinnen und Besucher des Hauses Rochow gewesen ist. Rochow war also mit einer ganzen Reihe von alltäglichen Lasten kaum befaßt und konnte sich deshalb in den verschiedensten Lebensphasen intensiver den anstehenden Reformprojekten widmen. Auch war das Verhältnis zu den ca. 90 Personen[83], die für Rochow arbeiteten und von ihm ökonomisch abhängig waren, patriarchalisch, aber auch durch Freundlichkeit und Dankbarkeit geprägt: ›Nie sah er mit Stolz auf den Niedrigen herab. *Jedem* seiner Unterthanen verstattete er den freyen Zutritt zu sich‹[84].

Der positive Einfluß der Rochowschen Reformen, insbesondere der Landschulreform, auf den Sozialcharakter der Bevölkerung ist bezeugt. So hob sogar Mirabeau (siehe Beitrag Stübig) hervor, ›die Leute auf Rochows Gütern seien von ganz anderer Art, als die gewöhnlichen Landleute‹[85]. Diese Beobachtung wird durch Büsching bestätigt, der gemeinsam mit seiner Frau beim Eintreffen in Reckahn erstaunt darüber ist, daß die Bewohner durch ihr Betragen ›einen sehr angenehmen Begriff von diesem Ort erwecken. Denn anstatt des bäurischen Wesens, [...] welches man auf den Dörfern anzutreffen gewohnt ist, erwiesen uns diese Leute eine unerwartete Höflichkeit [...] bey welcher sich insonderheit die Kinder artig zeigten. Da sieht man, sagten wir zu einander, was die hiesige gute Schule ausrichtet‹[86].

Gerade der zuletzt zitierte Augenzeugenbericht scheint zu belegen, daß moralische Selbstfindung durch Aufklärung der niederen Volksklassen (siehe Beitrag Böning) im preußischen Ständestaat im letzten Drittel des 18. Jahrhunderts möglich war. Dabei durften die individuellen Anlagen aus Rochows Sicht nicht durch die ständischen Schranken eingeengt werden. Jeder Mensch hatte gleichermaßen Anrecht auf schulische Förderung (siehe Beitrag Stübig). Durch die Kontakte mit Gellert, insbesondere aber durch die persönliche Freundschaft mit Basedow (siehe Beitrag Overhoff), war Rochow ein hervorragender Vertreter der philanthropischen Erziehungsbewegung geworden. Das der philanthropischen Erziehungstheorie zugrundeliegende Moralmodell

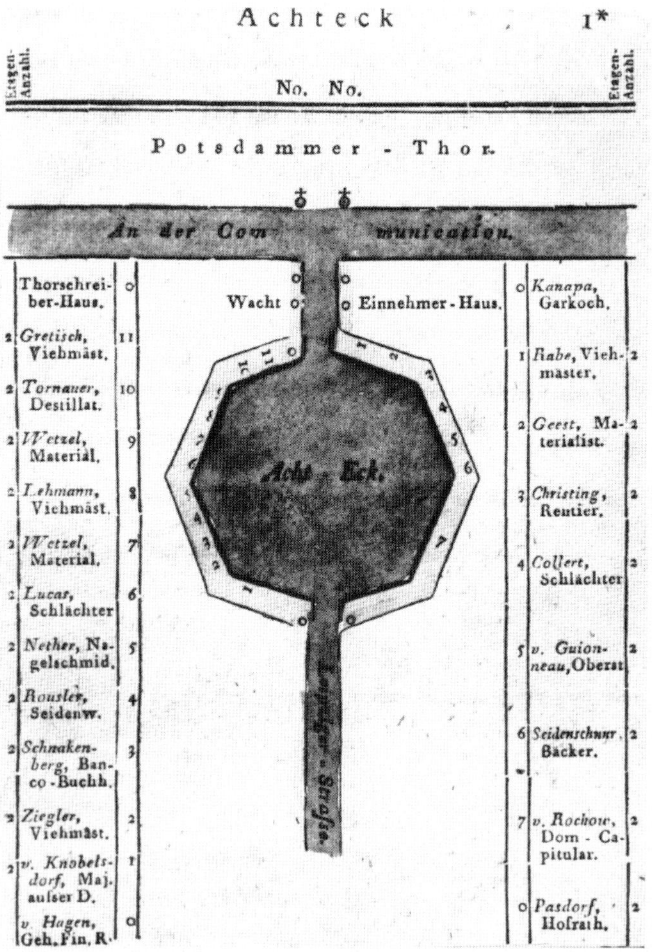

basierte in seiner Genese auf einem theologisch motivierten gesellschaftlichen Reformprogramm[87], das von religiöser Toleranz getragen und bestimmt war. Rochows aufgeklärte Zeitgenossen haben diese für Preußen konstitutive Seite der Toleranz[88] in der Reckahner Landschulreform aufmerksam beobachtet. Auch vor

79 ›Friedrich Eberhard von Rochow [war] des hohen Domstifts zu Halberstadt Capitular und Portanarius (Propst des Pforten-Kloster), des Johanniter-Malteser-Ordens Ritter, königl. Preuß. mittelmärkischer Ritterschaftsdirektor, Erb- und Gerichtsherr auf Reckan, Krane, Gettin, Mesdunck, Rottscherlinde und Brückermark, Mitglied der königl. Preuß. ökonomischen Gesellschaft zu Potsdam, der königl. literarischen Gesellschaft zu Halberstadt, deßgleichen der Berlinischen Gesellschaft naturforschender Freunde und der königl. Schwedischen Gesellschaft für Erziehung zu Stockholm, wie auch der königl. Südpreußischen ökonomischen Gesellschaft und der herzoglich Mecklenburgischen ökonomischen Gesellschaft Ehrenmitglied‹ (Zerrenner: Andenken (Anm. 1), S. 3).

80 Vgl. Schäfer: Rochow (Anm. 7), S. 243.

81 Das früheste Zeugnis der Teilnahme an einer Dessauer Jagdgesellschaft stammt vom 23. September 1765, bei der ein ›Sechzehnender‹ zur Strecke gebracht wurde. Unter den namentlich aufgeführten Jagdgästen steht an sechster Stelle Rochow. Siehe Abbildung des Stichs von Johann Elias Ridinger aus dem Zyklus ›Vorstellung der [...]Hirschen [...] welche von grossen Herren selbst gejagt worden‹ (1768). – Vgl. Ulla Jablonowski: Dessau und Reckahn. In: Reckahner Hefte 02/1996, S. 4.

82 Gedruckt in der vierbändigen Werkausgabe von Jonas/Wienecke (Anm. 7).

83 Vgl. Zerrener: Andenken (Anm. 1), S. 25.

84 Prediger Martus zit. nach ebenda S. 32.

85 Jonas/Wienecke (Anm. 7), Bd. 2, S. 133.

86 Büsching: Beschreibung (Anm. 40), S. 252.

87 Die Zusammenhänge werden gegenwärtig von Franklin Kopitzsch (Bremen), Jürgen Overhoff (Potsdam) und Hanno Schmitt in dem von der Deutschen Forschungsgemeinschaft finanzierten Projekt ›Konstitutionsbedingungen der philanthropischen Pädagogik. Praxisfelder und Wirkungsgeschichte eines theologisch motivierten gesellschaftlichen Reformprogramms‹ erforscht.

88 Vgl. Gerd Heinrich: Religionstoleranz in Brandenburg-Preußen. Idee und Wirklichkeit. In: Preußen. Beiträge zu einer politischen Kultur, hrsg. von Manfred Schlenke. Hamburg 1981, S. 61–88.

Rochow ist als Jagdgast an 6. Stelle aufgeführt

Rochows Haus in Brandenburg a. H.

diesem Hintergrund werden die erstaunlichen Besucherströme (siehe Beitrag Scholz und Keck) im Zeitalter der Kutschenreisen erklärbar. Rochow berichtet in seiner *Geschichte meiner Schule*: Es waren Besucherinnen und Besucher ›von allen Konfessionen, selbst der Römischkatholischen, auch Juden, [die] meine Reckahnsche Schule besuchten‹[89].

Das durch Toleranz und Aufklärung geprägte Erziehungsprogramm des Philanthropismus[90] war auf praktische Veränderungen angelegt. Gemeinnützigkeit und Selbstdenken bzw. -tätigkeit waren das Ziel. Nützliche Erkenntnis und realistisch-lebenspraktische Bildung, zuweilen noch als ›platte Nützlichkeit‹ diskreditiert, standen im Vordergrund. Individuelle Lebensformen und gesellschaftliche Verkehrsnormen sollten an Rationalität, Leistung und Effizienz orientiert werden. Die Verbesserung der individuellen Lebensumstände als Zielsetzung hat dabei die Sozialverfassung in der ständischen Gesellschaft keineswegs in Frage gestellt. Das philanthropische Erziehungsprogramm wurde von den verschiedensten Vertretern des Philanthropismus wie Basedow, Campe, Salzmann, Stuve, Trapp, Villaume u. a. (siehe Beitrag Keck) auf die *jeweils spezifischen* Bedingungen der neu errichteten Musterschulen und die damit zusammenhängenden größeren Schulreformen schon im 18. Jahrhundert übertragen (siehe Beitrag Kopitzsch, Markussen, Schreiter). Im Kontext all dieser am Beginn moderner Bildungsreformen stehenden Initiativen ragt die Reckahner Landschulreform zweifelsfrei singulär hervor: Die von Rochow initiierte Reckahner Reform war nicht nur die *erste philanthropische Musterschule* überhaupt, sie war auch die *erste ländliche Reformschule*, in der ausschließlich Bauernmädchen und Bauerernjungen mit aufgeklärt-philanthropischen Unterrichtsmethoden und -inhalten unterrichtet wurden. Deshalb wurde die Rochowsche Schule in Reckahn ›die erste aller Volksschulen in Deutschland‹[91]. Noch 1821 schrieb der sehr gut unterrichtete Samuel Baur: Rochow ›war der erste, der in Deutschland das Interesse der Volkserziehung auf eine wirksame Weise anregte [...]. Was seit einem halben Jahrhundert im Vaterlande, durch Lehre und That, zur Verbesserung des deutschen Schul-

89 Jonas/Wienecke (Anm. 7), Bd. 3, S. 17.

90 Als Überblick vgl. Hanno Schmitt: Politische Reaktionen auf die Französische Revolution in der philanthropischen Erziehungsbewegung. In: Französische Revolution und Pädagogik der Moderne. Aufklärung, Revolution und Menschenbildung im Übergang vom Ancien Régime zur bürgerlichen Gesellschaft, hrsg. v. Ulrich Herrmann und Jürgens Oelkers. Weinheim/Basel 1990, S. 163–184.

91 Journal für Prediger, 12. Bd., 1. St. Halle 1781, S. 35.

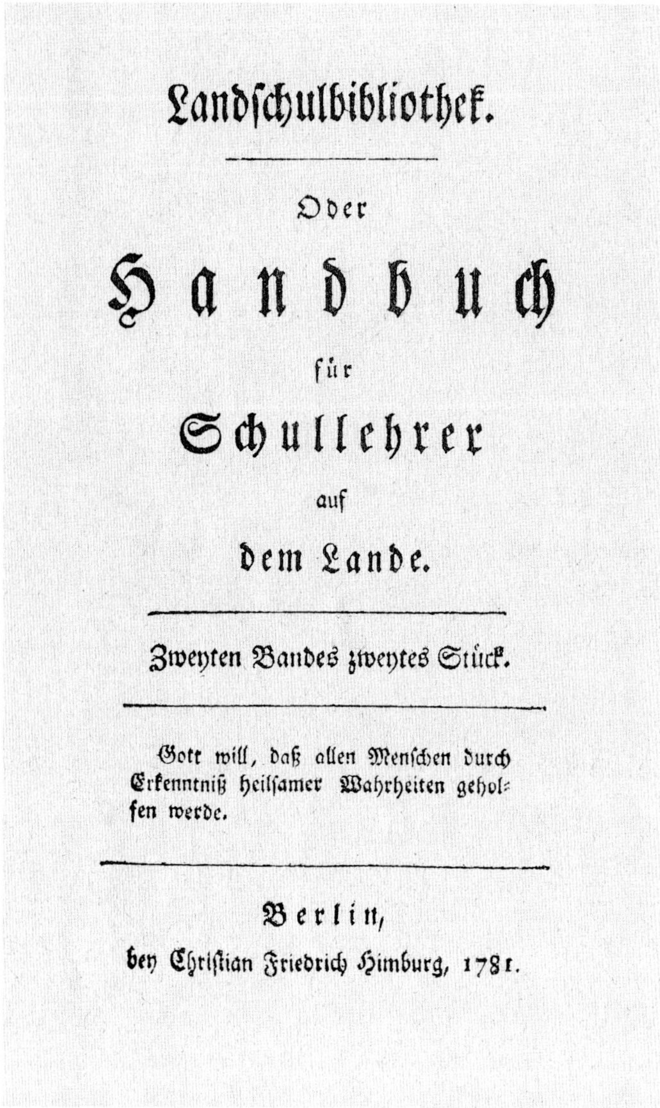
Landschulbibliothek.

Oder

Handbuch

für

Schullehrer

auf

dem Lande.

Zweyten Bandes zweytes Stück.

Gott will, daß allen Menschen durch Erkenntniß heilsamer Wahrheiten geholfen werde.

Berlin,

bey Christian Friedrich Himburg, 1781.

wesens geschah, ist größtentheils Nachwirkung des Impulses, den dieser ehrwürdige Mann gab‹[92].

Die Rochowsche Schulreform steht am *Anfang* der Landschulreform, die weit bis ins 20. Jahrhundert hinein Bedeutung für die Modernisierung der Gesellschaft gehabt hat.[93] In diesem Kontext hat man den Pädagogen Rochow, um ihn zu ehren, als ›Pestalozzi der Mark‹ bezeichnet. Dieses Etikett wird bis in aktuelle Berichte im Preußenjahr 2001 hinein transportiert. Obwohl so zu Recht die Bedeutung Rochows als *Klassiker der Pädagogik* herausgestellt wird, ist die Bezeichnung ›Pestalozzi der Mark‹ irreführend, ja bei genauer Prüfung eindeutig falsch.[94] Darauf haben bereits die verdienstvollen Herausgeber von Rochows Werkausgabe hingewiesen. Diese belegen schon vor fast 100 Jahren überzeugend und quellengesättigt, daß, so wohlwollend der Vergleich mit Pestalozzi auch gemeint sein mag, Rochow nun mal fast *dreißig Jahre vor* Pestalozzi ins Blickfeld der deutschen, ja sogar *europäischen Erziehungsgeschichte* getreten ist. Rochow hatte also, wie dies im vorliegenden Band an vielfältigsten Beispielen demonstriert wird, *keineswegs* nur eine Bedeutung für die Mark. Neueste Forschungen zur Pestalozzirezeption in Preußen haben darüber hinaus die Historisierung und *Mythologisierung der Legende Pestalozzi* im 19. Jahrhundert erforscht.[95] Unbestreitbar war die theoriegeschichtliche, auf praktische Bildungsreformen ausgerichtete Entwicklung des Philanthropismus, an dessen Anfang Basedow und in dessen Gefolge eben Rochow standen, zweifelsfrei *eigenständig*.[96] Während Pestalozzi sich ursprünglich auf Volksbildung und Volksaufklärung ›ohne Anstalten‹ konzentriert hat, auf die Erziehung im Haus, in der ›Wohnstube‹, hatte bei den Philanthropen die Reform der Schule und des Unterrichts Priorität. Auch ist erwähnenswert, daß Pestalozzis öffentlichkeitswirksamer und zur Legendenbildung bei der Volksschullehrerschaft beitragender Durchbruch in Preußen erst nach 1800 erfolgte. Schließlich sei nochmals hervorgehoben, daß der ökono-

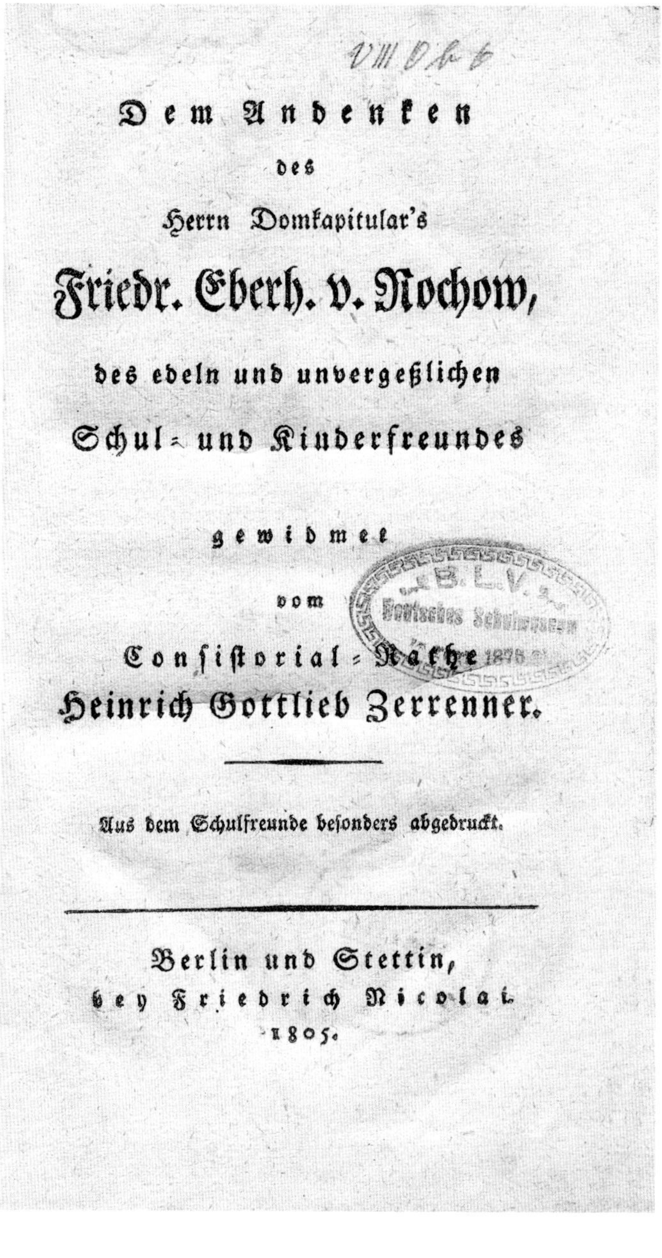

Dem Andenken

des

Herrn Domkapitular's

Friedr. Eberh. v. Rochow,

des edeln und unvergeßlichen

Schul- und Kinderfreundes

gewidmet

vom

Consistorial-Rathe

Heinrich Gottlieb Zerrenner.

Aus dem Schulfreunde besonders abgedruckt.

Berlin und Stettin,

bey Friedrich Nicolai.

1805.

misch erfolgreiche Gutsherr von Rochow auch als Pädagoge tatsächlich die Erziehungsrealität in seinem Wirkungsbereich verändert und weit darüber hinaus auch national und international Einfluß genommen hat. Vermutlich hat er sich schon deshalb nicht zur Legendenbildung angeboten. Inzwischen ist es an der Zeit, den grundlegenden Beitrag Friedrich Eberhard von Rochows zur Geschichte der Pädagogik bewußt zu machen.

Epilog

Friedrich Eberhard von Rochow starb am Morgen des 16. Mai 1805. ›Er wurde am 18. [Mai] nach seiner Anordnung [auf dem von ihm geschaffenen Friedhof] still beerdigt. [...] Es war ein schöner Frühlingsmorgen. Sämmtliche Unterthanen folgten, und ihre große Traurigkeit bewies, daß sie es fühlten, *wie viel* sie verloren hatten. Als wir den Sarg in die Gruft senkten, *ging gerade die Sonne auf*‹[97].

92 [Samuel Baur:] Friedrich Eberhard von Rochow. In: Ders.: Interessante Lebensläufe, 7. Teil. Leipzig 1821, S. 426–456, hier S. 426.

93 Zusammenfassend vgl. Jörg-W. Link: Reformpädagogik zwischen Weimar, Weltkrieg und Wirtschaftswunder. Pädagogische Ambivalenzen des Landschulreformers Wilhelm Kircher (1898–1968). Hildesheim 1999.

94 Im Eröffnungsvortrag anläßlich des 250. Geburtstages von Pestalozzi stellt U. Herrmann fest: Pestalozzi ist eine Legende und ein Mythos *und* – überraschend genug – ein ›Klassiker der Pädagogik‹, obwohl er doch nun gerade auf diesem Gebiet nichts wirklich Dauerhaftes und Praktikables geleistet hat – abgesehen von seinen pädagogisch-publizistischen Erfolgen mit ›Lienhard und Gertrud‹ und ›Wie Gertrud ihre Kinder lehrt‹. Ulrich Herrmann: Pestalozzis Denken im Kontext politisch-sozialer Modernisierung. In: Pestalozzi – wirkungsgeschichtliche Aspekte. Dokumentationsband zum Pestalozzi-Symposium 1996, hrsg. v. Fritz-Peter Hager und Daniel Tröhler. Bern/Stuttgart/Wien 1996, S. 37–67, hier S. 61.

95 Vgl. Fritz Osterwalder: Pestalozzi – ein pädagogischer Kult. Pestalozzis Wirkungsgeschichte in der Herausbildung der modernen Pädagogik. Weinheim/Basel 1995.

96 Vgl. Hanno Schmitt: Pestalozzi und der pädagogische Diskurs der Philanthropen in der Spätaufklärung. In: Jahrbuch für Historische Bildungsforschung, Bd. 3. Weinheim und München 1996, S. 49–65.

97 Zerrenner: Andenken (Anm. 1), S. 43. Weitere Hinweise im Kirchenbuch Nr. 3, Gestorbene 1805 im Pfarramt Krahne. Den zweiseitigen Eintrag schrieb der Prediger Friedrich Eberhard Christian Martus, der auch die Grabrede hielt. Der Prediger Martus war der Sohn von Rochows treuem Kammerdiener Johann Friedrich Martus.

D. Chodowiecki del et Sculp: Berol. 1777.

Die Rochows in der Zauche

Felix Escher

Als im Jahre 1760 der preußische Kabinettsminister Friedrich Wilhelm von Rochow seinem unter 14 Kindern einzig überlebenden Sohn Friedrich Eberhard von Rochow die Besitzungen im Zauchischen Kreis übergab, um sich auf die nach dem Tode seiner Frau zugefallenen Besitzungen in der Provinz (Ost-) Preußen zurückzuziehen, war dies ein öffentlicher Akt mit weitreichender Bedeutung für die heimatliche Region.

Es war ein ansehnlicher Besitz, den Friedrich Eberhard in seiner Hand vereinigte. Dazu gehörte die vom Vater übernommene Grund- und Gutsherrschaft über die mit der Herrschaft Reckahn verbundenen Besitzungen Krahne, Göttin, Rotscherlinde und Messdunk. Für eine Umwanderung des geschlossenen Areals (ohne Brückemark) waren nach der Aufzeichnung des Berliner Oberkonsistorialrats, Schuldirektors und Geographen Anton Friedrich Büsching 8 ½ Stunden nötig.[1] Büsching, der aufmerk- und mitteilsame Besucher aus dem Juni 1775, berichtet weiter, daß in dem Ort Reckahn im Jahr 1773 223 Menschen wohnten. Es lebte dort neben dem gutsherrlichen Ehepaar je ein Verwalter, Förster oder Jäger, Fischer, Schmied, Schneider, Tischler, Leinweber, Schäfer, 3 Hirten, 16 Bediente und 6 Jungen, 19 Einlieger (Personen, die zur Miete wohnen, neben Taglöhnern auch im eigenen Haushalt lebende Alte und Witwen), 61 Frauen, 14 große Söhne, 14 große Töchter, 25 Söhne und 29 Töchter unter 10 Jahren und Knechte sowie 14 Dienstmägde. Der ganz überwiegende Teil der Bewohner war sicherlich eng mit dem herrschaftlichen Gutskomplex verbunden. Eigene Wirtschaften betrieben noch drei Bauern, die ebenso wie die 8 Kossäten (Hausbesitzer mit geringem landwirtschaftlich nutzbarem Grundbesitz) für das Gut Abgaben und Dienstpflichten leisten mußten. Krahne, zu dessen Kirchspiel Rotscherlinde gehörte, war zugleich die Mutterkirche für die Filialkirchen Reckahn, Göttin und Messdunk. In Krahne lebten 1773 neben dem Pfarrer, Küster und Verwalter, 12 Einlieger, 5 Hirten und je 1 Leinweber, Schäfer, 10 Knechten, 5 Jungen und 23 Mägden noch 16 Bauern, 14 Kossäten, Frauen und Kinder eingerechnet insgesamt 231 Personen. In Göttin mit 156 Personen war ebenfalls ein Verwalter, je ein Schulmeister, Müller, Leinweber, Schäfer und Ziegelstreicher, 2 Hirten und 15 Einlieger neben 7 Bauern und 4 Kossäten ansässig. Messdunk, ein Vorwerk, hatte 1772 nur noch 58 Einwohner, darunter 4 Kossäten. Ähnlich lagen die Verhältnisse in dem auf einer wüsten Feldmark im 16. Jahrhundert wieder aufgebauten Gutsvorwerk Rotscherlinde mit 48 Einwohnern, darunter je einem Bauern, einem Kossäten und einem Müller.[2]

Nicht nur die in abhängiger Stellung beschäftigten Knechte, Mägde, Hirten und Schäfer sowie die Einlieger, sondern auch die Bauern und Kossäten standen als Abgaben- und Dienstpflichtige unter der Herrschaft. Mithin waren mehr als 500 Menschen der Herrschaft des Grundherrn Friedrich Eberhard von Rochow untertänig.

1 Vgl. Anton Friedrich Büsching: Beschreibung seiner Reise von Berlin über Potsdam nach Reckahn unweit Brandenburg, welche er vom dritten bis achten Junius 1775 gethan hat. 2. Auflage, Frankfurt und Leipzig 1780, S. 259; zu Büsching jetzt: Peter Hoffmann: Anton Friedrich Büsching (1724–1793). Ein Leben im Zeitalter der Aufklärung. Berlin 2000.

2 Vgl. Historisches Ortslexikon für Brandenburg, Teil V, Zauch-Belzig, bearbeitet von Peter P. Rohrlach. Weimar 1977, S. 350 f.

Vor dem Siebenjährigen Krieg lag die Bevölkerungszahl mit ca. 800 Einwohnern noch höher. Über 100 männliche Einwohner waren im Krieg gewesen und von ihnen fast alle im Krieg geblieben. Durch die Kriegsfolgen war mithin auch im 18. Jahrhundert ein merkbares Übergewicht des Anteils von Frauen entstanden. Für die zahlreichen Witwen und nicht beschäftigte Tagelöhner stellte der Gutsherr Brachland zur Verfügung, das von diesen aufgegraben, gedüngt und mit Lein, Hirse, Mohn, Linsen, Kichererbsen, gelben Rüben oder Kartoffeln besät wurde. Die Herrschaft hatte davon den Vorteil, daß das so bebaute Land im folgenden Jahr guten Roggen trug.[3]

Der Boden im gesamten Gebiet war sehr sandig. Nur wenig Weizen konnte angebaut werden. Das Verhältnis von Aussaat und Ertrag betrug bei der Gerste und dem Hafer eins zu drei, bei Roggen, dem am meisten angebauten Getreide, eins zu vier. Insgesamt wurden in den herrschaftlichen Äckern der sechs Güter 120 Wispel (1 Wispel = 13,15 hl) Getreide ausgesät. Die Bauern der drei Dörfer Reckahn, Krahne und Göttin brachten es insgesamt auf 80 Wispel. Im niedrig gelegenen Talbereich waren durch Entwässerungsgräben neue Wiesen entstanden, die vorteilhaft zur Viehzucht genutzt werden konnten. Während die Viehzucht verpachtet war, betrieb der Gutsherr die Schafzucht in eigener Regie, doch war die Sterblichkeit unter den Tieren hoch.[4] Im Besitzkomplex gab es nicht nur wirtschaftliche, sondern auch administrativ-rechtliche Funktionen. In dem ständisch bestimmten Staat vertrat der Rittergutsbesitzer die Untertanen in seinem Herrschaftsbereich nicht nur in allen land- und kreisständischen Angelegenheiten. Als Inhaber der Orts- und Polizeigewalt standen ihm Gerichtsrechte zu, für deren Ausübung er einen dazu staatlich zugelassenen Richter nach eigener Wahl, häufig die Richter der nahegelegenen Städte, bestellen konnte.[5] Die örtlichen Verwaltungsangelegenheiten nach der Dorf- und Ackerordnung von 1702 wurden von dem Dorfschulzen unter Beiziehung von bäuerlichen Schöffen ausgeübt. Ihnen stand auch die niedere Dorf- und Feldpolizei zu. Die Aufsicht über die Schulzentätigkeit hatte die Herrschaft, die den Schöffen in der Regel mit der Minderung von Diensten und Abgaben für seine Aufgaben entschädigte.

Anton Friderich Büschings,
Königl. Preußl. Oberconsistorialraths ꝛc.
Beschreibung
seiner Reise
von Berlin über Potsdam nach Rekahn
unweit Brandenburg,
welche er vom dritten bis achten Junius 1775
gethan hat.
Mit Landcharten und andern Kupferstichen.

Leipzig 1775.
gedruckt bey Friedrich Gotthold Jacobäern,
im Verlag der Haude und Spenerschen Buchhandlung zu Berlin.

Der Rittergutsbesitzer selbst war befreit von allen direkten Geld und Naturalabgaben. Lediglich die vassalitischen Abgaben, das Lehn- und Ritterpferdgeld mußte gezahlt werden. Wesentliche ständische Steuern[6], die von den Untertanen aufzubringen und durch die Herrschaft an die von den Landständen verwaltete Steueradministration weitergeleitet werden mußten, waren die von den steuerpflichtigen (bäuerlichen) Hufen aufzubringende Kontribution sowie für die Versorgung des Militärs das Kavalleriegeld und Metzkorn. Sie wurde in voller Höhe nur für die 30 Bauernhufen in Krahne geleistet mit 91 Talern Kontribution, 34 Talern, 6 Groschen Kavalleriegeld und 6 Groschen Metzkorn.[7] In Messdunk und Reckahn waren die kontribuablen Hufen, Bauern und Kossätenhöfe nach einem Vergleich vom 26. November 1722 zum Rittergut gezogen worden, für das der Gutsbesitzer stattdessen pauschal 100 Taler an die Kreiskasse zahlen muß.[8]

Die Einziehung der ständischen Steuern und die Verwaltung der ständischen Kassen ließen Landständen weiterhin eine gewisse Bedeutung zukommen. In allen Landesteilen wurden nach der Abschaffung überregionaler Versammlungen weiterhin mindestens einmal im Jahr zur Revision der Kreiskassen Kreistage gehalten, zu denen die geistlichen Stiftungen, soweit sie über ländlichen Grundbesitz verfügten, die ritterschaftlichen Gutsbesitzer, die mit ländlichen Grundbesitz ausgestatteten Städte, der staatliche Steuerrat als Vertreter der Städte, die nicht zu der Kreisversammlung zugelassen waren, sowie ein Vertreter der staatlichen Kriegs- und Domänenkammer geladen wurden. Auch die Landräte, die im Kreis eingesessene Gutsbesitzer sein mußten, wurden von den Kreistagen gewählt, ebenso Kreisdeputierte für staatliche Verwaltungen und zur Aufsicht ständischer Kassen.[9] Friedrich Eberhard von Rochow wurde so mit dem ständischen Finanzwesen vertraut und übernahm im ritterschaftlichen Kreditwesen Ehrenämter und gehörte für das ritterschaftliche Pfandbrief-Institut für die Kur- und Neumark im Bereich der in Berlin angesiedelten Direktion für die Mittelmark zu den ›vier Ritterschaftsdeputierten, welche aus den verschiedenen Kreisen der

Landschaftshaus der zauchischen und havelländischen Kreisstände, heute Potsdam-Museum

Mittelmark nach einer unter ihnen bestimmten Theilnahme, für jede Stelle gewählt, und von welchen einer als Director bestimmt wurde‹[10]. So erhielt auch er den Titel eines Ritterschaftsdirektors.

Die zauchischen und havelländischen Kreisstände erhielten 1770 ein auf königliche Kosten errichtetes Landschaftshaus in Potsdam, heute Breite Straße10/11 (Potsdam-Museum), in dem neben der Wohnung der Kreissteuereinnehmer auch Räume für die Landräte und Sitzungszimmer vorhanden waren.

Über die Kirche, Pfarre und Schule standen dem Rittergutsbesitzer in der Regel die Patronatsrechte zu. In der Herrschaft Reckahn gab es einen Pfarrer in der Mutterkirche Krahne, der auch die Filialen in Reckahn und Messdunk versah. Zu den Rech-

3 Vgl. Büsching: Beschreibung (Anm. 1), S. 260.

4 Vgl. ebenda S. 265 f.

5 Beste zeitgenössische Übersicht bei (Magnus Friedrich von Bassewitz): Die Kurmark Brandenburg ihr Zustand und ihre Verwaltung unmittelbar vor dem Ausbruch des französischen Krieges im Oktober 1806. Leipzig 1847, S.14 ff.; zur brandenburgischen Landgemeinde allgemein: Lieselott Enders: Die Landgemeinde in Brandenburg – Grundzüge ihrer Funktion und Wirkungsweise vom 13. bis zum 18. Jahrhundert. In: Blätter für deutsche Landesgeschichte 129 (1993), S. 195-256.

6 Dazu grundsätzlich: Paul Gottlieb Wöhner: Die Steuerverfassung des platten Landes der Mark Brandenburg, 3 Teile. Berlin 1804–05.

7 Vgl. Wöhner: Steuerverfassung (Anm. 6), Teil 2.

8 Vgl. Wöhner: Steuerverfassung (Anm. 6), Teil 1, S. 50. A. F. Büsching, Beschreibung (Anm. 1), S. 262 f. führt zu diesem von ihm ›seltenes Privilegium‹ genannten Faktum aus: ›König Friedrich Wilhelm wollte dem Vater des Domherrn für die guten Dienste belohnen, welche er von 1714 bis 1719 zur errichtung der Domainen-Aemter in Preussen geleistet hatte, und war geneigt, ihm ein erledigtes beträchtliches Lehn zu schenken; da er aber derselbige diese Gnade verbat, um etwas anderes bitten sollte, so erbat er sich die erwähnte Freyheit aus, obgleich die Summe, welche er anbot, und seitdem gegeben wird, die Kreisabgaben noch in etwas übersteigt‹.

9 Vgl. Bassewitz: Kurmark (Anm. 5), S. 162 ff.

10 Ebenda S. 175.

ten des Patronatsherrn gehörte das Besetzungsrecht der jeweiligen Pfarr-, Küster- oder Schulleiterstelle.[11] Inspektoren führten die Aufsicht. Der Patron hatte seinen Beitrag zur Erhaltung und gegebenenfalls dem Bau der entsprechenden Kirchen-, Schul- und Küsterhäuser zu leisten. Eine Besoldung erfolgte für den Krahner Pfarrer wesentlich durch die Einkünfte der 2 Pfarrhufen am Ort, die durch Schenkungen von Ackerstücken im 17. Jahrhundert noch ergänzt worden waren. In Reckahn bestanden ein der Kirche gehöriger Hof mit einer Hufe und in Messdunk neben Abgaben einige Ackerstücke, in Göttin besaßen Pfarrer, Kirche und Küster nur Abgaben.[12] Auch die Schullehrer wurden nicht von der Herrschaft bezahlt, die Leistungen, die hier Friedrich Eberhard von Rochow erbrachte, waren freiwillig.

Auf die vielfältigen Aufgaben des Herrschaftsinhabers, die ökonomische und juristische Kenntnisse erforderten, wurden die zukünftigen Rittergutsbesitzer nicht besonders vorbereitet. Allenfalls gab der Vater dem Sohn dem Herkommen nach seine Erfahrungen und Erkenntnisse weiter. Traditionell standen dem jungen Adligen der Weg in den Militärdienst oder den eine teure juristische Ausbildung voraussetzenden Staatsdienst als Alternativen offen. Friedrich Eberhard hatte die militärische Laufbahn gewählt.[13] Sicher spielten Erfahrungen der eigenen Biographie eine Rolle, wenn er als reifer Mann im Gespräch den ›frühzeitige(n) Kriegsdienst des Adels, wegen dessen er ganz unwissend in der Oekonomie und in den Kenntnisse(n) der Rechte, insbesonderheit der Vorsichtigkeit gegen die Erschleichung der Verjährung bleibet‹ als eine ›Nebenursache‹ für den Verfall der Lehngüter nannte.[14] Die Führung der Ökonomie mußte deshalb in andere Hände gelegt werden. Eigene Verwalter werden für die Gutskomplexe aufgeführt und auch die Vorwerke werden von Fachleuten geführt worden sein. Die Möglichkeit, durch Verpachtung regelmäßige festgelegte Einnahmen zu erzielen, die sich im preußischen Domänenwesen seit dem Beginn des 18. Jahrhunderts bewährt hatte[15], wurde in Reckahn nicht angewandt. Lediglich die auf die Niederungsstandorte begrenzte Viehhaltung war einem Pächter übergeben worden. Für den Gutsherrn war die kontinuierliche Leitung der Administration durch seine häufige Abwesenheit, die vor allem ab 1762 die Domherreneigenschaft mit der gebotenen Residenzpflicht in Halberstadt (siehe Beitrag Sippach) notwendig machte, ohnehin nicht durchzuführen.

Der Besitzkomplex war weder in seiner Genese, noch in seiner Rechtsqualität homogen. Den wesentlichen Anteil bildeten ehemals vasallitische Lehen. Allein das von Daniel Heinrich von Rochow 1655 für 6000 Taler gekaufte Rotscherlinde, der von der Golzower Linie von Friedrich Wilhelm von Rochow 1720 für 1750 Taler erworbene Eichberg bei Krahne und das erst 1772 durch Kauf von Friedrich Eberhard von Rochow erlangte Brückenmark waren frei verfügbar, mithin Allodialgüter.[16]

Die Familie von Rochow ist seit dem 13. Jahrhundert in der Mark, zunächst in der Altmark, nachzuweisen. Im folgenden Jahrhundert war die Zauche bereits Mittelpunkt der Rochowschen Besitzungen.[17] Im Jahre 1329 war die Familie in Golzow ansässig.

Nachrichten

zur

Geschichte des Geschlechts

derer

von Rochow und ihrer Besitzungen,

gesammelt von

Adolph Friedrich August von Rochow.

Das Wappen derer von Rochow.

Berlin, 1861.

1351 belehnte Markgraf Ludwig der Ältere von Brandenburg Hans, Heinrich und Wichard von Rochow mit dem Haus Golzow samt Zubehör sowie Pernitz, Krahne, Reckahn, Göttin, Rotscherlinde, Grebs, (Groß-) Kreutz, Plessow, Glindow und Gölsdorf. Damit war der Kern der zauchischen Besitzungen, die lange, zum Teil bis

11 Vgl. dazu Wolfgang Neugebauer: Absolutistischer Staat und Schulwirklichkeit in Brandenburg-Preussen. Berlin/New York 1985 (= Veröffentlichungen der Historischen Kommission zu Berlin, 62), S. 134 ff.

12 Vgl. Ortslexikon (Anm. 2), S.199, 351.

13 Vgl. zur Biographie Zitat nach A. F. Büsching: Beschreibung (Anm. 1), S. 282.

14 Vgl. dazu Hans-Heinrich Müller: Märkische Landwirtschaft vor den Agrarreformen von 1807. Potsdam 1967.

15 Vgl. Büsching: Beschreibung (Anm. 1), S. 259.

16 Zum Folgenden vgl.: Adolph Friedrich August von Rochow: Nachrichten zur Geschichte des Geschlechts derer von Rochow und ihrer Besitzungen. Berlin 1861.

17 Vgl. Joachim Herrmann: Die vor- und frühgeschichtlichen Burgwälle Gross-Berlins und des Bezirks Potsdam. Berlin 1960 (Deutsche Akademie der Wissenschaften zu Berlin, Schriften der Sektion für Vor- und Frühgeschichte; 9), S. 135 f., zu Golzow: S. 133, zu Zolchow-Plessow: S. 188.

Aus: Büsching ›Beschreibung seiner Reise von Berlin über Potsdam nach Reckahn unweit Brandenburg‹, 1775

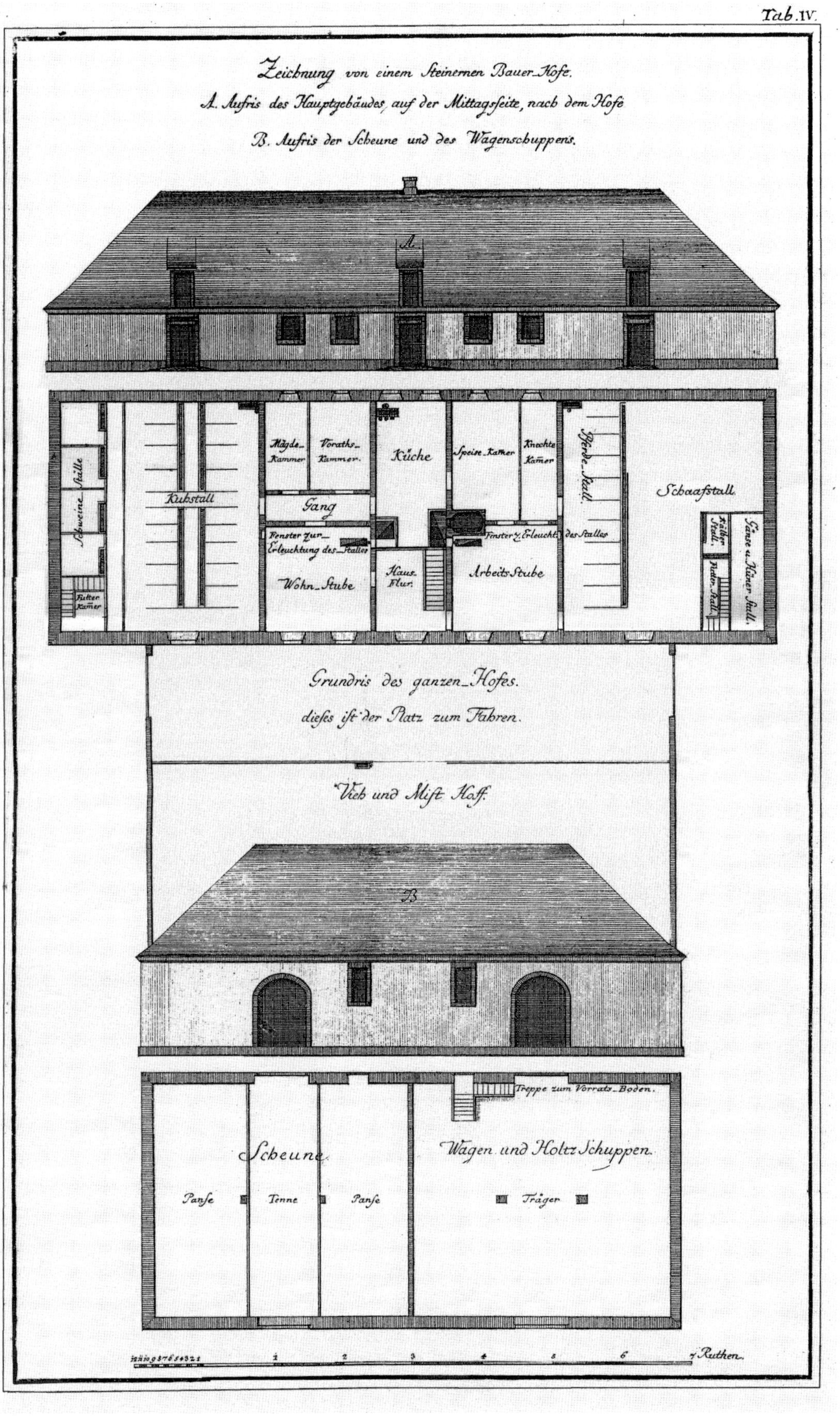

an die Gegenwart heran, im Familienbesitz blieben, bereits festgeschrieben.

In Golzow, Zolchow-Plessow wie auch in Reckahn befanden sich Burgen. In Duster-Reckahn lag ein slawischer Burgwall im Schutz der Alten Plane (Gänsegraben), der bis in die Zeit askanischer Markgrafen genutzt wurde und dann – vielleicht durch den 1227 und 1237 urkundlich genannten *Theodericus de Reckan* – durch eine mit einem Wassergraben umgebene quadratische Schutzanlage am Gutsgelände abgelöst wurde.[18]

Als führendes Adelsgeschlecht in der Zauche waren die Rochows am spätmittelalterlichen Fehdewesen aktiv beteiligt. Langwierige Auseinandersetzungen führte man mit wechselnden Verbündeten gegen den Erzbischof von Magdeburg[19], in deren Verlauf im Jahr 1405 die Besitzungen Glindow, Groß Kreutz, Gollwitz, Grebs, Bliesendorf und Gölsdorf in Mitleidenschaft gezogen wurden. Dietrich und Wichard von Rochow auf Golzow hatten sich nach 1410 mit Angehörigen der Familien von Quitzow und von Bredow gegen die von den Luxemburger Landesherrn eingesetzten Burggrafen von Nürnberg aus dem Haus Hohenzollern als Herrschaftsträger über die Mark gestellt. Es bedurfte der Vermittlung des Abtes des nahegelegenen Klosters Lehnin, um die wegen Felonie (Bruch und Verrat der Lehnstreue) angeklagten und für schuldig befundenen Rochows zu begnadigen und die eingezogenen Besitzungen des Hauses, darunter das feste Haus Golzow, zurückzuerlangen. Doch auch mit dem Kloster Lehnin gab es in der Folgezeit ernste Streitigkeiten.[20]

Die besondere Stellung des Hauses Rochow in der Zauche ist aus Vasallen-, bzw. Lehntabellen für das Gebiet abzulesen: Nach der Musterrolle von 1588 hielt die Familie 8 von 26 Lehnpferden des Kreises.[21] Selbst in den Zeiten des Rückganges des Familienbesitzes 1685 stellten die Linien Golzow, Plessow und Reckahn jeweils 1 ½ von den insgesamt 27 ½ Lehnpferden. Zu diesem Zeitpunkt standen von den 48 ritterschaftlichen Orten der Zauche 15 Orte ganz und 1 Ort teilweise unter der Herrschaft der Familie.[22]

1520 teilte Hans von Rochow seinen Besitz unter vier Söhnen auf: Der älteste, Dietrich (1513–1551), erhielt Reckahn mit Krahne, Messdunk sowie Göttin mit Rotscherlinde und Brückenmark, ferner einen Anteil an dem festen Haus Golzow und dessen Besitzungen. Er wurde damit zum Ahnherrn der Reckahner Linie des Hauses, seine Brüder der Linien Golzow, Gol(l)witz (Cammer) und Plessow. Eine weitere Verschlechterung, die fast zur Aufgabe des Herrensitzes in Reckahn geführt hätte, brachte die Erbteilung innerhalb der Reckahner Linie unter den Brüdern Dietrich und Anton. Mit dem Besitz waren zugleich die beträchtlichen Schulden der Reckahner Rochows auf die Erben übergegangen. Anton fühlte sich im Jahre 1585 gezwungen, seinen Anteil am Golzower Besitz zu verkaufen. Sein Bruder Dietrich war wohl nicht in der Lage, den Ankauf zu tätigen, und so verkaufte Anton diese an Hans Zacharias aus der Golzower Linie des Hauses. Als Anton seinen kinderlosen Bruder Dietrich beerbte, mußte dessen Sohn Tobias für die Entschuldung sorgen. 1602 wurden dafür die rest-

Landarbeiter beim Ausheben eines Grabens, um 1800

lichen Reckahner Anteile an Golzow an den kurfürstlichen Rat Zacharias von Rochow, der über Kemnitz, Groß Kreutz und Bliesendorf verfügte, verkauft, der nun auch die Herrschaft über Golzow abrunden konnte.

Während sich der Vater Anton von Rochow-Reckahn auf den ihm verbleibenden Besitz Göttin zurückzog, baute Tobias im Verein mit seinem wohlhabenden Schwiegervater, dem sächsischen Erbmarschall Hans von Löser auf Pretzsch, das Reckahner Stammgut neu auf und vergrößerte es auf Kosten von Bauernländereien. Nach einem für 1669 vorliegenden Protokoll konnte dessen Enkel Hans Heinrich von Rochow durch Schriftstücke nachweisen, daß 1619 Tobias von Rochow 26 ehemalige Reckahner Bauernhufen ›freigewilligt‹ – mithin neun der insgesamt zehn für 1626 genannten Bauernstellen[23] – zum Herrenland gezogen hätte. Ebenfalls waren in Krahne das Gut um 15 Hufen (1604 6 Hufen mit zwei Bauernhöfen sowie 1619 9 Hufen mit vier Höfen) und in Göttin um 4 Hufen (1626) vergrößert worden. Damit war die Anzahl der Ritterhufen in Reckahn von 9 nahezu verdreifacht worden. In Krahne mit zuvor 15 und Göttin 4 Ritterhufen wurde das von der Herrschaft bestellte Gutsland in dieser Zeit ungefähr verdoppelt.[24] Hohe Verschuldung und rigorose Vergrößerung des Gutslandes gehörten in der Zauche zu dieser Zeit zu den üblichen Vorgängen.[25] Da der Umfang des von den allgemeinen ländlichen Abgaben befreiten Herrenlandes nicht zum Nachteil der ständischen Abgaben und der Landesherrschaft ungemessen ansteigen sollte, bedurfte das ›Bauernlegen‹ einer Bewilligung (Freiwilligung). Tobias war es sicher zu Hilfe gekommen, daß er bis 1633 als Kreiscommissarius für die Zauche die Akten über die Freiwilligungen selbst zu führen hatte. Neben der Vergrößerung des Gutslandes waren weitere Wertverbesserungen – etwa durch die Regulierung des Flüßchens Plane – von ihm durchgeführt worden. Zur Anlage einer Mühle wurde in dieser Zeit guter Agrarkonjunktur ein Seitenarm, die ›Neue Plane‹, zwischen Göttin und Reckahn angelegt. Um einen ausreichenden Mühlenstau zu erreichen, mußte dieser Graben im Niederungsgebiet verhältnismäßig hoch gelegt werden, was in der Folgezeit zu Überschwemmungen und Vernässungen führte.[26]

1605 errichtete Tobias von Rochow am westlichen Ortsrand ein neues Herrenhaus, das heute noch als Teil des Wirtschaftshofes erhalten ist.[27] Der Höhepunkt der Gutsausweitung war in dieser Zeit erreicht. Die im 18. Jahrhundert erfolgte Wiederbesetzung von zwei der neun eingezogenen Bauernstellen in Reckahn zeigt an, daß auch dieses so stark vergrößerte Gut auf eine ökonomisch sinnvolle Größe reduziert werden mußte.

Der Dreißigjährige Krieg hatte wiederum dem Land und auch dem Haus Reckahn neue schwere Belastungen gebracht. In den Dörfern lebten am Kriegsende nur wenig ständige Bewohner. Weit mehr Bauerngüter als die ›freigewilligten‹ Stellen waren nun zeitweise nicht mehr besetzt: Für Krahne stellt der die Entvölkerung des Landes dokumentierende Bericht des Landreiters von 1652 noch ›drei Kossäten, drei Personen‹ fest, in Reckahn waren es nur ›zwei Hüfner, 2 Personen‹.[28] 1638 war Tobias von Rochow verstorben. Sein Sohn aus der zweiten Ehe, Daniel Friedrich (1622–1662), hatte 1648 bis zu seinem Tode 1662 wie der Vater das Amt des Kreiscommissarius inne. Zu seinen vordringlichen Aufgaben gehörte es, die Leistungen an die auch nach dem Krieg in Brandenburg präsent gebliebene Besatzungsmacht, den Kreisanteil von 1084 Talern an den insgesamt 94.000 Talern ›Schwedengelder‹, aufzubringen. Mit der in langen Verhandlungen festgestellten Summe hatte die Zauche die geringste Leistung aller märkischen Kreise (allein Beeskow-Storkow wurde nicht veranlagt). In einem Kreistag gab der Commissarius dieses Ergebnis den ständischen Vertretern bekannt, die Wege suchten und fanden, die Schulden zu begleichen. Es gelang, obwohl nur ein Teil der vor dem Krieg vorhandenen Bauernstellen besetzt war.[29] Doch die Folgen des Krieges wirkten noch weiter nach: in seinem Testament schrieb Daniel Friedrich 1662 zum Reckahner Inventar: ›Was sonsten bey dem gute vorhanden sey, sey in der Plünderung draufgegangen‹. Allerdings hinterließ er wieder Gold- und Silberschmuck, Zinngeschirr und Hausgeräte. Bemerkenswert ist, daß zum Bereich des Hauses auch eine ›Schul- und Schreibstube‹[30] gehörte.

Der Wechsel von Aufbau und Krisen durch äußere Eingriffe fand im folgenden Jahrhundert eine weitere Fortsetzung: Der Enkel Daniel Friedrichs, Friedrich Wilhelm von Rochow (1690–1764), der im preußischen Staatsdienst eine bemerkenswerte Karriere machte und bis zum Etats- und Kabinettsminister aufstieg, hatte 1719 die Herrschaft über Reckahn erhalten und bald, noch vor seiner Hochzeit im Jahre 1721 mit der Tochter des Ministers und Generalpostmeisters Friedrich von Görne begonnen, das neue Herrenhaus zu errichten. 1729 konnte der Bau abgeschlossen werden. Neben eigenen Mitteln dürfte ihm die Mitgift der Braut bei diesem Vorhaben nützlich gewesen sein.[31] Doch auch sein Geschick in der Wirtschaftsführung bewährte sich hier wie für die preußische Staatsverwaltung. Als er das Gut übernahm, hatte es jährlich 1800 Taler eingebracht, als er es 1760 dem Sohn übergab, lagen die jährlichen Einnahmen bei 6000 Talern.[32] Auch Friedrich Wilhelm vergrößert die Gutsflächen. In Messdunk ließ er 1722 die 5 bewohnten und 5 wüsten Kossätenstellen zum Gut legen und die restlichen Stellen nach Göttin übertragen.[33]

18 Vgl. dazu: Johannes Schultze: Die Mark Brandenburg, Bd. 3. Berlin 1963.

19 Vgl. dazu Wolfgang Ribbe: Die Aufzeichnungen des Engelbert Wusterwitz. Überlieferung, Edition und Interpretation einer spätmittelalterlichen Quelle zur Geschichte der Mark Brandenburg. Berlin 1973 (= Einzelveröffentlichungen der Historischen Kommission zu Berlin, Bd.12), S. 201, 205; Das Prozeßregister des Klosters Lehnin. Hrsg. von Wolfgang Ribbe. Potsdam 1998 (= Bibliothek der Brandenburgischen und Preußischen Geschichte Bd. 1), S. 25 ff.

20 Vgl. C. von Eickstedt: Beiträge zu einem neueren Landbuch der Marken Brandenburg. Prälaten, Ritter, Lehnschulzen oder Roßdienst und Lehnwar. Berlin 1840, S. 112, 364 ff.

21 Vgl. ebenda S. 444 und 446. Statt der Roßdienste mußten ab 1718 für jedes Lehnpferd jährlich 40 Taler an die Lehngeldkasse bezahlt werden.

22 Vgl. Ortslexikon (Anm. 2), S. 350 f.

23 Vgl. Eickstedt: Beiträge (Anm. 20), S. 364 ff.

24 Vgl. Richard Kieser: Die Zauche erkauft nach dem Dreißigjährigen Krieg den Frieden. In: Jahrbuch für brandenburgische Landesgeschichte 12 (1961), S. 85–99, hier S. 95; zur Verschuldung allgemein: Lieselott Enders: ›Aus drängender Not‹. Die Verschuldung des gutsherrlichen Adels der Mark Brandenburg im 17. Jahrhundert. In: Jahrbuch für die Geschichte Mittel- und Ostdeutschlands 43 (1995), S. 1–23.

25 Friedrich Eberhard mußte nach den Verwüstungen von 1741 mit hohen Kosten den Graben tiefer legen und die Uferböschungen aufschütten lassen. Vgl. Büsching: Beschreibung (Anm. 1), S. 254.

26 Vgl. dazu: Herrenhäuser in Brandenburg und der Niederlausitz, Kommentierte Neuausgabe des Ansichtenwerks von Alexander Duncker (1857–1883), hrsg. von Peter-Michael Hahn und Hellmut Lorenz. Bd. 2 Katalog, S. 483 ff.

27 Ortslexikon (Anm. 2), S. 198 , 350.

28 Vgl. Kieser: Zauche (Anm. 24), S. 92 ff. Die Kriegsumstände verstärkten den zuvor durch das Bauernlegen gewollt eingeleiteten Vorgang der Gutserweiterung in kaum mehr ökonomisch beherrschbare Dimensionen.

29 Herrenhäuser in Brandenburg (Anm. 26), S. 484.

30 Zur Baudatierung und Art der Finanzierung ebenda.

31 Zahlen nach Büsching: Beschreibung (Anm. 1), S. 258.

32 Vgl. Ortslexikon (Anm. 2), S. 265; zu den Folgen für die Steuerverfassung siehe Wöhner: Steuerverfassung (Anm.6).

33 A. F. A. v. Rochow: Nachrichten (Anm. 16), S. 127 ff.; ferner Büsching: Beschreibung (Anm. 1), S. 257 ff.

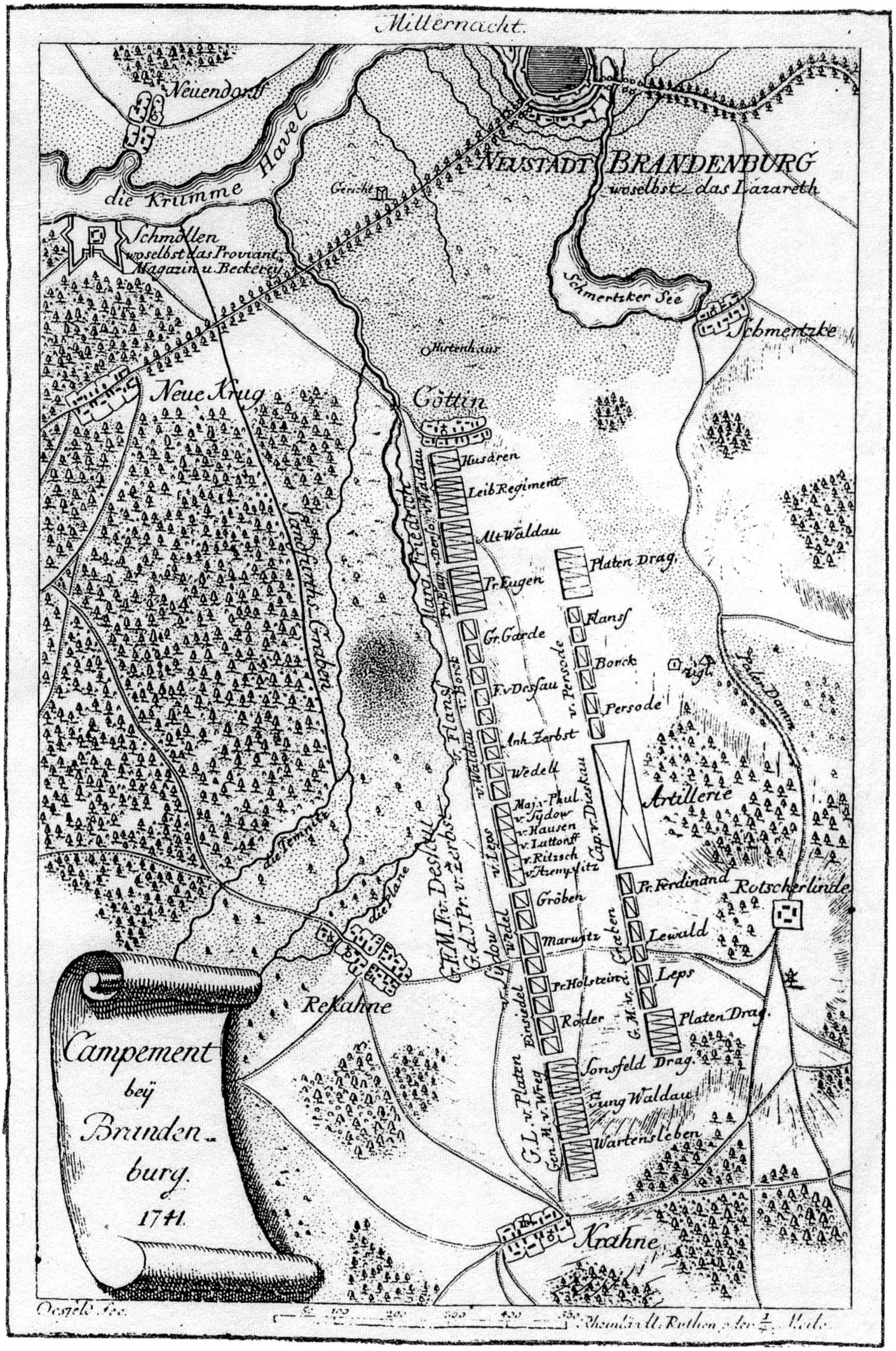

Das preußische Militärlager zwischen Göttin und Krahne

Zu den Projekten des neuen Herrn auf Reckahne gehörten die Regulierung der Plane und Nutzungen im Havelbruch. In diesen Fragen konnte keine Übereinstimmung mit dem gleichnamigen Golzower Rochow erzielt werden. Die so entstandene Feindschaft sollte ernste Folgen für das Reckahner Besitztum haben: Als im Ersten Schlesischen Krieg 1741 zur Sicherung der Flanke gegen die mit dem Sächsischen Churkreis um Belzig an die Zauche grenzenden kursächsischen Lande eine beträchtliche Heeresmacht zusammengezogen wurde, erbat Friedrich Wilhelm von Rochow, der zu diesem Zeitpunkt als der für die Provinz Preußen zuständige Minister in Ostpreußen beschäftigt war und um viele Feindschaften um seine Person am Königshof wußte, Urlaub nach Reckahn. König Friedrich II. schlug am 19. März 1741 diesen Wunsch ab und befahl ihm in Ostpreußen zu verbleiben, ›da seine Gegenwart in den dortigen Landen höchst notwendig sei‹[34]. Im April 1741 nahmen 20 Bataillone Infanterie, 18 Kompanien Grenadiere, 42 Eskadrons Kavallerie, Artillerie mit 34 Geschützen sowie ein Ponton Train, zusammen ca. 42 000 Personen in Göttin und Krahne Stellung und verblieben dort über sieben Monate. Der Oberbefehlshabers von Katt, der Schwiegervater des späteren Generalleutnant von Rochow auf Golzow, schlug sein Hauptquartier im Reckahner Schloß auf, wo er nach 12 Wochen verstarb und durch Leopold von Anhalt-Dessau ersetzt wurde.

Nicht nur das Hauptquartier wurde verwüstet: ›Die Bedienten des Feldmarschalls hielten sich in der Gerichtsstube auf, und verbrauchten die Acten [siehe Beitrag Heegewaldt] und Familienurkunden nach Belieben, woraus ein unersetzlicher Verlust entstand. Wegen der Wäsche und um die Pferde zu tränken, wurde die neue Plane und der Mühlenteich bey Gettin gänzlich versandet. Alle Gehege wurden zerstört, ein Wald mit 64 000 großen und vielen kleinen Kienbäumen [...] wurde abgehaun‹ berichtet Büsching nach Mitteilungen Eberhard von Rochows.[35] Besonders folgenreich war die Vernichtung der Saaten und die Zerstörungen der Uferbefestigungen, die Überschwemmungen auslösten. Eine Ruhrepidemie breitete sich vom militärischen Lager in die Dörfer aus. Am 28. April 1741 geriet das Dorf Krahne mit Pfarre und Vorwerk samt Schäferei in Brand. Die Kirche von Krahne wurde dabei so stark beschädigt, daß sie 1768 völlig neu gebaut werden mußte. Fürst Leopold von Anhalt-Dessau als neuer Befehlshaber der Truppen ließ daraufhin unter den Soldaten eine Sammlung zugunsten der Betroffenen durchführen. Sie ergab 1372 Taler, zu denen der Oberbefehlshaber 100 Taler beigesteuert hatte.

In den folgenden Jahren beschäftigte sich eine königliche Kommission aus drei Landräten mit den Kriegsschäden in der Herrschaft Reckahn. Sie kam zu dem Schluß, daß der Herrschaft Schäden in Höhe von 29.274 Talern und den Untertanen für 9030 Taler Schaden entstanden wären. Dem König lagen diese Summen entschieden zu hoch: Schließlich wurden für das Dorf Krahne 6000 Taler ausgezahlt.

Die insgesamt günstige finanzielle Situation des Herrschaftskomplexes dürfte für die Zurückhaltung des Königs (siehe Beitrag Niedermeier) entscheidend gewesen sein. Die Übertragung einer Domherrnwürde in Halberstadt durch den Monarchen an den Sohn Friedrich Eberhard im Jahr 1762 könnte ein Akt später Wiedergutmachung sein, da zu der Ehre des Domherrentitels auch eine dotierte Pfründe gehörte (siehe Beitrag Sippach).

Die Ehe Friedrich Eberhards von Rochow blieb kinderlos. Ohne direkte Nachkommen hatte er keinen Einfluß auf die Benennung der Person, die zukünftig den Besitz übernehmen könnte. Nicht allein dieser Umstand, auch allgemeine Überlegungen führten dazu, daß er das auf lehnsrechtlichen Grundsätzen beruhende adlige Erbrecht ablehnte. Gegenüber Büsching führte Eberhard von Rochow aus, daß der aktuelle Herrschaftsinhaber nicht mehr als ein Niesbrauchrecht besäße. Eine persönliche Auswahl eines Nachfolgers für die Herrschaft wäre ihm ebenso verwehrt, wie er auch eher Nachteile davon hat, reich zu heiraten. Dem nach lehnsrechtlichen Grundätzen ausgewählten Haupterben fiele wiederum die Aufgabe zu, die anderen Verwandten abzufinden. Dadurch würde das Vermögen gemindert und Lehnsschulden entstünden, wenn nicht sogar langwierige und teure Prozesse geführt würden.[36] Der zeitweilige Inhaber müsse den gesamten Besitz zusammenhalten und wäre nicht in der Lage, durch Verkauf Mittel zu gezielten Verbesserungen zu erhalten. Bei nötigen Schuldenaufnahmen müsse er die Lehnsverwandten um Einwilligung bitten, die diese mitunter unbillig versagten. Sorgt der kinderlose Herr trotzdem für das Gut und damit für die Nacherben, muß er ›ein sehr großmüthig denkender Mann seyn‹[37].

Friedrich Eberhard von Rochow war großmütig und sorgte für sein Gut. Nachdem er am 16.5.1805 gestorben war, ging der Besitz in der von ihm gefürchteten Weise auf seine Lehnsvettern Ehrenreich Ernst von Rochow auf Klettenberg, Botho Wiegand von Rochow auf Trechwitz und Karl Friedrich von Rochow auf Netaschütz aus der Golzower Linie sowie an Friedrich Ludwig von Rochow auf Plessow und Adolf Friedrich von Rochow auf Stülpe, beide von der Plessower Linie, über.[38]

35 Durch seine ehrenamtliche Tätigkeit im ständischen Kassenwesen, vor allem des ritterschaftlichen Pfandbrief-Instituts, siehe Anm.10, dürfte er einen tiefen Einblick in die Reformbedürftigkeit des ländlichen Kreditwesens erhalten haben.

36 Büsching: Beschreibung (Anm. 1), S. 282. Zum Problem der Verschuldung siehe oben und Frank Göse: Zur Geschichte des neumärkischen Adels im 17. und 18. Jahrhundert in: Forschungen zur brandenburgischen und preußischen Geschichte NF 7 (1999), S. 1–47, hier S. 19 ff.

37 A. F. A. v. Rochow: Nachrichten (Anm. 16), S. 153.

Franc Hals Pinx.t E. Ficquet Sculp.t

Friedrich Eberhard von Rochow und die Ethik der Aufklärung

Gerhard Sprenger

Die sozialen und pädagogischen Reformbemühungen Friedrich Eberhard von Rochows (1734–1805), Gutsherr auf Reckahn, Göttin und Krahne im Brandenburgischen und (seit 1762) Domherr zu Halberstadt, verdienen auch aus heutiger Sicht, fast 200 Jahre nach seinem Tode, uneingeschränkte Anerkennung. Sein Schulbuch ›Der Kinderfreund‹ erlangte eine beispiellose Verbreitung (siehe Beitrag Böning und Freyer), die Schule zu Reckahn wurde zu einer vielbesuchten Musteranstalt (siehe Beitrag Keck, Mayer und Sandfuchs), seine Vorschläge zur Verbesserung der Bildung des Landvolkes und der Ausbildung und Besoldung der Lehrer konnten über seinen Herrschaftsbereich hinaus für ganz Preußen fruchtbar gemacht werden. Dabei hatte er für seine Vorhaben – dies darf nicht vergessen werden – nicht immer offene Türen gefunden, er bekam Widerstand zu spüren, und zwar auch ›amtlicherseits‹ (siehe Beitrag Niedermeier) trotz der guten, fast freundschaftlichen Beziehungen, die er zu Friedrichs II. Unterrichtsminister Carl Abraham v. Zedlitz pflegte. Er hatte sich durch seine soziale und karitative Einstellung bei seinen Standesgenossen nicht durchweg beliebt gemacht, und er hatte gelegentlich sogar Mühe, diejenigen, denen er helfen wollte, nämlich seine Bauern, davon zu überzeugen, dass seine Methode sie zu einem angenehmeren und sorgenfreieren Leben führen würde.

Die Beharrlichkeit, die er angesichts solcher Schwierigkeiten immer wieder an den Tag legte, ist ein Zeichen davon, wie tief er von seinen aufgeklärt-menschenfreundlichen Ideen erfüllt war. Sie läßt die Frage nach dem Motiv, nach dem Leitbild für diese persönliche Haltung des Domherrn aufkommen, die nicht nur für seine Epoche ungewöhnlich war und angesichts der Leistungen, die sie öffentlich bewirkt hat, die Vermutung nahelegt, dass in ihr ein allgemein-geschichtliches Phänomen mitschwang. Wenn daher im Nachfolgenden so etwas wie eine Standortbestimmung Friedrich Eberhard von Rochows hinsichtlich seiner Orientierung versucht wird, so geschieht dies weniger in der Absicht, ihn in die Geschichte der theoretischen oder praktischen Philosophie seiner Zeit, der Epoche der Aufklärung, ›einzuordnen‹. Derartiges mag wissenschafts-historisch und -methodisch von Interesse sein – hier geht es um ein anderes. Bei der hier verfolgten Absicht, die Konturen der Persönlichkeit des Domherrn vor dem Hintergrund der Ethik der Aufklärung nachzuzeichnen, handelt es sich um das Bemühen, seine Auseinandersetzung mit den Einflüssen seiner Zeit, die er prüfte, die er zurückwies oder denen er teilweise oder ganz folgte, sowie die sich daraus für ihn persönlich ergebenden

F. E. v. ROCHOW.

Geb. am 11t Octbr. 1734.
Gest. am 16t Mai 1805.

Perspektiven für seine Ideen und Pläne deutlicher herauszustellen, als es bisher erfolgt ist. Wenn dies gelingt, könnte auch das eine oder andere in seinen Schriften ein besseres Verständnis erfahren. Wie an anderer Stelle bereits einmal festgehalten wurde[1], erscheint es auffällig, dass vor allem die nicht wenigen über das Pädagogische hinausgehenden ›philosophischen‹ Schriften Rochows, die umfangmäßig mehr als ein Viertel der Sammlung von Jonas/Wienecke[2] ausmachen, bisher so gut wie keine

1 Gerhard Sprenger: Weltbürger oder Patriot? Vor 250 Jahren wurde Friedrich Eberhard von Rochow geboren. In: Jahrbuch für Brandenburgische Landesgeschichte 35 (1984), S. 93.

2 Fritz Jonas/Friedrich Wienecke (Hg.): Friedrich Eberhard von Rochows sämtliche pädagogische Schriften 4 Bde. Berlin 1910.

Beachtung gefunden haben. Schäfer, wohl einer der verläßlichsten Kenner Rochows, widmete ihnen in seiner ausführlichen Biographie nur wenige Hinweise und zeigte sich darüber hinaus mit Blick auf den Inhalt als überaus skeptisch, sprach von der ›wunderliche(n) Neigung zum Definieren, wobei er (Rochow, G. S.) dann allerdings oft fehlgegriffen‹[3] habe – dies beziehe sich etwa auf seine wiederholten Erörterungen über Vernunft und Verstand und Ähnliches mehr. Sollte es glücken, diese weitgehend nicht oder mißverstandenen Äußerungen Rochows hier etwas mehr in ihrer Bedeutung aufzuhellen, so könnte dies letztendlich auch der Gewinnung eines schärferen Profils seiner Persönlichkeit dienlich sein.

Zunächst erscheint es erforderlich, den geistesgeschichtlichen Hintergrund jener Zeit wenigstens insoweit in den gröbsten Umrissen anzudeuten, als er mitbestimmend für die damalige ›Philosophia practica universalis‹ (so der Titel einer Schrift Christian Wolffs aus dem Jahre 1738) war. Die große, erstmals durch Descartes festgemachte Hinwendung der Philosophie zu einem die neue Zeit bestimmenden Denken war, wie zu zeigen sein wird, auch für die praktische Philosophie, die Morallehre von entscheidendem Einfluß.

In der von einer skeptischen Grundhaltung geprägten voraufklärerischen Zeit waren dem Menschen alle Inhalte des Denkens und Erkennens fraglich geworden. Als alleinige Gewissheit hatte Descartes seine Lehre vom Cogito angeboten, zu der er sich nach langen zehrenden Zweifeln durchgerungen hatte. Nur das Geschehen des Denkens selbst erschien ihm als das eigentlich Gewisse. Es vermochte sich dazu aufzuschwingen, das Dasein Gottes als das Unbedingte nachzuweisen (wodurch es selbst als grundlegendes Wissen allererst bestätigt wurde), sein Erkenntnisgeschehen blieb im übrigen aber, was das Bedingte anlangt, an das Gegebene gebunden. Wenn von Gott, von der Freiheit oder der unsterblichen Seele die Rede war, dann ging es darin – und dies war das entscheidend Neue – immer schon um das Sichverstehen des Menschen als eines denkenden Wesens, auch wenn die Ausdrucksart dieses Sichverstehens weiterhin von alten Vorstellungsweisen bestimmt blieb. Das bedeutete, dass es sich bei aller philosophischen Reflexion *zugleich um das Sichverstehen des Menschen in der unbedingten Bedeutung des Geschehens des Cogito handelte*, d. h. dass diese Reflexion immer schon *ethischen* Charakter hatte.[4] Das Cogito durfte nicht, wie in einer metaphysischen Lehre, als ein Gegebenes aufgefaßt werden, sondern es mußte in der *Reflexion* aufgehen und so sein *Selbstvollzug* sein. Der subjektiven Freiheit und der Fähigkeit zur Reflexion waren auch Sitte und Moral, die Fundamente theologisch-kirchlicher Welt- und Lebensordnung, ausgesetzt.

Descartes hatte der Philosophie so zu einer neuen Einsicht und Haltung verholfen, aber er verhalf ihr nicht zu einem neuen Räsonnieren. Sie mußte sich nun selbst in einem neuen Begreifen, das vom Gegebenen ausging, inhaltlich mit den Dingen der Welt und dem Dasein des Menschen auseinandersetzen. Das ethisch-reflexive Sich-einrichten im Gehäuse der neuen Erkennensgewissheit blieb die vorrangige Aufgabe der nachkartesischen Denker von Pufendorf und Thomasius über Shaftesbury, Wolff und Hume bis zu Rousseau und Kant, und es währte ein Jahrhundert und länger, bis das Neue dauerhaftere Konturen erhielt. Ein neues, im Individuum selbst verankertes Fundament fanden Moral und Sittlichkeit dann endgültig bei Kant.

In den Zeitraum dieses Neubeginns fiel das Leben und Schaffen Friedrich Eberhard von Rochows. Er bewirkte vieles, gab aber nicht nur Anstöße für praktische Neuerungen, er reflektierte auch und räsonnierte, und wer genauer hinsieht, dem wird nicht verborgen bleiben, dass sich in seinen Gedanken ein Stück jenes Umbruchs im Moralverständnis der Aufklärungsepoche widerspiegelt.

Eine flüchtige Lektüre der Rochowschen Schriften vermittelt zunächst den Eindruck, als folge der Reckahner jener Tendenz zur Ethisierung der Religion, die in der Zeit der Aufklärung allgemein beobachtbar war. Erziehung zur Moralität wurde vielfach mit einer Unterweisung im Religiösen verbunden und sodann didaktisch-methodisch als Gewissensbildung zu realisieren versucht.[5] Blickt man jedoch genauer hin, so erkennt man, dass bei Rochow eine Anrufung Gottes in Moralfragen *nur mittelbar* erfolgt. Anders als bei Kant gilt für ihn Gott zwar als Schöpfer der Morallehre (wobei er offensichtlich nicht unbedingt nur an den christlichen Gott denkt), aber als Motiv für moralisches Verhalten kommt nicht, jedenfalls nicht allein, Gottesgehorsam in Betracht. Gott zu lieben und zu verehren, dazu sollen die Lehrer die Kinder anhalten, ›dann aber auch sie zu solchen Menschen … bilden, die zu allem guten Werk geschickt sind, weil sie wissen, *daß ihr Weg zum Himmel über diese Erde geht,* auch Treue im Beruf entweder selbst tätiges Christentum ist, oder solches doch sehr erleichtert, und überall Brauchbarkeit und Geschicklichkeit zu den täglichen Geschäften des Lebens es eigentlich möglich macht, […] die in uns wohnenden guten Gesinnungen vor den Leuten leuchten zu lassen‹.[6]

Nirgendwo ist die Rede davon, dass Gott unmoralisches Verhalten strafen, ja dass er überhaupt eingreifen würde, und dazu noch unmittelbar, so dass wir ihn fürchten müssten. Umgekehrt gilt: Wir ›erreichen‹ ihn im Sinne unserer Verehrung am ehesten dadurch, dass wir *tugendhaft leben*. Und Tugend haben, bedeutet für Rochow, sich nach etwas, das wir ›für wahr erkennen‹, d. h. das wir ›glauben‹, richten oder handeln, ›wenn Gemeinnützigkeit oder Gottes Rat und Befehle der Endzweck dieser Handlung ist‹.[7] Gottes Rat wird hier neben ›Gemeinnützigkeit‹ genannt; an anderer Stelle wird ›allgemeine Gottes- und Menschenliebe‹ als gleichbedeutender Bestandteil der ›wahren Moralität‹ neben ›Gewissenhaftigkeit, Sitten, Liebe zur Tugend‹ aufgeführt.[8] Schließlich lesen wir in den ›Berichtigungen. Erster Versuch, (1792)‹ unter Berufung auf den Brief des Paulus an die Philipper, dass unter christlicher Moral dasjenige zu verstehen sei, das ›wahrhaftig, ehrbar, gerecht, keusch und lieblich ist‹, kurzum: das Tugendhafte.[9] Moral, heißt es dort weiter, ist die Lehre von den Beweggründen der Tugend. Ihr einziger Zweck muss also der sein,

Friedrich Nicolai, Kreidezeichnung von Anton Graff, 1771

›dass sie den Menschen geneigt mache zu jedem guten Werk, welches aus der allgemeinen und besonderen oder Nächstenliebe seine Beweggründe nimmt‹.[10]

Der Mensch lebt nicht tugendhaft, um Gottes Ehre zu befördern – dieses ›Gottes Ehre befördern‹ sei ein ›non sense‹: ›O! wieviel würde meine Arbeit an Berichtigung der Begriffe, die aus wichtigen Worten entspringen, nicht schon wert sein, wenn es mir glückte, nur diese Idee von der Erde zu vertilgen, daß die Moral je zum Zwecke haben solle, Gottes Ehre zu befördern‹, schreibt Rochow.[11] Gott hat einen Plan vorgegeben, und es ist nun des Menschen freier ›Entschluss‹, durch tugendhaftes Leben ›Gott recht zu geben‹. *Der Wille* des Tugendliebenden *ist frei*, wenn er über den Wert der Bewegungsgründe entscheidet – ohne ›Wägen und Richten der Beweggründe findet [...] keine Autonomie statt‹.[12]

Es ist nicht zu übersehen, dass der Reckahner hier auf dem Pfad ist, den Kant in seinem revolutionären Denkansatz als breiten Weg zur sittlichen, selbstverantworteten Freiheit ausgebaut und für ein neues philosophisches Zeitalter gangbar gemacht hat. Freilich setzt Rochow seine Schritte noch behutsam, und mitunter ist zu spüren, dass er nur zögernd die Lösung vom Theonomen wagt, deren Strahlkraft ihm, was sich immer wieder aus seinem Werk herausliest, noch ungebrochen erscheint. An einem Beispiel mag diese ›vorsichtige‹ Lösung veranschaulicht werden. Als Beleg für die Freiheit der sittlichen und *nicht mehr unmittelbar* Gott verpflichteten Entscheidung des Menschen beruft sich Rochow zunächst auf das Evangelium des Johannes, wo es heißt, dass die Wahrheit frei mache. Und dann folgert er daraus: ›Wahrheit und Freiheit gehören also zusammen. Wo viel Wahrheit ist, da ist auch viel Freiheit.‹ Allein der *Tugendhafte* besitzt die wahre, die *innerliche* Freiheit.[13] Man spürt förmlich, wie der Blick von ›oben‹ nach ›unten‹ wandert: vom göttlichen Wort hin zum richtigen Verhalten im praktischen Handeln, durch das Gottes Wohlgefallen erlangt werden kann – es gilt, *aus eigener Einsicht und Vernunft* tugendhaft handeln zu lernen. Dies waren die Schritte auf dem neuen Wege: unter allmählichem Absehen von dem ständigen Hinweis auf einmal erlassene göttliche Gebote, mit dem ein Auswendiglernen des Katechismus einherging, den Versuch zu machen, die zu Erziehenden von Sinn und unmittelbarem Nutzen der Tugenden zu überzeugen, also auf ihre Einsichtsfähigkeit und ihr eigenes Urteilsvermögen zu setzen. Zur Vermittlung dieser Tugenden, so zu Recht Holger Böning, dienten dann die kleinen, anschaulichen und leicht verständlichen Moralstücke in seinen Büchern: im ›Bauernfreund‹ ebenso wie im ›Kinderfreund‹.[14]

›Aufklären im moralischen Sinne‹, schreibt Rochow an Franz Ludwig von Erthal, Fürstbischof von Bamberg und Würzburg, ›muß also heißen: die Menschen durch Belehrung bessern, daß sie ihre wahren Vorteile im Leiblichen und Geistlichen kennen und somit erreichen können und wollen.‹[15] Hier gilt es, genau zu lesen: ›daß

3 Ernst Schäfer: Friedrich Eberhard von Rochow. Ein Bild seines Lebens und Wirkens. Gütersloh 1906, S. 78.

4 Vgl. Joachim Kopper: Ethik der Aufklärung. Darmstadt 1983, S. 8.

5 Vgl. Edwin Dillmann: Institution Schule und mental- kultureller Prozeß. Die deutsche Volksschule in der historischen Kulturforschung. Eine Skizze zum 18. und 19. Jahrhundert. In: Historische Kommission der Deutschen Gesellschaft für Erziehungswissenschaft (Hg.): Jahrbuch für Historische Bildungsforschung. Bd. 1. Weinheim und München 1993, S. 20 f.

6 Rochow an seine Lehrer, Brief v. 6. 5. 1776. In: Jonas/Wienecke (Anm. 2), Bd. IV, S. 143.

7 Rochow an Nösselt, Brief v. 2. 7. 1777. In: Jonas/Wienecke (Anm. 2), Bd. IV, S. 189 f.

8 Brief an Zedlitz vom 27. 2. 1773. In: Jonas/Wienecke (Anm. 2), Bd. IV, S. 41.

9 In: Jonas/Wienecke (Anm. 2), Bd. II, S. 222.

10 Ebenda S. 223.

11 Ebenda.

12 Ebenda S. 244 f.

13 Ebenda S. 245 (Joh. 8, 32, 36).

14 Rochows Bedeutung für die Volksaufklärung. In: Frank Tosch (Hg.): ›Er war ein Lehrer‹. Heinrich Julius Bruns (1746–1794). Beiträge des Reckahner Kolloquiums anlässlich seines 200. Todestages. Potsdam 1995, S. 75 f. (Siehe Beitrag Böning).

15 Brief vom 20. 1. 1791. In: Jonas/Wienecke (Anm. 2), Bd. IV, S. 324.

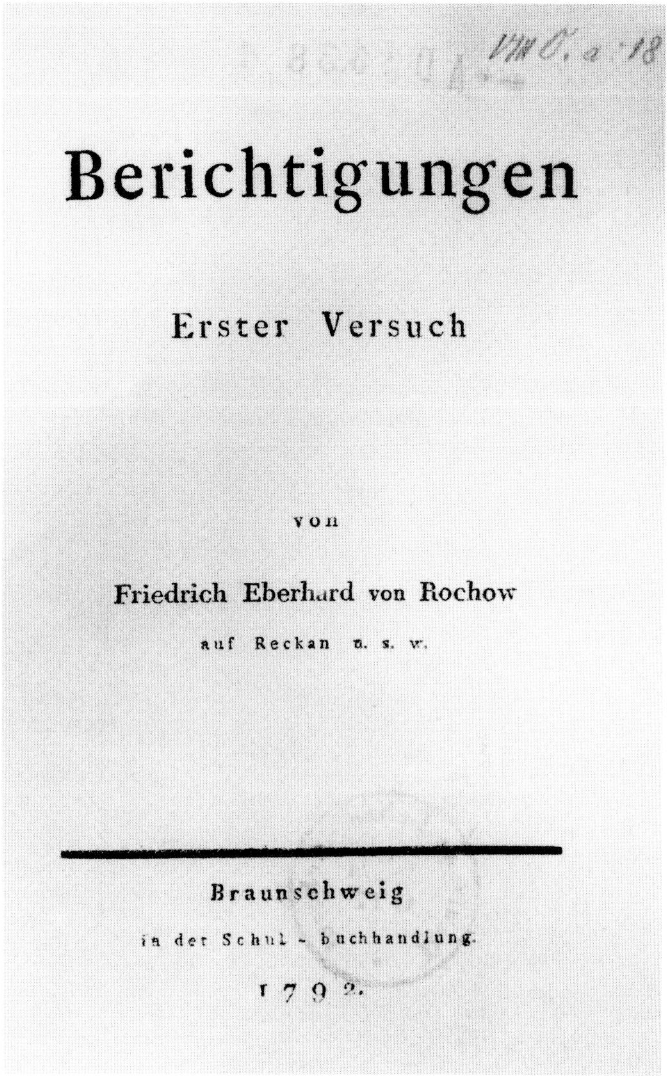

Berichtigungen

Erster Versuch

von

Friedrich Eberhard von Rochow

auf Reckan u. s. w.

Braunschweig

in der Schul - buchhandlung.

1792.

Fridr. E. von Rochows

Stoff

zum Denken

über

wichtige Angelegenheiten

des Menschen.

Mögen denn Deine Wunder in Finsterniß erkannt werden? Oder Deine Gerechtigkeit im Lande, da man nicht denket?
Psalm 88, v. 13.

Braunschweig,

in der Fürstl. Waysenhaus-Buchhandlung.

1775.

sie ihre [...] Vorteile [...] erreichen [...] wollen‹, das heißt, dass der Wille *unmittelbar* auf den persönlichen Vorteil ausgerichtet sein soll. Noch deutlicher finden wir es in seinem Brief an Friedrich Nicolai vom 17. 3. 1774[16], in welchem er den Zweck seiner Lesebücher beschreibt: Die Kinder sollen von Jugend an ›die Tugend um ihrer selbst willen lieben und das Laster um seiner Disharmonie willen hassen lernen‹ – das ist nun schon beinahe der direkte Weg zu Kant. Auf diese Weise, heißt es am Ende desselben Briefes, würden die Bücher den Kindern ›Glückseligkeit‹ verschaffen, die ihnen, so an anderer Stelle, von Gott ›gegönnt‹ sei – hier, aber eben ›nur‹ in der Funktion des Gewährenden, Gönnenden, wird Gott erwähnt.

›Glückseligkeit‹ (auch ›Seligkeit‹) ist einer der zentralen Begriffe in der Morallehre Friedrich Eberhard von Rochows. ›Ich nenne nur denjenigen klug, der in jedem Stande sich so verhält, daß ihm sein Leben kein Hindernis zu einer ewigen Glückseligkeit wird‹ – so jedenfalls sei das Wort ›Klugheit‹ zu verstehen, wo es in der Bibel genannt werde, heißt es in der Einleitung zum ›Versuch eines Schulbuches für Kinder und Landleute oder zum Gebrauch in Dorfschulen‹.[17] Alle Religionssysteme, davon ist er überzeugt, haben Glückseligkeit zum Zwecke, und in allen diesen Systemen ist Rechttun eine Bedingung, da es Vorteile bringe.[18]

Damit sind aber nicht etwa Vorteile im Sinne eines Utilitarismus Benthamscher Prägung gemeint. Dieser war aus einem gesellschaftkritischen Impuls heraus entstanden und wollte eine deutliche Distanz gegenüber politischen Privilegien und überkommenen Dogmen schaffen. Bei dem Nutzen, den Rochow hier vor Augen hatte, sollte auch nicht wie bei Bentham die Lust als menschliche Konstante das entscheidende Kriterium sein, sondern ein ruhiges Gewissen: ›Seligkeit heißt ein beständig furchtloser Zustand wegen der Zukunft bei frohem Genuß des Gegenwärtigen.‹[19] Oft ist sie ›der Widerschein von der Freude, die man andern gemacht hat oder machen wollte. Tue Gutes, weil du Gott und deine Mitmenschen liebst, hilf, wo du kannst, mit Rat und Tat‹[20] – das ist aristotelischer Eudämonismus, wie Rochow ihn verstand.

In diesem Zusammenhang muss den Domherrn eine Frage tiefer beschäftigt haben, da er sich gleich mehrfach öffentlich mit ihr auseinandergesetzt hat. Es ist dies die Frage, wie sich der Gedanke der Glückseligkeit mit der Ethik Kants vereinen lasse. Es lohnt sich, dieser Auseinandersetzung nachzugehen, da hierbei nicht nur die eigenartige ›Zwischenstellung‹ des Reckahners im Umbruch des Moralverständnisses der Aufklärung deutlich wird, sondern auch die Wurzeln seines eigenen Ansatzes von praktischer Vernunft.

Die Vorstellung vom Streben nach Glückseligkeit findet sich auch bei Kant, allerdings etwas verstreut in seinen ethischen Schriften. Er lehnt sie grundsätzlich ab, da das Streben nach Glückseligkeit die Summe aller *Neigungen* und *Bedürfnisse* und somit empirisch und inhaltlich-material bedingt sei. Nach Kant handelt ethisch nur derjenige, dem das Glücksstreben dafür *nicht* Motiv ist. Andererseits verkennt er nicht, dass das Glück als Selbsterfüllung zum Wesen des Menschen gehört. ›Glückseligkeit ist der Zustand eines vernünftigen Wesens in der Welt, dem es, im Ganzen seiner Existenz, alles nach Wunsch und Willen geht, und beruhet also auf der Übereinstimmung der Natur zu seinem ganzen Zwecke, imgleichen zum wesentlichen Bestimmungsgrunde seines Willens.‹[21] Nur: das Streben danach darf nicht zum Beweggrund werden, weil es als eudämonistischer Antrieb mit der Reinheit des unbedingten und kategorischen Sollens nicht in Einklang stehen würde. ›Denn eigene Glückseligkeit ist ein Zweck, den zwar alle Menschen (vermöge des Antriebes ihrer Natur) haben, nie aber kann dieser Zweck als Pflicht angesehen werden, ohne sich selbst zu widersprechen. Was ein jeder unvermeidlich schon von selbst will, das gehört nicht unter den Begriff von *Pflicht;* denn dies ist eine *Nötigung* zu einem ungern genommenen Zweck. Es widerspricht sich also zu sagen: man sei *verpflichtet,* seine eigene Glückseligkeit mit allen Kräften zu befördern.‹[22]

Frei vom Vorwurf empirischer Zwecke und von jeglicher Bedingung sinnlicher Reize und Neigungen sind nur die Ziele (Zwecke) fremder Glückseligkeit und eigener Vollkommenheit, sie können nach der Tugendlehre Kants zugleich Pflichten sein: ›Wenn es also auf Glückseligkeit ankommt, worauf, als meinen Zweck, hinzuwirken es Pflicht sein soll, so muß es die Glückseligkeit *anderer* Menschen sein, deren (erlaubten) Zweck ich hiermit auch zu dem meinigen mache.‹[23] Und hinsichtlich der Vollkommenheit heißt es: ›Es ist ihm Pflicht: sich aus der Rohigkeit seiner Natur [...] immer mehr zur Menschheit, durch die er allein fähig ist, sich Zwecke zu setzen, empor zu arbeiten: seine Unwissenheit durch Belehrung zu ergänzen und seine Irrtümer zu verbessern, und dieses ist ihm

Kritik
der
reinen Vernunft
von
Immanuel Kant,
Professor in Königsberg,
der Königl. Akademie der Wissenschaften in Berlin Mitglied

Zweite hin und wieder verbesserte Auflage

Riga,
bei Johann Friedrich Hartknoch
1787

nicht bloß die technisch-praktische Vernunft [...] anrätig, sondern die moralisch-praktische gebietet es ihm schlechthin und macht diesen Zweck ihm zur Pflicht, um der Menschheit, die in ihm wohnt, würdig zu sein.‹[24]

Da nun aber zum einen der Mensch seine der Natur nach vollkommenste Wesenheit erreichen, d. h. glückselig werden soll, das Streben danach, zum andern, aber nicht ethische Motivation sein darf, befindet er sich in einem unlösbaren Dilemma. Nur ein Übergreifendes kann eine Vereinigung des aus menschlichem Vermögen Unvereinbaren herbeiführen, eine ›oberste Ursache‹,

16 Ebenda S. 58.
17 In: Jonas/Wienecke (Anm. 2), Bd. I, S. 4.
18 Eine kleine Logik der Vernunft-Anwendungs-Lehre nach dem Französischen des Herrn d'E..., sehr frei übersetzt in einem Brief an eine Dame. In: Jonas/Wienecke (Anm. 2), Bd. II, S. 127. Vgl. auch: Der Kinderfreund. Zweiter Teil, 1779. In: Ebenda Bd. I, S. 279.
19 Eine kleine Logik (Anm. 18), S. 126.
20 Stoff zum Denken über einige wichtige Angelegenheiten des Menschen, 1775. In: Jonas/Wienecke (Anm. 2), Bd. I, S. 267.
21 Kritik der praktischen Vernunft. In: Werke. Hg. von Wilhelm Weischedel. Vierter Band. Wiesbaden 1956, S. 255.
22 Die Metaphysik der Sitten. In: Werke (Anm. 21), S. 515.
23 Ebenda S. 518.
24 Ebenda S. 516 f.

IMMANUEL KANT
C. Wernet pinx.
H. Lips sculp.

die den Grund für eine Übereinstimmung der Natur mit dem Sittengesetz zu setzen vermag. So gelangt Kant zur Annahme des Daseins Gottes als eines Postulats der reinen praktischen Vernunft. ›Also ist die oberste Ursache der Natur, so fern sie zum höchsten Gute vorausgesetzt werden muß, ein Wesen, das durch Verstand und Willen die Ursache (folglich der Urheber) der Natur ist, d. i. Gott. Folglich ist das Postulat der Möglichkeit des höchsten abgeleiteten Guts (der besten Welt) zugleich das Postulat der Wirklichkeit eines höchsten ursprünglichen Guts, nämlich der Existenz Gottes.‹[25]

Das moralische Gesetz führt zur Religion. Sie ist die ›Erkenntnis aller Pflichten als göttlicher Gebote, nicht als Sanktionen [...] eines fremden Willens, sondern als wesentlicher Gesetze eines jeden freien Willens für sich selbst, die aber dennoch als Gebote des höchsten Wesens angesehen werden müssen, weil wir nur von einem moralisch-vollkommenen [...] Willen das höchste Gut, welches zum Gegenstande unserer Bestrebung zu setzen uns das moralische Gesetz zur Pflicht macht, und also durch Übereinstimmung mit diesem Willen dazu zu gelangen hoffen können.‹[26]

Die Gottesfrage steht also nicht am Anfang der Ethik bei Kant – in Umkehrung des traditionellen Begründungszusammenhanges wird bei ihm das Sittengesetz nicht auf Gott zurückgeführt, sondern aus dem Sittengesetz das Dasein Gottes gefolgert. ›Da aber also die sittliche Vorschrift zugleich meine Maxime ist (wie denn die Vernunft gebietet, daß sie es sein soll), so werde ich unausbleiblich ein Dasein Gottes und ein künftiges Leben glauben, und bin sicher, daß diesen Glauben nichts wanken machen könne, weil dadurch meine sittlichen Grundsätze selbst umgestürzt werden würden, denen ich nicht entsagen kann, ohne in meinen eigenen Augen verabscheuungswürdig zu sein.‹[27] Diese Umkehrung bedeutet die *Autonomie der Moralität*, die nunmehr in die Selbstprüfung der praktischen Vernunft verlagert ist.

Mit dieser Auffassung Kants hat sich Rochow zweifelsohne eingehend beschäftigt. Sie hat ihm, wie seine – bislang nicht recht gewürdigten – Bemerkungen dazu erkennen lassen, zugesetzt. In ihm stritten die Achtung vor dem großen Geist aus Königsberg mit Zweifeln an der Brauchbarkeit seines allzu kategorischen Ansatzes. So kommt es zu jener oben angedeuteten eigenartigen Zwischenhaltung Rochows, in der sich so recht der Umbruch jener Zeit in dieser Frage widerspiegelt: der Schritt von der voraufklärerischen ›gebundenen‹ zur neuzeitlichen ›freien‹ Vernunft. Er war herkömmlich noch ein gutes Stück jener verpflichtet, für diese aber gleichwohl – und dies kann nicht hoch genug anerkannt werden – offen.

Unschwer ist zunächst festzustellen, dass der Domherr unter dem Einfluß der Morallehre Christian Wolffs stand. Sie hatte sich um die Mitte des 18. Jahrhunderts in Deutschland weitgehend durchgesetzt (man zählte zu jener Zeit nicht weniger als 137 schreibende Wolffianer, meist Lehrstuhlinhaber)[28] – nicht zuletzt wegen ihres Rationalitätsanspruchs und ihrer weitgehenden Unabhängigkeit von der protestantischen Orthodoxie. So gründlich (›pedantisch‹ nannte es Hegel) wie gemeinverständlich war seine auf Leibniz zurückgehende Lehre eine Philosophie des gesunden Menschenverstandes, in der die Grundlagen der Metaphysik ausschließlich aus einem rein formalen Denkgesetz, nämlich dem Satz des Widerspruchs, abgeleitet wurden. In der Welt, in der es im übrigen vernünftig zugeht, sind alle Phänomene rational erkennbar, begrifflich eindeutig zu erklären und in einem logischen, widerspruchsfreien System zusammenzufassen. Alles Ethische steht bei Wolff unter dem Zeichen des Strebens nach Vollkommenheit. ›Was unseren sowohl innerlichen, als äusserlichen Zustand vollkommen machet, das ist gut.‹[29] Als ethische Grundnorm gilt: ‹Thue was dich und deinen oder anderer Zustand vollkommen machet.‹[30] Im Gegensatz nun zu Kant, der die Autonomie der sittlichen Persönlichkeit als Prinzip einer rationalen Ethik aufdeckte, betrachtete Wolff Autonomie als eine Konsequenz aus seiner Lehre: ›Da ein vernünftiger Mensch ihm selbst ein Gesetze ist, und außer der natürlichen Verbindlichkeit keine andere brauchet; so sind auch weder Belohnungen, noch Straffen bei ihm Bewegungs-Gründe zu guten Handlungen, und zu Vermeidung der bösen.‹[31] So läuft Wolffs Lehre darauf hinaus, die Verbindlichkeit moralischer (übrigens auch naturrechtlicher) Normen zu einem Gebot der Klugheit im Streben nach einem glückseligen Leben zu erklären.[32] Fortschritt zur höchsten für den Menschen erreichbaren Glückseligkeit – das ist, wie wir sahen, auch der Inhalt der moralischen Vorstellung Rochows. Dabei ist schwer auszumachen, worin er die letzte Verbindlichkeit dieses Moralischen sieht: ob in den Klugheitsregeln, die nach Kant nicht verbindlich, sondern eher als Ratschläge zu charakterisieren sind, oder in einer *vor* diesen Regeln liegenden Tugend*pflicht*, nämlich in einem Gesetz und unserer Schuldigkeit, demselben zu entsprechen (so Christian August Crusius, ein Wegbereiter Kants auf dem Gebiete der praktischen Philosophie, der als erster diese Unterscheidung gemacht hat).[33] Hierin wie in der Ansetzung Gottes als des Spenders der menschlichen Vernunft und Klugheit, der einmal unmittelbar, ein anderes

25 Kritik der praktischen Vernunft. In: Werke (Anm. 21), S. 256.
26 Ebenda S. 261.
27 Kritik der reinen Vernunft. In: Werke (Anm. 21), S. 693.
28 Vgl. Christoph Helferich: Geschichte der Philosophie. München 1998, S. 236.
29 Vernünfftige Gedancken von der Menschen Tun und Lassen, zu Beförderung ihrer Glückseeligkeit den Liebhabern der Wahrheit mitgetheilet, Frankfurt und Leipzig 1733, § 3, S. 4.
30 Ebenda § 12, S. 12 (auch § 42, S. 30).
31 Ebenda § 37, S. 28.
32 Vgl. Karl- Heinz Ilting: Naturrecht und Sittlichkeit. Begriffsgeschichtliche Studien. Stuttgart 1983, S. 223.
33 Anweisung vernünftig zu leben, 1744. § 62, S. 201– vgl. hierzu Ilting (Anm. 32), S. 223f.

CHRISTIANVS L.B. DE WOLF,
S.R.M.BORVSS. A CONS. SANCT. ACAD. HAL. CANCELLAR.
NEC NON IVR. NAT. ET MATH. P.P. O.
ACAD. PETROP. PROF. HONORAR. SOCC. R.R. LOND. PARISIN.
BEROL. ET BONON. ADSCRIPTVS.
Nat. A. 1679. d. 24. Ian.
Denat. A. 1754. d. 9. Apr.
I. M. Bernigeroth fc. Lipsiae 1755.

Vernünfftige
Gedancken
Von der
Menschen
Thun und Lassen,
Zu
Beförderung ihrer Glückseeligkeit,
den Liebhabern der Wahrheit
mitgetheilet
Von
Christian Wolffen,
Königl. Schwed. Hochfürstl. Heß. Hoff-Rathe
und Mathem. & Philos. Prof. Primario zu Marburg,
Professore honorario zu St. Petersburg, der Königl. Groß-Britannischen, wie auch der Königl. Preuß. Societät
der Wissenschafften Mitgliede.
Die vierdte Auflage hin und wieder vermehret.
Mit Königl. Pohln. und Chur-Fürstl. Sächs. allergnädigsten
PRIVILEGIO.
Franckfurt und Leipzig, 1733.

Mal entfernter, nur mittelbar, auftritt, ist bei Rochow keine einheitliche Haltung zu erkennen, was man als ein deutliches Zeichen seines eigenen, während seines Lebens nicht ganz abgeschlossenen Ringens in dieser Frage deuten darf.

Anzuerkennen bleibt – dies gilt es festzuhalten –, dass er Kants Denkansatz, dessen radikal neue Perspektive er zu ahnen scheint, *nicht grundsätzlich ablehnt*. Angesichts der ›mit Heftigkeit streitenden Parteien der Eudämonisten und Kantianer‹ schreibt er in der ›Neue(n) Deutsche(n) Monatsschrift‹: ›Mir scheint es, sie können mit ihren Systemen *nebeneinander* bestehen‹, dann nämlich, ›wenn bei der *ersten* Unterweisung das eudämonistische System zum Grunde gelegt wird, wo es heißt: Tue das, so wirst du leben – unterlaß das, es ist dir schädlich – wie du es treibest, so geht es – Fleiß belohnt sich selbst‹ etc. Nichts schicke sich besser als dieses für den ›ersten Unterricht des Kindes oder rohen Menschen‹. ›Sind nicht die Verheißungen der Eudämonisten wie das Bestreichen des Randes mit Honig, wovon ein alter Dichter sagt?‹ Diese ›Art Philosophie‹ sei in dem frühen Stadium unentbehrlich, nicht aber die Kantische, da sie ›schon Bildung und geübte Sinne voraussetze‹. Das Kantische System sei ›Rücken in eine *höhere* Klasse‹.[34] ›Der Satz: »Auf daß dir jetzt und künftig wohl sei« wirkt […] kräftiger auf das Gemüt des Kindes als jeder höhere – ja, wenn man will – edlere Antrieb, dergleichen die Kantische

34 Meine Gedanken über die Benutzung des eudämonistischen und Kantischen Lehrgebäudes. In: Neue Deutsche Monatsschrift. Leipzig 1796. 3. Bd. S. 237–239. Abgedruckt in: Jonas/Wienecke (Anm. 2), Bd. III, S. 137f.

Maxime wie nicht weniger der kategorische Imperativ wäre‹ – es bleibe dem Lehrling unbenommen, ›in reiferen Jahren in das Innere des Tempels dieser Weisheit zu treten‹[35] (die dem Menschen wohl nur im Falle kollidierender Pflichten helfe – was Rochow freilich noch leise in Zweifel zieht ...).[36]

Es tritt noch ein weiteres hinzu, auf das es hinzuweisen gilt. Nicht zu übersehen ist bei aller ehrfurchtsvollen Anerkennung des Kantischen Denkgebäudes, die man bei Rochow herausliest, seine grundsätzliche Distanz zu allem übergreifend Theoretischen, Wissenschaftlichen. Hierauf soll abschließend eingegangen werden, um zu zeigen, daß in der Wahl der erzieherischen Methode, die er anwandte, einmal mehr der Wandel in der Moral- und Sittenlehre in jener Zeit zum Ausdruck kam.

Rochow hegte eine tiefe Skepsis gegenüber allem Systematischen. Diesen Grundzug seines Wesens gilt es im Auge zu behalten, wenn wir sein Handeln einerseits, aber auch sein Bemühen um das Verstehen fremder Denkansätze andererseits angemessen würdigen wollen. ›Daß kein einziges dieser Systeme ganz wahr, d. i. fehler- und hypothesenfrei sei, erhellet schon daher, weil es von Menschen erdachte Systeme sind, denen in ihrem jetzigen Zustande versagt ist, in das Innere (das Wesen, Verhältnis und Absicht zum Ganzen) der Natur zu dringen.‹ Rochow zitiert in diesem Zusammenhang Albrecht v. Haller: ›Wir irren also allesamt, nur jeder irret anders.‹ Diese Betrachtung, so schließt er, sollte uns wenigstens Bescheidenheit lehren.[37] In der Systemfrage scheint sich der Reckahner am entschiedensten gegen die neuere Philosophie gewehrt zu haben, die unter Überwindung der mittelalterlichen Ordnung der Entsprechungen (Ordnung des Seienden im Sinne der Schöpfung) nunmehr aus der Gewißheit des Cogito eine Einheit entfaltete, die die Dinge der Welt in der menschlichen Vor-stellung vor sich brachte.

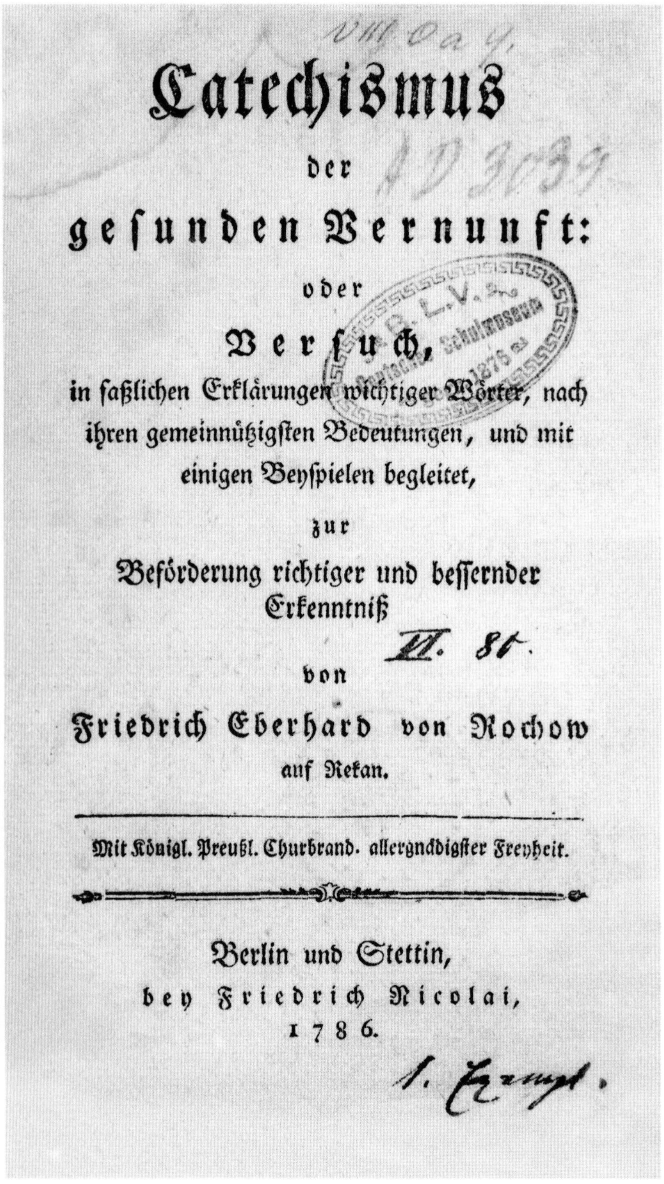

Catechismus der gesunden Vernunft: oder Versuch, in faßlichen Erklärungen wichtiger Wörter, nach ihren gemeinnützigsten Bedeutungen, und mit einigen Beyspielen begleitet, zur Beförderung richtiger und bessernder Erkenntniß von Friedrich Eberhard von Rochow auf Rekan.

Mit Königl. Preußl. Churbrand. allergnädigster Freyheit.

Berlin und Stettin, bey Friedrich Nicolai, 1786.

Die grundsätzliche Abneigung gegen das System verband sich bei Rochow mit einer *Skepsis gegenüber dem Wissenschaftlichen*. Dass es ihm selbst nie vergönnt war, eine regelrechte akademische Ausbildung zu genießen, mag dabei eine Rolle gespielt haben. ›Ich habe nicht auf Universitäten studiert‹, schrieb er einmal an Nösselt, und so empfand er die ›bittere Scham, nichts gründlich zu wissen‹[38] – ihn verdross es gelegentlich, nicht ›in der Fakultätsform alt geworden‹[39] zu sein. Doch mögen Distanz und Skepsis gegenüber dem Wissenschaftlichen ihre Ursache nicht nur im Persönlichen gehabt haben – es gab genügend Gründe, die in der Sache selbst lagen. Dies wird deutlich, wenn man sich einmal den Zustand von Wissenschaft, wie sie zu jener Zeit an den Universitäten betrieben und vermittelt wurde, vor Augen führt. Ein die Tradition überbetonendes Gelehrtentum, das Gelehrsamkeit per se ohne jede Rücksicht auf Bedürfnisse und Neuerungen der Zeit pflegte, hielt gegen Ausgang des 18. Jahrhunderts noch immer an mittelalterlichen Gepflogenheiten fest, so etwa dem Grundsatz der gebundenen Lehrnorm, d. h. der starren Vermittlung des Wissensbestandes anerkannter Autoritäten, der rein dogmatischen Kontroverse und bloß formalen Dispute, in die der Geist der aufklärerischen Strömungen nur mühsam einzudringen vermochte. Dieses Gelehrtentum einer ›im Zunftwesen erstarrten‹ Universität vermochte so auch keinerlei Beziehungen zum praktischen Leben zu entwickeln.

›Daß alle Fakultäten über die Systeme, denen sie hold sind, so entscheidend sprechen, darf den Denker nicht irre machen‹, schreibt Rochow, und schließt hier das Desiderat einer ›Professur des vernünftigen Skeptizismus‹ an[40] (die Unterscheidung zwischen dem Wissenschaftler und dem Denker erscheint beachtlich!). Eine der Ursachen, die ihn bewogen hatten, die Schulmeisterstelle nicht mit einem ›Studiosum Theologiae‹ zu besetzen, war, wie er in einem Brief an Bischof Felbiger schreibt, die Furcht vor ›systematische[r] Pedanterei‹.[41] ›Mehr Homiletik und Katechetik müßte auf Universitäten zu finden sein‹, forderte er. ›Populäre deutsche Logik und Philosophie der Muttersprache, Anstand, Sitten und Bildung der Charaktere, müßten den jungen Gelehrten vom anklebenden Schulstaube reinigen und zum Schritt in die Gesellschaft tüchtig machen.‹[42] ›Bildung der Charaktere‹ – hier nimmt Rochow vorweg, was eine Generation später vor dem geistesgeschichtlichen Hintergrund des deutschen Idealismus die Wissenschaftsreformer Wilhelm von Humboldt, Fichte, Schelling und andere im Rahmen einer neuen Idee von Universität als zentrales Anliegen herausstellen: mit wissenschaftlicher Vernunfteinsicht sollte zugleich eine ethisch-normative Grundeinstimmung des Lebens, eine ›idealistische Imprägnierung des menschlichen Charakters‹ gewonnen werden.[43] Es gibt also – das ist in diesem Punkt das Fazit des Reckahners – ›Grenzen der Wissenschaften, wenn man sie der Ordnung wegen und in abstracto betrachtet‹ – keine Grenzen aber hat ›das individuell nützliche Wissen und das individuelle Wachstum an nützlicher Erkenntnis überhaupt‹.[44]

Für sich und sein erzieherisches Vorhaben, nämlich die Umsetzung sittlich anstrebenswerter Ziele, hatte er erkannt: ›Dem Menschen ist das Argumentieren aus Erfahrung [...] am angemessensten. Darum mehr Praxis, weniger Theorie.‹[45] Freilich ging dies nach seiner Auffassung nicht gänzlich ohne einen wissenschaftlichen Anfang. Die Wissenschaft, die Rochow hierbei im Sinn hat, nennt er *Logik*. Sie ist ›minder pedantisch, als in dariiferio etc. bemerkbar ist‹[46], d. h. als die gewöhnliche Logik, die ›mit einer unnötigen Vielheit von Regeln, Trockenheit, schlechter Wahl von Gleichnissen, Wust eitler Nebensachen von Metaphysik‹ vollgestopft ist. Seine ›kleine Logik der Vernunftanwendungslehre‹ ist dagegen zu verstehen als ›Lehre oder Anweisung, wie man die von Gott als menschliche Fähigkeit erhaltene Vernunft anwenden und zu Verstand erhöhen‹ könne. Ihre Absicht ist: ›durch Sprachlehre den menschlichen Geist dazu bilden, daß er nicht allein selbst richtig denkt, sondern auch mit Sicherheit das Wahre oder Falsche eines gehörten oder geschehenen Sprachsatzes fassen, die Verhältnisse, die er zu anderen Sätzen hat und die Folgerungen daraus bemerken könne‹.[47]

Ohne Vernunft geht es nicht, denn ›wer kann überzeugen ohne Vernunftschlüsse, die sich auf die unwandelbaren Axiome stützen, in welchen der Grund alles Wahren enthalten und deren Dasein im gesunden Menschenverstande gewiß [...] ist‹.[48] Hier wiegt nun jedes Wort, und dabei kommen jene bereits oben erwähnten Abhandlungen Rochows in den Blick, die in den biographischen Würdigungen entweder in freundlicher Absicht übergangen oder mißverstanden wurden. Gemeint sind zum einen die Erörterungen, die sich mit der Unterscheidung von ›Vernunft‹ und ›Verstand‹ befassen, so vor allem ›Über Vernunft und Verstand in Herrn Professor Jakobs Grundriß der Erfahrungs-Seelenlehre‹[49], dann ›Aufgabe für mein eigenes Nachdenken oder meine Art zu studieren‹[50] sowie ›Duplik über Vernunft und Verstand‹.[51] Welche Bedeutung er dieser Unterscheidung beimisst, ist daraus zu erkennen, dass er klagt: ›Solange es Akademien gab, fiel es meines Wissens noch keiner ein, diese Fragen zu einer Preisaufgabe zu wählen. Vielleicht hielt man sie dazu nicht wichtig genug? Oder supponierte etwa, man wisse das schon?‹ – und er will zeigen, ›welche Verwirrung der Sprache, vielleicht auch der Sachen daraus entsteht, wenn wie bisher fast alle Schriftsteller ihre Begriffe darüber noch nicht berichtigt zu haben scheinen‹.[52]

Zur Unterscheidung selbst stellt er fest: Vernunft ist das charakteristische Kennzeichen des Menschen; durch eine vernünftige Seele, die er von Gott hat, unterscheidet er sich von allen sonstigen Lebewesen. Es ist ›die Fähigkeit, durch Vergleichen und Unterscheiden der Dinge, durch gründliche Belehrung über Ursache und Wirkung, über Mittel und Endzwecke, über Pflicht und Recht verständig *werden zu können*. Verstand aber ist das Resultat von der Arbeit des treuen Lehrers und dem Fleiße des Schülers, wenn ersterer die vorgefundene Vernunft nach dem Maße und Grade ihrer Kräfte stufenweise gehörig ausgebildet und letzterer das Gelehrte willig und mit Nachdenken so lange

35 Über die Eudämonistik in Lehrbüchern für die Jugend. In: Samuel Christoph Wagener (Hg.): Patriotisches Archiv für Deutschland. Berlin 1799. 1. Bd., S. 85–88. Abgedruckt in: Jonas/Wienecke (Anm. 2), Bd. III, S. 161 f.

36 Wo und wie schließt sich an das eudämonistische das Kantische Lehrsystem an. In: Samuel Christoph Wagener (Hg.): Patriotisches Archiv für Deutschland. Berlin 1799. 1. Bd., S. 88–91. Abgedruckt in: Jonas/Wienecke (Anm. 2), Bd. III, S. 163 f.

37 Summarium oder Menschenkatechismus in kurzen Sätzen. In: Jonas/Wienecke (Anm. 2), Bd. III, S. 80 f.

38 Brief vom 4. 11. 1775. In: Jonas/Wienecke (Anm. 2), Bd. IV, S. 117.

39 Brief an Nicolai vom 21. 2. 1798. In: Jonas/Wienecke (Anm. 2), Bd. IV, S. 359. Vgl. hierzu auch Gerhard Sprenger (Anm. 1), S. 115 mit weiteren Nachweisen.

40 Zusätze zu dem Summarium oder Menschen-Katechismus. Schleswig 1796. In: Jonas/Wienecke (Anm. 2), Bd. III, S. 80.

41 Vom 27. 11. 1772. In: Jonas/Wienecke (Anm. 2), Bd. IV, S. 21.

42 Brief an Nösselt vom 4. 11. 1775. In: Jonas/Wienecke (Anm. 2), Bd. IV, S. 122. (Homiletik bedeutet Geschichte und Theorie der Predigt.)

43 Vgl. hierzu Helmut Schelsky: Einsamkeit und Freiheit. Reinbek 1963, S. 79.

44 Vom Nationalcharakter durch Volksschulen. Brandenburg und Leipzig 1779. In: Jonas/Wienecke (Anm. 2), Bd. I, S. 346, 348.

45 Stoff zum Denken über einige wichtige Angelegenheiten des Menschen, 1775. In: Ebenda S. 108.

46 ›dariiferio‹ = aus der Scholastik stammende Bezeichnung von Syllogismen – vgl. Besprechung des Kinderfreundes (Berichte der allgemeinen Buchhandlung der Gelehrten im Jahre 1781). Dessau und Leipzig 1781. In: Jonas/Wienecke (Anm. 2), Bd. I, S. 356.

47 Eine kleine Logik der Vernunft-Anwendungs-Lehre (Anm. 18), S. 116–118.

48 Besprechung des Kinderfreundes (Anm. 46), S. 356.

49 In: Henke (Hg.): Magazin für Religionsphilosophie. Helmstädt 1796. 5. Bd., S. 439-451. Abgedruckt in: Jonas/Wienecke (Anm. 2), Bd. III, S. 129.

50 In: Neue Berliner Monatsschrift. Berlin 1804. 11. Bd., S. 42–52. Abgedruckt in: Jonas/Wienecke (Anm. 2), Bd. III, S. 196 ff.

51 In: Neue Berliner Monatsschrift. Berlin 1804. 11. Bd., S. 441–448. Abgedruckt in: Jonas/Wienecke (Anm. 2), Bd. III, S. 210 ff.

52 In: Aufgabe für ... (Anm. 50), S. 196.

Wohltätigkeit im Berliner Tiergarten, Ausschnitt von Kupertafel XXIV zu Basedows ›Elementarwerk‹, 1774

kennen, wie sehr ihm daran gelegen ist, die zu Ende gehende und die neue Epoche miteinander zu versöhnen. Für ihn ist die Aufklärung keine radikale Abwendung vom Schöpfergott-Gedanken, darum betont er immer wieder das Gottesgeschenk der *Vernunft*. Nicht geschenkt wird dem Menschen dadurch bereits die Glückseligkeit. Sie zu erlangen bedarf des *Verstandes*, des Verstehens. Dasjenige, was zu seinem eigenen und zu aller Menschen Wohl, ›gemeinnützig‹, erforderlich ist, muß ihm auf eine für ihn greif- und damit annehmbare Weise angeboten werden. Er muss sich befreien aus erstarrten, durch Sinnverlust unverständlich gewordenen Sprachformeln (siehe Beitrag Gessinger). Aufklärung, sagt Rochow einmal, ist ›Mitteilung oder Veranstaltung richtiger Begriffe von gemeinnützigen Dingen, um verständig zu werden.‹[55]

›Unberichtigte Begriffe von wichtigen Dingen und Worten zeugen [...] wichtige oder sehr schädliche Irrtümer‹[56]. An dieser ›Veranstaltung‹ richtiger Begriffe hat er immer wieder gearbeitet. Methodisch ging es ihm darum, ›alles Typische, Poetische, Metaphorische‹[57] abzustreifen, überhaupt: alles Unnötige zu vermeiden in dem ›Bestreben, gute Endzwecke zu erlangen durch die leichtesten Mittel‹[58] – dies geht hin bis zur Entthronung des Wortes zugunsten der Sache.[59]

Die Ergebnisse dieser Arbeit an den Begriffen lesen wir in seinen Schulbüchern: nicht länger Katechismusschulung, dafür Hinführung zu einer rationalen, lebenspraktischen Ertüchtigung.[60] Man kann hier von ›kleinen Schritten‹ sprechen, die ein sicheres Vorankommen gewährleisten sollen bei dem Versuch, nunmehr erstmals unter Einsatz des eigenen Verstandes über das jeweils richtige Verhalten zu entscheiden (›erste Schritte‹ nannte Rochow sie selbst gegenüber den ›zweiten‹ in Richtung der Kantischen Lehre). Betonung des Nutzens durch richtiges Handeln mit dem Ziel der Verwirklichung des ›guten Lebens‹, in dem der Einzelne auf eine Weise glücklich wird, die letztlich dem Ganzen dient – das ist der Inhalt dieser Weisungen.

Durch eine solche eudämonistische Klugheitslehre, eine konkrete gesellschaftliche Alltagsethik, wie sie neben Rochow zur selben Zeit, nur mit etwas anderer Akzentuierung, der niedersächsische Freiherr Adolph von Knigge vorlegte, wurde die *Gefahr einer Überstrapazierung des Moralverhaltens* vermieden. Dies gilt es einmal festzuhalten. Knigges berühmtes Werk ›Über den Umgang mit Menschen‹, keineswegs ein bloßes Benimm-Buch, zu

angenommen hat, bis er durch eigne und fremde Erfahrung das nun bestätigt findet, was ihm gelehrt worden ist und für sein ganzes Leben als Richtschnur seines Urteils und Verhaltens dienen kann, wenn er sich danach richtet. Verstand ist also mehr als Fähigkeit, mehr als Anlage, fast so wie Essenkönnen nicht gleichbedeutend mit Gegessenhaben ist.‹[53]

Vernunft ist Gottesgabe, und zwar allgemeine (allodium), an keine Kasten oder Klassen gebunden. Nicht so der Verstand: Gott hat den Menschen nicht verständig erschaffen – anderenfalls hätte Gott Menschenwerk, nämlich Ausbildung des Verstandes, übersprungen.[54]

Diese Auseinandersetzung Rochows mit der Wissenschaft, der Philosophie und dem Denken seiner Zeit läßt ein weiteres Mal erdem es erst durch die verkürzenden Bearbeitungen des 19. Jahrhunderts wurde, sondern eine Gesellschaftslehre, erschien 1788, d. h. im selben Jahr, in dem auch Kants ›Kritik der praktischen Vernunft‹ veröffentlicht wurde. In dieser zufälligen Koinzidenz der Erscheinungsdaten offenbart sich der komplementäre Gegensatz zweier Moralphilosophien.[61] Hier eine lebensweltlich orientierte Sittenlehre mit situations-konkreter Reflexion, dort eine rigorose Pflichtenethik mit philosophisch-prinzipieller Reflexion, die sich mit zunehmender Größe und Komplexität der Verhältnisse über die geschichtliche Einheit des Praktischen, den Ethos, in jener Zeit zu erheben beginnt.

Ueber
den
Umgang mit Menschen.

Von
A. Freyherrn von Knigge.

In zwey Theilen.

Mit Churfürstl. Sächsischem Privilegio.

Hannover,
in der Schmidtschen Buchhandlung.
1788.

Das Unausweichliche eines solchen Fortschreitens hatte Rochow offenbar geahnt, darum ließ er – und hier unterschied er sich von manchem anderen – gedanklich eine solche neue philosophische Ethik grundsätzlich zu. Dies spricht für seine Klugheit und seinen Weitblick. Ihm freilich kam es innerhalb seines eigenen Wirkungskreises zunächst darauf an, das ›Metaphysische‹ von den Bauernsöhnen fernzuhalten.[62] Im Aushalten dieser Spannung zwischen dem Alten und dem Neuen gewann er sein Profil. Dem Nutzen in der *Sache*, den er in seinen kleinen Geschichten immer wieder so anschaulich beschrieb, unterwarf er sich offenbar selbst in der *Methode* seines eigenen Vorgehens, indem er dem ›Rat der Weisen‹ folgte: ›Versuche im Kleinen zu machen, weil man da nicht soviel als im Großen verlieren kann, wenn der Erfolg widrig ist‹.[63]

53 Ebenda.
54 Über Vernunft (Anm. 49), S. 135 f.
55 Handbuch in katechetischer Form für Lehrer, die aufklären wollen und dürfen. 2. Aufl. Halle 1789. In: Jonas/Wienecke (Anm. 2), Bd. II, S. 13.
56 Berichtigungen. Ester Versuch. Braunschweig 1792. In: Jonas/Wienecke (Anm. 2), Bd. II, S. 175.
57 Brief an Felbiger vom 27. 11. 1772. In: Jonas/Wienecke (Anm. 2), Bd. IV, S. 22.
58 Über Simplicität. Deutsche Monatsschrift 1790. Erster Band, S. 121, 1335. In: Jonas/Wienecke (Anm. 2), Bd. II, S. 104.
59 Richard Kieser: Die Aufklärung und die Landschulreform des Domherren von Rochow. In: Westermanns Pädagogische Beiträge 7 (1955), S. 224.
60 Vgl. Peter Lundgreen: Sozialgeschichte der deutschen Schule im Überblick, 1980, S. 39, der dies an einem Beispiel veranschaulicht.
61 Hierzu Werner Schneiders: Der Verlust der guten Sitte. In: Helmut Holzhey u. Jean-Pierre Leyvraz (Hg.): Die Herausforderung des Rechts durch die Moral. Bern und Stuttgart, 1985, S. 62.
62 Brief an Zedlitz vom 10.12.1776. In: Jonas/Wienecke (Anm. 2), Bd. IV, S. 176.
63 Versuch über den Versuch. Deutsche Monatsschrift 1794. 3. Bd., S. 3–11. In: Jonas/Wienecke (Anm. 2), Bd. III, S. 3.

Annalen

der

Märkischen Oekonomischen Gesellschaft

zu Potsdam.

Erster Band,

Heft I. II. III. mit Kupfern

Potsdam, 1794.
bei Carl Christian Horvath.

›Beförderung der Nahrungsgeschäfte‹ und ›Bildung des Menschen‹ – Friedrich Eberhard von Rochow und die Märkische Ökonomische Gesellschaft zu Potsdam

Frank Tosch

In einer bis heute grundlegenden Arbeit zu Friedrich Eberhard von Rochow wird schon 1910 darauf verwiesen, dass sein Engagement ›zur Hebung der Landwirtschaft […] vielleicht von den Späteren unabsichtlich durch die Hervorhebung seiner Triumphe auf pädagogischem Gebiete ins Dunkel gerückt worden ist‹[1]. Allein der ökonomische Erfolg Rochows auf seinen Zauchegütern (siehe Beitrag Schmitt) berechtigt im Rahmen dieses Beitrages, dessen agrarreformerischen Bemühungen stärker ins Licht der Betrachtung zu setzen. Zweifellos kann dabei der pädagogische Rochow nicht von demjenigen getrennt werden, der sich nach 1790 bis zu seinem Tode 1805 maßgeblich um die Gründung und Fortentwicklung der Märkischen Ökonomischen Gesellschaft zu Potsdam verdient gemacht hat. In den von der Gesellschaft herausgegebenen *Annalen* (3 Bde., Potsdam: Carl Christian Horvath, 1792–1800) hat Rochow 27 Abhandlungen verfasst und war damit ›der produktivste Mitarbeiter dieses Periodikums‹[2]. Auch in dem zweiten Periodikum der Gesellschaft, dem 1798 bis 1803 erschienenen *Gemeinnützigen Volksblatt*[3], hat Rochow nachweislich immerhin neun Abhandlungen verfasst. Beide durch Rochow maßgeblich mitgestalteten Quellen belegen ein facettenreiches Bild seiner ökonomischen Bestrebungen, die in diesem Aufsatz genauer vorgestellt werden sollen.

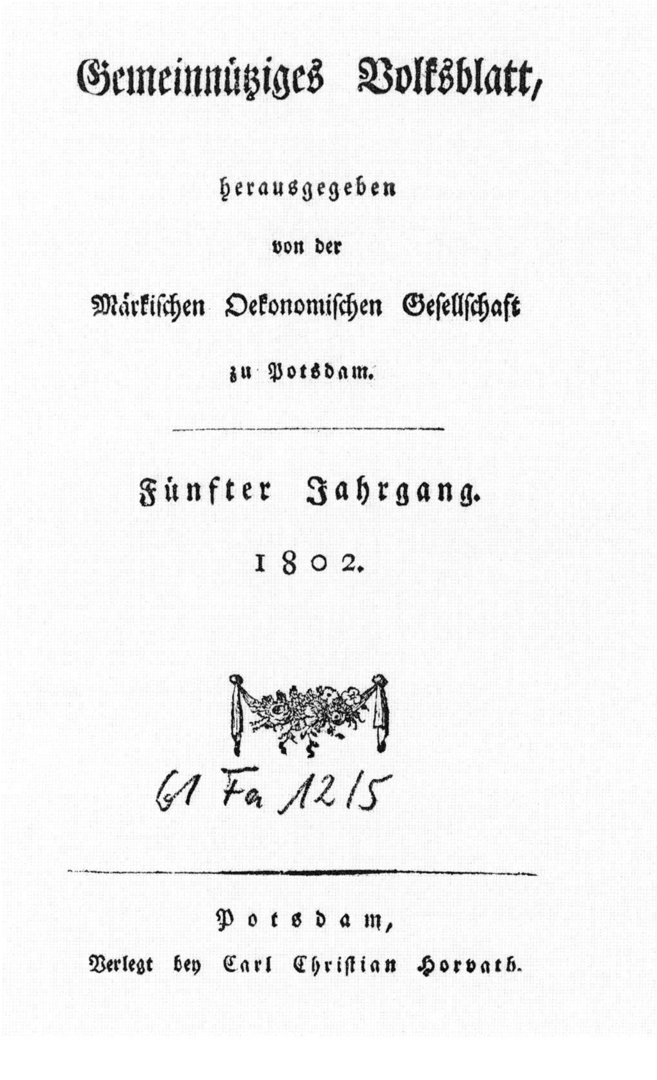
Gemeinnütziges Volksblatt,
herausgegeben
von der
Märkischen Oekonomischen Gesellschaft
zu Potsdam.
Fünfter Jahrgang.
1802.

Potsdam,
Verlegt bey Carl Christian Horvath.

Im Folgenden wird die Märkische Ökonomische Gesellschaft zu Potsdam in das Ensemble gemeinnütziger Gesellschaften am Ende des 18. Jahrhunderts eingeordnet, nach Rochows Rolle und Programm in der Potsdamer Sozietät gefragt, so dann Rochows Kritik an der Ökonomischen Gesellschaft um 1800 vorgestellt und schließlich der Beitrag thesenhaft zusammengefasst.

Die Märkische Ökonomische Gesellschaft zu Potsdam

Der Entstehungsprozess sowie Ziele und Inhalte der Märkischen Ökonomischen Gesellschaft zu Potsdam wurden durch Helga Eichler[4] gründlich untersucht, so dass hier lediglich die wichtig-

1 Ernst Schäfer: Friedrich Eberhard von Rochow. (= Greßlers Klassiker der Pädagogik; XXVII). Langensalza 1910, S. 11.

2 Helga Eichler: Pädagogische Bestrebungen in der Märkischen Ökonomischen Gesellschaft zu Potsdam um 1795. In: Peter-Michael Hahn/Kristina Hübener/Julius H. Schoeps (Hg.): Potsdam. Märkische Kleinstadt – europäische Residenz. Reminiszenzen einer eintausendjährigen Geschichte. (= Potsdamer Historische Studien; 1). Potsdam 1995, S. 195–205, hier S. 201. Allerdings beziffert sie die Zahl der Abhandlungen von Rochow auf lediglich 19.

3 Ab Juli 1798 trug das Periodikum diesen Titel, zuvor kurz ›Märkisches Volksblatt‹, und wurde ebenso durch Carl Christian Horvath, der selbst Mitglied der Ökonomischen Gesellschaft war, verlegt. Nähere Angaben vgl. ›Kurzer Abriß vom Zwecke und Plan des gemeinnützigen Volksblatts‹. In: Gemeinnütziges Volksblatt 6 (1803), XI, S. 46–48.

4 Ausführlicher über Zielstellung, Arbeit und Leistungen der Gesellschaft vgl. Helga Eichler: Die Märkische Ökonomische Gesellschaft zu Potsdam um 1800. In: Forschungen zur Brandenburgischen und Preussischen Geschichte, N.F., (1993), Bd. 3, H. 2, S. 193–227.

sten Zusammenhänge vorgestellt werden. Der Geburtstag jener gemeinnützigen Vereinigung ›patriotisch denkender Männer‹[5] datiert auf den 31. August 1791. Satzungsgemäß beschäftigte sich die Gesellschaft ›nach dem Beispiele anderer ihrer Art, mit allen den Gegenständen, die zur Aufnahme und Beförderung der einheimisch-ländlichen und städtischen Nahrungsgeschäfte dienen‹[6]. Schon neun Wochen später waren alle notwendigen formalen Voraussetzungen für ihre erfolgreiche Tätigkeit geschaffen, denn am 3. November 1791 wurde mit Kabinettsschreiben vom König darauf hingewirkt, ›gegenwärtige Statuten von Allerhöchst Dero General- Ober- Finanz- Krieges- und Domainen-Direktorium bestätigen zu lassen‹[7]. Die Potsdamer Gesellschaft lässt sich in das Ensemble patriotischer, ökonomischer und gemeinnütziger Gesellschaften[8] einordnen, die seit den sechziger Jahren des 18. Jahrhunderts entstanden waren und weithin ähnliche Absichten verfolgten. Die meisten von ihnen hatten die Verbesserung der landwirtschaftlichen Produktion und die Umgestaltung der Agrarverfassung[9] zum Ziel. Die relativ späte Entstehung der Potsdamer Sozietät führt Eichler v.a. darauf zurück, dass die Behandlung wichtiger ökonomischer Themen sowie die Gutachtertätigkeit über Erfindungen und Neuerungen ›von der Physikalischen Klasse der Berliner Akademie der Wissenschaften weitgehend übernommen worden ist, aus deren Reihen diverse Persönlichkeiten auch Mitglieder der Märkischen Ökonomischen Gesellschaft wurden‹[10]. Die Gesellschaft war ein ›Verein moderner Prägung‹[11]; sie war durch private Initiative entstanden, wurde durch Mitgliedsbeiträge, Spenden und Stiftungen finanziert und war nach egalitären Prinzipien organisiert. Eine aus den eigenen Reihen gewählte Direktion und Deputation führte die Geschäfte. Während die Deputation alle sechs Wochen zur Erledigung der laufenden Geschäfte zusammentrat, hielt die Gesellschaft jeweils am ersten Dienstag nach dem 1. Mai bzw. nach dem 1. November ihre satzungsgemäße Zusammenkunft in Potsdam ab, ›ohne daß erst besondere Einladungen an die Mitglieder derselben ergehen‹[12] mussten. Kern des inneren Lebens in den Versammlungen waren v.a. freiwillige Vorlesungen, die vorrangig von den Mitgliedern selbst gehalten wurden.

Im § 1 des Statuts wird ausgeführt, dass der Zutritt zu der Gesellschaft einem ›jeden biedern, von Vaterlandsliebe beseelten, Manne, aus jedem Stande frei [steht], dem es nicht an Kenntniß

Bauern bei der Feldarbeit und beim Hausbau

Brandenburg an der Havel, um 1790

und Erfahrung über dergleichen Dinge fehlt, und der also, wo nicht in mehrern, doch in einem oder dem andern Fache, durch Nachrichten, Vorschläge und Beurtheilungen etwas nützliches leisten kann‹[13]. Sozialstrukturell vereinigte die Potsdamer Sozietät Personen unterschiedlicher Herkunft und Stellung. Dabei waren der Großteil der Mitglieder staatliche Verwaltungsbeamte in gehobener Stellung. Entgegen dem sichtbar werdenden Anspruch auf Bildung des Menschen und Verbreitung aufgeklärter Ideen blieben Handwerker und einfache Bauern die Ausnahme. Fast 75 % der Ordentlichen Mitglieder entstammte dem Bürgertum.[14] Während die Gesellschaft am Beginn ihrer Tätigkeit 1791 immerhin 69 Ordentliche Mitglieder[15] zählte, umfasste die Liste 1795 bereits 147 und nach einem Jahrzehnt um 1800 sogar 192 Ordentliche Mitglieder. Dass die Gesellschaft von Anbeginn auch den Sachverstand und die Erfahrungen von Mitgliedern außerhalb der Region in ihre Arbeit zu integrieren suchte, verdeutlicht die wachsende Zahl ihrer Ehren-Mitglieder und Korrespondenten. Während die Liste 1791 28 Personen zählte, waren es 1795 schon 85 und um 1800 beachtliche 114 Personen.[16] Zusammenfassend kann festgestellt werden, dass die Märkische Ökonomische Gesellschaft zweifellos zu den ›großen Wirtschaftsvereinen in Deutschland im 18. Jahrhundert‹[17] zählte, in denen das gesamte Spektrum zeitgenössischer Themen in der Einheit von ökonomischer und sozialer Frage die Hauptinteressensfelder markierten. Dieser Zusammenhang soll nunmehr bei der Charakterisierung von Rochows Rolle und Programm in den Mittelpunkt der Darstellung rücken.

5 ›Statuten der Märkischen Oekonomischen Gesellschaft zu Potsdam‹. In: Annalen der Märkischen Oekonomischen Gesellschaft zu Potsdam (im weiteren abgek.: Annalen), (1792), Bd. 1, H. 1, S. 1–8, hier S. 3.
6 Ebenda S. 4.
7 Ebenda S. 3 f.
8 Eine Liste von 239 ökonomischen Sozietäten, die im Zeitraum von 1723 bis 1817 gegründet wurden und die keinen Anspruch auf Vollständigkeit erhebt, hat Hans-Heinrich Müller veröffentlicht. Vgl. Ders.: Akademie und Wirtschaft im 18. Jahrhundert. Agrarökonomische Preisaufgaben und Preisschriften der Preußischen Akademie der Wissenschaften (Versuch, Tendenzen und Überblick). Berlin 1975, hier S. 276–286.
9 Vgl. Helmut Reinalter: Gesellschaften, patriotische. In: Werner Schneiders (Hg.): Lexikon der Aufklärung. Deutschland und Europa. München 1995, S. 158–160, hier S. 159. Vgl. hierzu auch Rudolf Vierhaus (Hg.): Deutsche patriotische und gemeinnützige Gesellschaften. (= Wolfenbütteler Forschungen; 8). München 1980.
10 Eichler: Pädagogische Bestrebungen (Anm. 2), S. 198. Sie nennt hier u.a. Graf Ewald Friedrich von Hertzberg, Friedrich August Ludwig von Burgsdorff und Sigismund Friedrich Hermbstädt.
11 Ebenda S. 196.
12 Statuten (Anm. 5), S. 5.
13 Ebenda S. 4.
14 Vgl. Eichler: Pädagogische Bestrebungen (Anm. 2), S. 197.
15 Vgl. Mitgliederverzeichnis. In: Annalen, (1792), Bd. 1, H. 1, S. 9–16, hier S. 9. Rochow wird hier als ›Domkapitular zu Halberstadt und Prälat des Pforten-Stifts, des Johanniter- Maltheser- und St. Stephans-Ordens Ritter, Mitglied der Gesellschaft der Naturforscher zu Berlin, und der Schwedischen Erziehungs-Gesellschaft; Erbherr auf Rekane‹ (ebenda) vorgestellt.
16 Alle Zahlenangaben vgl. Eichler: Pädagogische Bestrebungen (Anm. 2), S. 197.
17 Ebenda.

Rochows Rolle und Programm in der Märkischen Ökonomischen Gesellschaft zu Potsdam

Rochows Reformprogramm in der Ökonomischen Gesellschaft umfasst *vier Eckpfeiler: 1. Wahrnehmung der Funktion des Direktors bzw. Mitglied der geschäftsführenden Deputation; 2. Stiftung und Auslobung von Preisgeldern und Prämien sowie Schenkungen an die Gesellschaft; 3. eine umfangreiche Vorlesungs- und Berichtstätigkeit in den Versammlungen sowie 4. eine damit einher gehende publizistische Tätigkeit v.a. in den beiden genannten Zeitschriften der Gesellschaft.* Wichtig ist in diesem Zusammenhang, dass *alle vier Aktivitätsebenen* in ihrer inneren Einheit erst den *Typus Rochow* erklärbar machen. Sie werden daher auch im Folgenden im Komplex vorgestellt:

Rochow stellte seine persönlichen Verdienste als einer der Gründungsinitiatoren[18] der Gesellschaft in seiner Eröffnungsrede auf der ersten Versammlung am 7. Februar 1792 deutlich hinten an, wenn er darauf hinweist, dass ihn ›ohne sein Zuthun diese [...] Gesellschaft zu ihrem Mitgliede rief, und zum Direktor des ersten Jahres wählte‹[19]. Rochow begriff seine Leitungsfunktion von Anbeginn als Chance, die Ökonomische Gesellschaft programmatisch mitzuprägen, wenn er unspektakulär, aber richtungweisend fordert: ›Denn so wie die Wissenschaft, von der wir den Namen führen, so reell und sparsam sey auch unsre Zeitverwendung in unsern Zusammenkünften. Fern sey von uns die Jagd auf paradoxen Witz, und der litterarische Luxus mit künstlich gesponnenen Hypothesen auf Sophismen gestützt, so wie eine Projektmacherei, die die Natur der Dinge zur Gegnerinn hat‹[20]. Rochow plädiert also für die effiziente Vorstellung, Diskussion und Umsetzung vorrangig empirisch abgesicherter Erfahrungen und Befunde und sieht in der ›Solidität‹ der Ökonomischen Gesellschaft ihren ›allgemeine[n] Vereinigungs-Punkt‹[21]. Dieser Ansatz wird von den Mitgliedern ganz offensichtlich mitgetragen, so dass es kaum verwundert, dass Rochow im ersten Jahrzehnt der Gesellschaft mehrfach mit Leitungsfunktionen betraut wurde. Nachdem Rochow sein Direktorenamt am 6. November 1792 dem Kgl. Preuß. Wirkl. Geheimen Staats- und Kabinetts-Minister Graf Ewald Friedrich von Hertzberg[22] übergab, gehörte er weiterhin der geschäftsführenden Deputation[23] an. Auch in diesem Leitungsgremium war Rochow stark eingebunden, denn die Geschäfte der Deputation hatten sich in kurzer Zeit immer mehr angehäuft, so dass sie mit neuen Mitgliedern verstärkt wurde.[24] 1794 wurde Rochow erneut zum Direktor gewählt.[25]

Durch die Leitungstätigkeit in der Gesellschaft gelingt es Rochow, mehrere Reformansätze auf den Weg zu bringen. Kontinuierliche Schenkungen, Stiftungen und Preisaufgaben erweisen sich dabei als Anreger und Stimuli im inneren Entwicklungsprozess der Gesellschaft. Schenkungen an die Gesellschaft hatten v.a. den Charakter ›didaktischer Materialien‹. Stellvertretend sei hier der Band ›Abrisse und Beschreibungen nützlicher Maschinen und Modelle, welche in dem Saale der Gesellschaft der Künste, Manufakturen [...] zu London aufbewahret werden, [...]. München und Leipzig 1780‹[26] genannt. Das Buchgeschenk mit 55 Kupfertafeln belegt, wie sehr Rochow regionale und lokale Problemlagen, wie sie in der Gesellschaft diskutiert wurden, mit publizierten internationalen Erfahrungen, Trends und Perspektiven in ein

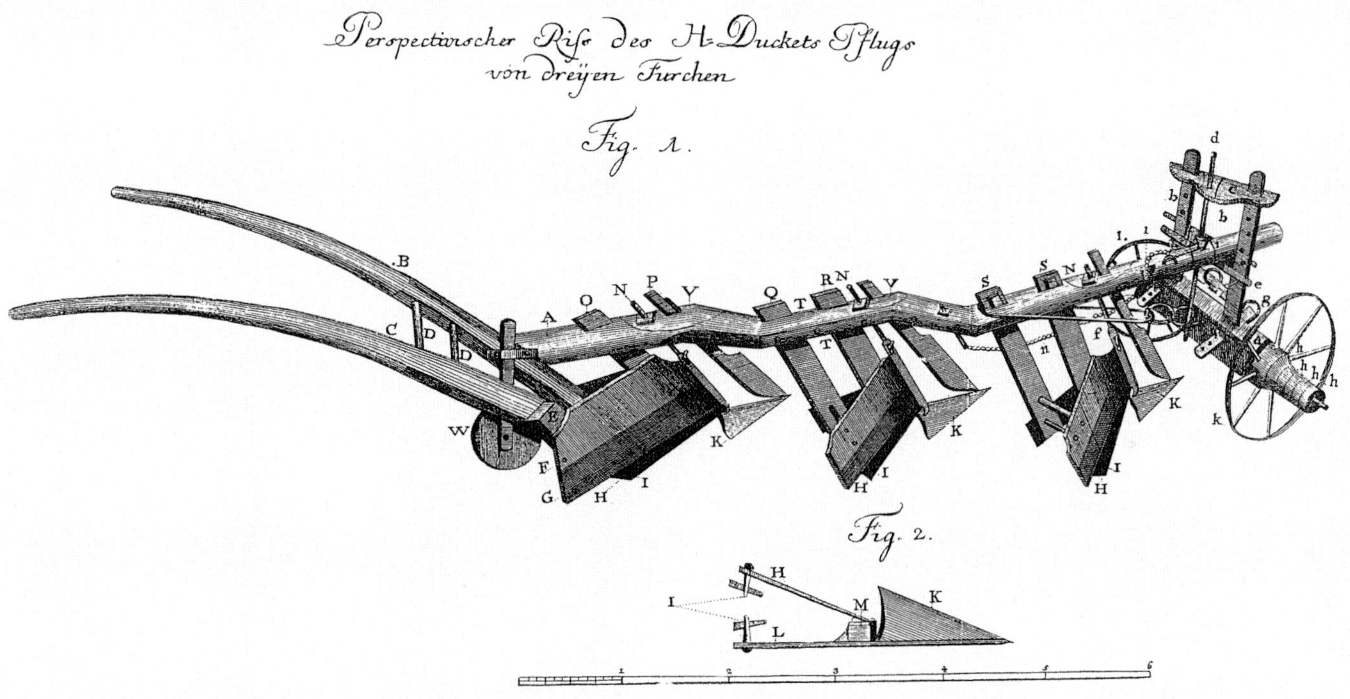

Aus: ›Abrisse und Beschreibungen nützlicher Maschinen‹, 1780 (siehe Anm. 26)

18 Neben Rochow als Gründungsinitiator gilt Christian Friedrich Germershausen als ›Initiator und langjähriges Mitglied der Märkischen und anderer ökonomischen Gesellschaften in Deutschland, Prediger und landwirtschaftlicher Schriftsteller, der mit seinen vielbändigen Werken zu ganz unterschiedlichen Themen der Hauswirtschaft als letzter Vertreter der sogenannten Hausväterliteratur und Vorläufer der wissenschaftlich betriebenen Landwirtschaft angesehen wird‹ (ebenda S. 198 f.).

19 Rochow: Erste Rede, gehalten in der Churmärkischen ökonomischen Gesellschaft in Potsdam, am 7. Febr. 1792. In: Annalen, (1792), Bd. 1, H. 1, S. 33–45, hier S. 35.

20 Ebenda.

21 Ebenda S. 36.

22 Vgl. Verhandlungen der Ökonomischen Gesellschaft. In: Annalen, (1793), Bd. 1, H. 2, S. VIII-XVI, hier S. VIII. Graf Hertzberg war von 1753–1795 Gutsherr von Britz (vgl. ›Beschreibung [...] des Guts Britz‹ ebenda S. 3–10), das er zu einem aufgeklärten Mustergut entwickelte. Als Staats- und Kabinettsminister leitete er fast drei Jahrzehnte das Auswärtige Ministerium unter Friedrich II. Vgl. auch Neuköllner Kulturverein in Zusammenarbeit mit dem Heimatmuseum Neukölln (Hg.): Junker, Land und Leute. Landwirtschaft in Brandenburg. Das Beispiel Britz. (= Stätten der Geschichte Berlins; 9). Berlin 1985, hier S. 33–58.

23 Vgl. Mitgliederverzeichnis der Ökonomischen Gesellschaft. In: Annalen, (1793), Bd. 1, H. 2, S. V-VII, hier S. V.

24 Neben Rochow gehörten nun auch ›Carl August Hubert, Königl. Amtsrath und Oberamtmann zu Zossen‹, ›Andreas Ludwig Lust, Königl. Preuß. Forstmeister zu Potsdam‹ sowie ›Friedrich Zacharias Salzmann, Königl. Hofgärtner zu Sanssouci‹ (ebenda) diesem Gremien an.

25 Die 6. Versammlung der Gesellschaft am 6. Mai. 1794 fand ›unter dem Vorsitze ihres würdigen Direktors, des Domkapitulars Herrn von Rochow auf Rekan‹ (Annalen, (1796), Bd. 2, H. 3, S. V) statt. Im Bericht über die 8. Versammlung der Gesellschaft, am 5. Mai 1795, wird erneut mitgeteilt, dass Rochow ›das Direktorat wieder auf ein Jahr übernommen‹ (ebenda S. XI) hatte. Rochow übergab das Direktorenamt auf der 9. Versammlung der Gesellschaft, am 19. Mai 1796, dem ›Geheimen Ober-Finanzrath Grothe‹ (Annalen, (1797), Bd. 3, H. 1, S. III). Schließlich wird am 28. Oktober 1800 in den Verhandlungen der Gesellschaft erwähnt, dass Rochow in Abwesenheit des damaligen Direktors, Etatminister Otto Karl Friedrich von Voß, die Herbstversammlung ›mit einer Vorlesung über einen von ihm gemachten Versuch, die Kiehnraupe in einer isolirten Schonung zu vertilgen‹ (Annalen, (1802), Bd. 3, H. 5, S. 3), eröffnete.

26 ›Zum Besten der Gesellschaft eingegangene Geschenke‹. In: Annalen, (1792), Bd. 1, H. 1, S.168–171, hier S. 168.

Beziehungsgeflecht zu setzen versuchte. Dabei dürfte sicherlich auch ökonomischer Eigennutz ein Motiv gewesen sein, aus dem Kreise der Gesellschaft Initiatoren und Investoren zu finden, die bereit waren, vorliegendes Buchwissen in praktische Reformen umzusetzen.

Im Zentrum *des Rochowschen Reformprogramms* stand die kontinuierliche *Vortrags-, Berichts- und Publikationstätigkeit in Kopplung mit der Auslobung von Preisgeldern*. Mit Hilfe dieser Innovationsinstrumente versuchte er medial und motivational v. a. für bislang ungeklärte Fragen neue Anregungspotenziale in der Ökonomischen Gesellschaft freizusetzen. Am *Beispiel des Pflügens* wird dieser paradigmatische Zusammenhang knapp skizziert:

Getreu dem Statut, wonach auf dem Boden der Landes-Verfassung ›die Absicht der Gesellschaft einzig und allein dahin gehet, die Summe nützlicher, oekonomischer Kenntnisse zu vermehren, oder die schon vorhandenen mehr in Umlauf zu bringen‹[27], geht Rochow mit eigenem Beispiel voran. Er wählt gemäß der Sentenz ›Von Wunden redet der Krieger, vom Pfluge der Landmann – die erste Ackerarbeit, nämlich das Pflügen‹[28], zum Thema seiner ersten Vorlesung. Hier kritisiert Rochow vor allem, dass in der Brache[29] und Streckfahre bisher kaum 2 ½ Zoll[30] tief gepflügt werde, aber nach seinen praktischen Erfahrungen zumindest 6 Zoll tief erforderlich sind (u.a. bessere Unkrautentwurzelung, bessere Düngerbedeckung mit Erde). Selbstverständlich ist dabei für Rochow, dass zum tieferen Pflügen die hinderlichen Steine aus dem Acker gebracht werden, diese aber z.B. für Bauten und der Anlage von Chausseen sehr gut benutzt werden könnten. Zugleich sieht er in dem jährlich einmalig vom Vieh abzufordernden erhöhten Kraftaufwand des Tiefpflügens in der Brache auch ein entlastendes Moment, weil die anderen Pflugtermine ›dann nur in lockerer Erde geschehen, und mithin dem Viehe leichter als bisher werden‹[31]. Das richtige Pflügen will Rochow aber nicht nur seinen Zuhörern in der Gesellschaft nahe legen, sondern vorrangig dem einfachen Landmann. Folglich sieht Rochow den Erfolg seiner Bemühungen nur in einem – diesem Adressatenkreis – auch tatsächlich zugänglichen und von diesem angenommenen Medium:

Landwirtschaftliches Lehrinstitut aus Thaers ›Beschreibung der nutzbarsten neuen Ackergeräthe‹, 2. H., 1804

›Man belehre durch einen eignen, [...] aber *faßlich geschriebenen* [Herv. i. O. – F. T.], und jährlich wiederholten Artikel im Haushaltungs-Calender, dem einzigen Handbuche des Landmanns; den Landmann über den großen Nutzen des tiefern Pflügens‹[32]. Zugleich kommt Rochow auf die Mangelhaftigkeit des bisherigen Pfluggerätes zu sprechen und verweist dabei auf eigene langjährige Neuerungsversuche, ›selbst mit Gefahr, mehr als ich pflege, von mir selbst reden zu müssen. Die Gestalt unsers gewöhnlichen einstieligen Pflugs ist schon, in Rücksicht des zur Absicht viel zu niedrigen Streichbret[t]s und dessen Richtung, fehlerhaft, indem es die Furche zuweilen nur schiebt, aber wenn man tief pflügen will, nicht genug umkehrt, andrer Mängel zu geschweigen‹[33]. Bemerkenswert ist zunächst, dass Rochow mit dem Sachverstand eigener ökonomischer Erfahrungen aus zwei Jahrzehnten bislang zu keiner zufriedenstellenden Lösung gelangt ist. Offen thematisiert er dieses Problem nun im Forum der ökonomischen Gesellschaft und koppelt es zugleich mit der *ersten Preisaufgabe der Gesellschaft*. Rochow berichtet: ›Als ich vor 19 Jahren meinen bekannten Versuch eines Schulbuchs für Kinder der Landleute schrieb, erwähnte ich, weil nur allein durch Verbreitung besserer Grundsätze, vermittelst des Schulunterrichts, aufs Ganze der Nation gemeinnützig und sicher gewirkt werden kann, im letzten Abschnitt desselben, der von der Landwirthschaft handelt, unter andern auch der Eigenschaften eines vollkommneren Pfluges. Und ich suchte sie folgendermaßen zu bestimmen:

1. Er muß nicht aus vielen künstlichen Stücken bestehen, also auch vom gemeinen Manne zu verfertigen seyn.
2. Er muß nicht zu viel Eisen bedürfen, damit er leicht zu ziehen sey, und, bei hinlänglicher Haltbarkeit, nicht zu kostbar werde.
3. Er muß sich leicht und doch fest stellen lassen, um damit tief und flach zu pflügen.
4. Er muß eine reine Fahre machen.
5. Er muß die Fahre umkehren, so, daß das unterste oben kömmt.
6. Die mindest mögliche Friktion muß bei seinen Rädern angebracht werden‹[34].

Rochow unterlässt es in diesem Zusammenhang auch nicht, der Gesellschaft über einen zwei Jahrzehnte zurückliegenden ›Spionageversuch‹ zu berichten, für den er eine ›ansehnliche Prämie‹ bot, nämlich ›dem damals in Brandenburg wohnenden, nachmals Herzogl. Weimarschen geschickten Mechanico Hrn. Neuffert,

Erntearbeit, Ausschnitt von Kupfertafel XVI zu Basedows ›Elementarwerk‹, 1774

wenn er mein Ideal realsiren würde. Aber er entschuldigte sich nach einiger Zeit, wegen der Schwierigkeiten, die sich bei einer so excentrischen Maschine, als unser Pflug sey, vorfänden. Und so scheint es fast, daß [...] unser einstieliger Pflug mit allen seinen Mängeln bloß durch sein Alter so heilig geworden, daß niemand an dessen Verbesserung, deren er doch so sehr bedürftig ist, sich wagen mag. [...] Um diese Verbesserung baldigst zu befördern, lege ich bei unserer Gesellschaft hiermit eine Prämie von 10 Fr. d'or für denjenigen nieder, dessen im Kleinen, nach verjüngtem Maasstabe richtig bezeichnetes, [...] Modell, ein Jahr lang im Großen die Probe dreyer erfahrnen Landwirthe, die ich zu benennen mir vorbehalte, nach obigen 6 Erfordernissen ausgehalten hat‹[35].

In den folgenden Monaten waren im Sinne der Preisaufgabe immerhin sieben unterschiedliche Modelle aus verschiedenen Gegenden, und eine Zeichnung bei der Gesellschaft eingegangen. Sicherlich zum Vergleich hatte Rochow der Gesellschaft auch ein Modell eines gewöhnlichen Pfluges übereignet, wie er im Zauchischen Kreise verwendet wurde. Eine von der Deputation der Gesellschaft am 17. Dezember 1792 eingesetzte besondere Kommission ›aus lauter erfahrnen Landökonomen‹[36] kam allerdings zu dem Ergebnis, dass keines dieser Modelle allen Forderungen der Preisaufgabe entsprach. ›Nur ein einziges zeichnete sich durch eine ganz neue Erfindung aus, wodurch das Stellen des

27 Statuten (Anm. 5), S. 6.

28 Rochow: Erste Rede (Anm. 19), S. 36.

29 Brache bedeutete zunächst das Liegenlassen gepflügten Ackers ohne Saat zur Erhaltung der Bodenfruchtbarkeit. In der sogenannten verbesserten Dreifelderwirtschaft wurde ein Teil der Brache mit Futterkräutern (z. B. Klee) bzw. Hackfrüchten angebaut, was auch Besömmerung der Brache genannt wurde. Das Brachfeld wurde in der Regel dreimal gepflügt. Nach Angaben von Rochow wurde im Juni die Streckfurche gepflügt, dann im August die Wendefurche (3 Zoll tief) und im September die Saatfurche (3 ½ bis 4 Zoll) tief. ›Dieses Verfahren nenne ich flach pflügen‹, kritisierte Rochow, weil in der Brachfurche ›der Acker eigentlich die tiefste Cultur bekommen sollte‹ (ebenda S. 38).

30 Zoll ist ein früheres Längenmaß, entsprach ein zehntel oder zwölftel Fuß, schwankend zwischen 2,3 und 3 cm; in Preußen 2,62 cm.

31 Rochow: Erste Rede (Anm. 19), S. 42.

32 Ebenda.

33 Ebenda S. 43.

34 Ebenda S. 43f.

35 Ebenda S. 44f.

36 Verhandlungen. In: Annalen, (Anm. 22), S. XVI.

Bauerngespräch

Pflugs sehr erleichtert wird‹[37]. Die Kommission entschied daher, den Preis noch länger auszusetzen und dass ›noch auf ein Modell gewartet werden müsse, welches mehr, als die bisher eingegangenen, den 6 Forderungen des Preisaufgebers entspräche‹[38]. Schließlich kam die Gesellschaft anlässlich ihrer Preiserteilung am 5. November 1793 zu der Feststellung, dass keines der insgesamt 12 eingesandten Modelle nach Begutachtung und den angestellten Versuchen der Erwartung entsprochen habe. ›Denn selbst dasjenige, dem die Hälfte des Preißes zuerkannt ward, [...] hat diese Erwartung nicht ganz erfüllt‹[39]. Detailliert werden die Vorteile des eingereichten Modells[40] vorgestellt. Aber auch die mit der Preisaufgabe nicht eingelösten Kriterien – wie Merkmal fünf –

Feldarbeiten

werden auf den Punkt gebracht. In den meisten Vergleichspunkten wurden dem märkischen Pflug aber durchaus ähnliche Eigenschaften zugewiesen, im Hinblick auf die verwendete Holzmenge sogar bessere. ›Wenn man nach richtigen Grundsätzen, ohne Vorurtheil Neuerungen gern einzuführen, die gegenseitigen Vortheile abwiegt, so würde man von Seiten der Gesellschaft nur da zur Annahme des neuen Pfluges rathen, wo willige und geschickte Schirrknechte und Pflüger sind, weil wirklich an einem solchen Orte dieser Pflug besonders im schweren Boden nützlicher seyn kann‹[41].

Modellhaft erscheint die hier erkennbare Art und Weise des Umganges der ökonomischen Gesellschaft mit ihrer ersten Preisaufgabe. Geradezu modern ist ihr Ansatz, dass sie nicht ›nur das höchste Ideal als das einzige Ziel bei ihren künftigen Austheilungen ansehen würde‹[42], sondern dass zugleich auch prozessual der Grad der Annäherung an ein wichtig erachtetes Kriterium einzuschätzen versucht wurde. Daher wurde ›schon demjenigen die Hälfte des Preißes zuerkannt, der ihrer Aufgabe am nächsten gekommen ist, ohne Rücksicht zu nehmen, ob es [eine] neue Erfindung war oder nicht‹[43]. Hier erlangt also die Ermutigungs-, Anregungs- und Schrittmacherfunktion, ›hauptsächlich zur Ermunterung mehrerer Conkurrenz bei allen ihren künftigen Preis-Aufgaben‹[44], einen zentralen Stellenwert. Vor diesem Hintergrund wurde Christoph Jäger aus Zerbst die Hälfte des Preisgeldes zuerkannt und hervorgehoben, dass sein Modell sauber gearbeitet wurde. Auch in dieser Situation spricht für Rochow, dass die von ihm gestiftete und nun nicht ausgelobte andere Hälfte des ursprünglichen Preisgeldes ›zur Vergrößerung der Prämie für das beste Vieh-Arzney Buch angewiesen worden‹[45] ist. Das Fallbeispiel verdeutlicht Rochows Fähigkeit, ein ihn selbst zwei Jahrzehnte beschäftigendes, bislang ungelöstes Problem über das Medium der Preisaufgabe aus einem Moment individuellen Erfahrungserwerbs nunmehr zu einem Instrument kollektiver Erfahrungsgenerierung einer ökonomischen Gesellschaft zu qualifizieren. Hier erfährt Rochows Bildungsdrang als personales Moment seiner autodidaktischen Weltaneignung[46] v. a. durch die Qualität der institutionellen Interaktion seine soziale Aufladung. Erst dieser funktionelle Zusammenhang ermöglicht ein Verständnis der spezifisch didaktisch-aufklärerischen Komponente[47] Rochows, wie sie von ihm u.a. in seinen ›Märkischen Bauern-Gesprächen‹[48] originär entwickelt wird. Hier gelingt es Rochow, in dialogisierter Form für den Landmann Leseanreize für wichtige ökonomische Themen zu schaffen. Nahezu programmatisch entwickelt er diesen Gedanken in seinem Aufsatz ›Ueber die Schwierigkeit, solche ökonomische Versuche zu machen, die, als richtige Erfahrungen, allgemeine Verhaltensregeln geben‹[49] weiter.

In der *Vorlesungs- und Berichtstätigkeit*[50] von Rochow wird die überaus große *thematische Breite seines Reformprogramms* sichtbar. Nahezu alle relevanten ökonomischen und sozialen

Kirche mit Maulbeerbäumen in einem märkischen Dorf

Fragen der Zeit werden berührt. Neben dem Pflügen befasste sich Rochow frühzeitig und erfolgreich mit der Frage der Aufhebung der Gemeinheiten[51], weil er hierin einen wesentlichen Schritt zur Verbesserung der bäuerlichen Wirtschaft sah. Rochow merkte hierzu an: ›Ehe noch Gemeinheitsvertheilungen durch königliche Edicte geboten oder unterstützt wurden, theilte ich die Aecker, Wiesen und Hütungen mit meinen Unterthanen in den Dörfern Gettin, und Reckan in Güte, ohne Zuziehung eines Commissarii‹[52]. Rochow erreichte es sogar, einen Gemeinbesitz zu teilen, an dem nicht nur seine Bauern beteiligt waren. Er berichtete über einen erreichten Vergleich, in dem ›in den Jahren 1774 und 1775 aber das sogenannte freye Havelbruch mit der Stadt Brandenburg und den königl. Dörfern Wollin und Grüningen‹[53] einbezogen waren. Rochow betonte, dass er mit diesem Vergleich ›nicht wenige Schwierigkeiten hatte, weil er eine 300jährige Confusion, [endigte], wobei besonders der Bauer gewann‹[54]. Er hatte erkannt, dass die Aufhebung der Gemeinheiten den Bauern den Weg zu eigenem Erfahrungserwerb eröffnete, indem sie beispielsweise ›die ihnen zugewiesenen, durch Gräben abgeteilten Koppeln mit Hecken verwahren, den Boden ausgleichen und frisch besäen mussten. In Reckahn unternahm man gleichzeitig mit bestem Erfolg die Zusammenlegung wenigstens eines Teiles der Äcker‹[55]. In weiteren Aufsätzen berührte Rochow grundsätzliche Fragen, so ›Ueber Frohndienste‹[56] sowie über die Aufhebung der Spanndienste.[57] Im Jahre 1798 berichtete er über das Projekt, ›22 Bauern auf meinen beyden Gütern Crane [15 – F. T.] und Gettin [7 – F. T.], statt des wöchentlichen ordinairen Spanndienstes, auf Dienstgeld zu setzen‹ und betonte, ›daß es der Bauern eigener Wunsch und Antrag war – daß ich ihr Gebot geradezu annahm‹[58]. Über den Erfolg in Krahne vermerkt Rochow beispielgebend: ›Auf diesem Guthe [...] besteht nun die Einrichtung schon über ein Jahr, und ich habe mit vier Pferden und zwölf Ochsen, die ich mehr als sonst halte, doch alles dasjenige geleistet, was diese 15 Bauern an ordinairen wöchentlichen Spanndiensten thaten. Nicht zu gedenken, daß mein Acker jetzt ungleich besser als sonst gepflügt und so viel mehr gedünget wird, als ich jetzt mehr Vieh halte‹[59]. Auch in dieser Frage erweist sich Rochow als erfolgreicher und präzis rechnender Ökonom, wenn er einen jährlichen baren Überschuss von neun Thalern und vier Groschen verbuchen kann.

Schließlich publizierte Rochow in der Ökonomischen Gesellschaft weitere Aufsätze mit unterschiedlichsten Themen, so zur Vereinheitlichung der Spurbreite von Fuhrwerken[60], zur Obstbaumzucht[61], zur Schädlichkeit von Bleiglasuren in Kochgeschirren[62], zu Seidenbauangelegenheiten.[63] Er beschäftigte sich aber auch mit der Suche nach geeigneten Kaffeesurrogaten[64] (siehe Beitrag Albrecht) sowie mit den Ursachen verheerender Brände

37 Ebenda.
38 Ebenda.
39 ›Preis-Ertheilung‹. In: Annalen, (1794), Bd. 1, H. 3, S. XXII–XXV, hier XXIII. Das Preismodell ist auf der Titel-Vignette vor Heft 3 abgebildet.
40 Vgl. ebenda. So werden u.a. mehr Haltbarkeit, besseres Regieren des Pfluges und leichteres Einstellen der Furchenbreite mittels einer am Zuge angebrachten Leier genannt.
41 Ebenda S. XXV.
42 Ebenda S. XXIII.
43 Ebenda.
44 Ebenda.
45 Ebenda.
46 Rochow schreibt selbst autobiographisch: ›Zuförderst bekenne ich mich als einen armen Layen in allen Fächern der Wissenschaften, so wie als einen armen Sünder vor Gott‹ (Friedrich Carl Gottlob Hirsching: Historisch-literarisches Handbuch. Bd. 10.1, 1807. In: ADB, Fiche I 1045, 97–102, hier 98).
47 Auch einigen Zeitgenossen Rochows blieb dieser Zusammenhang verschlossen, wenn sie mit Unverständnis auf den schreibenden Gutsherren blickten: ›In den aristokratischen Kreisen zu Berlin spottete man über den Reckahner Domherrn (Büsching an Rochow 10. Jan. 1780)‹ (Rochow. In: W[ilhelm] Rein (Hg.): Encyklopädisches Handbuch der Pädagogik. 5. Bd. Langensalza 1898, S. 922–928, hier S. 923).
48 Vier Gespräche sind in den Annalen, (1792), Bd. 1, H. 1, S. 142–152 abgedruckt. Rochow bekundet hierzu in der Einleitung seine Überzeugung, dass ›der Bauer [...] nicht gern Bücher kauft‹, den Haushaltungs-Kalender aber, pflegt er wohl zu kaufen‹, ›also ist dieser [...] ein schickliches Mittel, [...] schädlichen Aberglauben auszurotten, bessere Kultur-Prinzipien ihm mitzutheilen, und so des Staats größere Wohlfahrt zu befördern‹ (ebenda S. 141).
49 Vgl. Annalen, (1793), Bd. 1, H. 2, S. 60–71.
50 Der bislang nicht kommentierte Abdruck würde erstmalig den Ökonomen Rochow auf breiterer Basis der Forschung zugänglich machen.
51 Das sind die den Dörfern und Gütern gehörenden Gemeindeäcker, -wiesen und -weideplätze, mit denen zugleich eine Zusammenlegung der den Einzelnen gehörigen, oft weit voneinander entfernten Ackerstücke verbunden war.
52 Rochow: Ueber die Schwierigkeit (Anm. 49), S. 69.
53 Ebenda S. 69f.
54 Ebenda S. 70. Vgl. hierzu die Rochowsche Schrift: ›Schreiben eines Landwirts an die Bauern wegen Aufhebung der Gemeinheiten‹. Stendal 1769.
55 Schäfer: Rochow (Anm. 1), S. 10.
56 Vgl. Annalen, (1797), Bd. 3, H. 1, S. 131–137.
57 Vgl. Rochow: Nachricht von dem Erfolge der Aufhebung der Spanndienste in Crane und Gettin. In: Annalen, (1798), Bd. 3, H 2, S. 29–34.
58 Ebenda S. 31. Andererseits hielt Rochow an ›Baudienste, Aerndtedienste, Reisefuhren, Schaafwaschen und Scheren‹ fest, ›weil sie ihrer Natur nach unentbehrlich sind‹ (ebenda).
59 Ebenda S. 32.
60 Vgl. Rochow: Ueber die Gleichmachung der Fuhrgeleise. In: Annalen, (1793), Bd. 1, H. 2, S. 60–71.
61 Vgl. Rochow: Ueber die Obstbaumzucht im Großen. In: Annalen, (1795), Bd. 2, H. 1, S. 145–151.
62 Vgl. Rochow Ueber die Schädlichkeit der Bleyglasur in den irdenen Küchengefäßen nebst Vorschlägen zu deren Abhelfung. In: Annalen, (1795), Bd. 2, H. 1, S. 1–4.
63 Vgl. Rochow: Von Maulbeerbäumen. In: Annalen, (1795), Bd. 2, H. 1, S. 151–156.
64 Vgl. Rochow: Vom deutschen Kaffee oder Siser arietinum. In: Annalen, (1795), Bd. 2, H. 1, S. 10–12.

Die ›Gleichmachung der Fuhrgeleise‹ hätte solche Widrigkeiten verhindert

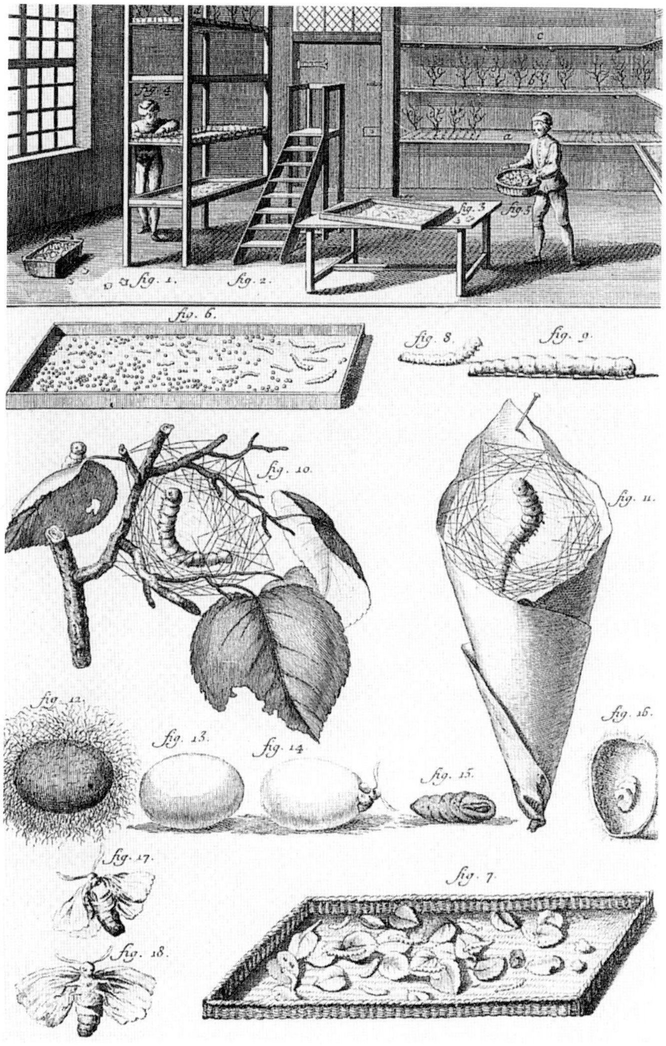

Seidenraupenzucht, 1771

und unterbreitete differenzierte Vorschläge zu ihrer Verhütung.[65] Gleich mehrere Aufsätze widmete Rochow Wirtschaftsereignissen auf seinen Gütern, v.a. der Witterung und Ernte. In ihnen stellte er u.a. eigene empirische Befunde über das Wettergeschehen in Beziehung zum Ernteerfolg bzw. Misserfolg.[66] Immer wieder werden von Rochow praktische landwirtschaftliche Fragen und eigene Versuche angeführt, so z.B. ›Ueber die sterilen Hülfsmittel des Ackerbaues‹[67] bzw. ›Ein Mittel zur Verminderung der Kiehnraupe‹[68], oder aber Vorschläge ›Ueber die beste Art der Vertilgung des Hederichs aus dem Sommergetreide‹[69] gemacht. Schließlich bereitete Rochow in mehreren Aufsätzen seinen jahrzehntelang gewonnenen Erfahrungsschatz stärker didaktisch auf und stellte diesen mit volksaufklärerischer Perspektive (siehe Beitrag Böning) zur öffentlichen Diskussion. Hierzu zählen solche Beiträge wie ›Ueber den Einfluß des Lokalen in die Anwendung allgemeiner ökonomischer Grundsätze‹[70], ›Ueber Gewinn und Verlust bey der Landwirthschaft, angewandt auf den ökonomischen Zustand eines Bauern in dem Kreise der Kurmark, die Zauche genannt‹[71] bzw. ›Ueber die Beharrlichkeit bey dem, was gut und nützlich ist‹[72]. Berührt werden auch solche Fragen wie ›Der Landmann in Rücksicht auf seine Industrie‹[73] und ›Wer verdient das Lob eines guten Verwalters?‹[74]. Unmittelbare Konsequenzen im Bildungsbereich artikuliert Rochow in solchen Aufsätzen, die ›Ueber die Nothwendigkeit einer zweckmäßigern Einrichtung der niedern Stadt- und Landschulen in Rücksicht auf die Armenanstalten‹[75] oder aber über die ›Unentbehrlichkeit der Rechenkunst in der Landwirthschaft‹[76] handeln.

Insgesamt lässt sich feststellen, dass Rochow alle seine Themen im Diskursspektrum der Ökonomischen Gesellschaft gewichtet, damit zugleich aber auch institutionell absichert und legitimiert. Erst in der *gleichrangigen Behandlung der* anstehenden Fragen von *Agrar- und Bildungsreform* wird der *Typus Rochow* erklärbar, der jene personale Identifikation, Originalität und Kreativität erkennen lässt und den beginnenden Aufbruch Preußens vor den preußischen Reformen repräsentiert. Dieser Typus verdeutlicht sich zugleich in der Fähigkeit, nicht nur in ökonomischer Hinsicht mit der Kategorie des Misslingens produktiv umzugehen. Rochow begreift solche Phasen – vor dem Hintergrund angereicherter

Erfahrungen 32jähriger landwirtschaftlicher Tätigkeit – schon 1793 in der Anfangsphase der Potsdamer Ökonomischen Gesellschaft immer auch als Chance einer neuen Suchbewegung und nicht, ›daß man sich wegen viel fehlgeschlagener Versuche müsse abschrecken lassen, fernere zu machen‹[77].

Rochows Kritik an der Wirksamkeit der Ökonomischen Gesellschaft

Auf der am 1. Mai 1797 abgehaltenen Frühjahrsversammlung der Gesellschaft sprach Rochow ›Ueber den Nutzen, den die Gesellschaft stiften könnte, wenn sie von höhern Landeskollegien unterstützt würde, und alle Mitglieder sich beeiferten, das Ihrige dazu beyzutragen‹[78], so vermerkt es jedenfalls der Protokollant in den Verhandlungen der Gesellschaft. Rochow fragt kritisch nach dem erreichten Stand der Gesellschaft und bemerkt, dass der Landesvater ›nun doch auch bald Wirkungen unserer fünfjährigen Zusammenkünfte sehen [möchte]!‹[79] Rochow fordert in seinem Beitrag, den ›Ursachen dieser Nichtwirkung ehrlich und unpartheyisch nach[zu]forschen; vielleicht wird es dann damit besser‹[80]. Im einzelnen kritisiert Rochow, ›daß man von uns noch zu wenig Notiz nimmt, [...]. Wir redeten und ließen drucken, aber die höhern Kollegia hörten und lasen uns vermuthlich nicht‹[81]. Er fordert das Gremium selbstreflexiv auf, auch die Qualität der Versammlungen zu prüfen, damit es gelingt, ›daß wenigstens künftig ein hochpreisliches Generaldirektorium zu unsern Generalversammlungen einige ihrer erleuchteten Mitglieder deputiren‹[82]. Zum anderen sieht Rochow den Kreis der Aktiven – trotz zweifellos ansehnlicher Mitgliederliste – ganz offensichtlich eingeschränkt, da ›die Theilnahme derer, die da probieren und ausüben sollten, was wir vorschlagen und drucken lassen, noch wenig merklich‹[83] sei. Vielleicht, so vermutet Rochow, haben einzelne Mitglieder durchaus

Erntefest, um 1790

Versuche angestellt, aber es sei ›ein großer Fehler, wenn niemand seine Resultate von dem, was er geübt und versucht hat, uns bekannt macht‹[84]. Rochow schlussfolgert: ›Es fehlt denn also der Gesellschaft zu dem erhabenen Zweck der Landeswohlfahrt an innerer Harmonie‹[85]. Kein anderer als der nunmehr 63jährige Rochow evaluiert den Zustand der Ökonomischen Gesellschaft und versucht zu diesem Zeitpunkt zu verdeutlichen, wie sehr die Umsetzung der Befunde der Versuchstätigkeit ihrer Mitglieder im Kleinen im Landesmaßstab beispielsweise dazu beiträgt, ›daß ein

65 Vgl. Rochow: Ueber Feuersbrünste. In: Annalen, (1798), Bd. 3, H. 2, S. 52–56.

66 Vgl. Rochow: Von den diesjährigen Wirthschaftsereignissen auf den Rochowischen Gütern. In: Annalen, (1800), Bd. 3, H. 4, S. 11–15; Bemerkungen über die Witterung und Erndte des Jahres 1798. In: Gemeinnütziges Volksblatt 2. Jg. 1799, Januar XVII, S. 56–58; Ueber einige Ursachen der schlechtern Erndten. In: Gemeinnütziges Volksblatt 2. Jg. 1799, Junius XV, S. 381–383; Ueber die Witterung und Erndte des Jahres 1800. In: Annalen, (1801), Bd. 3, H. 5, S. 117–120; Ueber die diesjährige Witterung und Erndte. In: Gemeinnütziges Volksblatt 4. Jg. 1801, Januar IX, S. 33–36.

67 Vgl. Annalen, (1800), Bd. 3, H. 3, S. 67–72.

68 Vgl. Annalen, (1801), Bd. 3, H. 5, S. 29–33; vgl. auch: Gemeinnütziges Volksblatt 4. Jg. 1801, Januar III, S. 16–18.

69 Vgl. Gemeinnütziges Volksblatt 2. Jg. 1799, Februar X, S. 96–98.

70 Vgl. Annalen, (1794), Bd. 1, H. 3, S. 58–75.

71 Vgl. Annalen, (1795), Bd. 2, H. 1, S. 38–44.

72 Vgl. Annalen, (1797), Bd. 3, H. 1, S. 42–45.

73 Vgl. Annalen, (1800), Bd. 3, H. 3, S. 84–87.

74 Vgl. Neues gemeinnütziges Volksblatt 6. Jg. 1803, Erstes Stück, S. 11–16 und Lob eines guten Verwalters (Schluß). In: Neues gemeinnütziges Volksblatt 6. Jg. 1803, Zweites Stück, S. 49–54.

75 Vgl. Annalen, (1795), Bd. 2, H. 2, S. 1–11.

76 Vgl. Annalen, (1801), Bd. 3, H. 5, S. 60–65.

77 Rochow: Ueber die Schwierigkeit (Anm. 49), S. 68 f.

78 Verhandlungen. In: Annalen, (1798), Bd. 3, H. 2, S. 3–10, hier S. 8. Allerdings wird die von Rochow hier öffentlich und mit deutlichen Worten vorgetragene Kritik über die Wirksamkeit der Ökonomischen Gesellschaft im fünften Jahr ihres Bestehens nicht unter diesem Titel zum Abdruck gebracht. Vielmehr ist sie seinem Aufsatz ›Nachricht von dem Erfolge der Aufhebung der Spanndienste in Crane und Gettin‹ (Annalen, (1798), Bd. 3, H. 2, S. 29–34, hier S. 29–31) vorangestellt.

79 Ebenda S. 29.

80 Ebenda.

81 Ebenda.

82 Ebenda S. 30.

83 Ebenda.

84 Ebenda.

85 Ebenda S. 30 f.

Nach der Ernte auf einem Gutshof

Paarmal die Einsaat mehr oder weniger gewonnen im ganze Lande den Unterschied mehrerer hunderttausend Thaler ausmacht‹[86]. Die Schwierigkeiten für die fehlende öffentliche Resonanz der Ökonomischen Gesellschaft sieht Rochow dabei keineswegs nur als internes Problem. Er stellt an dieser Stelle seine Kritik auf eine breitere, fundamentalere Grundlage, wenn er nachdrücklich fordert, ›daß doch jeder Mensch im Staate *endlich lesen, schreiben* und *rechnen lernen müsse* [Herv. i. Orig. – F. T.] – ja müsse – weil er sonst [...] in keinen Dienst genommen werden dürfte‹[87]. An die staatliche Verantwortung appellierend, fügt Rochow hinzu: ›Aber das ist wieder zur Verfügung der höhern Kollegien geeignet. O! möchten sie doch die hohe Nothwendigkeit hievon nicht länger übersehen! [D]enn dieses muß der Anfang jeder soliden Staatsverbesserung seyn‹[88]. Selbst den für Reformen – auch aus heutiger Perspektive – kurzen Zeitraum einer erst fünfjährigen Tätigkeit der Potsdamer ökonomischen Sozietät lehnt Rochow zu diesem Zeitpunkt als Begründungsfaktor strikt und ungeduldig ab, wenn er u.a. bemerkt: ›Man sage nicht: die Zeit ist noch zu kurz – Gut Ding will Weile haben‹[89]. Vielleicht sieht Rochow hier eher als andere Mitglieder, vermutlich auch aufgrund seiner Mitgliedschaften in anderen ökonomischen Gesellschaften[90], dass seine ›erdenkliche Mühe [...], die Gesellschaft zur Blüte zu bringen‹, durch ›die Ungunst der Zeit der Gesellschaft keine besonderen Erfolge in weiteren Kreisen vergönnt hat‹[91]. Hier gerät persönlicher Reformwille in Widerspruch zur noch nicht greifenden Gesellschaftsinitiative in Preußen.[92]

Abschließend lässt sich zusammenfassend feststellen:

1. *Rochow* gehört – von der Geburtsstunde der Ökonomischen Gesellschaft zu Potsdam an – über 1½ Jahrzehnte zweifellos zu den *anhaltend führenden und produktivsten Mitgliedern* der Gesellschaft. Dies dokumentiert sich sowohl in der Übernahme von Leitungsfunktionen als auch in seiner umfangreichen Vorlesungs-, Berichts- und Versuchstätigkeit sowie in der Finanzierung von Preisaufgaben und Zuwendungen an die Gesellschaft. In seinem Wirken innerhalb der Gesellschaft lässt sich immer wieder ein Dreiklang von Idee (Ankündigung von Versuchen bzw. Anfragen), Tat (Bericht über Erfolge oder Misserfolge von Versuchen) und Aufklärung (Erfahrungserwerb mit ›Belehrungs-‹ = Bildungsfunktion) ausmachen. Hier ist er Ökonom und Philanthrop.

2. Rochow habitualisiert, propagiert und praktiziert frühzeitig – drei Jahrzehnte vor den preußischen (Agrar-)Reformen u.a. bei der Aufhebung der Gemeinheiten –, dass ohne die liberale Achtung der wertschaffenden Arbeit des Ackerbau treibenden Standes keine gesamtgesellschaftliche Weiterentwicklung denkbar erscheint. D.h., Angebote von ›oben‹ – auch wenn sie die gesellschaftliche Hierarchisierung nicht abschaffen – müssen zuförderst den Bedürfnissen des Landmannes gerecht werden. ›Von ihm – mag er auch der unterste oder niedrigste seyn – muß aller Hauptbau und jede Hauptverbesserung anfangen‹[93]. Hier ist er der wahre ‚Bauernfreund'.

3. Rochows Aktualität besteht darin, regionale und internationale ökonomische Entwicklungen seiner Zeit umfassend rezipiert und Wege ihrer Umsetzung – auch mit gesundem unternehmerischem Risiko – kontinuierlich angebahnt zu haben. Seine Modernität wird erst dadurch sinnhaft, dass sein ökonomischer Erfolg durch eine altständisch legitimierte, aber standesübergreifende und sozial orientierte Kommunikations- und Kooperationsstruktur gewissermaßen herausgefordert und abgesichert wird. Diese hat Rochow im Medium der Ökonomischen Gesellschaft u.a. mit Preisaufgaben maßgeblich mit erzeugt, aufgebaut und zugleich sich ihrer bedient. Dieses erfolgreiche Management macht ihn hier zum ›Start up Unternehmer‹ des ausgehenden 18. Jahrhunderts.

4. Die in der Ökonomischen Gesellschaft zu Potsdam realisierte dichte und spektrenreiche Vortrags- und Publikationstätigkeit ist für Rochow ein einzigartiger medialer Gestaltungsraum, seine ökonomischen Erfahrungen mit einer didaktischen Perspektive zu verbinden. Seine Fähigkeit zur klientelbezogenen Aufbereitung und Vermittlung ökonomischer Zusammenhänge und gesellschaftlicher Einsichten wird für Rochow gewissermaßen selbstreflexiv auch zum individuellen Prüfstein seiner volksaufklärerischen und ökonomischen Wirksamkeit und seines sich hierauf gründenden wirtschaftlichen Erfolgs. Rochows Vermögen zur Legitimierung und Begründung von relevanten Themen im Diskurs der Ökonomischen Gesellschaft und sein reflektiertes Suchen und Beschreiten von neuen Wegen zu deren Umsetzung erweisen sich als wesensbestimmende personale Qualitäten. Erst beide Seiten erzeugen jenen *visionären Selbstanspruch des Typus Rochow*, der in seiner Person europäische Bedeutung erlangt. Rochows Wirken in der Ökonomischen Gesellschaft zeigt, dass Aufklärung unablässig in den Schulen zu verwirklichen ist, aber zugleich auch Teil eines ökonomisch motivierten gesellschaftlichen Aufbruchs ist, der nur mit Bildung aller zu bewältigen ist. Hier ist Rochow der ›Kinderfreund‹ und Nationalökonom.

5. Rochows Position und leidenschaftliches Engagement in der Ökonomischen Gesellschaft erlauben es fünf Jahre nach ihrer Gründung, dass dieser eher und konsequenter als andere – in staatlichen Funktionen stehende – Mitglieder die Qualität dieser gemeinnützigen Sozietät anmahnt und sie ausschließlich an ihrem praktischen Wirksamwerden für die Landeswohlfahrt orientiert. Er erkennt, dass die äußere Krise des Staates um 1800 auch nicht mit ›innerer Harmonie‹ in der Ökonomischen Gesellschaft allein als Reformansatz zu bewältigen ist. In dieser geschichtlich-retardierenden Situation kehrt Rochow – an seinem Lebensabend und am Vorabend des gesellschaftlichen Reformprojektes am Beginn des 19. Jahrhunderts – wieder zu seinem originären Ausgangsthema Bildung zurück. Mehr denn je erkennt Rochow, dass die erhoffte Wohlfahrt ohne ökonomischen Fortschritt nicht zu bewältigen ist.

Landleben in der ständischen Gesellschaft, Ausschnitt von Kupfertafel XVI zu Basedows ›Elementarwerk‹, 1774

86 Ebenda S. 31.
87 Ebenda S. 30.
88 Ebenda.
89 Ebenda.
90 Heinrich Gottlieb Zerrenner erwähnt kurz nach dem Tode von Rochow 1805, dass dieser neben seiner Mitgliedschaft in ›der königl. Preuß. Ökonomischen Gesellschaft zu Potsdam‹ auch Mitglied ›der königl. Südpreußischen ökonomischen Gesellschaft und der herzoglich Mecklenburgischen ökonomischen Gesellschaft Ehrenmitglied‹ war. Vgl. Ders.: Dem Andenken des Herrn Domkapitular's Friedr. Eberh. v. Rochow, des edeln und unvergesslichen Schul- und Kinderfreundes gewidmet. Berlin/Stettin 1805, S. 3.
91 Schäfer: Rochow (Anm. 1), S. 12.
92 Vgl. Hanno Schmitt/Frank Tosch (Hg.): Erziehungsreform und Gesellschaftsinitiative in Preußen 1798–1840. (= Bildungs- und kulturgeschichtliche Beiträge für Berlin und Brandenburg; 1). Berlin 1999.
93 Rochow: Ueber die Gleichmachung (Anm. 60), S. 109. Hier rückt Rochows Anschauung in die Nähe der Grundsätze der physiokratischen Doktrin, die Wilhelm Ludwig Wekherlin 1778 entwarf. Vgl. Thorsten Sadowsky: Agrarromantik und Großstadtkritik im Zeitalter der Aufklärung. In: Anne Conrad/Arno Herzig/Franklin Kopitzsch (Hg.): Das Volk im Visier der Aufklärung. Studien zur Popularisierung der Aufklärung im späten 18. Jahrhundert. (= Veröffentlichungen des Hamburger Arbeitskreises für Regionalgeschichte; 1). Hamburg 1998, S. 101–120.

Rochows Denkmal für die Schlacht bei Fehrbellin

Denkmale: Friedrich Eberhard von Rochow und der vaterländische Patriotismus

Michael Niedermeier

1

Der Halberstädter Domherr Friedrich Eberhard von Rochow, Erbherr auf Reckahn, prominenter Schul- und Landwirtschaftsreformer, war mit achtundsechzig Jahren ein bereits in die Jahre gekommener Mann, als er sich entschloß, auf dem ehemaligen Schlachtfeld von Fehrbellin ein Denkmal zu errichten. Es war durchaus nicht selbstverständlich, daß ein märkischer Adliger aus eigenem Antrieb heraus ein Denkmal für die Schlacht bei Fehrbellin von 1675 entwarf, bezahlte und der Öffentlichkeit zur Diskussion stellte. Drei Jahre vor seinem Tode begründete Rochow sein Motiv für diesen Entschluß damit, daß ›die Vorsehung‹ im Jahre 1800 seine Gutswirtschaft derartig ›gesegnet‹ hätte, daß für seine Familie nach seinem Ableben ausreichend gesorgt wäre. ›Der Gedanke, noch etwas Vaterländisch-Gemeinnütziges zu tun, erwachte wieder lebhaft in meiner Seele. Meine Bekanntschaft mit vaterländischer Geschichte mahnte mich an den Sieg bei Fehrbellin.‹[1] In der renommierten ›Berlinischen Monatsschrift‹ schrieb er 1803: ›Der bei Fehrbellin unter dem Panier des Großen Kurfürsten Friedrich Wilhelm im Jahre 1675 erfochtene Sieg ward für seine Nation das, was Marengo für die französische geworden ist. [...] Denn seit dieser Epoche, trat das Haus Brandenburg in die Reihe sehr bedeutender Mächte dieses Erdteils; bis es unter König Friedrich II., der keines Beinamens bedarf – nec pluribus impar zum Wahlspruch hätte nehmen können. Was Preußen jetzt unter der beglückten Regierung des regierenden Königs Majestät [Friedrich Wilhelm III. – M.N.], verglichen mit 1675 geworden ist; das sehen hocherfreut Allerhöchst dessen wohlgesinnte Getreue und wünschen, daß der Kulminierpunkt in Preußens politischer Klimax noch weit entfernt sein möge!‹[2]

Das rund fünf Meter hohe Denkmal besteht aus einer antikisierenden Urne auf einem wuchtigen rechteckigen Quader. Zur Basis dieses Postaments führen drei umlaufende Stufen. Das ganze Denkmal ist schließlich von einem eisernen Staketenzaun eingehegt.[3] Rochow durfte das Denkmal, nachdem die preußische Regierung ihre Erlaubnis dafür gegeben hatte, ›auf dem Lehmberge‹ bei Fehrbellin errichten. Der Aufstellungsort befindet sich mehr als 100 km von Reckahn entfernt, so daß schon der Transport, der z.T. auf dem Wasserwege erfolgte, einen enormen Aufwand bedeutete. Mehr als ein Jahr dauerte es letztlich, bis das Denkmal fertiggestellt werden konnte. An der benannten Stelle sollen nach Befragung von Ortsansässigen die Truppen des Kurfürsten die Linien der Schweden durchbrochen haben. Rochow wollte das Bauwerk verstanden wissen als ein Denkmal, das an die

1 F. E. v. Rochow: Sollte nicht überall jede Nation den Anfang ihrer Größe und Staatswichtigkeit irgend einem Siege verdanken? Berlinische Monatsschrift 1803, Bd. 9, S. 83–92. Wieder in: Fritz Jonas/Friedrich Wienecke (Hg.): Friedrich Eberhard von Rochows sämtliche pädagogische Schriften, Berlin 1909. Bd. 3, S. 455–56, hier S. 455.

2 Ebenda.

3 So jedenfalls wurde das Denkmal auf einem Kupferstich ›um 1850‹ dargestellt. 1857 hatte der ›Kriegerverein Fehrbellin und Umgebung‹ so viel Geld gesammelt, um das schon sehr brüchig gewordene Vasenpostament zu erneuern. Möglich ist daher, daß der Zaun auch erst in diesem Zusammenhang aufgestellt wurde, auch die an den Ecken eingelassenen Kanonenrohre könnten aus dieser Zeit sein.

Gründung der preußischen ›Nation‹ erinnern sollte. Rochows hier deutlich werdender vaterländisch-patriotischer Nationsgedanke unterscheidet sich von unserem modernen Begriff der Nation entscheidend. Unter Nation oder Vaterland verstand Rochow – genauso wie die meisten seiner (preußischen) Zeitgenossen (Thomas Abbt: ›Über den Tod fürs Vaterland‹ [1761])[4] – nicht Deutschland oder das deutsche Reich als ganzes, sondern das unmittelbare eigene Staatswesen, nämlich Preußen. Die Gleichsetzung der Nation mit der deutschen Gesamtbevölkerung gab es, abgesehen von dem reichisch akzentuierten Nationsbegriff der Reichspublizisten, wie etwa bei Friedrich Carl von Moser[5] u.a., eigentlich nur im geistig-kulturellen Bereich. Begriffe wie ›Nationaltheater‹ oder ›Nationalerziehung‹ (siehe Beitrag Stübig) wurden in diesem kaum auf die politische Ebene zielenden Sinne verstanden.[6] Der im Kleinstaat Sachsen-Weimar-Eisenach lebende Christoph Martin Wieland hatte bereits 1773 treffend festgestellt, daß die ›Deutsche Nation nicht eigentlich eine Nation, sondern ein Aggregat aus vielen Nationen, wie das antike Griechenland‹[7] sei. Im Zeitalter der feudalen Kleinstaaterei, als der moderne bürgerliche Nationalstaat des 19. Jahrhunderts noch jede Vorstellungskraft überstieg, konnte auch eine übergreifende nationale Staatsidentität noch kaum Kontur gewinnen. Wenn überhaupt, dann bezog sich die konkrete inhaltliche Ausfüllung einer Nation auf das Territorium und die Bevölkerung eines größeren Fürstentums, einer Region oder eines Königreichs. Im ideellen Bereich bildete allein die gemeinsame Sprache (siehe Beitrag Gessinger) die verbindende Klammer, auch wenn diese Vorstellungen im wesentlichen auf den Kreis der gebildeten Schichten beschränkt blieben.[8] Durch dynastische Heiraten, das Aussterben eines Herrschergeschlechts und den Zufall der Erbfolge – von gewaltsamer Annexion einmal ganz abgesehen – konnten selbst größere Länder oder Länderteile binnen kurzem an Thronfolger fallen, die mit dem Lande und seiner Bevölkerung bis dato gar nichts zu tun hatten. Die Ausbildung einer nationalen oder vaterländischen Identität blieb daher meist an die ganz engen territorialen Räume gebunden, und selbst da war eine gewisse Stabilität der dort herrschenden Dynastien notwendig. Gerade in der Zeit nach dem Siebenjährigen Krieg und besonders nach dem Versuch des Kaisers Joseph II. und des pfälzisch-bayrischen Kurfürsten Carl Theodor, Bayern gegen die österreichischen Niederlande auszutauschen, hallte durch die deutschen Fürstentümer und freien Reichsstädte ein Aufschrei des blanken Entsetzens. Als Argument gegen den Ländertausch wurden allenthalben die ›Vaterlandsliebe‹, der ›Patriotismus‹, die ›Freiheit‹, die ›Selbständigkeit‹ und eine durch Blut und Tradition geknüpfte lange gemeinsame Geschichte mit dem Herrschergeschlecht, das durch eine lange Ahnenreihe im Lande verwurzelt sei, ins Feld geführt. Und dies selbst dann, wenn sich der jeweilige Herrscher kaum an solche Idealkonstruktionen innerlich gebunden fühlte. Die lange Ahnenfolge, die mit der Geschichte des Landes verwoben sei, wurde als Motiv der Erziehung für den jeweils letzten Sproß des Geschlechtes in Anschlag gebracht: Genealogie war auch deshalb ein Lehrfach innerhalb der Adels- und Fürstenerziehung. Sie sollte die Fürsten, gleichsam mittels eines Fürsten- bzw. Adelsspiegels zur Milde gegenüber den Untertanen anhalten und ihre erworbenen Freiheiten auf Dauer schützen.[9]

Die behauptete zwingend vorhandene patriotische Einheit von alter eingeborener dynastischer Herrschaft und den Interessen der Bevölkerung[10] des Landes wurde allerdings nicht nur von dem betroffenen Fürsten Carl Theodor[11] nicht so ernst genommen und als unverrückbar angesehen. Auch unter den Untertanen vollzog sich spürbar ein Umdenken. Der anonyme Autor der Denkschrift ›Moralisch-Politische Betrachtungen über Association und Ländertausch‹ (Freiburg 1785) erkannte die ideologisch durchsichtige Begründung der vaterländischen Argumentation, die auch von den kleineren Fürstentümern und dann auch von Preußen aus Eigeninteresse nachdrücklich unterstützt wurde. Der Fürstenbund, der von den kleineren ›patriotischen‹ Fürstentümern (Sachsen-Weimar, Sachsen-Gotha, Anhalt-Dessau, Baden u.a.) als Selbstschutz gegen die Politik des Kaisers und des Kurfürsten Carl

Christoph Martin Wieland (1733–1813)

Theodor wesentlich initiiert worden war, ist vom Preußenkönig Friedrich II. effektvoll für seine Interessen instrumentalisiert worden, ohne die ursprüngliche Absicht dieser mittleren Fürsten überhaupt zu beachten. Friedrich spielte sich nun seinerseits als der Interessenwahrer des Reiches auf. Der Autor der ›Moralisch-Politischen Betrachtungen‹ hält, dem berühmten Straßburger Staatswissenschaftler und Historiker Johann Daniel Schöpflin folgend, nun Begriffe wie ›teutsche Freiheit‹ und ›Gleichgewicht‹ im Reich lediglich nur für hohles Wortgeklingel. ›Lange genug hat man mit den Schallwörtern: Reichsverfassung, Gleichgewicht, Freiheit etc. unterhalten; wir empfinden nur allzuwol, daß dieser schöne Klink=Klank uns nichts angeht; daß er nichts ist, als die Musik zum Tanz, den die Großen auf unsere Unkosten halten.‹ ›Teutschland‹, schreibt er weiter, fehle eine wesentliche Springfeder, nämlich der Gemeingeist. Die angeerbte dynastische Herrschaft als natürlicher Garant für den Nationalgeist sei nur ein von den Fürsten manipulatorisch suggeriertes Vorurteil. Die Menschen sollten sich nicht um den Fürstenbund oder um Preußen kümmern, sondern allein ihre eigenen Vorteile im Auge behalten. Die bürgerlichen Interessen seien allein dort gut aufgehoben, wo sich der Herrscher, egal wer und woher er sei, erfolgreich des ganz alltäglichen Schicksals seiner Bürger annehme. England oder Rußland besäßen beispielsweise deutsche Herrscher, die sie gewiß nicht freiwillig gegen die früheren ›Stuarte‹ und ›Bazilowize‹ eintauschen würden. Österreich wurde von Römern, von Slawen, von Hunnen, zuletzt von Schwaben beherrscht, es schätzte sich aber nie glücklicher, als unter den Lothringern. ›Unser Interesse ist, wo wir die Verbesserung unsers bürgerlichen Schiksals, wo wir billigere und aufgeklärtere Geseze, mildere Steuern, menschlichere

4 Vgl. zu Thomas Abbt: Hans Erich Bödecker: Thomas Abbt. Patriot, Bürger und bürgerliches Bewußtsein. In: Rudolf Vierhaus (Hg.): Bürger und Bürgerlichkeit im Zeitalter der Aufklärung. Heidelberg 1981, S. 221 ff.

5 Vgl. Notker Hammerstein: Das politische Denken Friedrich Carl von Mosers. In: Historische Zeitschrift 212 (1971), S. 316 ff.; Karl Otmar von Aretin: Reichspatriotismus. In: Günter Birtsch (Hg.): Patriotismus (=Aufklärung) 4 (1991), H. 2, S. 25 ff.

6 Dieser Unterschied zum heutigen Nationsbegriff und zum modernen Nationalismus wird in der neueren germanistischen Literaturwissenschaft unzulässigerweise vernachlässigt: vgl. u. a. Hansjürgen Blinn: Aus Liebe zum Vaterland. Die deutsche Nation im 18. Jahrhundert. Hamburg 2000; Gesa von Essen: Hermannsschlachten. Germanen- und Römerbilder in der Literatur des 18. und 19. Jahrhunderts. Göttingen 1998; vgl. aber den sehr guten Überblick: Reinhard Koselleck: Volk, Nation, Nationalismus, Masse. In: Otto Brunner, Werner Conze, Reinhard Koselleck (Hg.): Geschichtliche Grundbegriffe. Historisches Lexikon zur politischen Sprache in Deutschland. 7 Bde. Stuttgart 1972–1992. Bd. 7, 1992, S. 141–431, bes. S. 307 ff.

7 Zit. nach Walter Horace Bruford: Kultur und Gesellschaft im klassischen Weimar 1775–1806. Göttingen 1956, S. 48. – Allgemein zur Debatte um die Landeshoheit und den Reichsgedanken sowie den Fürstenbund z. B.: Karl Otmar v. Aretin: Das Alte Reich 1648–1806. Bd. 3: Das Reich und der österreichisch-preußische Dualismus (1745–1806); Stuttgart 1997, bes. S. 292–370.

8 Vgl. hier neuerdings: Andreas Gardt (Hg.): Nation und Sprache. Die Diskussion ihres Verhältnisses in Geschichte und Gegenwart. Berlin/New York 2000, hier bes. die Aufsätze von Heinz Thomas, Joachim Knape, Thorsen Roelcke und Andreas Gardt.

9 Vgl. Alfred Schröcker: Die deutsche Genealogie im 17. Jahrhundert zwischen Herrscherlob und Wissenschaft. Unter besonderer Berücksichtigung von G. W. Leibniz. In: Archiv für Kulturgeschichte, Bd. 59 (1977) H. 2, S. 426–444. Freundlicher Hinweis von Martin Disselkamp (Berlin).

10 Vgl. Kopie des Schreibens der gesamten Bürgerschaft bei der Landschaft, 17. Febr. 1785; Thüringisches Staatsarchiv Gotha; Acta den Austausch von Bayern gegen die Niederlande betreffend, 1785 ingleichen Die Association zu Erhaltung des Reichs=Systems betr. 1786; 1788. A III. H 10, Nr. 19.

11 Als nachgeborener Prinz im Hause Sulzbach war für ihn lediglich das Marquisat Bergen op Zoom vorherbestimmt. Durch den Tod seines Großvaters, Onkels, Vetters und Vaters erlangte er die Nachfolge in Sulzbach, das Aussterben des Hauses Pfalz-Neuburg brachte ihm die Kurpfalz und die Herzogtümer Neuburg, Jülich und Berg. Durch das Aussterben des bayrischen Zweigs der Wittelsbacher mit dem Hof Max III. Joseph am 30. 12. 1777 fiel nun auch noch Bayern an ihn, so daß er nach Österreich und Preußen über den drittgrößten deutschen Staat herrschte.

Pfleger, zahmere Beamte, duldsamere Pfaffen, mäßigere Zölle und Mauthen, weniger Frohnen, und Wildprät finden möchten.‹[12] Es war dies eine hörbare pragmatische Stimme, die auf eine ›nationale‹ und patriotische Untersetzung verzichten konnte.

2

Als Rochow sein Denkmal nach 1800 konzipierte und erbaute, dann geschah dies zu einer Zeit, in der das Vertrauen in die politische, ökonomische und militärische Stärke Preußens, in die Machtposition, zu der sich das Königreich bis zu Friedrich II. unter den deutschen, ja europäischen Staaten emporgeschwungen hatte, stark im Schwinden begriffen war. Bei dem Satz, daß zu wünschen sei, ›daß der Kulminierpunkt in Preußens politischer Klimax noch weit entfernt sein möge‹, schwingt, wenn man sich die zeitgenössische politische und soziale Lage vergegenwärtigt, deutlich spürbar eine gewisse Sorge mit. Friedrich Wilhelm II., der ›dicke Lüderjahn‹[13] mit der mystischen Ader, der unter den Einfluß antiaufklärerischer Günstlinge geraten war, hatte die von den anderen Fürsten und reichsuntertänigen Adligen in ihn gesetzten ›patriotischen‹ Hoffnungen herb enttäuscht. 1795 beim Baseler Seperatfrieden mit Frankreich z.B. verließ er seine Mitverbündeten unvermittelt. Und auch in Preußen selbst fühlten sich die Einheimischen von den als ›jesuitische‹ Verschwörer verschrieenen ›Ausländern‹ aus Sachsen, die Bischoffwerder und Wöllner nun eifrig ›zum Nachtheil der Eingebornen in königliche Dienst zu ziehen‹[14] suchten, um ihre nationalen und patriotischen Ansprüche betrogen. Auch der schwache Friedrich Wilhelm III. konnte die ökonomischen und staatlichen Reformen nicht herbeiführen, die zu einer neuen inneren gesellschaftlichen Geschlossenheit in Preußen und darüber hinaus hätten führen können. Die kleineren deutschen Fürstentümer, die sich bisher an Preußen orientiert hatten, weil es zumindest militärische Sicherheit vor den Übergriffen machtgieriger Nachbarn zu garantieren in der Lage war, sahen sich desillusioniert und suchten nun nach einer anderen starken Schutzmacht. Wenige Jahre später fanden sie diese – wenn sie Glück hatten und diplomatisches Geschick besaßen – ganz unpatriotisch im Korsen Napoleon.

Rochow jedenfalls wußte um die innere Schwäche Preußens. Sein Eintreten für die Verbesserung des Erziehungswesens war ja letztendlich als der grundlegende Versuch zur ›Verbesserung der Nation‹[15] gedacht. Er spürte genau, daß das innere Zusammengehörigkeitsgefühl der Stände des Staates fehlte, daß der vaterländische Elan, für die Freiheit und Unabhängigkeit Preußens kämpfen zu wollen, angesichts des Mangels an Gemeinsinn, nicht zu erwarten sein dürfte. Die unteren Schichten der Bevölkerung würden sich nicht für die Erhaltung der Interessen des Adels und des Königs freiwillig aufopfern. Sie hatten doch über die Jahre nur zu deutlich gesehen, daß der größte Teil des Adels und der Junker sich nicht zu Reformen, die ihnen das Leben erleichtern könnten, bereit fanden, ja auch der König oft genug seine eigenen Interessen brutal gegen die seiner Untertanen durchsetzte. In seinem so erfolgreichen Lesebuch ›Der Kinderfreund‹ (1776), das er für die Kinder der Bauern und anderer niederer Stände geschrieben hatte (siehe Beiträge von Böning und Freyer), legte er einen Schwerpunkt seiner Erziehung darauf, daß die Kinder der Untertanen die Rechtmäßigkeit ihrer Obrigkeit anerkennen lernten. Die Notwendigkeit einer eingreifenden und ordnenden Herrschaft wurde hier nicht nur als vernünftige und nützliche Einrichtung des gesellschaftlichen Systems an griffigen Beispielen aus dem dörflichen Alltag erläutert. Die Notwendigkeit einer von oben ins Leben korrigierend und leitend eingreifenden Herrschaft erschien gottgewollt. Die Pointe seines Beispiels, warum es unentbehrlich sei, daß die adlige Oberhoheit die Mehrheit der faulen und nachlässigen Haushälter und Hausväter im Interesse aller zu ihrem Glück (hier: Eindeichung eines Baches am Dorfrand) zwingen müsse, endet mit der auf die Bibel gestützten Feststellung: ›Gott regiert die Menschen durch Obrigkeiten. Die Obrigkeit ist von Gott verordnet. Sie strafet die Bösen, und ist der Frommen Schutz und Beystand. Jedermann sey also willig unterthan der Obrigkeit, die Gewalt über ihn hat. Röm. 13, I u. f.‹[16] Wie tief diese von Beispielen nützlicher Gutsbewirtschaftung untersetzte Vorstellung von Rochow im dörflichen Alltagsleben verankert wurde, berichtete zustimmend der Königlich preußische Konsistorialrat Anton Friedrich Büsching 1775: ›Die adlige Gutsherrschaft ist das Muster‹ bei der täglichen Predigt in Reckahn, die besonders auf die Bauern abzielte.[17] Rochow setzte dabei nicht nur auf die Erziehung der Bauern, sondern er erhoffte durch das erlebte und nach außen ausstrahlende Beispiel auch eine Wandlung der Adelsherrschaft in Preußen. So wie Fürst Franz in Anhalt-Dessau (siehe Beitrag Hirsch) hing auch Rochow der Idee des Landesvaters an, die die ökonomischen und patriarchalischen Vorstellungen vom ›Ganzen Haus‹ vertritt. Diese Idee vertrat auch das Mitglied der Fruchtbringenden Gesellschaft Wolf Helmhard von Hohberg in seiner ›Georgica Curiosa aucta‹. Das ist: Umständlicher Bericht und klarer Unterricht Von dem Adelichen Land= und Feld=Leben/Auf alle in Teutschland übliche Land= und Haus= Wirthschafften gerichtet [...]‹ (Nürnberg 1687 ff.) auf die Gutsherrschaft und Landesherrschaft übertrug.[18]

Letztlich vermochte auch dieses Hoffen auf eine durch die umfassende landesväterliche erzieherische Sorge einerseits und die untertänige Akzeptanz andererseits getragene Reform der feudalen Verhältnisse keine tiefgreifende Wende herbeizuführen. Die zu erwartenden Epochenumbrüche, die sich mit der Revolution in Frankreich eruptiv angekündigt hatten, trafen knapp zwanzig Jahre später auf ein veraltetes, vergreistes politisches und ökonomisches Staatswesen, das weder durch militärisches, noch durch antiaufklärerisch-klerikales Reglement, noch durch aufklärerische Volksbildung und -erziehung zu retten war. Als 1806 bei Jena und Auerstädt die preußischen Truppen vernichtend geschlagen wurden, stand der alte Kriegsheld des Siebenjährigen Krieges, Karl Wilhelm Ferdinand von Braunschweig, blindgeschossen und seiner Rechte beraubt, als traurig-rührendes Sinnbild des Endes des alten Preußen und des Alten Reiches gleichermaßen.[19]

Der verwundete Herzog von Braunschweig wird vom Schlachtfeld weggeführt

12 Moralisch-Politische Betrachtungen über Assoziazion und Ländertausch. Freiburg 1785, S. 9. (Diese seltene Schrift war in Regensburg durch die Hände der dortigen Diplomaten gegangen und gelangte so an die Fürsten. Ich fand ein Exemplar in den Hofakten in Gotha. Ein Exemplar ist in der SB Regensburg nachgewiesen.) Vgl. neuerdings zum Ländertausch: Alfried Wieczorek, Hansjörg Probst, Wieland Koenig (Hg.): Lebenslust und Frömmigkeit. Kurfürst Carl Theodor (1724–1799) zwischen Barock und Aufklärung. [Handbuch und Ausstellungskatalog] Bd. 1, Regensburg 1999, S. 217–223, dort auch Bibliographie zum Ländertausch.

13 Vgl. Gerhard Knoll: Öffentliche Kritik der Zeit an Friedrich Wilhelm II. In: Friedrich Wilhelm II. und die Künste. [Ausstellungskatalog] Hrsg. v. d. Generaldirektion der Stiftung Preußische Schlösser und Gärten 1997, S. 40–44.

14 [von Borcke:] Geheime Briefe über die Preußische Staatsverfassung seit der Thronbesteigung Friedrich Wilhelms des Zweyten. Utrecht [Ulm] 1787, S. 45. Zit. n. ebenda S. 19.

15 Anton Friedrich Büsching: Beschreibung seiner Reise von Berlin über Potsdam nach Rekahn unweit Brandenburg, welche er vom dritten bis achten Junius 1775 gethan hat. 2. erw. Auflage. Frankfurt a.M./Leipzig 1780, S. 273.

16 Friedrich Eberhard von Rochow: Der Kinderfreund. Ein Lesebuch zum Gebrauch in Landschulen. Brandenburg und Leipzig 1776 (Ndr. Dortmund 1979), S. 85.

17 Büsching: Beschreibung seiner Reise (Anm. 15), S. 264.

18 Vgl. hierzu noch immer: Otto Brunner: Adeliges Landleben und europäischer Geist. Leben und Werk Wolf Helmhards von Hohberg, 1612–1688, Salzburg 1949; Gotthard Frühsorge: ›Georgica coriosa‹. Vom geistlichen Sinn der Anleitungsliteratur bei Wolf Helmhard von Hohberg. In: Herbert Zemann (Hg.): Die österreichische Literatur. Ihr Profil von den Anfängen im Mittelalter bis ins 18. Jahrhundert, 1050–1750, Graz 1986, S. 1071–1086. Heinrich Lindner (Katalog der Herzoglichen Bibliothek zu Dessau. 1829, S. 173) führte die Ausgabe von Hohmanns ›Georgica curiosa‹ (Nürnberg 1695) auf, so daß man annehmen darf, daß sie schon zu Zeiten des Fürsten Franz vorhanden war. Vgl. weiter: Jörn Garber: Von der nützlichen zur harmonischen Gesellschaft: Norddeutscher Philanthropismus (J. H. Campe) und frühliberaler Ökonomismus (A. Hennings) im Vor- und Einflußfeld der Französischen Revolution. In: A. Herzig u.a. (Hg.): ›Sie und nicht Wir‹. Die Französische Revolution und ihre Wirkung auf Norddeutschland. Bd. 1, Hamburg 1989, S. 245–287; Jörn Garber/Hanno Schmitt: Affektkontrolle und Sozialdisziplinierung. Protestantische Wirtschaftsethik und Philanthropismus bei Carl Friedrich Bahrdt. In: Gerhard Sauter/Christoph Weiß (Hg.): Carl Friedrich Bahrdt (1740–1792), St. Ingbert 1992, S. 127–156; Joachim Bauer/Gerhard Müller: Joachim Georg Darjes (1714–1791). Aufklärer, Pädagoge und Freimaurer. In: Joachim Bauer/Jens Riederer (Hg.): Zwischen Geheimnis und Öffentlichkeit. Jenaer Freimaurerei und studentische Geheimgesellschaften. Jena-Erlangen 1991, S. 129–199.

19 Vgl. Goethes Belisar-Allegorie auf den Herzog von Braunschweig in den ›Wahlverwandschaften‹ (WA I, Bd. 20, S. 412.) und seine Ausführungen in dem Gespräch mit Falk am 7. Mai 1808 (Goethes Gespräche. Aufgrund der Ausgabe und des Nachlasses von Flodoar Freiherrn von Biedermann ergänzt und hrsg. v. Wolfgang Herwig. Bd. 2. Zürich und Stuttgart, S. 313 ff.).

Mit wenig Phantasie kann man sich ausmalen, wie sehr sich der betagte Rochow um Preußen und die Schlagkraft seiner Armee sorgte. Rochow starb 1805, er mußte die Schmach der Niederlage nicht mehr selbst erleben. Mit seinem Denkmalbau aber hat er noch einmal einen letzten spektakulären Versuch gewagt, die preußische ›nationale‹ Gemeinschaft zu beschwören. Bezeichnenderweise war es mit Rochow ein märkischer Adeliger und nicht der König selbst, der das Denkmal baute. An den Bau eines Friedrich-Denkmals hatte Rochow ohnehin nicht gedacht, obgleich dies doch auf den ersten Blick nahe gelegen hätte. Patriotische Versuche, ein Friedrich-Denkmal zu errichten (Genelli/ Schadow; Langhans, Gilly, Gentz, Atzel u.a.)[20], fanden weder bei Friedrichs Nachfolgern noch bei den märkischen Adligen rechten Anklang, dazu hatte sie der Alte Fritz zu oft schlecht behandelt. Und auch Friedrich Eberhard von Rochow war nicht unbedingt ein Freund des Königs gewesen, war er doch offenbar wegen eines Duells und der daraus resultierenden unheilbaren Handverletzung 1758 in Ungnade aus dem preußischen Militär entlassen worden. In den biographischen Skizzen zu Rochows Leben wird zwar meist nur sehr allgemein von zwei schweren Verletzungen während seines Militärdienstes gesprochen.[21] Ganz offenbar stützt aber selbst die Formulierung Büschings die meist nur kolportierte, eher schamhaft verheimlichte Ursache von Rochows Ausscheiden aus dem preußischen Militär: ›In der Schlacht bey Lowositz, ward er in den linken Arm geschossen, aber wieder geheilet. *Nach* der Schlacht bey Prag, wurden ihm, *bey einer besondern Gelegenheit*, die Pulsadern an der rechten Hand, nebst der Hand selbst durchgehauen, daß er nicht mehr im Stande war, bey der Reuterey zu dienen. Er suchte und erlangte also 1758 seine Entlassung.‹[22] Wie sein guter Freund Franz von Dessau, mit dem er in der Garnison gelegen hatte und später die pädagogischen und ökonomie-reformerischen Interessen teilte, war auch er sich einig in der Distanz zum Preußenkönig Friedrich II. Der Preußenkönig belegte bekanntermaßen sehr nachtragend und unnachgiebig Personen, die sich auf die eine oder andere Art und Weise seiner Verfügung entzogen hatten, mit schikanösen Strafmaßnahmen sowie einer lebenslangen Verachtung. Rochows Freund Fürst Franz war während des Siebenjährigen Krieges aus taktischen Gründen aus dem preußischen Militär ausgeschieden. Friedrich strafte daraufhin den Sproß eines der berühmtesten Fürstengeschlechter, das seit langem überaus erfolgreich die preußische Kriegsmacht geprägt hatte, mit schneidender Mißachtung. Trotz heftigster Bemühungen hatte sich der Fürst nicht wieder beim König ins rechte Licht setzen können.[23] Es dürfte dem jungen Erbprinzen bzw. seinem vorausschauenden Vormund Fürst Dietrich[24] genauso wie den anderen von Preußen abhängigen kleinen Fürsten gegangen sein. Nach der verheerenden Niederlange bei Kolin (18. Juni 1757) hatte sich der bisher unbesiegte Friedrich, umzingelt von den starken Mächten des Kontinents, in eine zunehmend ausweglose militärische und politische Situation hinein manövriert. Aus diesem Grunde waren einige Fürsten aus überlebenstaktischen Gründen auf Distanz zu ihm gegangen, hatten sich unter mehr oder weniger fadenscheinigen Vorwänden aus der unmittelbaren Beteiligung am Krieg zurückgezogen, Franz selbst war Anfang September ausgeschieden. Später mußten sie nach der wundersamen Rettung Friedrichs durch den frühen Tod der Zarin Elisabeth erkennen, daß sie sich verspekuliert hatten. Rochow war ebenfalls in Ungnade aus der Armee entlassen worden, ob das Duell möglicherweise mit seinem Eintreten für die Ehrenrettung des Erbprinzen Franz, seines Freundes, zu tun hatte oder einem Eintreten für die ausgebeuteten sächsischen Stände durch die Preußen muß Spekulation bleiben. Der Vergleich Rochows mit Lessings Major von Tellheim liegt immerhin nahe und der mit dem Hauptmann der ›Wahlverwandtschaften‹ Goethes wurde sogar schon gelegentlich geäußert.[25] Einsichtig scheint allerdings, daß Rochow, da seine vorausberechnete Karriere im preußischen Militär so jäh ihr Ende gefunden hatte, im Preußenkönig nicht den glänzenden Helden, der so abgehoben und selbstherrlich über seinen Untertanen thronte, sehen konnte, sondern seine Orientierung auf Preußen woanders suchte.

3

Auf das Fehrbelliner Denkmal ließ Rochow schreiben: ›Hier legten die Brandenburger den Grund zu Preußens Grösse. Das Andenken an den Held und seine Getreuen erneuert dankbar [von?] dem

Theorie der Gartenkunst.

Von

C. C. L. Hirschfeld,

Königl. Dänischem würklichen Justizrath und ordentlichem Professor der Philosophie und der schönen Wissenschaften auf der Universität zu Kiel.

Erster Band.

Leipzig,
bey M. G. Weidmanns Erben und Reich. 1779.

Freunde des Vaterlandes Friedr. Eberhard v. Rochow auf Reckhahn MDCCC.‹ Diese Aufschrift ist mit einem Eichenzweig verziert, sie weist auf das Patriotisch-Vaterländische hin. Bei Klopstock, aber auch bei Christian Kay Lorenz Hirschfeld, in seiner ›Theorie der Gartenkunst‹ (1780) ist die Eiche schon ganz der heilige altdeutsche oder keltische Baum. Die Rückverortung der Deutschen, aber auch der Engländer, Dänen, Schweden usw. in der germanischen, gotischen bzw. altsächsischen Vorzeit sollte an die ›alte Freiheit‹ gemahnen, die keinesfalls mit der bürgerlichen Freiheit der Revolution verwechselt werden darf. Sie sollte vielmehr an die ursprüngliche Selbständigkeit und Unabhängigkeit des germanischen besitzenden und wehrhaften Mannes (›Heermannes‹ oder ›Germannes‹) gegenüber dem später abhängigen Unfreien (›Leut‹ oder ›Leute‹) erinnern, die Justus Möser in der ›allgemeinen Einleitung‹ zu seiner eifrig rezipierten ›Osnabrückischen Geschichte‹ (1768) ausführlich beschrieben hatte.[26]

Auffällig an den Aufschriften auf dem Denkmal ist, daß Rochow nicht nur eine Eloge auf den Kurfürsten Friedrich Wilhelm sang (›Friedrich Wilhelm der Grosse kam sah und siegte den XVIII Juni MDCLXXV‹), er hob auch den Anteil der beteiligten Generäle am Sieg hervor (›Friedrich, Landgraf von Hessen, von Treffenfeld, von Strauß, von Sydow, von Zebeltitz‹ [Westseite des Denkmalsockels], ›Dörflinger, von Görtzke, von Lütke, von Götz, von Kanowski, von Mörner, Froben‹ [Ostseite]). Rochow, aus dessen eigener Familie bei Fehrbellin auf der Seite der Preußen ebenfalls Gefallene zu beklagen waren, folgte hier, vielleicht sogar bewußt, der Affront-Architektur des Prinzen Heinrich in Rheinsberg. Der hatte auf seinem, am 4. Juli 1791 im Beisein tausender Brandenburger eingeweihten Obelisken besonders diejenigen Generäle als Helden namhaft gemacht, die sein Bruder Friedrich brüsk übergangen hatte (Leopold von Anhalt, Marwitz u.a.), ja in der Person seines eigenen Bruders August Wilhelm zu Tode beleidigt hatte. Auch gedachte Prinz Heinrich auffälligerweise gerade nicht der Feldherren, die der König ausgezeichnet hatte (Winterfeld, Fouqué), ja nicht einmal seines Bruders Friedrich, dem König, selbst.[27] Prinz Heinrich, der von seinem vierzehn Jahre älteren despotischen Bruder selbst tief verletzt worden war und ihn daher aus tiefster Seele haßte, verstand sich nicht zufällig gerade mit den Fürsten und Adligen gut, die von Friedrich ebenfalls mißachtet und düpiert worden waren.[28] Sicher war auch Rochow mit dem Kreis des Prinzen Heinrich, mit dem auch Fürst Franz intensive Kontakte pflegte, schon früh in Kontakt gekommen.

Prinz Heinrich von Preußen (1726–1802)

Doch zurück zu Rochows Deutung der Schlacht bei Fehrbellin im Spiegel des Denkmals: Rochow vergaß auf seinem Denkmal

20 Vgl. Klaus Jan Philipp: Um 1800. Architekturtheorie und Architekturkritik in Deutschland zwischen 1790 und 1810. Stuttgart/London 1997, S. 161 ff.

21 Vgl. etwa: Allgemeine deutsche Real-Encyklopädie für die gebildenden Stände. Conversations=Lexikon. 9. Aufl. Bd. 12, Leipzig 1847, S. 193; Otto-Günther Beckmann/Marcus Alert: Museumsführer Reckahn. Brandenburg o. J, S. 9; Hubert Göbels: Nachwort zu: Der Kinderfreund (Anm. 16), S. 193.

22 Büsching: Beschreibung seiner Reise (Anm. 15), S. 259. – Meine Hervorhebung.

23 Einen Einblick vermittelt der sehr unterkühlte Briefwechsel von Fürst Franz und Friedrich II., in dem der Fürst immer wieder um die Gunst des mächtigen Nachbarn buhlt: Correspondenz des Fürsten Leopold Friedrich Franz mit dem Könige Friedrich II. 1762–86: Landeshauptarchiv Oranienbaum. Abteilung Dessau: A 10 Nr. 166; Vgl. insgesamt v.a. Ulla Jablonowski: Bausteine zu einer Geschichte der Stadt Dessau. Folge 6 u. 7: Die Stadt im Siebenjährigen Krieg. In: Dessauer Kalender 1993, S. 59–71; Dessauer Kalender 1995, S. 38–49; allgemein zum innigen Verhältnis von Fürst Franz von Anhalt-Dessau und Rochow: Ulla Jablonowski: Dessau und Reckahn. In: Reckahner Hefte 2/1996, S. 1–8 u. 13–18.

24 Allgemein wird Franz der Schritt selbst zugetraut, viel wahrscheinlicher aber ist, daß die Krankheit ein taktisches Manöver des Onkels begleitete.

25 Vgl. Friedrich A. Kittler: Ottilie Hauptmann. In: Norbert W. Bolz (Hg.): Goethe ›Wahlverwandtschaften‹. Kritische Modelle und Diskursanalysen zum Mythos Literatur. Hildesheim 1981, S. 269 ff.

26 Vgl. Justus Möser. Sämtliche Werke. Historisch-Kritische Ausgabe, Bd. 12, 1. Oldenburg/Hamburg 1964, bes. S. 81 ff., S. 99 ff., 167 ff.

27 Vgl. Franz Fabian (Hg.): Andrew Hamilton: Rheinsberg. Das Schloß, der Park, Kronprinz Fritz und Bruder Heinrich. Berlin/Weimar 1992, S. 109 ff., 132 ff., 144 ff., 159 ff.

28 Vgl. Alois Straka: Schlacht bei Fehrbellin 18. Juni 1675. Fehrbellin o. J.

nicht, den bedeutenden Anteil hervorzuheben, den alle beteiligten Brandenburger am Sieg besaßen, hatten sich doch die Bauern und Bürger direkt auf die plündernden und brandschatzenden Schweden gestürzt und den Sieg herbeigeführt. Sie waren es ja gewesen, die seit Jahrzehnten immer wieder die grausame Willkür der durchziehenden Heere hatten erdulden müssen. Diesmal bot sich mit den Preußen erstmals eine Macht an, die wirksam die Bewohner Brandenburgs zu schützen in der Lage schien. Doch die Brandenburger vertrauten nicht allein darauf. Sie setzen, im Gegensatz zum zögernden König, den fliehenden Schweden nach und brachten viele von ihnen zur Strecke.[29] Hinter dem ausdrücklichen Namhaftmachen ihres mutigen Einsatzes bei der Zerschlagung der schwedischen Heere und ihres Anteils an der Begründung der ›preußischen Nation‹ stand Rochows lebenslange Grundüberzeugung, daß die Untertanen und die Obrigkeit in einer vernünftigen, ja gottgewollten Ordnung miteinander harmonieren müssen und beider Schicksal miteinander innigst verbunden sei.

Die tieferen Hintergründe für Rochows Glaube an die Notwendigkeit des Gemeinsinns zwischen Herrschaft und Untertanen gründete nicht nur in der Überzeugung, daß nur Bildung die Bauern zu höheren Erträgen führt, damit auch der Obrigkeit mehr Gewinn durch die Güter und der ›Nation‹ Wohlstand einbringen würde. Nutzen und Nützlichkeit waren Zentralbegriffe für Rochow wie für Fürst Franz. Die beiden verband auch die Historie.

Rochow-Büste von Reinhold Böltzig, um 1905

4

Rochow gehörte dem alten märkischen Adel an (siehe Beitrag Escher), der seine Rechte noch von den Askaniern, den Anhaltinischen Fürsten, als den Begründern der Mark Brandenburg herleitete. Büsching huldigte ganz bewußt dem Selbstverständnis der Rochows, wenn er ausdrücklich betonte, daß die ›uralte adeliche Familie von Rochow [...] schon fast 900 Jahre auf Reckahn gewohnt‹[30] habe: eine genealogische Herleitung aus der Tiefe der Geschichte, die sogar über das Beweisbare hinausreichte. Diese Herleitung war für viele alte Geschlechter, wie die von Alvensleben, Schulenburgs, Quitzows, Bredows, Arnims, Knesebecks usw., im familiengeschichtlichen Bewußtsein. Schon Spangenberg oder Entzelt stellten diese alten Verbindungen in ihren Historien im 16. Jahrhundert ausführlich dar.[31] Diese Historiographen, die mehr oder weniger deutlich dem Kreis der Wittenberger Reformatoren und den sie beschützenden alten Geschlechtern der askanischen und sächsischen Fürsten nahe standen, legten besonderen Wert auf die genealogische Herleitung der ›uralten‹ Verortung der Herrschaft mit dem sächsischen, anhaltinischen oder märkischen Lande, etwas, was die Hohenzollern beim besten Willen nicht vermochten.

Dieser alte märkische Adel lehnte ursprünglich den aus Franken stammenden Burggrafen Friedrich VI. von Nürnberg ab, der als Markgraf Friedrich I. von König Sigismund 1415 bzw. 1417 mit der Mark belehnt worden war, ohne dazu die übliche Zustimmung der märkischen Stände eingeholt zu haben. Zu den aufsässigsten alteingesessenen Adligen, die dem neuen Markgrafen die Huldigung versagten und sich kriegerisch gegen ihn auflehnten, gehörte insbesondere Wichard von Rochow d. J. Die Hohenzollern wußten sich später zwar mit den abtrünnigen märkischen Adligen zu arrangieren: Wichard von Rochow erhielt das ihm weggenommene Schloß Golzow zurück, Gerhard von Alvensleben, der andere prominente Gegner, wurde aus taktischen Gründen sogar zum Landeshauptmann der Altmark bestimmt. Es blieb aber – bei aller Loyalität – immer ein gewisser Zwiespalt zwischen dem alten märkischen Adel und den zugereisten Hohenzollern. Seit dem 16. Jahrhundert versuchten die askanischen und die mit ihnen eng verwandten sächsischen Fürsten der ernestinisch-thüringischen Linie (Sachsen Weimar, Sachsen-Gotha, Sachsen-Meiningen usw.) ihre in den Religionskämpfen verloren gegangenen Ländereien, Rechte (z. B. die Kurwürde) durch Historien und Chroniken zu legitimieren. Ihr mutiges, aber glückloses Eintreten für die Reformation, für die Sache Luthers, Melanchthons und der Wittenberger Reformatoren, als deren Schutzherren sie bekanntlich in Erscheinung getreten waren, hatte einen herben Machtverlust zur Folge gehabt. Nun suchten Geschichtsdarstellungen den herrschaftlichen Anspruch zu belegen; die religiösen, später auch aufklärerischen, kulturellen, pädagogischen und künstlerischen Reformen sollten ›kulturpropagandistisch‹ die patriotischen Ambitionen unterstreichen, die sie im hergebrachten Sinne politisch oder militärisch nicht mehr durchsetzen konnten. Das betrifft etwa die führende Rolle der Askanier und Ernestiner in der Fruchtbringenden Gesellschaft, der bedeutendsten patriotischen deutschen Sprachgesellschaft des 17. Jahrhunderts, genauso wie die aufklärerischen Reformen im Gartenreich Dessau-Wörlitz, im Musenhof Weimar oder im Wissenschafts- und Geheimbundzentrum der Illuminaten in Gotha im 18. Jahrhundert. Konstruierte Familienstammbäume und fiktive Genealogien, Eric Hobsbawn nennt das ›invention of tradition‹[32], sollten dabei die sonst üblichen Ableitungen von den alten Ägyptern, den Trojanern, Mykenern, Alexander dem Großen, den Römischen Kaisern oder Karl dem Großen durch die germanische ergänzen, sie mit ihnen genealogisch verschmelzen oder sie gar ersetzen. Die Genealogie schaffte so eine ›blutsmäßge Verklammerung zwischen Vergangenheit, Gegenwart und Zukunft. Je älter ein Geschlecht, desto thronwürdiger erscheint es‹.[33]

Die Askanier selbst wurden seit dem Humanismus, im Umfeld der Reformatoren um Luther und Melanchthon und dann in der Zeit der barocken Fruchtbringenden Gesellschaft, zu denen auch Mitglieder des Hauses Brandenburg, aber auch nicht weniger als vier Rochows[34] gehörten, durch ihren fiktiven Vorfahren Askenas,

29 Büsching: Beschreibung seiner Reise (Anm. 15), S. 255.

30 Vgl. z. B.: Hermann Bohm (Hg.): Christoph Entzelts altmärkische Chronik (1579). Leipzig 1911, S. 117.

31 Eric Hobsbawn/Terence Ranger (Hg.): The Invention of Tradition (1983). Cambridge University Press 1997.

32 Franticek Graus: Lebendige Vergangenheit. Überlieferung im Mittelalter und in den Vorstellungen vom Mittelalter, Köln/Wien 1975, S. 74.

33 Hans von Rochow (1596–1660), ›Der Beliebte‹, Hans Zacharias von Rochow (1603–1654), ›Der Trucknende‹, Moritz August von Rochow (1609–1653), ›Der Behende‹, und Otto Christoph von Rochow (1607–1659), ›Der Ringende‹.

34 Vgl. insbesondere meinen Aufsatz ›Die ganze Erde wird zu einem Garten‹: Gedächtniskonstruktionen im frühen deutschen Landschaftsgarten zwischen Aufklärung und Geheimnis. In: Im Auftrage der Stiftung Weimarer Klassik Georg Bollenbeck, Jochen Golz, Michael Knoche, Ulrike Steierwald (Hg.): Weimar. Archäologie eines Ortes. Weimar/Köln 2001, S. 120–175, Anm. 32. Zu der dort angeführten Literatur vgl. neuerdings besonders: Kilian Heck, Bernhard Jahn (Hg.): Genealogie als Denkform in Mittelalter und Früher Neuzeit. (Studien und Texte zur Sozialgeschichte der Literatur; Bd. 80). Tübingen 2000, für unseren Zusammenhang bes. die Einleitung sowie die Aufsätze von Bernhard Jahn über Spangenberg, Ulrich Schütte über Schloßkapellen und genealogisches Denken in Thüringen um 1700 sowie Frank Duffner über Genealogisches Denken und den Landsitz in England.

Insel Stein mit der Villa Hamilton im Wörlitzer Park

Pyramide auf dem Krähenberg bei Reckahn

den Urenkel Noahs, zu den Stammvätern aller nordeuropäischen Völker (Engländer, Skandinavier, Franzosen usw.), insbesondere aber der Deutschen und der deutschen Sprache stilisiert.[35] Die Rochows waren bemerkenswerterweise als märkische Patrioten aus schwedischen Militärdiensten ausgeschieden, um für Brandenburg zu kämpfen. Moritz August von Rochow, ›der Behende‹ der Fruchtbringenden Gesellschaft, stand übrigens dem Sieger von Fehrbellin, Kurfürst Friedrich Wilhelm feindlich gegenüber und ging auf die Seite der Anhaltiner über.

5

Rochow hatte gegenüber Friedrich II. persönlich schon aus früherer Zeit deutliche Vorurteile, weil er aus unmittelbarer Familienerfahrung her wußte, daß der König sich ohne Skrupel über die Ansprüche des alten märkischen Adels hinwegsetzte, selbst wenn der ihm nachweislich treu gedient hatte. Das Selbstbewußtsein des alten märkischen Standesherren gegenüber Friedrich II. zeigte Friedrich Eberhard von Rochow selbst mit einer groben, aus wuchtigen Feldsteinen errichteten Pyramide unweit von Reckahn. 1741, nach der Besetzung Schlesiens, hatte der Preußenkönig den Alten Dessauer in der Nähe Reckahns, unweit der preußisch-sächsischen Grenze, ein Beobachtungsheer mit 30–40000 Mann in ein Feldlager geschickt. Dieses Militärlager brachte Krankheiten und Verwüstungen der Gegenden mit sich. Und: Friedrich zahlte nicht für den entstandenen Schaden: Rochow ließ daraufhin 1760 eine Bronzetafel an die Pyramide mit der selbstbewußten Aussage heften:

›Im Jahre 1741 stand hier gegen Osten das preußische Lager von 42 000 Mann in 12 Treffen ein halbes Jahr von Göttin bis Krahne zum großen, *unersetzten Schaden dieser Güter*.‹[36] Wie tief dieses Ereignis im Denken Rochows verankert blieb, zeigt auch die Beschreibung Büschings, der diesem Vorgang bereiten Raum einräumte:

›Der Vater des jetzigen Besitzers, der Königl. Preuß. Staats=Minister Friedrich Wilhelm von Rochow, ist Präsident der Krieges= und Domainen=Kammern in den westphälischen Ländern des Königs, (Ostfriesland ausgenommen,) gewesen, und hat 1742 seinen Abschied gesucht und erhalten, um seine hiesigen Güter, Rekahn, Krahne, Gettin, Rotscherlinde und Mesdunk, die im vorhergehenden Jahr durch das Feldlager, ganz verwüstet waren,

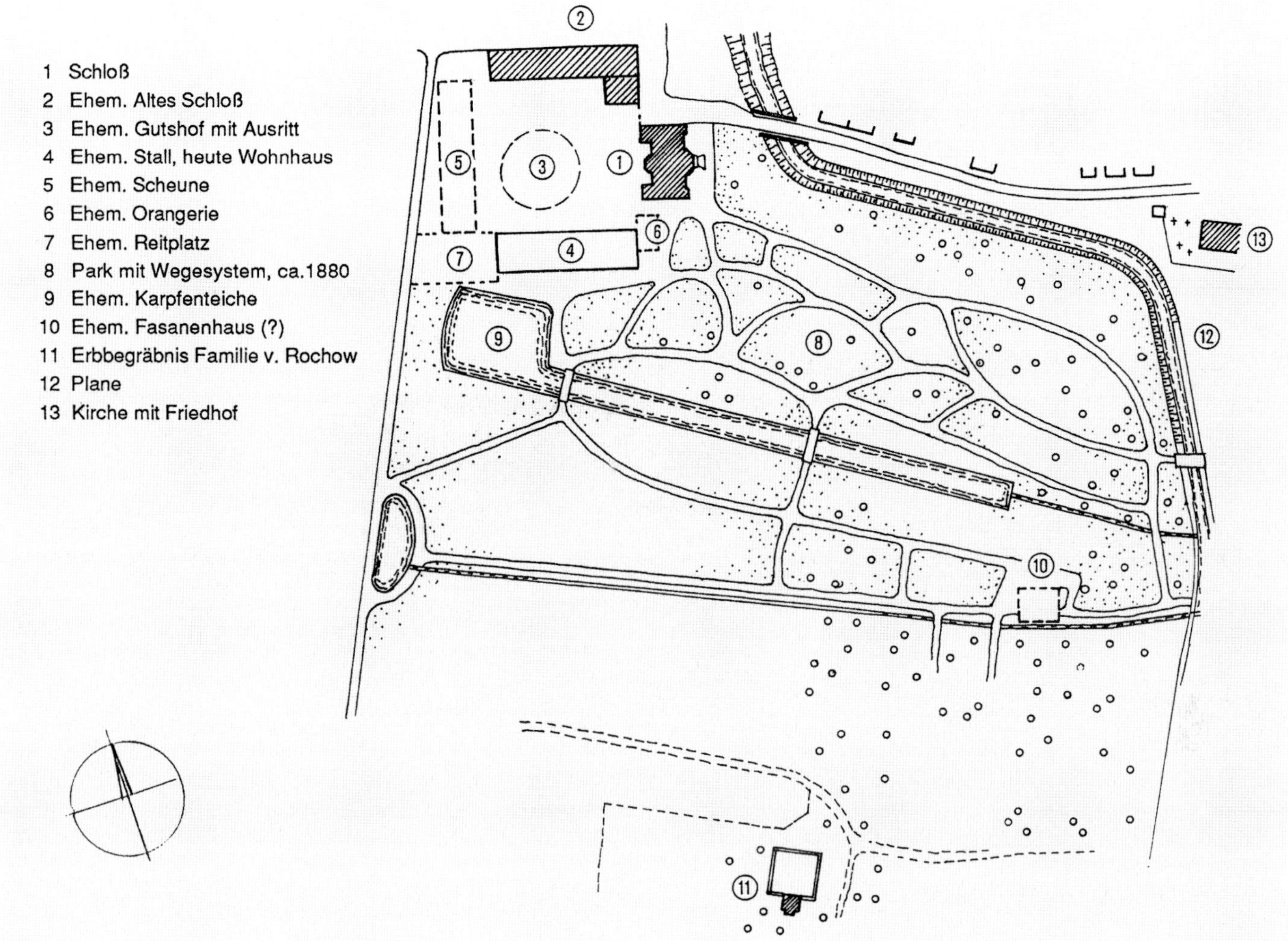

Rekonstruktion von Rochows Schlosspark

wieder herzustellen.‹[37] Daraufhin folgt eine genaue Beschreibung der Umstände und eine genaue Aufzählung der Zerstörungen. ›Der mannigfaltige Schade, ward selbst durch Königliche Commissarien, auf 50000 Thaler geschätzet, jedoch wurde alles so gelenkt, daß der Minister von Rochow nur wegen des Dorfs Krahne ungefährt 6000 Thaler Vergütung erhielt.‹[38] Zwar erwähnt Büsching, der die Geschichte sicher aus Rochows Mund kannte, nicht explizit, sondern nur indirekt, daß letztlich der König für diese ungerechte Behandlung des ihm treu ergebenen Ministers und seiner Nachfahren verantwortlich war. Aber Büsching kommt immer wieder auf die nicht beglichene Schuld des Staates gegenüber dem Gutsherren von Rochow zurück.[39] Daß die ägyptisierenden Pyramiden im Sinne der fiktiven genealogischen Herleitungen sowie des mittelalterlichen ›gedechtnus‹ durchaus harmonierten mit ›germanischen‹ bzw. ›altslawischen‹ Denkmälern, die ja meist von den alteingesessenen Adelsgeschlechtern ebenfalls aus Feldsteinen errichtet wurden, läßt sich auch an andern Beispielen aus Brandenburg (Leopold von Reichenbach), Anhalt (Fürst Franz von Anhalt-Dessau) und Sachsen (Carl August von Sachsen-Weimar) belegen.[40] Altdeutsche oder altslawische Monumente gehörten dabei mehr in das Sammlungs- und Argumentationsrepertoir der reichsunmittelbaren kleineren Fürsten und Reichsgrafen sowie der Adligen, die sich gegen die Hegemonialinteressen der Großen, der Habsburger, aber auch des Hohenzollernkönigs Friedrich II. zur Wehr setzen mußten.

Die enge Freundschaft, die Friedrich Eberhard von Rochow mit Fürst Franz von Anhalt-Dessau seit der gemeinsamen Zeit in der sächsischen Garnison während des Siebenjährigen Krieges ein

35 Meine Hervorhebung. Vgl. Klaus Witt: Die Steinpyramide von Reckahn im Wandel der Zeiten. Reckahner Museumsblätter Nr. 1 (1995).

36 Büsching: Beschreibung seiner Reise (Anm. 15), S. 256 f.

37 Ebenda S. 258.

38 Ebenda S. 262, 265 sowie Tab. II: Campement bey Brandenburg 1741.

39 Vgl. Michael Niedermeier: Gedächtniskonstruktionen – Pyramiden und deutsche Adelsgenealogien in Literatur und Gartengestaltung. In: Pückler-Pyramiden-Panorama. Neue Beiträge zur Pücklerforschung. (Edition Branitz 4). Cottbus 1999, S. 54–74.

40 Ebenda S. 270.

Entwurf des Denkmals für den Lehrer Heinrich Julius Bruns

Leben lang pflegten, darf man neben den gemeinsamen philanthropischen, landwirtschaftlich-ökonomischen Interessen mit einigem Recht auch mit dem Bewußtsein alter familiengeschichtlicher Verbindungen sehen. Fast jedes Jahr weilte Rochow in Wörlitz als Gast bei dem etwas jüngeren fürstlichen Freund, besuchte dessen Philanthropin, die erste Musterschule der Aufklärung in Dessau, schickte Dorfburschen, damit sie in Wörlitz zu Lehrern ausgebildet werden konnten. Franz wiederum besuchte Rochow in Reckahn und schickte seine philanthropischen Pädagogen zum Hospitieren in die kleine, aber berühmte Dorfschule. Beide lösten sich in ihren gartenkünstlerischen Gestaltungen von dem als absolutistisch und höfisch empfundenen Gartenstil und wandten sich der landschaftlichen Gestaltung zu, die in Deutschland wie in England als patriotischer Gegenentwurf zur Hofwelt empfunden wurde. Auch wenn über die landschaftliche Umgestaltung des Gartens von Rochow quellenkundlich kaum etwas überliefert ist, dürfte doch die Verbindung von Nützlichem und Schönen der ›ornamented farm‹ (Leasowes, Lucklum, Marienwerder, Schwöbber, Harbke, Haselberg, Madlitz oder z. T. auch Wörlitz) für Rochow Anregung gewesen sein. Der Garten hinter dem Schloß wurde offenbar schon früh landschaftlich umgestaltet, Anregungen dafür wird Rochow bei seinen vielen Besuchen in Wörlitz gesammelt haben. Das Denkmal für den Lehrer Bruns fand ja hier seinen Platz und auch die landschaftsverschönernden Bauten verbanden sich mit der in die umliegende Natur ausgreifenden Grundkonzeption des Gartens. Dem Domherrn Rochow erschien die ländliche Natur zudem als Sinnbild und Beispiel für die Gegenwart Gottes. Der ›Herr Domherr aber mögte seinen Unterthanen gern von ihrer Kindheit an Sinne für die Schönheit der Natur, und Empfindung Gottes in derselben, verschaffen.‹[41] In Johann Gottfried Kessels Buch ›Ein Landschaftsgemählde für Freunde der schönen Natur und ländlicher Anlagen‹[42], das übrigens die Vorzüge des Landlebens mit der Verteidigung der von der Hofkamarilla zu Fall gebrachten Familie von Moser verband, wurde Rochow neben Tibull, Horaz, Sokrates, Rousseau, Kleist, Pope oder Thomson als Beispiel für ein sittliches und philosophisches Landleben angeführt. Der Verfasser beruft sich auf Rochow, wenn er schreibt: ›Studiert vor allen übrigen Kenntnissen, sagt der edle und thätige Menschenfreund [Rochow – M.N.], zuerst die Natur, lieben Jünglinge! Es ist nicht der vatikanische Apoll, nicht die toskanische Venus, nicht in den ärmlichen Kopien der Raphaele, Wouvermans und Huysums, auch nicht in der ängstlichen Symmetrie des Berninis und Piranesis. Sie ist das Werk Gottes, erhaben, wahr und wohlthätig, wie er Selbst. Wann dann eure staunende Seele Verehrung und Liebe durchglüht, ihr Nichts und Gottes Größe fühlt; so betet ihr ihn an, den Vater aller Kreaturen und wisset, daß keine auswendig gelernte Heilsordnung oder Dramatik euch eine grössere Religiosität geben könnte!‹[43]

41 Büsching: Beschreibung seiner Reise (Anm. 15), S. 270.
42 Erlangen 1786.
43 Ebenda S. 61 f.

Der Halberstädter Domherr Friedrich Eberhard von Rochow

Antje Sippach

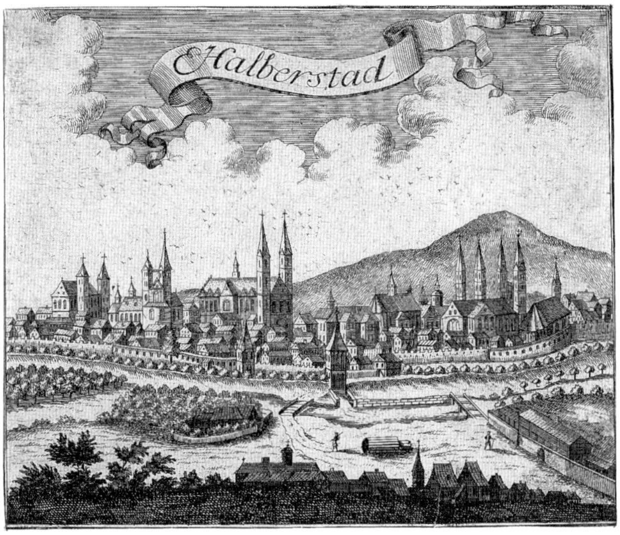

Die Türme des altehrwürdigen Halberstädter Domes St. Stephanus sind einem jeden Reisenden neben den ungleichen Türmen der Martinikirche und den weniger hohen der Liebfrauenkirche ein weithin sichtbares Wahrzeichen der Stadt und weisen Halberstadt als altes Zentrum kirchlicher und somit politischer Macht aus. Ein Zeitgenosse Rochows schrieb zu Halberstadts Kirchen: ›Die Stadt und das Land sind mit Kirchen reichlich versorgt. In Halberstadt allein sind drei Mannsklöster und zwei Mädchenklöster, und dicht an der Stadt ist noch ein reiches Nonnenkloster. In allem sind 16 Kirchen, wovon einige vortreffliche Glocken haben. Unter diesen Kirchen sind vier Capitel, der Dom und drei andere.‹[1]

Auch Friedrich Eberhard von Rochow werden die Türme auf seinen Reisen zu den zweimal jährlich stattfindenden Zusammenkünften des Halberstädter Domkapitels, dem er seit 1762 als Domherr angehörte, lange vor seiner Ankunft in Halberstadt begrüßt haben. – Wie wurde Friedrich Eberhard von Rochow Domherr zu Halberstadt?; Welche Verpflichtungen und Privilegien waren mit seiner Domherrenwürde verbunden?; Inwieweit nahm er am gesellschaftlichen und geistigen Leben Halberstadts teil?; Wer zählte zu Rochows engerem Freundeskreis in Halberstadt? – Dies sind nur einige Fragen, die am Anfang einer größeren Forschungsarbeit über Rochow und Halberstadt stehen könnten. Bisher gibt es eine solche Arbeit nicht. In den verschiedenen biographischen Abhandlungen zu Rochow finden sich selten konkrete Hinweise auf Rochows Wirken in Halberstadt. Im vorgelegten Aufsatz werden diese Mosaiksteine, ergänzt durch Quellenrecherchen, zu einem ersten Bild von Rochows Leben und Wirken in Halberstadt zusammengetragen.

Die deutschen Domkapitel sind allgemein wenig erforscht.[2] So ist auch die Geschichte des Halberstädter Domkapitels, welches einige hundert Jahre bis zu seiner Auflösung 1810 bestand, ein Forschungsdesiderat.[3] Seine Anfänge liegen im mittelalterlichen Bischofsstaat, in dem es als eine Körperschaft von Geistlichen den Fürstbischöfen von Halberstadt als Senat und Rat beigeordnet war und zugleich auch ein Gegengewicht zur bischöflichen Regierungsgewalt bildete.[4] Zu den Aufgaben und Privilegien dieses

1 Peter Villaume: Anfangsgründe zur Erkenntnis der Erde, des Menschen und der Natur. 1. Bd. Berlin und Libau 1789, S. 206 f.

2 Vgl. Peter Hersche: Die deutschen Domkapitel im 17. und 18. Jahrhundert. 3 Bde. Bern 1984. Zu den Ursachen ebenda Bd. 1, S. 9 – 11.

3 Umfangreiches Quellenmaterial lagert im Landesarchiv Magdeburg – Landeshauptarchiv.

4 Vgl. ›Domkapitel‹. In: Michael Buchberger (Hg.): Lexikon für Theologie und Kirche. 2., neub. Aufl. Dritter Band. Freiburg i. Br. 1931, Sp. 400 – 403, hier: Sp. 400.

Dom zu Halberstadt

›tief in der alten Reichsverfassung verwurzelten eigentümliche[n] Staatsgebilde‹[5] zählte neben der Abhaltung feierlicher Gottesdienste, die Repräsentation des Landes gegenüber dem Fürstbischof. Seine ökonomische Selbständigkeit garantierte das eigene Vermögen des Domkapitels, welches den adligen Kapitularen eine standesgemäße Versorgung sicherte.[6] Traditionell gehörte zu einem Domstift auch eine Domschule, die in ihren Ursprüngen für die Ausbildung des Diözesanklerus eingerichtet worden war[7] und über die das Domkapitel die Oberaufsicht hatte. Die Halberstädter Domschule, das ›Stephaneum‹, hat eine interessante Geschichte, auf die hier nicht näher eingegangen werden kann.[8] Es sei nur erwähnt, daß der Reckahner Lehrer Heinrich Julius Bruns (1746–1794) wie auch Christoph Lindemann, der in Rochows Göttiner Schule lehrte, und Stefan Rudolph (gest. 1803), Lehrer an der Krahner Schule, Primaner dieser Domschule waren.

Im Laufe der Jahrhunderte war die Struktur und Zusammensetzung des Domkapitels, aber auch dessen weltlicher und geistlicher Einfluß Veränderungen unterworfen. Das ehemals katholische Domstift in Halberstadt wurde am Ende des 15. Jahrhunderts evangelisch, und seither gab es sowohl evangelische als auch katholische Domherren, wobei letztere in der Minderzahl waren. Eine weitere einschneidende Wende in der Geschichte des Domkapitels brachte das Ende des 30jährigen Krieges mit sich. Damals fiel das Fürstentum Halberstadt an die brandenburgischen Hohenzollern. Es wurden neue Regierungskollegien eingeführt[9] und seit 1661 wurde der Domprobst vom Landesherren eingesetzt. Dieser schwere Einschnitt in die Machtbefugnisse des Domkapitels degradierte die vordem die eigentliche Stiftsregierung repräsentierenden Kapitulare zu bloßen Pfründern. Da jedoch die geistlichen Stiftungen fortbestanden, bestand auch das Domkapitel weiter.[10] Das gesellschaftliche Ansehen und der Respekt, der allgemein der hohen Würde eines Domherren entgegengebracht wurde, sind also nicht zuletzt der uralten Tradition des Domkapitels zuzuschreiben. Als Friedrich Eberhard von Rochow durch König Friedrich II. 1762 zum Domherrn von Halberstadt ernannt wurde, hatte der Domstift bei weitem nicht mehr die Regierungsgewalt wie zu seiner Blütezeit und war der vom König in Preußen eingesetzten Landesregierung untergeordnet. Zu den Aufgaben des Domstiftes schrieb Rochow selbst: ›Die Domstifter waren ihrer uralten Institution zu folge Gemeinschaften von solchen Personen, die den Auftrag hatten, durch Unterricht in den ehemaligen dunklen Zeiten Aufklärung zu befördern‹.[11] Der Philanthrop Rochow hat die alte und christliche Ideale widerspiegelnde Verfassung des Domstiftes aufklärerisch interpretiert, und nicht zuletzt diese war dem Domherren von Rochow Antrieb und Verpflichtung, seine Reformideen in die Tat umzusetzten. Er führt selbst weiter aus: ›Hätte man den alten deutschen Konstitutionsgeist durch Berichtigungen sich einschleichender Mängel in die Verfassungen oft zurückgerufen, vielleicht wäre er überall noch vorhanden. Daß er es aber wenigstens allenthalben nicht noch ist, konnte mich nicht abhalten, nach der ältesten Vokation mich zu richten. Dieser Gesichtspunkt klärt nun einen großen Teil der Geschichte meines Lebens auf, indem daraus hervorgeht, wie und warum ich mich manchem meiner Menschenklasse so fremdartigen Geschäften, eben weil ich sie für gemeinnützig hielt, unterzogen habe‹.[12] Es war nicht üblich, daß ein Domherr, durch sein Amt mit Einkünften und gesellschaftlichem Ansehen gut versorgt, sich dem Amt auch verpflichtet fühlte und in seiner Position Nützliches für die Allgemeinheit bewirken wollte. Der preußische Minister Karl Abraham Freiherr von Zedlitz (1731–1793) hob in einem Brief vom 17. Januar 1773 an Rochow dessen ungewöhnliches Engagement hervor: ›Daß ein Domherr für Bauernkinder Lehrbücher schreibt, ist selbst in unserm aufgeklärten Jahrhundert eine Seltenheit, die dadurch noch einen höheren Wert erhält, daß Kühnheit und guter Erfolg bei diesem Unternehmen gleich groß sind. Heil, Lob und Ehre also dem vortrefflichen Manne, den nur die Rücksicht auf die Allgemeinheit des Nutzens, welcher gestiftet werden kann, zu solchen Unternehmungen antreiben konnte‹.[13]

Friedrich Eberhard von Rochow war nicht der erste Domherr aus der Rochowschen Familie in Halberstadt. Vor ihm trugen bereits Friedrich Wilhelm von Rochow (1689–1757)[14] aus dem Hause Golzow und Friedrich Wilhelm von Rochow (1725–1775)[15], ebenfalls aus der Golzowschen Linie die Halberstädter Domherrenwürde. So kann man davon ausgehen, daß die beiden Rochowschen Domherren Friedrich Eberhard von Rochow protegierten, um ihm die Angehörigkeit zum Domkapitel zu ermöglichen. Um Domherr zu werden, mußte der Kandidat bestimmte Voraussetzungen erfüllen. Grundlegende Forderungen waren die Angehörigkeit zum Stift und die Vorlage einer Ahnentafel mit dem Nachweis von 16 adeligen Vorfahren. Die von Rochow an das

Domkapitel eingereichte, mit farbigen Wappen geschmückte Ahnentafel ist überliefert.[16] Angehöriger des Stiftes wurde er bereits Jahre vor seiner Ernennung zum Domherren. Zunächst war er ›Electis‹ – ein ›zur Wahl anstehender Bewerber‹. Davon gab es (Stand 1794) 25 im Halberstädter Domkapitel. Die nächste Beförderung war die ›Minor praebende‹[17]. Sie war ›mit einem »bloßen Amt« versehen‹, ohne daß sie der Person einen besonderen Vorzug‹ gab. Da auch hier die Zahl auf 8 festgelegt war, konnte er nur

5 Hersche: Domkapitel (Anm. 2), S. 9
6 Vgl. ebenda.
7 Vgl. ›Domschulen‹. In: Lexikon für Theologie und Kirche. 3. Bd. Freiburg u.a. 1995, Sp. 330 f.
8 Vgl. hierzu: Rüdiger Pfeiffer: Facetten des Schulgesetzes der Domschule zu Halberstadt von 1763. (= Michaelsteiner Forschungsbeiträge; 16). Michaelstein 1995; Fritz Eggeling: Halberstädter Schulen gestern und heute. Halberstadt 1962, S. 6 f.
9 Vgl. Horst Scholke: Das Fürstentum Halberstadt – aus: Erdbeschreibung der preußischen Monarchie, hg. von F. G. Leonardi 1796. In: Zur Geschichte und Kultur des Fürstentums Halberstadt. (= Aus den Quellen des Gleimhauses, 1). Halberstadt 1991, S. 3–36, hier S. 7 f.
10 Vgl. Peter Findeisen: Halberstadt. Dom, Liebfrauenkirche, Domplatz. Königstein i. Tn. ²1996, S. 12.
11 Friedrich Eberhard von Rochow: Berichtigungen. In: Fritz Jonas/Friedrich Wienecke (Hg.): Friedrich Eberhard von Rochows sämtliche pädagogische Schriften. II. Bd. Berlin 1907, S. 171–285, hier S. 176.
12 Ebenda S. 176 f.
13 Zit. nach Fritz Jonas/Friedrich Wienecke (Hg.): Friedrich Eberhard von Rochows sämtliche pädagogische Schriften. IV. Bd. Berlin 1910, S. 30.
14 Königlich Preußischer Generalleutnant, Träger des Schwarzen Adlerordens. Zur Person: Deutsches Biographisches Archiv (DBA), Fiche I 1045; S. 110–112.
15 Preußischer Hauptmann und Johanniterritter – beide nicht zu verwechseln mit dem Vater Friedrich Eberhard von Rochows: Friedrich Wilhelm von Rochow (1689–1764).
16 Original im LA MD-LHA Rep. U8c, Nr. 143.
17 Präbende – ›Pfründe‹ waren ›ein gewisses jährliches Einkommen von einer Kirche oder Stiftung‹ (Scholke: Fürstentum (Anm. 9), S. 34).

nachrücken, wenn eine Stelle frei wurde. Friedrich Eberhard von Rochow erhielt die Minor Praebende 1752 durch die Resignation von Georg Friedrich von Kleist (1707–1765)[18], zu der Zeit Major im Münchowschen Regiment in Brandenburg. Die Bedingung konnte Kleist stellen, da die Minor Praebende ›ohne Wahl durch den Dechanten, Abt, Prälaten vergeben‹ wurde.[19] Eine Anwesenheitspflicht gab es für den Inhaber der Minor Praebende nicht, Rochow hatte einen Prokurator[20], den Sekretär des Domstiftes Johann Wilhelm Ludwig Gleim (1719–1803).[21] Über das Verhältnis Rochows zu Gleim ist aus den bei Jonas/ Wienecke abgedruckten Fragmenten der späteren Korrespondenz Rochows als Domherr mit dem Domsekretär Gleim eine freundschaftliche Verbundenheit, jedoch keine enge Freundschaft herauszulesen. Beide besuchten sich gegenseitig und beschenkten sich mit ihren Publikationen, über die sie sich dann austauschten. In einem Brief aus dem Jahr 1795 bezeichnet sich Gleim als Rochows ›alten Verehrer‹ und sagt über Rochows ›Berichtigungen‹ – er kenne keinen zweiten Gelehrten, der solche schreiben könne. In Anbetracht des herausragenden Personenkreises, den Gleim kannte, ein schönes Kompliment.[22]

Die Zahl der Domherrn war (Stand 1794) auf 16 festgelegt, darunter 4 römisch-katholische und 12 lutherische.[23] Die Domherrenwürde war auf Lebenszeit verliehen, so konnte ein personeller Wechsel in der Regel nur durch das Ableben eines Würdenträgers erfolgen. 1762 starb der protestantische Domherr von Kannenberg, der auch das Amt des Portanarius und Probstes zu Walbeck inne hatte. Die Pfründe des vacanten Amtes werden in der Nachricht vom Tod Kannenbergs der Halberstädtischen Regierung an den König mit 300 Rth. jährlich angegeben. Der neue ›Paebendatus‹ war der unterste der Domherren und wurde deswegen zunächst mit der geringsten Pfründe ausgestattet. Wegen ›fest geschätzter ascension‹ – also regulärer Erhöhung – ›pfleget das honorarium von dergleichen Dom-Praebende [...] gemeiniglich auf 9.000 bis 10.000 rth. geschätzet zu werden‹.[24] Neben einigen weiteren kleineren Nebeneinnahmen sind für das später ebenfalls von Rochow übernommene Amt des Portanarius – des Vorstehers des Pfortenklosters, einer Stiftung für unverheiratete Frauenzimmer in Halberstadt – jährlich 250 Rth. veranschlagt worden.[25] Die Domherrenstelle sicherte Rochow also ein stattliches jährliches Nebeneinkommen, ein hohes gesellschaftliches Ansehen und ein Mitspracherecht in den Entscheidungen des Domkapitels. Das Domkapitel trat zweimal jährlich, im März/ April und Oktober/November zusammen. ›Es wurden Entscheidungen über die Verwaltung der domkapitularischen Güter und eventuell notwendige Neubesetzungen von Pfarr- und Lehrstellen getroffen. Daneben waren hunderte von Einzelfragen zu klären, das Domkapitel war ein äußerst wichtiges Gremium in der Armenpflege, und so geht es in den Sitzungsprotokollen, die Gleim zu führen hatte, seitenlang um Brennholz für arme Witwen und vielfältige Unterstützungsmaßnahmen‹.[26] Neben der Verpflichtung, an den Versammlungen teilzunehmen, hatten die Domherren keine bindenden Pflichten. Die Ausführung der Beschlüsse hatten Beamte zu überwachen, und die Domherren konnten sich privaten Interessen oder ihren eigenen Gütern widmen. Selbst der Domdechant Ernst Ludwig Christoph Spiegel zum Desenberg (1711–1785)[27], der traditionell aus der Mitte der Domherren gewählt wurde und dessen Aufgabe darin bestand, den Stift nach außen zu vertreten und die Verwaltung des beachtlichen Landbesitzes zu leiten[28], hatte genügend Freiräume. ›Er verwaltete seine Güter, sammelte Bilder und Geweihe, jagdte, reiste und wanderte und nahm helfend und fördernd zugleich mitgenießend als einflußreicher Mäzen an dem reichen Literaturleben teil, das Gleim und die durch ihn herangezogenen Freunde in Halberstadt entfalteten‹.[29]

Ernst Ludwig Christoph von Spiegel

Ein Zeichen der freundschaftlichen Verbundenheit ist die in den von Spiegel gestalteten Spiegelsbergen[30] vor den Toren Halberstadts an Rochow gewidmete Grotte.[31] Der Besuch Spiegels bei Rochow und dessen Musterschule in Reckahn 1777 für knapp zwei Wochen[32] diente sicher nicht nur der freundschaftlichen Kontaktpflege, sondern auch der Diskussion um ein Landschullehrerseminar, welches 1778 in Halberstadt als das erste preußische Lehrerseminar gegründet wurde (siehe Beitrag Keck). Ohne Spiegel, der vom König vertrauensvoll die ›selbständige Leitung der Kirchen- und Schulangelegenheiten des Halberstädter Domstifts‹[33] übertragen bekam, und dessen Wohlwollen wäre das Lehrerseminar nicht gegründet worden.

Mit Rochow als Freund des Ministers Zedlitz und Spiegel als Getreuer Friedrich II. gab es zumindest zwei wichtige Persönlichkeiten in entscheidenden Positionen in Halberstadt, die engen persönlichen Kontakt mit der brandenburgisch-preußischen Regierung pflegten und mit deren Unterstützung ihre schulreformerischen Bemühungen Gestalt in Form des Lehrerseminars annehmen konnten. Diese beiden Initiatoren haben die Zustimmung des Domkapitels zur Einrichtung des Lehrerseminars erwirkt.

Die für die Gründung des Lehrerseminars glückliche Halberstädter Konstellation im Domstift mit Spiegel und Rochow an der Spitze wurde vervollständigt durch die Domherren Graf Stolberg und von Busch sowie den Rektor der Halberstädter Domschule Christian Gottfried Struensee (1717–1782).[34] Über Struensee, der 1779 zwei Monate bei Rochow in Reckahn verbrachte, schrieb Zedlitz einmal auf die Frage nach den tüchtigsten Pädagogen in Preußen, er kenne nur zwei große Männer, und Struensee sei einer von ihnen.[35]

Die Besuche des Domdechanten von Spiegel (1777), der Halberstädter Domherren von Willig (1774, 1779) und von Städer (1786) sowie des Domsekretärs Gleim (1785) in der Reckahner Schule[36] legen ebenfalls Zeugnis ab vom Wohlwollen und Interesse von Angehörigen des Halberstädter Domstifts an den schulreformerischen Bemühungen Rochows. Jedoch nicht jeder im Domkapitel schätzte Rochows Initiativen für eine Verbesserung des Schulwesens. Als 1786 nach dem Tod von Spiegels Nachfolger von

18 Vgl. DBA, Fiche I 660, 199; II 714, 203. Georg Friedrich von Kleist war zuletzt Königlich Preußischer Generalmajor und Chef eines Infanterieregimentes.

19 Scholke: Fürstentum (Anm. 9), S. 34.

20 Prokurator = Bevollmächtigter Vertreter einer Person im katholischen kirchlichen Prozeß.

21 Vgl. Jonas/Wienecke: Rochow (Anm. 13), S. 392.

22 Vgl. ebenda S. 139 u. 340. Zu Gleims Kontakten vgl. u.a.: Gerlinde Wappler: ›Sie sind ein ungestümer Freund‹ (= Menschen um Gleim; 1). Oschersleben 1998 und Dies.: ›Leben Sie wohl geliebter Vater‹ (= Menschen um Gleim; 2), Oschersleben 2000.

23 Vgl. Scholke: Fürstentum (Anm. 9), S. 10. Bei C. Kehr.: Die Geschichte des Königl. Schullehrer-Seminars zu Halberstadt. Gotha 1878, S. 25f. werden 18 Domherren benannt. Es ist gut möglich, daß im Laufe der Zeit die Zahl der Domherrenstellen reduziert wurde.

24 LA MD – LHA Rep.: A 14 Domkapitel zu Halberstadt, Älteres Archiv. Nr. 331: A. priv. betr. Des Absterbens des Herrn v. Kannenberg und Collection der erledigten Präbenden und Portanariat an Fr. Eberh. von Rochow 1762, Bl. 6–8.

25 Vgl. ebenda.

26 Gerlinde Wappler: Ernst Ludwig Chistoph Spiegel zum Desenberg. Wie lebte ein Domdechant im 18. Jahrhundert? In: Neuer familienkundlicher Abend. Jg. 1998, H. 7, S. 3–14, hier S. 6.

27 Zur Person Spiegels vgl. ebd.; und Allgemeine Deutsche Biographie, 35. Bd., S. 146–149.

28 Vgl. ebenda S. 5.

29 Horst Scholke: Die Spiegelsberge. In: Halberstadt vor 200 Jahren. Bearb. von H. Scholke, K.-O. Schulz und G. Wappler. (= Veröffentlichungen des Gleimhauses – Almanachreihe –; Nr. 3). Halberstadt 1987, S. 50–64, hier S. 54.

30 Zu den Spiegelsbergen vgl. u.a. Jürgen Westphal: Der Landschaftspark Spiegelsberge. Halberstadt 1999.

31 Die Rochowsche Grotte befindet sich beim Jagdschlösschen und nahe der Grotte ›Salderns Ruh‹. Sie ist mit dem Rochowschen Wappen geschmückt. Echsen und Frösche als ehemalige Gestaltungselemente der Grotte sind heute noch rudimentär zu erkennen.

32 Vgl. Jonas/Wienecke: Rochow (Anm. 13), S. 440.

33 Wappler: Spiegel (Anm. 26), S. 7.

34 Vgl. [...] Steinberg: Geschichte und Statistik des Schullehrerseminars zu Halberstadt. Halle 1871, S. 6-8. Weiterhin vgl. Kehr 1878, zum Wirken Struensees besonders S. 37–42 und Nachtigal, J. C.: Neue Nachricht von der Domschule zu Halberstadt von Ostern 1800 bis Ostern 1806. Halberstadt 1806; darin: Kurze Übersicht der Geschichte der Domschule zu Halberstadt bis 1800, S. 4–23.

35 Vgl. Karl-Otto Schulz: Friedrich Eberhard von Rochow als Seminargründer, T. 2. In: Gemeinnützige Blätter. Aus dem Förderkreis des Gleimhauses e.V. berichtet und informiert. Jg. 1993, Nr. 2, S. 16–20, hier S. 18.

36 Vgl. Besucherverzeichnis der Reckahner Schule. Abgedr. in Jonas/Wienecke: Rochow (Anm. 13), S. 437–463.

Hardenberg Dekanatswahlen anstanden, machte sich Rochow Hoffnungen, neuer Dechant zu werden. Rochow schrieb 1786 in einem Brief an den Berliner Verleger Friedrich Nicolai (1733–1811): ›Ein katholischer Domherr nahm zwei Stunden vor der Wahl seine mir oft zugesicherte Stimme zurück. NB. wegen meines Eifers in Schulsachen und der Wärme, womit ich dergleichen Projekte durchsetzte (ipse versa). Ich beschwöre die Wahrheit allenfalls und habe einen Zeugen. Schade nur, daß es des Sprechers leiblicher Bruder war, der es wohl vielleicht zuerst dachte, aber zu fein war, es zu sagen. So ist denn, da ich sonst paria hatte, wenn dieser Catholicus nicht ein Wort brach, die majorité auf den regierenden Reichsgrafen zu Stolberg-Wernigerode gekommen, der freilich für die Apitsche und Konsorten nicht zur Schulverbesserung und Aufklärung bisher erheben können‹.[37] Friedrich Eberhard von Rochow als Domdechant in Halberstadt – eine Vorstellung, die nicht nur ihn selbst beflügelt hatte. Sein Freund Zedlitz rief aus: ›Welch schönes, goldenes Bild hatte ich mir nicht schon entworfen, wenn Sie das Dekanat in Halberstadt erhalten hätten!‹[38] Doch es sollte nicht sein, und die folgenden historischen Ereignisse lassen uns die Chancen der Realisierung des ›goldenen Bildes‹ nüchterner erscheinen. Nur kurze Zeit später starb der preußische König Friedrich II. Die Ära Zedlitz endete zwei Jahre später 1788 und dessen Nachfolger, Minister Wöllner (1732–1800), leitete mit seinen ›eher rückläufigen Anschauungen‹[39] einen entscheidenden politischen Kurswechsel ein. Die Auswirkungen des Regierungswechsels auf den Domstift sind bisher nicht bekannt.

Wie bereits angeführt, hatten die Domherren neben ihren Amtspflichten viele Freiräume für private Interessen und persönliche Kontaktpflege. Die Zusammenkünfte des Domkapitels waren gesellschaftliche Ereignisse und ›Gleim klagte besonders in jungen Jahren gelegentlich, daß Essen und Trinken so eine große Rolle spielten‹.[40] Der durch Halberstadt reisende Leopold Friedrich Goeckingk (1748–1828) schrieb 1778 in einem Brief: ›Halberstadt ist ein lebhafter Ort, nicht just wegen seines Verkehrs, sondern weil hier Landeskollegien des Fürstentums, viele Stifter und Edelleute, folglich viele Familien sind, die nichts zu tun haben, als Besuche zu geben und zu nehmen, oder kurz, ihr Geld zu verzehren. Ich erinnere mich nicht, an irgendeinem Ort von gleicher Größe, wo keine Residenz war, so viele Equipagen ge-

Rochowsche Grotte in den Spiegelsbergen bei Halberstadt

Peter Villaume

Gottlob Nathanael Fischer

sehen zu haben, und doch ist jetzt keine Garnison hier‹.[41] Über Rochows Bekanntheitsgrad bei den Halberstädter Bürgern stellt Goeckingk nach der Besichtigung der Rochowschen Grotte in den Spiegelsbergen erstaunt fest: ›nur einer von ihnen wußte, daß der Domherr v. Rochau ein Schriftsteller sei, und fand überall, wie wenig diese Herren mit den Autoren ihrer Stadt bekannt waren‹.[42] Bis heute ist der Name Rochow den Halberstädtern vor allem durch die Grotte bekannt.

Es gab in Halberstadt jedoch auch eine große Zahl von aufgeklärten Bürgern, die sich für geistigen Austausch in geselliger Form interessierten. Auf Initiative des Oberdompredigers Johann Werner Streithorst (1746–1800)[43] gründeten sie 1785 die Halberstädter Literarische Gesellschaft. In ihrem Gründungsstatut heißt es: ›Es bedarf keines Beweises, wie angemessen und nützlich es seyn würde, wenn man wöchentlich einen Ort besuchen könnte, wo man dem Triebe zur Geselligkeit in der wahren Bedeutung des Wortes ein Genüge leisten und das wirkliche finden könnte, was man in den mehresten Gesellschaften vergebens sucht, nämlich Aufheiterung des Geistes durch wechselseitige Mittheilung nützlicher und angenehmer Kentniße – durch freundschaftliche und lehrreiche Unterredungen.‹[44] Zu den Gründungsmitgliedern gehörten u.a. der Inspektor am Halberstädter Lehrerseminar Johann Gottlieb Wilhelm Bastian (1756–1851), der Domherr Werner Ludwig Klamer von dem Busche, der Nachfolger Struensees als Rektor an der Domschule Gottlob Nathanael Fischer (1748–1800), der Domsekretär Johann Wilhelm Ludwig Gleim und sein gleichnamiger Neffe, der nur kurzzeitige Domdechant Georg Ludwig von Hardenberg (1720–1786), der Lehrer und spätere Rektor der Domschule Johann Konrad Christoph Nachtigal (1753–1819), der Domherr Dietrich Ernst Spiegel zu Peckelsheim (1738–1789), der Initiator Konsistorialrat und Oberdomprediger Streithorst, der Prediger der französisch-reformierten Gemeinde und spätere Professor am Joachimsthalschen Gymnasium Berlin Peter Villaume (1746–1825) und der Inspektor am Lehrerseminar Johann Friedrich Walkhoff (1751–1841).[45] Die Mitgliederzahl war anfänglich auf 40 beschränkt und wurde später auf 50 erweitert.

37 Rochow an Nicolai, Reckahn d. 29. Juni 1786. In: ebenda S. 302 f.
38 Zedlitz an Rochow, Berlin, d. 4. Juli 1786. In: ebenda S. 303 f., hier S. 303.
39 Gerhard Sprenger: Weltbürger oder Patriot? Vor 250 Jahren wurde Friedrich Eberhard von Rochow geboren. In: Jahrbuch für Brandenburgische Geschichte 35 (1984), S. 92–116, hier S. 113.
40 Wappler: Spiegel (Anm. 26), S. 6.
41 Leopold Friedrich Günther Goeckingck: Briefe eines Reisenden an Herrn Drost von LB. Leipzig 1981, S. 50 f. Diese Briefe erschienen zuerst 1778/79 im Deutschen Museum.
42 Ebenda S. 58f.
43 Zu Streithorst vgl. DBA Fiche I 249 f. und 256–410.
44 Das Gleimhaus Halberstadt: Verhandlungen der Litterarischen Gesellschaft zu Halberstadt 1785–1794. Darin: Verhandlungen der Litterarischen Gesellschaft zu Halberstadt angefangen den 5ten Januar 1785, Bl. 1.
45 Vgl. Gerlinde Wappler: Die Literarische Gesellschaft zu Halberstadt. In: Halberstadt vor 200 Jahren (= Veröffentlichungen des Gleimhauses – Almanachreihe –, Nr. 3). Halberstadt 1987, S. 5–20.

Rochow war begeistert von der Idee der Gesellschaft und wurde ein Jahr nach deren Gründung auswärtiges Mitglied. Gegenstand der wöchentlichen Versammlung waren Vorlesungen der Mitglieder über verschiedenste Themen aus ›Literatur, practischer Philosophie, Geschichte, vorzüglich vaterländische, Naturhistorie usw. Bloße Facultätswissenschaften und Gegenstände der Polemik [waren] ausgeschlossen‹[46], wie einer der führenden Köpfe der Gesellschaft, Gottlob Nathanael Fischer, es zusammenfaßte. Fischer zählte 1785 zur ›Gesellschaft praktischer Erzieher‹, die Joachim Heinrich Campe (1746-1818) für seine ›Allgemeine Revision des gesamten Schul- und Erziehungswesens‹ zusammenrief und war bekannt durch die Herausgabe mehrerer Zeitschriften wie der ›Deutschen Monatsschrift‹.[47] Er prägte als langjähriger Direktor das Leben in der Literarischen Gesellschaft durch sein unermüdliches Engagement, welches sich durch eine rege Vortrags- und Publikationstätigkeit auszeichnete. Über die Beziehung Rochows zum Rektor der Halberstädter Domschule Fischer ist nicht viel bekannt, sie müssen in regem Austausch miteinander gestanden haben, ein Bruchteil ihrer Korrespondenz – in lateinischer Sprache – ist überliefert.[48] So wie sich Fischer natürlich auch in die lange Reihe der Besucher der Reckahner Schule einreihte, besuchten im April 1786 Streithorst und Bastian ebenfalls Reckahn. Die beiden berichteten vor der Versammlung der Literarischen Gesellschaft über ihre Reise. Die gekürzte Fassung ihres Vortrages ist im Wochenblatt der Gesellschaft ›Gemeinnützige Blätter‹ abgedruckt.[49] Pädagogische Themen spielten in der Gesellschaft jedoch keine herausragende Rolle.

Rochows erste Erwähnung in den Protokollbüchern der Gesellschaft stammt vom Februar 1786: ›Bey der heutigen Versammlung war der Herr Domkapitular von Rochow gegenwärtig und verlaß derselben einen Aufsatz ›Über den thierischen Magnetismus‹. Weitere Vorträge handelten ›Über Simplicität‹, ›Über den Mißverstand‹, ›Über Inconsequenz in politischer, sittlicher und theologischer Hinsicht‹, ›Vorschlag die Häuser vor Nässe und Kälte zu sichern‹ und ›Über die Nützlichkeit der Wochenblätter‹.[50]

Die Wochenblätter waren eine gemeinnützige Einrichtung mit einem Abonnentenkreis von ca. 460 Personen, die Hälfte davon Halberstädter. In einem Brief an Nicolai 1786 berichtet Rochow begeistert von dieser Aktivität der Gesellschaft: ›Unsere literarische Gesellschaft, [sammelt sich] aus den besten Köpfen Halberstadts [...] und [widmet] den Ertrag ihrer Geistesprodukte lediglich dem Steuern der Bettelei durch Errichtung von Spinnschulen und Erfindung der Mittel zu industriösem Erwerb [...], welche Absicht vornehmlich durch die Wochenschrift, ›Gemeinnützige Blätter‹ genannt erreicht [wird]‹.[51] Der Gemeinnützigkeit, insbesondere der Armenpflege, kam ein hohes Gewicht in der Arbeit der Gesellschaft zu. Drei Ämter der Gesellschaft befaßten sich allein mit dieser Frage.

Rochows aktive Anteilnahme am Leben der Gesellschaft, die ohnehin an seine Aufenthalte in Halberstadt gebunden war, verebbte mit der Zeit. Er wird als Mitglied geführt, jedoch ist kein weiterer Vortrag verzeichnet. Daß Rochow dennoch keinesfalls das Interesse an der Literarischen Gesellschaft verloren hat, zeigt, daß er seine Kurie[52] vier Jahre lang als wöchentlichen Versammlungsort zur Verfügung stellte.[53] Seine Verbundenheit mit der Gesellschaft bezeugte er außerdem durch Buchschenkungen an die Bibliothek der Gesellschaft. So finden sich im 1796 gedruckten Verzeichnis dieser Bibliothek 7 Schriften Rochows.[54] Die von Goeckingk zitierte Unbekanntheit Rochows als Verfasser pädagogischer und gemeinnütziger Schriften bei der Halberstädter Bevölkerung war also mit Sicherheit nicht allgemeingültig.

Jüngere Spuren Rochows in Halberstadt sind spärlich. Das Domkapitel und das Verhältnis der Domherren untereinander hatten sich mit dem neuen Dechanten vermutlich sehr verändert. Denkbar ist auch, daß in der Amtszeit Friedrich Wilhelm II. der Einfluß des Domkapitels weiter beschnitten und die Domherren endgültig zu reinen Pfründe-Empfängern degradiert wurden. Eine Auswertung der Sitzungsprotokolle des Domstiftes würde diese Fragen klären können. Auch über die Zusammenarbeit und das Verhältnis Rochows zum neuen Domdechanten ist bisher nichts bekannt, was natürlich auch als ein Zeichen für Inaktivität gelesen werden kann. In diesen Zeiten des Umbruchs und am Ende des Philanthropismus hatte Rochow sich offenbar aus Halberstadt

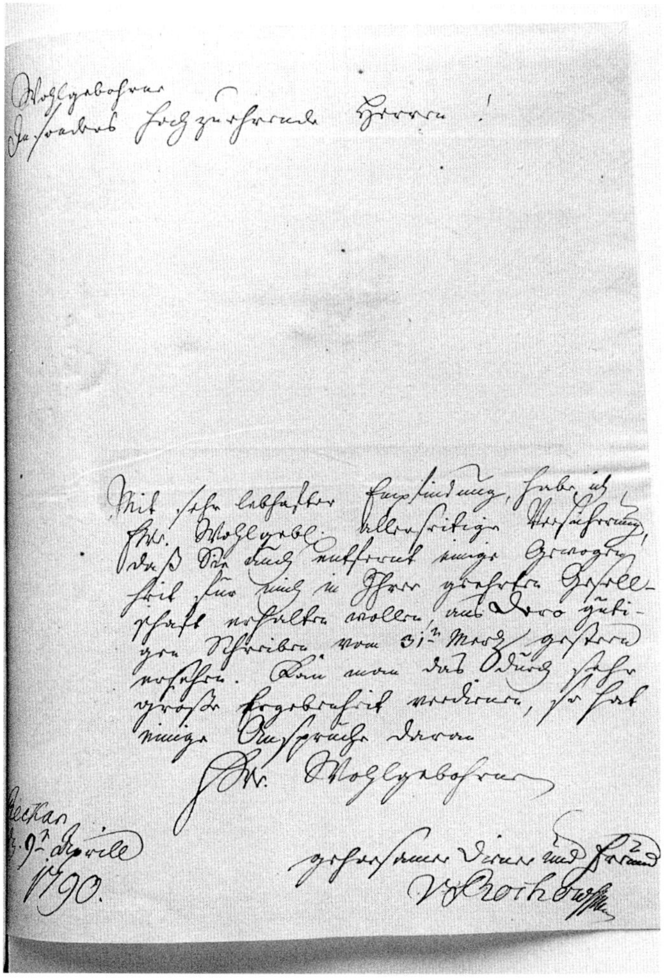

Eigenhändiger Brief Rochows an die Literarische Gesellschaft zu Halberstadt

zurückgezogen. Seine gesundheitlichen Probleme[55] schränkten auch seine Möglichkeiten zu reisen ein. 1790 grüßt er die Literarische Gesellschaft aus Reckahn: ›Mit sehr lebhafter Empfindung, habe ich Ew. Wohlgeb. allerseitige Versicherung, daß Sie auch entfernt einige Gewogenheit für mich in Ihrer geehrten Gesellschaft erhalten wollen, aus dero gütigen Schreiben vom 31. Merz gestern erhalten. Kan man das durch sehr große Ergebenheit verdienen, so hat einige Ansprüche davon [...] gehorsamster Diener und Freund von Rochow‹[56] (siehe Abb.).

In dieser knappen Darstellung wurde ein erster Versuch unternommen, Halberstadt als einen Knotenpunkt des breiten und weit verzweigten Netzwerkes personeller Kontakte und Freundschaften Rochows mit dem Fokus auf den Halberstädter Domstift darzustellen. Am Domstift wirkten, wie hier nur kurz skizziert werden konnte, eine Anzahl engagierter und aufgeklärter Domherren, Beamter und Angestellter, wodurch er zeitweise ein Zentrum aufgeklärten Geisteslebens in Halberstadt wurde. Rochow hatte und nahm Anteil an diesem Leben. Er fand Mitstreiter für seine aufklärerischen Bemühungen und geistigen Austausch, der seine Ideen und Konzepte reifen ließ. Das vielfältige gesellschaftliche und literarische Leben um Gleim und Rochows mögliche Anteilnahme daran wurde hier nicht näher betrachtet. Ebenso unberücksichtigt blieb die Verbindung Halberstadts mit Dessau, aus der sich ein weites und spannendes Themenfeld eröffnet.[57] Mit der Domherrenwürde war für Friedrich Eberhard von Rochow eine gesellschaftliche Erhebung, ein neues anregendes personelles Umfeld, finanzielle Sicherheit und die Möglichkeit verbunden, schulpolitisch wirksam zu werden.

46 Gottlob Natanael Fischer: Litterarische Gesellschaft zu Halberstadt. In: Neue Litteratur und Völkerkunde, 2 (1788), S. 51–56, hier S. 52. Zu Fischer vgl. Horst Scholke: Gottlob Nathanael Fischer – ein Halberstädter Pädagoge, Dichter und Journalist. In: Neuer Familienkundlicher Abend Jg. 2000, Heft 9, S. 3–18; und DBA Fiche I 322; 285–292.

47 Weitere Titel vgl. u.a. bei Wappler: Literarische Gesellschaft (Anm. 45), S. 10.

48 Vgl. Jonas/Wienecke: Rochow (Anm. 13), Briefe Nr. 196, 203.

49 Vgl. Johann Werner Streithorst: Kurzer Auszug aus einer Vorlesung über die Reckahnschen Schulanstalten. In: Halberstädter Gemeinnützige Blätter, 2. Jg. Bd. 1, 5. Stk., 3. 6. 1786, S. 69–80 und 6. Stk. 10. 6. 1786, S. 81–85.

50 Die Titel sind den genannten Protokollbüchern entnommen und aus den im Gleimhaus aufbewahrten ›Jahresübersichten bei den Stiftungsfeiern der Literarischen Gesellschaft zu Halberstadt vorgetragen von Gottlob Nathanael Fischer in den Jahren 1786 bis 1800‹ zusammengetragen.

51 Rochow an Nicolai, Halberstadt den 28. Mai 1786. In: Jonas/Wienecke: Rochow (Anm. 13), S. 301 f.

52 Eine Kurie ist die Amtswohnung eines auswärtigen Domherren. An der Nordseite des Halberstädter Domplatzes sind einige Kurien erhalten, an denen z. T. noch die Wappen der Amtsinhaber zu sehen sind.

53 Vgl. Rede bei der feierlichen Einweihung des Literarischen Gesellschaftshauses am 7. Januar 1801. In: Gemeinnützige Unterhaltungen für 1801. Eine Wochenschrift zum besten der Armen hg. von der literarischen Gesellschaft zu Halberstadt. 1. Bd., hier S. 94.

54 Vgl. Bibliothek der Literarischen Gesellschaft zu Halberstadt, Manuscript für Mitglieder der Gesellschaft. Halberstadt am 1. Juni 1796, darin S. 29–38. Büschings Reise nach Reckahn ist auf S. 58 genannt.

55 Vgl. Sprenger: Weltbürger (Anm. 39), S. 113.

56 Brief Rochows an die Lit. Gesellschaft Reckahn, d. 9. April 1790. Gleimhaus Halberstadt, im genannten Protokollbuch der Gesellschaft eingeheftet.

57 Zur Verbindung Rochows mit Dessau siehe Beitrag Hirsch. Zur Verbindung Halberstadt–Dessau vgl. Erhard Hirsch: Halberstadt und Dessau. Zwei Kulturkreise der Goethezeit in ihren Wechselbeziehungen. In: Festschrift zur 250. Wiederkehr der Geburtstage von Johann Wilhelm Ludwig Gleim und Magnus Gottfried Lichtwer. Hg. vom Gleimhaus. Halberstadt 1969, S. 123–156.

Kupfertafel XVIII zu Basedows ›Elementarwerk‹, 1774

Der Musikfreund Friedrich Eberhard von Rochow

Rüdiger Pfeiffer

I.

Langsam senkte sich die Dämmerung auf die kleine Gesellschaft nieder, die sich an diesem lauen Sommerabend des 26. Juli 1779 in Reckahn zusammengefunden hatte. Anregende Gespräche und gelehrte Dispute waren geführt und neueste Nachrichten ausgetauscht worden. Nunmehr stand der Sinn nach künstlerischer Erbauung. Der Hausherr hatte illuminieren lassen und bat die Gäste zu einer musikalischen Soiree. Kantor Bruns hatte bereits am Hammerflügel, dem modernen Instrument zum Ausdruck feinster Gefühlsregungen, Platz genommen und der Gastgeber Friedrich Eberhard von Rochow stimmte seine Violine. Mit seelenvollem Ton spielte er eine Violinsonate aus der Feder des Berliner Kammermusikers und Domorganisten Christian Friedrich Schale, ehe die Gastgeberin Christiane Louise von Rochow mit empfindungsvoller Stimme sich in eine anrührende Arie aus dem Passionsoratorium ›Der Tod Jesu‹ versenkte, das der Königlich-Preußische Hofkapellmeister Carl Heinrich Graun auf Worte des Dichters Karl Wilhelm Ramler nach einem Entwurf der Prinzessin Anna Amalia gesetzt hatte. Dieser erfreute sich seit dem überwältigenden Erfolg der Uraufführung im Berliner Dom 1755 unter Mitwirkung von Christian Friedrich Schale an der Orgel, Carl Philipp Emanuel Bach am Cembalo und Johann Friedrich Agricola als Dirigent und Tenor allergrößter Beliebtheit.[1]

Bewegt applaudierte die kleine Zuhörerschaft aus Kennern und Liebhabern der Musik und jetzt ließ sich auch der Ehrengast nicht lange bitten, hatte doch die verständige Atmosphäre und freundliche Aufnahme die Strapazen der Reise aus Dessau abstreifen lassen. Doch bevor der Anhalt-Dessauer Musikdirektor Friedrich Wilhelm Rust eine Kostprobe seiner eigenen musikalischen Schreibart gab, ließ er eine Fantasie des als ›Originalgenie‹ geschätzten Carl Philipp Emanuel Bach erklingen. Der zweitälteste Bach-Sohn und königliche Kammercembalist war aus der musikstilistischen und musikphilosophischen Beengung im preußischen Musikzimmer Friedrich II. in das bürgerliche Amt des Director musices als Nachfolger des berühmten Georg Philipp Telemann nach Hamburg entwichen. Die vernunftgemäße Freiheit des subjektiven Ausdrucks hatte er im Fantasieren gefunden, denn ›das Fantasieren ohne Tackt scheint überhaupt zur Ausdrückung der Affeckten besonders geschickt zu seyn, weil jede Tackt-Art eine Art von Zwang mit sich führet. Man siehet wenigstens aus den Recitativen mit einer Begleitung, daß das Tempo und die Tackt-Arten oft verändert werden müssen, um viele Affeckten kurtz hinter einander zu erregen und zu stillen‹[2].

Hammerflügel

Nachdem eine Freundin des Hauses mit Versen aus den ›Preußischen Kriegsliedern in den Feldzügen von 1756 und 1757 von einem Grenadier‹ des Dichtervaters Johann Wilhelm Ludwig Gleim, dessen ›Tempel der Musen und der Freundschaft‹ seit 1747 in Halberstadt stand (siehe Beitrag Sippach), sowohl ehrenvolle als auch schmerzliche Erinnerungen beim Hausherrn hervorgerufen, das ›Lob des Landlebens‹ und ›Lieder nach dem Anakreon‹ rezitiert hatte, brachte Rust eigene Kompositionen zu Gehör. Ihre empfindsame Gefühlshaftigkeit ließ ihn bereits den Zeitgenossen als einen ›Mattheson unter den Tondichtern‹ erscheinen.[3]

1 In fast allen preußischen Städten von den Kantoreien und Chorvereinigungen sowie der Berliner Singakademie wurde Grauns Passionsoratorium ›Der Tod Jesu‹ mit wenigen Unterbrechungen bis 1883 alljährlich am Karfreitag aufgeführt, ehe Bachs ›Matthäus-Passion‹ seinen Platz einnahm.

2 Carl Philipp Emanuel Bach: Versuch über die wahre Art, das Clavier zu spielen mit Exempeln erläutert von Carl Philipp Emanuel Bach, Königl. Preuß. Cammer-Musikus. Berlin 1753. Das dritte Hauptstück. Vom Vortrage, S. 124.

3 Vgl. Volker Göthel: Friedrich Wilhelm Rust. In: Die Musik in Geschichte und Gegenwart, unter Mitarbeit zahlreicher Musikforscher des In- und Auslandes hrsg. von Friedrich Blume. Basel/London/New York, Bd. 11, 1962/1989, Sp. 1192.

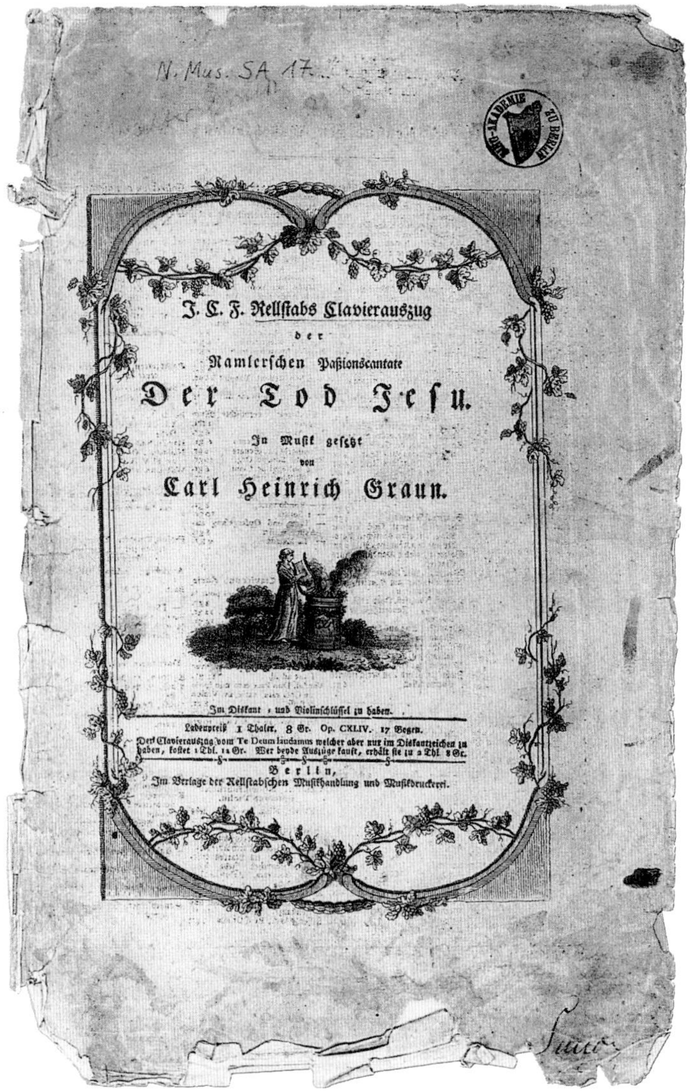
J. C. F. Rellstabs Clavierauszug
der
Ramlerschen Paßionscantate
Der Tod Jesu.
In Musik gesezt
von
Carl Heinrich Graun.

Im Diskant, und Violinschlüssel zu haben.

Ladenpreis 1 Thaler, 8 Gr. Op. CXLIV. 17 Bogen.
Der Clavierauszug vom Te Deum laudamus welcher aber nur im Diskantzeichen zu haben, kostet 1 Thl. 12 Gr. Wer beyde Auszüge kauft, erhält sie zu 2 Thl. 8 Gr.
Berlin,
Im Verlage der Rellstabschen Musikhandlung und Musikdruckerei.

Eine weitere Reverenz an das Gastgeber-Ehepaar von Rochow waren Darbietungen aus dem ›Musicalischen Versuch in Fabeln und Erzählungen des Herrn Professor Gellerts‹ (siehe Beitrag Overhoff) von dem Magdeburger Domorganisten und Telemann-Schüler August Bernhard Valentin Herbing, und der Vortrag von Liedern aus ›Herrn Professor Gellerts Geistliche Oden und Lieder‹, die der zweitälteste Bach-Sohn Carl Philipp Emanuel 1764 bereits in dritter vermehrter Auflage mit 66 Liedern zum Druck gebracht hatte.

Eine Diskussion zu den Oden von Gellert und Klopstock sowie zu Dichtungen des Göttinger Hainbundes schloss sich an, da sie eine Reihe von Komponisten im Umfeld der Berliner Aufklärung zu Liedschöpfungen angeregt hatten. Doch als der Vorschlag kam, aus der ›Sammlung auserlesener moralischer Oden‹ des im vergangenen Jahr verstorbenen Lorenz Christoph Mizler, dem Begründer der ›Sozietät der Musicalischen Wissenschaften‹, vorzutragen, wurde argumentiert, dass sie einen elitären Kunstanspruch vertreten und auch bereits namhafte Musiktheoretiker wie Johann Mattheson in Hamburg und die Berliner Autorität

Carl Heinrich Graun (1703 – 1759)

Carl Philipp Emanuel Bach (1714 – 1788)

Friedrich Wilhelm Marpurg heftige Kritik geäußert haben. Zudem hatte der Komponist selbst erklärt: ›Ich habe sie mit Fleiß schwerer gemacht, und mit Vorsatz sonderlich ausgearbeitet‹. Sein aufklärerisches Bestreben, ›die Musik völlig in die Gestalt einer Wissenschaft zu bringen‹, stand in erheblichem Gegensatz zu den

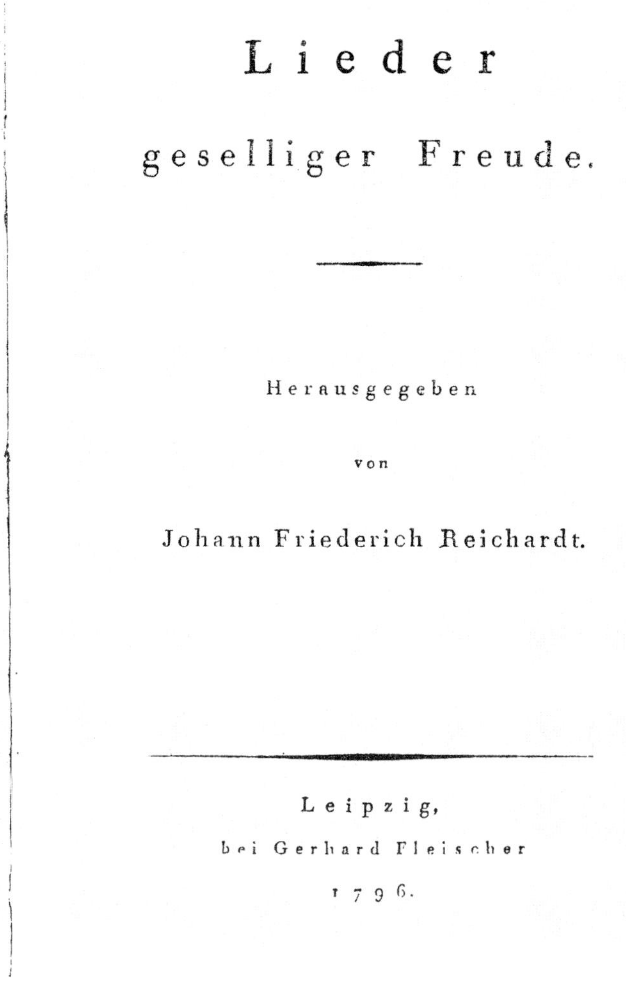

Lieder

geselliger Freude.

Herausgegeben

von

Johann Friederich Reichardt.

Leipzig,

bei Gerhard Fleischer

1796.

Johann Friedrich Reichardt (1752 – 1814)

neuen ästhetischen Postulaten der Berliner Komponisten. Und so ließ man diesen geselligen Abend angenehmer Belehrung und nützlicher Unterhaltung ausklingen mit einer vierhändigen Klaviersonate, die Kantor Bruns von dem befreundeten Halberstädter Domorganisten Christian Heinrich Müller erhalten hatte. Zum Beschluß wurde noch gemeinsam ein Lied von Johann Friedrich Reichardt gesungen, der im Alter von 23 Jahren 1776 preußischer Hofkapellmeister in Berlin geworden war und ›Lieder im Volkston‹ schuf, ›in die jeder, der nur Ohren und Kehle hat, gleich einstimmen soll‹[4], und nach einem Lied des neuen Hofkapellmeisters beim Prinzen Heinrich in Rheinsberg Johann Abraham Peter Schulz, das ›mehr volksmäßig als kunstmäßig zu singen‹ war und schon sehr an die spätere Claudius-Vertonung ›Der Mond ist aufgegangen‹[5] gemahnte, zerstreute sich die Abendgesellschaft.

4 Johann Friedrich Reichardt: Frohe Lieder für deutsche Männer, 1781, Vorrede. Ab 1781 erschienen seine ›Lieder im Volkston‹.

5 Vgl. Johann Abraham Peter Schulz: Lieder im Volkston, Vorbericht, ›Zweyte, verbesserte Auflage‹ 1784. Das berühmte Lied ›Der Mond ist aufgegangen‹ auf die Worte von Matthias Claudius findet sich im Teil III der Lieder im Volkston, 1790.

Herrn Professor Gellerts
Geistliche Oden und Lieder
mit Melodien
von
Carl Philipp Emanuel Bach.
Zweyte Auflage.
Berlin, 1759.
Gedruckt und zu finden bey George Ludwig Winter.

II.

Die beiden dokumentierten Besuche des Anhalt-Dessauer Musikdirektors Friedrich Wilhelm Rust am 26. Juli 1779 und des Preußischen Hofkapellmeisters Johann Friedrich Reichardt am 25. September 1781[6] gehörten neben den zahlreichen Aufenthalten von Kantoren und Schulmeistern, Lehramtskandidaten und allgemein Interessierten mit Sicherheit zu den musikalischen Höhepunkten auf Reckahn. Friedrich Eberhard von Rochow war der Musik zugetan, spielte die Violine und pflegte das private Musizieren. Angesichts der beidseitigen schwerwiegenden Hand- und Armverletzungen, die er als Offizier im Siebenjährigen Krieg erlitten hatte (siehe Beitrag Schmitt), mag dies auf den ersten Blick verwundern.

Da er nach der Verletzung der rechten Hand linkshändig die Schreibfeder zu führen lernte, kann vermutet werden, dass zumindest die Beweglichkeit der Finger der linken Hand gewährleistete, die Saiten der Geige abgreifen zu können. Trotz einer eventuellen Einschränkung der koordinierenden Bewegung von linkem Oberarm, Beuge, Unterarm und Handgelenk scheint ihm demnach ein sicheres Intonieren auf den Violinsaiten möglich gewesen zu sein. Dabei muss aber auch berücksichtigt werden, dass Rochow Liebhaber der Violinmusik war und sich der Schwierigkeitsgrad der auf dem Notenpult liegenden Literatur nicht am professionellen Virtuosentum orientiert haben wird. Hinzu kommt, dass die linke Hand bei der Geige einen Tonumfang von einer Quarte umspannen und durch ›Ablangen‹ mittels Streckung des kleinen Fingers ohne wesentliche Änderung der Handposition weitere Töne auf der selben Saite hinzunehmen kann. Aber auch die Erweiterung des im Moment des Spielens abzugreifenden Tonumfangs durch Lagenwechsel mittels Verschiebung der linken Hand ist in gewisser Weise aufgrund der Idiomatik der Violine relativ ruhig ausführbar, doch bedarf es einer außerordentlich diffizil ausgeprägten sensorischen Feinmotorik und eines präzisen Gehörs. Abweichend von der heutigen Geigenhaltung wurde das Instrument im 18. Jahrhundert meist etwas tiefer und mit dem Korpus nach vorn gedreht gespielt. Diese Instrumentenhaltung und der flacher als heute gewölbte Steg, über den die Saiten gespannt waren, dürften Rochows Physis entgegenkommen sein, zumal die Bogenführung mit der rechten – immerhin zum Halten der Schreibfeder untauglich gewordenen – Hand für den Bogen zumindest zwei obere und einen unteren Auflagepunkt zur Balance der Bogenstange und hebelwirkender Druckausübung bereitstellen muss.

All dies deutet nicht nur auf eine starke Konstitution, besondere Begabung und ausgeprägte Willenskraft, sondern aus musikpsychologischer und -physiologischer Sicht auch auf eine außergewöhnliche neuronale Gehirnstruktur und physiologische Disposition, insbesondere der Lateralisierung spezieller Gehirnfunktionen, wie sie inzwischen aufgrund verfeinerter Untersuchungsmethoden wie beispielsweise der Magnetresonanz- bzw. Kernspintomographie und Computertomographie u. a. bei Musikern nachgewiesen werden konnten, die bereits im frühen Kindesalter mit dem Erlernen eines Musikinstruments begonnen haben.[7]

Zu den Kriegsverwundungen kam eine Reihe von Krankheiten, die Rochows Gesundheitszustand lebenslang beeinträchtigten. So plagten ihn Gelenkrheumatismus und möglicherweise hatten bereits die überstandenen Pocken als Komplikation neben dem ›pockengrübigen‹ Gesicht auch eine Beeinträchtigung des Gehörs hinterlassen, die ab etwa 1795 sogar zur Taubheit führte, denn ›früh schon schwächte sich sein Gehör, und das mit dem Alter zunehmende Leiden beraubte ihn mehr und mehr gesellschaftlicher Freuden und des Genusses an der Musik, die er in frühen Jahren sehr geübt hatte. Er soll die Geige meisterhaft gespielt haben‹[8].

Violine, Flöte und Cembalo waren neben dem Gesang die Favoriten der aus Liebhaberei selbst Musizierenden im 18. Jahrhundert. Mit ihnen verband sich neben einer sozialen Determination zugleich der Sinnbezug von Gefühlshaftigkeit und Rationalität, von auserlesener Bildung, ästhetischer Erziehung und aufgeklärter Denkungsart. In aristokratischen, aber auch zunehmend in bürgerlich-intellektuellen Kreisen gehörte das Musizieren – zumal im Land eines die Flöte gekonnt spielenden Königs Friedrich II. – gleichermaßen zur nobilierenden Standesetikette wie gewissermaßen zum Bildungskanon und kulturnationalen Bürgerbewusstsein.

Die fast ausnahmslos in höfisch-aristokratischen oder kirchlichen Diensten stehenden Musiker konnten unter der Ägide Friedrich II. eine bürgerlich determinierte und sich artikulierende Musikkultur in Berlin aufbauen, die sowohl zu einer hochstehenden Musikpflege als auch zu einem reichen kompositorischen Schaffen führte und zudem eine Reihe von Lehr- und Unterrichtswerken wie Instrumental- und Gesangsschulen, Musikjournalen, Musikzeitschriften und Magazinen hervorbrachte. Dabei konnte sich die bürgerliche Musikszene zu einer durchaus kohärenten Gemeinschaft konstituieren, die ihr eigenen philosophischen Positionen publizieren und ästhetische Postulate entwickeln.

Unter den zahlreichen musiktheoretischen und kritischen Schriften sowie französischen und auch italienischen Übertragungen ins Deutsche ragen vor allem die Publikationen von Friedrich Wilhelm Marpurg und Johann Philipp Kirnberger sowie Christian Gottfried Krause hervor mit ihren z. T. kontroversen ästhetischen Überlegungen zur Ausdrucksfähigkeit der Naturnachahmung und zur Wirkung von Musik auf die menschlichen Empfindungskräfte, Gemütsbewegungen und Seelenzustände, aber auch zur Ausbildung von Sittsamkeit, Moral und Tugendhaftigkeit.

Interessanterweise bricht der dabei in vielerlei Facetten vertretene mechanistische Determinismus in seinem rationalen Kern auf und bahnt den Weg zum Hervortreten einer Gefühlsästhetik, so dass später beispielsweise romantische Denker der Musik wie E. T. A. Hoffmann an den kategorialen Grundmustern dieser ästhetischen Denktradition anknüpfen konnten. Aus der Wurzel des konsequent verfochtenen Rationalismus grünte ein Zweig emotionalisierter romantischer Rezeptionsästhetik.

Diesen Zwiespalt und die innere Widersprüchlichkeit dürfte der rational gesinnte Friedrich Eberhard von Rochow (siehe Beitrag Sprenger) gespürt haben. So achtet und schätzt er künstlerische Ambitionen zwar hoch, hält jedoch bestimmte Personengruppen, wie z. B. seinen Freund Christian Fürchtegott Gellert ›zu Schulhaltern nicht besonders fähig‹[9] (siehe Beitrag Overhoff). Anerkennend billigt er den Schriftstellern eine bessere Einsicht in ›den Zusammenhang vieler Dinge‹ zu. Die Auseinandersetzung ›Über Vernunft und Verstand in des Herrn Professors Jakobs Grundriß der Erfahrungs-Seelenlehre‹ (1796) ist ihm Anlass, gegen die Enge der Definition, ›das bloße Vermögen zu *schließen,* sollte und zwar »*insonderheit*« die Vernunft sein?‹ mit Hilfe des Musikbegriffs zu polemisieren und die Universalität des Vermögens

Die Sing-Akademie, um 1830

der menschlichen Seele aufzuzeigen: ›Die Tonkunst ist unstreitig eine der erstaunenswürdigsten Äußerungen der menschlichen Vernunft. Kein Tier hat das Vermögen dazu. Und doch wie auffallend würde die Behauptung sein: Die Tonkunst wird *insonderheit* die Vernunft genannt? Setzt man statt Tonkunst die Kunst, Schlüsse zu machen, so zeigt die richtige Parallele das Fehlerhafte der Jakobschen Definition‹[10].

Doch auch der Diskussion um die Empfindsamkeit verschließt sich Rochow nicht. Allerdings möchte er gegen überkommene Dogmatik zu Felde ziehen und plädiert für eine vernunftgemäße Beurteilung, die er kategorial neben den Verstand und den Kantschen Imperativ setzt. In seiner Abhandlung ›Über die Sinne‹ (1795) führt er zusammenfassend die fünf Nerventätigkeiten der Sinne zum Empfindungsbegriff und damit auf die Ebene der Seele: ›Ohne Empfindungen quieszieren alle Sinne. Vielleicht [...] ist Empfindung gar das Leben oder die Seele‹[11].

Beim Abwägen der Bedeutung der Sinne spricht Rochow zwar dem Sehen das Primat zu, weist jedoch durch Einführung eines ›dichterischen Sachwalters‹ sogleich auf die ›optischen Irrtümer‹ und Sinnestäuschungen hin, die der Berichtigung durch das Betasten, also Begreifen der Gegenstände bedürfen: ›so reicht das gesunde Ohr für sich allein hin, um nicht in seinem Wirkungskreis zu irren‹. Die vom Auge wahrgenommenen Schönheiten seien ›irdisch und vergänglich, die des Gehörs mehr geistig und ihre Eindrücke daher moralischer und permanenter‹. Ein schöner Anblick erwecke ›Begierde nach Genuß; sobald aber das Gehör zugleich

6 Vgl. Fritz Jonas und Friedrich Wienecke (Hg.): Friedrich Eberhard von Rochows sämtliche pädagogische Schriften, IV. Bd. Berlin 1910, S. 444 und 448.

7 Vgl. 2. Internationaler Interdisziplinärer Kongress ÖkoAkustiKunst – Tagungsleitung Rüdiger Pfeiffer. Magdeburg 1996, insbesondere die Referate der Neurobiologen und Hirnforscher Henning Scheich (Magdeburg) und Detlef Altenburg (Marburg/Hannover).

8 Fritz Jonas: Lebensbild Friedrich Eberhard von Rochow. In: F. Jonas und F. Wienecke: Rochow (Anm. 6), IV. Bd., S. 399.

9 F. E. v. Rochow an Minister K. A. v. Zedlitz, Brief vom 20. Januar 1773. Zit. nach ebenda, IV. Bd., S. 33.

10 F. E. v. Rochow: Über Vernunft und Verstand in des Herrn Professors Jakobs Grundriß der Erfahrungs-Seelenlehre. In: Henke, Magazin für Religionsphilosophie. Helmstädt 1796, 5. Bd., S. 439 – 451. Zit. nach ebenda, III. Bd. Berlin 1909, S. 132 f.

11 F. E. v. Rochow: Über die Sinne. In: Deutsche Monatsschrift 1795, 2. Bd., S. 113 – 117. Zit. nach ebenda, III. Bd., S. 57 f. – Vgl. auch F. E. v. Rochow: Zusätze zu dem Summarium oder Menschen-Katechismus. Schleswig 1796. Zit. nach ebenda, III. Bd., S. 102.

I. R. Schellenberg delin. W. www. I. R. Holzhalb sculps.

angenehm empfand, entstand Leidenschaft oder Wunsch des ausschließlichen Besitzes. Ein Zeichen, daß das denkende Wesen im Menschen in seinen wichtigsten Angelegenheiten mehr vom Gehör als vom Gesicht Gesetze nimmt und [...] den Mangel des schönen Sichtbaren an ihm wegen des schönen Hörbaren übersieht‹[12].

Diese im Rollenspiel knapp gefassten Gedanken zu einer Rezeptionsästhetik wenden sich gegen ein dogmatisches Systematisieren und fordern vernunftgemäßen Sachverstand bei der Beurteilung von empfindender Wirkung im Verhältnis von welthaltigem Außen und persönlichem Innen, von Objektivem und Subjektivem.

Inwieweit Friedrich Eberhard von Rochow die aktuellen ästhetischen Dispute der Komponisten und Musikgelehrten in den Berlinischen Journalen verfolgt hat, lässt sich nicht mit Sicherheit sagen. Sein außergewöhnlich hoher Bildungsstand auch in musikalischen Fragen lässt sich nur fragmentarisch anhand des überlieferten Schrifttums und gelegentlicher Hinweise von Außenstehenden erkunden. Ein besonders markanter Bezug zur Musik und Musikanschauung findet sich in den zehn Gesängen ›Silvius oder Versuch eines Jagd-Gedichtes‹[13], das unter dem Eindruck der Freundschaft mit Gellert und der Bekanntschaft mit dessen Fabeln und Oden 1759 entstanden ist. Rochow kennt nicht nur die antiken Autoren in vorzüglicher Weise, sondern ist auch bestens mit den Attributen der Musen und den semantischen Bezügen musikalischer Instrumente und musikästhetischer Symbolik vertraut. Darüber hinaus traut er der musisch-ästhetischen Betätigung ethische Stärkung und friedenstiftende Kraft zu, wenn es bereits zu Beginn heißt: ›Wessen Tag der Geburt gütig Terpsichore / Segnet, dem singt umsonst Klio den Schlachtgesang, / Oder Kalliope – flieht, Themis, deinen Saal‹. In den nachfolgenden Gesängen finden sich musikbezogene Verse, wie ›In höher gestimmten Tenoren / Vermeldet des Frühjahres Ankunft der Kraniche Stimme, / Wie einen prachtvollen Aufzug Trompeter und Herold verkündigt. / Des Finkenhahns schmetterndes Lied begrüßet den Morgen [...]‹. Aber auch seltsame Töne sind unterhalb des Brockenmassivs im Harz zu hören und ›der Trompeter verschönert durch seinen männlichen Laut die Musik ‹[14].

III.

Als Friedrich Eberhard von Rochow mit seiner Frau im Jahre 1760 den Wohnsitz auf Reckahn einzurichten begann, hatte er zugleich als Patron die Aufsicht über die Kirchen und Schulen auf den Familien-Gütern. Neben seinen reformerischen, ökonomischen (siehe Beitrag Tosch) und sozialen Tätigkeiten widmete er sich auch dem Anliegen, das Niveau der Kirchenmusik und insbesondere den Gemeindegesang der Landleute zu verbessern. Deshalb wurden zur Stützung des Singens die Kirchen mit Orgeln versehen bzw. Instandsetzungen älterer Orgelwerke durchgeführt.[15] Die veralteten und zumeist noch aus dem 17. Jahrhundert stammenden Kirchenlieder wurden ausgetauscht und Rochow schenkte den Gemeinden neue verbesserte Gesangbücher.[16] Diese Veränderungen trafen sich mit Intentionen, die der preußische Minister Karl Adam Abraham von Zedlitz in einem Brief an Rochow von ›einem besseren allgemeinen Gesangbuch‹ äußerte, für das neue Lieder ausgewählt werden müssen ›und sodann wollen wir den alten Glauben, Wir, wir, quem pastores laudavere, und alle diese

Christi Bergpredigt, Kupfer zu Basedows ›Gesangbuch‹, 2. Bd., 1786

12 Ebenda S. 58.

13 F. E. v. Rochow: Silvius oder Versuch eines Jagd-Gedichtes in zehn Gesängen, Reckahn 1759. Zit. nach ebenda, III. Bd., S. 385–416.

14 Ebenda S. 403.

15 Vgl. Punktation oder Entwurf zu einer Vokation für den Organisten und Schulkollegen Herrn Bruns zu Halberstadt. In: Ebenda, III. Bd., S. 460.

16 Vgl. Urteil Basedows über F. E. v. Rochow. Vierteljährliche Nachrichten von Basedows Elementarwerk und von anderen Bemühungen die Erziehung und das Schulwesen zu verbessern. 6. Stück, Dessau 1773. Zit. nach ebenda, IV. Bd., S. 518.

unerbaulichen und zum Teil lächerlichen Gesänge nur aus der Reminiszenz kennen‹[17].

Zur Ausübung der Kirchenmusik war ein gut ausgebildeter und finanziell abgesicherter Kantor nötig, der sowohl die Orgel spielen als auch den Chorgesang leiten und darüber hinaus Schulunterricht erteilen konnte. Traditionell war an größeren Schulen der Kantor nach dem Rektor und dem Kon- oder Subrektor der Tertius der Schulleitung, leitete die Singestunden, gab Latein und unterrichtete vornehmlich in den unteren Klassenstufen. In kleineren Gemeinden bildeten sich regional unterschiedliche Zusammenlegungen von Aufgabenbereichen heraus, die Küster, Kantor, Schulmeister oder auch Pfarrer zu übernehmen hatten.

Das Jahr 1762 brachte Friedrich Eberhard von Rochow in engen Kontakt mit der geistig und kulturell prosperierenden Stadt und dem Fürstentum Halberstadt (siehe Beitrag Sippach), da er in die Würde eines Domherrn an St. Stephan erhoben worden war. Hier traf er auf einen Kreis von aufklärungsbegeisterten Intellektuellen, die sich im ›Tempel der Freundschaft und der Musen‹ des 1747 von Berlin nach Halberstadt als Dom-Kanonikus gekommenen Dichtervaters Johann Wilhelm Ludwig Gleim versammelten, die Literarische Gesellschaft gründeten und die Gemeinnützigen Blätter herausgaben, erste öffentliche Abonnementkonzerte ins Leben riefen und über den Zustand und die Hebung von Geist und Moral, Kultur und Bildung diskutierten.[18]

Seit 1758 war die Domschule unter dem Rektor Christian Gottfried Struensee zu neuerlichem Ansehen gelangt und weithin berühmt geworden. Rochow[19] unterstützte die Bestrebungen von Struensee und seinem Nachfolger Gottlob Nathanael Fischer maßgeblich, die Schulbildung auf dem Lande zu verbessern und die Lehrer für die kleineren Schulen aus den Chorschülern heranzubilden, ›so lange wir keine eigene Cantoren- und Schulmeister-seminaria […] haben‹, denn ›die Musik leidet noch viel anderes Gutes neben sich im Kopf‹.[20]

Friedrich Eberhard von Rochow war selbst mit gutem Beispiel vorangegangen und hatte 1765 mit Heinrich Julius Bruns einen musikalisch gut ausgebildeten Absolventen der Halberstädter Domschule als ›Musikus und Schreiber‹ in seine Dienste genommen[21], die sechs Jahre währten. Bruns beherrschte das Klavier- und Orgelspiel, das er wohl beim Domorganisten Christoph Bosse oder bei dessen Stellvertreter und Nachfolger Christian Heinrich Müller erlernt hatte, und muss eine vorzügliche pädagogische Gabe besessen haben. Zur weiteren Vervollkommnung der ›Kultur seines Geistes wie seiner musikalischen Fertigkeiten‹ schickte ihn Rochow nach Berlin zum Domorganisten und Königlichen Kammermusiker Christian Friedrich Schale, womit wiederum ein enger Bezug zur Berliner Musikkultur hergestellt war.

Kurz nachdem Bruns die Stelle des Organisten und Schullehrers an der Johanniskirche in Halberstadt angetreten hatte, holte Rochow den Pädagogen und Organisten 1772 als gleichgesinnten Reformer und musikalischen Begleiter mit überaus guter finanzieller Ausstattung und sozialer Absicherung wieder nach Reckahn zurück. Rochow legte größten Wert auf den Titel und die Ernennung zum Kantor. Gemäß Anstellungsrevers erhielt Bruns zusätzlich ›vor das Accompagnement in der Musik auf dem adlichen Hofe item vor Kopialien bey müßigen Stunden‹[22] ein zusätzliches Salär von 20 Rthlr.

IV.

Da die musikalischen Abende auf Reckahn den Rahmen häuslichen Musizierens zur privaten Erbauung nur gelegentlich überschreiten konnten, nahm Friedrich Eberhard von Rochow anderweitige Musikdarbietungen auf seinen Reisen mit großem Interesse wahr. So war er überaus angetan von den Konzerten, die er bei seinem Aufenthalt in Dessau am Philantropin bei Johann Bernhard Basedow erleben konnte. Darüber hinaus gab es in den pädagogischen Grundsätzen und bildungsphilosophischen Prämissen beider eine Reihe von Übereinstimmungen, die Basedow –

Basedow spricht im Betsaal des Dessauer Philanthropins vor Zöglingen und der fürstlichen Familie, 1776

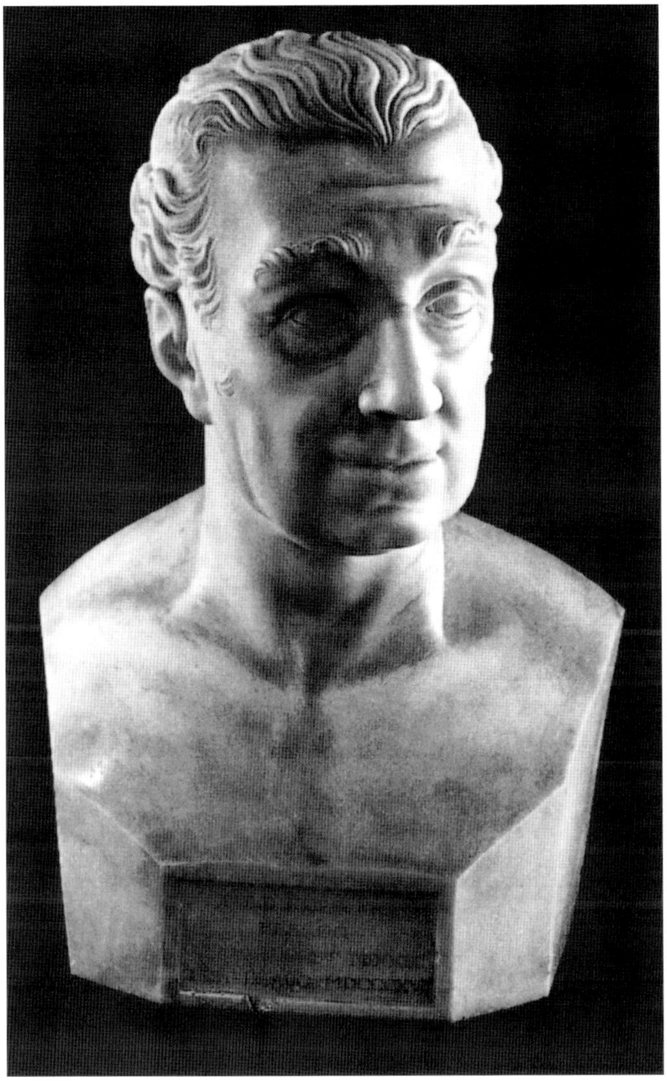

Fürst Franz von Anhalt-Dessau (1740–1817)

bei allen Schwierigkeiten – mit Unterstützung des aufklärerischen, kunstsinnigen Landesherrn Fürst Leopold Friedrich Franz[23], der des Öfteren auch bei Rochow auf Reckahn zu Gast war (siehe Beitrag Hirsch) – am Philantropin als ›Schule der Menschenfreundschaft für Lernende und junge Lehrer, arme und reiche‹ in Anhalt-Dessau verwirklichen konnte.

Das Lehrprogramm war dezidiert auch auf künstlerische Betätigung orientiert, denn ›Zum letzten Ziel einer guten Erziehung gehört es auch, Kindern Geschmack von den schönen Künsten zu verschaffen‹[24]. Auch wenn Rochow sein eigenes Lehrprogramm für Landkinder in Dorfschulen konzipiert und umgesetzt hat, so legte er neben dem Singen in der Gemeinde großen Wert auf die musikalische Ausbildung der Schullehrer als Kantoren[25] und nicht zuletzt dürfte er hinsichtlich seiner eigenen philosophischen Überlegungen ›Über die Sinne‹ und deren Empfindung der höheren Gesetze des ›schönen Hörbaren‹ zur Geistesharmonie eine Koinzidenz bei Basedows Lehrmeinung gefunden haben: ›Die Tonkunst bietet unserem natürlichen Geschmack an Schönheit und Harmonie viele Vergnügungen, besonders, wenn wir uns in der Jugend bemüht haben, wenigstens etwas von den Regeln dieser Kunst zu wissen‹[26].

In seiner berühmt gewordenen ›Authentischen Nachricht von der zu Dessau auf dem Philantropin den 13 bis 15ten Mai angestellten öffentlichen Prüfung‹, die Rochow im Brief vom 18. Mai 1776 aus Halberstadt an Christoph Martin Wieland gibt[27], und die dieser unmittelbar im Teutschen Merkur abdruckt, berichtet er mit wärmster Anteilnahme von zwei Konzerten: ›Der Nachmittag aber ward dadurch feierlich, daß der Tod Abels, ein vortreffliches Musikale von Herrn Dir. Rolle in Magdeburg gesetzt, der Text nach Geßner von Hrn. Prediger Patzke in die setzbare Form gebracht, durch die dortige treffliche Fürstliche Kapelle und die geschickten Liebhaber aufgeführt wurde. Die Kinder schienen mir auch dabei sich von andern Kindern zu unterscheiden. Sie waren, doch nach

17 K.A. v. Zedlitz, Brief vom 16. April 1773 an F. E. v. Rochow. Zit. nach ebenda, III. Bd., S. 43.

18 Vgl. zur Musikgeschichte Halberstadts: Rüdiger Pfeiffer: Notizen zum Halberstädter Musikleben im 18. Jahrhundert. In: Zur Geschichte und Kultur des Fürstentums Halberstadt (= Aus den Quellen des Gleimhauses; 1), hrsg. vom Gleimhaus Halberstadt. Halberstadt 1991, S. 105–126; – Ders.: Halberstadt im Spiegel der frühen Musikgeschichte. Von den Anfängen bis zu Andreas Werckmeister. In: Nordharzer Jahrbuch, hrsg. vom Städtischen Museum Halberstadt in Verbindung mit dem Harzer Geschichtsverein durch Adolf Siebrecht, Bd. 17. Halberstadt 1992, S. 25–42.

19 Vgl. Karl Otto Schulz: Friedrich Eberhard von Rochow als Schul- und Seminargründer. In: Gemeinnützige Blätter Nr. 2, hrsg. vom Förderkreis Gleimhaus e.V. Halberstadt 1993, S. 16.

20 Vgl. Rüdiger Pfeiffer: Die Halberstädter Domschule – Diskussion im Spannungsfeld um ›Gelahrtheit und Realisterey‹ im 18. Jahrhundert aus dem Blickwinkel der Musikgeschichte. In: Konferenzbericht der wissenschaftlichen Konferenz der Pädagogischen Hochschule Magdeburg zur Bildungsgeschichte in Sachsen-Anhalt aus Anlaß des 400. Geburtstages von Jan Amos Comenius 1992: Beiträge zur Bildungsgeschichte in Sachsen-Anhalt. Ein Kolloquium und seine Anregungen, hrsg. von Reinhard Golz und Wolfgang Mayrhofer. Bad Heilbrunn/Obb.1993, S. 87–101; – Ders.: Facetten des Schulgesetzes der Halberstädter Domschule aus dem Jahre 1763. Ein Beitrag zur Geschichte der Reformpädagogik. Faksimile und Transliteration. Übertragen, mit einem Kommentar versehen und hrsg. von Rüdiger Pfeiffer (= Michaelsteiner Forschungsbeiträge; 16). Michaelstein 1995.

21 Vgl. F. E. v. Rochow: Geschichte meiner Schulen. Schleswig 1795. In: Jonas/Wienecke: Rochow (Anm. 6), III. Bd., S. 14.

22 Punktation oder Entwurf zu einer Vokation für den Organisten und Schulkollegen Herrn Bruns zu Halberstadt. In: Ebenda, III. Bd, S. 460.

23 Vgl. u. a. Erhard Hirsch, Progressive Leistungen und reaktionäre Tendenzen des Dessau-Wörlitzer Kulturkreises. Phil.Diss. Halle 1969.

24 Johann Bernhard Basedow, Methodenbuch. Altona u. a. 1770, S. 97.

25 Vgl. Instruktion für die Land-Schulmeister, 1773, von Propst und Oberkonsistorialrat Wilhelm Abraham Teller. In: F. Jonas und F. Wienecke: Rochow (Anm. 6) IV, Bd., S. 43.

26 Johann Bernhard Basedow, Elementarwerk, II. Bd. Dessau u.a. 1774, S. 305.

27 F. E. v. Rochow, Brief an Christoph Martin Wieland, Halberstadt, den 18. Mai 1776. Zit. nach: F. Jonas und F. Wienecke: Rochow (Anm. 6), IV. Bd., S. 150–156.

ihren Charaktern, anteilnehmender als die gewöhnlich erzogenen Kinder‹. Und Rührung spricht aus seiner Beschreibung der festlichen Stimmung des Gottesdienstes, ›die herrlichste Sammlung religiöser Wahrheit, die sich lehren, singen und beten lässt. – Nehmen Ew. [...] hierzu die Wirkung wohlgewählter Melodieen von einem sanften Positiv begleitet, die nicht abreißende Handlung der Zuhörer, den Reiz der Neuheit für die, deren Herz der Natur und der kunstlosen Empfindung sich vielleicht hier zum ersten Mal öffnen und überlassen konnte‹. Die festliche Examination wurde beschlossen ›mit einem vom Fürstl. ersten Violinisten und Kammer-Musiker Hrn. Rust in herrliche Musik gebrachten Herr Gott dich loben wir!‹[28].

Neben dem Liedgesang und der Vermittlung von Elementarkenntnissen der Musiklehre standen ästhetische Fragen, Komponistenbiografien und der Besuch von Konzert- und Theateraufführungen auf dem Lehrplan. Vornehmlich für die Schüler der oberen Klassen eröffnete sich die Möglichkeit des Instrumental- und Gesangsunterrichts sowie die Mitwirkung im Orchester, Chor und Theaterspiel des Philantropin. Gesang, Violin- und Flötenspiel waren auch in Basedows Lehrkonzept die bevorzugten musikpraktischen Beschäftigungen zur Ergänzung der Musiktheorie.[29] Basedow hatte bereits 1767 ein ›Privat Gesangbuch‹

Trommler mit Blockflöte aus Meißner Porzellan, um 1740

herausgebracht, dem 1781 ein ›Allgemeines Gesangbuch für alle Kirchen und Sekten‹ und 1784 ›Einer philadelphischen Gesellschaft Gesangbuch für Christen und Christgenossen‹ folgten. So stehen die Lehrer Christian Heinrich Wolke, der 1774 Rochows Gast auf Reckahn war[30], mit den ›Philantropistenliedern‹ (1779) und ›210 Lieder fröhlicher Gesellschaft‹ (1782) und Johann Gottlieb Karl Spazier mit ›Zwanzig vierstimmige Chöre, im philantropischen Betsaale gesungen‹ (1786), die in Carl Friedrich Cramers Berliner ›Musikalischem Magazin‹ einer Besprechung für würdig gefunden wurden, trotz unterschiedlicher Herkunft ebenso im Umfeld der Berliner Liederschule wie Friedrich Wilhelm Rust.

V.

Die anregenden musikalischen Unterhaltungen auf Reckahn sprachen sich bald herum und genossen einen guten Ruf, so dass auch der junge preußische Hofkapellmeister, revolutionäre Feuerkopf und Hauptvertreter der Zweiten Berliner Liederschule, Johann Friedrich Reichardt, am 25. September 1781 seinen Weg nach Reckahn zu Rochow wählte.[31] Wie u.a. auch der Brief des Baron Gijsbert Karl van Hogendorp vom 12./14. Juni 1781 aus Reckahn an Reichardt belegt, bestand in Berlin offenkundig großes Interesse an Informationen über die allgemeinen Verhältnisse, über die persönlichen Umgangsformen und hier im Besonderen über die zwischenzeitlich relevante Nachfolge des Kantors und Musikpartners Heinrich Julius Bruns.[32] Die Beziehungen zur Berliner Musikszene und auch nach Potsdam werden insgesamt recht gut gewesen sein, wie sich auch an der Besucherliste (siehe Beitrag Scholz) ablesen lässt. Zum einen werden Rochow und sein Klavierbegleiter Bruns Notendrucke, musikalische Magazine mit Kompositionen und Werkvorlagen zum Abschreiben für die Musikabende und zum anderen musikalische Anregungen zur erbaulichen Unterhaltung bezogen haben.

Berlin entwickelte sich in der zweiten Hälfte des 18. Jahrhunderts zu einem führenden europäischen Musikzentrum. Auch die Musiker der in Potsdam präsenten preußischen Hofkapelle hatten zumeist Wohnsitze in Potsdam und Berlin.[33] Neben der Opern- und Musikpflege der königlichen Familie etablierte sich eine regsame bürgerliche Musikszene – ähnlich wie die philosophisch-literarische Aufklärung – in Musikgesellschaften, Clubs und Salons sowie Chorvereinigungen. Zu den berühmtesten Musikzirkeln gehörten die vom Königlichen Kammermusikus Johann Gottlieb Janitsch 1740 gegründete Freitagsakademie, das Sonnabendkonzert beim Königlichen Kammermusikus und Hofkomponisten Johann Friedrich Agricola, einem Schüler von Johann Sebastian Bach, ab 1770 als Liebhaberkonzerte u.a. von Georg Friedrich Benda weitergeführt, die Montags-Assembleen des Königlichen Kammermusikus und Berliner Domorganisten Christian Friedrich Schale, dem Lehrer von Kantor Heinrich Julius Bruns in Reckahn. Die Musikübende Gesellschaft wirkte von 1749 bis 1797 und das ›Konzert für Kenner und Liebhaber‹ rief der Verleger Johann Friedrich Rellstab 1787 ins Leben, ›um den von Ehrfurcht vor dem Heiligthum der Kunst bewegten Hörern zur Belehrung,

Carl Friedrich Christian Fasch (1736 – 1800)

Erwärmung, Erbauung zu dienen‹[34]. Auch das Haus in der Berliner Brüderstraße 13 des mit Rochow in enger Verbindung stehenden Verlegers Friedrich Nicolai war eine wichtige Pflegestätte des privaten Musizierens und halböffentlichen Konzertierens. Johann Friedrich Reichardt gründete 1783 nach Pariser Vorbild die Concerts spirituels und ab 1791 trat mit Carl Friedrich Christian Fasch[35] die musikgeschichtlich bedeutsame Berliner Singakademie zusammen. Akademie-Direktor Carl Friedrich Zelter schrieb noch 1831 an seinen Freund Johann Wolfgang Goethe: ›Der verstorbene Domorganist Schale, Grauns entschiedenster Verehrer, sagte mir schon vor 36 Jahren: er wünsche, daß sein seliger Freund Graun seine Musik so hätte hören können‹[36].

Da mit dem Rochowschen Nachlass (siehe Beitrag Heegewaldt) derzeit auch der Notenschrank wohl als verschollen angesehen werden muss, können über die in Reckahn erklungenen Kompositionen nur Vermutungen auf der Grundlage des dargelegten Verbindungs- und Kommunikationsnetzes innerhalb der ›Gelehrtenrepublik‹ und der philosophisch-literarischen Grundhaltung Rochows angestellt werden. Neben Kompositionen von Christian Friedrich Schale, Carl Heinrich und Johann Gottlieb Graun sowie Georg Friedrich Benda und ihrem ästhetisch durchaus ambivalenten Umfeld standen sicherlich auch Werke des Anhalt-Dessauer Musikdirektors Friedrich Wilhelm Rust, des Magdeburger Musikdirektors Johann Heinrich Rolle und des Halberstädter Domorganisten Christian Heinrich Müller ebenso auf den Notenpulten in Reckahn wie Notendrucke aus den hauptsächlich Berliner Musikmagazinen und Journalen, wobei den Ambitionen des versierten Musikliebhabers Friedrich Eberhard von Rochow entsprechend sicherlich Violinmusik und Vokalwerke sowie Cembalo- und Klavierstücke für die Darbietung durch Heinrich Julius Bruns überwogen haben.

Die Kompositionen entsprachen dem modernen Musikverständnis der Zeit, waren galant und doch gearbeitet, bei aller Kunstfertigkeit von Einfachheit, Natürlichkeit und Volkstümlichkeit geprägt und vermochten den Ansprüchen der Kenner und Liebhaber nach Erbauung ebenso wie nach Anrührung in höchstem Maße zu entsprechen.

Ausgehend von der Poetik insbesondere Gellerts und Klopstocks dürfte Friedrich Eberhard von Rochow in diesen Werken der kleinen und großen Form ein Entsprechendes seiner eigenen philosophischen Ansichten gefunden haben, wie es Johann Abraham Peter Schulz im Artikel ›Symphonie‹ für die ›Allgemeine Theorie der Schönen Künste‹ von Johann Georg Sulzer formuliert: ›Ein solches Allegro in der Symphonie ist, was eine pindarsche Ode in der Poesie ist; es erhebt und erschüttert, wie diese, die Seele des Zuhörers, und erfordert denselben Geist, dieselbe erhabene Einbildungskraft, und dieselbe Kunstwissenschaft, um darin glücklich zu sein‹[37].

28 Ebenda S. 155.

29 Vgl. Günther Eisenhardt: Zum Dessauer Musikleben. Bedeutende Musiktraditionen der Bezirke Halle und Magdeburg, hrsg. vom Verband der Komponisten und Musikwissenschaftler Halle/Magdeburg, Tl. 1. Halle o. J. (1981), S. 26 – 32.

30 Vgl. F. Jonas und F. Wienecke: Rochow (Anm. 6), IV. Bd., S. 438: 8. 6. 1774.

31 Vgl. ebenda, IV. Bd., S. 448.

32 Vgl. ebenda S. 449 und III. Bd., S. 464 – 466.

33 Vgl. Vera Grützner-Cheim: Zu Anfängen bürgerlicher Musikentfaltung in Potsdam im 18. Jahrhundert. In: Untersuchungen zur Musikkultur des 18. Jahrhunderts aus Anlaß des 200. Todestages von Carl Philipp Emanuel Bach (= Potsdamer Forschungen, Reihe A, Heft 99), hrsg. von Fritz Beinroth. Potsdam 1989, S. 72.

34 Zit. nach: Gottfried Eberle: 200 Jahre Sing-Akademie zu Berlin. Ein Kunstverein für die ›heilige Musik‹. Berlin 1991, S. 18.

35 Vgl. Johann Friedrich Fasch (1688 –1758): Leben und Werk. Eine Monographie. Wilhelmshaven 1994, bes. S. 99 ff.

36 K. F. Zelter, Brief an J. W. Goethe vom 8. April 1831. In: Hans-Günter Ottenberg (Hg.): Karl Friedrich Zelter – Johann Wolfgang Goethe. Briefwechsel. Eine Auswahl. Leipzig 1987, S. 414.

37 J. A. P. Schulz: Artikel ›Symphonie‹. In: J. G. Sulzer: Allgemeine Theorie der Schönen Künste. Leipzig 2. Aufl. 1794, Reprint Hildesheim 1967, Bd. IV, S. 478.

Fürst Franz von Anhalt-Dessau, um 1766

Rochow, Basedow und Franz von Dessau als Wegbereiter ›neuer Pädagogik‹

Erhard Hirsch

›Vergessen Sie nicht, daß der Sohn des Großfürsten und der Sohn des Bauers bis auf ein gewisses Alter auf einerlei Art müssen geleitet werden‹.
Rochow an Salzmann

Rochow und Fürst Franz von Anhalt-Dessau, ›Vater Franz‹ (1740–1817), haben einen wesentlichen Anstoß zur Entwicklung des niederen Schulwesens gegeben. Sie waren lebenslang durch Freundschaft verbunden. So schrieb Franz, als ihm Rochows Tod gemeldet wurde, der Witwe[1]: ›Ich habe in ihm einen meiner ältesten Freunde verloren‹[2]. Und noch eine für die Erziehungsgeschichte äußerst wichtige Freundschaft wurde in Reckahn geschlossen, die zwischen Franz, dem ›Schulverbesserer‹ der Aufklärung, und dem Direktor der Franckeschen Stiftungen sowie Kanzler und Rektor perpetuus der Universität Halle, August Hermann Niemeyer (1754–1828): Beide Pädagogik-Interessierte trafen sich im damals schon stark frequentierten Reckahn zum ersten Mal.[3] Reckahn war eine Attraktion geworden; weit über 1000 honorige Hospitanten haben Rochows Schulanstalten zu Reckahn, Göttin und Krane besucht (siehe zur Analyse der Besucherströme den Beitrag Keck).

Wann Franz und Rochow sich kennengelernt haben, wissen wir nicht. Wahrscheinlich kannten sie sich schon seit ihrem ge-

Das Rochowsche Schulhaus mit Barockkirche in Reckahn

meinsamen Kriegsdienst im preußischen Heer bei der Belagerung Prags 1757.[4] Die Besuche der Dessauer sind zahlreich[5] und in vieler Hinsicht bezeichnend. Es sind sogar die Frauen um Vater Franz, die Fürstin Luise, dann die Mutter Waldersees und die Familie v. Kalitsch mehrmals verzeichnet. Wichtiger aber die Pädagogen: Johann Bernhard Basedow (1724–1790) und sein präsumptiver

1 Christiane Luise, geb. v. Görne. Die Ehe war kinderlos geblieben. Ein Rittmeister v. Goerne heiratet später Sidonie v. Beringer, die älteste Tochter des Fürsten Franz von der Luise Schoch.

2 Anhaltisches Landesarchiv (AnhLA) Abt. Dessau A 10 Nr. 235; vgl. Nach 100 Jahren, Zum dankbaren Gedächtnis des Herzogs L. F. Franz 1740–1817. Dessau 1917, S. 88.

3 Vgl. E. Hirsch: Reformuniversität und Reformpraxis in Dessau-Wörlitz. In: G. Jerouschek/A. Sames (Hrsg.): Aufklärung und Erneuerung. Beiträge zur Geschichte der Universität Halle im ersten Jahrhundert ihres Bestehens. Hanau u. Halle 1994, S. 344–355, hier S. 344, 349 ff.

4 Vgl. U. Jablonowski: Dessau und Reckahn. In: Reckahner Hefte, hrsg. v. d. Brandenburger Gesellschaft für Schulgeschichte 2 (1996), S. 1–8 und 13–18, hier S. 3.

5 C. Kehr hat ein *Verzeichnis der Besucher der Reckahnschen Schulen. Zur Zeit Eberhard von Rochow's 1773–1805* in: *Päd. Blätter für Lehrerbildung u. Lehrerbildungsanstalten* VII (1878), S. 225–248 gedruckt. Dabei fehlt die ›Lustreise‹ Basedows mit seiner Familie und Wolke 1773 nach Hasselbach (Lebensgeschichte des [...] Christian Hinrich Wolke: Mit Gedichten und Briefen von ihm, und mehreren andern von Kant [...] an und über ihn und dem Verzeichnisse seiner Werke. Verfasset von J. P. Hasselbach. Nebst Wolke's Bildnis und seiner lithographirten Handschrift. Aachen 1826, S. 10); am 14. und 29. Mai 1779 sind Franz, Fürstin Luise und Erbprinz Friedrich, Waldersee (natürlicher Sohn des Fürsten) und Gen.-Superintendent S. L. E. de Marées verzeichnet, Franz erneut am 24. 6. 1780, 9. 12. 1782, 30. 6. 1785 mit dem Erbprinzen, Luise und Häfeli, 19. 7. 1788. Weitere Dessauer Besucher: 26. 5. und 22. 7. 1775 Familie v. Kalitsch und v. Bose aus Zerbst aus dem Kreise des Fürsten Franz (die v. Kalitsch noch 1781, 82, 84, 85, 87, 88, 89, 90, 93, 97); Februar 1777 Kapellmusikus Keller; 12. 4. 77 Wolke; 15. 8. 1778 die elsässer Lehrer am Philanthropin Simon und Schweighäuser und Demoiselle Spanholz aus Dessau; 1. und 2. 7. 1779 Wolke, DuToit und Neuendorf vom Philanthropin; 26. 7. 79 Hofrat Hermann und Kapellmeister Rust; 10. 9. 79 Reisemarschall v. Glafey; 12. 7. bis 16. 9. 79 hospitierte Inspektor Tamm vom Wörlitzer Lehrerseminar, erneut mit Propst Köhler dort am 24. 1. 1782; Köhler war mit Behrisch schon 24./25. 1. 1780 dort, Köhler sandte Franz 1784 mit Neuendorf in die Schweiz und zu Pestalozzi; 7. bis 22. 8. 1780 Cand. theol. Joh. Glob. Plenkner [(† 1800) 1786 der erste Direktor der Dessauer *Töchterschule*]; 1781, 82, 83, 85 Niemeyer; 21. bis 23. 10. 1782 Basedow und DuToit; 22./23. 11. 1782 Wolke mit Baron v. Mengden aus Liefland, der einen Sohn im Philanthropin hatte; 1. und 3. 5. 1784 Neuendorf, der künftige Reformator des Dessauer Schulwesens; 12. 6. 1784 Frau v. Neutschütz, die Mutter Waldersees.

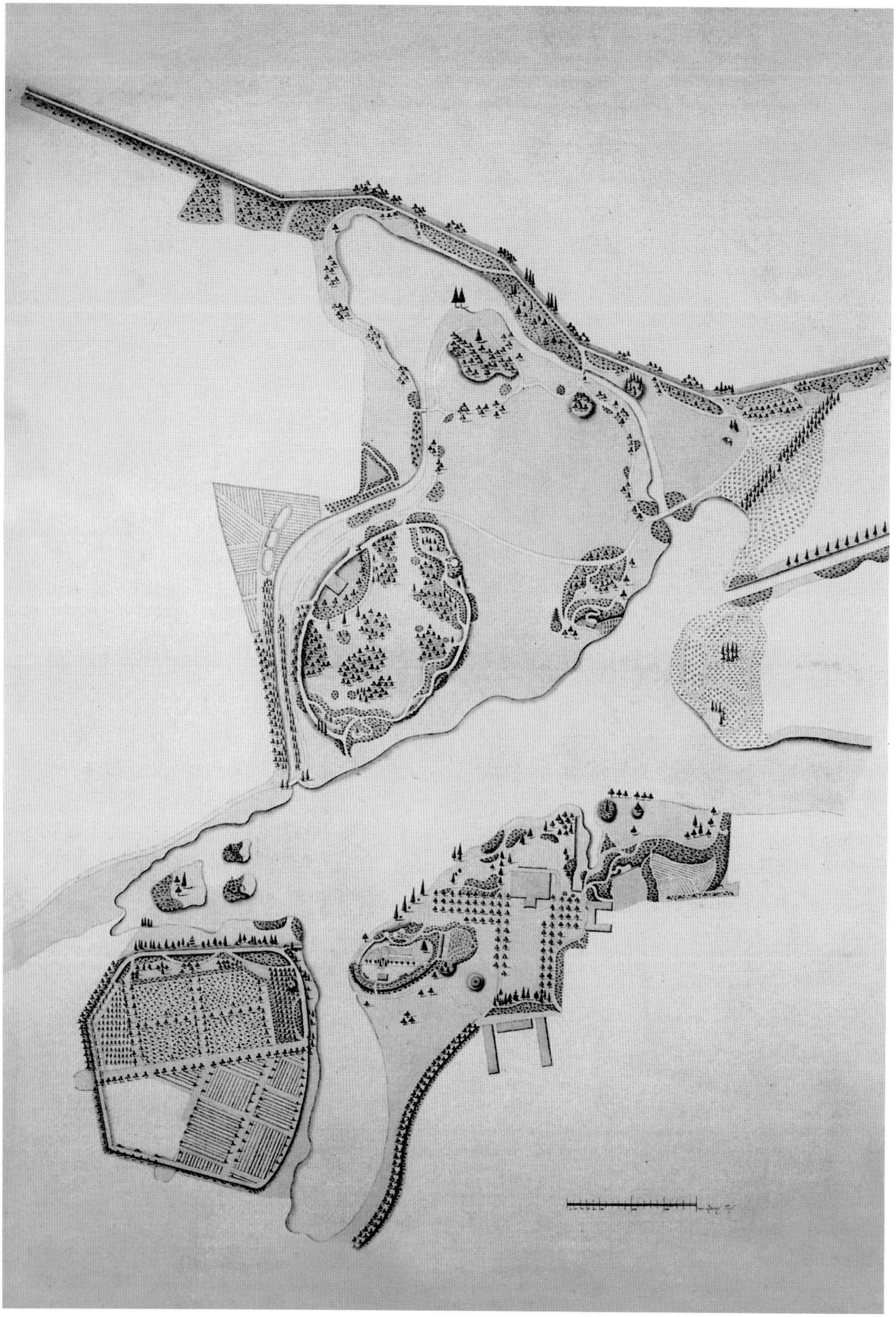

Plan des Wörlitzer Gartens, 1780

Schwiegersohn DuToit (der die hochbegabte Tochter Basedows, Emilie, dann doch nicht bekam), die weiteren Lehrer am Philanthropin: Simon, Schweighäuser, die Musiklehrer Keller und Rust. Den Hofmeister seiner Söhne, Ernst Wolfgang Behrisch, schickte Franz ebenso wie vor allem Carl Gottfried Neuendorf (1750–1798) dorthin, in dessen Hände Franz die grundlegende Reformation des Dessauer Schulwesens legte, nachdem Basedow sich dazu nicht fähig erwiesen hatte. Wichtig war nicht zuletzt Johann Leberecht Tamm, den Franz zum Inspektor des 1779 in Wörlitz gegründeten Landschullehrerseminars bestellte und ihn vorher zehn Wochen in Reckahn hospitieren ließ.

Rochow ist ein erstes Mal am Dessauer Hof 1764 als ›Domherr aus Halberstadt‹ nachweisbar, als er dem reisenden Engländer James Boswell als erwähnenswert auffiel. Die freundschaftliche Zusammenarbeit von Franz und Rochow erstreckte sich nicht nur auf das Schulische; wir wissen, daß Rochow regelmäßig auch zu fröhlichem Jagdtreiben ins Gartenreich eingeladen wurde.

Auf dem Erziehungssektor war Franz von Dessau für Rochow ein erstrangiger Verbündeter, da dieser als Landesherr das Erziehungswesen wie kaum ein anderer Potentat der Zeit beförderte. Und Rochow dankte ihm dies auch. Einem Brief vom 6. 12. 1779 an den Basler Ratsschreiber Iselin, den Herausgeber der *Ephemeriden der Menschheit*, hatte Rochow über die Wirkung seines Buches *Vom Nationalcharakter durch Volksschulen* anvertraut: ›Zwei Fürsten Deutschlands, der unsterbliche Franz von Anhalt und der regierende Graf zur Lippe [Franz' Schwager] haben nach dessen Lesung Gottlob sich entschlossen, Schulmeisterseminare, eine Hauptsache, ohne welche allenthalben unnütze Arbeit geschieht, zu stiften‹[6].

Wildschweinjagd mit Putten und Satyr

Johann Bernhard Basedow (1724–1790)

Ganz andere Erfahrungen hatte Rochow mit seinem ›Großen König‹ Friedrich II. von Preußen gemacht (siehe Beitrag Niedermeier), dessen Einstellung zur Bildung des Bauernstandes sich in den Worten dokumentierte, die Kerls sollten nicht zu viel lernen, sonst liefen sie in die Stadt und wollten Secretairs und dergleichen werden, womit er bei der gedrückten Lage des Bauernstandes in Preußen vielleicht nicht einmal ganz Unrecht hatte. Friedrich II. waren die Reformen oder gar der neue Stil des Dessauer Klassizismus und der Gartenkunst des von ihm belächelten Friedensfürsten, des ›Princillon‹, suspekt. Daß im aufgeklärten Berlin noch ein ganzes Jahrzehnt nach der Erbauung des Wörlitzer Schlosses dieser bürgerlich konzipierte Bau in aller Munde war und dem König einziger Gesprächsstoff seiner Berliner schien, konnte er nicht mehr begreifen.

Nicht nur, daß Friedrich II. den Austritt des jungen Franz aus der Armee (1757) mit schnödem Undank gegen Anhalt quittierte, das ihm so viele Feldherren und Offiziere gestellt hatte. Das kleine Land wurde nun als Feindstaat behandelt und durch gewaltige Kriegskontributionen ausgepreßt (getreu seinem Grundsatz: ›Ihre Neutralität wird Ihnen bekommen wie denen Hunden das Grasfressen‹!). Auch nach dem Friedensschluß sperrte er, in merkantilistischer Denkweise verhaftet, die warenhungrige Mark gegen

6 Zitiert nach: Volker Wehrmann: Die Aufklärung in Lippe. Detmold 1972, S. 136.

Das Schloß zu Wörlitz, 1797

das wirtschaftlich prosperierende Anhalt ab und förderte so die von den Aufklärern moralisch diskreditierte Contrebande und brachte in Anhalt mehrere Fabriken, z. B. die Tuchindustrie in Oranienbaum und die Glasbläserei zum Konkurs. Die Sperren gingen aber auch gegen den kulturellen Aufschwung des moderneren Anhalt, insbesondere gegen das Dessauer Philanthropin. Man dürfe aus Preußen keine Kinder schicken, klagte Rochow in einem Brief an Wolke schon vierzehn Tage nach Eröffnung des Philanthropins.[7] Wir kommen auf dieses Problem mit Rochows Worten an Minister v. Zedlitz noch zurück.

In den an unterschiedlichen Orten aufbewahrten Philanthropin-Akten finden sich mehrere Vorgänge, wo preußische Eltern ihre Kinder in die berühmte Anstalt nach Dessau schicken wollen, aber inständig darum bitten, dies nicht in den Publikationsorganen des Instituts zu veröffentlichen, weil sie nach dem Willen des preußischen Königs ihre Kinder nicht nach Dessau schicken dürfen. Der Potsdamer Feldprediger Campe wird nur freigegeben, weil er nicht gebürtiger Preuße ist. Rochow selbst ist davon betroffen, da er seit Mai 1775, also bald nach Eröffnung des Instituts, zwei sogenannte ›Famulanten‹, den Försterssohn Wilhelm Ludwig Friedrich Letz[8] und Johann Friedrich Coppe, Sohn eines Tagelöhners, am Philanthropin unterhält. Wolke wollte Rochow offenbar mit den Famulanten in Reckahn besuchen, um publizistisches Kapital aus der gelungenen Ausbildung der beiden herauszuschlagen. Rochow winkte ab: Er könne kommen, aber lieber doch nicht, da der Inspektor Kappelier zu Brandenburg Krach schlagen könnte. Diesmal war es der geistliche Vorwurf gegen das

Schullehrerseminar: Das Gelbe Haus in Wörlitz

Wörlitzer Bibliothek

Philanthropin und seinen heterodoxen Direktor Basedow (Brief an Wolke 5. 11. 1775), da Kappelier ›in der öffentlichen Kirche im Beyseyn der gantzen Gemeine, sich mercken ließ, daß wir nicht orthodox wären‹[9]. Die Schulkinder der Reckahnschen Musterschule könnten es ihren Eltern ausplaudern, und so wäre der Affront da, den die Klugheit zu vermeiden heißt.

In Dessau schätzte man Rochows Rat. So hat Vater Franz gemeinsam mit Rochow 1779 das zweite Schullehrerseminar der Aufklärung im Gelben Hause in Wörlitz, direkt dem Schloß gegenüber, eröffnet. Zu dieser festlichen Einweihung wurden die Erzieher am Philanthropin, über deren Unerzogenheit sich Franz ganz sicher gegenüber Rochow bitter beklagt hat, nicht eingeladen, weil sie heillos zerstritten waren. Eine breite Allgemeinbildung auch für die ›niederen‹ Schichten lag Franz deutlich am Herzen, als er den hochgeschätzten Rochowschen Kinderfreund immer wieder an die unteren Klassen der Stadtschule schenkte.[10]

7 Vgl. Brief vom 12. 1. 1775. In: Otto Franke, Aus dem Nachlasse des Dessauer Philanthropin. Eine Auswahl von [*67*] Briefen. In: Neue Jahrbücher für Philologie und Pädagogik 63 (1893), Bd. 148, S. 269.

8 Über Letz berichtet das *Meritenbuch* in den Reliquiae Philanthropini (vgl. Philanthropinum Dessau. Microfiche-Edition von Nachlass und Drucken. Mit einem Katalog auf CD-Rom. Erlangen 1999) am 13. 11. 1777: ›50 [Billets] oder ein Punct auf der Meritentafel, die nur 10 Tage vor seinem Heimgange nach Reckahn zu seinem um unser Institut höchstverdienten Herrn Prälaten und Director der Ritterschaft *von Rochow* seinem bisherigen Fleiße und gutem Verhalten [erteilt wurden, machen] wahrscheinlich, daß er der goldenen Puncte mehr, der schwarzen Puncte weniger als die Uebrigen seiner Mitfamulanten würde erhalten haben. Der edle Herr von Rochow, der ihn seit May 1775 in unserm Institut erhielt, macht ihn izt zu seinem Schreiber, wodurch Letz gleich in ein gutes und angenehmes Leben versetzt wird‹. An sich wollten beide Landlehrer werden (Litterarische Korrespondenz des Pädagogen Friedrich Eberhard von Rochow mit seinen Freunden. Neu herausgegeben und vermehrt von E. Jonas. Berlin 1985, hier Nr. 45). Wolke erwähnt Letz in: Christian Heinrich Wolke: Méthode naturelle d'instruction, par Mr. Wolke. Exprication des 53 planches du premier recueil traduite par Mrs. O. et K. reoue par Mr. Huber. Leipzig 1782, S. 11, und in: Christian Heinrich Wolke: Anweisung für Mütter und Kinderlehrer, die es sind oder werden können, zur Mittheilung der allerersten Sprachkenntnisse und Begriffe, von Geburt des Kindes an bis zur Zeit des Lesenlernens. Leipzig 1805, S. 325.

9 Philanthropinum Dessau (Anm. 8).

10 Nach F. Reil, Leopold Friedrich Franz, Herzog und Fürst von Anhalt Dessau, ältest regierender Fürst von Anhalt, nach seinem Wirken und Wesen. Dessau 1845, S. 71.

Auch die Fürstin Luise, die mit ihren Wörlitzer Mädchenschulen einen Alleingang unternahm, suchte Anregungen bei der Reckahnschen Schule (siehe Beitrag Mayer).[11] Wie hoch Franz Rochows Wirken veranschlagte, zeigte der Umstand, daß in der Wörlitzer Bibliothek, der Schatzkammer der Weltliteratur und zugleich eine Galerie seiner geistigen Ahnen, auch Rochows Porträt vorgesehen war, aber wie viele andere nicht ausgeführt wurde.[12]

Umgekehrt eilte Rochow mit hundert anderen Pädagogen zum *Großen Examen des Philanthropins* vom 13. bis 15. Mai 1776 nach Dessau. Er schrieb neben vielen anderen (Bode, Campe, Iselin, Nicolai, Rathmann, Rötger, Schirach, Schummel, Stroth, Wagler, Wolke, Zollikofer) und in einschlägigen Fachzeitschriften wie dem *Archiv für ausübende Erziehungskunst* einen begeisterten Bericht. Dieser wurde von Wieland im Teutschen Merkur 1776 veröffentlicht. Rochow hatte seinen Bericht über das Examen mit Bangen geliefert: ›Denn wird meine Erzählung wohl Glauben finden? Bin ich nicht als ein erklärter Freund des Guten, was in Basedow und seiner Anstalt ist, bekannt?‹ Mit Zittern freute er sich über den guten Fortgang; im Anrufungsstil schrieb er: ›Fast scheint es, als solte Dein *Fürst* der eintzige Grosse seyn, der der Sache forthilft. Doch wird Dein Ruf von Tage zu Tage grösser, und die drei Prüfungstage geben Gelegenheit zu manchen Gespräche‹[13].

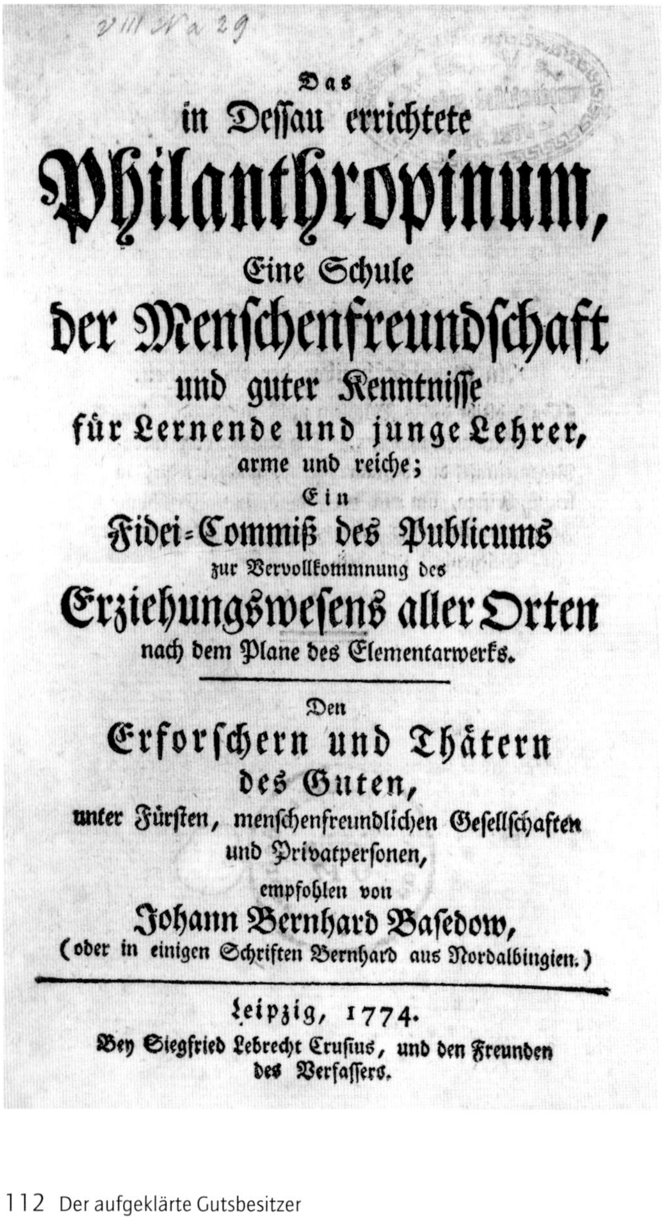
Das in Dessau errichtete Philanthropinum, Eine Schule der Menschenfreundschaft und guter Kenntnisse für Lernende und junge Lehrer, arme und reiche; Ein Fidei-Commiß des Publicums zur Vervollkommnung des Erziehungswesens aller Orten nach dem Plane des Elementarwerks.

Den Erforschern und Thätern des Guten, unter Fürsten, menschenfreundlichen Gesellschaften und Privatpersonen, empfohlen von Johann Bernhard Basedow, (oder in einigen Schriften Bernhard aus Nordalbingien.)

Leipzig, 1774. Bey Siegfried Lebrecht Crusius, und den Freunden des Verfassers.

Man hatte beim sogenannten ›Großen Examen‹ in einer wirkungsvoll angelegten Schaustellung in allen Fächern geprüft, sogar ›die so beschrieene Materie von der Geburt des Menschen‹[14] ließ man nicht aus, und das gesprochene Latein der Eleven war kein Küchenlatein. Fazit: der ›Sieg der Wahrheit über Verleumdung und Schadenfreude – Alles – denn ich könnte hier zum Redner werden – ließ einen ausnehmend lieblichen Nachgeschmack, den mancher der Anwesenden nie vergessen wird‹[15]. Rochow suchte Schatten, um seiner Erzählung Tadel zu geben, fand ihn nicht und gab ihn dann doch in einem auf Wirkung berechneten ›N. S.: [...] Basedow hätte weniger (ob er gleich ganz vortreflich redete) reden und mehr die Kinder in allem was sie wußten, prüfen lassen sollen. Denn er ist dem Publico wohl sechserley schuldig geblieben, was er, zu seiner großen Ehre, hätte zeigen können‹[16]. Bezeichenderweise zeichnete der Schriftsteller Rochow bürgerlich ohne Adelstitel als F. E. Rochow.

Das Philanthropin dankte ihm für seine Zuwendung dann doch einmal 1780 öffentlich mit einem Hymnus auf Rochow in den *Pädagogischen Unterhandlungen*: ›Du Man nach unserm Herzen‹[17].

Rochows Briefwechsel legt Zeugnis für die gegenseitige Befruchtung und Förderung der Pädagogen ab: Basedow weiht ihn auch in viele Einzelheiten seines nun ganz der Pädagogik gewidmeten Lebenslaufs ein. Er dankt ihm aus Berlin, offenbar von Verhandlungen mit Chodowiecki, am 16. 6. 1770 für seine ›ansehnliche Beihilfe zum *Elementarwerke*‹. 1771, als Basedow die Berufung nach Dessau schon in der Tasche hat, schreibt er noch von Altona aus: ›Ich habe für alle auf Reckahn genossenen Freuden und Wohlthaten, für das ansehnliche Geschenk von 100 Rthlr., für die Freiheit zum Besten des Seminars aus Ihrem Naturalienvorrat etwas auszusuchen, noch nicht schriftlich gedankt [...] daß ich mit meiner Familie gegen den Winter [*30. Nov. 1771*] zu dem besten Fürsten, den ich außerordentlich liebe und verehre, abreise, um entweder meine ganze Lebenszeit, oder wenn ich zugleich in Dänischen Diensten bleibe, doch den grösten Teil meiner Jahre nach dem landesväterlichen Willen Seiner Durchlauchten zuzubringen‹. Franz halte trotz der beiden Hochwasserkatastrophen (1770 und 1771) am Philanthropin fest. ›Ich aber ward durch das Unglück etwas wankelhaft. Das Resultat ist gewesen, daß der gnädigste Fürst nach meinem Rate sein Schulwesen, so weit es möglich, verbessern und mit mir überlegen will, mit welchen Unkosten und nach welcher Verzögerung das Seminar angelegt werden könne. Es ist unbeschreiblich, wie sehr des Fürsten Vorsatz von den verständigsten Menschenfreunden, mit denen ich schriftlich und mündlich umgehe, mit Verlangen, Hoffnung und Segnung vernommen wird. Ich kenne schon Prediger, die von ihrer Gemeinde jährlich 1000 Rthlr zur Unterstützung des

Werks zu sammeln versprechen, sobald die Sache einen wirklichen Anfang genommen hat‹. Und er fügt Rochow zwei Exemplare seines *Agathocrators* bei.

Gleich zu Beginn der Reckahnschen Schule schreibt Basedow am 23. 1. 1773: Gott unterstütze Rochows Werk, das er begonnen habe für die Sache, die nun ›wichtig genug werde, um in der europäischen Zeitrechung eine neue Periode anzufangen‹. Rochow seinerseits bangt für die Sache des Philanthropins, da Basedow sich auf neue religiöse Streitigkeiten einlassen könnte, und er solle nur gar keine neue Sekte stiften! Der häusliche Gottesdienst des Seminars (Philanthropins) möge wohl überlegt sein, ›wir schaden bei wichtigen Menschen, die da etwas thun wollen und können. Gott! von dir kommt Weisheit und jede Gabe zur Vollkommenheit. – Hilf meinem Freunde das Beste zu wählen‹[18] (an Basedow 21. 5. 1774).

Einen kritischen Unterton, wenn nicht Ironie, könnte man auch aus einem nicht datierten, aber um die gleiche Zeit an Wolke gerichteten Brief Rochows heraushören, der dann aber doch in höchste Anerkennung mündet: ›Wenn das Philanthropinum so gut ist, als die Schrift [*Das in Dessau errichtete Philanthropinum, 1774*] darüber starck, schön und voll der erhabendsten und die Hertzen erschütternden Beredsamkeit, so kan das Menschengeschlecht Ihren und meinen Basedow seegnen – Sie auch, guter Wolcke‹. Rochow will einen Famulanten (d. i. Letz bzw. Coppe, s. o.) schicken und fragt nach den Kosten, er sei knapp bei Kasse, würde sonst die 22 000 Taler schicken, die an Basedows Spendenaufruf und Voranschlag noch fehlen, nachdem das Publikum 2000, Franz 6000 Tlr. gestiftet hatten; er bietet abermals aus seiner Naturaliensammlung an (was er auch am 12. 1. 1775 an Wolke wiederholt[19]). ›Es ist dieses nicht Enthusiasmus, mit welchem der gute Basedow, wie seine Feinde sprechen, alles vergiftet, was er berührt. Nein! Ich habe schon lange, mehr nach Basedows Fehlern, als Vollkommenheiten gespürt, um mich der blinden Liebe zu erwehren. Dieses Werck ist gut. Er *musste* das thun, schreiben – *Alles* wird nun gekrönt, was Er gethan hat. Gott segne Ihn – und erhöre vorzüglich das Gebet pag 91 von den Worten »Rufst« bis »Wahrheit«[20] und gantz – denn wer denckt hier an Auszüge. Mein

Basedow unterrichtet Naturkunde im Kreise der fürstlichen Familie

11 Vgl. Häfeli an J. G. Müller 31. 8. 1785. In: Mitteilungen des Vereins für anhaltische Geschichte V (1887/89), S. 162.

12 Vgl. Uwe Quilitzsch. In: Weltbild Wörlitz. Entwurf einer Kulturlandschaft. Hrsg. von Frank-Andreas Bechthold und Thomas Weiss. Wörlitz 1996, S. 249 f.

13 Authentische Nachricht von der zu Dessau auf dem Philanthropin den 13ten bis 15ten May 1776 angestellten Prüfung. In: Der Teutsche Merkur 1776 II, S. 186–196.

14 Ebenda S. 189.

15 Ebenda S. 194 f.

16 Ebenda S. 196.

17 Pädagogische Unterhandlungen, hrsg. vom Dessauischen Erziehungs-Institut 4 (1780), S. 204 f.: Der philanthropische Rechenschaftsbericht widmet ein ganzes Kapitel den Helfern und Ratgebern: ›Wir denken hier mit inniger Rürung und Dankbarkeit Deiner, du edler und guter v. R**. [...] mit tifer Einsicht in die Sache und dem Gepräge des lebendigsten Interesse für Erziehungsverbesrung [...] Immer lernten wir von Dir‹.

18 Die Zitate stammen aus den drei ersten Briefen Basedows nach Litterar. Korresp. (Anm. 8), Nr. 13, 14, 20. Rochows Brief vom 21. 5. 74 (letztes Zitat) ebd. Nr. 31.

19 Und es geht dann auch eine Sendung ab (darunter 90 ausgestopfte Vögel): er hätte Wolke gern beim Einpacken der Naturalien dabei gehabt, doch scheint ihn der Lüneburger Apotheker Wagler, ein begeisterter Förderer des Philanthropins, beraten zu haben; vgl. Philanthropinum Dessau (Anm. 8).

20 ›Rufst Du aber mich ferner in den Pflanzort der Einsicht und Tugend, durch Dein Verhängniß und durch das Urtheil meines Gewissens, so rüste mich aus mit der etwa guten Zurückhaltungskraft meines Zeugnisses für misfällige Wahrheit.‹

Johann Wilhelm Ludwig Gleim (1719 – 1803)

Prediger[21] weint bey dem Gebete (!), wie ein Kind und seegnet den Beter auch‹. Er hat Schwierigkeiten mit seinen vier Schulen: ›Sehen Sie guter Wolcke, so klimm ich im Kleinen, Ihnen dort nach. Auch mein Pfad hat seine Dornen. Lasst uns für einander beten und treu seyn bis ans Ende [...] Wir seegnen Ihr gantzes Haus [...] Auch den vortreflichen *Fürsten* und Sein Haus seegne Gott, für alle wahre Treue die Er an Ihrem Wercke beweiset und beweisen will. Welch ein großer Fürst eines kleinen Landes!‹[22]

Rochow empfiehlt dem Dessauer Philanthropin Geistesverwandte wie den Direktor des Ritter-Collegiums zu Brandenburg Breymann, der 1772 – 1774 *Beyträge zur Erziehung besonders der adlichen Jugend* herausgab, in Zusammenhang mit der uns schon bekannten Mitteilung, daß man aus Preußen keine Kinder ins Philanthropin schicken dürfe. ›Wenn ein *Frid[rich] wolte*, ja der könte viel thun! [...] Fahren Sie muthig fort; Nur begnügen Sie sich mit kleinen Anfängen! »Mole sua laborat« [*es leidet an seiner Masse*] müsse man nie dem Philanthrop. zuruffen [...] Denn Dessau wird unglaublich gewinnen, wenn es bald emporkommt [...] Grüßen Sie [...] auch den großen Mann, Basedow! Nur hochmüthig soll er nicht werden‹[23]. Zu dieser Zeit tauscht sich Zedlitz mit Rochow aus und der antwortet dem Minister Anfang 1775 emphatisch gegen Friedrichs Restriktionsmaßnahme gegenüber Anhalt-Dessau mit einem fast aktuellen Ausfall gegen

Natursteinsammlung

Venustempel im Wörlitzer Park

21 Stephan Rudolph. Er schickte 1776 durch den in Reckahn hospitierenden Philanthropin-Eleven Ecker 10 Rthlr. ans Philanthropin. Rudolph war auch beim Großen Examen in Dessau gewesen.

22 Der zitierte Brief findet sich wie einige der folgenden noch in der Anhalt. Landesbücherei Dessau, die z. T. gedruckt sind von Otto Franke (Anm. 7), S. 268 f.; vgl. Philanthropinum Dessau (Anm. 8). – Ein bei der Erwartungshaltung der Aufklärer häufiger Gedanke: ›ein Printz, der ein Kayser seyn sollte‹, schreibt Winckelmann 1767, oder der Däne Schack de Staffeldt 1796: ›Warum ist er nicht König von Preußen, er mit seinem Geschmack und Wohltun für die Menschheit?‹

23 Briefe (Anm. 7), S. 269 f.

die Finanz: ›Und mich dünkt, wer die Schulen bessern will, muß kein Schulmann, sondern ein rechtschaffner Staatsmann sein [...] Sehr viel, ja bei Gott und meinem Gewissen! sehr viel geprüfte Diätetik und Psychologie und studierte Staatskunst glaube ich in dem Philanthropinplane gefunden zu haben [...] Ew. ist vielleicht die Ehre vorbehalten, der Finanz, die der Menschen Seelen wie ihre Körper verachtet, die Gewalt zu benehmen – es zu hindern, daß sie unserer Jugend den Besuch dieser Schule verbietet. Mit solchen, dort unterrichteten, dort erzogenen Menschen wünschte ich eine General-Verbesserung [...] Auf den Schulen studirt man sich von Gesundheit oder von Verstand und bezahlt mit fehlender Praxis entbehrliche Theorie. Im Philanthropismusplan ist ächte Methode durch Philosophie und facta, also a priori und posteriori erwiesene nützliche Methode – dort sind geprüfte Arbeiter – Wo findet man dieses sonst!‹[24]

Rochow will den *Philanthropismus* sogar auch nach England verbreiten und verweist in diesem Zusammenhang auf den britischen Offizier Delhoste, der in Gibraltar stand, Leutnant im 2. Regiment der Königin, die ja eine deutsche Prinzessin war, Sophie Charlotte von Mecklenburg-Strelitz: Dieser wolle Basedows Agent in England sein, das *Methodenbuch* und das *Elementarwerk* ins Englische übersetzen, respektive dafür sorgen, daß es geschieht.[25] ›Die Consistoria halten das Gute auf, was ich thun könte‹[26]. Basedow skizziert auf der Rückseite dieses Schreibens einen Brief, der vermutlich nie geschrieben worden ist. Die Skizze ist aber wichtig für sein Verständnis von Franz Charakter auch später in den Streitigkeiten der Lehrer. Basedow wollte sich damit aber Rochow anvertrauen, ein Zeugnis von Franz grundlegender physiokratisch-liberalistischen Gesinnung, die oft zur Unentschlossenheit führte: ›In d unthätig u. wanckelhafften Natur der Hauptperson u. in dem Widerstande des hies. Publ. hätte d Phil. unsägl. Schwierigk-‹[27] und in seinem hastigen Wesen bittet Basedow Rochow, nach einem leerstehenden Adelsschlosse in Brandenburg Ausschau zu halten und auch bei einer Verpflanzung des Instituts ihm weiter hilfreich zur Seite zu stehen.

Rochow sieht die philanthropinische Sache trotz Basedows Pessimismus eher hoffnungsvoll: ›Du hast das Gute gewollt. – Auch für die Wiklefs und Columbos ist des Himmels Glanz und der Nachruhm in den Herzen der Edlen zu leben, so wie für die Luthers und Vespuccios! Deine größte Gefahr wird aus Deinem vielleicht übermäßigen Wachsthum entstehen!‹ Aber Rochow warnt auch: ›Jage nicht nach Neuheit, wo Du, ohne Schaden, das Alte nutzen kannst‹[28].

In diesem Stil geht es weiter, als Rochow Basedow am 18. 11. 1776 ins Gewissen redet: ›Wie herzlich ich an jedem frohen Schicksal, an jeder vortheilhaften Aussicht Ihrer Anstalt, und mit welcher innigen Freude theilnahm, wie tief ich trauerte bei jeder wahren oder oft nur besorgten Hindernis, das weiß Gott, der alles weiß. [...] Aber wie sehr muß Ihr Gemüt, guter, edler Mann, nicht leiden, bei der beständigen Ebbe und Flut der philanthropinschen Angelegenheiten! [...] Will die karge Welt kein Philanthropin, so erhalte sie wenigstens durch Ihre Menschenliebe das Muster einer Schule, wie noch keine war!‹[29]

Rochow hat das Dessauer Philanthropin durch publizistische Würdigung, spätere Geldspenden und Geschenke, wie seine private Naturaliensammlung oder auch ein Mikroskop, unterstützt. Interessant ist sicher auch, daß Rochow die ganze Edition (900 Exemplare) seines Buches *Vom Nationalcharakter durch Volksschulen*, das er Minister v. Zedlitz gewidmet hatte, dem Institut das Stück à 4 Groschen (das waren 150 Taler) schenkte. Für derartige Wohltaten wollte Rochow keineswegs gelobt werden. In diesem Sinne schrieb er an Wolke: ›Ich schäme mich so viel gelobt zu werden, da ich es nicht verdienen kan – darum verbot ich die Bekanntmachung des *Olavides und Rochow* – Glauben Sie aber daß es nützen könne, so handeln Sie nach Ihrer Weisheit. Gott seegne Sie alle mit Freuden der Tugend!‹[30] Den *Olavides* hatte Gottlieb Nathanael Fischer in Halberstadt geschrieben, eine Ehrung, deren Veröffentlichung sich Rochow ebenso verbat wie ein Lob in der *Dessauischen Zeitung für die Jugend und ihre Freunde* im Jahre 1782. *Olavides. An Rochow. Ein Anlaß zu traurigen und freudigen Empfindungen über den izigen Zustand der Menschheit* erschien dann aber doch gedruckt in den Pädagogischen Unterhandlungen 3 (1779, S. 13–30) und auch gesondert in Dessau 1779. Rochows Kultivierung der Landjugend wird mit Graf Pablo de Olavide y Jáuregui's (1725–1802) Kultivationsprogramm in Andalusien verglichen, das er dort im Kampf mit der Inquisition unternimmt, während doch Friedrichs Regiment Rochows Wirken begünstige (ebd. S. 21):

›O freue, Rochow, freue Dich! Auch Du
Baust eine Wüste menschenfreundlich an
Den Geist des armen Volks! – Unangebaut
Lag, Andalusiens Gebirgen gleich,
Auch der!‹

Mit Basedows letztem Brief an Rochow vom 6. 5. 1780 endet die literarische Korrespondenz, bereits zehn Jahre vor seinem Tode, ganz versöhnlich und für Basedow bekenntnishaft: Rochow gehöre zu den wenigen, für die *der Friede der Vernunft und des Christentums* geschrieben sei. Er werde nun täglich schwächer an Geist und Leib. ›Ich habe viel Freude, so oft ich von dem Fortgange Ihrer ganzen Absicht für das Landschulwesen höre. Auch Ihre Freude kann ich mir ganz vorstellen. Und dann genieße ich mit Ihnen. So gelang es mir nicht mit dem Philanthropinum, weil der rechte Zeitpunkt von andern nicht in Acht genommen ward. Es ist viel Gutes davon nachgeblieben; Gott erhalte es! [...] Den Fürsten, welche[n] man gegen meine Anschläge, da ihr Zeitpunkt war, eingenommen hat, und der gänzlich unschuldig ist, da niemand stark genug für mich redete und meine Rechte behauptete, ohne deren Behauptung ich nichts ausrichten konnte, diesen größten Wohlthäter meiner Familie, diesen vorzüglichen Mann unter den Fürsten verehre und liebe ich bis ins Grab und mit Bereitwilligkeit zu den allergrößtten Aufopferungen, wenn ich sehe, daß sie ihn oder seinem Lande wahrhaftig dienen können. Ich bitte Gott (und ich kann bei diesem Worte nicht heucheln), daß er mir Anlaß dazu gebe. Außer dem, was ich ohne sein Wissen thue und vorhabe für das Institut, wenn es immer mehr schulverbessernd wird, sehe ich nicht, worin ich ihm sollte dienen können, wenn er mir's nicht sagt‹[31].

Aber so einfach können wir den streitbaren Basedow nicht davon kommen lassen: Leider gibt es ein nicht anzweifelbares Zeugnis aus der erneuten Kulmination des Streits mit Wolke und den Lehrern aus dem Jahre 1783, wo Basedow sich die Hände reibt und sich freut, daß auch Fürsten von derlei behelligt werden können. Unser Gewährsmann, der Däne (siehe Beitrag Markussen) Christian Friedrich Lävin Sander, Lehrer am Philanthropin, schreibt an Gleim: ich ›hasse nach Basedowscher Tücke nichts so sehr als gelehrte Firlefanzerey [...] Unser Institut wird nicht zu Grunde gehen. Noch sind Männer hier, die eines Enthusiasmus für das Gute fähig sind: Die Aeltern sind von dem Werthe der Anstalt überzeugt, und der Fürst schützt sie. Daß auch er bey dem Streite leidet, dauert alle Rechtschaffene: und nur Basedow freut sich, daß Fürsten können von Bürgern gequält werden. Ich kenne Gottlob nur zween ganz schwarze Menschen: und der eine davon ist Stifter einer Menschenschule‹[32].

Tatsächlich kam Basedow mit seinen hochtrabenden Plänen wie dem Groß-Philanthropin nicht zu Rande; so scheiterte er auch mit seinem Catharineum als Mädchenschule – Pendant zum Philanthropinum der Knaben – und dem angekündigten Lehrerbildungsinstitut. Es blieb tatsächlich Fürst Franz von Anhalt-Dessau in Zusammenarbeit mit seinem ›geborenen Schuldirektor‹ Carl Gottfried Neuendorf vorbehalten, auch das *niedere Schulwesen* staatlich, d. h. unabhängig vom Konsistorium, zu organisieren. Aus dem Halberstädter Kreis (siehe Beitrag Sippach), dessen hervorragenden Schulmännern Rochow engstens freundschaftlich verbunden war, stammt die Würdigung der Neuendorfschen Schulreform von 1785/87: ›im Dessauischen [sei] das Schulwesen zuerst in Deutschland auf einen festen Fuß und in ordentlichen Zusammenhang gekommen‹, und weiter: ›schwerlich ist noch ein deutsches Land vorhanden, wo das Schulwesen so sehr ein Ganzes und ein in diesem Geist entworfenes und geordnetes Ganzes ausmacht‹[33].

Fürst Franz von Anhalt-Dessau, Silhouette, 1789

24 Litterar. Korresp. (Anm. 8) Nr. 40; dieser Satz ist in: Neue Jahrbücher für Philologie und Pädagogik (Anm. 7), S. 270 in einer Anmerkung zitiert.

25 Vgl. Briefe (Anm. 7), S. 317–319 an Basedow 4. 2. [*?*] 1775; Delhoste war lt. Tagesbemerkungen Berenhorsts Ende Febr./Anf. März in Dessau, s. Mitt. (Anm. 11) I, S. 190 ff.

26 Briefe (Anm. 7), S. 318.

27 Ebenda S. 319.

28 Rochow an das Philanthropin, Litterar. Korresp. (Anm. 8), Nr. 45.

29 Litterar. Korresp. (Anm. 8), Nr. 70.

30 Philanthropinum Dessau (Anm. 8).

31 Litterar. Korresp. (Anm. 8), Nr. 124.

32 Vgl. E. Hirsch: Halberstadt und Dessau. In: Gleimhaus Halberstadt. Festschrift Gleim/Lichtwer, Halberstadt 1969, S. 148.

33 G. N. Fischer in: Braunschweigisches Journal 1789, III, S. 221 bzw. in: Deutsche Monatsschrift, 1797, I, S. 129. – Vgl. die weitere Literatur in diesem Band und: A. Ganz: Das Ökonomische Motiv in der preußischen Pädagogik des 18. Jahrhunderts, Halle 1930; O. Gerlach: Die Nationalerziehung in der Geschichte der preußischen Volksschule, Langensalza 1932; J. A. F. Lütholz: Über das Verhältnis Rochow's zum Philanthropismus, Leipzig (Diss.) 1894; G. Petrat.: Schulerziehung zwischen ›Landschulwesen‹ und Eliteförderung. In: J. Ziechmann (Hrsg.), Panorama der Fridericianischen Zeit, Bremen 1985, S. 326 ff., 335.

Friedrich Adam Wilhelm Barmutz (1791 – 1867):
›Kaffeekränzchen, Ulevernser Bauernfrauen am Kaffeetisch‹, um 1835,
Schloßmuseum Jever

Deutscher Kaffee
Wie von Rochow den Bohnenkaffee aus der Mark und dem ganzen deutschen Vaterlande verbannen wollte

Peter Albrecht

Am Nachmittag des 6. November 1792 ›empfahl der Herr Domkapitular von Rochow den Cicer arientinum (deutschen Kaffee) als ein völliges Surrogat des ausländischen Kaffees, und las das darüber eingehohlte Gutachten des Herrn Professors Klaproth vor‹[1]. Dies erfahren wir aus den Annalen der ›Märkischen Oekonomischen Gesellschaft‹ zu Potsdam und dort ist dann auch gleich noch der Wortlaut des Gutachtens abgedruckt. Es sei hier wortgetreu mitgeteilt: ›Antwort an Sr. Excellenz des Geheimen Staats- und Justiz-Ministri Freiherrn von der Reck: Die von Ew. Hochfreiherrl. Excellenz mir zugesandte Probe vom Cicer arientinum habe ich als Kaffee zubereitet, und gefunden, daß vor allen, als Substitut des Kaffees versuchten Vegetabilien keines mir vorgekommen ist, welches dem wahren Kaffee sich so sehr nähert, als dieser Saame. Es mangelt ihm zwar der specifische Geruch des Kaffees, dieser aber kann ihm durch einen kleinen Zusatz ächten Kaffees um so leichter gegeben werden, da er selbst keinen eignen Geruch besitzt.

Die Frage über dessen Zuträglichkeit für die Gesundheit betreffend, so habe keinen Umstand finden können, der dessen Gebräuch bedenklich machte. Sollte ja auch der rohe Saäme ein narcotisches Prinzip enthalten, welches in allen Fällen nur in sehr unbedeutenden Grade statt haben kann, so wird solches durchs Rösten, wie selbiges auch beym Kaffee der Fall ist, gemildert oder zerstört. Für die Unschädlichkeit dieses Kaffee-Substituts spricht ferner der Umstand, daß in Spanien das gemeine Volk sich dessen als Nahrungsmittel bedienen soll.

Berlin, den 21. Oct. 1792. Klaproth.‹[2]

›Zum Coffe Baum‹ in Leipzig, Portal um 1725

Rochow startet also den Versuch, ein neues Produkt in den Markt zu drängen und dies zu Lasten des beliebten Bohnenkaffees. Damit stand Rochow nicht allein. Besonders in der zweiten Hälfte des 18. Jahrhunderts bemühten sich zahlreiche Personen darum, den Verbrauch des Kaffees generell oder doch zumindest in den unteren Kreisen der Gesellschaft zurückzudrängen oder gar ganz zu unterbinden. Die Motive dafür waren vielfältig und entsprechende Bemühungen zahlreich.

Der erste literarisch bekannt gewordene Ersatzkaffee hatte den schönen Namen Damenkaffee und bestand aus gerösteten bitteren und süßen Mandeln. Er trat zeitgleich mit dem echten Bohnenkaffee auf, also im ausgehenden 17. Jahrhundert. Doch war dies mehr eine Modeerscheinung. Eine wirtschaftliche Bedeutung hatte er nie und besondere Begründungen, warum man gerade ihn nun genießen sollte, sind nicht bekannt. Ein wirkliches Thema wurde der Ersatz für den ›ausländischen Kaffee‹ erst in der zweiten Hälfte des 18. Jahrhunderts, als der Kaffeekonsum in weiten Teilen Deutschlands auch die unteren Sozialgruppen erreicht hatte und zugleich der Konsum von Bier erheblich zurückging. Neben wirklichen Patrioten standen hinter solchen Aktionen einflussreiche Kreise, die durch den Rückgang des Bierverbrauches wirtschaftlich betroffen waren. Einige Jahrzehnte kam der Kaffee in ein schlechtes Licht, denn seine Gegner beherrschten die publizierte öffentliche Meinung. In dieser Situation hatten

1 Annalen der Märkischen Oekonomischen Gesellschaft zu Potsdam, 1. Bd. 2. Heft, Potsdam 1793, S. IX. Martin Heinrich Klaproth, (1743–1817) Chemiker, Naturforscher. Philipp Georg Friedrich von der Reck (1710–1798).

2 Ebenda S. 73.

Öffentliches Kaffeehaus

die ›Erfinder‹ von Kaffee-Stellvertretern eine gute Konjunktur. Und was da um 1800 nicht alles vorgeschlagen wurde:

Kerne/Samen:

Pflaumen, Pfirsiche, Kirschen, Linsen, Erbsen, Kichererbsen, Feldbohnen, Sau(Pferde)bohnen, Eicheln, Rosskastanien, Esskastanien (Maronen), Bucheckern, Haselnüsse, Walnüsse, Sonnenblumenkerne, Johannisbeerkerne, Wasserschwertliliensamen, Spargelsamen, Klebkraut (Tüngel), Lupinenkerne, Mandeln.

Getreide:

Roggen, Gerste, Hafer, Reis, Mais (türkisches Korn), Hirse, Dinkel (Spelz).

Wurzeln/Knollen:

Zichorien, Skorzoner, Mohrrüben, Zuckerrüben, Runkelrüben (Turnips), Mangold, Rote Beete, Kartoffeln, Erdmandeln, Quecken, Löwenzahnwurzeln.

Früchte:

Hagebutten (Rosenkaffee), Feigen, Birnen, Äpfel, Wacholderbeeren, Berberisbeeren, Vogelbeeren, Weißdornbeeren.

Diverses:

Brot, Kakaoschalen, Pergamino (Kaffeeschalen), Baumrinde.

Wahrlich eine seltsame Sammlung und deren Vollständigkeit kann nicht einmal garantiert werden. Eins aber sei versichert, von jedem der hier genannten Produkte meinte zumindest ein Vertreter, dass es den echten Bohnenkaffee verdrängen oder doch zumindest dessen Verbrauch vermindern könne. Nicht ganz zu unrecht bemerkte einmal ein Kritiker – also ein Freund des echten Bohnenkaffees –, all diese Produkte schmeckten nur nach Kaffee, weil sie in einer Kaffeetrommel geröstet und dann in einer Kaffeemühle gemahlen würden. Für eine ganze Reihe der vorgeschlagenen ›Stellvertreter‹ kann man den behaupteten kaffeeähnlichen Geschmack auch anders kaum erklären.

Allerdings sind nicht alle hier aufgeführten Ersatzstoffe von vornherein als ungeeignet einzustufen. Einige finden sich auch noch in heute angebotenen Kaffeegetränken, wie etwa die Zichorie und die Gerste, diese jedoch seit der zweiten Hälfte des 19. Jahrhunderts nur noch in gemälzter Form.

Die von Rochow vorgeschlagenen Kichererbsen hatten zunächst einmal den Vorteil, dass sie im Großen landwirtschaftlich erzeugt werden konnten und dies aufgrund von Klima und Bodenqualität auch in unseren Breiten möglich war. Von Vorteil war auch, dass die bisher gebräuchlichen Gerätschaften – Kaffeebrenner und Kaffeemühle – weiterhin verwandt werden konnten. Auch konnte man die erbsenähnlichen Früchte mit einiger Phantasie als kaffeebohnenähnlich einstufen. Rochows Vorschlag war also ein ernstzunehmender und Rochow gehörte – um dies gleich hier zu sagen – auch nicht zur Gruppe der viel kritisierten Projektmacher, von denen es gerade im Zusammenhang mit einheimischen ›Kaffees‹ im 18. Jahrhundert gar viele gab.

Wie versuchte nun von Rochow seinen Stellvertreter des Bohnenkaffees durchzusetzen, das heißt in den Markt zu drücken? Rochow bediente sich dabei einer Vorgehensweise, die in jenen Kreisen, welche Patriotische Gesellschaften trugen, üblich war. Zunächst trug man den Mitgliedern und damit einem interessierten und zum Teil auch sachverständigen Publikum seine Idee vor und löste so eine interne Debatte aus. Wenn es sich um ein neues Lebensmittel handelte, war es auch schon üblich geworden, deren Unbedenklichkeit durch studierte Ärzte beurteilen zu lassen. Zum Teil wurden solche Urteile auch von staatlichen Medizinalkollegien – wie etwa in Preußen – abgegeben.

Vertraute
Briefe
über den
Caffee aus Korn
und andern inländischen
Gewächsen.
Erste Sammlung.

Leipzig,
bey Siegfried Lebrecht Crusius, 1768.

Den nächsten Schritt leitete von Rochow am 13. November 1792 ein, indem er der Märkischen Gesellschaft (siehe Beitrag Tosch) ›ein Pfund teutschen Kaffeesaamen zur Vertheilung an Liebhaber‹[3] übersandte. So wurden Mitglieder veranlasst und meistens auch erst in die Lage versetzt, selbst Versuche anzustellen. Um damit wirklich in einem größeren Stil experimentieren zu können, vergingen in solchen Fällen aber immer einige Jahre. An wen die Märkische Gesellschaft die Proben abgegeben hat, ist nicht bekannt.[4]

Er persönlich schickte auf Anforderung zwei Pfund nach Hamm in Westfalen. Dazu heißt es im Reichsanzeiger: ›Hr. R. A. R. Terlinden zeigte der Gesellschaft an, daß ihm der Herr von Rochow zu Rekahn zwey Pfund von dem Cicer arietinum auf Ersuchen gütigst zugesandt habe, welches nach den von demselben damit angestellten Versuchen das beste, gesündeste und ein wohlschmeckendes Surrogat des deutschen Caffees sey. Derselbe machte hierauf den Versuch in Gegenwart der anwesenden Mitglieder der Gesellschaft, und alle stimmten darinn mit ihm überein, daß von allen als Substitut des Caffees versuchten Vegetabilien, keines dem wahren auslän(d)ischen Caffee sich so sehr nähere als dieser Cicer arietinum. Er theilte demnächst einigen Saamen unter die Mitglieder aus, und empfahl dessen Cultur aufs dringendste, versprach auch nächsten eine ausführlichere Beschreibung dieses Gewächses, welche von dem Hrn von Rochow deutscher Caffee genennt würde, und der Art der Cultur bekannt zu machen. Die Gesellschaft beschloß durch ihre Correspondenz auszuforschen, wo dieser Saame in größerer Quantität zu haben sey, um den Anbau dieses Caffee-Substituts bestmöglichst in diesiger Gegend zu erweitern, und dadurch den ausländischen Caffee, wofür jährlich einige Millionen allein aus hiesiger Provinz gehen, zu verdrängen‹[5].

Die angekündigte Schrift hat der ›Regierungs-Assistenzrath und Großrichter‹ Reinhard Friedrich Terlinden (1750–1818) kurze Zeit darauf vorgelegt und der Bibliothek der Westfälischen Gesellschaft übergeben. Und selbstverständlich gelangte diese Schrift auch zur Märkischen Gesellschaft nach Potsdam, wie umgekehrt die Schrift von Rochows nach Hamm kam.[6] Dies ist ein gutes Exempel dafür, wie das über den gesamten deutschsprachigen Raum gezogene Netzwerk der Aufklärer funktionierte. Leider erlaubt die Aktenlage in diesem Fall es nicht, dies hier ausführlicher aufzuzeigen.

Der gegebene Anstoß wirkte aber und erreichte auch andere Kreise als nur die Mitglieder von Patriotischen Gesellschaften. Als Beispiel dafür sei auf den Kaufmann Johann Heinrich Frühling verwiesen, der 1799 in den Braunschweigischen Anzeigen nach-

3 Ebenda S. XV.

4 Vgl. ebenda S. VIII, IX, XV; ferner 2. Bd. 1. Heft. Potsdam 1795, S. 10–12; 2. Bd. 3. Heft. Potsdam 1796, S. VI.

5 Reichsanzeiger Nr. 48/1794.

6 Vgl. ebenda und Nr. 143/1794. Dem Autor war es nicht möglich, ein Exemplar aufzufinden.

stehende Annonce aufgab: ›Die Küchern, welche die Stelle des Kaffees vollkommener, als irgend eine andere Frucht, ersetzen, sind nunmehr bei mir ächt und unverdorben zu haben. Um diese Erfindung auch hier so gemeinnützlich als möglich zu machen, habe ich mich entschlossen, sie nur denjenigen meiner Mitbürger Pfundweise zu überlassen, welche ihre Fortpflanzung betreiben wollen, da der Vorrath davon noch zu klein ist, um sie als Kaffee zum Getränk verkaufen zu können. Im Jahr 1795 erhielt ich im Herbst davon das erste Loth zur Probe, welches ich 1796 auf meinem kleinen Garten auspflanzte, und ohngefähr 1 Pfund erndtete. Im folgenden Jahre war die Erndte etwas reicher, daher ich schon damals guten Freunden mehr davon zu Pflanzen mittheilen konnte. Den Rest pflanzte ich 1798, und erhielt zur Erndtezeit ohngefähr 50 Pfund, die ich meist alle an Liebhaber, zur weiteren Untersuchung und Fortpflanzung, verschenkt habe. Meine gemachte dreijährige Probe hat mich in den Stand gesetzt, den Nichtkenner einige Erfahrung mittheilen zu können, wie sie bei und nach der Verpflanzung behandelt werden müssen. Johann Heinrich Frühling auf der Kannengießerstraße‹[7].

Dieser Kaufmann verhielt sich sicherlich so, dass an ihm von Rochow seine große Freude gehabt hätte. Ob sich sein Verhalten und die ihm zugeschickte Probe auf von Rochow zurückführen lassen, muss mangels genauer Kenntnisse der näheren Umstände dahingestellt bleiben, ausgeschlossen ist es aber nicht.

Doch nicht immer wurden solche Vorschläge anderenorts wohlwollend aufgenommen, wie eine Meldung aus dem Reichsanzeiger vom Herbst 1795 zeigt. Sie sei hier vollständig wiedergegeben: ›Dieser Coffee (Ciser arietin. Lin.) ist vom Herrn von Rochow in den Annalen der ökonomischen Gesellschaft in Potsdam umständlich beschrieben; man hat ihn nach Freyberg, Dresden, Köttwitz u. m.O. kommen lassen und daselbst im Großen erbauet, aber gefunden, daß er ein äusserst mattes Getränk abgiebt, das selbst durch Zuthat von ¼ bis ½ guten Coffees nicht das thut, was man von der Cichorie (Cichor. Intib. L) erlangt. Man hat es sehr bedauert, daß diese Cicererbsen schlechtern Coffee, wie die ordinären Erbsen gaben; denn sonst wäre sie die leichteste im Bau, und beste im Ertrag; folglich dann auch im Nutzen‹[8].

Kein erfreulicher Befund, doch noch war das Schicksal der ›Kaffee-Erbse‹ nicht besiegelt.

Es gab auch rechte Lobeshymnen auf das Kicherngetränk, so etwa die von Christian Reichardt (1685–1775) in seinem Land- und Gartenschatz aus dem Jahre 1754: ›Ich selbsten habe die klügsten Coffee-Schwestern, welche von dem guten Geschmack eines ächten Coffees urtheilen wollen, einigemale damit angeführet, und wenn ich dieselben befraget: Was sie denn vor ein Getränke genossen? so haben sie mir zu Antwort gegeben: einen recht guten Coffee. Ja, wenn ich ihnen gleich den Possen eröfnet so haben sie es durchaus nicht glauben wollen, und mir versichert, es möchte die Sache seyn wie sie wolte, so wäre dennoch der Coffee gut gewesen. Mit dem Rösten und Mahlen bin ich eben so verfahren, als mit den Coffee-Bohnen, und habe hernachmalen die Helfte guten Coffee hinzu gethan. Ich habe auch bey den Kichern angemerket, wenn sie ein und wohl zwey Jahre alt geworden, daß sie den Erbsen-Geschmack merklich verlieren. Sie sollen eine erweichende und eröfnende Kraft haben, den Stein treiben, und die Colic, welche von den Nieren-Stein entsteht, stillen.

Doch wil ich dieses keinesweges zur Beförderung des ohne diß alzustark einreissenden Coffee-Trinkens geschrieben haben, dessen Mißbrauch bey vielen zum größten Schaden ihres Vermögens und ihrer Gesundheit gereichet; denn es ist leider! mit diesen Panquerot-Wasser bey uns so weit gekommen, daß auch die gemeinesten Leute, welche zuweilen kein ganzes Hemde an ihrem Leibe haben, dennoch ihren Coffee trinken müssen, wodurch sie sich endlich, und ihre Kinder, an Bettelstab bringen, und hernach dem Publico zur Last sind‹[9].

Auch von Rochow sah die Sache wohl so und mit ihm noch viele andere. Und da ihr Vermögen sicherstellte, dass sie im Laufe ihres Lebens nicht der Allgemeinheit zur Last fallen würden, konnten und durften sie ohne Bedenken den echten Bohnenkaffee trinken. Wobei der Autor eingestehen muss, dass er nicht weiß, wie es von Rochow damit gehalten hat.

Wenig wissen wir, woher Rochow seine Kenntnisse über die Kichererbsen und deren Eignung als Kaffee-Ersatz hatte. Er war wirklich nicht der Erste, der die Kichern als Kaffeesurrogat empfahl. Vermutlich wird er den Artikel in der Encyklopädie von Krünitz gekannt haben, der recht ausführlich auch auf den Kichernkaffee eingeht.[10] Johann Georg Krünitz (1728–1796) zitiert dort recht umfangreich aus einer1781 in Heilbronn erschienenen ›Haushaltungs-Zeitung‹. In diesem Artikel wird auch von einem erfolgreich verlaufenen Versuch mit dem Kichernkaffee berichtet und eine Kosten- und Gewinnübersicht abgedruckt. Vielfach werden nun auch die Kichern unter den zahlreichen Surrogaten mit erwähnt. Längere Hinweise auf die Kaffee-Erbsen finden sich auch im: Waldeckischen Intelligenzblatt 1798, S. 292–295; Magazin für die Naturkunde Helvetiens 1788, S. 47; Leipziger Magazin zur Naturkunde, Mathematik und Oekonomie 1781, S. 340–341; (Hannoverschen) Nützlichen Sammlungen 1758, Sp. 1483–1486, Nützliche Beylagen zum Osnabrückischen Intelligenz-Blate 1768, Sp. 109–110; Arnold Friedrich von Hartenfels Neuer Gartensaal, Teil II, 1754; Grosses vollständiges Universal-Lexicon Aller Wissenschafften und Künste [...], verlegts Johann Heinrich Zedler, 15. Bd. Halle und Leipzig 1737, Sp. 587.

Doch der älteste dem Autor bekannte Hinweis in deutscher Sprache – den auch schon Krünitz und die Nützlichen Sammlungen erwähnen – findet sich in dem von Michael Bernhard Valentini (1657–1729) im Jahre1719 herausgegebenen Kräuter-Buch. Hier heißt es: ›Wann man die Kicher-Erbsen röstet, biß sie schwartz werden, zu Pulver zerstösset und in Wasser siedet, schmäcken sie wie Coffi: weßwegen einige dieselbe auch Caffee-Erbsen nennen. Sie riechen wohl und ob die Brühe davon schon etwas bitter schmäckt, ist diese Bitterkeit doch nicht widrig: und kann man solche schon angenehmer machen, wann man halb Kichern und halb Coffi-Boonen röstet und vermischt: und gehet denenselben ebenso viel ab, als dem Coffi. Es ist gewiß und sicher, daß unter allen Hülsen-Früchten, mit welche man den Caffee nachahmen und imitiren wollen, keine gefunden worden seye, mit welchen diese Sache sowohl angegangen, als die Kichern. Doch hat D(oktor) Lemery in seinem Dictionaire des Drogues p. 147 angemercket, daß diejenigen Kichern; welche aus Spanien gebracht werden, dem Caffe-Geschmack viel näher kommen, und den Erbsen-Geschmack durch daß rösten ehe und mercklicher verlieren, als die gemein Kicher-Erbsen‹[11]. Vallentini hat diesen Text ziemlich wörtlich dem ›Dicitionaire ou Traité des drogues simples‹ des Chemikers Nicolas Lemery (1645–1715) entlehnt, der 1716 in Amsterdam in der dritten Auflage in französischer Sprache erschienen war. Eine deutsche Übersetzung erschien 1721 in Leipzig unter dem Titel ›Vollständiges Materialien-Lexicon [...]‹[12].

Es gab also viele Möglichkeiten auf die Kichererbse als Kaffee-Ersatz aufmerksam zu werden. Von Rochow hat aber in keinem

Oekonomische
Encyklopädie,
oder
allgemeines System
der
Stats- Stadt- Haus- u. Landwirthschaft,
in alphabetischer Ordnung;
von
D. Johann Georg Krünitz,
der Russisch-Kaiserl. freyen oekonomischen Gesellschaft zu St. Petersburg Mitglied, der kön. preuß. gelehrten Gesellsch. in Frankf. an der Oder Beysitzer, der Götting. deutschen Gesellschaft, der Oberlausitzer Bienengesellschaft, und der Leipz. oekonom. Soc. Ehren-Mitglied, wie auch der oekonom. patriot. Soc. in Schles. ordentliches Mitglied und Correspondent.
Zwey und dreyßigster Theil,
von Ka bis Kal.
Nebst 14 Kupfertafeln auf 3 Bogen.
Mit Königl. Preußischen und Churfürstl. Sächsischen Privilegien.
Berlin, 1784.
bey Joachim Pauli, Buchhändler.

Fall einfach abgeschrieben, das konnte sich ein als Reformer Verstehender um 1790 nicht mehr leisten. Wie schon erwähnt, es galt zuvor solche literarischen Anregungen selbst zu überprüfen, d.h. Anbauversuche zu unternehmen und das angepriesene Produkt selbst zu nutzen. Insofern entsprach es durchaus den

7 Braunschweigische Anzeigen 16. Stück 1799, vgl. auch 18. Stück 1799.

8 Reichanzeiger Nr. 283/1795.

9 Land- und Gartenschatzes [...], Theil V: Von vieljähriger Nutzung der Aecker ohne Brache und wiederholte Düngung: [...] erläutert [...] Christian Reichart. Erfurt 1754, S. 163 f.

10 Vgl. Johann Georg Krünitz: Oekonomisch-technologische Encyklopädie, 37. Bd. Berlin 1786, hier 2. Aufl. Berlin 1794, S. 237–250.

11 Michael Bernhard Valentini: Viridarium Reformatum, seu Regnum Vegetabile, Das ist. Neu-eingerichtetes und Vollständiges Kräuter-Buch [...]. Franckfurth am Mayn 1719, S. 380.

12 Nicolas Lémery: Dictionaire ou Traité universelle des drogues simples [...] 3. èd. Amsterdam 1716, p 147. Die erste Auflage unter dem Titel ›Traité Universelle des Drogues Simples [...]‹. Paris 1699 enthält den Abschnitt über Kichern als Kaffee-Ersatz noch nicht. Die 3. Auflage ist unter dem Titel: Vollständiges Materialien Lexicon, darinn Alle und jede Simplicia vorgestellt sind [...] verdeutscht von Christoph Friedrich Richter, 1721 in Leipzig erschienen, hier S. 306.

Unter Sr. Durchl. Unsers gnädigsten Herzogs und Herrn, höchsten Approbation, und auf Dero gnädigsten Specialbefehl.

Anno 1764. 25stes Stück.

Braunschweigische Anzeigen.

Mittwochs, den 28. März.

Serenissimi gnädigste Verordnung, den Gebrauch des Weins, Coffee, Thee und Zuckers auf dem platten Lande betreffend.

d. d. Braunschweig, den 13. Febr. 1764.

Von GOttes Gnaden, CARL, Herzog zu Braunschweig und Lüneburg ꝛc. ꝛc. Demnach Wir vernehmen müssen, wie unter den unglücklichen Würkungen, welche der letzte Krieg in Unsern Landen zurück gelassen, auch diese häufig verspüret werde, daß der gemeine Mann auf dem platten Lande, anstatt die, bey der bisherigen Theurung in einigen Gegenden erworbene Gelder, zu einem Nothpfenning zurückzulegen, oder sich zu Wiederherstellung seines verdorbenen Hauswesens aller möglichen Sparsamkeit zu befleißigen, vielmehr auf eine verschwenderische und in noch tieferes Verderben führende Lebensart verfalle, insbesondere aber der seinen Umständen so wenig gemäße Gebrauch des Weins, Coffee, Thee und Zucker schon sehr allgemein zu werden anfange; Unsere Landesväterliche Vorsorge jedoch keinesweges verstattet, einer einreissenden Gewohnheit, woraus mit der Zeit die verderblichsten Folgen für das gemeine Wesen entstehen müssen, den freyen Lauf zu lassen, sondern Wir vielmehr gnädigst und ernstlich gemeynet sind, derselben auf alle thunliche Art Einhalt zu thun: So haben Wir dieserwegen folgendes zu verordnen gnädigst gut gefunden:

1) Sollen Unsere Ober- und Beamte, auch übrige Gerichtsobrigkeiten auf dem

Bb Lande,

Kaffee- und Zuckertransport Anfang des 19. Jahrhunderts

Gepflogenheiten, die Quellen, aus denen die Anregungen gezogen waren, nicht zu erwähnen. Berichtet wurde ja – und das durchaus zutreffend – über die eigenen Versuche und dafür war der Berichterstatter ja auch die eigene Quelle.

Auch bei der Namenswahl ›Teutscher Kaffee‹ für das Kicherngetränk ist es fraglich, ob dahinter eine eigenständige Idee Rochows steckt. Schon Krünitz berichtet 1786 in seiner Encyklopädie: ›Geröstet geben die Kichern, zumahl wenn sie schon ein Jahr oder noch älter sind, ein dem Kaffe nicht unähnliches Getränk, daher sie auch Kaffe-Erbsen, oder deutscher Kaffe genannt werden‹[13].

Rochow führt zur Namenswahl später vor der Märkischen Gesellschaft aus: ›Ich habe dieses Gewächs »deutschen Kaffee« genannt, und es bewog mich dazu die Aehnlichkeit des Geschmacks, der Figur und der Farbe. In dieser Rücksicht, Hochansehnliche Versammlung, hoffe ich, daß Sie meine Namens-Benennung dieses selbst zu bauenden Surrogats des ausländischen Caffees nicht ganz unpassend finden werden‹[14]. Das werden sie wohl kaum, denn die Betonung des Nationalen lag um 1790 in der Luft (siehe Beitrag Stübig). Allenfalls könnten einige moniert haben, das die Bezeichnung ›Deutscher Kaffee‹ schon für andere Surrogate in Gebrauch und damit vergeben sei. So wurden ab 1789 die besseren und später dann nur noch die mittleren Qualitäten des Zichorienkaffees als ›Deutscher Kaffee‹ angeboten. Georg Heinrich Piepenbring (1763–1806) nennt 1798 seinen aus Rübenschnitzeln hergestellten Kaffee-Ersatz ebenfalls ›Deutschen Kaffee‹ und schon 1781 wird in der ›Casselischen Policey- und Commercien-Zeitung‹ von der Verwandlung ›unserer ädlen Eicheln in Teutsche-Caffee-Bohnen‹ geschrieben.[15]

Wie schon erwähnt, wurden im 18. Jahrhundert überaus vielfältige Produkte als Ersatz für den echten Bohnenkaffee vorgeschlagen und es bedurfte daher schon etwas mehr Aktivität, um mit einem Vorschlag Aussicht auf Erfolg zu haben. Und so setzte sich von Rochow durchaus auch noch auf anderen Wegen für sein Kind ein. So las er am 6. Mai 1794 in der Märkischen Ökonomischen Gesellschaft ›über die Natur, Anbau und Eigenschaften des Ciceris arietini, oder Deutschen Kaffees, eine Abhandlung vor‹, die in den Annalen dann 1795 auch abgedruckt wurde. Danach war gesichert, dass die Mitglieder über den Anbau der Kichern und deren Zubereitung zu einem Kaffeegetränk informiert waren. Dann berichtete er von seinem 6 Wochen dauernden erfolgreich verlaufenen Selbstversuch. So gehörte es sich in diesen Kreisen, man war sowohl Versuchskaninchen als auch Vorbild, wenn es galt, Neuerungen einzuführen. Ganz Ökonom, ganz Patriot, streicht Rochow dann noch folgende Vorteile besonders heraus:

1. Vermeidung des Verlustes von vielen Millionen Talern für ›unser teutsches Vaterland‹ durch den ausländischen Kaffee,
2. Zunahme des inneren Wirtschafts-Verkehrs wie bei Roggen und Weizen,
3. Einsatz des getrockneten Krautes als Viehfutter, wie dies beim Linsenstroh auch üblich ist,
4. Mit den Kichererbsen ließe sich ein guter Preis erzielen.[16]

Durch den Abdruck gelangte sein Vorschlag über den Kreis der Mitglieder und Freunde der Märkischen Gesellschaft hinaus ins ›öffentliche Gespräch‹. Nun war Rochows Vorschlag freigegeben, und zwar sowohl zur Kritik als auch zur wirtschaftlichen Verwertung. Darauf wartete man offensichtlich bereits ungeduldig. Denn im Mai forderte ein Unbekannter den Herausgeber des Reichsanzeiger, Rudolph Zacharias Becker (1752–1822), ›fürstlich Schwarzburgischer Rath, der Churmaynzischen Akademie nützlicher Wissenschaften und der Cellischen und Leipziger ökonomischen Gesellschaft Mitglied‹ mit Hinweis auf die Aktivitäten in Sachen Kichernkaffee von Rochows und der ›Westphälischen öconomischen Gesellschaft‹ auf, ›dass der Herr Herausgeber des R. A. diese gemeinnützige Absicht nöthigen Falls durch einen Kupferstich und Abbildung der Pflanze und Früchte unterstützen würde. Daß vielleicht eine Abhandlung darüber in den Schriften der westphälischen-öconomischen Gesellschaft zu Hamm erschienen ist oder erscheinen werde, kann wohl kein Hinderniß seyn, da diese nicht so allgemein gelesen werden, wie der R. A.‹[17]. Nun, Becker vergaß dann auch nicht, nach dem Erscheinen auf die Annalen zu verweisen.

Kichern blieben im Gespräch – jedenfalls blieben sie ein Thema für die zeitgenössische Presse. Dabei dürften in Reckahn zwei Berichte besondere Freude ausgelöst haben. In den Schle-

13 Krünitz: Encyklopädie (Anm. 10), S. 247 .
14 Annalen (Anm. 1), 2. Bd. 1. Heft, S. 10.
15 Vgl. z. B. Braunschweigische Anzeigen 9. Stück 1790 (Anzeige J. H. Grassau); Georg Heinrich Piepenbring: Teutscher Caffee und Thee, oder die Zwey vorzüglichsten Mittel den ausländischen Caffee und Thee möglichst zu ersetzen. Hannover 1798; Casselische Policey- und Commercien-Zeitung, 44. Stück 1781.
16 Vgl. Annalen (Anm. 1), 2. Bd. 1. Heft. Potsdam 1795, S. 10–12.
17 Reichsanzeiger Nr. 93/1795, Nr. 283/1795.

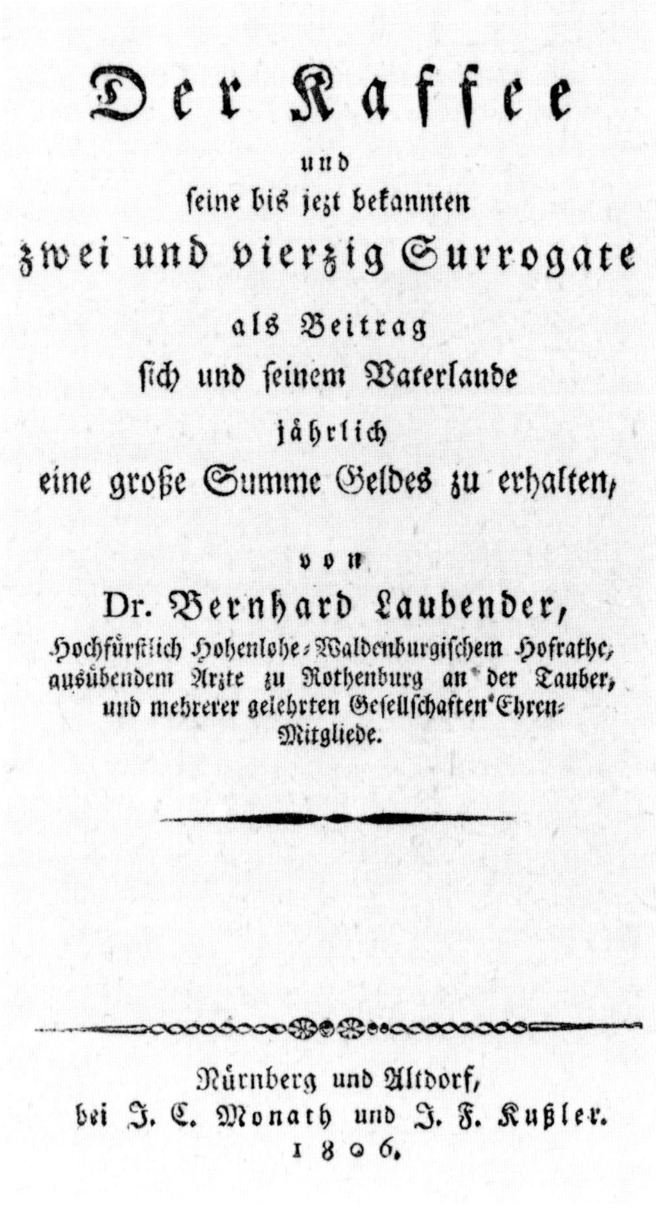
Der Kaffee
und
seine bis jezt bekannten
zwei und vierzig Surrogate
als Beitrag
sich und seinem Vaterlande
jährlich
eine große Summe Geldes zu erhalten,
von
Dr. Bernhard Laubender,
Hochfürstlich Hohenlohe-Waldenburgischem Hofrathe,
ausübendem Arzte zu Rothenburg an der Tauber,
und mehrerer gelehrten Gesellschaften Ehren-Mitgliede.

Nürnberg und Altdorf,
bei J. C. Monath und J. F. Kußler.
1806.

sischen Provinzialblättern hieß es in einer Abhandlung über ‚Koffe-Surrogate' im Jahre 1797: ›Die Kicher, cicer arietinum L. ist vom Dom Capitular v. Rochow durch eignen Gebrauch, als das vorzüglichste Koffe-Surrogat ausgekostet worden‹[18]. Diese Aussage wird noch mit einem kurzen Zitat untermauert. Die in Stuttgart erscheinenden ›Oekonomischen Beyträge und Bemerkungen zur Landwirtschaft auf das Jahr 1798. Oder Unterricht für den Landmann […]‹ drucken Rochows Beitrag unter der Überschrift: ›Deutscher Caffee oder Cicer arietinum‹ vollständig nach. Hinzugefügt wird folgende Einleitung: ›Dieses nüzliche Schotengewächs verdient weiter bekannt gemacht und dessen Anbau auch in unserm Vaterlande zu weiterer Verbreitung empfohlen zu werden. Ich hoffe ihr keine grösere Empfehlung geben zu können, als wenn ich das, was Herr Domkapitular von Rochow in einer vor der Merkisch-ökonomischen Gesellschaft verlesenen Abhandlung von ihrem Anbau und Nuzen sagt, hier mittheile‹. Sehr ausführlich 1799 auch ein Artikel im Braunschweigischen Magazin mit dem Titel ›Ueber den Anbau der Kicher und der Kaffeestaude‹. Er beginnt mit den Worten: ›Der Anbau der Kicher bei uns, nicht zum Viehfutter sondern zum Ersatze der immer theurer werdenden Kaffeebohne, scheint doch wirklich Ernst werden zu wollen. Ich weiß nicht wer das Verdienst hat diesen Anbau zu diesem Zwecke itzt zur rechten Zeit wieder in Anregung gebracht zu haben. Da ich ihn sehr billige, so sei mir erlaubt einen kleinen Beitrag zu dessen Beförderung zu thun‹[19]. Unser anonymer Autor trägt dann wohl alles zusammen, was über den Anbau der Kichern geschrieben worden ist. Dieser Artikel wird dann unter anderen auch im ›Neuen Hannöverischen Magazin‹ nachgedruckt.[20] Ein Hinweis auf von Rochow fehlt allerdings.

Wurden die Kichern als Kaffee-Ersatzprodukt auch tatsächlich gewerblich angebaut? Für das Gebiet um die Stadt Braunschweig herum lässt sich solch ein Nachweis führen. Mindestens vier Anbieter boten entsprechenden Samen an. Der Kaufmann Friedrich Julius Stargardt setzte folgende Annonce in die ›Braunschweigischen Anzeigen‹: ›Da ich mit meinem erhaltenen Quantum Küchern, wovon bisher preparirten verkauft, u. bis zu diesjährigen Einsaat versehen bin, so habe mich auch zugleich entschlossen, mit denjenigen, welche davon anbauen, und ohne ihren eigenen Gebrauch davon verkaufen wollen, Kontrakte zu schliessen, auch kann ein Jeder, welcher dieses Gewächs zu sehen wünscht, um sich mit den Pflanzen darnach zu richten, bei mir solches täglich, weil davon im vorigen Jahr selbst geerndtet, im Stroh und Schaale zu sehen bekommen‹[21]. Unter den Anbietern fand sich im Jahre 1800 auch der bekannte Pädagoge, Verleger, Volksaufklärer und Gartenfreund Joachim Heinrich Campe (1746–1818). Er hatte im April des Jahres 1799 vier Pfund Samen zu insgesamt 2 Reichstalern angekauft. In seiner ›Gartenrechnung‹ bewertete er den Vorrat am Ende des Jahres mit 5 Reichstalern. Verkauft hat er nach seiner ›Gartenrechung‹ davon jedoch weder im Jahre 1799 noch im Jahre 1800 irgend etwas. Kichererbsen tauchen danach in seinen Büchern auch nicht mehr auf.[22] Eine neue bedeutende Einnahmequelle stellten die Kichern für die Braunschweiger Landwirte wahrlich nicht dar.

Nicht desto trotz, Kichererbsen wurden als ›Kaffee‹ gewerblich im Handel angeboten. Friedrich Julius Stargardt, Gewürz- und Materialhändler, annoncierte im Januar 1799 zur Zeit der Braunschweiger Messe: ›und den seit einiger Zeit bekannten Küchernkaffee, sowohl einzeln als auch in Partheien zu haben, zu letzterer kann völlig ohne Zusatz eines anderen getrunken werden‹[23]. Im Reichsanzeiger bot 1799 der Gärtner Jacob Zucker aus Ichtershaußen das Pfund Kichern zu 8 Groschen an.[24]

Nach 1800 konnten jedoch keine weiteren Hinweise auf ein Angebot von Kaffee aus Kichern gefunden werden. Den Kichern und damit dem Vorschlag von Rochows erging es wie vielen anderen vorgeschlagenen Surrogaten, sie waren eine kurze Zeit Mode und danach besann man sich wieder auf das Original oder auf jene Surrogate, die sich längerfristig durchsetzen konnten, also die Zichorie, die Gerste und den Roggen und für die Jahre um 1800 auch auf die Eichel. Echter Kaffee blieb halt echter Kaffee. Für die große Mehrheit blieben all die anderen ›Kaffeegetränke‹ Ersatz, nur der Mangel an Geld hinderte sie daran, das Original zu genießen.

Kichererbsen blieben aber Bestandteil der menschlichen Nahrung bis in die heutige Zeit und dies auch in Deutschland. Das Archiv der Berliner Morgenpost weist per Internet für die Zeit vom 1. 1. 1999 bis zum 17. 2. 2001 elf Berichte nach, in denen Kichern eine Rolle spielen.[25] In der Regel geht es um Restaurantbeschreibungen oder Kochrezepte. So überrascht es wohl auch nicht, im Internet unter foodlexx.de folgende Eintragung zu finden:

›Kichererbse: Die Kichererbse (Cicer arietinum) ist eine Nutzpflanze mit violetten Blüten, dicken Hälsen und eckigen Samen, die zur Familie der Schmetterlingsblüter gehört. Ihre Anbaugebiete sind Asien, wo der »Desi-Typ« mit kleinen, dunklen, sehr runzeligen Samen wächst, und der Mittelmeerraum, von dort kommt der »Kabuli-Typ« mit größeren, rundlichen, beigen Samen. Letztere werden bei uns am häufigsten angeboten, sind aber als Nahrungsmittel bei uns weniger bekannt. In ihren Anbauländern sind sie wegen ihres hohen Nährwerts ein wichtiges Grundnahrungsmittel. Man verwendet sie als Futter, Lebensmittel und auch als Kaffee-Ersatz. Daher auch ihr Name »Kaffee-Erbse«. Kichererbsen kauft man im getrockneten Zustand. Man sollte sie vor der Zubereitung mindestens 5 oder besser 8 Stunden in Wasser einweichen, damit sie beim Kochen weich werden. Nach dem Einweichen sollten die Kichererbsen gründlich unter fließendem Wasser abgespült werden‹[26].

Doch auch im 21. Jahrhundert finden sich Kichererbsen in Ersatzkaffeemischungen. Der Makrobiotik-Versand notierte für seinen ›Yannoh Getreidekaffee‹ folgende Zutaten: Gerste, Roggen, Weizen, Zichorie, Kichererbsen.

Ganz vergeblich waren die Bemühungen von Rochows also nicht, wenn auch er und viele andere, die sich um die Verdammung des guten Bohnenkaffees kümmerten, ihr Hauptziel in einer Weise verfehlt haben, welche die Herren schwer erschüttern würde, wenn sie von dem heutigen Zustande Kenntnis erhalten könnten. Andererseits waren die Bemühungen von Rochows, die Kichern als Kaffee-Ersatz zu propagieren – um es in heutigen Worten zu sagen – überaus professionell. Sie zeigen deutlich, dass der Herr Domkapitular die Zeichen der Zeit erkannt hatte und sich durch Tat als wahrer Zugehöriger zur großen Gruppe der im aufklärerischen Geiste agierenden Reformer auswies. Für Herren von Stand zu dieser Zeit nicht gerade das Übliche.[27]

18 Schlesische Provinzialblätter, 25. Bd. Breslau 1797, S. 236.

19 Braunschweigisches Magazin 15. Stück 1799.

20 Vgl. Neues Hannoverisches Magazin 44. Stück 1799.

21 Braunschweigische Anzeigen 7., 10., 59., 60. Stück 1799; 3., 4. Stück 1800. Vgl. auch die Suche nach größeren Mengen Kichern für Saatzwecke in: 63. Stück Reichsanzeiger 1799.

22 Vgl. Frühling, Braunschweigische Anzeigen 18. Stück 1799; Brandes, Wirt des Weißen Rosses, 24. und 31. Stück 1799.

23 Braunschweigische Anzeigen 29. Stück 1800; Universitätsbibliothek Braunschweig, Vieweg-Archiv, Konvolut Gartenrechnung, April, Dezember 1799. Vgl. Braunschweigische Anzeigen 2., 7., 10., 59., 60. Stück 1799; 3., 4. Stück 1800.

24 Vgl. Reichsanzeiger Nr. 78/1799.

25 Vgl. http://www.berliner-morgenpost.de/archiv (Kichererbsen vom 6. 3. 2001).

26 http://www.foodlexx.de/Lextextgemuese/Gemuese.kichererbse.html (vom 8. 1. 2001).

27 Um Missverständnissen vorzubeugen, sei ausdrücklich darauf hingewiesen: (1) Der Sultanskaffee besteht nicht aus Kichererbsen, sondern aus den Schalen der Kaffeekirsche, also den Pergaminos. (Archiv gemeinnütziger physischer und medizinischer Kenntnisse. [...] hrsg. Von Johann Heinrich Bahn, Zürich 1788, S. 593). (2) ›Unter dem Nahmen Kaffe-Erbsen, sind auch die eckigen Stabel-Erbsen Pisum maius quadratum C. B. bekannt, deren kaffemäßige Eigenschaft aber bloß in der Einbildung besteht‹, so jedenfalls Krünitz in seiner Encyclopädie, (Anm. 10). (3). Auch irrt Commissionsrath Riem, wenn er meint: ›Die [...] im vorigen Jahr als Caffeesurrogat angezeigte Frucht, Cokkorros genannt, ist die bekannte Kichererbse oder Cisererbse (Cicer Arietinum)‹ (Leipziger Intelligenzblatt 1796, S. 44). Kukuruz ist jedoch (Zucker-) Mais.

D. N. Chodowiecki: Ideal-Entwurf des Dessauer Philanthropins, 1771

Erziehung zur Menschenfreundschaft und Toleranz: Rochows Beziehungen zu Gellert und Basedow

Jürgen Overhoff

Friedrich Eberhard von Rochows Erziehungslehre ist schon seit dem frühen 19. Jahrhundert in vielen Werken zur Geschichte der Pädagogik als wichtiger Beitrag zum Philanthropismus, einem der wesentlichsten und folgenreichsten Zweige der deutschen Aufklärungspädagogik, gedeutet und gewürdigt worden. Vor allem die zahlreichen Parallelen, die sich zwischen seinen pädagogischen Schriften und dem Werk Johann Bernhard Basedows, dem Initiator und zugleich wichtigsten Protagonisten der philanthropischen Pädagogik, ziehen lassen, sind in diesem Zusammenhang schon mehrfach Gegenstand ausführlicher Studien gewesen.[1] Sowohl Rochow als auch Basedow, heißt es, hätten Kinder und Jugendliche durch wahre Aufklärung und einsichtsvolle Tugend zur Glückseligkeit führen wollen, indem sie statt der hergebrachten mechanischen Erziehungsmethode einen möglichst angenehmen, sinnlich-spielerischen Anschauungsunterricht einzuführen gedachten, der schon frühzeitig die natürlichen Denk- und Verstandeskräfte ihrer Zöglinge anregen und ausbilden sollte.[2] Auch hätten beide die Strafe verpönt und vielmehr ein freundschaftliches Verhältnis von Lehrer und Schüler angestrebt, das ihnen als unverzichtbare Grundlage einer Erziehung zu Fleiß, Tüchtigkeit und Gemeinnützigkeit galt.[3] Schließlich seien sich beide einig gewesen, die Unmittelbarkeit des religiös-moralischen Zuschnitts ihrer Pädagogik auf das Praktische statt auf das Dogmatische zu lenken, weshalb sie auch bestrebt waren, jegliche religiöse Unterweisung als konfessionslosen Unterricht anzulegen.[4]

Zwar wird in den meisten dieser Studien zum Verhältnis von Rochow zu Basedow betont, daß es allein Rochows Verdienst gewesen sei, ›auch auf die Dorfschule die philanthropischen Grundsätze mit Erfolg angewandt zu haben‹, während die pädagogischen Bestrebungen Basedows ›meist nur den Kindern »gesitteter Stände«‹ gegolten haben.[5] Doch wird dabei immer vorausgesetzt, daß es Basedow war, welcher ›zuerst Rochows Interesse für pädagogische Fragen [anregte]‹[6] und daß ›die mannigfachen Übereinstimmungen in den Prinzipien beider Männer‹ nurmehr belegten, wie ›sehr nachhaltig‹ Basedows ›Einfluß auf Rochows Ideen‹ ganz offenkundig war.[7]

Richtig an dieser Darstellung ist sicherlich, daß Rochow Basedows pädagogische Projekte schon seit den späten 1760er Jahren nach Kräften unterstützte und somit als vorbildlich anerkannte. Zudem zeigt auch der gesamte erhaltene Briefwechsel zwischen Rochow und Basedow, wie sehr der märkische Freiherr den zunächst in Dänemark, später in Dessau wirkenden Schulmann schätzte und wie sich die beiden in ihren Vorstellungen zur Schulreform in der gleichen Auffassung trafen.[8] Dennoch wäre es irreführend, Rochows Pädagogik ausschließlich von Basedows Erziehungslehre her verstehen und interpretieren zu wollen. Vielmehr ist es für das rechte Verständnis der pädagagogischen Systeme *beider* Männer höchst aufschlußreich, sich einmal zu vergegenwärtigen, wem Rochow und Basedow – und zwar ganz unabhängig voneinander – ihre besonderen pädagogischen Vorlieben und Ideale eigentlich verdankten.

Friedrich Eberhard von Rochow, Scherenschnitt

Rochow hat in einem kurzen Lebensrückblick selbst darauf hingewiesen, daß es zuerst und ganz entscheidend Christian Fürchtegott Gellert war, der in ihm die vielfältigen Kräfte auf dem Gebiet der Gelehrsamkeit und des Bildungswesens zu mobili-

1 Vgl. hierzu etwa: Friedrich Riemann: Beschreibung der Rochowschen Lehrart in Volksschulen nebst Vergleichung derselben mit der Pestalozzischen und mit anderen Lehrarten, 4. Aufl. Berlin und Stettin 1809, Vorrede; Friedrich Lütholz: Über das Verhältnis Rochows zum Philanthropismus, Diss. Leipzig 1894; Ernst Schreck: Friedrich Eberhard von Rochow. Sein Leben und seine pädagogischen Schriften. Halle/Saale 1908, S. 17–21; erst jüngst wieder: Albert Reble: Geschichte der Pädagogik, 15., neu bearb. Aufl. Stuttgart 1989, S. 160–170.

2 Vgl. Schreck: Rochow (Anm. 1), S. 17 f.

3 Vgl. Reble: Geschichte der Pädagogik (Anm. 1), S. 161.

4 Vgl. Schreck: Rochow (Anm. 1), S. 18 f. und Gerhard Sprenger: Weltbürger oder Patriot? Vor 250 Jahren wurde Friedrich Eberhard von Rochow geboren. In: Jahrbuch für Brandenburgische Geschichte 35 (1984), S. 93 und 109.

5 Schreck: Rochow (Anm. 1), S. VIII.

6 Fritz Jonas: Lebensbild. Friedrich Eberhard von Rochow. In: Fritz Jonas/Friedrich Wienecke (Hg.): Friedrich Eberhard von Rochows sämtliche pädagogische Schriften, Bd. 4. Berlin 1910, S. 412.

7 Ernst Schäfer: Friedrich Eberhard von Rochow. Langensalza 1910, S. 23.

8 Vgl. Jonas/Wienecke: Schriften (Anm. 6), Bd. 4. Berlin 1910, S. 15–258.

sieren vermochte.[9] Als Offizier Friedrichs II. von Preußen hatte Rochow im Oktober 1756 an der Schlacht bei Lowositz teilgenommen, wo er sich im Gefecht eine größere Verletzung zuzog, die er im Winterquartier der Armee in Leipzig auszukurieren hatte. In der sächsischen Universitätsstadt lernte er dann bereits in den ersten Monaten des Jahres 1757 Gellert kennen. Der schon bald nach seiner Abreise aus Leipzig mit Gellert aufgenommene Briefwechsel bezeugt, wie einschneidend und folgenreich Rochows Begegnung mit dem Leipziger Professor sein sollte. Nicht nur lernte er im Freundeskreis Gellerts Louise von Bose, seine spätere Frau, kennen und schätzen, auch seine pädagogische und karitative Bestimmung wurde ihm durch Gellerts Teilnahme an seinen Lebensumständen erst so recht ersichtlich.

Schon im ersten erhaltenen Brief Gellerts an Rochow ist von der engen ›Freundschaft‹ die Rede, die in kürzester Zeit zwischen beiden Männern entstanden war,[10] und die, wie Rochow später einmal schrieb, ›bis an [Gellerts] Tod währte – und wieder anfangen wird‹.[11] Diese Freundschaft nun bestimmte die Atmosphäre, den Geist und vor allem die Intensität von Rochows und Gellerts Korrespondenz, die sich, neben der Verständigung über zu lesende Bücher theologischen, pädagogischen und historischen Inhalts,[12] immer wieder mit der zentralen Frage befaßte, wie wir ›unsere[r] wichtigste[n] Pflicht, Religion und Tugend zu befördern‹,[13] eigentlich gerecht werden könnten. Gerade weil er Rochow als bedeutenden ›Freund der Wissenschaften und Verehrer der Religion‹ kennen gelernt hatte, wie Gellert schon 1760 schrieb, sollte der Freiherr sich einmal gründlich überlegen, auf welche Weise er wohl am ehesten ›zum Glücke [seiner] Unterthanen‹ auf den eigenen Besitzungen ›tausendfaches Gutes stiften‹ möge.[14] Im Jahr 1763 teilte Gellert Rochow dann seine eigenen, konkreten Überlegungen in dieser Sache mit: ›Ich dächte also‹, so Gellert, ›Sie nähmen auf meine Bitte Ihr [Geld]‹ und ›wendeten es zur Erziehung armer Kinder‹ an.[15]

Da Rochow später in den ›Annalen der Märkischen Ökonomischen Gesellschaft‹ bekannte, daß er schon sieben Jahre vor dem eigentlichen Entschluß zur Reform seiner Schulen einen solchen Schritt zumindest sehr ernsthaft erwogen habe,[16] liegt es nahe zu vermuten, daß Gellerts Vorschlag in diese Richtung eine beträchtliche – und langfristig ja dann auch spürbare – Wirkung auf Rochow ausübte. Auch grundlegende pägagogische Reflexionen über die Frage, ob ein allgemein anzustrebender ›Unterricht in der Tugend‹ nicht erst durch die Verknüpfung mit einer ›sorgfältige[n] und tägliche[n] Betrachtung und Beobachtung der Wahrheiten der Religion‹ zufriedenstellend erteilt werden könne, tauschten Rochow und Gellert schon in den frühen 1760er Jahren aus.[17]

Es ist nun überaus interessant zu sehen, daß zu genau jener Zeit, in der Rochow von Gellert so vielfältige und entscheidende Impulse zur Betätigung auf dem Gebiet des Erziehungswesens empfing, auch Basedow seine ersten Entwürfe einer neuen Pädagogik ganz explizit als Fortführung und systematische Ausgestaltung einer von Gellert entwickelten Sittenlehre gedeutet wissen wollte. Hervor geht dies zum einen aus Vorrede und Einleitung der von Basedow 1758 veröffentlichten Schrift ›Practische Philosophie für alle Stände‹, in der, wie ihr Verfasser einmal an einem anderen Ort feststellte, sein erstes und ›vollständige[s] System der Erziehung und des Unterrichts‹[18] bereits enthalten war. Mit seinen neuartigen philosophischen und pädagogischen Lehren, schreibt Basedow dort, beziehe er sich zwar nur ›selten‹ auf ›andre Schriftsteller‹, auch ›selbst nicht [auf] einen Grotius, Puffendorf, Wolf, Crusius‹ oder ›Baumgarten, Hutcheson, Mosheim, und Montesquieu‹,[19] wohl aber orientiere er sich in seinem Denken ganz wesentlich an Gellert. So könne er eigentlich auch nur wünschen, daß Gellert, gerade weil er ein so bedeutendes Vorbild als Sittenlehrer sei, ›an meiner Statt sich entschlossen hätte, ein Lehrgebäude dieser Wissenschaft, die mein Gegenstand ist, nach seinem Geschmacke aufzuführen!‹[20]

In einem Brief vom 10. März 1758 bat Basedow den Leipziger Professor dann sogar inständig darum, er möge seine Zustimmung zu Aufbau und Inhalt der ›Practischen Philosophie‹ öffentlich bekunden. Kurz darauf veranlaßte Gellert auch wirklich eine Rezension dieser Schrift, in welcher er bestätigen ließ, ›daß Herr

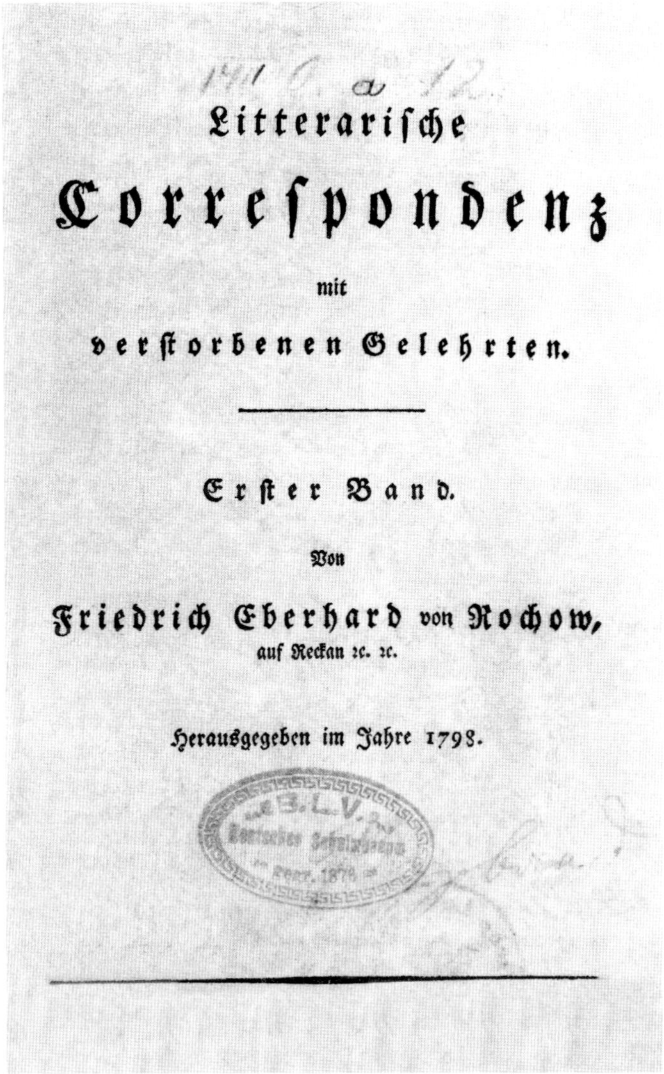
Litterarische
Correspondenz
mit
verstorbenen Gelehrten.

Erster Band.

Von
Friedrich Eberhard von Rochow,
auf Reckan ꝛc. ꝛc.

Herausgegeben im Jahre 1798.

9 Vgl. Friedrich Eberhard von Rochow an die Herausgeber der Denkwürdigkeiten und Tagesgeschichte der Mark Brandenburg (Kosmann und Heinsius), Brandenburg, den 26. Juli 1796. In: Jonas/Wienecke: Schriften (Anm. 6), Bd. 4. Berlin 1910, S. 347 f. Auch Heinrich Gottlieb Zerrenner erwähnt in seiner Schrift ›Dem Andenken des Herrn Domkapitular's Friedr. Eberh. v. Rochow‹, Berlin und Stettin 1805, S. 6, daß es Gellert war, der Rochow in gelehrte Gesellschaften einführte, die an Bildungsfragen ein großes Interesse hatten, und daß dadurch ›auch seine intellektuelle und gelehrte Bildung‹ entscheidend gewonnen habe.

10 Christian Fürchtegott Gellert an Friedrich Eberhard von Rochow, Leipzig, den 23. Januar 1759. In: C. F. Gellerts Briefwechsel, hrsg. von John F. Reynolds, Bd. 2. Berlin und New York 1987, S. 208.

11 Jonas/Wienecke: Schriften (Anm. 6), Bd. 4. Berlin 1910, S. 348.

12 Vgl. etwa Christian Fürchtegott Gellert an Friedrich Eberhard von Rochow, Leipzig, den 2. Dezember 1761. In: Gellert: Briefwechsel (Anm. 10), Bd. 3. Berlin und New York 1991, S. 187.

13 Christian Fürchtegott Gellert an Friedrich Eberhard von Rochow, Leipzig, den 19. Dezember 1759. In: Gellert: Briefwechsel (Anm. 10), Bd. 2. Berlin und New York 1987, S. 288.

14 Christian Fürchtegott Gellert an Friedrich Eberhard von Rochow, Leipzig, den 10. Juni 1760. In Gellert: Briefwechsel (Anm. 10), Bd. 3. Berlin und New York 1991, S. 46.

15 Christian Fürchtegott Gellert an Friedrich Eberhard von Rochow, Leipzig, den 26. November 1763. In: Gellert: Briefwechsel (Anm. 10), Bd. 3. Berlin und New York 1991, S. 362.

16 Vgl. Jonas: Lebensbild (Anm. 6), S. 411.

17 Christian Fürchtegott Gellert an Friedrich Eberhard von Rochow, Leipzig, den 2. Dezember 1761. In: Gellert: Briefwechsel (Anm. 10), Bd. 3. Berlin und New York 1991, S. 187.

18 Johann Bernhard Basedow: Ueberzeugende Methode der auf das bürgerliche Leben angewendeten Arithmetik zum Vergnügen der Nachdenkenden und zur Beförderung des guten Unterrichts in den Schulen, Altona 1763, Vorrede.

19 Johann Bernhard Basedow: Practische Philosophie für alle Stände. Kopenhagen und Leipzig 1758, Vorrede.

20 Ebenda S. 15.

Basedow‹ dieses Werk ›in demselbigen Geschmacke geschrieben hat‹, in dem er selbst eine solche Abhandlung geschrieben haben würde.[21] Diese Wertung behielt Gellert auch in der Folgezeit bei. In verschiedenen Briefen lobte er die ›Practische Philosophie‹ als ein gutes ›Buch für den Verstand u. das Herz zugleich‹,[22] welches in einigen wichtigen ›Capiteln die vornehmsten Regeln von dem Unterrichte und der Erziehung der Jugend‹ derart eingängig und zutreffend artikuliert habe, daß ein verständiger und sorgfältiger ›Vater, oder auch eine ihm ähnliche Mutter, oder so ein Lehrer, Anführer, oder Freund, bey einer klugen Anwendung dieser und andrer einfältigen Regeln‹ Kinder und Jugendliche glücklich und umfassend bilden werde.[23] Basedow fühlte sich durch dieses Lob so sehr bestätigt, daß er sich im Vorwort einer 1759 erschienenen Schrift zur deutschen Sprachlehre erneut an Gellert wandte, um gleichsam in Form eines öffentlichen Briefes zu bekennen, daß er ›ein Bewundrer Ihrer Verdienste‹ sei, den es verlange, dies auch ›der Welt zu sagen‹.[24]

Worin aber bestanden nun Gellerts hier angesprochenen besonderen Verdienste auf dem Gebiet der Sitten- und Erziehungslehre, die ihn zu einem so wichtigen Bezugspunkt und Maßstab für das pädagogische Werk sowohl Basedows als auch Rochows werden ließen? Näheren Aufschluß darüber bieten vor allem die Vorlesungen über Moral, die Gellert bereits seit 1744 Jahr für Jahr an der Leipziger Universität abzuhalten hatte[25] und deren Lehren Johann Wolfgang von Goethe, einer seiner berühmtesten Hörer der 1760er Jahre, später als ›Fundament der deutschen sittlichen Kultur‹ rühmen sollte.[26]

C. F. Gellerts
Moralische Vorlesungen.
Erster Band,
nach des Verfassers Tode herausgegeben
von
Johann Adolf Schlegeln
und
Gottlieb Leberecht Heyern.

Mit allergnd. Röm. Kaiserl. und Churfürstl. Sächs. Privilegiis.

Leipzig,
bey M. G. Weidmanns Erben und Reich, 1770.

Der pädagogische Grundgedanke, der Gellerts moralische Vorlesungen in ihren wesentlichen Zügen auszeichnete, war die Auffassung, daß das Werk der Erziehung und Bildung sehr viel mehr beinhalte, als die bloße Vermittlung von Gelehrsamkeit und Wissen. Ausbreitung von ›Gelehrsamkeit ohne Tugend‹, ein geschärfter ›Verstand ohne ein gebessertes Herz‹ oder auch Förderung von ›Wissenschaft und Geschmack ohne Unschuld und Frömmigkeit‹, so Gellert, würden weder dem Einzelnen noch der Gesellschaft zum gewünschten Glück verhelfen, sondern allenfalls ›Schande für [den] unsterblichen Geist‹ des Menschen mit sich bringen.[27] Erst wo die Erziehung nicht allein ›unterrichtet, aufklärt und überzeugt‹ sondern auch ›rührt, bildet und bessert‹, ja eine umfassende ›Veränderung unseres Herzens‹ bewirke, könne das eigentliche Ziel jeglichen pädagogischen Bemühens, nämlich uns zu tugendhaften ›Freunden unsrer selbst‹ und ›andrer Menschen‹ zu machen, erreicht werden.[28]

Die Erziehung zur Menschenfreundschaft, die Gellert hier gleichsam als Unterpfand jeder erfolgreichen Bildungsarbeit auswies, sowie die von jedermann anzustrebende Förderung der ›Wohlfahrt [s]einer Nebenmenschen‹, waren so fundamentale ethische Werte, daß sie geradezu als ›Hauptgesetz der Moral‹ bezeichnet werden konnten.[29] Um diesem obersten Gebot der Erziehung und sittlichen Bildung aber auch Geltung und Wirkung zu verschaffen, bedurfte es, wie Gellert nun weiter ausführte, noch eines zusätzlichen Schrittes. Der Auftrag, eine allgemeine Wohlfahrt und Menschenfreundschaft nach Kräften zu befördern, mußte unbedingt auch in seiner theologischen Dimension und religiösen Verankerung kenntlich gemacht werden, denn ›ohne das Licht der Religion‹ würden auch wir in der Lehre der Tugend ›nicht heller sehen, als die Weltweisen des Alterthums‹.[30]

Der Unterschied der philosophischen Moral und der Moral der Religion bestand nach Gellert beispielsweise darin, daß die Ethik der Vernunft ›bloß das äußerliche Betragen des Menschen‹ einzurichten bestrebt sei, während die Ethik der Religion ›eine höhere Absicht‹ verfolge, nämlich des Menschen ›ganzes Herz zu ändern und zu erneuern‹.[31] Zudem schenke die religiöse Moral auch besonderen Trost, da sie versichere, ›daß Gott unsre unvollkommene und fehlerhafte, aber doch aufrichtige Tugend, um einer göttlichen uns erworbenen Gerechtigkeit willen‹ tatsächlich ›als vollkommen annehmen‹ wolle, wohingegen die Moral der Vernunft allenfalls eine vage Hoffnung nähren könne, daß Gott einen unvollkommenen aber aufrichtigen Gehorsam mit Wohlgefallen ansehen werde.[32] Der wesentlichste Vorzug eines religiösen, den Menschen vermittels einer göttlichen ›Offenbarung‹ geschenkten, ›klare[n] und deutliche[n] Sittengesetz[es]‹, sei aber, daß es ›die

Wohltätigkeit, Detail aus Kupfertafel II zu Basedows ›Elementarwerk‹, 1774

Liebe der Feinde‹ als schönste aller menschlichen Tugenden beschreibe, während es der natürlichen Vernunft sehr schwer werde, ›die Nothwendigkeit dieser Pflicht zu erkennen‹.[33]

Da nun ›in dem Menschenfreunde‹, der sich im Glauben an Gott geborgen wisse, ›ein gütiges Verlangen‹ lebe, ›das in seiner Art gegen Andre zu seyn, was Gott gegen Alle ist‹,[34] dürfe auch umgekehrt davon ausgegangen werden, ›daß in allerley Volk‹, derjenige, welcher Gott in dieser Weise ›fürchtet und recht thut‹, diesem Gott sehr ›angenehm sey‹.[35] Ganz offensichtlich wollte Gellert mit dieser weiteren Folgerung den wichtigen Hinweis geben, Gott könne durchaus in ganz unterschiedlichen Religionen auf eine ihm gleichermaßen wohlgefällige Weise gedient werden. So wurde er jedenfalls von vielen Zeitgenossen an dieser Stelle auch verstanden,[36] wohl nicht zuletzt deswegen, weil der Autor der ›Moralischen Vorlesungen‹ sich in dieser Hinsicht auch in einem 1747 und 1748 in zwei Bänden erschienen Roman ganz unmißverständlich geäußert hatte.

Im ›Leben der schwedischen Gräfinn von G***‹, einem Roman, den der Verfasser selbst als einen seine Vorlesungen ergänzenden, *poetischen* Versuch der Sittenlehre verstand,[37] ließ Gellert nämlich einen Juden auftreten, welchen er nicht nur als einen treuherzigen und ehrlichen Mann zu schildern wußte, sondern den er insbesondere als ›Freund‹ und ›großen Wohltäter‹ seiner Mitmenschen charakterisierte,[38] da er ›so viele Menschenliebe‹ erwiesen habe,[39] daß er ›das größte Vertrauen‹ verdiene.[40] Zudem war dieser Jude, ›ohne alle Ostentation, ein frommer Mann‹.[41] Gellert führte also einer ganz überwiegend christlichen

21 Neue Zeitungen von gelehrten Sachen, Nummer 35, 1. Mai 1758, S. 316.
22 Christian Fürchtegott Gellert an Johanna Erdmuth von Schönfeld, Leipzig, den 26. 2. 1759. In: Gellerts Briefwechsel (Anm. 10), Bd. 2. Berlin und New York 1987, S. 225.
23 Christian Fürchtegott Gellert an Christiane Caroline Lucius, Leipzig, den 26. Oktober 1762. In: Gellert: Briefwechsel (Anm. 10), Bd. 3. Berlin und New York 1991, S. 253.
24 Johann Bernhard Basedow: Neue Lehrart und Übung in der Regelmäßigkeit der Teutschen Sprache, Kopenhagen 1759, Vorwort.
25 Gellerts Vorlesungen über Moral wurden zwar erst 1770 veröffentlicht, doch kursierten schon seit Beginn der Vorlesungen Abschriften, die vor allem auch Gellerts engste Freunde erreichten. So beschickte Gellert beispielsweise auch Rochow mit Teilauszügen der wesentlichsten Passagen seiner Vorlesungen. Vgl. dazu Christian Fürchtegott Gellert an Friedrich Eberhard von Rochow, Leipzig, den 1. März 1766. In: Gellert: Briefwechsel (Anm. 10), Bd. 4. Berlin und New York 1996, S. 154. Wie Vorlesungsnachschriften der 1750er Jahre beweisen, sind in der frühen Textfassung der publizierten Vorlesungen ›nahezu alle Teile der späteren wesentlich umfangreicheren Ausarbeitung bereits angelegt‹, Christian Fürchtegott Gellert: Moralische Vorlesungen, hrsg. von Sibylle Späth. Berlin und New York 1992, S. 443.
26 Johann Wolfgang von Goethe: Dichtung und Wahrheit. In: Werke, Hamburger Ausgabe, hrsg. von Erich Trunz, Bd. 9, 12., durchgesehene Aufl. München 1994, S. 295.
27 Gellert: Moralische Vorlesungen (Anm. 25), S. 8.
28 Ebenda S. 7.
29 Ebenda S. 17.
30 Ebenda.
31 Gellert: Moralische Vorlesungen (Anm. 25), S. 50.
32 Ebenda S. 54.
33 Ebenda S. 49.
34 Ebenda S. 222.
35 Ebenda S. 281.
36 Vgl. eine sich in diesem Sinne erklärende Fußnote der Herausgeber der moralischen Vorlesungen, Johann Adolf Schlegel und Christian Leberecht Heyer, von 1770, in: Gellert: Moralische Vorlesungen (Anm. 25), S. 281.
37 So führte Gellert diesen Roman unter dem Stichwort ›Moralische Schriften‹ neben rein philosophischen Traktaten zur Sittenlehre in einer von ihm selbst verfaßten ›Frauenzimmerbibliothek‹ auf. Vgl. Christian Fürchtegott Gellert an Johanna Erdmuth von Schönfeld, Leipzig, den 26. Februar 1759. In: Gellert: Briefwechsel (Anm. 10), Bd. 2. Berlin und New York 1987, S. 225. Friedrich Koch: Christian Fürchtegott Gellert. Poet und Pädagoge der Aufklärung. Weinheim 1992, S. 105 erblickt in Gellerts ›dichterische[r] Gestaltung‹ der Sittenlehre die ›Vorwegnahme seiner Erziehungslehre‹ der Vorlesungen.
38 Christian Fürchtegott Gellert: Leben der Schwedischen Gräfinn von G***, hrsg. von Bernd Witte. Berlin und New York 1989, S. 51.
39 Ebenda S. 71.
40 Ebenda S. 60.
41 Wolfgang Martens: Zur Figur des edlen Juden im Aufklärungsroman vor Gotthold Ephraim Lessing. In: Der Deutschunterricht 36/4 (1984), S. 50.

Von der
Beschaffenheit,
dem Umfange und dem Nutzen
der
Moral.
Von
C. F. Gellert.

Frankfurt und Leipzig.
1770.

Exemplar aus der Bibliothek der ›Märkischen Ökonomischen Gesellschaft zu Potsdam‹

Leserschaft vor – und dies gehörte sicherlich zu der lehrhaftesten und für diese Zeit ganz und gar neuartigen Intention des Romans –, daß das von ihm propagierte sittliche Ideal einer religiös fundierten Menschenfreundschaft selbstverständlich auch von einem Fremdgläubigen, in diesem Fall von einem sich zur jüdischen Religion bekennenden Menschen, gelebt werden konnte.

Will man Gellerts Verdienste auf dem Gebiet der Pädagogik und der Moral zusammenfassend benennen, darf vor allem festgestellt werden, daß er schon seit den 1740er Jahren bemüht war, die Verwirklichung einer aus dem Glauben an Gott erwachsenen, allgemeinen Menschenfreundschaft als Hauptzweck der Erziehung darzustellen. In diesem Zusammenhang forderte er dann auch sehr nachdrücklich dazu auf, den religiösen Anschauungen und sittlichen Leistungen fremdgläubiger Menschen, insbesondere der Juden, mit gebührendem Respekt zu begegnen. Die uns an dieser Stelle besonders interessierende Frage ist nun, inwiefern diese eindrucksvolle pädagogische Grundaussage auch in das Werk Rochows und Basedows Eingang fand.

Mit Blick auf Basedow dürfen wir zunächst einmal feststellen, daß dieser, als er sich 1758 in der ›Practischen Philosophie‹ auf Gellert berief, über dessen Sittenlehre tatsächlich gut informiert war, nicht zuletzt auch als Folge der Vermittlungsbestrebungen des gemeinsamen Freundes Johann Andreas Cramer.[42] Basedow wußte sehr genau, wovon er sprach, wenn er seine neuartigen Gedanken über Erziehung ausdrücklich ›im Geschmack Gellerts‹ zu Papier bringen wollte. Unschwer zu erkennen ist jedenfalls, daß allein schon das Argumentations*schema* der ›Practischen Philosophie‹ Basedows pädagogisches Programm in deutliche Nähe der Moral Gellerts rückt.

Wie Gellert hebt auch Basedow in der ›Practischen Philosophie‹ hervor, daß ein Lehrer, ganz gleich mit welcher Art der Wissensvermittlung er beauftragt ist, zuvörderst zu verstehen geben müsse, ›daß er Tugend höher als Gelehrsamkeit schätze‹.[43] Nicht umfangreiches Faktenwissen, sondern eine beständige Gewöhnung zur ›Gerechtigkeit und Menschenliebe‹ sei als wichtigstes pädagogisches Anliegen zu verstehen.[44] Somit sei es ein Hauptzweck der Erziehung, Kinder ›zu Liebe und zum Vertrauen‹ zu ihren Mitmenschen zu bewegen,[45] um sie auf diese Weise zu ›glückselige[n] und gemeinnützige[n]‹ Gliedern der Gesellschaft heranzubilden.[46]

Liebevolles Anleiten zu menschenfreundlichem und gemeinnützigem Handeln konnte aber nur dann zum Erfolg führen, so Basedow weiter, wenn der Wunsch, Menschenfreundschaft und allgemeine Menschenliebe zu praktizieren, ein Resultat echter Gottesfurcht war. Denn ›die Bewegungsgründe‹, die Pflichten zur Menschenliebe ›für Pflichten zu erkennen und bey starken Reizungen zum Gegentheile dennoch auszuüben‹, würden bei jemandem, der die biblische ›Offenbarung mit der Vernunft verbindet, weit kräftiger seyn, als bei einem bloßen Philosophen‹.[47] Der entscheidende Unterschied zwischen einer bloß philosophischen und einer religiös fundierten Menschenliebe bestand für Basedow dabei in dem biblischen Gebot der Feindesliebe. Weil jeder andere Mensch ›ein eben so wichtiges Mitglied der göttlichen Republik, als ich‹ sei, müsse mir folglich ›sein Wohl in eben dem Grade lieb seyn, als das Meinige‹.[48]

Weiterhin lehre die geoffenbarte Religion aber auch, so Basedow, daß mir das menschliche Geschlecht fraglos ›wichtiger‹ sein müsse, als ›meine Religionssecte‹.[49] Wer die Form seiner eigenen Religiosität über den Wert der Religiosität anderer Menschen stelle, handele verwerflich und dem göttlichen Gebot der Menschenliebe zuwider, zumal allein Gott urteilen könne, ob jemand, der einer anderen Glaubensgemeinschaft als der Religion der gesellschaftlichen Mehrheit angehört, ungläubig sei.[50] Deshalb forderte Basedow auch, daß Menschen, ›die eine besondere‹, aber dem Gemeinwesen nicht schädliche, ja sogar ›gute Religion haben‹, nicht von ›Aemtern und anderen Vortheilen‹ ausgeschlossen werden dürften.[51] So sei ›die Partheilichkeit der Christen gegen die Juden‹ eine ›höchst strafbare Sache‹,[52] da es doch gerade wegen ihrer guten Religion dringend geboten sei, daß man auch den Juden ›mit den Christen gleiche Rechte verstatte‹.[53]

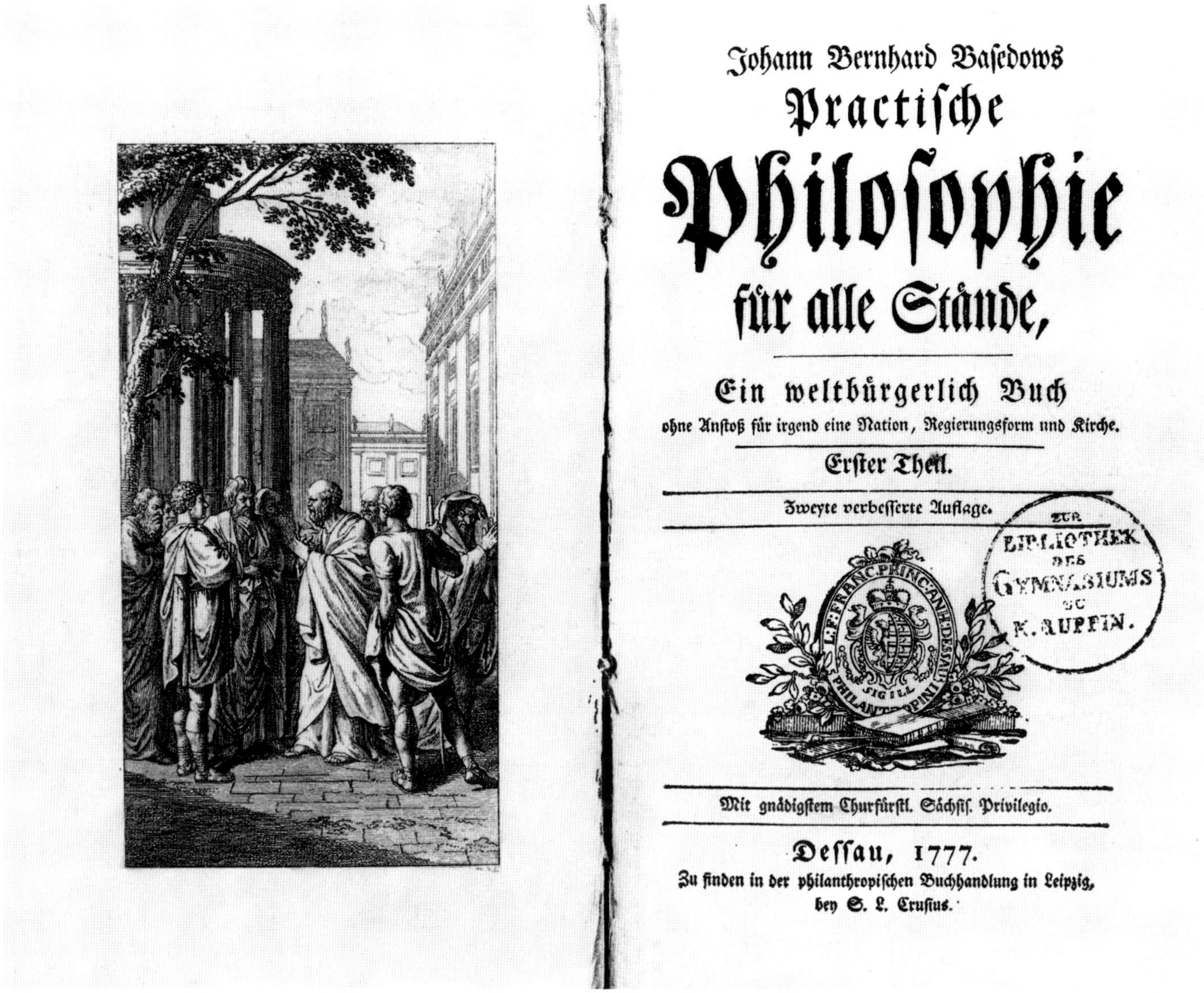
Johann Bernhard Basedows
Practische
Philosophie
für alle Stände,
Ein weltbürgerlich Buch
ohne Anstoß für irgend eine Nation, Regierungsform und Kirche.
Erster Theil.
Zweyte verbesserte Auflage.
Mit gnädigstem Churfürstl. Sächsis. Privilegio.
Dessau, 1777.
Zu finden in der philanthropischen Buchhandlung in Leipzig,
bey S. L. Crusius.

Ganz unschwer zu erkennen ist, daß Basedows hier vorgestelltes pädagogisches Ideal einer theologisch fundierten Erziehung zur Menschenfreundschaft und religiösen Toleranz Gellerts Sittenlehre deutlich verpflichtet blieb. Insofern hatte er sich in der ›Practischen Philosophie‹ zu Recht auf den Leipziger Professor der Moral berufen. Wie eng aber, so ist nun zu fragen, schloß sich auch Rochows Pädagogik an Gellerts Vorgaben an?

Die Leitlinien seines pädagogischen Reformprogramms legte der märkische Freiherr erstmals in seinem 1772 veröffentlichten ›Versuch eines Schulbuches für Kinder der Landleute oder zum Gebrauch in Dorfschulen‹ dar. Als ›Lehrer des Landvolks‹, zu dem er sich berufen fühle, so Rochow, sei ihm vor allem daran gelegen, die Bauern und Landleute ›von der schweren Last ihrer Vorurteile‹ zu befreien.[54] Denn ›ihre Unwissenheit in den nötigsten Kenntnissen‹ beraube sie der Vorteile, welche die ›für alle Stände gnädige Vorsehung Gottes auch dem ihrigen gegönnt hat‹.[55] Die von reformierten Dorfschulen nunmehr zu leistende Beseitigung der bäuerlichen Unwissenheit sowie die entsprechende Vermittlung

42 Vgl. dazu etwa Johann Andreas Cramer an Christian Fürchtegott Gellert, Kopenhagen, im November 1756 und Johann Bernhard Basedow an Christian Fürchtegott Gellert, Sorö, den 10. März 1758. In: Gellert: Briefwechsel (Anm. 10), Bd. 2. Berlin und New York 1987, S. 80 und 156.
43 Basedow: Practische Philosophie (Anm. 19), S. 562.
44 Ebenda S. 548.
45 Ebenda S. 545.
46 Ebenda S. 540.
47 Ebenda S. 1033.
48 Ebenda S. 31–32.
49 Ebenda S. 33.
50 Vgl. ebenda S. 683.
51 Ebenda S. 740.
52 Ebenda S. 798.
53 Ebenda S. 742.
54 Friedrich Eberhard von Rochow: Versuch eines Schulbuchs für Kinder der Landleute oder zum Gebrauch in Dorfschulen. In: Jonas/Wienecke: Schriften (Anm. 6), Bd. 1. Berlin 1907, S. 3.
55 Ebenda.

Kupfer zu Ch. G. Salzmanns ›Moralisches Elementarbuch‹, 1784

grundlegender Kenntnisse bedeutete für Rochow jedoch keineswegs, daß nun das Hauptaugenmerk seiner erzieherischen Bestrebungen beispielsweise dem soliden Erlernen des Schreibens, Lesens und Rechnens gegolten hätte. Vielmehr müßten der ländlichen Jugend, viel stärker als bisher geschehen, die richtigen *moralischen* Begriffe und Grundsätze ins Herz gelegt werden. Aufgrund ihrer mangelnden Bildung hätten die Kinder der Bauern nämlich noch niemals einen ›moralischen Vortrag verstanden‹, weshalb sie bisher auch zu ›keiner Art von moralischer Glückseligkeit fähig‹ gewesen wären.[56]

Erziehung aber in erster Linie als eine ›vortreffliche Sittenlehre‹[57] anzulegen, hieß für Rochow zum einen, Kinder und Jugendliche dazu anzuleiten, gelebte Menschenfreundschaft als wichtigste Voraussetzung für ›Gerechtigkeit und Frieden‹ in der Gesellschaft zu begreifen.[58] Nur ›durch Ausbreitung einsichtsvoller Tugend‹ und durch eine gewissenhaft praktizierte ›allgemeine Menschenliebe‹ könne ›in jedem Dorfe Glückseligkeit wohnen‹.[59] Allein die wohlwollende Anerkennung und Unterstützung seiner Mitmenschen garantiere demnach die nachhaltige Verbesserung der Lebensumstände jedes einzelnen Landbewohners.

Die so verstandene Bereitschaft zu einem tugendhaften Leben, so Rochow weiter, sollte aber immer auch als Form des Dankes für Gottes gütiges Handeln an den Menschen begriffen werden. Denn ›unter allen Erkenntnissen‹ auf dem Gebiet der Sittenlehre, sei ›die Erkenntnis der Religion oder des Verhältnisses, worin der Mensch mit Gott steht‹, ganz zweifellos ›die wichtigste‹.[60] Gerade weil ›der höchstgütige Gott‹ die Menschen als ›seine Geschöpfe‹ liebe, ihnen ›Brot aus der Erde und Kleidung wachsen‹ lasse, mithin alles so ›veranstaltet hat, daß, wer seinen Worten und Zeugnissen in der Religion folgt, schon hier sehr glücklich ist und nach dem Tode eine unaussprechliche Herrlichkeit zu gewärtigen hat‹,[61] könnten und sollten die Menschen ›den ihm wohlgefälligen Dank durch ein tugendhaftes‹ und menschenfreundliches ›Leben opfer[n]‹.[62]

Rochow glaubte nun, daß die religiöse Motivation einer Erziehung zur Menschenfreundschaft in einem konfessionslosen Religionsunterricht durchaus an Kinder ganz unterschiedlicher Glaubensbekenntnisse zu vermitteln war. Denn, wie er einmal in einem für die ›Jahrbücher der Preußischen Monarchie‹ verfaßten Aufsatz anmerkte, ›sollte der allen Staaten so nützliche Geist der verträglichen Toleranz nicht auch dabei gewinnen‹, wenn ›Kinder von allen Konfessionen eine und dieselbe Landschule besuchen und benutzen‹ konnten?[63] So freute er sich in seiner 1795 erschienenen ›Geschichte meiner Schulen‹ auch ganz besonders, daß bereits seit den ersten Jahren ihrer Existenz ›von allen Konfessionen, selbst der Römischkatholischen, auch Juden, meine Reckahnsche Schule besuchten‹.[64]

Sittenlehrende

Erzählungen

für die

Land-Schulen.

Zürich,
bey Orell, Geßner, Füeßlin und Compagn. 1777.

Bearbeitung von Rochows ›Kinderfreund‹

Auch Rochow folgte also mit seinem pädagogischen Programm, wie sich nun abschließend feststellen läßt, in der Grundaussage dem zunächst von Gellert vorgegebenen und dann von Basedow aufgegriffenen Ideal einer theologisch fundierten Erziehung zur Menschenfreundschaft und religiösen Toleranz. Die sichere Kenntnis guter Sitten sowie die Beherzigung von Toleranz schien demnach für ein gedeihliches und erfolgreiches Zusammenleben in der Gesellschaft wichtiger zu sein, als die Vermittlung von technischen Fertigkeiten und purem Faktenwissen. Gellerts Verdienst war es, diese ›menschen-freundliche‹ Sitten- und Erziehungslehre – und eine in diesem Sinne also tatsächlich schon ›phil-anthropische‹ Pädagogik – bereits seit den 1740er Jahren als einer der ersten in Deutschland thematisiert und propagiert zu haben. Andererseits bestand Rochows und Basedows große Leistung darin, durch Aufnahme dieser wichtigen Anregung in ihren eigenen Lehrplan und durch die erfolgreiche Schulpraxis der von ihnen in Reckahn und Dessau gegründeten Erziehungsinstitute, Gellerts pädagogischem und sittlichem Ideal ganz entscheidend zum gesellschaftlichen Durchbruch verholfen zu haben. Die von Gellert, Basedow und Rochow in jeweils eigener Weise formulierte Forderung, daß Kinder aus verschiedenen Religionen, ›ohne Widerspruch der Geistlichen, das Menschliche und Bürgerliche zusammen gemeinschaftlich lernen und zugleich in den ersten Jahren sich zur heilsamen Vertragsamkeit gewöhnen können‹,[65] hat ihre gesellschaftliche und politische Relevanz bis heute nicht eingebüßt.

56 Rochow: Versuch (Anm. 54), S. 4.
57 Ebenda S. 3.
58 Ebenda S. 8.
59 Ebenda.
60 Ebenda S. 27.
61 Ebenda S. 26–27.
62 Ebenda S. 36.
63 Friedrich Eberhard von Rochow: Noch ein Wort über die Verbesserung der Landschulen. 1799. In: Schäfer: Rochow (Anm. 7), S. 416.
64 Friedrich Eberhard von Rochow: Geschichte meiner Schulen. In: Jonas/Wienecke: Schriften (Anm. 6), Bd. 3, Berlin 1909, S. 17.
65 Johann Bernhard Basedow: Für Cosmopoliten etwas zu lesen, zu denken und zu thun. Leipzig 1775, S. 22.

J. L. Morgenstern: Die Hirtin, 1773

Mädchenerziehung in Rochows Pädagogik

Christine Mayer

Wenn man sich dem Thema Mädchenerziehung bei Rochow zuwendet, ist man zunächst mit zwei Schwierigkeiten konfrontiert: Zum einen finden sich in Rochows Schriften keine speziell auf Fragen der Mädchenerziehung bezogene Beiträge, sondern lediglich einige Hinweise, die aber darauf verweisen, daß Rochows pädagogische Reforminitiativen sich auch auf die weibliche Landjugend bezogen haben. Zum anderen fehlt es an Untersuchungen zur Erziehung und Sozialisation der Mädchen und Frauen auf dem Lande im 18. Jahrhundert, auf die im Kontext der hier zu behandelnden Thematik hätte zurückgegriffen werden können. Die bisher vorliegenden Studien zur Mädchenerziehung in dieser Zeit konzentrieren sich nahezu ausschließlich auf Töchter des städtischen Bürgertums und der höheren Stände.[1] Auch geben die Quellen nur beschränkt Auskunft über das Leben des Eheleute Rochow und deren Verhältnis zueinander, weshalb in diesem Beitrag der für die Mädchenerziehung interessanten Frage, ob und in welcher Form Christiane Louise von Rochow (1734–1808) am Prozeß der Aufklärung und an den Reforminitiativen ihres Mannes teilnahm, auch nur konturenhaft nachgegangen werden kann.

Christiane Louise von Rochow (geb. von Bose) – die Frau an Rochows Seite

Christiane Louise von Bose entstammte dem Hause Schweinsburg und Bosenhof in der Nähe von Zwickau und war die Tochter des Herzoglich Sachsen-Weißenfelsischen Kanzlers und Geheimen Rats von Bose und seiner Frau, einer Freiin von Wolfersdorf.[2] Sie war die älteste Schwester von Friedrich Carl von Bose (1737–1764), dessen Laufbahn als Page bei der Fürstin von Anhalt-Zerbst begann und der dann ab 1755 in Leipzig studierte und bei Gellert (siehe Beitrag Overhoff) wohnte. Rochow, der seine Frau in einem biographischen Beitrag als ›Gellerts Freundin‹ bezeichnete[3], hat diese wohl über seine Verbindung mit Gellert kennengelernt und im Januar 1759 geheiratet.[4] Die Ehe blieb kinderlos.

Über die Erziehung und Ausbildung Christiane Louise von Boses ist nichts bekannt. Folgt man den Ausführungen von Silke Lesemann, die die Erziehung und Bildung der weiblichen Angehörigen des Landadels im 18. Jahrhundert jüngst untersucht hat[5], so kann davon ausgegangen werden, daß der Bildungsstand landadeliger Mädchen sich dem der Jungen annäherte, da in diesen Gesellschaftsschichten zumindest einige Jahre lang eine gemeinsame Erziehung der Kinder durch sogenannte Informatores stattfand. Die Beteiligung der Mädchen am Unterrichtsprogramm ihrer Brüder trug somit zu einer Erweiterung ihres Wissensspektrums bei.[6] Noch bis 1800 war der Erziehungsort der landadeligen Frauen allerdings das Haus. Unter der Hauptverantwortung der Mutter fand für die Mädchen eine Erziehung statt, die sich auch noch im Zeichen der Aufklärung an dem traditionellen Ausbildungsziel der ›Hauswirthin‹, d. h. der in allen Angelegenheiten der Hauswirtschaft umfassend ausgebildeten Frau, orientierte.[7] Es ist anzunehmen, daß auch Christiane Louise von Bose im Sinne dieses Landadel-Ideals aufgewachsen ist und demzufolge eine produktive Partnerin in der Bewirtschaftung des Guts und der Betreuung der Gäste war, die, angelockt durch Rochows Schulversuch, das Reckahnsche Anwesen in großer Anzahl aufsuchten. Vor allem in den ersten zehn Jahren nahm der Schulbesuch sehr zu; das Besucherverzeichnis weist mehr als 700 Personen für diese Zeit aus[8], darunter viele Frauen aus Kreisen des Adels und des Bürgertums, die zum Teil auch ohne männliche Begleitung angereist kamen. Diese Besucherströme verdeutlichen nicht nur das breite öffentliche Interesse an Rochows Reform-

1 Vgl. hierzu z.B. Elke Kleinau, Claudia Opitz (Hrsg.): Geschichte der Mädchen- und Frauenbildung, 2 Bde., Frankfurt/New York 1996 und Elke Kleinau, Christine Mayer: Erziehung und Bildung des weiblichen Geschlechts. Eine kommentierte Quellensammlung, 2 Bde., Weinheim 1996.

2 Anton Friedrich Büsching: Beschreibung seiner Reise von Berlin über Potsdam nach Rekahn unweit Brandenburgs, zweyte stark vermehrte Ausgabe, Frankfurt und Leipzig 1780, S. 259.

3 Vgl. Denkwürdigkeiten und Tagesgeschichte der Mark Brandenburg, 2. Bd., Berlin 1796, S. 893–895.

4 Vgl. John F. Reynolds (Hrsg.): C. F. Gellerts Briefwechsel, Bd II: 1756–1759, Berlin, New York 1987, S. 436.

5 Vgl. Silke Lesemann: ›dass eine gelehrte Frau keine Wirtinn sey‹. Zur Bildung und Sozialisation landadliger Frauen im 18. Jahrhundert. In: Claudia Opitz, Ulrike Weckel, Elke Kleinau (Hrsg.): Tugend, Vernunft und Gefühl. Geschlechterdiskurse der Aufklärung und weibliche Lebenswelten, Münster u. a. 2000, S. 249–270.

6 Vgl. ebenda S. 255, 263.

7 Vgl. ebenda S. 257.

8 Rochow spricht im Hinblick auf diese ersten zehn Jahre sogar ›von mehr als tausend Personen‹, die die Schule besuchten, vgl. F. E. v. Rochow: Geschichte meiner Schulen. In: Fritz Jonas, Friedrich Wienecke (Hrsg.): F. E. von Rochows sämtliche pädagogische Schriften, IV Bde., hier: III. Band, S. 17.

Wetterfahne auf der Kirche zu Krahne als Erinnerung an den vom Ehepaar Rochow finanzierten Neubau im Jahre 1767

bestrebungen, sondern auch, daß das gesamte Anwesen in die pädagogisch-öffentliche Sogwirkung einbezogen war. An diesem gastfreundlichen und geselligen Leben nahm die Gutsherrin regen Anteil.[9] Christiane Louise v. Rochow unterstützte nicht nur die pädagogischen Bestrebungen ihres Mannes, sondern war, wie sich auch bei anderen Gutsfrauen vielfältig nachweisen läßt, selbst Initiatorin und Förderin von Bildungsmaßnahmen. So vermerkt Rochow in der ›Geschichte meiner Schulen‹ (1795), daß seine Frau ›schon seit vielen Jahren eine Art von Industrie-Schule gestiftet‹ habe; eine aus Sachsen stammende Gärtners Frau ›lehrte den Mädchen (was *sonst keine* konnte) nähen und stricken‹. Allerdings finden sich zur Existenz dieser Schule keine weiteren Hinweise.

Christiane Louise von Bose war zur Zeit ihrer Heirat verwaist. Gellert schrieb an die Fürstin von Anhalt-Zerbst am 6. Februar 1759: ›In der That muß ein besonderer Seegen der Vorsehung auf dieser Familie [von Bose] ruhen, die, verlassen und elternloß, hier Schutz, dort Beyfall und überall Liebe findet und vorzüglich verdienet. Der Herr von Rochau hat an mich geschrieben und nach seinem Briefe zu urtheilen muß er einen Charakter haben, der einem [muß heißen: einer] Bosinn würdig ist‹[10]. Der Berliner Oberkonsistorialrat Büsching, der 1775 das Reckahnsche Gut und die Schulen besuchte, stellte in seinem Reisebericht die natürlichen und ungekünstelten Verhaltensweisen der Gutsherrin heraus: ›Ihr gefälliges Betragen ohne Kunst, Ihre christliche Rechtschaffenheit ohne Form, Ihr sehr gebaueter Verstand ohne Schimmer, und Ihre edle Sprache ohne Schminke, wird von einer so großen Anzahl ehrwürdiger Personen aus allen Ständen bezeugt, daß es eines neuen Zeugnisses nicht bedarf‹[11]. Zumindest diese Beschreibung und auch die Hinweise, die sich in den Gellertschen Briefen finden, verweisen darauf, daß ihr Bildungsstand wohl über der für Frauen sonst üblichen klassischen Elementarbildung lag, sie dem Bild einer vom Aufklärungsgeist beeinflußten Frau der höheren Gesellschaftsschichten sehr wohl entsprochen haben durfte – einem Bild, das sich zwar noch an der traditionellen weiblichen Erziehung orientierte, zugleich aber auch über diese hinauswies, zu den Vorstellungen einer gelehrten oder vielseitig belesenen Frau allerdings in deutlicher Abgrenzung stand.

Die wenigen Äußerungen, die sich in den Quellen auf das Ehepaar Rochow beziehen, zeugen davon, daß es sich um ein von Verständnis und gegenseitiger Achtung getragenes Verhältnis gehandelt haben muß. Nicht zuletzt spiegelt sich diese Verbundenheit des Paares auch in der Grabinschrift wider.

Rochows pädagogischer Ansatz und die Erziehung der Mädchen

Rochow beschäftigte sich zwar schon in seiner Funktion als Domherr zu Halberstadt (siehe Beitrag Sippach) mit pädagogischen Reformmaßnahmen; doch gaben die wirtschaftlichen und gesellschaftlichen Zustände der siebziger Jahre des 18. Jahrhunderts, insbesondere die durch Mißernten hervorgerufenen Krisen der Jahre 1771–72, den eigentlichen Anstoß für seine Reforminitiativen. Auf struktureller Ebene bezogen sich seine Bemühungen auf eine Veränderung des traditionellen Landbaus; auf pädagogischer Ebene versuchte er, den weit verbreiteten Mißständen der Zeit – ›Vorurteile, Verwöhnung und Aberglauben nebst gänzlicher Unwissenheit an Lesen und Schreiben‹[12] – durch schulische und unterrichtliche Reformen entgegenzutreten.

Für Rochow bildeten Aufklärung und Vernunft universelle Prinzipien, die für alle Sozialschichten Geltung beanspruchen sollten. Da ›alle Menschenseelen aus einem Stoffe‹ seien – schreibt Rochow –, so hätten ›auch *alle Stände* gleiches Anrecht an verhältnismäßige Vervollkommnung des Menschengeschlechts durch die Aufklärung über *Sittlichkeit* ihrer Zwecke und Mittel‹[13]. Vor allem das Landvolk, besonders der Landmann, die ›eigentliche Stärke des Staats-Körpers‹[14], könnten von diesem Anspruch nicht ausgeschlossen werden. Ganz im Sinne aufklärerischen Denkens sah Rochow in einer verbesserten Erziehung des Menschen, realisiert durch eine ›gute Schule‹, das geeignete Mittel, die ökonomische Not und das soziale Elend zu mildern. Und mit ›guter Schule‹ meinte er eine Schulreform, die auf einer Ausbildung qualifizierter Lehrer (siehe Beitrag Keck) aufbaute, eine neue Art von Denkschulung dem traditionellen memorierenden Unterricht entgegensetzte und von einem kontinuierlichen und unentgeltlichen Schulbesuch für alle Heranwachsenden ausging. Rochow leitete aus dem allgemeinen Anspruch nach Aufklärung somit pädagogische Maßnahmen ab, die für die Landjugend einen Schulunterricht vorsahen, wie er bisher nur für die höheren (männlichen) Bevölkerungsschichten realisiert war.

In seinem Kern bezog sich Rochows Ansatz auf eine Elementarbildung, die auf einer allgemeinen grundlegenden Ebene ansetzte und die ›die Flexibilität sichern [sollte], die die sogenannten niederen Schichten zur Bewältigung der wechselhaften Lebens- und Arbeitssituationen benötigten‹[15]. Geistige Operationen wie ›Übungen im Kennen und Nennen, im Vergleichen und Unterscheiden, in der Herleitung der Wirkungen aus den Ursachen, in der Betrachtung der Zweckmäßigkeit der Mittel zu den Endzwecken‹[16], zielten darauf ab, ›die Kinder *denken* zu lehren‹[17] und ihnen im Sinne einer rationalen Grundbildung dazu zu verhelfen, Dinge und Vorgänge ihrer Lebensumwelt zu begreifen. Um dieses anspruchsvolle Ziel zu erreichen, verfaßte Rochow nicht nur inhaltlich hierzu geeignete Lehr- und Schulbücher, sondern er leitete mit der katechetischen Form des Unterrichtens auch eine Unterrichtsreform ein, die das individuelle Fassungsvermögen des Kindes im Blick hatte (siehe Beitrag Sandfuchs).

Von dem allgemeinen Anspruch nach Aufklärung und der damit verbundenen Idee einer rationalen Grundbildung waren Mädchen und Frauen der ländlichen niederen Stände nicht ausgeschlossen. So prangerte Rochow schon vor J. H. Campes Kritik an den Mißständen der Mädchenerziehung[18] die katastrophale schulische Situation der weiblichen Jugend an. Während nämlich das männliche Geschlecht durch den ›polierenden Umgang mit anderen Menschen‹ seine Begriffe zumindest teilweise berichtet bekäme – so schreibt Rochow in seiner Schrift ›Vom Nationalcharakter durch Volksschulen‹ 1779 –, erhalte das weibliche Geschlecht aufgrund stärkerer ›häuslicher Eingezogenheit [...] bei

Bettelfrau mit drei Kindern, von Chodowiecki ›aus dem Fenster gezeichnet‹

noch schlechteren Schulanstalten für dasselbe auch fast ganz und gar keine Aufklärung‹. Rochow zufolge sind es aber gerade ›doch die *klugen Weiber*, durch die [...] das Haus gebessert wird‹[19]. Und an anderer Stelle gab er zu bedenken, ob es dem Land nicht große Vorteile brächte, ›wenn auch das weibliche Geschlecht zum richtigen Denken in Schulen mehr als bisher angeführt würde?‹[20] Welche Bedeutsamkeit er einer besseren Elementarbildung der Mädchen in den niederen Ständen beimaß, zeigt sich nicht zuletzt auch darin, daß er den als Wärterinnen, Ammen oder weiblichen Dienstboten arbeitenden Frauen der Unterschichten eine wichtige und aktive Stellung in der gesellschaftlichen Verbreitung der Aufklärung zuschrieb. ›Wahrlich die höhern Stände werden *leichter* gut, wenn es die geringern *sind*. Die Eindrücke der ersten Lebenszeit erhalten doch alle Menschen in höhern Ständen von Menschen aus geringern. Niemals wird z. E. eine Prinzessin die Kinderwärterin oder Amme des Kindes einer Bürgersfrau, wohl

9 Vgl. z.B. Büsching: Beschreibung (Anm. 2), S. 252.
10 Reynolds: Briefwechsel (Anm. 4), S. 215.
11 Büsching: Beschreibung (Anm. 2), S. 252.
12 Rochow: Geschichte meiner Schulen (Anm. 8), S. 9.
13 Vorrede zu Karl Friedrich Riemanns Versuch einer Beschreibung der Rekkahnschen Schuleinrichtung (1781). In: Jonas, Wienecke: Rochows Schriften (Anm. 8), Bd. I, S. 349–353.
14 Rochow: Geschichte meiner Schulen (Anm. 8), S. 11.
15 Achim Leschinsky: Die realen Grenzen einer Pädagogik der Armut. In: Ulrich Herrmann (Hrsg.): ›Das pädagogische Jahrhundert‹. Volksaufklärung und Erziehung zur Armut im 18. Jahrhundert in Deutschland, Weinheim und Basel 1981, S. 283–306, hier: S. 283. vgl. auch Achim Leschinsky, Peter Martin Roeder: Schule im historischen Prozeß. Zum Wechselverhältnis von institutioneller Erziehung und gesellschaftlicher Entwicklung, Frankfurt/Main u.a. 1983, S. 344–426. F. E. v. Rochow: Noch ein Wort über die Verbesserung der Landschulen (1799). In: Jonas/Wienecke: Rochows Schriften (Anm. 8), Bd. III, S. 166-169, hier: S. 168.
17 Rochow: Geschichte meiner Schulen (Anm. 8), S. 24.
18 Vgl. Joachim Heinrich Campe: Ueber einige verkannte wenigstens ungenützte Mittel zur Beförderung der Indüstrie, der Bevölkerung und des öffentlichen Wohlstandes, zwei Fragmente, Wolfenbüttel 1786, S. 43 ff.
19 F. E. v. Rochow: Vom Nationalcharakter durch Volksschulen (1779). In: Jonas/Wienecke: Rochows Schriften (Anm. 8), Bd. I, S. 313–348, hier: S. 324 f.
20 F. E. v. Rochow: Der Kinderfreund. Ein Lesebuch. Zweiter Teil (1779). In: Jonas/Wienecke: Rochows Schriften (Anm. 8), Bd. I, S. 195–169–312, hier: S. 215.

Die Hausmutter und die Erziehung ihrer Töchter

Frauen bei der Flachsarbeit

Vom frischen Fleisch

Vom Einmachen

aber umgekehrt‹[21]. In diesem Punkt unterschied sich Rochow von anderen zeitgenössischen Aufklärungspädagogen, die vor allem im Kontext des erstarkenden Bürgertums dem bürgerlichen Mittelstand die zentrale Rolle im Aufklärungsprozeß zuwiesen.

Daß Mädchen in das Konzept einer rationalen Elementarbildung einbezogen waren, zeigt sich auch auf schulpraktischer Ebene. In der Reckahnschen Schule, die sich schon kurz nach ihrer Gründung zu einer Modellschule entwickelte, gab es – was in Landschulen ansonsten nicht üblich war – eine Differenzierung der Schülerschaft. Die Klassenbildung erfolgte nach Alter und Fähigkeit, aber nicht nach Geschlecht. Die Mädchen wurden, wie aus Riemanns detaillierter Beschreibung der Schulanstalt hervorgeht, die gesamte Schulzeit hindurch gemeinsam mit den Jungen unterrichtet; lediglich in den Pausen wurde strikt darauf geachtet, daß beide Geschlechter nicht zusammen den Schulhof betraten.[22] Dieser gemeinsame Schulbesuch der Geschlechter bedeutete zugleich, daß Mädchen auch am Unterricht der ›nützlichsten ökonomischen Kenntnissen‹ teilnahmen, in dessen Zentrum allgemeine Grundlagen der Landwirtschaft und wichtige Regeln des Ackerbaus standen. Der weiblichen Jugend wurde dadurch ein Kenntnisfeld eröffnet, von dem Rochow ausging, daß auch für Mädchen dieser Unterricht nützlich sei, ›da sie oft als Witwen und sonst die Wirtschaft führen müssen‹[23]. Nicht zuletzt die hohe Zahl der Soldatenwitwen, die Rochow durch Überlassung seines Brachlandes hilfreich unterstützte, dürfte diese Einsicht veranlaßt haben.

Das Geschlechterverhältnis in den Lehr- und Schulbüchern Rochows

Das 1772 für Kinder des Landvolks entstandene erste Schulbuch[24], das als Grundlage eines reformierten Unterrichts gedacht war und in 16 Abhandlungen Grundlagen des Denkens, Fragen der Religion, des Gemeinwesens und der allgemeinen wie speziellen Lebenspraxis thematisierte, hatte nicht den Erfolg seines zweibändigen Werkes ›Der Kinderfreund‹[25] (siehe die Beiträge von

Fütterung des Viehs

Bäuerinnen beim Flachsbrechen

Böning und Freyer), das sich mit seinen kürzeren Texten im ersten Band und seinen längeren und spezielleren Abschnitten im zweiten an Heranwachsende unterschiedlichen Alters wandte. Die von Rochow verfaßten Lehr- und Schulbücher unterschieden sich von den vorwiegend zum Schuleinsatz gelangten religiösen Büchern hauptsächlich durch ihren lebensweltlichen und kindgemäßen Charakter. Gemeinsam ist den neuen Schriften, daß anhand fiktiver Personen in konkreten Handlungsbezügen richtiges und falsches Denken, rechtes und unrechtes Verhalten sowie sittliches und verwerfliches Handeln sichtbar gemacht wurden.

Hauptgegenstand der Rochowschen Szenarien ist die land- und hauswirtschaftliche Lebenspraxis, das häusliche Leben in seiner erweiterten Form. Bezüge zur alteuropäischen Ökonomik, wie sie im Rahmen der sogenannten Hausväterliteratur insbesondere in den ländlichen Oberschichten ihre Verbreitung fanden, lassen sich dabei erkennen. Dieser Zusammenhang ist insofern nicht erstaunlich, als Teile dieser Schriften mit ihrer engen Verbindung von Ökonomie und Moral schon Ansätze eines modernen zweckrationalen Erwerbsstrebens aufwiesen und mit den aufklärerischen Intentionen Rochows somit durchaus vereinbar waren. Daß auch noch in Zeiten der Aufklärung diese Schriften Konjunktur hatten, zeigt sich nicht zuletzt an C. F. Germershausens mehrbändigen Werken ›Die Hausmutter in all ihren Geschäfften‹ (1778) und ›Der Hausvater in systematischer Ordnung‹ (1783–1786)[26], die sich zudem auf die Mark Brandenburg bezogen (siehe Beitrag Tosch).

Die Verbindung zur alteuropäischen Ökonomik wird bei Rochow vor allem in den den Texten unterlegten Leitbildern sichtbar, die in ihren positiven oder negativen Verhaltensmerkmalen weitgehend auf die Figuren des Hausvaters und der Hausmutter zugeschnitten sind. Dem Bild des ›guten‹, d. h. fleißigen, gottgefälligen, rechtschaffenen und umsichtig arbeitenden Landwirts wird das Bild der ›guten‹, d. h. sparsamen, gottesfürchtigen und arbeitsamen Hauswirtin gegenüberstellt; mit dem Bild des ›bösen‹ und ›faulen‹ Bauern korrespondiert die ›schlechte‹ und ›liederliche‹ Hauswirtin. In verschiedenen Szenarien weist Rochow auch auf eine vernünftige Gattenwahl hin. Analog zu den häuslichen Schriften richten sich die Bestimmungen der Gattenwahl auch hier primär an den Mann als den Wählenden. So weist z. B. Rochow in seinen auf den zukünftigen Landwirt gerichteten Grundsätzen darauf hin, daß dieser, sobald er Wirt sei, ›eine fromme und arbeitsame Person zu heiraten suchen‹ müsse, denn eine Landwirtschaft ohne Hausmutter gehe nicht lange gut. Auf eine ›gute Wirtin‹ komme es an, das ›Wohl und Wehe‹ hänge davon ab.[27] Rochow übernahm von der Hauslehre vor allem den wirtschaftlichen Aspekt der Ehe, dem das arbeitsteilige Zusammenwirken von Mann und Frau in der Haushaltung zugrunde lag.[28] Und zu einem erfolgreichen Wirtschaften gehörte, daß nicht äußere Begebenheiten wie Schönheit und Reichtum das Eheverhältnis bestimmten, sondern die religiösen, sittlichen und häuslichen Tugenden der Frau. Entsprechend der alteuropäischen Ökonomik ging auch Rochow von einer engen Verbindung von Land- und Hauswirt-

21 Ebenda S. 178.

22 Vgl. Carl Friedrich Riemann: Neue Beschreibung der Reckanschen Schule, größtentheils zugleich ein Practisches Handbuch für Lehrer, welche nach Reckanscher Lehrart unterrichten können und wollen, Berlin und Stettin 1792, S. 204 und 185.

23 Rochow: Versuch eines Schulbuchs, 3. Aufl. (1790): In: Jonas/Wienecke: Rochows Schriften (Anm. 8), Bd. III, S. 217–331, hier: S. 313.

24 F. E. v. Rochow: Versuch eines Schulbuches für Kinder der Landleute oder zum Gebrauch in Dorfschulen (1772). In: Jonas/Wienecke: Rochows Schriften (Anm. 8), Bd. I, S. 1–87.

25 F. E. v. Rochow: Der Kinderfreund. Ein Lesebuch zum Gebrauch in Landschulen. Erster Teil (1776). Zweiter Teil (1779). In: Jonas/Wienecke: Rochows Schriften (Anm. 8), Bd. I, S. 133–312.

26 Vgl. Christian Friedrich Germershausen: Die Hausmutter in all ihren Geschäfften, 5 Bde., Leipzig 1778–1781, Ders.: Der Hausvater in systematischer Ordnung von dem Verfasser der Hausmutter, 5 Bde., Leipzig 1783–1786.

27 Rochow: Versuch (Anm. 23), S. 83.

28 Vgl. hierzu auch Julius Hoffmann: Die ›Hausväterliteratur‹ und die ›Predigten über den christlichen Hausstand‹, Weinheim und Berlin 1959, S. 111 ff.

Materialien
zum
frühen Unterricht
in
Bürger- und Industrie-Schulen.

Von
Friedrich Eberhard von Rochow
Erbherrn auf Rekahn ꝛc.

Berlin und Stettin,
bey Friedrich Nicolai 1797.

schaft aus. Im Rahmen einer funktionalen Arbeitsteilung waren die Arbeitsbereiche von Mann und Frau für ihn zwar unterschiedlich ausgestaltet, als gute Haushälterin nahm die Frau am erfolgreichen Wirtschaften jedoch aktiv teil. So gehörte für Rochow zur Beschreibung eines ›guten‹ Landwirts, der durch den Ackerbau sehr wohlhabend geworden war, auch der Hinweis, daß er eine ›im Hause und Felde‹ fleißige Frau hatte, die nichts durch brachte und ihm treulich zur Seite stand.[29] Vor diesem Hintergrund gestaltete sich für Rochow das Verhältnis der Geschlechter nicht als ein einseitiges, sondern als ein in den jeweiligen Pflichten und Rechten wechselseitig zu regelndes.[30] Aus der engen Verknüpfung von Land- und Hauswirtschaft wird aber auch erklärbar, warum sich sein pädagogischer Ansatz auch auf die ländliche weibliche Jugend bezog. Denn nur über ein rationales Handeln beider Geschlechter konnte eine Verbesserung ihrer ökonomischen und sozialen Verhältnisse angestrebt und der Weg zu ›häusliche[r] Glückseligkeit‹ als ›Grundquell aller gesellschaftlichen Verbindung und alles menschlichen Wohlseins‹[31] erreicht werden.

Neben den Figuren der Hausmutter und des Hausvaters finden sich in den Schul- und Lehrbüchern Rochows noch die Leitbilder der Magd und des Knechtes, die in positiver wie negativer Ausprägung ebenfalls auf die zukünftigen Lebenspraxen der Heranwachsenden verweisen. Im Rahmen dieser Leitbilder wird der Gesindedienst thematisiert, der für Mädchen wie Jungen des ländlichen Raumes die Lebensphase zwischen Konfirmation (in protestantischen Gegenden) und Heirat markierte und – da keine landwirtschaftliche Lehre existierte – auch für beide Geschlechter die Funktion einer ›Ausbildung‹ übernahm. Ein Merkmal der Pädagogik Rochows war es, daß es ihm selbst im landwirtschaftsbezogenen Unterricht um allgemeine rationale Grundlagen und nicht um die Vermittlung konkreter Fertigkeiten ging. Die spezifischen landwirtschaftlichen bzw. hauswirtschaftlichen Qualifikationen sollten – da es keine formalen Ausbildungsmöglichkeiten für Jungen und Mädchen gab – im Elternhaus oder in einem fremden Haus erworben werden. Deshalb hatte die Vorbereitung auf den Dienst als Magd oder Knecht bei Rochow auch eher einen auf das moralisch-sittliche Verhalten abzielenden Charakter. Wenn auch die Dienstbotentugenden in Rochows Szenarien zwischen Magd und Knecht differierten, das Wohlverhalten der Mägde mit dem Fleiß und der Arbeitsamkeit der Knechte korrespondierte, so lassen sich die unterschiedlichen geschlechterbezogenen Verhaltenscodices, die noch an Arbeitsaufgaben gebunden waren, noch nicht als Geschlechtscharaktere fassen.[32]

Resümee

Rochow orientierte sich in seinen Erziehungsvorstellungen für Mädchen zwar an den normativen Figuren einer ›guten Hausmutter‹ und einer ›guten Magd‹ und bewegte sich damit in einem für Mädchen auf dem Lande traditionell vorgegebenen Erziehungsrahmen. Ihm kam es dabei aber nicht auf die Vermittlung konkreter hauswirtschaftlicher Fertigkeiten an – diese Aufgabe sollte in der nachschulischen Phase das elterliche oder fremde Haus auch weiterhin übernehmen –, sondern es ging ihm um eine auf allgemeinen Grundlagen aufbauende Elementarbildung, die die nachwachsende Generation zu einer rationalen Lebensführung anleiten sollte. In dieses pädagogische Programm waren Mädchen und Jungen gleichermaßen einbezogen, da nur durch ein flexibles und zweckrationales Handeln beider Geschlechter soziale und ökonomische Verbesserungen im ländlichen Lebenszusammenhang zu erwarten waren. Ein weiteres Moment in der Pädagogik Rochows, das über die herkömmlichen Erziehungsvorstellungen der Mädchen hinausweist, ist darin zu sehen, daß durch den gemeinsamen Unterricht der Geschlechter in nützlichen Kenntnissen des landwirtschaftlichen Bereichs den Mädchen vielfältige Grundlagen vermittelt wurden, die über ihr eigentliches hauswirtschaftliches Tätigkeitsfeld hinauswiesen und die zumindest ansatzweise sie dazu befähigen sollten, die wechselhaften Arbeits- und Lebenssituationen besser zu bewältigen.

29 Vgl. Rochow: Kinderfreund, Teil 1 (Anm. 25), S. 168.

30 Vgl. F. E. v. Rochow: Berichtungen. Zweiter Versuch nebst einer Vorrede (1794). In: Jonas/Wienecke: Rochows Schriften (Anm. 8), Bd. II., S. 289 bis 396, hier: S. 331.

31 Vgl. F. E. v. Rochow: Handbuch in katechetischer Form für Lehrer, die aufklären wollen und dürfen (1789). In: Jonas/Wienecke: Rochows Schriften (Anm. 8), Bd. II, S. 1–30, hier: S. 28.

32 Vgl. Renate Dürr: Mägde in der Stadt. Das Beispiel Schwäbisch Hall in der Frühen Neuzeit, Frankfurt/New York 1995, S. 142

Nationalerziehung: Zur politischen Dimension der Pädagogik Rochows

Heinz Stübig

I.

Im Jahr 1779 veröffentlichte Friedrich Eberhard von Rochow in Kommission bei den Gebrüdern Halle seine Schrift ›Vom Nationalcharakter durch Volksschulen‹.[1] Der Veröffentlichung war folgende Widmung vorangestellt: ›Seiner Exzellenz, dem Hochwürdigen, Hoch- und Wohlgebornen Herrn Karl Abraham Freiherrn von Zedlitz, Königlich Preußischem Geheimen Etats- und Justiz-Minister, Chef des geistlichen Departements auch Ober-Kurator der Schulen und Universitäten etc. zugeschrieben von dem Verfasser‹.[2] Dieser Zueignung kam insofern besondere Bedeutung zu, als damit von seiten Rochows ein Streit beigelegt wurde, bei dem es im Kern um das Problem der Bildungsbegrenzung ging. Ausgelöst wurde die Auseinandersetzung durch eine Akademie-Rede von Zedlitz ›Über den Patriotismus als einen Gegenstand der Erziehung in monarchischen Staaten‹, in der dieser vom ›schwärmerischen Weltbürger‹ (Cosmopolite enthousiaste) gesprochen hatte, der die Bauern zu Philosophen machen wolle.[3] Rochow hatte diesen Hinweis als Anspielung auf seine eigenen pädagogischen Bemühungen verstanden und fühlte sich daher brüskiert. In dem Bemühen, seinen Standpunkt zu verdeutlichen, schrieb er am 10. Dezember 1776 an Zedlitz: ›Es gehört allerdings nicht für die Bauern, mit ihnen die Aerometrie zu treiben; aber die Weisheit

1 Friedrich Eberhard von Rochow: Vom Nationalcharakter durch Volksschulen. Brandenburg, Leipzig 1779. Abgedruckt in: Fritz Jonas/Friedrich Wienecke (Hg.): Friedrich Eberhard von Rochows sämtliche pädagogische Schriften. 1. Bd. Berlin 1907, S. 313–348.
Was den von Rochow gewählten Titel anbetrifft, so äußerte er sich darüber ein Jahr nach der Veröffentlichung in einem Brief an Iselin folgendermaßen: ›Bald hoff' ich auf Dero Urteil über meinen Traum von Verbesserung des *National-Charakters* – soll heißen: ›Von Verbesserung des Volksunterrichts durch Volksschulen‹ – und ist bloß um gewisser Leser, die ich mir wünschte, und denen die Worte *Nation* etc. etc. besser *tönen*, so betitelt –‹ (Fritz Jonas/ Friedrich Wienecke (Hg.): Friedrich Eberhard von Rochows sämtliche pädagogische Schriften. 4. Bd. Berlin 1910, S. 265f.). Wenngleich diese Stelle verdeutlicht, daß es Rochow im Kern um eine Verbesserung des Volksunterrichts durch eine Neukonzipierung der Volksschule geht, so darf nicht übersehen werden, daß die Nation den Bezugsrahmen abgibt, auf den hin Rochow seine neue Schule entwirft.
Eine umfassende Interpretation der nationalpädagogischen Ideen Rochows, die sich eng an Eduard Sprangers Vorstellungen über die Nationalerziehung im 18. Jahrhundert anlehnt und Rochows Schrift ›Vom Nationalcharakter durch Volksschulen‹ nur teilweise mit einbezieht, liegt vor bei Otto Gerlach: Die Idee der Nationalerziehung in der Geschichte der preußischen Volksschule. 1. Bd. Berlin, Leipzig 1932.

2 Jonas/Wienecke (Hg.): Rochows sämtliche pädagogische Schriften. 1. Bd. (Anm. 1), S. 315.

3 Vgl. Gerhard Sprenger: Weltbürger oder Patriot? Vor 250 Jahren wurde Friedrich Eberhard von Rochow geboren. In: Jahrbuch für Brandenburgische Landesgeschichte 35 (1984), S. 107 f.
Vgl. auch den entsprechenden Brief von Rochow an Zedlitz. In: Jonas/ Wienecke (Hg.): Rochows sämtliche pädagogische Schriften. 4. Bd. (Anm.1), S. 172 f.

Gottes in der Einrichtung der Witterung kennen zu lernen, worüber sie so oft fluchen und lästern und Wohltaten undankbar verachten: dieses gehört für sie; zur Witterung aber gehört die Luft, mithin muß über die Luft, wenn es die Gelegenheit bringt, geredet werden. Daß dergleichen Unterricht aber bei einer neuen Anstalt und ungeübten Lehrern zuweilen verunglückt, ist nicht dem Plan, sondern der Ausführung beizumessen.‹[4]

Rochows drei Jahre später formulierte Widmung sollte offensichtlich signalisieren, daß die Mißstimmung endgültig ausgeräumt worden war, was sich u.a. auch darin zeigte, daß Zedlitz weiterhin – im Unterschied zu Friedrich II., der Rochows pädagogischen Bemühungen skeptisch, wenn nicht sogar ablehnend gegenüberstand[5] – als Förderer des Reckahnschen Schulversuchs sowie der pädagogischen Reformideen Rochows auftrat.

II.

Angestoßen wurde Rochows Veröffentlichung ›Vom Nationalcharakter durch Volksschulen‹ durch den Umstand, daß keiner der ihm bekannten pädagogischen Autoren bis dahin die Volksschule vom Nationalgesichtspunkt aus betrachtet und in ihrer Beziehung zum Nationalcharakter dargestellt hatte.[6] Rochow stellte sich daher dieser Aufgabe, wobei er zunächst versuchte, den von ihm verwendeten Begriff des Nationalcharakters genauer zu fassen. Darunter verstand er ›die Richtung oder Stimmung der meisten Seelen eines Volkes, die durch Erziehung und Unterricht, d.i. durch geltende Grundsätze, Sprichwörter, herrschende Meinungen oder durch übliche Gewohnheiten entstanden ist und sich im Denken, Reden und Handeln unterscheidend äußert.‹[7] Nationalcharakter drückt sich für Rochow also in den Vorstellungen aus, die einem Volk gemeinsam sind und die sich sowohl in der Sprache als auch in den Handlungen der Menschen äußern.[8] Allerdings muß er in diesem Zusammenhang einräumen, daß man im Hinblick auf die von ihm genannten Kriterien noch nicht von europäischen Nationen sprechen könne, weil es in keinem europäischen Volk bislang ein entsprechendes Unterrichts- oder ein abgesichertes Erziehungssystem gäbe, das die notwendige Voraussetzung sei, um die Grundsätze der gewünschten Verhaltensmaßregeln in einem Volk zu verbreiten und fest zu verankern.

Im weiteren Verlauf seiner Argumentation setzt sich Rochow mit der Frage auseinander, ob die Herausbildung des Nationalcharakters generell zu befürworten sei und verneint diese Frage für diejenigen Nationen, deren Charakter durch Leichtsinn, Schwermut, Stolz, Treulosigkeit und ähnliche negative Eigenschaften bestimmt sei, bejaht sie jedoch in allen den Fällen, in denen die Herausbildung des Nationalcharakters zur Verbesserung der Verhältnisse beitrage.[9] Dies gelte, so Rochow, vor allem für drei Bereiche: zunächst für die Politik, als die Untertanen ihre Pflichten nicht länger gezwungenermaßen, sondern vielmehr aus Überzeugung annähmen, ferner für die Wirtschaft, insofern als ein aufgeklärtes Volk in der Lage sei, durch eine geschickte Bearbeitung des Bodens Wohlstand, Reichtum und Überfluß zu erzielen, und schließlich für die Religion, weil sich dann Sittlichkeit

Versuch
eines
Schulbuches
für
Kinder der Landleute
oder
zum Gebrauch in Dorfschulen

Difficile est, proprie communia dicere. Hor. de Arte P. v. 128.

Berlin
bei Friedrich Nicolai
1772

und Anstand in den einzelnen Menschen und später auch in den Familien verbreiteten. Die damit einhergehenden Veränderungen in der Gesellschaft, so fährt Rochow fort, machten es wiederum dem Regenten leicht, sein Volk zu lieben.[10] Auf den von ihm selbst formulierten Einwand, daß es sich bei diesen Überlegungen um platonische Träume handele, antwortet er: ›Sie sind es nicht, geliebte Leser, sondern vielleicht antizipierte Wirklichkeit oder Schilderungen mehr oder weniger entfernter Zeiten, die ich hier niederschrieb.‹[11]

Deutlich wird in diesen Äußerungen der politische Impetus von Rochows pädagogischen Ideen: Die Herausbildung des Nationalcharakters wird sowohl unter politischen und ökonomischen als auch unter religiösen Gesichtspunkten diskutiert und orientiert sich an dem Ziel, die Gesellschaft in der Weise umzugestalten, daß der innere Friede gewahrt, die wirtschaftliche Prosperität gesteigert und die religiösen Werte im Bewußtsein des Volkes verankert werden. Allerdings fällt es Rochow schwer, überzeugende Belege für seinen Zukunftsentwurf anzugeben, wenngleich er feststellt, daß man in der Geschichte sehr wohl auf das Phänomen des Nationalcharakters stoße. Wichtig erscheint ihm in diesem Zusammenhang der Hinweis auf das Christentum und hier besonders auf dessen Liebesgebot. Dazu Rochow: ›Wo das Christentum Nationalcharakter wird, da muß jedes individuelle Wohl, summiert, notwendig das Wohl des ganzen Staates zum Produkte geben.‹[12]

Woran liegt es nun, daß den entsprechenden pädagogischen Anstrengungen so wenig Erfolg beschieden ist? Für Rochow ist im wesentlichen die Dummheit der Menschen dafür verantwortlich.[13] Darunter versteht er nicht die Unwissenheit im allgemeinen, sondern vielmehr eine Haltung, die falsches Wissen für wahr ausgibt und von der Möglichkeit, Kenntnisse zu überprüfen und Neues zu lernen, keinen Gebrauch macht. In dieser Art von Dummheit liegt für Rochow das größte Hindernis zur Ausbildung des Nationalcharakters.

Vor dem Hintergrund dieser Überlegungen untersucht Rochow die Volksschulen seiner Zeit und fällt angesichts der Unterrichtsrealität ein vernichtendes Urteil über die dort geleistete Arbeit.[14] Die Ursachen für die Misere liegen seiner Meinung nach vor allem darin, daß die Lehrer weder entsprechend ausgebildet noch ausreichend besoldet werden, was dazu führt, daß sie ihre Aufgaben in der Schule nicht angemessen wahrnehmen. Das Fazit seiner Ausführungen lautet daher: ›Alles, was Volk heißt oder heißen kann in Städten und Dörfern, liegt an falschen Religionsbegriffen, an irrigen Vorstellungen von der Natur und dem Natürlichen, an Deraisonnement und Aberglauben, an Stupidität in Betreibung der meisten Gewerbe, denen mit Nachdenken gedient wäre, mehr oder minder krank.‹[15]

Die Konsequenzen, die Rochow aus dieser Bestandsaufnahme im Hinblick auf den Versuch, den Nationalcharakter nachhaltig auszubilden, zieht, lassen sich in einem Satz zusammenfassen; es geht ihm um die ›*Stiftung guter Volksschulen*‹.[16] Im Hinblick auf diese Zielsetzung entfaltet Rochow im folgenden sein Reformprogramm, das er in vier Forderungen zusammenfaßt: Zunächst fordert er gute, d.h. gut ausgebildete Lehrer, die zugleich hinreichend besoldet werden müssen. Ferner plädiert er für eine gute Schulordnung, und zwar sowohl unter dem Aspekt der zu vermittelnden Kenntnisse und Fertigkeiten als auch hinsichtlich der strikten Einhaltung der Schulpflicht. Und schließlich verlangt er zweckmäßige Schulgebäude. In der Erfüllung dieser Forderungen sieht er die unabdingbare Voraussetzung für die Realisierung seiner pädagogischen Vorstellungen.[17]

Ansatzpunkt der von ihm angestrebten Reform ist zunächst eine Erneuerung der Lehrerbildung (siehe Beitrag Keck). Im Zentrum seiner diesbezüglichen Überlegungen steht die Einrichtung eines Lehrerseminars, wobei sich Rochow als Ort nicht für eine Stadt, sondern vielmehr für ein Dorf entscheidet, mit der Dorfschule als Seminarübungsschule. Hier sollen fähige junge Männer zu ›Lehrern für die Nation‹[18] ausgebildet werden. Als Leiter des Seminars schlägt Rochow einen Inspektor vor, in dessen Hand die gesamte Ausbildung der zukünftigen Lehrer liegen soll. Ihm möchte er zunächst das Recht einräumen, aus allen Schulen die zwölf fähigsten Kandidaten zur Vervollständigung ihrer Ausbildung auszuwählen, um sie später in seinem Bezirk als Lehrkräfte einsetzen zu können. Während der Seminarzeit sollen die Seminaristen mit dem Inspektor zusammenleben, zumindest sollen sie mit ihm die Mahlzeiten gemeinsam einnehmen, da der gesellige Umgang nach Rochows Ansicht entscheidend zu ihrer weiteren Bildung und Erziehung beiträgt. Die Ausbildung selbst soll kostenfrei sein, d.h. zunächst vom Landesherrn finanziert werden. Nach Abschluß ihrer Ausbildung sollten die Seminaristen als Gruppe zusammenbleiben, um die angestrebten Reformen in ihrem Wirkungskreis voranzutreiben. Rochow sieht hier Möglichkeiten der gegenseitigen Hilfe und Unterstützung, vor allem auch mit Blick auf die notwendige Weiterbildung der Lehrer.

Insgesamt zielt Rochows Konzept darauf ab, den Verstand der Kandidaten, d.h. ihr Vermögen, vernünftig zu denken, zu reden und zu handeln, weiterzuentwickeln. Dabei negiert er bewußt die tradierten ständischen Schranken, so, wenn er beispielsweise im Zusammenhang mit dem Sprachunterricht (siehe Beitrag Gessinger) feststellt: ›Stets zeigte sich auch, wie die Geschichte lehrt, an der Sprache das Maß der Aufklärung der Nation. Und Aufklärung, Kultur, Veredlung, Besserung sind doch ohne Zweifel allgemeine Lehrzwecke, auch, wenn alles bloß Konventionelle davon geschieden wird, ganz gewiß allen Menschenständen zugehörig.‹[19] Diese Worte unterstreichen, daß Rochows Vorstellungen von allgemeiner Menschenbildung die Strukturen der ständischen Gesellschaft implizit in Frage stellen. Anders formuliert: die Ausbildung der Anlagen eines Menschen darf nach Rochow nicht durch dessen ständische Herkunft bestimmt werden; vielmehr hat der einzelne als Mensch ein Anrecht auf eine entsprechende Förderung seiner Fähigkeiten.

Diesem Zweck dienen vor allem die Volksschulen; ihre Aufgabe ist es, ›durch den besseren Unterrichte ein zukünftiges

4 Ebenda S. 175.

5 Vgl. beispielsweise den Brief von Zedlitz an Rochow vom 26. 5. 1781 (ebenda S. 287).

6 Vgl. Jonas/Wienecke (Hg.): Rochows sämtliche pädagogische Schriften. 1. Bd. (Anm.1), S. 319.

7 Ebenda.

8 Wenn Rochow in diesem Zusammenhang von Nation spricht, so orientiert er sich wie die meisten seiner Zeitgenossen an dem Begriff der Kulturnation und nicht an dem der Staatsnation. Dementsprechend wird für Rochow das Einheitsbewußtsein durch den gemeinsam erlebten Kulturbesitz gestiftet und nicht wie später im Übergang zum 19. Jahrhundert durch die gemeinsame politische Geschichte und Verfassung.

9 Vgl. Jonas/Wienecke (Hg.): Rochows sämtliche pädagogische Schriften. 1. Bd. (Anm. 1), S. 319 f.

10 Vgl. ebenda S. 320 f.

11 Ebenda S. 321.

12 Ebenda S. 322.

13 Vgl. ebenda S. 322 f.

14 Vgl. ebenda S. 323 f.

15 Ebenda S. 324.

16 Ebenda S. 325.

17 Vgl. ebenda S. 325.

18 Ebenda S. 326.

19 Ebenda S. 329.

Geschlecht besserer Menschen‹[20] zu bilden. Im einzelnen meint Rochow damit folgendes: ›Hilfeleistung dazu, daß allen Gliedern der Gesellschaft die Erkenntnis der für sie nützlichen Wahrheit *früh genug möglich werde*, oder kürzer: die zureichende Anweisung zum gemeinnützigen Gebrauch aller Seelenkräfte.‹[21] Rochow geht es zunächst also um die Entwicklung der Kräfte und Anlagen der Schüler und Schülerinnen, wobei sich dieser Prozeß – was die inhaltliche Dimension des Unterrichts betrifft – an utilitaristischen Zwecken zu orientieren hat und von daher die Bildung zum Bürger beinhaltet. Ein so konzipierter Volksschulunterricht zielt darauf ab, die Jugend ›verständig‹ zu machen, ihr den Sinn und Zweck des Lernens zu vermitteln – eine Erkenntnis, die möglichst ein Leben lang nachwirken sollte – und sie insgesamt zu einem tugendhaften Leben anzuhalten. Dabei verbindet sich bei Rochow diese Zielperspektive mit dem Fortschrittsgedanken, insofern, als er die Hoffnung hegt, daß auf diese Weise ein ›neues Geschlecht Menschen‹ heranwächst, wodurch schließlich der ›Nationalschulzweck‹ erreicht würde, ›nämlich eine der Absicht Gottes gemäße *Nationalerziehung*‹.[22]

Allerdings vermag die Schule aufgrund ihres eingeschränkten Einflusses auf die Kinder und Jugendlichen diesen Zweck nicht allein zu erfüllen; ihre Aufgabe ist der Nationalunterricht, weniger die Nationalerziehung. Das ergibt sich schon aus dem Umstand, daß ein Kind nur einen Bruchteil seiner Zeit in der Schule verbringt und überdies mit vielen anderen Kindern zusammen in einem Klassenzimmer unterrichtet wird.[23] Gleichwohl hat die Volksschule als Unterrichtsschule eine wichtige Aufgabe im Hinblick auf die Herausbildung des Nationalcharakters. Allerdings kann sie diese Aufgabe nur dann erfolgreich übernehmen, wenn man sich zuvor über den Sinn und Zweck des Unterrichts verständigt hat.

Rochow selbst unterscheidet vier Unterrichtsfunktionen, die sich einerseits auf die Gegenstände, andererseits auf die allgemeinen Lernleistungen der Schüler und Schülerinnen beziehen.[24] Was die fachlichen Anforderungen betrifft, so betont er die Bedeutung der mündlichen und schriftlichen Beherrschung der Muttersprache (siehe Beitrag Gessinger) sowie umfassender Kenntnisse und Fertigkeiten im Rechnen, insbesondere ein tiefergehendes Verständnis für die einzelnen Rechenoperationen. Eine ebenso wichtige Aufgabe des Unterrichts sieht er darin, die Sinne der Kinder zu entwickeln und sie zur Aufmerksamkeit zu erziehen sowie sie zu eigenem Denken und Urteilen anzuleiten und zu befähigen. Rochow bemüht sich also um zweierlei: Einerseits ist er bestrebt, mit Blick auf die innere Entwicklung der Kinder die formalen Bildungsziele herauszuarbeiten, andererseits versucht er, diejenigen Gegenstände zu benennen und damit die materialen Bildungsziele festzulegen, die er unter dem Aspekt der Vorbereitung der Kinder auf ihre künftige Lebenssituation für unbedingt erforderlich hält.

Von Anfang an hatte sich Rochow bemüht, diese beiden Elemente des Unterrichts in seinen pädagogischen Überlegungen miteinander zu verbinden. Bereits sein im Jahr 1772 veröffentlichter ›Versuch eines Schulbuches für Kinder der Landleute oder zum Gebrauch in Dorfschulen‹ zeugt von diesen Bestrebungen.[25] Rochows zentrales Anliegen besteht darin, den Bauern aus seiner Dummheit zu befreien und ihn klug und verständig zu machen. Was verbirgt sich konkret hinter dieser Zielsetzung? Rochow selbst gibt darauf folgende Antwort: ›Klug und verständig werden heißt bei mir nicht arglistig, treulos, rebellisch, um der eingebildeten höheren und bessern Einsichten widersprechend (raisonneur), neuerungssüchtig und seines Berufs überdrüssig werden, sondern ich nenne nur denjenigen klug, der in jedem Stande sich so verhält, daß ihm sein Leben kein Hindernis zu einer ewigen Glückseligkeit wird. In solchem Sinne nimmt die Bibel das Wort Klugheit, und wir können nicht irren, wenn wir aus ihr Weisheit schöpfen. Nach dieser Erklärung wird wohl die rechte Klugheit dem Landmanne nicht im Wege sein, ein guter Arbeiter, ein treuer Dienstbote, ein tüchtiger und gehorsamer Soldat usw. zu werden.‹[26]

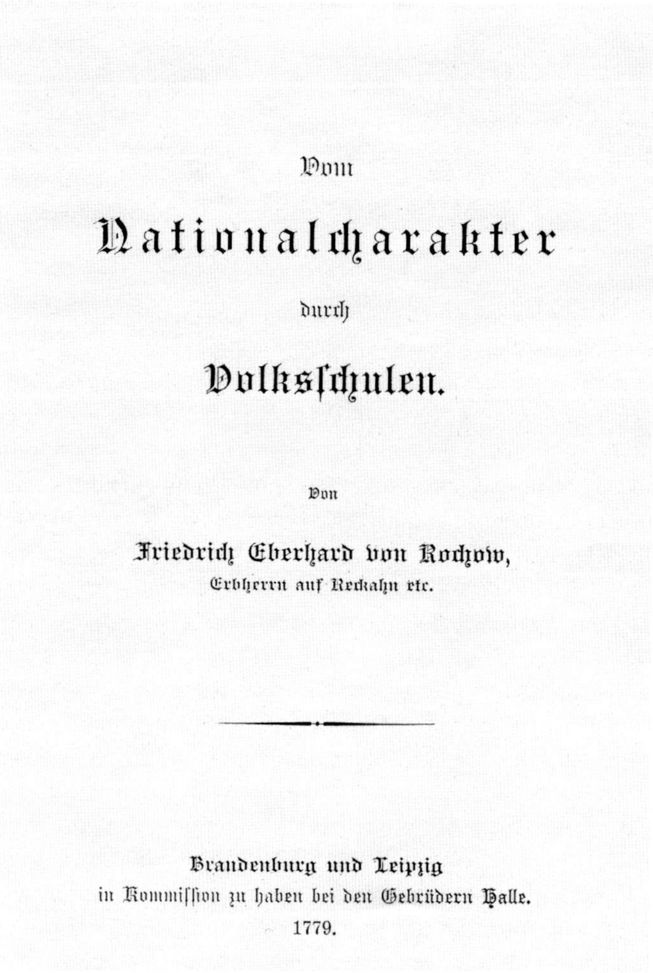
Vom

Nationalcharakter

durch

Volksschulen.

Von

Friedrich Eberhard von Rochow,

Erbherrn auf Reckahn etc.

Brandenburg und Leipzig
in Kommission zu haben bei den Gebrüdern Halle.
1779.

Bildung und Erziehung dienen dazu, den jungen Menschen auf seine Profession vorzubereiten, d.h. ihn mit denjenigen Kenntnissen und Fertigkeiten auszustatten, die er für eine sachkundige Ausübung seines späteren Berufs benötigt. Zugleich aber eröffnen Bildung und Erziehung die Möglichkeit der Bestimmung des jeweiligen Menschen über sich selbst, also der Selbstbestimmung. Es ist ganz offensichtlich, daß angesichts der realen politischen und gesellschaftlichen Verhältnisse diese beiden Komponenten des Rochowschen Bildungsbegriffs in einem starken Spannungsverhältnis stehen, was zugleich die Friktionen innerhalb seiner pädagogischen Vorstellungen erklärt.

Im Hinblick auf die Bildung des Nationalcharakters betont Rochow eher den formalen Aspekt des Unterrichts, wenn er abschließend feststellt: ›Verständig machen, zum *Verstand verhelfen*, aufklären, veredeln, Weisheit, rechte Erkenntnis, Wahrheitssinn und Wahrheitsliebe mehr gemein machen ist also der *Nationalschulzweck*.‹[27]

Dieser Intention müssen auch die Gestaltung des Unterrichts in den Volksschulen und die dort verwendeten Lehrmittel entsprechen. Richtschnur ist dabei die Entwicklungsstufe des Kindes und sein Vorwissen, an das der Lehrer jeweils anknüpfen soll.[28] Rochow warnt in diesem Zusammenhang vor zu früher Abstraktion und betont gerade im Hinblick auf die Unterstützung der Lernmotivation, wie wichtig es für ein Kind sei, das Gefühl zu entwickeln, bereits etwas zu wissen. Erst wenn ein elementares Verständnis vorhanden sei, könne der Lehrer weitergehen und erste Abstraktionen versuchen. Rochow verdeutlicht seine Auffassung an folgendem Beispiel: ›Angenommen, das Kind nenne zuerst einen Hund, als es aufgefordert wurde, auch etwas zu nennen, so fragt der Lehrer: »Kennst du denn einen Hund? Woran kennst du ihn? Hat er Federn oder Haare? Zwei oder vier Beine? Hat er Glieder? Augen? Ohren? Kann er fressen? laufen? bellen? Sieh, alles das sind *Kennzeichen*, daran hast du den Hund *gekannt*. Also es gibt Kennzeichen, woran man ein jedes Ding erkennen kann usw. Und diese Kennzeichen kann man *sehen* oder *hören*. Aber man muß auch recht hinsehen oder hinhören. – Morgen sollst du mir wieder etwas nennen, was *du* kennst.«‹[29]

Wir verzichten hier auf eine Wiedergabe der übrigen Rochowschen Exempel – insbesondere auf seine Hinweise zum Religionsunterricht[30] –, denn bereits die zitierte Passage macht Rochows Intentionen hinreichend deutlich: Ausgangspunkt für das Gespräch zwischen dem Lehrer und dem Kind, das diesem zu exemplarischen Einsichten verhelfen soll, ist stets die konkrete Anschauung.

Im zusammenfassenden Schlußteil seiner Schrift setzt sich Rochow prospektiv auch mit möglichen Einwänden auseinander. Im wesentlichen geht es dabei um das Problem, ›in welche *Grenzen* der Unterricht für den erwerbenden Stand oder das Volk *eingeschränkt* werden müsse, damit dieses nicht *zu klug* werde‹.[31] Mit dieser Formulierung greift Rochow das Problem auf, das bereits in seiner Auseinandersetzung mit Zedlitz eine zentrale Rolle gespielt hatte, nämlich die Frage, ob es sinnvoll sei, den Unterricht im Hinblick auf die ständische Herkunft der Kinder und Jugendlichen zu begrenzen. Rochows Position in dieser Frage ist völlig eindeutig. Zwar stimmt er der Auffassung zu, daß es Grenzen der Wissenschaft gibt, jedoch folge daraus ›noch keine Begrenzungsnotwendigkeit des *nützlichen Wissens* in concreto‹.[32] Beispielsweise könne der Mensch nie zuviel von dem wissen, was er selbst sei oder zu werden hoffe, was er als Untertan, Ehemann, Hausvater usw. wissen müsse oder auch von dem, was er zu unterlassen habe.

Im Kern zielte der Vorwurf, daß die Kinder in der Schule zuviel lernten, darauf ab, daß sie dadurch motiviert werden könnten, ihren Stand zu verlassen bzw. generell die soziale Ordnung des absolutistischen Staates in Frage zu stellen. Der Hinweis auf den Bauern, der nicht länger als Landwirt arbeiten wollte, sondern den Beruf eines Handwerkers oder gar eines Künstlers oder Gelehrten anstrebte, war die Argumentationsfigur derjenigen, die strikt an einer Bildungsbegrenzung festhalten wollten.[33] Für Rochow entbehrten derartige Argumente jeder Grundlage; für ihn dienten sie ausschließlich dazu, die notwendige Reform des Volksschulwesens zu verhindern. Im Unterschied zu den von ihm zitierten Kritikern trat er für einen umfassenden Unterricht für alle Kinder ein, insbesondere auch für diejenigen, die den niederen Ständen angehörten: ›Denn wenn nach Vollkommenheit trachten oder *immer besser werden* kein ausschließliches Vorrecht des höheren Standes ist, so darf es ja auch der Bauer, Tagelöhner und Hirte in seinem Stande.‹[34]

Wie bereits angedeutet, ist Rochows Konzeption der Nationalerziehung durch das Spannungsverhältnis von allgemeiner Menschenbildung und Bildung zum Bürger geprägt. Einerseits verfolgt er Bildungsziele, die sich letztlich an der Selbstbestimmung des Individuums orientieren, andererseits soll die Entwicklung der individuellen Kräfte und Anlagen an Gegenständen erprobt werden, die eindeutig auf die politisch-gesellschaftliche Ordnung des Absolutismus bezogen sind. Man kann dieses Verhältnis von formaler und materialer Bildung bei Rochow auch so bestimmen, daß der emanzipatorische Impetus der formalen Bildung durch

20 Ebenda S. 331.
21 Ebenda.
22 Ebenda S. 332.
23 Vgl. ebenda S. 332 f.
24 Vgl. ebenda S. 333 f.
25 Friedrich Eberhard von Rochow: Versuch eines Schulbuches für Kinder der Landleute oder zum Gebrauch in Dorfschulen. Berlin 1772. Abgedruckt in: Jonas/Wienecke (Hg.): Rochows sämtliche pädagogische Schriften. 1. Bd. (Anm.1), S. 1–87.
26 Ebenda S. 4 f.
27 Jonas/Wienecke (Hg.): Rochows sämtliche pädagogische Schriften 1. Bd. (Anm. 1), S. 335.
28 Zum folgenden vgl. ebenda S. 336 ff.
29 Ebenda S. 337.
30 Vgl. ebenda S. 339 ff.
31 Ebenda S. 346.
32 Ebenda.
33 Vgl. ebenda S. 347.
34 Ebenda S. 348.

Inhalte gezügelt wird, die eine Festschreibung der tradierten Ordnung beinhalten, während die mit der Festlegung der Inhalte einhergehende Reduktion des Unterrichts durch das Gegengewicht der formalen Bildungsziele teilweise aufgehoben und in seiner Begrenzung überwunden wird. Die Kritik, die an Rochow geübt wurde, entzündete sich vor allem an seinem Konzept der allgemeinen Menschenbildung, das darauf hinauslief, die Anlagen und Fähigkeiten der Menschen unabhängig von ihrer ständischen Herkunft auszubilden. In diesem Ansatz wurde eine grundlegende Gefahr für die ständische Ordnung des absolutistischen preußischen Staates gesehen. Rochow konnte diesen Vorwürfen mit der inhaltlichen Ausgestaltung seiner Lesebücher begegnen, in denen eben diese Ordnung jeweils den gesellschaftlichen Bezugsrahmen darstellte. Dementsprechend ging es ihm im konkreten Unterricht um die Vermittlung nützlicher Kenntnisse und Fertigkeiten und insofern um die Bildung zum Bürger. Allerdings wäre es grundverkehrt, Rochow auf diese Dimension seiner Unterrichtskonzeption zu reduzieren – ebenso wichtig war für ihn die Schule als Ort allgemeiner Menschenbildung.

III.

13 Jahre nach der Veröffentlichung seiner Schrift ›Vom Nationalcharakter durch Volksschulen‹ griff Rochow erneut in die Debatte über die Nationalerziehung in Deutschland ein – dieses Mal als Übersetzer des ›Diskurses über die Nationalerziehung‹ des Grafen von Mirabeau.[35] Rochow hatte die Übersetzung dieses Textes, der 1789 verfaßt und zwei Jahre später veröffentlicht worden war, übernommen, weil Mirabeau, ohne ihn persönlich zu kennen, seine pädagogischen Bemühungen in dem Werk ›De la Monarchie prussienne, sous Frédéric le Grand‹ (London 1788) lobend erwähnt hatte.[36] Mehr noch als die Abtragung einer Dankesschuld waren es aber wohl die Übereinstimmungen mit den pädagogischen Gedanken Mirabeaus, die Rochow bewogen hatten, die Abhandlung den deutschen Lesern vorzustellen. Zwar teilte er keineswegs alle Ansichten Mirabeaus, aber in den Grundzügen war er sich mit ihm einig, was man vor allem den über 40 zumeist zustimmenden Anmerkungen, die Rochow der Übersetzung beigab, entnehmen kann. Von daher gehört diese Schrift unmittelbar in unseren Untersuchungszusammenhang.

Mirabeau leitet seine ursprünglich für die Nationalversammlung konzipierte Rede[37] mit dem Hinweis ein, daß man um der Errichtung des Neuen willen die bestehenden Einrichtungen zunächst zerstören müsse, wobei die Wiederherstellung der Menschenrechte das Hauptanliegen sei.[38] Dementsprechend steht für ihn die Freiheit des Menschen an oberster Stelle, denn in der Sklaverei könne der Mensch ›weder Aufklärung noch Tugend‹[39] haben. Mit Rochow verbindet Mirabeau die Vorstellung, daß das geeignete Mittel, um dieses Ziel zu erreichen, kein anderes ist ›als ein gutes System der öffentlichen Erziehung‹.[40] Nur auf diese Weise könne sichergestellt werden, daß sich die Freiheit innerhalb eines Volkes entwickelt. Dabei geht Mirabeau von einem engen Zusammenhang zwischen der Erziehung zur Freiheit auf der einen und der Erziehung zur Tugend auf der anderen Seite aus. In diesem Sinne wendet er sich direkt an sein Publikum: ›Also, meine Herren! Können Sie nur von einer guten Nationalerziehung dieses Komplement ihrer Wiedergeburt erwarten, welches das Glück unserer Nation auf ihre Tugenden gründen wird, ihre Tugenden aber auf ihre Aufklärung.‹[41] Rochow kommentiert diese Feststellung mit der Bemerkung: ›Eine schöne Stelle! Wie wenig dürfte für das Wohl eines Staates in diesem Falle von der allgemeinsten und vollständigsten Aufklärung zu fürchten und wie viel wahre Vorteile im Gegenteil zu hoffen sein!‹[42] Bereits hier zeichnet sich klar die inhaltliche Übereinstimmung zwischen der Argumentation Mirabeaus und denjenigen Gedanken ab, die Rochow 1779 in seiner Broschüre ›Vom Nationalcharakter durch Volksschulen‹ entwickelt hatte.

Wenn Mirabeaus einleitende Überlegungen darauf hinzudeuten scheinen, daß er mit seiner Pointierung der Freiheitsrechte sich zugleich auch den Gleichheitsvorstellungen, die im Verlauf des revolutionären Prozesses in Frankreich formuliert wurden[43], annähert, so erweist sich diese Annahme allerdings als Trugschluß. Im Gegenteil: zahlreiche Äußerungen in dem Text unterstreichen vielmehr, daß er die gesellschaftlich bedingten Unterschiede nicht nur akzeptiert, sondern auch verteidigt. Insofern

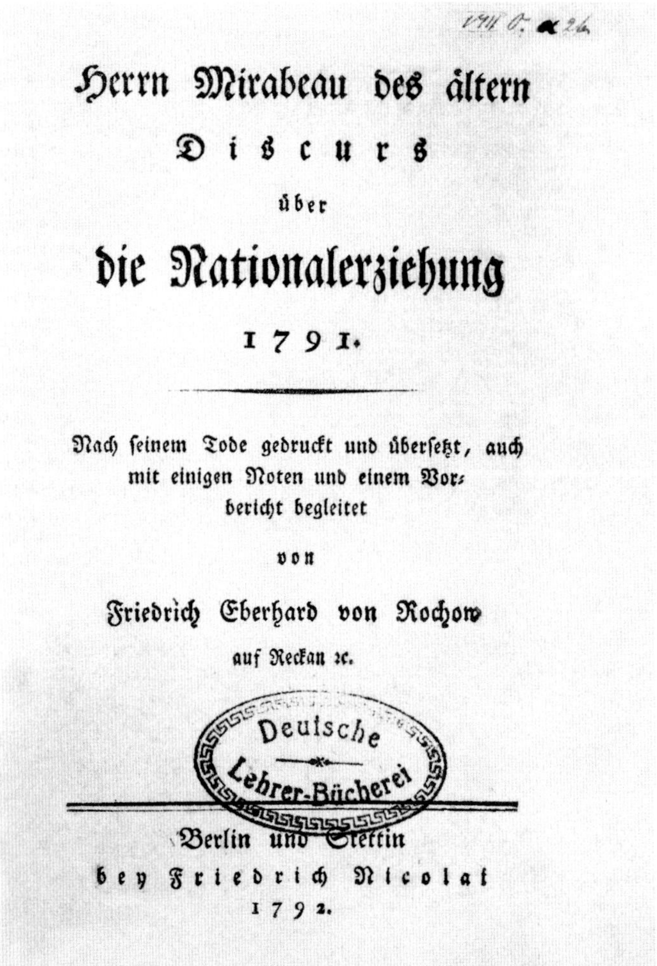
Herrn Mirabeau des ältern
Discurs
über
die Nationalerziehung
1791.

Nach seinem Tode gedruckt und übersetzt, auch
mit einigen Noten und einem Vorbericht begleitet
von
Friedrich Eberhard von Rochow
auf Reckan ꝛc.

Berlin und Stettin
bey Friedrich Nicolai
1792.

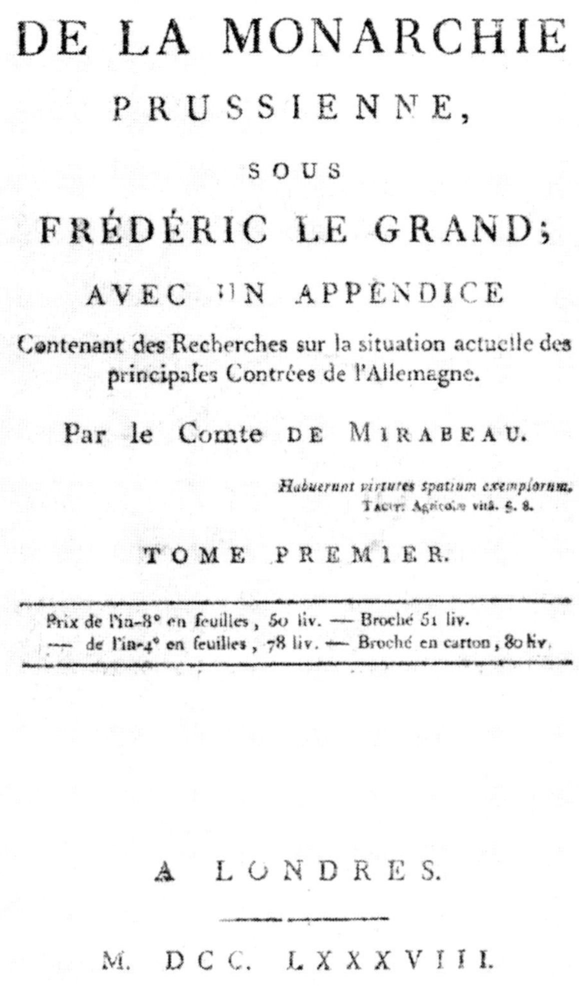

DE LA MONARCHIE
PRUSSIENNE,
SOUS
FRÉDÉRIC LE GRAND;
AVEC UN APPENDICE
Contenant des Recherches sur la situation actuelle des principales Contrées de l'Allemagne.

Par le Comte DE MIRABEAU.

Habuerunt virtutes spatium exemplorum.
TACIT. Agricolæ vitâ. §. 8.

TOME PREMIER.

Prix de l'in-8° en feuilles, 50 liv. — Broché 51 liv.
— de l'in-4° en feuilles, 78 liv. — Broché en carton, 80 liv.

A LONDRES.

M. DCC. LXXXVIII.

35 Herrn Mirabeau des ältern Diskurs über die Nationalerziehung 1791. Nach seinem Tode gedruckt und übersetzt, auch mit einigen Noten und einem Vorbericht begleitet von Friedrich Eberhard von Rochow. Berlin, Stettin 1792. Abgedruckt in: Fritz Jonas/Friedrich Wienecke (Hg.): Friedrich Eberhard von Rochows sämtliche pädagogische Schriften. 2. Bd. Berlin 1908, S. 131–164.
Unter dem Titel ›Herrn Mirabeau des Älteren Diskurs über die Nationalerziehung. Öffentlicher Unterricht oder von der Einrichtung des Lehrstandes‹ ist der (teilweise ergänzte) Text erneut abgedruckt in: Robert Alt (Hg.): Erziehungsprogramme der Französischen Revolution. Mirabeau, Condorcet, Lepeletier. Berlin, Leipzig 1949, S. 31-60.

36 Vgl. Jonas/Wienecke (Hg.): Rochows sämtliche pädagogische Schriften. 2. Bd. (Anm. 35), S. 133, Anm. 1.

37 Mirabeaus ›Arbeit über die öffentliche Erziehung‹ besteht aus vier Abhandlungen, die folgende Überschriften tragen: 1. Über den öffentlichen Unterricht und die Organisation des Lehrstandes, 2. Über die öffentlichen bürgerlichen und militärischen Feste, 3. Über die Errichtung eines nationalen Lyzeums, 4. Über die Erziehung des Thronfolgers. Vgl. Alt (Hg.): Erziehungsprogramme der Französischen Revolution (Anm. 35), S. 23.
Von diesen Abhandlungen hat Rochow die erste unter dem Titel ›Vorlesung von Herrn Mirabeau dem ältern über die Nationalerziehung. Öffentlicher Unterricht oder von der Einrichtung des Lehrstandes‹ übersetzt, allerdings – wie er in seinem Vorbericht schreibt – ohne ›den letzten Paragraphen, der sich auf das aus dem Diskurs gezogene Dekret bezieht, so wie dieses Dekret selbst‹. Jonas/Wienecke (Hg.): Rochows sämtliche pädagogische Schriften (Anm. 35), 2. Bd. , S. 134.

38 Vgl. ebenda S. 138.

39 Ebenda S. 139.

40 Ebenda.

41 Ebenda S. 140.

42 Ebenda S. 140, Anm.

43 Vgl. dazu Frauke Stübig: Erziehung zur Gleichheit. Die Konzepte der ›éducation commune‹ in der Französischen Revolution. 2. Aufl. München 1979.

überrascht es dann auch nicht, daß Mirabeau den durch Erziehung bestimmten Prozeß der Selbstwerdung des Menschen an dessen Beruf koppelt. In diesem Sinne heißt es bei ihm: ›Nun ist aber das Geschäft der Erziehung nichts anders als die Bemühung, den Menschen diejenigen Kenntnisse und Gewohnheiten mitzuteilen, die ihnen in ihrem jedesmaligen Berufe nützen können.‹[44] Wenngleich Mirabeau den von ihm festgestellten Zusammenhang zwischen Erziehung und Beruf in seinen Überlegungen nicht weiter ausführt, so wird doch deutlich, daß es ihm immer auch um Selbstbegrenzung geht. Und nicht zufällig erläutert Rochow diese Passage folgendermaßen: ›Die Menschen sollen sich zu dem bestimmen können, was sie künftig im Staat vorstellen wollen, weil sie durch eine bessere Erziehung Verstand genug bekommen, um ihre eigentliche Tauglichkeit zu prüfen, und sollen über das gemeine Wohl ihre Stimme zu geben verstehen.‹[45]

Ähnlich wie wir es zuvor bei Rochow gesehen haben, versucht Mirabeau zunächst sein Konzept der Nationalerziehung im Sinne der freien Entwicklung als allgemeine Menschenbildung zu formulieren, gleichzeitig aber entwirft er seine Vorstellungen mit Blick auf die Kategorie der Nützlichkeit als Bildung zum Bürger. Wie Rochow ist auch Mirabeau bemüht, beide Pole seiner Nationalerziehungskonzeption miteinander in Einklang zu bringen.

Die Meinungsverschiedenheiten zwischen Mirabeau und Rochow betreffen vor allem einen Punkt, nämlich die Bezahlung oder die Unentgeltlichkeit des Unterrichts. Während Mirabeau für ein Schulgeld plädiert, weil in diesem Falle ›die Lehrer immer durch ihren eignen Vorteil bewogen werden, ihren Unterricht stets zu verbessern, und der öffentlichen Meinung in der Wahl der Lehrobjekte zu folgen, um den Haufen ihrer Schüler zu vergrößern‹[46], tritt Rochow für die Unentgeltlichkeit des Unterrichts ein: ›Kostenfrei muß der Unterricht sein: a) auf dem platten Lande, wo wahre oder ohne harte Mittel nicht leicht erforschliche Armut den Besuch der Schulen zu allen Jahreszeiten hindert, b) wo die Eltern noch zu unwissend sind, um den Nutzen des ununterbrochenen Schulbesuchs für ihre Kinder zu begreifen, c) für den Staat, der durch gute Schulen *bald* seine Bürger beglücken will.‹[47] Sieht man einmal von gewissen Differenzen im Hinblick auf die Bewertung einzelner ›Errungenschaften‹ der Französischen Revolution ab[48], so markiert der Streit über die Finanzierung des Unterrichts den wichtigsten Unterschied in ihren Auffassungen.

Sowohl Rochow als auch Mirabeau sind sich darin einig, daß es im wesentlichen darauf ankomme, durch eine entsprechende Nationalerziehung Aufklärung zu verbreiten; diese sei das Fundament der wahren Freiheit, die andernfalls durch Despotismus oder Anarchie bedroht sei.[49] Von den darauf abzielenden pädagogischen Bemühungen dürften aber gerade die einfachen Leute nicht ausgenommen werden. Von daher erklärt Mirabeau: ›Die, welche wollen, daß der Landmann weder schreiben noch lesen solle, haben ohne Zweifel einen Teil ihrer Einkünfte auf seine Unwissenheit berechnet, und ihre anderweitigen Absichten sind auch nicht schwer zu würdigen. Aber sie bedachten nicht, wenn man den Menschen *zum Tiere macht*, daß man da jeden Augenblick der Gefahr sich aussetzt, ihn in ein *reißendes Tier* sich verwandeln zu sehn. *Ohne Aufklärung gibt's keine Moral.*‹[50] Rochow bemerkt dazu: ›Ich vermeine, diese Stelle sei der schönsten eine des Buches. Wollte ich hier kommentieren, so würde ich mehr Noten als Text liefern können. Doch so schön gesagte Wahrheiten bedürfen keines Kommentars und am wenigsten des meinigen.‹[51] In der Tat: nichts anderes hatte Rochow in seiner Schrift ›Vom Nationalcharakter durch Volksschulen‹ immer wieder gefordert.

Gegen Ende seiner Ausführungen befaßt sich Mirabeau auch mit der weiblichen Bildung und Erziehung[52] (siehe Beitrag Meyer). Bei seinen diesbezüglichen Überlegungen, die von Rochow nicht weiter kommentiert werden, geht Mirabeau von der Geschlechterpolarität aus, wobei er im Anschluß an Rousseau die Auffassung von den *›ganz verschiedenen Rollen‹* von Mann und Frau vertritt.[53] Für Mirabeau resultiert daraus die Zuweisung unterschiedlicher Räume: Während der Mann aufgrund seines ›feste[n] Körperbau[s]‹ die Geschäfte besorgt, ›die nicht im Innern der Familie verhandelt werden können‹, steht die Frau – ausgestattet mit einer ›zärtlichere[n] Leibesbeschaffenheit‹[54] – dem Hauswesen vor. Diese Trennung in eine öffentliche und eine private Sphäre erfordert nach Mirabeau jeweils eine unterschiedliche Erziehung.[55] Daher möchte er die Bildung und Erziehung der Mädchen auf den

Besuch der Lese-, Schreib- und Rechenschulen beschränken, die sich allerdings an den Grundsätzen der Knabenschulen orientieren sollten und auch dort einzurichten seien, wo sie bislang fehlten.

Auch hinsichtlich dieses Themas stimmen Rochows Anschauungen mit denen Mirabeaus weitgehend überein. Von Anfang an hatte Rochow die Mädchen in sein Konzept des Nationalunterrichts mit einbezogen[56] und mit dem Argument, daß ›das häuslicher Eingezogenheit mehr gewidmete weibliche Geschlecht bei noch schlechteren Schulanstalten für dasselbe auch fast ganz und gar keine Aufklärung erhält, die ihm nützen könnte,‹ energisch für eine Verbesserung der schulischen Verhältnisse plädiert.[57] Gleichzeitig wollte er jedoch – ebenso wie Mirabeau – ihre Tätigkeit auf das Haus beschränkt wissen und fuhr daher fort: ›Und gerade sind es doch die *klugen Weiber*, durch die, wie Salomo sehr richtig sagt, das Haus gebessert wird.‹[58]

Insgesamt ergeben sich – wie vor allem Rochows Anmerkungen zur Rede Mirabeaus belegen – zahlreiche Parallelen zwischen den nationalpädagogischen Vorstellungen der beiden Autoren. Beide arbeiten in ihren diesbezüglichen Überlegungen und Plänen die Bedeutung der freien Entwicklung im Sinne einer allgemeinen Menschenbildung gerade auch für die Kinder aus unteren Gesellschaftsschichten klar heraus, verbinden jedoch ihr jeweiliges Bildungs- und Erziehungskonzept unter inhaltlichen Aspekten stets mit der Kategorie der Nützlichkeit. Ebenso befürworten beide eine Verbesserung der weiblichen Bildung und Erziehung, allerdings – wie die meisten ihrer aufgeklärten Zeitgenossen – mit einer aus der tradierten Geschlechteranthropologie resultierenden Begrenzung auf den häuslichen Bereich.

Mirabeau als Redner, Stich von D. Beisson

44 Jonas/Wienecke (Hg.): Rochows sämtliche pädagogische Schriften. 2. Bd. (Anm. 35), S. 142.
45 Ebenda S. 143, Anm.
46 Ebenda S. 144.
47 Ebenda S. 148, Anm.
48 Vgl. ebenda S. 133.
49 Vgl. ebenda S. 160.
50 Ebenda.
51 Ebenda S. 160, Anm.
52 Vgl. ebenda S. 160 ff.
53 Ebenda S. 161.
54 Ebenda.
55 Zu den weitergehenden Konzepten einer egalitären Mädchenbildung vgl. Frauke Stübig: Gegen die ›Vorurteile der Unwissenheit und die Tyrannei der Stärke‹. Der Kampf für Frauenrechte und Mädchenbildung von Antoine de Condorcet. In: Ulrich Herrmann/Jürgen Oelkers (Hg.): Französische Revolution und Pädagogik der Moderne. Aufklärung, Revolution und Menschenbildung im Übergang vom Ancien Régime zur bürgerlichen Gesellschaft. Weinheim, Basel 1990, S. 133–146.
56 In der Regel spricht Rochow in seiner Schrift nicht von Jungen und Mädchen, sondern von Kindern, nennt aber in seinen Beispielen neben Jungen- auch immer Mädchennamen. Vgl. Jonas/Wienecke (Hg.): Rochows sämtliche pädagogische Schriften. 1. Bd. (Anm.1), S. 337.
57 Ebenda S. 325.
58 Ebenda.

FRIEDRICH EBERHARD
VON ROCHOW
auf Reckahn &c.
Domkapitular zu Halberstadt
geb. am 11. Octb. 1734.

Methode, Ernst und Spiel – Rochow und der pädagogische Fortschritt

Heinz-Elmar Tenorth

I.

Jede Pädagogik muß sich, um erfolgreich zu sein, institutionell sichern, aber vor allem im Handeln bewähren. Rochow, sicherlich ein erfolgreicher Pädagoge, wird nicht selten nur als der epochemachende Schulgründer gesehen und von hier aus bis heute als Vorbild gepriesen, aber kaum noch intensiv von seiner pädagogischen Methode aus gelesen oder gar aktiviert. Die Methode gilt als historisch überholt, ja sie wird gelegentlich sogar als Form des ›Katechisierens‹ verkannt und dann als veraltet zur Seite gelegt. Mancher Ehrenrettung seiner Arbeit ungeachtet, in der man den Eigenwert der ›sokratischen Kunst‹ vor langer Zeit schon ausgiebig gerühmt[1] oder aktuell rekonstruiert hat[2], in die Modellsammlungen des pädagogisch guten Unterrichts ist Rochow nicht gerade als Vorbild eingegangen.[3]

Liest man die Zeugnisse über diesen Unterricht erneut, vor allem mit einem Bericht des Predigers und Schulmanns Heinrich Gottlieb Zerrenner[4], wie ich das im folgenden tue, dann ist selbstverständlich die Differenz nicht zu verkennen, die zwischen diesen vergangenen Formen pädagogischer Interaktion und dem aktuellen Getriebe im Klassenzimmer herrscht. Auch wird nicht ein jeder Leser heute das kurzschrittige Frage-Antwort-Spiel als den historischen Fortschritt würdigen können, den die zeitgenössischen Beobachter in Rochows Arbeit gesehen haben. Zerrenner jedenfalls kann seine Begeisterung über die ›sokratische Kunst‹ kaum verbergen, und er wählt Beschreibungen für seine Beobachtungen, die auch aktuell von der Methode überzeugen. Zerrenner zeigt nämlich, wie es ›Herr Br[uns] zu einem ganz bewunderungswürdigen Grade in der Sokratischen Kunst gebracht‹ hat: ›Seine

D. N. Chodowiecki: Lesender Bauer, 1757

hohen Wendungen, der Gang der Unterredung, die Manier die Kinder auszufragen, und die richtigen Ideen in ihren Kinderseelen zu veranlassen, vorzubereiten, und gleichsam herauszuspinnen; dann seine Übergänge und die ihm ganz eigne Art und Weise alles, auch das Geringfügigste, sogleich fürs praktische Leben brauchbar zu machen, und in eigne gute Wünsche und Entschließungen zu verwandeln, ist in der That einzig, und beinahe unnachahmlich!‹[5] Allein Rochow selbst vermag die Praxis in ihrer Qualität noch zu steigern[6] und erweist sich damit als der Lehrer,

1 Erwähnt sei der ausführlichen Bericht von Carl Friedrich Riemann: Beschreibung der Reckanschen Schule. Berlin/Stettin 1781. Riemann spricht, etwas mißverständlich, aber noch von ›Catechisationen über einzelne Stücke‹, die er protokolliert, und legt damit ein Mißverständnis nahe, das fortwirken sollte.

2 Schon Achim Leschinsky/Peter-Martin Roeder: Schule im historischen Prozeß. Stuttgart 1976, S. 356 ff. betonen die ›gravierende Veränderung der herkömmlichen Praxis‹, die Rochow eingeführt habe, auch wenn sie sich ›nach heutigen Maßstäben recht bescheiden ausnimmt‹ (Anm. 26, S. 361). Den Methodenwandel zeigt auch – und gleichzeitig als Ehrenrettung der Arbeit von Lehrer Bruns in Reckahn – Gerhardt Petrat: ›Wie bin ich denn auf all das gekommen?‹ Lehrer Bruns vermittelt seinen Schülern Rochows ›Kinderfreund‹ vor den Augen der pädagogischen Welt. In: Frank Tosch (Hrsg.): ›Er war ein Lehrer‹ Heinrich Julius Bruns (1746–1794). Potsdam 1995, S. 53–66.

3 Theo Dietrich (Hrsg.): Unterrichtsbeispiele von Herbart bis zur Gegenwart. Bad Heilbrunn 1968 beginnt sogar, anders als der Titel verspricht, erst nach Herbart und mit den Herbartianern; bei Gerhardt Petrat: Schulunterricht. Seine Sozialgeschichte in Deutschland 1750 bis 1850. München 1979 ist das ausgehende 18. Jahrhundert noch die Phase des vormodernen ›Schulehaltens‹, die sich erst auf dem Weg zum modernen und professionellen, einzig legitimen ›Unterricht‹ befindet.

4 Vgl. Heinrich Gottlieb Zerrenner: Noch Etwas über Rekan und die Schulanstalten des Herrn Domherrn von Rochow. In: Journal für Prediger Bd. 20, 1788, S. 1–47.

5 Ebenda S. 16.

6 Zerrenner, ebenda S. 35, über Rochows Methode: ›So etwas unnachahmliches ist kaum zu gedenken: wie der vortreffliche Mann die Kunst so ganz in seiner Gewalt hat, Wahrheiten aus den Kinderseelen ans Licht zu bringen. Welche Naivität, welche leichte Faßlichkeit, welche liebliche würdige Anmuth, welche Herablassung und Descendenz in die Kinderbegriffe und Kinderseelen!‹

der den guten Lehrer gebildet hat, als ›ein so grosser Meister‹ also, daß Zerrenner versteht, wer ›in der Kunst einen Bruns bilden konnte‹.[7]

Kein Wunder, daß Zerrenner gleich einleitend sagen kann, daß ein ›wahres sokratisches Gespräch‹, das er bei Rochow und in Reckahn endlich vorgefunden habe, ›nichts Memorienkram, Herbeterei und Mechanismus war!‹[8] Diese Qualifizierung der Methode, gegen das Memorieren und für das ›Gespräch‹, wirklich: Gespräch‹!, geschieht also von einem genuin reformpädagogischen Gütekriterium aus[9], und das provoziert die Frage, worin denn wirklich der aktuelle Fortschritt in der Methode gegenüber Rochow besteht. Denn aufmerksame Beobachter haben schon früher festgestellt, daß die sokratische Methode in Reckahn das Lernen individualisiert, die Fragen dem jeweiligen Erkenntnisstand der Kinder anpaßt, daß Lehrer entwicklungsbezogen lehren und prozeßbezogen argumentieren, und auch, daß die Methode die Selbstbildung fördert. Methode steht eher für ›veranlassen‹ und ›herausspinnen‹ als für ›bewirken‹ oder gar abrichten, sie will sogar – wie heute in Fribourg[10] – den Fehler als produktives Element des Unterrichts hoch achten.[11] Sokratisch schließlich ist die Haltung des Lehrers, vor allem, daß er den Schülern gelegentlich auch einräumt: ›Ich weiß es nicht‹, so daß der beglückte Beobachter nur noch seine Anerkennung stammeln kann: ›wie weise, wie bedeutend und lehrreich‹.[12] Hier wird der Kern der Methode offenbar, und es sind – methodisch gesehen – tatsächlich ›Übungen zur Erweckung der Aufmerksamkeit und des eigenen Nachdenkens‹, die diesen Kern definieren, und das geschieht in Schulen, in denen ›der Verstand gebaut wird‹.[13] Man muß nicht die großen Zitate der Aufklärung bemühen, um zu sehen, daß hier die Programme der Epoche im Alltag einer Landschule zu ihrem Recht gekommen sind.

II.

Die Erfahrung, daß lehrerzentrierter Unterricht, die Dominanz der Lehrerfrage und nicht selten Mechanismus und Routine noch aktuell den Unterricht bestimmen, sollte alle Defizitzuschreibungen ruhen und die allein produktive Frage entstehen lassen, wo wirklich die Differenz zur aktuellen Praxis liegt. Darüber hinaus muß man auch fragen, ob der Wandel, wenn man ihn denn präzise darstellen und nach Ursachen zuschreiben kann, als Fortschritt benennbar ist.

Überraschend und erstaunlich ist dann meines Erachtens zunächst die eminente Wirkung, die zeitgenössische Beobachter

der pädagogischen Methode in Reckahn zuschreiben. Diese erstaunliche Wirkung gilt für den Prozeß und die Effekte des Unterrichts, in allen seinen Fächern, aber auch für das Sozialverhalten der Kinder. Zerrenner z. B. hat Mühe, den Rechenoperationen in der Geschwindigkeit zu folgen, in der die Kinder die von Bruns gestellten Aufgaben lösen, er beobachtet die Freude, mit der sie in die Schule gehen, so wie andere ›die Liebe zur Schule‹[14] überrascht notieren. Zerrenner erwähnt ebenfalls, daß die Kinder ihre Eltern sogar bitten, sie dort hinzuschicken. Er sieht den Erziehungserfolg, wenn die Kinder sich in der Schule aufhalten und die langdauernde Wirkung, wenn sie die Schule verlassen.

In der Schule zeigen sie sich schon als das Idealbild des ›guten Kindes‹, und das heißt bei Zerrenner, in Ziffern wohl geordnet: ›1. Ein gutes Kind sitzt unter [während] der Schule stille. 2. Ein gutes Kind ist bescheiden. 3. Hält die Füße stille und spielt nicht damit. 4. Ist fleißig. 5. Ist gehorsam.‹ Ein gutes Kind ist aber auch brav außerhalb der Schule: ›6. Ein gutes Kind jagt das Vieh von der Saat. 7. Schont sein Zeug. 8. Schmeißt kein Holz und keine Steine

7 Ebenda S. 35.

8 Ebenda S. 5.

9 Denn der Vorwurf gegen die ›Buchschule‹ im ausgehenden 19. Jahrhundert lautete ja nicht, daß sie das Buch nutzt, sondern ging primär von der Beobachtung – oder Unterstellung – aus, daß sie ›Memorieranstalt‹ sei.

10 Fritz Oser, der uns in zahllosen Arbeiten die pädagogische Produktivität des Fehlers neu zu sehen gelehrt hat, könnte sich insofern noch heute mit guten Gründen auf Rochow berufen (vgl. jüngst: Fritz Oser/Tina Hascher: Lernen aus Fehlern. Zur Psychologie des ›negativen‹ Wissens. Fribourg 1997).

11 Vgl. Zerrenner: Noch Etwas über Rekan (Anm. 4), S. 44.

12 Ebenda S. 17.

13 Ebenda S. 44.

14 Hanno Schmitt zitiert im Nachwort zum Nachdruck des ›Kinderfreunds‹ (Potsdam 1994, S. 118) Riemanns einschlägige Beobachtungen.

Jean-Jaques Rousseau (1712 – 1778)

in Graben. 9. Bedankt sich hübsch. 10. Macht die Wasserreiser von den Bäumen ab. 11. Quält kein Thier. 12. Reißt den Spergen, so hieß es glaub ich, d.i. den Maykäfern die Flügel nicht aus‹.[15] Kein Wunder, daß auch der Schulweg das gute Kind zeigt; denn ›sehr sittsam und still‹, so sagt er, ›gingen (sie) zu Hause‹.[16] Die Leistung der Schule und der Lehrer, aber auch die des Predigers, strahlen dabei sogar in die ganze Gemeinde aus, wie der Sonntagsgottesdienst bestätigt: ›Wie sind da alle so liebreich, freundlich, dienstfertig, wohlwollend, wie gemeinnützig jedes Kind‹.[17] Jeder Politiker und Pädagoge wäre glücklich und stolz: ›Seit vielen Jahren ist da kein Prozeß mehr gewesen, und der Gerichtshalter des Herrn von Rochow muß selbst gestehen, daß wenn er nicht sonst in andern Geschäften von Hrn. v. R. gebraucht würde, derselbe keinen Gerichtshalter nöthig habe‹.[18] Reckahn wird in dieser Beschreibung zur pädagogisch erzeugten Idylle, und wahrscheinlich nicht ohne reale Anhaltspunkte.

In dieser Beschreibung wird zugleich aber auch die wesentliche Veränderung der gegenwärtigen pädagogischen Arbeit gegenüber Reckahn deutlich. Schule und Erziehung heute treffen nicht mehr auf eine Welt, die im gleichen Geist der pädagogischen Formung des Menschen schulisch wie außerschulisch gestaltet ist. Die Pädagogik kann sich deshalb auch nicht mehr auf diese Isomorphie der Werte und Normen, Praktiken und Ziele innerhalb und außerhalb der eigenen Konstruktion der innerschulischen Welt verlassen, sie kann sich deshalb auch nicht darauf beschränken, primär die themenzentrierte Interaktion und das Gespräch zu pflegen.

Die aktuellen Anforderungen an die Methode sind gegenüber der alten Zeit gestiegen; denn die Pädagogik muß selbst aktiv werden in der Gestaltung einer Welt, die als pädagogisch erlebbar und damit als Lernanlaß geeignet ist. Bekanntlich liegt der Schlüssel zur Lösung dieses Problems darin, daß sich die Pädagogik – vor allem in ihren Reformfraktionen, aber nicht nur dort – nicht mehr auf die Genialität der Person verläßt, sondern von der Gestaltung der pädagogischen Welt aus denkt, eher Aufgaben konstruiert, die Selbsttätigkeit anregen, als den allmächtigen Lehrer fingiert. Die Methode, mit anderen Worten, wird von der Dominanz der Person weg auf die Gestaltung der Umgebung und die Arbeit des Adressaten verlagert; die Konstruktionsleistung des Lehrers geht, idealtypisch, der pädagogischen Interaktion voraus oder nach – jedenfalls eher planend, strukturierend, antizipierend als unmittelbar oder allein situativ agierend. Lernwelten werden erfunden, wie das die Philanthropen in ihren Musterschulen dann vormachen, aber auch Rousseau schon beschreibt (weshalb er in der Folgezeit inspirierender wirkt als Rochow), aus personenzentrierter Methode wird pädagogische Gestaltung von Welt.

III.

Es gibt, neben den nahezu unglaublichen Effekten der pädagogischen Arbeit und neben der Methode, die sie befördert, aber noch eine weitere Differenz der Pädagogik, die Rochow gegenüber der Pädagogik unserer Gegenwart zeigt, zumindest gegenüber der pädagogischen Rhetorik unserer Gegenwart. Sie liegt im Stil der Arbeit und in der sozialen Struktur der Interaktion und ihren Normen. Lehrer wie Schüler gehen bei aller Freude und allem Spaß in Reckahn nämlich ›mit einem ehrerbietigen Ernst‹[19] zur Sache. Die Schule, man darf es so sagen, ist ihnen – anders als in Zeiten des grassierenden Vandalismus und der Spaßkultur – ein bedeutsamer Ort, ja heilig, und das Lernen ein unbestritten wichtiges Geschäft. Es ist deshalb auch nicht pädagogisch erzeugte Naivität, oder gar ein Indiz für Dressur, Anpassung und Indoktrination, die solcher Ernst in und mit der Schule anzeigt. Diese Schule hat ihre eigene Dignität und Legitimität.

Eine Institution der Bildung, also selbstkritisch und zugleich kritisch gegen die Schule, so mag man einwenden, sei diese pädagogische Arbeit nicht gewesen, aber man sollte trotz der geballten Erziehungsanstrengungen und -leistungen nicht zu voreilig schließen. Die Kinder erwerben nicht allein Kenntnisse, sondern sie wissen, was sie lernen, und der Lernprozeß erzeugt seine eigene Reflexivität. Die hübsche Botschaft über die Bibel – ›Es schickt sich ja nicht alles in der Bibel für uns Kinder‹[20] – mag wie erfolgreiche Disziplinierung klingen, tatsächlich zeigt sie eher, daß die Kinder auch die Intentionen des Pädagogen mit lernen, Mitteilung und Botschaft also unterscheiden können, genauso wie der Lehrer, der das Medium des Lernens und seine Botschaft selbst noch qualifiziert. Auch der komplementäre Nachsatz – ›und es paßt nicht alles für die Bauersleute‹ – mag das Disziplinierungsurteil auf soziales Lernen und politische Disziplinierung hin erweitern. Aber man wird solchen Lernprozessen nicht absprechen, daß sie augenscheinlich das Selbstdenken wirklich ›veranlassen‹ konnten. Die Lernenden und Lehrenden werden und sind diszipliniert, aber sie erleben dabei eine neue Welt, in der sie ihren eigenen ›Beruf‹ verstehen, erst als Schüler[21], dann als aktive Landleute, die an ihrer eigenen Subsistenzsicherung arbeiten.

Solche Referenzen, die den Kindern im Lernprozeß erfahrbar werden, erzeugen vielleicht nicht Kritik, aber doch Selbstreferenz im Prozeß: ›Ach ich hatte nicht Achtung gegeben, sonst hätte ich ja eben das gewußt, was Hübners Jette sagte!‹[22] – das kann eine Schülerin dem mitfühlenden Lehrer sagen, als sie ihm ihren Unmut und ein scheinbar unerklärliches Weinen erklären soll. Und die subjektbezogene Funktion dieses schulischen Lernens wird noch deutlicher, wenn ein Schüler, aufgefordert zu erklären, was denn eine ›Außerung‹ sei, knapp antwortet: ›wodurch ich sehen lasse, was ich bin‹.[23]

Man erkennt eine pädagogische Welt und die pädagogische Struktur der Kommunikation, fröhlich, aber ›ernsthaft‹ und Rochow regiert als der ›wirkliche Lehrer und Vater‹.[24] Man könnte den Verdacht äußern, daß hier, in dieser Verbindung von Ernst und Paternalismus, die wirkliche Differenz liegt, in der Tatsache, daß diese Pädagogik mit der Schule so wenig spielerisch umgehen kann wie sie unkritisch ist gegenüber der Autorität der Lehrerolle. Man müßte aber wohl eher sagen, und zwar deskriptiv, nicht normativ getönt, daß diese Pädagogik diszipliniert und sozialisiert, weil sie ernsthaft ist, also über Kommunikation versucht, bindende Wirkung auf Personen, d. h. auf Bewußtsein zu erzeugen.[25]

Bevor man so urteilt, muß man aber sehen, welche Bedeutung der Ernst in der pädagogischen Kommunikation systematisch hat und daß er selbst dann nicht zu vermeiden ist, wenn die pädagogische Kommunikation ironisch wird, also sich selbst in der Kommunikation als Kommunikation beobachten will.

Ein Künstler in diesem Metier der Selbstbeobachtung in der Kommunikation, Gregory Bateson, liefert Exempel dafür, daß auch das explizit ironische, sich selbst beobachtende und der Selbstbeobachtung dienende Gespräch zwischen den Generationen den Ernst nicht vermeiden kann, wenn es ein lehrendes und ein die Sachen klärendes Gespräch bleiben will:

›Tochter: Pappi, sind diese Gespräche ernst?
Vater: Sicher sind sie das.
T: Sie sind nicht so eine Art Spiel, das du mit mir spielst?
V: Gott bewahre [...] aber sie sind so eine Art Spiel, das wir zusammen spielen.
T: Dann meinst du es *nicht* ernst!‹[26]

Da ist sie, die Pädagogik, zurückgeworfen auf ihre Logik, die asymmetrische Kommunikation, auch dann, wenn sie zu symmetrisieren versucht. Wahrscheinlich ist es dann, wenn man schon auf Personen und das Gespräch setzt, einzig die sokratische Kunst, die erträglich macht, was so künstlich, aber anscheinend auch so unentbehrlich ist. Rochow lebt also doch weiter, zumindest dann, wenn es darum geht, ein Gespräch zu eröffnen, um das Lernen anzustoßen und Selbstbildung zu veranlassen.

Lehrer liest vor, um 1790

15 Zerrenner: Noch Etwas über Rekan (Anm. 4), S. 18.
16 Ebenda S. 13.
17 Ebenda S. 26.
18 Ebenda.
19 Ebenda S. 17.
20 Ebenda S. 31.
21 Zerrenner, ebenda S. 36: ›Ich will meinen Beruf thun‹, denn: ›Gott hat mir Gelegenheit gegeben, anständig und gut zu werden; ich muß also die Mittel brauchen.‹ Aber der ›Beruf‹ beginnt bereits in der Schülerrolle, wie der Schüler weiß, wenn er nach seinem Beruf, im Unterschied zum Prediger und Lehrer gefragt wird:
›v. R.: Aber hast denn du auch einen Beruf?
S.: O ja, zweierlei Beruf: daß ich was lerne in der Schule, und gehorsam bin und thue was Herr Bruns und der Prediger und meine Eltern und verständige Leute sagen‹ (ebenda S. 36 f.).
Konrad Wünsche: Tabus über dem Schülerberuf. In: Zeitschrift für Pädagogik 39 (1993), S. 361–380 hätte bei Rochow also frühe Bestätigung für seine Thesen finden können.
22 Zerrener: Noch Etwas über Rekan (Anm.4), S. 41.
23 Ebenda S. 45.
24 Ebenda S. 35.
25 So definiert den pädagogischen Ernst Dirk Baecker: Ernste Kommunikation. In: Merkur 579, 1997, S. 486–495, besonders S. 493 ff.; für den systematischen Kontext vgl. Heinz-Elmar Tenorth: Zynismus – oder das letzte Wort der Pädagogik. In: Zeitschrift für Pädagogik 47 (2001), H. 4.
26 Mein Beispiel (und weitere) liefert Gregory Bateson: Ökologie des Geistes. Anthropologische, psychologische, biologische und epistemologische Perspektiven (1972), Frankfurt a. M. 1981, besonders mit seinen ›Metalogen‹ (S. 32 ff.), d. h. selbstreflexiver Kommunikation zwischen Vater und Tochter, die auch ›Über Spiele und Ernst‹ handelt (zit. S. 45, Hervorhebung dort).

D. Chodowiecki del.

Ein fauler Mensch wird niemahls froh.

Sprache und Denken auf dem platten Land

Joachim Gessinger

Der spätere Potsdamer Schulrat Wilhelm Carl Christian v. Türk brachte 1806, nachdem er die Situation an den ›niederen Schulen‹, also das Elementarschulwesen verschiedener deutscher Territorien, in Augenschein genommen hatte, die Verhältnisse auf den Punkt: ›Ob Menschen aus ihnen hervorgingen, darnach fragte man nicht – der Staat brauchte Gelehrte, Geschäftsmänner und Unterthanen, aber keine Menschen‹[1]. Was der Staat brauchte und wie die Unterweisung an den Schulen aussehen sollte, hatte der zuständige preußische Minister für das geistliche Departement v. Zedlitz im Jahre 1777 in einem Beitrag für das ›Deutsche Museum‹ unter dem Titel ›Über die Einrichtung einer Volckslehre, in einem eigentlich monarchischen Staat‹ klargelegt. Zedlitz ordnete den drei Klassen der Gesellschaft jeweils einen eigenen Schultyp mit unterschiedlichem Lehrstoff und angemessenen Lehrmethoden zu. Während die ›Klasse der Edelen‹ und die ›mittlere Klasse‹ die gesellschaftlichen Verhältnisse verstehen und, was den Adel anging, auch durch ›kluge Anwendung der Macht‹ in Ordnung halten sollten, wurden der ›geringsten Klasse‹ deutliche Grenzen gesetzt: ›Für die geringste Klaße. Deutliche Aphorismen; Säze ohne Beweise, höchstens mit Stellen aus der Schrift belegt. Vom Monarch und Untertan. Pflichten gegen die Obrigkeit. – Unbedingter Gehorsam gegen Geseze, nicht gegen Personen. – Liebe und Zutrauen gegen vorgesezte Personen. – Befugniße und Rechte des Menschen, des Bürgers. – Sicherheit der Person und des Eigenthums. – Gewißens-Freyheit. – Einfalt der Sitten dieses Standes. – Häusliche Ruhe. Zufriedenheit. Unschuld‹[2].

Es waren eben diese Grenzen, die in der vorausgesetzten intellektuellen Begrenztheit vor allem der Landbewohner ihre ›anthropologische‹ Legitimation fanden, die im gleichzeitigen Reckahner Schulprojekt als pädagogisch unhaltbar demonstriert und praktisch überwunden wurden. Wie an anderen Elementarschulen auch, bildete der Sprachunterricht mit der grundlegenden Kulturtechnik des Lesens einen, wenn nicht *den* Schwerpunkt des Unterrichts. Gerade in der Funktionszuweisung der primären Alphabetisierung durch die Schule, also der Bedeutung, die der Schriftkultur für die Sozialisation und geistige Entwicklung der Kinder zugemessen wurde, werden die konzeptionellen Unterschiede zwischen dem orthodoxen Elementarunterricht und dem Reckahner Programm besonders deutlich. Der nachfolgende Beitrag wird sich deshalb auf den Sprachunterricht als Schlüssel des pädagogisch-politischen Konzepts von Rochows konzentrieren.

Plattdeutsch und Hochdeutsch

Wie im gesamten niederdeutschen Sprachgebiet gab es auch in Brandenburg mit der Aufgabe der niederdeutschen Schriftlichkeit spätestens seit Beginn des 17. Jahrhunderts eine ›mediale Diglossie‹: der Großteil der Einwohner sprach *Platt*deutsch und schrieb, sofern überhaupt Schreibfähigkeiten und Schreibanlässe vorhanden waren, *Hoch*deutsch. Mit zunehmender Bedeutung der Schriftlichkeit wuchs der Druck, auch ›hochdeutsch‹ zu sprechen,

1 Wilhelm Carl Christian von Türk: Beiträge zur Kenntnis einiger deutschen Elementar-Schulanstalten, namentlich der zu Dessau, Leipzig, Heidelberg, Frankfurt am Mayn und Berlin, Leipzig 1806 , IV. Zu Türks Wirken vor allem in Potsdam vgl. Hanno Schmitt/Frank Tosch (Hg.): Erziehungsreform und Gesellschaftsinitiative in Preußen 1798–1840. Berlin 1999.

2 Zit. nach Karl Abraham von Zedlitz: Über die Einrichtung einer Volckslehre. In: Patriotisches Archiv 1 (1792), S. 379.

Weniger Toleranz hieß gewöhnlich, daß der Gebrauch des Plattdeutschen durch Strafandrohung unterdrückt wurde und der Gebrauch des Hochdeutschen sich auf das Vorlesen und Memorieren kanonischer Texte sowie auf Schreiben beschränkte, sofern die Eltern das dafür extra zu entrichtende Schulgeld bezahlen konnten. Die Alltagssprache der Schüler (und ihrer Eltern) wurde als ›schlechtes Deutsch‹ abqualifiziert und das ›gute‹ Deutsch trat immer nur in Verbindung mit Schriftlichkeit auf. Mit anderen Worten: Hochdeutsch blieb für plattsprechende Kinder eine an Schrift gebundene *Fremd*sprache.

Den Konflikt zwischen der ›Nahsprache‹ Plattdeutsch und ›Fernsprache‹ Hochdeutsch konnte auch von Rochow nicht wirklich lösen. Heinrich Gottlieb Zerrenner, einer der Besucher in Reckahn, beschrieb 1788 im ›Journal für Prediger‹, wie Sach- und Sprachunterricht als ›Übung zum Nachdenken‹ zugleich dem Aufbau einer zweisprachigen Kompetenz dienten. Es ging um die Dinge, die aus Eisen gemacht wurden. Die Kinder nannten ›Klinke‹, ›Pferdekette‹ und ›Krampe‹ ...

›Kind 3. eine Krampe. B[runs]. Wozu braucht man denn die?
K. Dat miner Mutter keiner wat rut dregt.
B. Rut dregt? was ist das? wie muß das heissen?
Ein andres Kind: herausträgt! B. Recht‹[5].

Und Zerrenner kommentierte diese Sequenz: ›Diese Uebungen sind denn besonders auch dazu gut und eingeführt, um die Kinder hochdeutsch sprechen zu lehren, welches immer viel Mühe kostet‹[6].

Die diskursive Bearbeitung des Sprachkonflikts macht zwar deutlich, daß die Schulsprache hochdeutsch sein sollte, gleichwohl wurde das Plattdeutsche als Sprache des ›gemeinen Lebens‹ nicht abgewertet. Realistischerweise mußte man akzeptieren, daß die Sprechsprache außerhalb der Schule durchweg Platt war und daß beide Sprachen ihre unterschiedlichen Domänen hatten, Bereiche, in denen sie bestimmte Funktionen erfüllten: Plattdeutsch war für von Rochow als die Muttersprache von Schülern und Eltern Alltags- und Verkehrssprache. Hochdeutsch hingegen war, in geschriebener wie gesprochener Form, ›Lehr-und Befehlssprache‹ und deshalb auch Schulsprache. In seinem ›Hand-Buch in katechetischer Form für Lehrer, die aufklären wollen und dürfen‹ faßte von Rochow die Bedeutung dieser hochdeutschen ›Lehr- und Befehlssprache‹ für die Schule und der Schule für den Erwerb dieser Sprache in die allen Lehrern vertraute Frage- und Antwortform:

›Dreyzehnte Frage.

Können diejenigen, ohne eigentliche Anweisung, die Lehr- und Befehlssprache gehörig verstehen lernen, bey denen eine andre Sprache die Mutter-Sprache oder die Sprache des gemeinen Lebens ist?

Antwort.

Nein; ohne eigentliche Anweisung würden solche, die Lehr- und Befehls-Sprache immer nur mangelhaft und nicht hinlänglich verstehen.

D. FRIEDRICH GEDIKE
K. Preuss. Oberkonsistorial- und Oberschulrath
geb. 1755.

was im übrigen Norddeutschland zu einer Sprechsprache führte, die sich Ende des 19. Jahrhunderts als ›norddeutsche Hochlautung‹ durchsetzte, in Brandenburg aber spätestens seit Beginn des 19. Jahrhunderts zur Übernahme des Berlinischen als regionale Umgangssprache führte.[3] Im Lese- und Schreibunterricht der Elementarschulen erlebten oder erlitten die Schüler, welche Konflikte durch die Konfrontation mit der hochdeutschen Schriftsprache entstanden: Während ein Schüler im Hallenser Waisenhaus ohne größere Probleme den Katechismus mit stark anhaltisch-obersächsischer Färbung problemlos dahersagen konnte, wäre eine plattdeutsche Wiedergabe dieses Textes nur als Übersetzung möglich gewesen. Es kam zu hochdeutsch-plattdeutschen Interferenzen, die üblicherweise als fehlerhaftes Sprechen und Resultat eines mangelhaften Schulunterrichts diagnostiziert wurden. So schrieb der Berliner Pädagoge und Herausgeber der ›Berlinischen Monatsschrift‹, Friedrich Gedike: ›Unsere gemeine Sprechart in unseren Gegenden ist halb hochdeutsch, halb plattdeutsch. Dies kömmt in der That zum Theil daher, daß die Schullehrer zu tolerant gegen diese Dialekt-Mengerei sind. Wenn sie immer darauf hielten, nie in ihrer Gegenwart [...] im Hochdeutschen unrichtige Ausdrücke zu dulden, so würden dergleichen Fehler allmälig auch im gemeinen Leben seltener zu hören sein, und vielleicht würden selbst Eltern von ihren Kindern die richtigere Aussprache annehmen‹[4].

Vierzehnte Frage.

Ists denn so wichtig für einen jeden, die Lehr- und Befehls-Sprache recht zu verstehen?

Antwort.

Es ist allerdings sehr wichtig, weil ein jeder in dieser Sprache, diejenigen Grundsätze kennen lernen soll, nach welchen es ihm itzt und künftig wohl gehen kann‹[7].

Als Menschen, die verstehen und sich darüber verständigen wollten, wie die Welt beschaffen war, brauchten seine Schüler diese doppelte sprachliche Kompetenz – und Staat wie Kirche brauchten Untertanen, die verstanden, was man von ihnen wollte. Schüler wie Lehrer mußten lernen, mit beiden Sprachen, Platt wie Hochdeutsch, umzugehen und dabei auch die Asymmetrie zu bewältigen, die darin bestand, daß man zwar platt wie hochdeutsch *sprechen*, aber nur hochdeutsch *schreiben* konnte. Im Ergebnis kam es, wenn auch nicht zu einem ›bilingualen‹ Sprachunterricht im modernen Sinne, so doch zu einem pragmatischen Umgang mit der Zweisprachigkeit – ohne freilich damit das Bildungsziel einer hochdeutschen Alphabetisierung aus den Augen zu lassen. So sollte im Laufe der Sprachbildung aus der im außerschulischen Alltag gesprochenen Muttersprache Platt die ›richtige‹, d. h. hochdeutsche Muttersprache werden, was sich aus dem Munde der märkischen Bauernkinder wie eine sächsisch überformte plattdeutsche Lautung angehört haben dürfte, wenn man den nicht sehr zahlreichen und präzisen zeitgenössischen Beschreibungen folgt. Zum besseren Verständnis sollte bedacht werden – auch wenn es aus heutiger Sicht merkwürdig erscheint –, daß für die zweite Hälfte des 18. Jahrhunderts ohnehin davon ausgegangen werden muß, daß das Meißnisch-Obersächsische trotz wachsender Kritik vor allem aus Süddeutschland weithin als beispielgebende ›hochdeutsche‹ Aussprache angesehen wurde.[8] Ein von regionalen Färbungen weitgehend freies Hochdeutsch bildete, wie oben schon angedeutet, erst seit Ende des 19. Jahrhunderts die Aussprachenorm.[9]

In Riemanns ›Beschreibung der Reckahnschen Schule‹ heißt es über den Sprachunterricht in der höheren Klasse, er diene dazu, Begriffe und sprachliche Ausdrucksmöglichkeiten und damit letztlich Wissensbestände zu erweitern. ›Die Vorbereitung dazu geschah schon in der ersten Classe, indem sie vom Anfange der Schulzeit an, und bisher immer zum richtigen Sprechen der

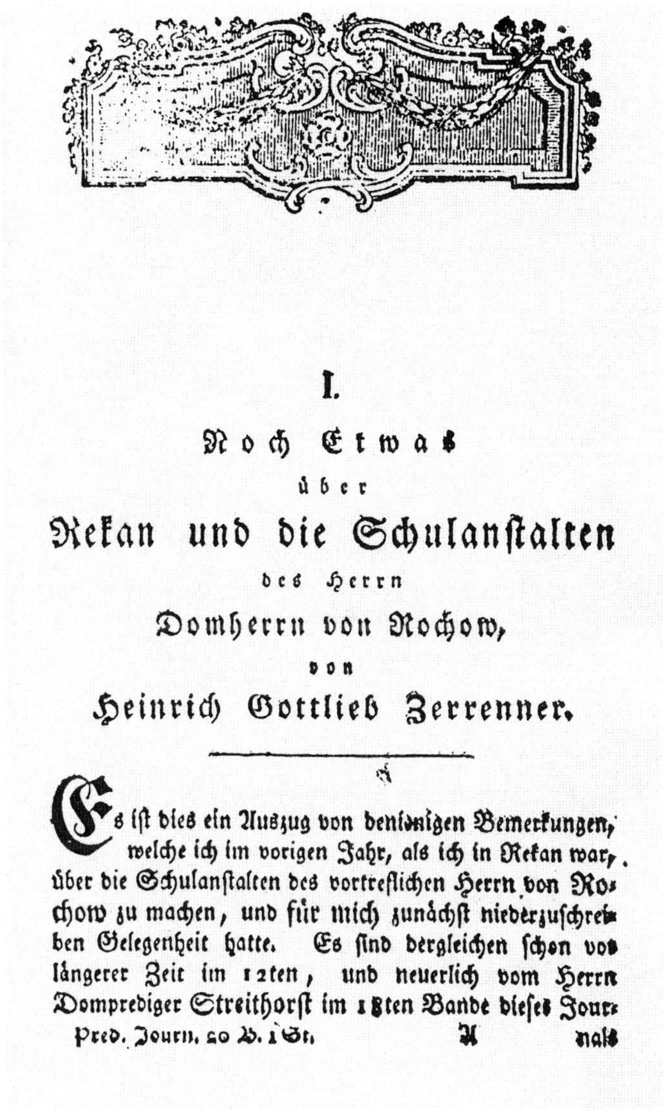

I.

Noch Etwas
über
Rekan und die Schulanstalten
des Herrn
Domherrn von Rochow,
von
Heinrich Gottlieb Zerrenner.

Es ist dies ein Auszug von denienigen Bemerkungen, welche ich im vorigen Jahr, als ich in Rekan war, über die Schulanstalten des vortreflichen Herrn von Rochow zu machen, und für mich zunächst niederzuschreiben Gelegenheit hatte. Es sind dergleichen schon vor längerer Zeit im 12ten, und neuerlich vom Herrn Domprediger Streithorst im 18ten Bande dieses Jour-

Pred. Journ. 20 B. 1 St. A nals

In: Journal für Prediger, 20. Bd., 1. St., Halle 1788

Muttersprache angehalten wurden. Die Kinder in dieser Classe sprechen daher auch schon in der Schule ziemlich richtig, wenn sie sich auch gleich außer derselben und im gewöhnlichen Umgange noch häufig plattdeutsch auszudrücken pflegen, weil sie es in den Häusern ihrer Eltern und von andern hören. Dis hindert jedoch nicht, daß sie die ordentliche Lehrsprache nun nicht überall

3 Joachim Gessinger/Christian Fischer: Schriftlichkeit und Mündlichkeit in Brandenburg-Berlin. Zeitschrift für deutsche Philologie, Sonderheft 117 (1998), S. 84–109.

4 Friedrich Gedike: Gesammelte Schulschriften, Bd. 2. Berlin 1792, S. 243.

5 Heinrich Gottlieb Zerrenner: Noch etwas über Rekan und die Schulanstalten des Herrn Domherrn von Rochow. In: Journal für Prediger, Bd. 22, 1 (1788), S. 4 f.

6 Ebenda.

7 Friedrich Eberhard von Rochow: Hand-Buch in katechetischer Form für Lehrer die aufklären wollen und dürfen, Halle 1783, S. 30 f.

8 Zur Debatte über die Vorbildrolle des meißnisch-obersächsischen Sprachraums vgl. die Übersicht von Ingo Reiffenstein: Metasprachliche Äußerungen über das Deutsche und seine Subsysteme bis 1800 in historischer Sicht. In: Werner Besch/Oskar Reichmann/Stefan Sonderegger (Hg.): Sprachgeschichte. Ein Handbuch zur Geschichte der deutschen Sprache und ihrer Erforschung. Zweiter Halbband. Berlin/New York 1985, S. 1727–1750.

9 Vgl. Eduard Kurka: Die deutsche Aussprachenorm im 19. Jahrhundert – Entwicklungstendenzen und Probleme ihrer Kodifizierung vor 1898. In: Studien zur deutschen Sprachgeschichte des 19. Jahrhunderts. Existenzformen der Sprache. (Ling. Stud., Reihe A, Arbeitsberichte 66/II). 1980, S. 1–67.

verstehen und immer leichter verstehen lernen sollten‹[10]. Der Versuch, die sprachlichen Ausdrucksmöglichkeiten der Kinder dadurch zu erweitern, daß man ihnen die Zweitsprache Hochdeutsch nahe brachte, war also nur ein Aspekt der sprachlichen Sozialisation. Ein nicht minder wichtiges Motiv war die Entwicklung kognitiver Fähigkeiten: Der richtige Begriff in seiner doppelten Bedeutung als sachlich zutreffende Bezeichnung und als sprachlich angemessene Form der Bezeichnung sollte diejenige Instanz sein, die sinnliche Wahrnehmung in Denken und Handeln überführt.

Anschauung und Diskurs

›Der erste Unterricht für Kinder überhaupt, und also auch für Kinder der Landleute, sey sinnlich. Er fange also nicht blos mit todten Zeichen an, sondern mit dem, was dem sinnlichen Kinde am nächsten liegt, mit körperlichen Gegenständen, ihrer eigenen sinnlichen Wahrnehmung‹[11].

Die ›todten Zeichen‹ – das waren die Buchstaben, die mittels Buchstabiermethode im Leseunterricht gelernt, zu bedeutungslosen Silben zusammengesetzt skandiert wurden und letztlich zu Worten gefügt die Welt über die Schrift erschließen sollten. Statt also ›ab‹, ›eb‹, ›ib‹, ›ob‹, ›ub‹ herunterzuleiern und am Ende hoffentlich erfolgreich bei so gebräuchlichen Fünfsilbern wie ›Kon-stan-ti-no-pel‹ zu landen, sollten die Kinder die Augen und Ohren aufmachen, die Dinge anfassen, riechen und schmecken. So gewonnene sinnliche Eindrücke wurden dann ›auf den Begriff‹ gebracht, doch dies sollte nicht in einer mechanischen, sondern diskursiven Verknüpfung von Sinneswahrnehmung und sprachlichem Ausdruck erreicht werden: Über Verständigung sollte sich Verständnis einstellen. ›[Der Lehrer] unterhalte die Kinder in leichten und ihren Fähigkeiten angemessenen Gesprächen über allerley ihnen bekannte und auf ihre Sinne einwürkende Dinge, erwecke und übe zu allererst ihre Aufmerksamkeit, lehre sie ihre Sinne ordentlich zu gebrauchen, vieles anschauen und darauf merken, das Gesehene und Gehörte richtig angeben, verbessere gleichfalls anfangs ihre Sprache, und beschäfftige ihr Nachdenken und ihre Wißbegierde, ohne sie zu überhäufen [...]: und verbinde damit die ersten Anleitungen zum Lesen und Rechnen‹[12].

Unmittelbare Anschauung und die diskursive Aneignung von Weltwissen brach endgültig mit der im Katechismusunterricht weiterlebenden Memorialkultur.[13] Diese war gebunden an rituelle Formen der Textreproduktion und der Geltungsanspruch der über diese Texte vermittelten normativen Verhaltensmuster wurde traditionellerweise nicht über Einsicht, sondern Zwang realisiert. Der Brandenburger Landadelige von Rochow erkannte, daß sein Gemeinwesen sehr viel größere Entwicklungschancen hätte, wenn die intellektuellen Möglichkeiten der Menschen nicht von vornherein reduziert, sondern durch eine an ihrer geistigen Entwicklung orientierte pädagogische Hilfestellung entwickelt würden. Zwar war das Konzept des ›Auswickelns‹ vorhanderer Fähigkeiten in der zweiten Hälfte des 18. Jahrhunderts ein Gemeinplatz aufgeklärter Anthropologie[14], doch lag der Elementarschulbereich mit seinem vorwiegend ländlichen Charakter eher außerhalb der Wahrnehmung des städtischen Publikums.[15] So wird verständlich, daß sich von Rochows epistemologische Rezeptur vergleichsweise schlicht anfühlt, wenn sie auf die begrenzten Gegebenheiten märkischer Dorfschulen appliziert wird – aber auch, daß gerade diese Form der Umsetzung aufgeklärter anthropologischer Konzepte das städtische Publikum so faszinierte, daß sich die Besucher in Reckahn die Klinke in die Hand gaben.

D. N. Chodowiecki: Das lernende Kind, 1764

Europäische Aufklärung und dörfliche Lebenswirklichkeit schienen auf den ersten Blick versöhnt. Doch wie muß der Diskurs beschaffen sein, der zwischen ›lokaler‹ Anschauung und allgemeinem Begriff vermittelt? Rochow hat mit (Rück)blick auf seine alphabetisierten Bauern sehr wohl bemerkt, daß das ›Lokale‹ und das ›Allgemeine‹ in Widerspruch treten können.

Lokalisierung von Aufklärung

In einem Vortrag auf der Generalversammlung der Märkischen Ökonomischen Gesellschaft in Potsdam (siehe Beitrag Tosch) mit dem Titel: ›Über den Einfluß des Lokalen in die Anwendung allgemeiner ökonomischer Grundsätze‹ beschrieb er 1793 die Schwierigkeiten, die aus den lokalen Besonderheiten in Sprache, Kultur und Ökonomie herrührten und die alphabetisierten Bauern daran hindere, die allgemeinen Grundsätze, wie sie in gut gemeinten Aufklärungsschriften zur ländlichen Ökonomie formuliert würden, zu verstehen. Auch wenn sich diese Differenzen vor allem an unterschiedlichen Bezeichnungen für Pflanzen, Geräte und bäuerliche Wirtschaftsformen zeigten, so seien die Facetten des ›Lokalen‹ als Ursache für Verstehens- und Vermittlungsprobleme vielfältiger: ›*Lokal* nenne ich dasjenige, worauf die übliche Sprache des Orts, die dort herrschenden Gewohnheiten, die Regierungsformen, die Lage, der Grund und Boden, und der Grad der Cultur seiner Bewohner, Bezug hat‹[16]. Sprachverschiedenheit deuteten auf unterschiedliche Praktiken: ›An die Sprache schliessen sich die Gewohnheiten dicht an. Man kann fast mit Zuversicht behaupten, daß jede Sprachverschiedenheit auch Gewohnheitsverschiedenheiten im Gefolge habe. So striegelt und putzt z. B. der Schlesier und Clever sowohl den Ochsen (den einige sogar reiten) die Kuh und das Pferd; der Märkische Landmann reitet gewöhnlich keinen Ochsen, striegelt und putzt nicht einmal ein Grase-Pferd, vielweniger den Ochsen oder die Kuh – Der Schlesier spinnt an der Spindel, wo er geht und steht, und andre Arbeit ihn nicht hindert – Der hiesige Einwohner spinnt nur am Rade, welches nicht so leicht mitzuführen ist‹[17].

Ausschlaggebende Instanz für lokale Unterschiede sei allerdings der Grund und Boden, also die natürliche Basis der bäuerlichen Wirtschaft. Seine Beschaffenheit und Qualität bestimmen im Zusammenhang mit dem örtlichen Kleinklima ländliche Produktionsweise und die Art der Produkte. Möglichkeiten und Formen des Wissenserwerbs, die ›Kultur‹, hingen davon ab, ob der Landbevölkerung in den Schulen die Fähigkeit vermittelt werde, die ›Lehr- und Befehlssprache‹ zu verstehen, also vor allem lesen zu können. Und es mache keinen Sinn, den Leuten erst lesen beizubringen, um ihnen dann mit dem Argument der ›Lesesucht‹ die Bücher vorzuenthalten.‹ Gern will ich zwar zugeben, daß es dem Landmanne zuträglicher sey, gar nicht, als schädliche Bücher, zu lesen. Aber müssen es denn durchaus schädliche seyn? Lesen lernt er doch einmal, zufolge der Schulverordnungen. Was hinderts denn, daß man ihm auch nützliche Lektur verschaffe, die ihn über seine Berufsarbeiten belehrte, wo noch soviel zu belehren ist, daß der Staat dabei Millionen gewönne [...]. Woher soll sonst Patriotismus entspringen, dessen Aeußerungen man doch so gerne sieht, als aus solchen Quellen. Wenn aber ein neuerer Statist wegen schon eingerißner übertriebener Lesesucht bey unserm sämmtlichen deutschen Landmanne ganz bange thut, so ist seine Furcht im Ganzen wohl ungegründet. [...] für den Zauchischen Kreis, in welchem ich wohne, wollt ich mich wenigstens vorjetzt verbürgen, daß kein Zauchischer Bauer, wegen übermäßigen Bücher-Ankaufs, in Concurs gerathen werde‹[18].

Wenn nun aber ausreichende Lesefähigkeiten vorhanden sind und wenn die Bauern in der Lage sind, Bücher zu kaufen, in denen ihnen Ratschläge zur Verbesserung der Landwirtschaft angeboten werden, so passen die dort formulierten allgemeinen Grundsätze häufig nicht auf die örtlichen Bedingungen: ›Es gibt kein unumstößliches System – weder in der Landwirthschaft, noch im bürgerlichen Gewerbe. [...] Was also ist zu thun, damit das Lokale nicht so viel Gemeinnütziges hindere?‹[19] Die Lösung ist auch hier behutsam: Der im Lokalen befangene Landbewohner muß die Möglichkeit haben, das Allgemeine zu verstehen und auf seine Verhältnisse anzuwenden, die allgemeine Aufklärung hat sich auf das Spezifische einzulassen, und so, wie sich von Rochow um die Erziehung des ›gemeinen Mannes‹ auf dem Lande gekümmert hatte, so sollten beispielsweise auch die Mitglieder der ›Märkischen Ökonomischen Gesellschaft‹ selbst ›*nicht gleich aufs Ganze* wirken, und um *mehr Staatsbürger* seyn zu können, lieber *weniger Weltbürger* seyn‹ und sich ›aufs *Specielle vorerst* einlassen‹[20]. Wie schon beim Sprachproblem zeigt sich auch hier, daß von Rochow die Widersprüchlichkeit und die Spannungsverhältnisse erkannt hatte, die den Ort von Aufklärung, wenn sie denn praktisch werden sollte, ausmachten. Für ihn hieß das, diese Verhältnisse so zu bearbeiten, daß die allgemeine Vernunft ihren hegemonialen Anspruch nicht allein auf Kosten der kulturellen, vor allem sprachlichen Identität derjenigen Menschen durchsetzte, die mit ihm in gleichen Verhältnissen – wenn auch von anderem Stand – lebten.

10 Carl Friedrich Riemann: Beschreibung der Reckahnschen Schule. Dritte, ganz umgearbeitete und mit durchgängigen Erläuterungen, praktischen Anweisungen und Beyspielen für Lehrer in niedern Bürger- und Landschulen vermehrte Ausgabe. Berlin/Stettin 1798, S. 134.

11 Ebenda S. 46 f.

12 Ebenda S. 47.

13 Vgl. Joachim Gessinger: Sprache und Bürgertum. Zur Sozialgeschichte sprachlicher Verkehrsformen im Deutschland des 18. Jahrhunderts. Stuttgart 1980.

14 Zur Theorie der sinnlichen Wahrnehmung im 18. Jhd. vgl. Joachim Gessinger: Auge & Ohr. Studien zur Erforschung der Sprache am Menschen. 1700–1850. Berlin/New York 1994.

15 Vgl. Wolfgang Neugebauer: Absolutistischer Staat und Schulwirklichkeit in Brandenburg-Preußen. Berlin/New York 1985.

16 Friedrich Eberhard von Rochow: Ueber den Einfluß des Lokalen in die Anwendung allgemeiner ökonomischen Grundsätze. Eine Vorlesung, gehalten in der General-Versammlung der Königl. Churmärkisch-ökonomischen Societät zu Potsdam den 21. May 1793. In: Annalen der Märkischen Oekonomischen Gesellschaft zu Potsdam, Potsdam 1794, S. 59.

17 Ebenda S. 60.

18 Ebenda S. 68 f.

19 Ebenda S. 73 f.

20 Ebenda S. 74.

Geschichte
meiner
Schulen
von
Fridrich Eberhardt von Rochow,
auf Reckan rc. rc.
Nebst vier Beylagen.

R. I. P. Seehusen fec.

Schleswig, bey J. G. Röhß,
1795.

Schulanfang und Anfangsunterricht bei Friedrich Eberhard von Rochow

Uwe Sandfuchs

dēr akker man und dēr affe.

ak ker man.
was gafft du, affe, ſo mich an?

affe.
gelt, freund, du biſt ein bauers-
man?

ak ker man.
zu dinen; und wēr biſt den du?

affe.
ein af und fü ſer her da zu.

ak ker man.
iſt eins ſo lang wīs an dre breit;

62 Abeze- und Leſebuch.

häbt in der ſtat wol feſt tag
heut?

affe.
für affen und für feine leut
gēt je der tag wi feſt tag hin.

ak ker man.
gūt gūt, das ich ein bauer bin!

Wertschätzung des Bauernstandes in J. H. Campes ›Abeze- und Lesebuch‹, 1806

Die Begriffe Schulanfang und Anfangsunterricht stehen beispielhaft für eine am Kind und seinen Lernmöglichkeiten orientierte zeitgemäße Grundschulkonzeption. Anfangsunterricht meint den Unterricht für Schulanfänger, der mindestens das erste, teilweise aber auch das zweite Schuljahr umfasst; sein Kennzeichen ist, dass er die besondere Situation des Kindes im Übergang aus der familialen und vorschulischen Erziehung in das schulische Lernen und seine Anforderungen pädagogisch und didaktisch berücksichtigt. Erfolgreiches Lernen der Schulanfänger soll ihre gute Lernmotivation erhalten und eine solide Basis für alle weiteren Lernprozesse legen.[1]

Überlegungen dieser Art bestimmen überraschenderweise bereits die pädagogische Konzeption Rochows und die Praxis in seinen Schulen. So lassen sich mit Blick auf Schulanfang und Anfangsunterricht der ›Reckanschen Lehrart‹ Qualität und überzeitliche Bedeutung der Rochowschen Schulreform aufzeigen. Dazu ist es nötig, seine bildungspolitischen und pädagogischen Zielsetzungen zu skizzieren und sie sowohl mit der Landschulrealität des späten 18. Jahrhunderts als auch dem Konzept und der Praxis der Grundschule der Gegenwart zu kontrastieren.

Erziehung zur ›Verständigkeit‹ – Rochows volksaufklärerische Pädagogik

Rochow überträgt in beeindruckender Weise die aufklärerische philanthropische Bildungs- und Schulprogrammatik, die ja eher im Kontext der Emanzipation des Bürgertums steht, auf die ländlichen Verhältnisse. Als erster erkennt er den Zusammenhang von ökonomischer Entwicklung der Landwirtschaft einerseits sowie Volksaufklärung und Schulverbesserung andererseits (siehe Beitrag Tosch) und zieht die nötigen Konsequenzen im Denken und Handeln. So stellt er die Erziehung der ›niederen Schichten‹ zur ›Verständigkeit‹, zur Rationalität, in den Mittelpunkt seiner Pädagogik. ›Ich lebe unter Landleuten. Mich jammerts des Volks‹, schreibt er in der Einleitung zum ›Versuch eines Schulbuches …‹ und fährt fort: ›Neben den Mühseligkeiten ihres Standes werden

1 Vgl. Hartmut Hacker: Vom Kindergarten zur Grundschule. Bad Heilbrunn 1992; Wolfgang Knörzer/Karl Grass: Den Anfang der Schulzeit pädagogisch gestalten. Weinheim und Basel 1992; Annedore Prengel: Vielfalt durch gute Ordnung im Anfangsunterricht. Opladen 1999.

sie von der schweren Last ihrer Vorurteile bedrückt. Ihre Unwissenheit in den nötigsten Kenntnissen beraubt sie der Vorteile und Ersetzungen, welche die für alle Stände gnädige Vorsehungen Gottes auch dem ihrigen gegönnt hat. Sie wissen weder das, was sie haben, gut zu nutzen, noch das, was sie nicht haben können, froh zu entbehren. Sie sind weder mit Gott noch mit der Obrigkeit zufrieden […] Die Ursachen dieser sämtlichen, den Staat in seinem wichtigsten Teil zerstörenden Übel liegt an der vernachlässigten Erziehung der ländlichen Jugend […] Bringt man nichts in den Kopf, so kommt auch nichts ins Herz‹[2].

Zeitlebens sieht er sich daraufhin dem Misstrauen und der Furcht konservativer Kreise sowie der kirchlichen Orthodoxie vor den unabsehbaren Folgen eben dieser ›Verständigkeit‹ der Untertanen ausgesetzt: Würden sie sich länger der Obrigkeit beugen, ›wenn sie erst von allem den Grund einsehen wollten‹, schreibt sogar der anfangs begeisterte Minister von Zedlitz (am 5. Dezember 1776) an Rochow. Dieser verteidigt sich: ›Unser Dichten und Trachten ist es, gute Christen, gehorsame Untertanen und tüchtige Landwirte zu bilden‹[3]. Man muss ihm dies glauben, seine gesamte Pädagogik ist von der zeittypischen Vorstellung einer vollkommenen Einheit von Wissen und Tugend durchdrungen[4], dies prägt auch seinen ›Kinderfreund‹ mit seiner uns heute teilweise penetrant anmutenden moralisierenden Attitüde.

Doch da ist noch eine andere Facette: So sehr er einerseits an der ständischen Schulerziehung festhält, schreibt er andererseits schon 1772: ›Ich denke doch nicht, […] dass man den Verstand eines Bauernkindes und seine Seele für Dinge einer anderen Gattung hält als den Verstand und die Seelen der Kinder höherer Stände‹[5].

Später zieht er aus diesem Gleichheitsgedanken die Konsequenz, seine Lehrart und die grundlegenden Inhalte seiner Konzeption seien generell gültig, ›von der Hütte bis zum Palast‹[6]. In seinem ›Versuch eines allgemeinen Schulplans‹ (1800/1802) vollzieht er schließlich den letzten Schritt zu einem gemeinsamen Unterricht für alle Kinder: ›Alle Kinder brauchen Unterricht und Ausbildung, um verständige Menschen zu werden. Dazu (dient) die erste Schule‹[7]. Rochow schreibt dies im Zusammenhang seines dreistufigen Entwurfs eines Bildungswesens, deren erste Stufe die ›Kinderschulen‹, die Grundschule gedanklich weit vorausgreifend, vorbereitet. Das Misstrauen und die Furcht vor der systemsprengenden Kraft von Rochows aufklärerischer Pädagogik erweisen sich so als berechtigt. Dieses Misstrauen verhindert auch, dass Rochows Konzeption zum Vorbild für die staatliche Schulentwicklung in Preußen wird.[8]

Zur Landschulrealität im letzten Drittel des 18. Jahrhunderts

Die Landschule im letzten Drittel des 18. Jahrhunderts kann man sich materiell wie geistig nicht kläglich genug vorstellen. Zentraler Inhalt ist der Religionsunterricht. Er vermittelt den Katechismus und einige Grundlagen der christlichen Glaubenslehre, seine politische Funktion ist die Rechtfertigung der gottgewollten Obrigkeit. Damit geht eine rigide Disziplinerziehung einher, demütige Achtung vor der Autorität der Obrigkeit und der Eltern, das Brechen des ›bösen Eigenwillens‹ der Kinder sind die wichtigsten Ziele. Im preußischen ›General-Landschulregiment‹ von 1763 heißt es in Paragraph 2 über die Verpflichtung der Patronatsherren, es dürften die Kinder nicht eher ›den Schulen entzogen werden, bevor sie im Lesen fertig, im Christentum einen guten Grund belegt und im Schreiben einen Anfang gemachet‹[9], vom Rechnen ist nicht die Rede. Selbst diese eng eingegrenzten bescheidenen Kenntnisse und Fertigkeiten werden nicht durchgängig vermittelt, das Reglement ist eher Programmatik denn eine Widerspiegelung der Realität. In vielen Dörfern fehlt ein Schulhaus und oft auch ein Lehrer. Die staatliche Verwaltung kann sich aufgrund mangelnder Befugnisse gegenüber den Patronaten nicht durchsetzen. In vielen Gemeinden ist die Bevölkerung neben allen anderen Lasten nicht in der Lage, die Kosten für Schulbau, Lehrerbesoldung und Schulgeld aufzubringen. Die Schulpflicht bindet zudem die dringend benötigte Arbeitskraft der Kinder. Ohnehin eröffnet diese Schulbildung in Land und

Königlich-Preußisches
GENERAL-
Land-Schul-
REGLEMENT
für
die Römisch-Catholischen
in Städten und Dörfern
des
SOUVERAINEN
Herzogthums Schlesien
und
der Grafschaft Glatz.
De Dato Potsdam, den 3 November, 1765.
BRESLAU,
gedruckt bey Christian Friedrich Günthern.

D. N. Chodowiecki: Karrikatur auf die Ärmlichkeit der Schulmeister, 1780

Leuten keine Aussicht auf eine Verbesserung ihrer armseligen ökonomischen Situation. So besuchen noch 1784 in einigen Bezirken Westpreußens kaum ein Prozent der Kinder die Winterschule, der Besuch der Sommerschule ist ebenfalls nicht durchgesetzt.[10] Die Einrichtung von Schulen ist fast völlig von der Bereitschaft der adligen Patrone abhängig.

Der kümmerlichen Besoldung der Lehrer, die diese in Form des Schuldgeldes in der Regel selbst eintreiben müssen, was nicht immer gelingt, entspricht deren mangelhafte Qualifikation. Soweit sie nicht zugleich als Küster angestellt sind, müssen sie ihren Unterhalt zum Beispiel als Handwerker sichern. Gängige ›Unterrichtsmethode‹ ist der gedankenlose Gedächtnisdrill, die sinnleere Reproduktion unverstandener, meist religiöser Lehrinhalte. Anderes als ein Lernen ohne Einsicht war weder möglich noch erwünscht. So erübrigt sich fast der Hinweis, dass diese Art der Landschulbildung weder eine Hilfe für Arbeit und Lebensbewältigung auf dem Lande ist, noch gar den Anschluss an weiterführende Bildung ermöglicht.[11]

Das Konzept der Grundschule unserer Zeit – ein pädagogisches Kontrastprogramm

Die Grundschule der Gegenwart ist Pflichtschule für *alle* Kinder von sechs bis zehn (in einigen Bundesländern bis zwölf) Jahren. Sie vermittelt eine breit angelegte ›grundlegende Bildung‹ und legt den Grund für alle weiteren schulischen und außerschulischen Lernprozesse. Sie ist in ihren Grundsätzen bis heute von der reformpädagogischen Bewegung im ersten Drittel des 20. Jahrhunderts geprägt, versteht sich daher bildungspolitisch als demokratische und sozialintegrative Schulstufe und ist in ihrem pädagogischen Ansatz eine kindgerechte und kinderfreundliche Schule. Der Heterogenität ihrer Schülerschaft begegnet sie durch individualisierendes und differenzierendes Lehren und Lernen.[12]

Inhaltlich lässt sich der Bildungsauftrag der Grundschule in drei Zielrichtungen ausdifferenzieren: Erstens geht es darum, Wissen zu erwerben und Verstehen zu lernen, d.h. das Wissen von Begriffen und Zusammenhängen (deklaratives Wissen) sowie ein dazugehörendes Handlungswissen (prozedurales Wissen) intelligent zu nutzen. Zweitens soll die Grundschule Interessen entwickeln, also das Interesse an den Lerngegenständen fördern sowie die Lernmotivation durch emotionale Beteiligung steigern. Hohes Interesse führt zu einem besseren Verständnis der zu lernenden Inhalte und hat zugleich positive Wirkungen auf die Persönlichkeitsentwicklung. Drittens sollen Wertorientierungen angebahnt werden, die soziale Handlungsbereitschaft und -fähigkeit und Selbstverantwortung.[13]

2 Friedrich Eberhard von Rochow: Versuch eines Schulbuches für die Kinder der Landleute oder zum Gebrauch in Dorfschulen (1772). In: Fritz Jonas/Friedrich Wienecke (Hg.): Friedrich Erhard von Rochows sämtliche pädagogische Schriften, 1. Band. Berlin 1907, S. 3.

3 Jonas/Wienecke: Sämtliche Schriften (Anm. 2), 4. Band, S.172 und 177.

4 Vgl. dazu u. a. Achim Leschinsky/Peter Martin Roeder: Schule im historischen Prozess. Zum Wechselverhältnis von institutioneller Erziehung und gesellschaftlicher Entwicklung. Stuttgart 1976, S. 344 ff.

5 Jonas/Wienecke: Sämtliche Schriften (Anm. 2), 4. Band, S. 4.

6 Jonas/Wienecke: Sämtliche Schriften (Anm. 2), 3. Band, S. 211.

7 Ebenda S. 189.

8 Vgl. Wolfgang Neugebauer: Absolutistischer Staat und Schulwirklichkeit in Brandenburg – Preußen. Berlin 1985, S. 444 ff.

9 Z. n. Leschinsky/Roeder: Schule im historischen Prozeß (Anm. 4), S. 70.

10 Vgl. ebenda S. 101.

11 Die für den Gesamtzusammenhang wichtigste Arbeit vgl. Neugebauer: Absolutistischer Staat und Schulwirklichkeit (Anm. 8).

12 Vgl. Margarete Götz/Uwe Sandfuchs: Geschichte der Grundschule. In: Handbuch Grundschulpädagogik und Grundschuldidaktik. Hrsg. v. Wolfgang Einsiedler u. a. Bad Heilbrunn 2001 (im Druck).

13 Vgl. Wolfgang Einsiedler: Grundlegende Bildung. In: Handbuch Grundschulpädagogik (Anm. 12).

Für den Schulanfang und den Anfangsunterricht ist zudem prägend, dass Schulfähigkeit nicht primär als eine Anforderung der Institution an ihre Klientel verstanden wird. Vielmehr soll die Grundschule zu Schulanfang helfen, anknüpfend an die bisherigen Lernerfahrungen jedes Kindes, Schulfähigkeit herzustellen. Dies soll geschehen, indem zu Schulanfang und weiterhin vor allem in den ersten beiden Schuljahren, den Schulanfängern ein gleitender Übergang in die Formen und Anforderungen institutionalisierten planmäßigen Lehrens und Lernens in Schulklassen ermöglicht wird. Der Grundgedanke ist, dass das Lernen gelehrt und zum Leisten erzogen werden muss. Für ein derart anspruchsvolles Programm sind befähigte, gut ausgebildete und motivierte Lehrkräfte erforderlich. Von der langläufigen Praxis der Elementarschule des 18. und auch noch 19. Jahrhunderts, in der Lehrer oft nicht wissen, was sie lehren und die Schüler nicht wissen, was sie warum lernen, unterscheidet sich dieses Programm fundamental.

Schulanfang und Anfangsunterricht nach ›Reckahnscher Lehrart‹

Über Theorie und Praxis der ›Reckanschen Lehrart‹ in den von Rochow eingerichteten Landschulen in Reckahn, Krahne und Göttin liegen einige überaus informative Quellen vor. Einige der vielen Besucher dieser Schulen (siehe Beitrag Keck) haben ausführliche Berichte über diese von ihnen als beispielhaft empfundene Schularbeit erstellt. Neben dem Reisebericht des Oberkonsistorialrates A. F. Büsching[14] aus dem Jahre 1775 sowie dem Bericht des Predigers Heinrich Gottlieb Zerrenner[15] ist dies vor allem C. F. Riemanns zwischen 1781 und 1798 in drei Auflagen erschienene ›Beschreibung der Reckahnschen Schule‹[16]. Riemanns Bericht wendet sich an – wie es im Titel heißt – ›Lehrer in niederen Bürger- und Landschulen‹ und ist eine fast 350 Seiten umfassende Unterrichts- und Erziehungslehre am Reckahnschen Beispiel. Auf diese Quelle stützen wir uns im Folgenden weitgehend; sie ist eine kenntnisreiche, sowohl systematische als auch detaillierte Beschreibung; der Abgleich mit den anderen genannten Berichten zeigt, dass sie ein insgesamt realistisches Bild vermittelt. Sie ist in mehrfacher Hinsicht von Rochow direkt beeinflusst: er hat sie offensichtlich angeregt, auch autorisiert und allem Anschein nach wesentlichen Einfluss auf ihren Inhalt genommen.[17] Mit anderen Worten, so wie Bruns[18] Rochows Lehrer ist, Rochows Absichten in Schulpraxis umsetzt, so ist Riemann Rochows Schulpädagoge.

Grundsätze und allgemeine ›Einrichtungen zur Gründung eines bessern Unterrichts‹

Da ›allein der verständige Mensch ein guter und brauchbarer Mensch seyn kann‹ und der ›gewöhnliche Unterricht in Landschulen […] diesen Zweck unmöglich bewürken könne‹, sei ein besserer Unterrichtsplan nötig, der vor allem ›auf besondere Ver-

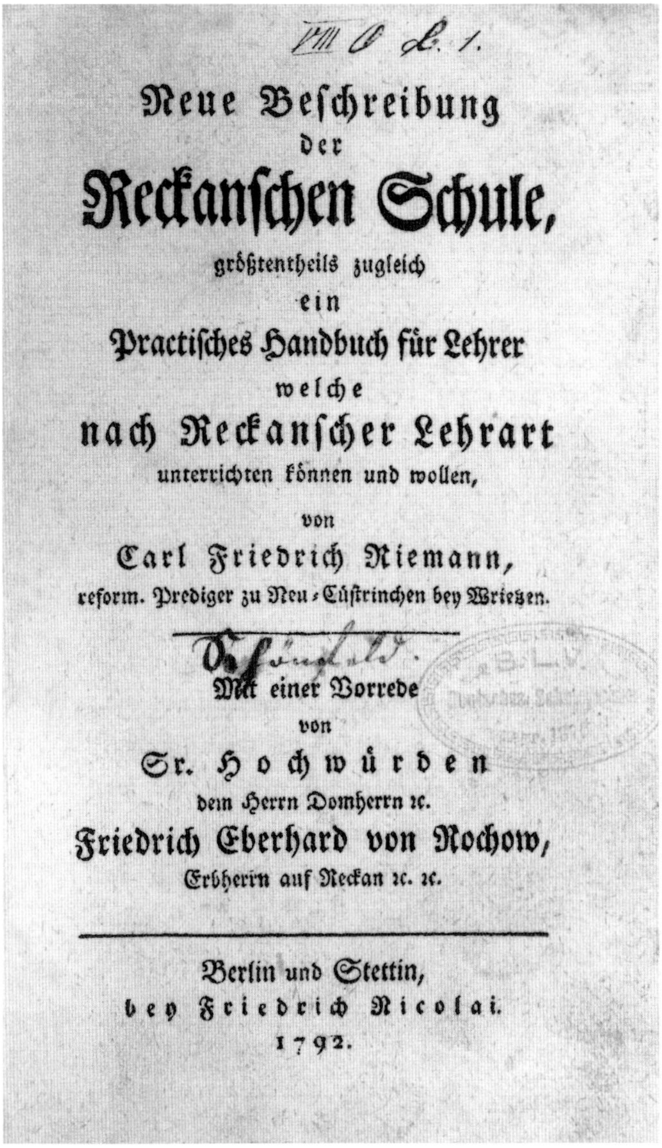
VIII O L. 1.

Neue Beschreibung
der
Reckanschen Schule,
größtentheils zugleich
ein
Practisches Handbuch für Lehrer
welche
nach Reckanscher Lehrart
unterrichten können und wollen,
von
Carl Friedrich Riemann,
reform. Prediger zu Neu-Cüstrinchen bey Wriezen.
Mit einer Vorrede
von
Sr. Hochwürden
dem Herrn Domherrn ꝛc.
Friedrich Eberhard von Rochow,
Erbherrn auf Reckan ꝛc. ꝛc.

Berlin und Stettin,
bey Friedrich Nicolai.
1792.

standesübung, Sprachkenntniß, Sachkenntniß und moralische Bildung‹[19] abziele. ›Besondere Einrichtungen zur Ausführung dieses Plans‹ seien die ›Ansetzung tüchtiger Lehrer, gute Besoldung derselben und Abschaffung des Schulgeldes‹, weiterhin die zweckmäßige ›Anlegung der Schulhäuser, Einrichtung der Schulstuben und Besorgung der nöthigen Lehrmittel‹[20]. Nachdem Riemann dies dargestellt hat, begründet er, warum die sechzig bis siebzig Schulkinder in Reckahn nicht in einem ›vermischten Haufen […] durchgängig einerlei und gleichförmig‹ unterrichtet, sondern in zwei Klassen eingeteilt werden: erstens müsse ›der Ton‹, in welchem der Lehrer mit den Kleinen spreche, ganz anders sein; zweitens würden die kleinen Kinder beim Unterricht der größeren nicht folgen können und nur ›gedankenlos und untätig dasitzen (und so den Müßiggang methodisch lernen)‹. Drittens müsse ›dem jugendlichen Triebe nach Bewegung und eigenem Gebrauch der Kräfte in freier Luft, diesem wohltätigen und zum körperlichen Wohlbefinden sowohl, als zur nötigen Abhärtung leitenden

Triebe, den jedes gesunde Kind so lebhaft in sich fühle‹ nachgegeben werden. Viertens schließlich könne kein Lehrer die hundert und mehr in einer Landschulklasse beisammen sitzenden Schüler – ›wenn er auch den besten Stock schlägt‹[21] – zweckmäßig und nützlich beschäftigen.

Die erste Klasse führt ›vom Anfange der Schulzeit bis zum fertigen Lesen‹, sie hat täglich zwei bis zweieinhalb Stunden Unterricht. Eigentlich sei es wünschenswert, noch eine weitere Klasse einzurichten, ›nämlich noch eine für die Allerkleinsten‹. Da Kraft und Zeit des Lehrers das nicht zulassen, wird die erste Klasse in zwei Abteilungen aufgeteilt. Die größeren Kinder nehmen entweder, soweit sinnvoll, am Unterricht der kleinen teil, können dabei zeitweise ›gleichsam ihre Lehrer werden, und gegenseitig auch durch sie lernen‹; oder sie werden derweil ›mit Schreiben beschäfftiget‹. ›Der Unterricht der Allerkleinsten [...] dauert überhaupt nicht länger als *eine* Stunde‹[22]. Erst wenn sie sich an das Stillsitzen gewöhnt haben und je nach Lernfortschritt wird dann ihre tägliche Schulzeit verlängert. Auch die Versetzung in die zweite Klasse erfolgt nicht allein dem Alter nach, sondern auch nach Lernfortschritt, wenn die Kinder ›alle Vorerkenntnisse haben, die sie zur höheren Classe tüchtig machen‹. – ›Auch müssen die Versetzungsfähigen schon ein halbes Jahr zuvor [...] (zeitweise) an dem Unterricht der höhern Klasse teilnehmen‹[23]. In moderner Fachsprache sind dies vorintegrative Maßnahmen, die gegenwärtig sowohl bei lernschwachen als auch bei hochbegabten Grundschülern praktiziert werden.

Grundsätze des ›ersten Unterrichts vom Anfange der Schulzeit bis zum Lesen‹

›Den ersten Unterricht, den sechsjährige Kinder das erste Jahr hindurch erhalten, hält man in der Schule zu Reckan fast für den allerwichtigsten, und betrachtet ihn gleichsam als die Stimmung zu allem richtigen Denken und Urteilen, worauf sich die nachmalige regelmäßige Entwickelung aller ihrer Anlagen und Fähigkeiten gründet‹[24]. Diese Auffassung ist durch die Überzeugung begründet, dass Misserfolge in Erziehung und Unterricht auf Fehler sowohl in der häuslichen Erziehung als auch im Anfangsunterricht zurückzuführen seien. Durch solche Fehler würden die Kinder ›gleichsam planmäßig dumm und dutzig gemacht‹[25].

›Die mehresten Kinder kommen gewiss anfangs mit Vergnügen in die Schule, und mit dem regen Triebe nach Erkenntnis, den sie schon in der ganzen sie umgebenden Natur, durch den Gebrauch aller ihrer Sinne, und besonders durch Augen und Ohren, befriedigen konnten, – und anstatt nur diesen Trieb mit väterlicher Sorgfalt und Liebe aufzufangen, ihn mit Freundlichkeit zu nähren und zu leiten, die Neugierde des jungen Kindes zur Wissbegierde zu erheben [...] verweiset man sie vielleicht in den dunkelsten Winkel der Schulstube, und lässt sie da mit der Fibel in der Hand 6 Stunden tatenlos sitzen‹[26].

Die Kinder aber, fährt Riemann fort, sollen ›die Schule lieb gewinnen, sie gern besuchen, aufmerksam und fleißig‹ sein; und das gehe – modern gesprochen – nur mit einem angemessenem Lernangebot. Zudem dürfe dabei nicht vergessen werden: ›Sie kommen nun in eine andere Welt als ihre bisherige sinnliche war‹[27].

Hauptregel jedes Anfangsunterrichts sei es, von ›ihrer eignen sinnlichen Wahrnehmung‹ auszugehen, die Aufmerksamkeit zu üben und den Gebrauch der Sinne zu schärfen sowie über alles Gesehene und Gehörte zu sprechen. Dabei solle die Sprache der Kinder ›gleich anfangs‹[28] verbessert werden, Nachdenken und Wissbegierde beschäftigt werden. Das Fassungsvermögen der Kinder müsse dabei berücksichtigt werden und schließlich seien die ersten Anleitungen zum Lesen und Rechnen mit diesem – wiederum modern gesprochen – ersten Sach- und Gesprächsunterricht zu verbinden.

Der Unterricht soll stufenweise fortschreiten von Übungen der Aufmerksamkeit und des Nachdenkens, die Schüler dann mit ›Einzelheiten, Kennzeichen und Eigenschaften der Dinge bekannt machen‹ und schließlich in ›Unterhaltungen über Ursprung, Nutzen und Gebrauch der Dinge‹ münden. Dabei sei jeweils

14 Vgl. Anton Friedrich Büschings Beschreibung seiner Reise von Berlin über Potsdam nach Rekahn unweit Brandenburg, welche er vom dritten bis achten Junius 1775 gethan hat. Zweyte stark vermehrte Ausgabe. Frankfurt und Leipzig 1780.

15 Vgl. Heinrich Gottlieb Zerenner: Noch etwas über Rekan und die Schulanstalten des Herrn Domherrn von Rochow. In: Journal für Prediger. Zwanzigsten Bandes erstes Stück. Halle 1788, S. 1–47.

16 Vgl. Carl Friedrich Riemann: Beschreibung der Reckanschen Schule. Dritte, ganz umgearbeitete und mit durchgängigen Erläuterungen, praktischen Anweisungen und Beyspielen für Lehrer in niederen Bürger- und Landschulen vermehrte Ausgabe. Mit einer kurzen Vorrede, welche eine kurze Geschichte dieser Schule seit ihrer jetzt gerade fünf und zwanzigjährigen Dauer enthält. Berlin und Stettin 1798.

17 Vgl. Hanno Schmitt: Der Rochowsche ›Kinderfreund‹: Entstehungszusammenhang und Verwendung im Unterricht. Nachwort des Reprints von ›Der Kinderfreund. Ein Lesebuch zum Gebrauch in Landschulen‹ von Friedrich Eberhard von Rochow. Frankfurt 1776. Potsdam 1994, S. 113–118, hier S. 116.

18 Vgl. z. B. Frank Tosch/Otto Günther Beckmann: Die Rochowsche Schule in Reckahn: vom ›Muster aller Landschulen‹ zum Schulmuseum. In: Ullrich Amlung u. a. (Hrsg.): Das Schulmuseum. Aufgaben, Konzeptionen und Perspektiven. Weinheim 1997, S. 133–147.

19 Riemann: Beschreibung (Anm. 16), S. 9 ff.

20 Ebenda S. 13 ff.

21 Ebenda S. 19 ff.

22 Ebenda S. 30 ff.

23 Ebenda S. 33.

24 Ebenda S. 41.

25 Ebenda S. 42.

26 Ebenda.

27 Ebenda S. 43.

28 Ebenda S. 47.

Sprachberichtigung (siehe Beitrag Gessinger) erforderlich, weil ›ohne Bildung und Berichtigung der Sprache der Verstand sich niemals gehörig entwickeln‹[29] könne. Der Lehrer müsse die ›Kinder munter, dreist und gesprächig machen‹[30], diese Fähigkeit sei nicht nur für den Unterrichtserfolg erforderlich, sie sei zugleich im ganzen Leben ein Gewinn.

Vom Buchstabieren zum Lesen

Zum Lesenlernen wird weder eine Fibel noch ein ABC-Buch verwendet, auch die Methoden, das Erlernen der Buchstaben durch Spiele zu erleichtern – damit wird unter anderem auf Basedows Vorschlag angespielt, die Buchstaben allesamt zu backen und dann zu verzehren –, werden verworfen; sie seien insbesondere in niederen Schulen kaum durchführbar.[31] Die Schulanfänger durchlaufen vielmehr einen gemeinsam voranschreitenden Lehrgang, in dem die Buchstaben einzeln vorgezeichnet und ihre Kennzeichen hervorgehoben werden. Mehr als drei oder vier Buchstaben am Tage sollen nicht gelernt werden. Ihre Reihenfolge soll nicht alphabetisch, sondern nach Schwierigkeiten erfolgen; grundsätzlich gilt die Reihenfolge Vokale, Diphthonge, Konsonanten und Doppelkonsonanten.[32]

Erst wenn alle Buchstaben gelernt sind, wird eine Tafel mit allen Buchstaben des kleinen und großen Alphabets, in Ziffern sowie einigen leichten einsilbigen Wörtern an die Tür geheftet. Dann wird statt des bis weit ins 19. Jahrhunderts üblichen mechanischen Buchstabierens (z. B. a, b = ab, e, b = eb usw.) mit dem Buchstabieren und dem Syllabieren einfacher Wörter begonnen, z. B. Arm, Baum, Gras, usw. Sowie dies geläufig geworden ist, ›giebt man ihnen gleich den ersten Theil des Kinderfreundes in die Hand, beschäfftiget sie nun mit den anderen Buchstabirkindern,

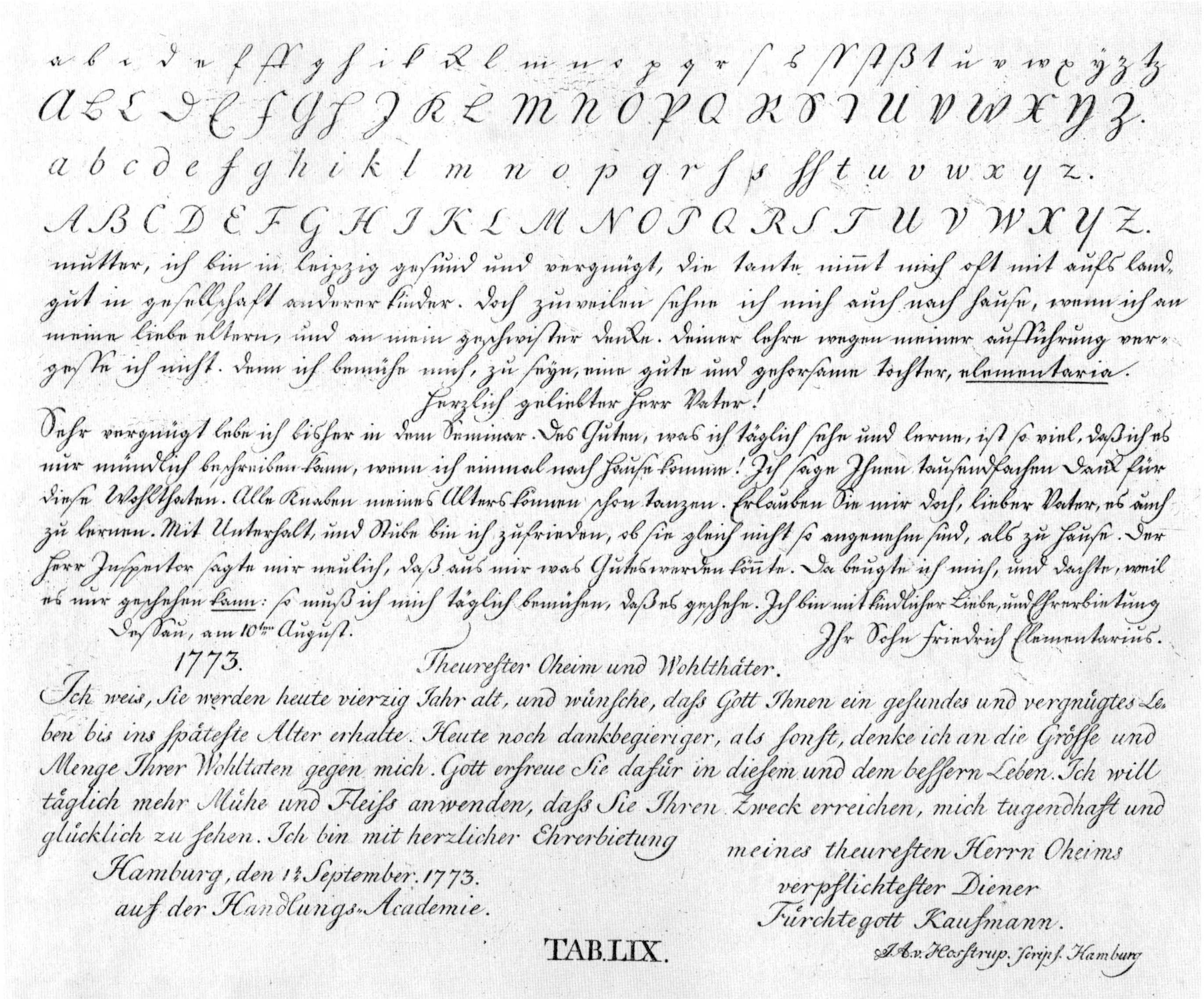

Kupfertafel LIX zu Basedows ›Elementarwerk‹, 1774

und erwartet die weitere Fertigkeit von der fleißigen Uebung‹[33]. Das Lesenlernen erfolgt nicht am Katechismus oder der Bibel, an Texten für Erwachsene also, sondern an einem eigens für Kinder geschriebenen Text mit leicht fasslichen und ›angenehmen‹ Inhalten, die der Lebenswelt der Kinder entnommen sind und damit zugleich die ›gemeinnützigen Erkenntnisse und sittlichen Belehrungen für ihr jetziges Alter‹ enthalten, Sprachkenntnis fördern, ›zum künftigen Religionsunterrichte‹ vorbereiten, ›ja den ersten und einfachen Unterricht in der Religion selbst‹[34] enthalten und schließlich auch den Aberglauben bekämpfen.

Katechetisation als bildende ›Unterredung‹

Nachdem eine Geschichte mehrmals vom Lehrer und einzelnen Schülern vorgelesen wurde, wird nicht auswendig gelernt, vielmehr schließt sich eine ›Unterredung‹[35] über Inhalt und Aussage des Lesestücks, eine Katechetisation, an. Die Katechetisation gilt als ›Hauptstück‹ der ›Reckanschen Lehrart‹; sie ist die ›Kunst, durch Unterredungen zu lehren und durch leichte fortschreitende Fragen, so wie durch geschickte Benutzung der Antworten, andere auf das, was man lehren will, dergestalt hinzuleiten, daß sie das größtentheils selbst finden‹[36]. Dabei darf nicht schematisch vorgegangen werden, jeder Text erfordert eine eigene Vorgehensweise, auch weil sich die Katechetisation an den Fähigkeiten einzelner Schüler sowie der Klasse insgesamt orientieren muss und zudem die Antworten der Kinder geschickt aufgegriffen werden müssen.[37]

Der Lehrer Bruns wird als Meister der Katechetisation gerühmt: ›Seine hohen Wendungen, der Gang der Unterredung, die Manier die Kinder auszufragen, und die richtigen Ideen in ihren Kinderseelen zu veranlassen, vorzubereiten und gleichsam herauszuspinnen; dann seine Übergänge und die ihm ganz eigne Art und Weise alles, auch das Geringfügigste, sogleich praktisch fürs Leben brauchbar zu machen, und in eigne gute Vorsätze und Entschließungen zu verwandeln, ist in der That einzig und beinahe unnachahmlich!‹[38]

Die zahlreichen in den Berichten wiedergegebenen Beispiele zeigen, dass dieses Urteil durchaus zutreffend ist.

Bis Ende des 19. Jahrhunderts leidet der Leseunterricht darunter, dass die Notwendigkeit, Grapheme und Phoneme zu differenzieren und im Lernprozess einander zuzuordnen (Phonem-Graphem-Korrespondenz) von der Mehrheit der Lesemethodiker nicht erkannt wird, obwohl der Sprachtheoretiker Valentin Ickelsamer bereits 1527 auf diesen Sachverhalt hingewiesen hat.[39] Die Folge ist eine end- und trostlose Schulbuchstabiererei, die Ickelsamer ins Recht setzt (›auf diese Weis lernet keiner lesen‹[40]) und die am Ende des 18. Jahrhunderts vielfältig kritisiert wird. In Reckahn kennt man die auf Samuel Heinicke, Taubstummenlehrer in Hamburg und später in Leipzig, sowie Johann Peter Hundeiker, Vechelde, und andere zurückgehenden Entwürfe einer Lautiermethode[41] noch nicht; es wird aber bewusst wenig und möglichst sinnvoll buchstabiert.[42]

2

Alphabete und Ziffern.

a b c d e f g h i k l m n
o p q r s t u v w x y z
A B C D E F G H I
K L M N O P Q R
S T U V W X Y Z

I	II	III	IV	V	VI	VII	VIII	IX	X	XI
1	2	3	4	5	6	7	8	9	10	11
XII	XIII	XIV	XV	XVI	XVII	XVIII	XIX	XX		
12	13	14	15	16	17	18	19	20		
XXI	XXIV	XXIX	XXX	XXXIX	XL	L	LX			
21	24	29	30	39	40	50	60			
LXX	LXXXIV	XC	C	CD	D					
70	84	90	100	400	500					
M	MDCCCXXXVI									
1000	1836									

29 Ebenda S. 49.
30 Ebenda S. 50.
31 Vgl. ebenda S. 62.
32 Vgl. ebenda S. 60 ff.
33 Ebenda S. 65.
34 Ebenda S. 76.
35 Ebenda S. 78.
36 Ebenda S. 84.
37 Vgl. ebenda S. 77 ff.
38 Zerenner: Noch etwas über Rekan (Anm. 15), S. 16.
39 Vgl. Wolfgang Menzel: Lesen lernen – schreiben lernen. Braunschweig 1990, S. 15 ff.
40 Zit. n. ebenda S. 18.
41 Vgl. Bernd Feige: Philanthropische Reformpraxis in Niedersachsen. Johann Peter Hundeikers pädagogisches Wirken um 1800. Köln 1997, S. 164 ff.
42 Vgl. Riemann: Beschreibung (Anm. 16), S. 67.

Das Schreiben

Mit dem Schreiben wird erst begonnen wenn die Kinder ›ziemlich lesen können‹, weil es der Kinderhand zunächst noch an Kraft und Festigkeit fehle. Über den Schreiblehrgang äußert sich Riemann nur kurz, sein Aufbau ist einfach, von ›Grundstrichen‹ wird über Buchstaben und Silben zu Wörtern vorangeschritten. Selbstverständlich wird auf reinliche Schrift und gute Schreibhaltung Wert gelegt.[43]

Das Rechnen als Schärfung der Urteilskraft

Das Rechnen hat im Unterricht der meisten Landschulen dieser Zeit keinen Platz, unter anderem, weil viele Lehrer es selbst kaum beherrschen. Für Rochow ist es, wie Zerenner berichtet, ›die beste Kinderlogik, nichts räumt den Kopf so sehr auf als dies‹[44]. Wer rechnen kann, hat ein Mittel in der Hand, den Schein nicht für die Wahrheit zu nehmen, sondern die Dinge zu prüfen. Auch Riemann schreibt, es sei ein unentbehrlicher Unterrichtsinhalt, weil es eine der ›vorzüglichsten Verstandesübungen‹ sei, ›wenn man es wohl behandelt; so sucht man auch in dem ersten Schuljahre den Grund auf eine solche Art dazuzulegen, daß es nicht blos mechanisches Gedächtnißwerk, sondern würklich schon, durch den Unterricht selbst, Mittel zur Schärfung des Nachdenkens und der Beurteilungskraft, und künftig einmal eine im häuslichen und gesellschaftlichen Leben recht brauchbare und nützliche Wissenschaft wird‹[45].

Begonnen wird mit dem Zählen schon in den ersten Schultagen: In der Schulstube sichtbare Dinge wie Finger, Türen, Fenster, Striche an der Tafel usw. werden gezählt, erst bis fünfzig, dann bis hundert; danach wird zurückgezählt erst in Zehnerschritten, dann in Einerschritten. Das Zurückzählen soll die Grundlage für das Subtrahieren legen. Sodann wird mit eins, mit zwei usw. addiert und subtrahiert (Wenn von zehn Kindern eins geht, zwei gehen, wie viel bleiben dann?). Es folgen einfache Aufgaben aus dem ›Gesichtskreise‹ der Kinder: Dein Vater hat drei Pferde, euer Nachbar vier, wie viel sind das zusammen? Erst nach solchen Kopfrechenübungen werden die Ziffern gelernt, durch Punkte unter den Zahlen werden die ›darin enthaltenen Einheiten‹ (Mengen) veranschaulicht. Am Ende des Elementarkurses steht die Einführung der Zehnerzahlen, durch ›leicht fassliche Herleitung aus den Stammzahlen‹, durch geordnetes und deutliches Anschreiben, Vor- und Nachsagen (ein und zwanzig), z. B. der Zahlen zwischen zwanzig und dreißig.[46]

Die Berichte über den weiteren Fortgang des Rechenunterrichts[47], den zum Teil Rochow selbst erteilt[48], belegen erstaunliche Kenntnisse und Fertigkeiten.

Abschlussbemerkungen

Betrachtet man Rochow als Pädagogen, so fallen zwei Persönlichkeitszüge ins Auge: Er hat zum einen einen bemerkenswert klaren Verstand, treffsicher beurteilt er Zustände, Zusammenhänge und Notwendigkeiten. Lange vor Kants Formulierung des Aufklärungscredos[49] macht er öffentlichen Gebrauch von seinem Verstand, er

Johann Peter Hundeiker (1751 – 1836)

ist mithin Aufklärer im besten Sinne. Fast noch bemerkenswerter scheint mir aber seine Fähigkeit zu erkenntnisgemäßem Handeln: Er entwickelt nicht nur die Grundsätze und das Konzept einer Landschulreform, vielmehr schreibt er und publiziert Schulbücher; er konzipiert und baut Schulhäuser; er stellt befähigte Lehrer ein, die er z. T. selbst ausbildet (Bruns ist sechs Jahre lang sein ›Hausgenosse‹[50]) oder für deren Ausbildung er Sorge trägt (er nimmt Einfluss auf die Lehrerbildung an der Halberstädter Domschule); er professionalisiert den Prediger Rudolph gleichsam zum Schulaufsichtsbeamten; er hospitiert im Unterricht oder unterrichtet selbst. Als pragmatischer Utopist realisiert er also seine Vision mit Geschick und Weitsicht. Die vielen Besucher seiner Schüler sieht er als mögliche Förderer und Multiplikatoren und gewinnt sie klug werbend für seine Ideen. Zerenner urteilt richtig: ›Wenn es eine Vollkommenheit ist, mit wenigen viel auszurichten, und mit wenig Instrumenten und Lehrmitteln [...] seinen Endzweck zu erreichen: so hat Herr v. Rochow hierin den möglichsten Grad der Vollkommenheit erreicht‹[51]. Und es beeindruckt den Beobachter besonders, dass ›Alles sogleich praktisch gemacht; der Gebrauch von ieder Kenntniß im Leben gezeigt; alles aus der Schule ins Leben, in die Welt, in eigne Empfindung, in gute Vorsätze und in That übergeführt wird; da es denn ein Wissen, und leere müßige Speculation des Verstandes zuletzt Herzens- und Lebenssache wird‹[52]. Er scheitert erst an dem Punkt, an dem sein kompromisslos aufklärerisches Denken mit der Angst vor dem Verlust von Privilegien konfligiert.

Rochows weitsichtiger Realitätssinn tritt auch in der Analyse des Anfangsunterrichts deutlich zutage. Sie ist nicht allein in ihrer Zeit vorbildlich, sondern weist auch in vielem voraus. Dies gilt für die Orientierung am Kinde und seinen Lernmöglichkeiten; die Einrechnung kindlichen Bewegungsdranges; den behutsam vollzogenen Übergang von der Familienerziehung zum schulischen Lernen; die Vorstellung von einer umfassenden Grundbildung für alle, die Basis allen weiteren Lernens ist; das fächerverbindende, an der Lebenswelt der Kinder orientierte, möglichst selbständige Lernen und schließlich die Überzeugung, dass Lernen erfolgreicher ist, wenn Schule und Lernen von Anfang an Freude machen.

Historische Aufnahme des durch Rochow gestifteten Denkmals für den Lehrer Heinrich Julius Bruns (1746–1794)

43 Vgl. ebenda S. 107.
44 Zerenner: Noch etwas über Rekan (Anm. 15), S. 44.
45 Riemann: Beschreibung (Anm. 16), S. 68.
46 Vgl. ebenda S. 68 ff.
47 Vgl. ebenda S. 99 ff.
48 Vgl. Zerenner: Noch etwas über Rekan (Anm. 15), S. 38 ff.
49 Vgl. Immanuel Kant: Beantwortung der Frage: Was ist Aufklärung? (1784). In: Kant u. a.: Was ist Aufklärung? Thesen und Definitionen. Hrsg. v. Ehrhard Bahr. Stuttgart 1974, S. 9 ff.
50 Riemann: Beschreibung (Anm. 16), S. V f. (Vorrede).
51 Zerenner: Noch etwas über Rekan (Anm. 15), S. 43.
52 Ebenda S. 44.

Aus: J. G. Krünitz ›Oeconomische Encyklopädie‹, 62. T., 1796

Friedrich Eberhard von Rochow und seine Wirkung in der deutschen Volksaufklärung

Holger Böning

Friedrich Eberhard von Rochow war einer der bedeutendsten ›theoretischen und tätigen Beförderer der Volksaufklärung‹[1], jener großen Bürgerinitiative und praktischen Reformbewegung, die den Charakter der Aufklärung in Deutschland geprägt hat.[2] Für seine Mitstreiter wurde er bis in das neunzehnte Jahrhundert zu einem der meistgenannten Vorbilder, da er von Verbesserungen nicht nur schrieb und redete, sondern sie – auch unter persönlichen Opfern – tatkräftig realisierte. Ob einem Tuchmachergesellen das Studium zu ermöglichen oder das geplante Elementarwerk Basedows zu finanzieren war, stets leistete er nicht nur ermutigenden Zuspruch, sondern auch materielle Hilfe.[3] Er verkörperte das Ideal des aufgeklärten Gutsbesitzers, der so gar nicht dem Bild des eigennützig-bornierten preußischen Adeligen entsprach: ›Welcher Sonderling ist das unter Personen seines Standes? Und welcher Sonderling in Taten?‹, so verwunderte sich Basedow.[4]

Impulse der Volksaufklärung für von Rochows Reformwerk

Die engen Beziehungen Friedrich Eberhard von Rochows zur Volksaufklärung zeigen sich bereits in der Genese seines Engagements, während der er durch die frühen populäraufklärerischen Bemühungen zahlreiche Impulse und Anregungen für sein eigenes Reformwerk erhält. Bereits in der Entstehungsphase der gemeinnützig-ökonomischen Aufklärung, aus der dann Mitte des 18. Jahrhunderts die Volksaufklärung hervorgeht, wird vereinzelt auf die Bedeutung des niederen Schulwesens hingewiesen.[5] Die Vorstellungen zur Schulreform während der ersten Hälfte des 18. Jahrhunderts, die eingebettet sind in ein Gesamtsystem ›guter Policey‹ auf dem Lande, finden zunächst jedoch keine größere Beachtung oder gar praktische Umsetzung. Nachdem sich Mitte der fünfziger Jahre des achtzehnten Jahrhunderts im deutschen Sprachraum eine bereits über ein beträchtliches Maß an publizistischer Kraft verfügende gemeinnützig-ökonomisch orientierte Reformbewegung herausgebildet hat, geraten zwar verstärkt die unteren Stände in das Blickfeld der Gebildeten und werden in einem größeren Kreis Probleme des niederen Schulwesens diskutiert, doch für praktische Konsequenzen war die Zeit offenkundig noch nicht reif. Allerdings drängt sich in den Debatten, auf welche Weise dem ›gemeinen Mann‹ die neuen, in der Landwirtschaft zu nutzenden naturkundlichen Erkenntnisse und das Wissen der Gebildeten zugänglich gemacht werden könnten, die Überlegung auf, zur ersten ›Grund=Verbesserung des gemeinen Volckes‹ komme es auf bessere Landschulen und folglich auf die ›sorgfältige Policey‹ an, ›so die Grossen und Verständigen in Händen haben‹.[6] An der fehlenden Rezeption der unter den Gebildeten bereits verbreiteten ökonomischen Literatur, so die nun häufiger geäußerte Auffassung, sei ›die elende Erziehung der meisten gemeinen Leute, und die in vielen Gegenden noch immer im Argen liegende Verfassung der kleinen Schulen, sonderlich auf dem Lande, schuld‹.[7] Als Aufruf an die gebildeten Leser der ›Leipziger Sammlungen‹ schrieb Georg Heinrich Zincke die folgenden Sätze: ›Haben wir aber die iezige Jugend unter dem niedrigen Haufen

1 So das Urteil in einem Brief von Karl Abraham v. Zedlitz an v. Rochow vom 20. 10. 1785. In: Friedrich Eberhard von Rochows sämtliche pädagogische Schriften herausgegeben von Fritz Jonas und Friedrich Wienecke. Bd. 1–4, Berlin: Georg Reimer 1907–1910 (künftig zitiert als: Friedrich Eberhard von Rochow: Schriften), Bd. 4, S. 298–299.

2 Die Quellenschriften zur Volksaufklärung bei Holger Böning/Reinhart Siegert: Volksaufklärung. Biobibliographisches Handbuch zur Popularisierung aufklärerischen Gedankengutes im deutschen Sprachraum. Bd. 1ff., Stuttgart: Frommann-Holzboog 1990ff. (künftig zitiert als Böning/Siegert: Volksaufklärung). Zum Charakter der Volksaufklärung: Holger Böning: Der ›gemeine Mann‹ als Adressat aufklärerischen Gedankengutes. Ein Forschungsbericht zur Volksaufklärung. In: Das Achtzehnte Jahrhundert. Mitteilungen der Deutschen Gesellschaft für die Erforschung des 18. Jahrhunderts. Jg. 12, H. 1 (Wolfenbüttel 1989), S. 52–80.

3 Vgl. Friedrich Eberhard von Rochow: Schriften (Anm. 1), Bd. 4, die Briefe an Gellert und an Basedow.

4 Urteile Basedows über Friedrich Eberhard von Rochow ebenda, Bd. 3, S. 518.

5 Dazu Holger Böning: Die Entdeckung des niederen Schulwesens im achtzehnten Jahrhundert. In: Das niedere Schulwesen im Übergang vom 18. zum 19. Jahrhundert. Hrsg. von Peter Albrecht, Ernst Hinrichs (= Wolfenbütteler Studien zur Aufklärung, Bd. 20). Tübingen: Niemeyer 1995, S. 75–108.

6 [Georg Heinrich Zincke]: Ohnmaßgebliche Vorschläge und Anmerckungen, als eine Antwort auf vorstehende zufällige Gedancken über die bishero herausgegebenen öconomischen Schrifften und deren allgemeinen Nutzen. In: Leipziger Sammlungen, 130.–131. St., S. 949–967, hier S. 955.

7 Ebenda. Es heißt weiter: ›Man siehet es auch, daß, wenn etwan in einem Districte die Land=Schulen seit 20 Jahren her besser veranstaltet und geschickte Lehrer, Catecheten u.s.f. gesetzet worden, die Bauersleute in denselben viel gescheuter und klüger sind.‹

des gemeinen Mannes gebessert, wie gewiß wird der Nutzen, und wie gesittet die Nachwelt seyn! [...] Alsdenn können unsere öconomischen Bücher auch dieser Gattung der Menschen nützlich werden. Denn ein solcher wird sich selbst immermehr zu bessern suchen, und wir dürffen ihm nur die Hände dazu bieten. [...] Möchte es doch weniger Menschen geben, die diese Beschäfftigung vor gering und verächtlich halten, und sich so sehr viel auf ihre Geburt oder andere zufällige Vorzüge einbilden, den gemeinen Mann aber verachten, und nur stolz auf ihre Sitten über ihn hinsetzen!‹[8]

Doch der Weg einer Schulreform steht in der Volksaufklärung zunächst nicht im Mittelpunkt der Überlegungen. In den fünfziger und sechziger Jahren des 18. Jahrhunderts entsteht als erste eigenständige Leistung der populären Aufklärung eine ganz neue Art von Sachliteratur auf dem Buchmarkt. Kleine ökonomische Schriften sind es vor allem, die den ›gemeinen Mann‹ zur Veränderung seines Wirtschaftsverhaltens und damit zur Verbesserung der Landwirtschaft anhalten wollen. Erst die Erfahrungen mit der literarischen Volksaufklärung zeigen dann, daß die Mittel der Druckerpresse allein zur Popularisierung aufklärerischen Gedankengutes nicht in der Lage sind. Nun erst gewinnen Überlegungen zur Reformierung des niederen Schulwesens langsam an Boden.

An zahlreichen Beispielen läßt sich zeigen, daß Friedrich Eberhard von Rochow sich der Programmatik der frühen, vor allem ökonomische und medizinische Themen behandelnden Volksaufklärung verpflichtet wußte. Er begann sein praktisches Engagement mit einer Maßnahme, die in der volksaufklärerischen Literatur vielfach empfohlen wurde. Allenthalben war die Not des Krieges spürbar, unter ihr litten besonders die von ihrem König versorgungslos gelassenen Soldatenwitwen. Der Gutsherr überließ den Einkommenslosen einen Teil seines Brachlandes zur Bearbeitung, was, wie in der ökonomischen Literatur dieser Zeit betont wurde, nicht nur eine Hilfe für die Armen darstellte, sondern auch dem Gutsbesitzer nicht zum Schaden gereichte. Die intensive Bewirtschaftung und die damit einhergehende Verbesserung des Bodens erbrachten im darauffolgenden Jahr einen erheblich verbesserten Getreideertrag. Diese Maßnahme gibt ein Beispiel für das Selbstverständnis vieler Aufklärer, das Nützliche mit dem Guten zu verbinden. Auch eine weitere in der aufklärerischen ökonomischen Literatur eifrig diskutierte Verbesserung setzte von Rochow in die Praxis um. Durch Wässerung und Entwässerung seines Landes steigerte er den Ertrag seiner Güter im Verlaufe von zehn Jahren um ein Viertel und erhöhte beträchtlich den Anteil brauchbarer Wiesen.

D. N. Chodowiecki: Das bettelnde Soldatenweib, 1764

Ebenfalls noch in den sechziger Jahren wird von Rochow erstmals mit bäuerlichen Denkweisen und intensiv auch mit bäuerlichem Widerstand gegen eines der zentralen Anliegen der gemeinnützig-ökonomischen Aufklärung konfrontiert. In seinem Einflußbereich bemüht er sich, die in Gemeinbesitz befindlichen Äcker, Wiesen und Weiden in individuellen Besitz zu überführen, von dem man sich intensivere Bewirtschaftung und Nutzung des Landes versprach. Mehr als zehn Jahre dauert es, bis die mit einer Flurbereinigung verbundene Teilung gegen alle Einwände durchgesetzt ist. ›Sollten Sie wohl glauben‹, so schreibt von Rochow 1779 an Gleim, ›daß Aufhebung der Gemeinheiten und Aufklärung der Nation, Aufhelfung der Moralität des Volkes so nahe grenzet?‹[9] Die Erfahrungen, die von Rochow hier macht, gehen durchweg in die Erzählungen des ›Kinderfreundes‹ ein.

Zusammenfassend läßt sich sagen, daß die persönliche Entwicklung Friedrich Eberhard von Rochows eng mit der Volksaufklärung verbunden ist. Erst die enttäuschende Erfahrung, daß die anfänglich nahezu euphorisch erhoffte Bereitschaft der bäuerlichen Bevölkerung, neue Kenntnisse anzunehmen und bei der praktischen landwirtschaftlichen Arbeit zu berücksichtigen, nicht in dem erwarteten Ausmaße vorhanden ist, läßt ihn den Gedanken fassen, sich stärker auf die Erziehung der heranwachsenden

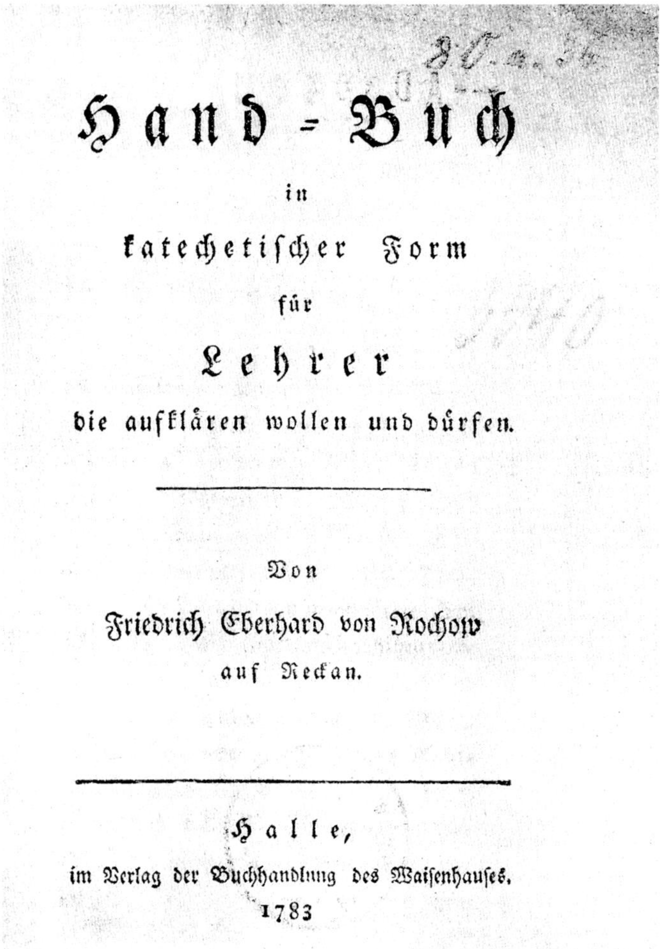

Hand-Buch
in
katechetischer Form
für
Lehrer
die aufklären wollen und dürfen.

Von
Friedrich Eberhard von Rochow
auf Reckan.

Halle,
im Verlag der Buchhandlung des Waisenhauses.
1783

Katechismus
der
Sittenlehre
für das
Landvolk.

Frankfurt am Mayn,
bey J. L. Eichenbergs seel. Erben,
1771.

Generation zu konzentrieren. Die schulreformerischen Diskussionen seit den siebziger Jahren des 18. Jahrhunderts basieren auf den schon Jahrzehnte dauernden Bemühungen der gemeinnützig-ökonomischen Aufklärung. Erst die vorangehenden Erfahrungen bei der Aufklärung der erwachsenen bäuerlichen Bevölkerung führen zu den zahlreichen Vorschlägen und praktischen Anstrengungen, das ländliche Schulwesen zu verändern. Auf den Gedanken, ein *Handbuch für Schulmeister* und dann auch ein *Schulbuch für die Landschulen* zu verfassen, kommt von Rochow erst durch die Erfahrungen, die er auf seinen Gütern mit praktisch-volksaufklärerischen Bemühungen macht. Früh jedenfalls, das darf man annehmen, teilte er die Auffassung seines Freundes Christian Fürchtegott Gellert: ›Lasset uns nicht schämen, Lehrer des gemeinen Mannes abzugeben; Denn

> Was wir sind und mehr, das würden diese seyn,
> Wenn sie, wie wir, erzogen wären.
> Uns kann die Welt sehr leicht, sie aber nicht entbehren.‹[10]

Rochows Beitrag zu den Diskussionen der Volksaufklärer

›Auf die erste Frage »Wer mich berufen hat, mich zum Lehrer des Landvolks aufzuwerfen?« ist meine kurze Antwort diese: »Ich lebe unter Landleuten. Mich jammerte des Volks. Neben den Mühseligkeiten ihres Standes werden sie von der schweren Last ihrer Vorurteile gedrückt. Ihre Unwissenheit in den nötigsten Kenntnissen beraubt sie der Vorteile und Ergetzungen, welche die für alle Stände gnädige Vorsehung Gottes auch dem ihrigen gegönnt hat.«‹ (Friedrich Eberhard von Rochow, 1772[11])

Das Hauptverdienst von Rochows für die Konzeptionen der Volksaufklärung seit den siebziger Jahren des 18. Jahrhunderts liegt in dem praktischen Beispiel einer geglückten Schulreform. Durch sie wird die Verbesserung des niederen Schulwesens zum integralen Bestandteil aller praktischen, auf die populäre Aufklärung gerichteten Reformbestrebungen. Erstmals war in dieser Deutlichkeit formuliert worden, daß jedes Erziehungswerk beim Kind beginnen müsse. In der ›Kette von Ursachen, *warum* der Landmann so sei, als er ist‹ erkennt von Rochow in der Hungerkrise zu Beginn der siebziger Jahre schlechte Schulen als Haupthindernis jeder Verbesserung: ›Er [der Landmann] wächst auf als ein Tier unter Tieren. Sein Unterricht kann nichts Gutes wirken. Der gröbste Mechanismus herrscht in seinen Schulen. Sein Prediger spricht hoch- und er plattdeutsch. Beide verstehen sich nicht. [...] Gott! dachte ich, *muß* denn das so sein? kann der Landmann, diese eigentliche Stärke des Staats-Körpers, nicht auch verhältnismäßig gebildet und zu allem guten Werk geschickt gemacht werden? Wieviel tüchtige Menschen hätte z.B. ich in diesen Jahren nicht meinem Vaterlande gerettet, die jetzt ein Raub ihrer entsetzlichen Stupidität geworden sind!‹[12]

Die Überzeugung von Rochows, ›daß die Menschheit an heilbaren Übeln krank liege‹[13], wirkte ebenso wie die Tatkraft, mit der praktische Verbesserungen realisiert wurden, ansteckend auf eine Volksaufklärung. Insbesondere die Einsicht von Rochows, daß eine

8 Ebenda S. 965 f.

9 Brief von Rochows an Gleim vom 22. 4. 1779. In: Friedrich Eberhard von Rochow: Schriften (Anm. 1), Bd.4, S. 221–222, hier S. 222.

10 Der Wirth und die Wirthin, eine oeconomische und moralische Wochenschrifft. Braunschweig und Hildesheim: ›bey sel. Lud. Schröders Erben‹ 1756–1757 [Als Sammelband unter dem Titel: Braunschweigische Sammlungen von Oekonomischen Sachen als des einzeln herausgekommenen Wochenblattes der Wirth und die Wirthin erster Band nebst einer Vorrede und Register. Braunschweig und Hildesheim: bey sel. Lud. Schröders Erben 1757], 1. St., S. 4.

11 [Friedrich Eberhard von Rochow]: Versuch eines Schulbuches für Kinder der Landleute oder zum Gebrauch in Landschulen. Berlin: Friedrich Nicolai 1772. Zitiert nach: Friedrich Eberhard von Rochow: Schriften (Anm. 1), Bd. 1, S. 1–92, hier S. 3.

12 Friedrich Eberhard von Rochow: Geschichte meiner Schulen. Schleswig: J. G. Röhß 1795. In: Friedrich Eberhard von Rochow: Schriften (Anm. 1), Bd. 3, S. 7–55, hier S. 10 f.

13 Friedrich Eberhard von Rochow: Berichtigungen. Erster Versuch. Braunschweig 1792, S. 240.

Journal
für
Prediger.

Zwanzigsten Bandes erstes Stück.

Halle,
bey Carl Christian Kümmel.
1788

naturkundliche und ökonomische Aufklärung allein keine Verhaltensänderung hervorbringen könne, sondern eine sittlich-moralische und religiöse Erziehung hinzutreten müsse, war für die Debatten der Volksaufklärer wichtig. Bereits die im ›Versuch eines Schulbuches‹ 1772 geäußerte Auffassung, die Religion der Landleute sei ›meistenteils der verderblichste Fatalismus‹, die ›ganze vortreffliche Sittenlehre Jesu Christi und seiner Apostel‹ liege ›ganz außerhalb der Sphäre der Ausübung‹[14], weist enge Verwandtschaft zum ›Katechismus der Sittenlehre für das Landvolk‹[15] auf, der aus der Feder des Goethe-Schwagers Johann Georg Schlosser ein Jahr zuvor erschienen war. Wie bei diesem besteht darüber hinaus der zentrale Gedanke darin, der sittlich-moralischen Erziehung das Fundament der vernünftigen Einsicht zu geben. Tugenden sollen nicht dekretiert werden, vielmehr hofft man, deren Sinn durch Erweis des Nutzens bestimmter Verhaltensweisen dem bäuerlichen Adressaten einsichtig werden zu lassen. Von Rochow selbst berichtet, welche Wirkung die Lektüre der Schlosserschen Schrift auf ihn hatte: ›Auffallend rührte mich die Ähnlichkeit unserer Absichten, die gleiche Lehrart und Gesinnungen gegen den zahlreichsten, aber verachtetsten Teil unserer Mitmenschen. Wir sind, so dachte ich, einander völlig unbekannt und schreiben fast zu einer Zeit an entfernten Orten in Deutschland über einen Vorwurf. Vielleicht ist dieses ein Wink der Vorsehung. Ich will ihn nicht verachten. Und so entschloß ich mich, meinen Versuch durch den Druck bekannt zu machen.‹[16]

Als zweites wesentliches Verdienst von Rochows muß genannt werden, daß er die Bedeutung des Landschullehrers in ein allgemeines Bewußtsein hob (siehe Beitrag Keck). Durch ihn rückte auch in der volksaufklärerischen Literatur das Ideal eines Landschulmeisters in den Mittelpunkt, der mit einer möglichst guten Ausbildung und einem Gehalt, das ihm den Verzicht auf Nebentätigkeiten ermöglichte, als ›Volkslehrer‹ tauglich war und der durch die Erziehung der Kinder zugleich auch seinen Beitrag zur Aufklärung der Erwachsenen leistete: ›Die Kinder sagen denn das, was sie von dem Lehrer [...] gehört ihren Aeltern, und machen sie also verständig. Wie schön und weise ist nicht diese Einrichtung, die gewiß allenthalben nachgeahmt zu werden verdient.‹[17]

Die Schule in Reckahn und der Lehrer Heinrich Julius Bruns wurden in der aufklärerischen Publizistik zum meistgenannten Vorbild einer gelungenen Schulreform.[18] Beispielhaft ist der Wunsch eines der profiliertesten Volksaufklärer, Heinrich Gottlieb Zerrenner, der nach einer Besichtigung der Schule in Reckahn den Wunsch äußerte: ›wollte Gott, daß alle Schulen wären wie die Rochowschen, und alle Schullehrer und Kinder würden wie diese Schullehrer und Schulkinder; und dann den Eifer in sich aufgeregt fühlen, durch gemeinnüziges Mitwirken, auch an seinem Orte diesem frommen Wunsch der Realität näher zu führen!‹[19] Wie Zerrenner, so pilgerten zahllose weitere in der Volksaufklärung Engagierte nach Reckahn.

Von besonderer Bedeutung dürfte gewesen sein, daß Berichte über Besuche in Reckahn in zahlreichen Predigerjournalen[20] erschienen und somit diejenigen angesprochen wurden, die als Dorfpfarrer für das Landschulwesen Verantwortung trugen. Diesen neben den Lehrern selbst wichtigsten Trägern der Volksaufklärung wird die Sorge für das niedere Schulwesen als Verpflichtung im göttlichen Auftrag dargestellt, wenn es etwa heißt: ›Gott segne und erfreue jeden vermögenden Menschenfreund, der sich seiner Brüder in dem niedrigsten, dabey aber nützlichsten, Stande erbarmet! Solche Anstalten geben mit ihren unausbleiblichen Wirkungen den besten Commentar zu der Versicherung des größten Menschenfreundes: Wahrlich! ich sage euch: Was ihr gethan habt Einem unter diesen meinen geringsten Brüdern, das habt ihr mir gethan.‹[21] Allein im ›Journal für Prediger‹, der wichtigsten aufklärerischen Zeitschrift für Geistliche, fanden in den achtziger Jahren drei solcher Reiseberichte Platz, in denen die Schule in Reckahn als ›erste aller Volksschulen in Deutschland‹ gepriesen wurde.[22] In Reckahn, so waren sich alle Berichterstatter einig, fand man einen Grundgedanken, der vielen Volksaufklärern wichtigster Antrieb zu ihrem Engagement war: ›Gebildete Vernunft sey kein Vorzug einzelner Stände oder Classen der Menschen; sondern allgemeines Menschenrecht; wir alle seyen zu einem Bilde erschaffen und so lange diß vernachlässigt und der grosse Haufe, der als eine geringere Classe von Geschöpfen angesehen werde, die in der Unwissenheit und Fühllosigkeit erhalten werden müsse, damit sie die verächtliche Entfernung und Sclaverey worin man sie hält, und die tyrannischen Laster die man ihr aufbürdert, so viel williger trage, so lange werde die Religion ihre wohlthätige Fruchtbarkeit nie verbreiten, noch die Wahrheit aus dem traurigen Verfall, worin sie seufze, sich je erheben können.‹[23] Begeisterung äußerte sich weniger darüber, daß die Schulkinder in Reckahn ganz selbstverständlich fertiges Schreiben und Rechnen erlernten: ›Allein sie bringen es in etwas andern weit, darin sich wenig Volksschulen mit ihnen messen dürfen: »im vernünftigen und nützlichen Denken«‹. Den Kindern sah man eine Fertigkeit vermittelt, die zu den wichtigsten Zielen der Volksaufklärung gehörte, die Fähigkeit nämlich, ›die allgemein für jeden Stand nöthigen Wahrheiten und Gesetze der Vernunft, auf die im Leben vorkommenden Fälle anzuwenden‹.[24]

Von dieser Auffassung wich von Rochow sein Leben lang nicht ab. Gegen die Bedenken seiner Standesgenossen, die etwa im Geographieunterricht für Bauernkinder nur eine Anleitung zur Desertion zu erkennen vermochten, setzte er sich für eine schulische Unterweisung der unteren Stände ein, die zur Weltkenntnis und zum Selbstdenken beitragen sollte.[25] Mehrfach wies er Vorwürfe gegen den Kinderfreund und gegen seine Schulen zurück, ›daß man hier Gelehrte erziehen, oder sie mit Kenntnissen überladen wolle, die ihnen als Landleuten überflüssig, vielleicht lästig seyn würden‹.[26] Zwar erhielt von Rochow in der publizistischen Öffentlichkeit vor allem Lob und Zustimmung, doch mußte er sich auch mit – ihn häufig schmerzenden – Einwänden auseinandersetzen. ›Ich bemerke nemlich mit Betrübniß‹, so schreibt er im Jahre 1780, ›daß ein ganz achtbarer Theil des Publikums noch fortfährt, zweifelhaft zu seyn, oder scheinen zu wollen, ob bey der sittlichen Aufklärung des Volks, die Menschheit gewinne?‹[27] Die Sorge, ein selbstdenkender Bauer würde die Bereitschaft verlieren, das Los seines niedrigen Standes bereitwillig zu tragen, ließ sich auch durch das ausdrücklich formulierte Ziel von Rochows, die zu Erziehenden gerade für das Leben in ihrem Stand besser qualifizieren zu wollen, nicht dämpfen. Aufklärungsgegner und selbst einige Aufklärer spürten, daß das durch den ›Kinderfreund‹ verfolgte Ziel geistiger Freiheit auf der Grundlage eigenen Denkens, Prüfens und Wissens mit den Prinzipien der ständischen Gesellschaft kollidieren würde.[28] Wohl zu Recht befürchtete man, daß die einmal initiierte Freude am Lernen und die von den Aufklärern angestrebte Bildung für die niederen Stände auf die Dauer auch den Wunsch nach sozialer Mobilität, nach gesellschaftlicher und politischer Gleichberechtigung wecken würde. Da halfen auch alle Beteuerungen von Rochows nichts, den Einzelnen durch seine pädagogischen Maßnahmen zur freiwilligen Einordnung in die gesellschaftliche Ordnung, zur Zufriedenheit mit seiner Lebenssituation aus eigener Einsicht erziehen zu wollen und zu können. Solche Beteuerungen haben dem Gutsbesitzer zwar zahllose ideologiekritische Würdigungen der historischen pädagogischen Forschung eingetragen, mißtrauische Zeitgenossen jedoch vermochten sie von dem Ziel einer durch Bildung und Erziehung zu erlangenden ›moralischen Nationalgröße‹[29] nicht zu überzeugen.

Wie sehr Friedrich Eberhard von Rochow auch durch seine sonstige praktische Tätigkeit in die Diskussionen und Aktivitäten der Volksaufklärung eingebunden war, zeigt seine Tätigkeit als Direktor der Märkischen ökonomischen Gesellschaft (siehe Beitrag Tosch). Unter seinem Einfluß unternahm sie zahlreiche

14 [Friedrich Eberhard von Rochow]: Versuch eines Schulbuches, Friedrich Eberhard von Rochow: Schriften (Anm. 1), Bd. 1, S. 1–92, hier S. 3.

15 [Johann Georg Schlosser]: Katechismus der Sittenlehre für das Landvolk. Frankfurt am Main: Eichenbergs Erben 1771.

16 [Friedrich Eberhard von Rochow]: Versuch eines Schulbuches, Friedrich Eberhard von Rochow: Schriften (Anm. 1), Bd. 1, S. 1–92, hier S. 6.

17 Heinrich Gottlieb Zerrenner: Noch Etwas über Rekan und die Schulanstalten des Herrn Domherrn von Rochow. In: Journal für Prediger, Bd. 20, 1788, S. 1–47, hier S. 7.

18 Zu Bruns: Frank Tosch (Hrsg.): ›Er war ein Lehrer‹. Heinrich Julius Bruns (1746–1794). Beiträge des Reckahner Kolloquiums anläßlich seines 200. Todestages. Potsdam 1995; zu verschiedenen Artikeln über Reckahn siehe u. a. J. Stuve: Ueber die Rochowsche Schule zu Rekkahn. In Berlinische Monatschrift, 1787, 2, S. 325–340; [Anonym]: Ein paar Worte über Schulunterricht, und über den neuen Kinderfreund des Domherrn von Rochow. In: Neue Berlinische Monatschrift 1799, 2, S. 457–465; K. F. Riemann, J. E. Biester: Von Rochow und Pestalozzi; oder: Ueber die Basis des Volksunterrichts. In: Neue Berlinische Monatschrift 1804, 1, S. 122–145.

19 Heinrich Gottlieb Zerrenner: Noch Etwas über Rekan und die Schulanstalten des Herrn Domherrn von Rochow. In: Journal für Prediger, Bd. 20, 1788, S. 1–47, hier S. 3.

20 Siehe etwa: Ueber Predigerbeschäftigung und Predigerbetragen. [Hrsg.] Von J[ohann] L[udwig] Ewald. H. 1–9, Lemgo: Meyer 1783–1794, ein Reisebericht in H. 1.

21 Johann Werner Streithorst: Ueber die Rekahnischen Schulanstalten vom Herrn Domprediger Streithorst in Halberstadt. In: Journal für Prediger, Bd. 18, 1786, S. 290–304, hier S. 304.

22 Hier: An H.D* N**. In: Journal für Prediger, Bd. 12, 1781, S. 35–42, hier S. 35

23 An H.D* N**. In: Journal für Prediger, Bd. 12, 1781, S. 37.

24 An H.D* N**. In: Journal für Prediger, Bd. 12, 1781, S. 39. Vgl. auch Johann Werner Streithorst: Ueber die Rekahnischen Schulanstalten vom Herrn Domprediger Streithorst in Halberstadt. In: Journal für Prediger, Bd. 18, 1786, S. 290–304.

25 Dazu ein Brief von Karl Abraham v. Zedlitz an v. Rochow vom 29.10.1775, in: Friedrich Eberhard von Rochow: Schriften (Anm. 1), Bd. 4, S. 115–117.

26 An H.D* N**. In: Journal für Prediger, Bd. 12, 1781, S. 39.

27 Friedrich Eberhard von Rochow: Vorrede. In: Carl Friedrich Riemann: Versuch einer Beschreibung der Reckanschen Schuleinrichtung. Berlin und Stettin: Friedrich Nicolai 1781 (Vorrede datiert 1780), S. IX.

28 Vgl. Brief Karl Abraham von Zedlitz' an von Rochow vom 29. 10. 1775. In: Friedrich Eberhard von Rochow: Schriften (Anm. 1), Bd. 4, S. 115.

29 Brief von Rochows an Karl Abraham von Zedlitz vom 24. 1. 1773. In: Friedrich Eberhard von Rochow: Schriften (Anm. 1), Bd. 4, S. 34–38.

Aktivitäten zur Bauernaufklärung. In der Zeitschrift der Gesellschaft, den ›Annalen der Märkischen ökonomischen Gesellschaft‹, legte von Rochow den Mitgliedern ›Märkische Bauern-Gespräche‹ zur Begutachtung vor, die zur Veröffentlichung in einem Kalender bestimmt waren. Daß er gerade zu diesem Medium greifen wollte, war eigenen Beobachtungen ebenso zu verdanken wie den Diskussionen der Volksaufklärer über die tauglichsten literarischen Mittel zur Ansprache des ›gemeinen Mannes‹. ›Ueberzeugt von nachstehenden drei Wahrheiten‹, so leitet von Rochow seine dialogisierten Belehrungen ein, ›1) der Bauer kaufe nicht gern Bücher, weil er nicht viel Zeit hat zum Lesen, meistens nicht lesen kann, und weil er überhaupt das Geld liebt; 2) den Haushaltungs-Kalender aber, pflegt er wohl zu kaufen, 3) also ist dieser Haushaltungs-Kalender ein schickliches Mittel, auf eine nicht auffallende und abschreckende Art, dem Ackerbau treibenden Stande zu Hülfe zu kommen, schädlichen Aberglauben auszurotten, bessere Kultur-Prinzipien ihm mitzutheilen, und so des Staats größere Wohlfahrt zu befördern. Ueberzeugt – sag' ich – von diesen drei Wahrheiten, schrieb ich die Märkischen Bauern-Gespräche, in der Meinung: nach und nach Alles, dem Landbau in unsern Provinzen zu großem Flor Verhelfende, ohne Kosten auf diejenigen Seiten zu des Landmanns Kenntniß zu bringen, wo er jetzo und seither so manches las, was ihm, wenigstens ohne Schaden, ganz unbekannt hätte bleiben können.‹[30]

Der ›Kinderfreund‹ als Vorbild für unterhaltsame Volksbücher

Von größter Bedeutung für die Diskussionen über die Volksaufklärung mit literarischen Mitteln war natürlich der ›Kinderfreund‹ (siehe Beitrag Freyer).[31] Zustimmung erhielten die Erziehungsziele dieses Schulbuches, die denen entsprachen, die auch bei der Aufklärung der erwachsenen Bevölkerung verfolgt wurden, und die erzählerische Einkleidung der zu vermittelnden Lehren. Begeistert äußerte sich Heinrich Gottlieb Zerrenner: ›Es ist gewiß ein vollständiges Elementarbuch in den allergemeinnützigsten Kenntnissen für Landleute, so viel sie zum Verständigwerden, zu einem religiösen, sittlichen, weisen, zufriedenen und glücklichen Leben brauchen. [...] es ist Lehrbuch in der Moral und in guten Sitten, Weltklugkeit, Oekonomie, Naturgeschichte, Gesundheitslehre u.s.w.‹[32] Dies waren Themen, die von den Volksaufklärern auch schon zuvor aufgegriffen worden waren, doch erstmals durch von Rochow waren die Lehren konsequent in unterhaltsame Erzählungen eingekleidet worden. Diese Art der literarischen Einkleidung wurde in den nachfolgenden Jahrzehnten in zahllosen Fällen nachgeahmt und weiterentwickelt. Als vorbildlich empfand man die Verbindung von sachbezogener ökonomischer und naturkundlicher Belehrung und unterhaltsamer Darbietung, die von den Volksaufklärern seit Anfang der siebziger Jahre ebenfalls diskutiert worden war. Insbesondere in das ›Noth- und Hülfsbüchlein‹ Rudolph Zacharias Beckers haben zahlreiche bei von Rochow gestaltete Themen Eingang gefunden, wie Erzählungen unter Titeln wie ›Die schlechte Hauswirtin aus Unreinlichkeit‹, ›Von den Mitteln, Totscheinende zu retten‹, ›Von den Kennzeichen des gewissen Todes‹, ›Das entdeckte Gespenst‹ oder ›Aberglauben‹ zeigen. In den beiden Teilen des ›Kinderfreundes‹ ist bereits das ganze Programm einer ökonomischen, moralischen und religiösen Volksaufklärung mit unterhaltsamen und literarischen Mitteln ausformuliert.

Viele der kleinen Erzählungen von Rochows wurden ohne jede Veränderung auch in andere unterhaltsame volksaufklärerische Schriften übernommen. Umgekehrt bediente sich auch von Rochow bei der volksaufklärerischen Literatur. Ein Beispiel dafür bietet der von Johann Lorenz Benzler herausgegebene ›Baurenfreund in Niedersachsen‹[33]. In ihm findet sich 1775 fast wörtlich die 37. Beispielerzählung des ›Kinderfreundes‹ ›Vom Nutzen des Lesens und Schreibens‹[34]. Die kleine Erzählung ›Das ordentliche Dorf‹, mit der Benzler seinen ›Baurenfreund‹ beginnt, übernimmt von Rochow in den zweiten Teil seines ›Kinderfreundes‹[35]. Häufiger ist jedoch der Fall, daß, wie die ›Allgemeine Deutsche Bibliothek‹ 1779 gegenüber einem ›Wirthschaftlichen Lehrbuch für die Landjugend‹ bemerkt, ›ganze große Stellen aus dem Schulbuch des

Der
Kinderfreund.
Ein
Lesebuch
zum Gebrauch
in Landschulen.
Von
Friedrich Eberhard von Rochow,
Erbherrn auf Reckan ꝛc. ꝛc.

Für zween Groschen in gutem Gelde.

Brandenburg und Leipzig,
in Commission zu haben bey den Gebrüdern Halle,
1776.

Noth- und Hülfs-Büchlein

oder

lehrreiche

Freuden- und Trauer-Geschichte

der Einwohner

zu

Mildheim

Erster Theil.

Neue verbesserte Auflage.

Gotha,

in der Beckerischen Buchhandlung 1799.

Der

Baurenfreund

in

Niedersachsen.

Erstes Bändchen.

Lemgo,

in der Meyerschen Buchhandlung, 1775.

30 Friedrich Eberhard von Rochow: Märkische Bauern-Gespräche. In: Annalen der Märkischen Ökonomischen Gesellschaft zu Potsdam, Bd.1, H.1, Potsdam 1792, S. 142–152; hier Vorspann Rochows dazu S. 141 f. Die Gespräche finden sich auch abgedruckt in: Westphälische Stadt- und Land-Chronik zum Nutzen und Vergnügen für Handwerker und Landleute. [Bandtitel: Lesebuch vermischten Inhalts für Bürger und Landleute. Herausgegeben von M(oritz) C(asimir) Pothmann]. Jg. 1, St. 1–52, Bückeburg: o. V. (Druck: Johann Friedrich Althans) 1793.

31 Zum ›Kinderfreund‹ und zur Bedeutung v. Rochows für die literarische Volksaufklärung: Annegret Völpel: Der Literarisierungsprozeß der Volksaufklärung des späten 18. und frühen 19. Jahrhunderts. Frankfurt a.M. 1996. Weiter Michael Freyer: Rochows ›Kinderfreund‹. Wirkungsgeschichte und Bibliographie. Bad Heilbrunn/Obb. 1989; ›Der Kinderfreund‹. Nachauflagen, Nachfolger und Nachahmer. Eine illustrierte Bibliographie. Zusammengestellt von Hubert Göbels. In: Neudruck des ›Kinderfreundes‹. Dortmund: Harenberg 1979.

32 Heinrich Gottlieb Zerrenner: Noch Etwas über Rekan und die Schulanstalten des Herrn Domherrn von Rochow. In: Journal für Prediger, Bd. 20, 1788, S. 1–47, hier S. 43.

33 [Johann Lorenz Benzler]: Der Baurenfreund in Niedersachsen. Bd. 1–2, Lemgo: Meyer 1775 [Böning/Siegert (Anm. 2), Bd. 1, Titel-Nr. 1131].

34 Ebenda, 4. Stück. Nicht auszuschließen ist, daß Benzler diese Erzählung aus dem ›Bauernfreund‹ von Rochows übernommen hatte.

35 Ebenda, 1. Stück und Friedrich Eberhard von Rochow: Der Kinderfreund, 58. Erzählung.

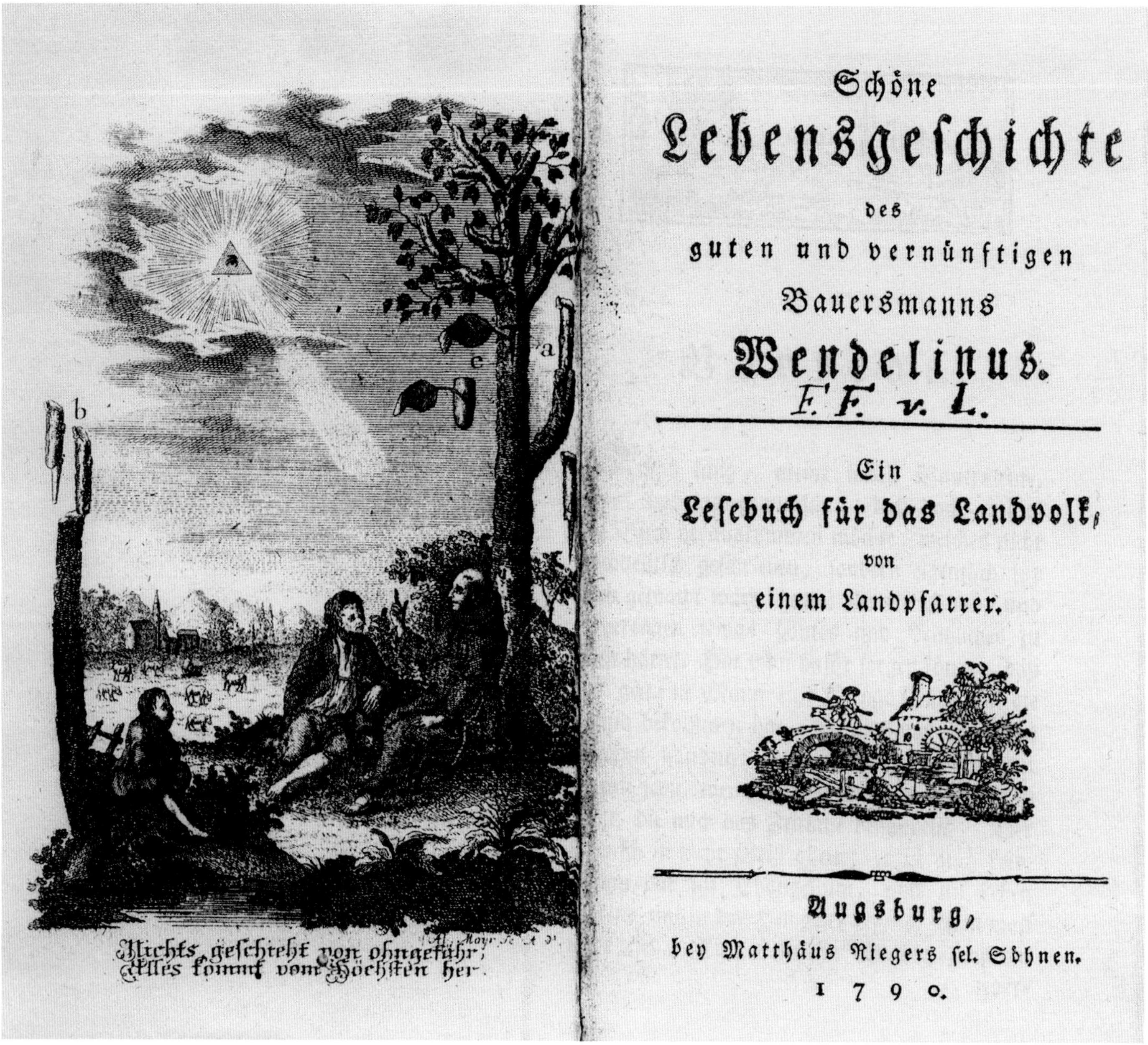

Schöne
Lebensgeschichte
des
guten und vernünftigen
Bauersmanns
Wendelinus.
F. F. v. L.

Ein
Lesebuch für das Landvolk,
von
einem Landpfarrer.

Augsburg,
bey Matthäus Riegers sel. Söhnen.
1790.

Herrn v. Rochow zum Theil wörtlich ausgeschrieben sind, ohne daß es dem Verf. gefallen hätte, solches, seiner Pflicht gemäß, anzuzeigen.‹[36] Gefreut haben dürfte sich von Rochow, daß Auszüge aus dem ›Kinderfreund‹ in einer ›Landschulbibliothek‹ erschienen, die zugleich ein ›Handbuch für Schullehrer auf dem Lande‹ sein wollte.[37] Der Autor gedruckter ›Predigten für Bergleute‹ fügte seiner Schrift ebenso einige Stücke aus dem ›Kinderfreund‹ ein wie Johann Ferdinand Schlez in seine ›Landwirthschafts-Predigten‹.[38] Bernhard Christoph Faust ergänzte die Lehren, die er in seinem berühmten, in vielen Auflagen, Nachdrucken und Übersetzungen erschienenen Gesundheitskatechismus gab, durch Verweise auf Erläuterungen, die der Leser im ›Kinderfreund‹ oder im ›Noth- und Hülfsbüchlein‹ finden konnte.[39] Und selbst in einer ›Kurzen Anleitung zum Weinbau‹ fand sich ein ›Anhang aus dem beliebten von Rochauischen Schulbuche für Kinder der Landleute‹, der ›Allgemeine Landwirthschaftsregeln‹ und ›Hauswirthschaftsregeln‹ samt den Beispielgeschichten von Rochows umfaßte.[40]

Es ist erstaunlich, in welch vielfältige Publikationen Auszüge aus dem ›Kinderfreund‹ Eingang fanden. Für ein ›Handbuch der gemeinnützigsten Kenntnisse für Volksschulen‹[41] lieferte er eine ebenso taugliche Vorlage wie für die ›Schöne Lebensgeschichte des guten und vernünftigen Bauersmanns Wendelinus‹, die ihren Autor, den katholischen Landpfarrer Franz Xaver Geiger in Bayern ins Gefängnis brachte, weil er darin ›das Dasein der Hexen und die auf diese wirkenden Kräfte des Priestersegens leugnete‹.[42] ›Ganz im Rochowschen Geschmack‹ galt der wichtigsten Rezensionszeitschrift der katholischen Aufklärung, der ›Oberdeutschen Allgemeinen Literatur Zeitung‹, als hinreichend lobende Empfehlung, wenn sie etwa Joseph Webers ›Erzählungen für die Landleute. Eine Christenlehrschankung‹ vorstellte. Hier fanden sich für katholische Leser Erzählungen, die nicht nur den Geist des ›Kinderfreundes‹ atmeten, sondern ihm teilweise auch entnommen waren, wie die folgenden Titel der ›ganz kurzen Erzählungen‹ deutlich machen: ›Der gute Landwirth‹, ›Der Tadler‹, ›Die Tugend macht glücklich‹, ›Die Schatzgräberin‹, ›Das behexte Vieh‹, ›Die Ehefrau, wie sie seyn soll‹, ›Der fromme Sohn‹, ›Die Kunst, lange zu leben‹, ›Der unzufriedene Jost‹ oder ›Das ordentliche Dorf‹.[43] Schließlich übernahm auch der Herausgeber der berühmten ›Zeitung für Städte, Flecken und Dörfer‹, Hermann Werner Dietrich Braess, Erzählungen aus dem ›Kinderfreund‹ in sein ›Blatt für Schulen‹.[44]

Zahlreiche Autoren erwiesen von Rochow ihre Achtung, indem sie ihm eines ihrer Werke widmeten.[45] Mehrfach wurde sein ›Kinderfreund‹ von bedeutenden Volksaufklärern für ihre Region bearbeitet, so beispielsweise 1789 für Oberdeutschland und besonders für Franken von Johann Ferdinand Schlez. Noch 1859 erschien eine 8. Auflage dieser Bearbeitung[46], der eine weitere für Bayern folgte.[47] Mit ›Lorenz Richard's Unterhaltungen mit seiner Schuljugend über den Kinderfreund des Herrn von Rochow. Ein Beytrag zur Katechetik, besonders für Schullehrer‹[48], verfaßte

36 Es handelt sich um: [Friedrich Samuel Bock]: Wirthschaftliches Lehrbuch für die Landjugend. Berlin: Joach. Pauli 1778. Vgl. AdB 39, 1779, S. 282–288.

37 Landschulbibliothek, oder Handbuch für Schullehrer auf dem Lande. 1.–2. Stück, Berlin: Himburg 1779.

38 Johann Ludwig August Keller: Predigten für Bergleute. Offenbach: o.V. (Druck: Ulrich Weiß und Karl Ludwig Brede)/Frankfurt a.M. Fleischer i.K. 1794; Johann Ferdinand Schlez: Landwirthschafts-Predigten. Ein Beytrag zur Beförderung der wirthschaftlichen Wohlfahrt unter Landleuten. Th. 1–2 (Th. 1: 2., verb. Aufl.), Heilbronn und Rothenburg o. d. T.: J. D. Claß 1794 [Th. 1: EA Nürnberg 1788].

39 Bernhard Christoph Faust: Gesundheits-Katechismus zum Gebrauche in den Schulen und beym häuslichen Unterrichte. Bückeburg: ›Bey Johann Friedrich Althans. Hofbuchdrucker.‹ 1794.

40 Kurze Anleitung zum Weinbau, mit beigesetzten Fragen um dadurch die Kenntnisse eines Weinhauers[!] zu erforschen. Wien: o.V. (Druck: Kurzböck) o. J. [ca. 1780], S. 43–48.

41 Handbuch der gemeinnützigsten Kenntnisse für Volksschulen: Beym Unterrichte als Materialien und bey Schreibübungen als Vorschriften zu gebrauchen. (Verf.: Friedrich August Junker, unter der Widmung genannt). Th. 1–3 [Th.3 in 2 Abth.] sowie ›Exempeltafeln‹, Halle: Buchhandlung des Waisenhauses 1787; 1788; 1792/1792 [2. A. von Th. 1–2 ebenda 1788/1791; 3. A. 1793/17../1799; 4. A. 1798/1800/18..; 5. A. 1803/..; 6. A. 1804/18../1815; 7. A. 1808/1812/1817 oder 1823 oder 1824; 8. A. 1813/1817/1821; 9. A. 1816 oder 1819/1821 oder 1822/18.. – Nachdruck Stuttgart 9. A./8. A./7. A. 1816/1817/1817. – Exempeltafeln: mindestens 2 versch. Ausgaben 1793].

42 Schöne Lebensgeschichte des guten und vernünftigen Bauersmanns Wendelinus. Ein Lesebuch für das Landvolk, von einem Landpfarrer. [Verf.: Franz Xaver Geiger]. Augsburg: M. Riegers sel. Söhne 1790 [2. A. ebenda 1791, 3. A. 1794, n. A. 1824]. Zum Verbot und zur Bestrafung des Autors vgl. Johann Goldfriedrich: Geschichte des deutschen Buchhandels vom Beginn der klassischen Literaturperiode bis zum Beginn der Fremdherrschaft. 4. Bde. Leipzig 1909, Bd. 3, S. 383.

43 Joseph Weber: Erzählungen für die Landleute. Eine Christenlehrschankung. Dillingen a.d. Donau: F. A. Roßnagel 1790 [2. A. Landshut 1791; 3. A. Landshut 1804; angebl. auch 1793 eine Ausgabe in Landshut]. Die Rezension in: OALZ, 1790, II, 567f. Hier einige weitere Lesebücher und volksaufklärerische Schriften, in die Erzählungen aus dem ›Kinderfreund‹ aufgenommen wurden oder die der Schrift von Rochows ausdrücklich verpflichtet sind: Heinrich Ludwig Pfaff: Unterhaltendes Historienbuch für Bürger und Bauersleute. Gotha: Justus Perthes 1793 [2. A. ebenda 1800]; Karl Traugott Thieme: Ideal eines Lesebuchs für Bürger- und Landschulen. Leipzig: Siegfried Lebrecht Crusius 1793; Karl Gottlob Just: Neues kurzgefaßtes und leichtes Lehr- Lern- und Lesebuch, für die Dorfjugend und zum Gebrauch in Dorfschulen bestimmt. Leipzig: Salomon Linke/ Chemnitz: Carl Wesselhöft 1798 [2. A. ebd. 1799, 3. A. Jena 1806]; Lesebüchlein für die Landschulen zur Bildung guter Dienstboten. (Verf.: Gottlieb Göpfert, unter der Vorrede genannt). Zwickau: Höfer o. J. [1798]; Der Abschied: eine Unterredung über die 187te Erzählung im Rochowischen Kinderfreund. Bei Entlassung der Schuljugend gehalten. Hildburghausen: Hanisch 1801; zu allen hier genannten Titeln finden sich nähere Nachweise zur Rezeption von Rochows in: Böning/Siegert: Volksaufklärung (Anm. 2), Bd. 2 und 3.

44 Das Blatt für Schulen. Das ist Sammlung aller Kenntnisse, die jeder Mensch haben und wozu der Grund in Schulen gelegt werden muß. Eine Wochenschrift. [Hrsg.: Hermann Werner Dietrich Braess]. Wöchentlich; ab 1792 monatlich, Braunschweig: Schulbuchhandlung 1791–1794.

45 So beispielsweise Zerrenner die folgende Schrift: Heinrich Gottlieb Zerrenner's Natur- und Akkerpredigten, oder: Natur- und Akkerbau als eine Anleitung zur Gottseligkeit, ganz für Landleute. Magdeburg: Scheidhauer 1783 [Nachdruck Frankfurt und Leipzig 1790]; ebenfalls: Wilhelm Abraham Teller: Beytrag zu des Herrn Prediger Hahnzog Abhandlung [Magdeburg 1803] über die Aufklärung der Bauern. Berlin: Johann Friedrich Unger 1804.

46 Der Kinderfreund. Ein Lesebuch zum Gebrauch in Landschulen von F. E. v. Rochow. Für einen Theil Oberdeutschlands, besonders für Franken bearbeitet von Joh. Ferd. Schlez. Th.1–2, Nürnberg: Grattenauer 1789 [2. A. der Bearb. Nürnberg 1791; 3. A. 1795; 4. A. 1798; n. A. 1805; 5. A. Leipzig 1818. – Besondere Ausgabe f.d. Würzburger Schulen Würzburg 1804, angebl. n. A. München. – Neue selbst. Bearb. frei nach Rochow Gießen 1813; 8. A. 1859. Nicht ganz so erfolgreich war ein weiteres Lesebuch, das sich auf v. Rochow berief und eines der ersten Verlagsprojekte des Verlegers Göschen war, von: Johann Gotthilf Lorenz: Lesebuch für die Jugend der Bürger und Handwerker, zum Gebrauch in Schulen und beym häuslichen Unterricht, nach dem Muster des Rochowischen Lesebuchs für Landschulen. Bd.1–3 zu je 2–3 Abtheilungen. Neue Aufl. Leipzig: Göschen 1792–1795 [EA von Bd.1–3 ebd. 1785/1787; EA von Bd. 4 ebenda 1793]; eine weitere Bearbeitung: Der Kinderfreund, zum Unterricht in dem Lesen und bei dem Lesen, vornemlich für Landschulen, von F. E. Frhr. von Rochow. Für Oberteutschland, insbesondere Schwaben bearbeitet von [Victor Heinrich] Riecke und [Philipp Jakob] Völter. 2. verb. Aufl. Th. 1–2, Stuttgart: Friedrich Uebel 1808.

47 Der Kinderfreund. Ein Lesebuch zum Gebrauche in Landschulen. Von Friedrich Eberhard von Rochow. Nach Joh[ann] Ferd[inand] Schlez für Baiern bearbeitet. Th. 1–2. 3. Aufl., München: churfürstl. deutscher Schulbuchverlag 1805; 1804[!].

48 Johann Ferdinand Schlez: Lorenz Richard's Unterhaltungen mit seiner Schuljugend über den Kinderfreund des Herrn von Rochow. Ein Beytrag zur Katechetik, besonders für Schullehrer. Bd. 1 (H. 1–4)–2 (H. 5–8), Nürnberg: Felsecker 1796; 1797.

Schlez noch eine weitere Schrift, die sich auf das Werk von Rochows berief. Es folgten weitere Bearbeitungen bis weit in das 19. Jahrhundert. In zahlreiche fiktive volksaufklärerische Erzählungen und Romane haben Gutsbesitzer, Landpfarrer und Schulmeister Eingang gefunden, die die Impulse für ihre Tätigkeit durch das von Rochowsche Werk empfangen haben. Christian Friedrich Sintenis führt in den ›Dialogen des Küsters Ehrentraut mit den Honoratioren seines Dorfs‹ einen Helden vor, der das Rüstzeug für die Reformation eines Dorfes durch eine Ausbildung in Reckahn erhält.[49]

Auch für den Vertrieb volksaufklärerischer Literatur lieferte von Rochow ein Vorbild. Noch vor seinem ›Kinderfreund‹ hatte er sechzig Erzählungen abgefaßt, wie sie bereits auch schon im ›Versuch eines Schulbuches‹ eingestreut waren. Auf seine Kosten ließ er sie drucken und unter dem Titel ›Der Bauernfreund‹[50] an die Kinder auf seinen Gütern verteilen. Gleichzeitig sorgte von Rochow dafür, daß diese Erzählungen auch in die Hände erwachsener Leser kamen. Für die Einzelhefte zu je fünfzehn Erzählungen fand er eine originelle, später von anderen Aufklärern mehrfach nachgeahmte Vertriebsform. Er bediente sich eines invaliden Soldatens, der sonst bettelte, ›also des Wanderns gewohnt ist‹, der mit Hunderten dieser Schriften über Land ging, um sie zu verkaufen: ›Was er erlöset, ist sein Lohn; denn ich schenke ihm die Materie‹, so berichtet von Rochow.[51] In einem Brief an Friedrich Nicolai spricht er über den Nutzen seiner Erzählungen und äußert zugleich die Hoffnung, damit die traditionellen, durch Hausierer und auf Jahrmärkten vertriebenen Volkslesestoffe verdrängen zu können: ›Es ist unglaublich, welchen Nutzen dergleichen Geschichten bei meinen Schulkindern stiften. Ich mußte dergleichen selbst erfinden und einkleiden, weil den meisten schon bekannten die Einkleidung sowohl als die Wahl für die moralischen Bedürfnisse des Landmanns fehlte. Ich denke, wenn es abgeht [d. h. durch den invaliden Soldaten verkauft wird, H. B.], alles dem Landmann Wissenswürdige sowohl aus der christlichen Moral und aus den notwendigen Kenntnissen der Landesrechte und der Ökonomie in diesen Geschichten anzubringen. Vielleicht gibt Gott Segen, daß sie die Mordgeschichte mit erbaulichen Liedern, den gehörnten Siegfried und O jemine usw. verdrängen. Denn dergleichen war die Literatur des Bauern, Bibel, Gesangbuch und Heilsordnung ausgenommen‹.[52]

Zeitung
für
Städte, Flecken und Dörfer,
insonderheit
für die lieben Landleute
alt und jung.

I. Stück. Sonnabend, den 25. November 1786.

Aus dem Braunschweigischen.
An die lieben Landleute.

Meine lieben Freunde! wir lesen manchmal die Zeitung, und es gefällt uns vieles, was wir darin lesen. Man hört und sieht denn doch, wie es in der Welt hergeht, da giebt es Gutes und Böses durch einander. Dies Lesen und Wissen hat sein Angenehmes, auch sein Nützliches, und macht klug. Deswegen gefällt mir unser Nachbar **Heinrich**, der lieset die Zeitungen, wo er ausspannt, und kann mitsprechen, und ist kein dummer Mann. Wie oft lernt man auch was aus den Zeitungen, das man wieder brauchen kann in der Haushaltung, beym Ackerbau, beym Viehe, in Küche und Keller oder sonsten, davon man reinen Profit hat. Darum wäre es immer gut, wenn wir die Zeitungen nur öftrer läsen. Aber das ist denn auch oft verzweifelt schwer. Die Zeitungen sind so groß, so weitläuftig, oft ganze Bogen lang, da vergeht einem die Geduld, und unser einer hat mehr zu thun, als Zeitungen zu lesen: Und hat man denn erst einmahl angefangen, so will man doch das Ende gern wissen, und das erfordert Zeit; ich weiß, wie mirs selbst gehet. Dann steht so viel von hohen Dingen darin, von Kaysern und Potentaten, von Ländern und Reichen, die man nicht alle kennt; was die Zeitungsschreiber **politisch** heissen. Dann wieder so was hochgelahrtes, das man

Nicht nur beim Vertrieb, auch bei der äußeren Gestaltung nahm von Rochow Rücksicht auf die vermuteten Bedürfnisse seiner Adressaten, denn in dem Brief an Nicolai heißt es: ›Es muß großer Druck sein, etwa wie der der großen Postille‹.[53] Wie hier so spielten auch beim Anfang 1776 erschienen ›Kinderfreund‹ Überlegungen zum Vertrieb und zu möglichen Rezeptionshindernissen durch einen zu hohen Preis eine zentrale Rolle. Der Druck war mit ›beträchtlichen Kosten‹ für den Autor verbunden, ›weil ich einen den Armen käuflichen Preis erzwingen wollte‹: ›Wollte Gott, ich wäre reich genug, es hunderttausendmal zu verschenken‹.[54]

49 Dialogen des Küsters Ehrentraut mit den Honoratioren seines Dorfs. Voran des seel. Küsters Lebenslauf. [Verf.: Christian Friedrich Sintenis]. Th. 1, Berlin: Johann Georg Langhoff 1796 [n. A. Th. 1–2 ebenda 1799, wobei Th. 2 trotz Bezeichng. ›neue Auflage‹ recte EA, Th. 1 evtl. Titelaufl.]

50 Diese Schrift scheint verschollen zu sein und war schon zu Beginn des Jahrhunderts selbst in den Kreislehrerbibliotheken Brandenburgs nicht mehr aufzufinden. Siehe dazu Friedrich Eberhard von Rochow: Schriften, Bd. 3, S. 478 ff. und Böning/Siegert: Volksaufklärung, Bd. 1, Titel-Nr. 1041.

51 Brief von Rochows an Friedrich Nicolai vom 30. 4. 1773. In: Friedrich Eberhard von Rochow: Schriften (Anm. 1), Bd. 4, S. 44 f.

52 Ebenda S. 45 f.

53 Ebenda S. 46. Die sechzig Erzählungen nahmen einen Raum von 16 Bogen ein, müssen also in der Tat mit sehr großen Lettern gedruckt gewesen sein, da die gleiche Anzahl Erzählungen im Kinderfreund nur etwa fünf Bogen umfaßte.

54 Brief von Rochows an Friedrich Nicolai vom 24. 4. 1776. In: Friedrich Eberhard von Rochow: Schriften (Anm. 1), Bd. 4, S. 140.

Rochows ›Kinderfreund‹ – ein Bestseller der Schulgeschichte

Michael Freyer

Unterschiedliche Ausgaben und Verbreitung der Druckorte

Rochows ›Kinderfreund‹ eroberte als Lesebuch nach dem Erstdruck 1776[1] durch Neuauflagen, Raubkopien und Bearbeitungen in einer für das 18. Jahrhundert beispiellosen Geschwindigkeit die Schulstuben (siehe Beitrag Böning). Dieses Lehrbuch setzte sich sowohl in evangelischen als auch in katholischen Regionen durch und wirkte grenzüberschreitend auf das europäische Bildungswesen ein. Schon ein Jahr nach dem Erstdruck erschien eine 2. und 3. Auflage.[2] Insgesamt sind 29 vom Verfasser autorisierte Neuausgaben nachweisbar.[3] Noch in der Zeit der 1. Auflage, die in Brandenburg und Leipzig gedruckt worden war, wurde das Buch auch zu Frankfurt am Main in der Andreäischen Buchhandlung angeboten.[4] Kurz danach erschien Rochows ›Kinderfreund‹ zudem in Dessau[5] und 1795 in Berlin.[6]

1779 veröffentlichte Rochow, wieder im Verlag Gebrüder Halle zu Brandenburg und Leipzig, den *zweiten Teil* des ›Kinderfreunds‹, der schon 1781 zu Dessau in zweiter Auflage erschienen war. Dieses Buch erreichte ebenfalls mehrere Neuauflagen und wurde gemeinsam mit dem ersten Teil in ›verbesserten‹ und ›wohlfeilen‹ Ausgaben zwischen 1795 und 1827 zeitweilig jährlich neu gedruckt.[7]

Zwischen 1776 und 1846 sind auch 49 Raubkopien belegt.[8] Die großen Verkaufserfolge hatten nämlich Raubdrucker auf den Plan gerufen: So erschien Rochows ›Kinderfreund‹ kurz nach dem Erstdruck in Altona bei Carl Georg Pinkvoss, in Bielefeld bei Küster, zu Celle bei Schulze, zu Eisenach bei Bärecke, zu Frankfurt am Main bei Eichenbergs Erben, zu Freiburg im Breisgau bei Wagner[9], zu Halberstadt bei Johann Christian Dölle. Weitere Raubdrucke sind zu Halle a.d. Saale, Hamburg, Hersfeld, Kassel, Kleve, Lemgo, Mannheim, Marienwerder, Münster, Osnabrück, Pforzheim, Rinteln und schließlich zu Straßburg bei J. Lorenz veröffentlicht worden.

Neben den genannten Drucken können noch 27 Bearbeitungen für bestimmte Regionen nachgewiesen werden[10]: Solche Aus-

Der Kinderfreund
Ein Lesebuch
zum Gebrauch
in Landschulen
Von
Friedrich Eberhard von Rochow,
Erbherrn auf Reckan ꝛc. ꝛc.

Für acht Kreuzer

Frankfurt, 1776
bey den Eichenbergischen Erben.

1 Brandenburg und Leipzig (Gebrüder Halle).
2 Verlag Gebrüder Halle zu Brandenburg und Leipzig.
3 Vgl. Michael Freyer: Rochows ›Kinderfreund‹ – Wirkungsgeschichte und Bibliographie. Bad Heilbrunn 1989, S. 141–149.
4 Vgl. ebenda S. 148, Nr. 3.23; weitere Auflagen ebenda 1788, 1791, 1798, 1802, 1808, 1809.
5 Vgl. ebenda S. 141, Nr. 1.5.
6 Vgl. ebenda S. 141, Nr. 1.2.
7 Vgl. 1795 f., 1798, 1800–1802, 1804 f., 1809, 1815, 1819–1821, 1823, 1825, 1827.
8 Vgl. Freyer 1989 (Anm. 3), S. 149–161. Alle im nachfolgenden Text genannten Ausgaben sind dort nachgewiesen.
9 Vor 1806; vgl. ebenda S. 156, Nr. 18.
10 Vgl. ebenda S. 161–195.

gaben wurden beispielsweise 1778 bis 1818 im Verlag Gebrüder Mechel zu Basel und 1825 bis 1838 zu Brandenburg von Wilhelm C. C. Türk herausgegeben.[11] Weitere regionale Ausgaben kamen 1813 bis 1848 in Gießen bzw. Frankfurt/M. und 1790 bis 1850 in Hannover heraus. Es gab speziell auf die lokalen Verhältnisse abgestimmte Ausgaben des ›Kinderfreundes‹ außerdem für Koblenz, für Köln, Königsberg, die Regionen von Paderborn und Arnsberg, Stuttgart, Wien, Würzburg und Zürich.

1818 drang eine Bearbeitung durch Johann Ferdinand Schlez in die sächsischen Schulen ein, wo sie bis 1836 immer wieder nachgedruckt wurde. 1780 bis 1811 sind solche Ausgaben für die Schulen Meiningens veröffentlicht worden. Johann Ferdinand Schlez brachte ab 1783 zu München für Ober- und Niederbayern bis 1842 weitere siebenundzwanzig Ausgaben heraus. Ebenfalls von Schlez herausgegeben sind die 1789 bis 1812 zu Nürnberg veröffentlichten acht Ausgaben für Franken.

Die hier nur skizzierte Vielfalt der Ausgaben des ›Kinderfreundes‹ und der unterschiedlichen Druckorte zeigt, dass die Hauptetablierungsphase in Deutschland zwischen 1800 und 1830 liegt (siehe Abbildung). Werden diese deutschen Neuausgaben jeweils im Zeitraum von 5 Jahren addiert, lässt sich aus diesen Summen eine dynamische Kurve zeichnen, deren größte Amplituden sich zwischen 1776 und 1780 sowie um 1805 bilden.

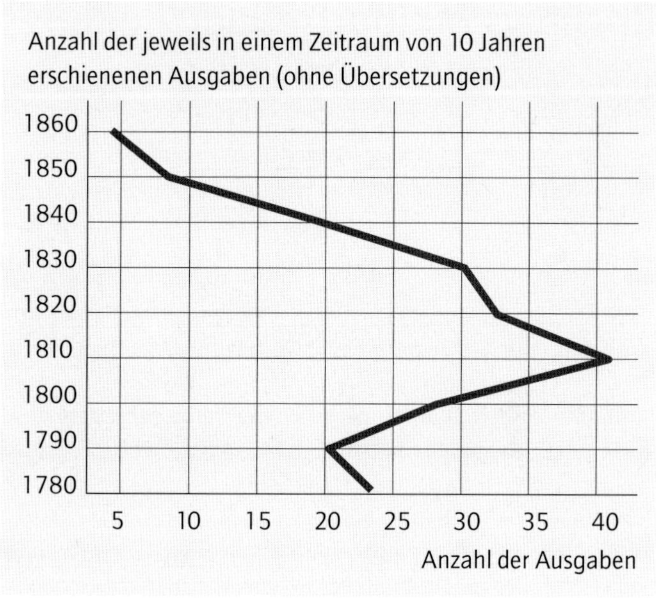

Hauptetablierungsphase des ›Kinderfreundes‹ zwischen 1800 und 1830

86a. 8.

Der
neue Kinderfreund.
Ein
Lesebuch
zum Gebrauch
in Land- und Stadtschulen.
Von
Friedrich Eberhard von Rochow.

Aufs neue herausgegeben
von
W. C. C. von Türk,
Königlich Preußischem Regierungs- und Schulrath.

Zweite Auflage.

Brandenburg, 1827.
Druck und Verlag von Wiesike.

Ab 1840 ging die Anzahl der Neudrucke deutlich zurück, aber erst nach der Reichsgründung 1871 wurde Rochows ›Kinderfreund‹ endgültig aus den Schulen verdrängt, nachdem in Wien 1859 der letzte Neudruck veröffentlicht war.

Die Gesamtauflagenhöhe der durch Rochow autorisierten Ausgaben betrug nach fünf Jahren – nicht zuletzt wegen der zahlreichen Raubdrucke – lediglich 40 000 Exemplare. Bis in die Zeit der 60er Jahre des 19. Jahrhunderts dürfte dieses Schulbuch jedoch in *einigen Millionen Exemplaren* verbreitet worden sein: Die Basis hierfür lieferte vor allem der Ausbau des Volksschulwesens, die Einführung der Lehrbücher als Arbeitsmittel für die Hand der Schüler, die Durchsetzung der Schulpflicht und die gewaltig ansteigenden Schülerzahlen.

Zur Einführung als Lehr- und Lesebuch in ganz Deutschland

Rochows ›Kinderfreund‹ blieb nach kurzer Einführungsphase nicht mehr allein auf ländliche Regionen beschränkt, sondern er drang auch in Industrie- und Bürgerschulen der Städte ein, hatte zeitweilig selbst auf die Hofmeistererziehung der oberen Schichten bis hin zum preußischen Königshaus Einfluss.[12] Insofern war das Buch zu einem Lehrmittel für Schule und Haus geworden, letzteres auch im Sinne einer Nutzung im Elternhaus der Schüler.

Wie dargestellt, hatte sich spätestens bis ins frühe 19. Jahrhundert Rochows ›Kinderfreund‹ in allen deutschen Herrschaftsbereichen etabliert. Im Herzogtum Berg und am Niederrhein wurde das Schulbuch 1786 durch J. L. Goes bzw. durch Jakob

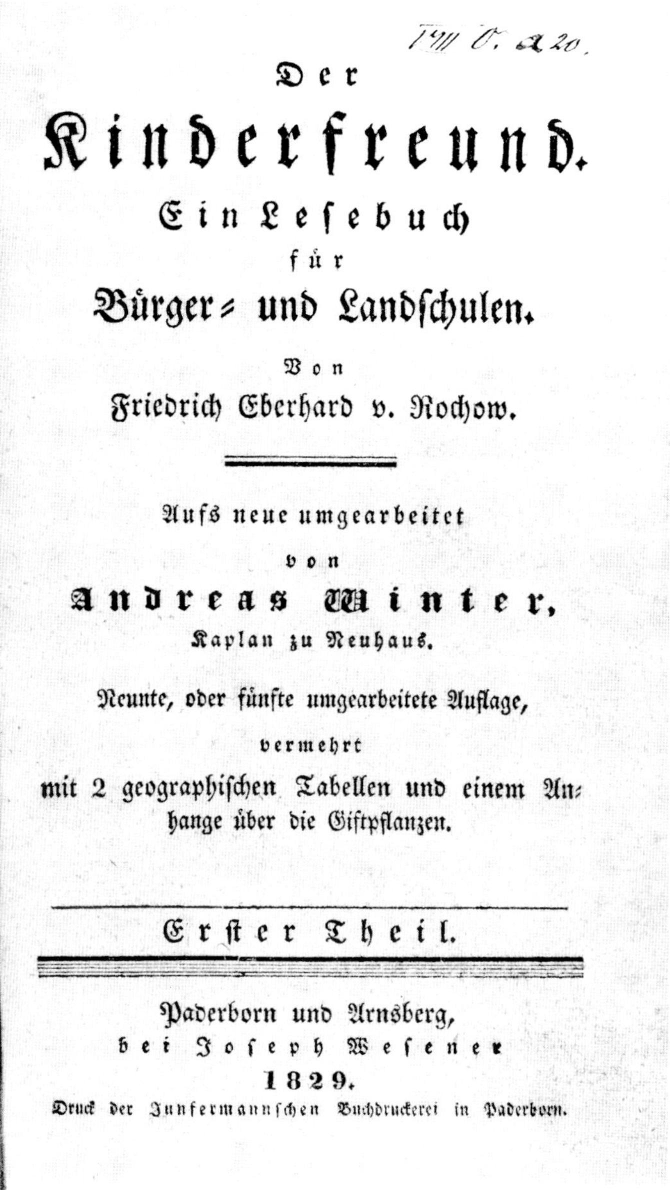

Der
Kinderfreund.
Ein Lesebuch
für
Bürger= und Landschulen.
Von
Friedrich Eberhard v. Rochow.

Aufs neue umgearbeitet
von
Andreas Winter,
Kaplan zu Neuhaus.

Neunte, oder fünfte umgearbeitete Auflage,
vermehrt
mit 2 geographischen Tabellen und einem Anhange über die Giftpflanzen.

Erster Theil.

Paderborn und Arnsberg,
bei Joseph Wesener
1829.
Druck der Junfermannschen Buchdruckerei in Paderborn.

Hoogen eingeführt.[13] Im Herzogtum Braunschweig-Wolfenbüttel war dieser Prozess durch den Reformer Drost Freyhagen von Rosenstein schon 1782 abgeschlossen.[14] In Franken wurde das Buch seit 1789 eingeführt[15], in Fulda durch die von Jakob Hoogen besorgte und in Koblenz erschienene Bearbeitung.[16] Das Herzogtum Jülich hat den ›Kinderfreund‹ ebenfalls eingeführt.[17] In den preußischen Gebieten Kleve-Mark und Geldern ist er ab 1785 nachweisbar[18], in Köln ab 1799[19], in Kurköln sowie im Fürstbistum Münster ist er ab 1786 vorhanden[20]. Im gleichen Zeitraum etablierte sich das Lesebuch in Kur-Trier-Saarbrücken.[21] Wichtig

11 Vgl. ebenda S. 163 f., Nr. 3.1 – 3.6.
12 Vgl. ebenda S. 23, Kap. 4.1.
13 Vgl. Wilhelm Zimmermann: Die Anfänge und der Aufbau des Lehrerbildungs- und Volksschulwesens am Rhein, 3 Bde. Köln 1953 – 1963, hier Bd. I., S. 3 u. 175.
14 Vgl. Hanno Schmitt: Schulreform im aufgeklärten Absolutismus. Weinheim 1979, S. 48 f.; Freyer 1989 (Anm. 3), S. 28.
15 Vgl. Freyer 1989 (Anm. 3), S. 28.
16 Vgl. ebenda.
17 Vgl. Wilhelm Zimmermann 1953 (Anm. 13), Bd. 1, S. 158 ff. Die Bearbeiter waren hier Jakob Hoogen und Peter Anton Clemens.
18 Vgl. ebenda S. 207 ff. und 214 f.
19 Vgl. ebenda S. 264.
20 Vgl. ebenda S. 70 und 90.
21 Vgl. Erwin Schaaf: Die niedere Schule im Raum Trier- Saarbrücken von der späten Aufklärung bis zur Restauration 1780 – 1825 (Diss. Mainz). Trier 1966, S. 100 – 103.

Illustrationen der Giftpflanzen zu Rochows ›Kinderfreund‹, umgearbeitet von Andreas Winter, 1829

sind auch Lippe-Detmold (1781)[22], die Grafschaft Mark (1789)[23] und das Fürstentum Mörs (1798)[24].

Auf dem Boden des heutigen Landes Niedersachsen war Rochows Schulbuch noch 1829 in Osnabrück, Aurich, Hannover und in der Grafschaft Bentheim im Einsatz.[25] In den Schulen Hildesheims und Hannovers blieb es sogar bis 1872 in Gebrauch.[26]

In Preußen wurde der ›Kinderfreund‹ durch den Staatsminister J. W. E. von Massow 1801 zur allgemeinen Einführung empfohlen[27] und durch Staatsminister von Schroetter 1804 zur Reform der Schulen Neuostpreußens vorgeschlagen[28]. In Recklinghausen wurde das Buch ab 1798 verwendet[29] und in Sachsen blieb es von 1790 bis 1851 im Einsatz.[30]

In Schleswig-Holstein wurde der ›Kinderfreund‹ seit 1786 verbreitet (siehe Beitrag Kopitzsch)[31], im westfälischen ehemaligen geistlichen Fürstentum Paderborn und Arnsberg bzw. während der preußischen Regierung in Arnsberg war der ›Kinderfreund‹ 1802 bis 1858 in Gebrauch[32], und zwar in den von Peter Anton Clemens, Andreas Winter und Wilhelm C. C. Türk besorgten zahlreichen Ausgaben[33]. In Ober- und Niederbayern etablierte er sich ab 1801 bzw. 1804 durch die Bearbeitungen von Johann Ferdinand Schlez. Hier sind diese Ausgaben zu München bis 1842 gedruckt worden.[34]

Schließlich ist noch erwähnenswert, dass in Württemberg auf Rochows Lehrbuch seit den 90er Jahren des 18. Jahrhunderts durch die Schulordnungen hingewiesen wurde.[35]

Bilanzierend sei nochmals festgehalten: Die Vielfalt der Ausgaben, die Verbreitung der Druckorte und die empirisch belegte Einführung des ›Kinderfreundes‹ in den unterschiedlichsten Schultypen belegen, dass Rochows ›Kinderfreund‹ überall in Deutschland verwendet wurde.

Darüber hinaus kann man auch einen *europäischen Einfluß* dieses Lesebuchs feststellen: Von Rochows ›Kinderfreund‹ konnten sieben Übersetzungen ins Französische (ab 1778)[36], drei ins

L'AMI

DES ENFANS.

À L'USAGE

des Ecoles de Campagne.

A STRASBOURG,

chez JONAS LORENZ, Imprimeur.

1778.

Avec permiſſion des Supérieurs.

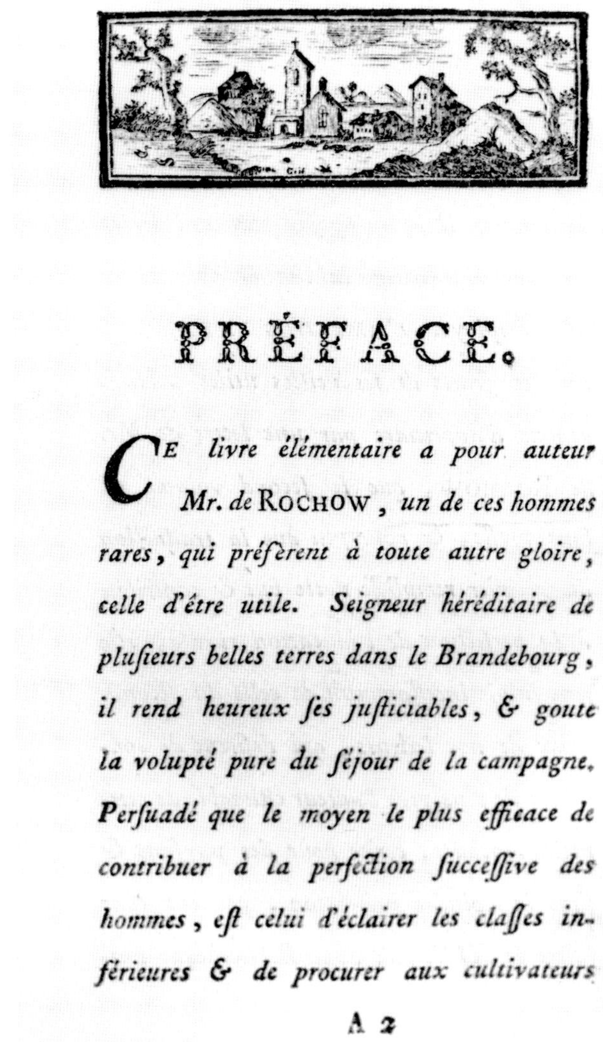

PRÉFACE.

Ce livre élémentaire a pour auteur Mr. de ROCHOW, un de ces hommes rares, qui préfèrent à toute autre gloire, celle d'être utile. Seigneur héréditaire de pluſieurs belles terres dans le Brandebourg, il rend heureux ſes juſticiables, & goute la volupté pure du ſéjour de la campagne. Perſuadé que le moyen le plus efficace de contribuer à la perfection ſucceſſive des hommes, eſt celui d'éclairer les claſſes inférieures & de procurer aux cultivateurs

A 2

Niederländische (seit 1801)[37], vier ins Dänische (siehe Beitrag Markussen) (seit 1777)[38] und zwei ins Polnische (seit 1778)[39] festgestellt werden. Diese hatten teilweise erstaunlich viele Auflagen erfahren.[40] Es ist auffallend, dass diese Übersetzungen so kurz nach dem Erstdruck in Deutschland auftraten.

Schlußbemerkungen

Die lawinenartige Durchsetzung des Bestsellers ›Kinderfreund‹ ist ein interessantes Phänomen der beginnenden Moderne. Das zunehmende pädagogische Schrifttum beschleunigte das Be-

22 Vgl. Volker Wehrmann: Die Entwicklung des Erziehungs- und Bildungswesens im Lande Lippe im Zeitalter der Aufklärung. Detmold 1972, S. 152, 165.

23 Vgl. Zimmermann 1953 (Anm. 13), Bd. 1, S. 216, 218 f.

24 Vgl. ebenda S. 230, 235.

25 Vgl. Niedersächsisches Hauptstaatsarchiv: 113 Kl 180 und 336.

26 Vgl. Freyer 1989 (Anm. 3), S. 28.

27 Vgl. ebenda.

28 Vgl. Zentrales Staatsarchiv Merseburg: Rep. 96 A, Nr. 34 V, 51 und Nr. 34 E.

29 Vgl. Zimmermann 1953 (Anm. 13), Bd. 1, S. 142.

30 Vgl. Dietrich Schuckmann (Hg.): Der Kinderfreund. Berlin 1985, S. 92.

31 Vgl. Karl Vahlbruch: Das soziale Lebenswerk Friedrich Eberhard von Rochows. Langensalza 1928, S. 68.

32 Vgl. Freyer 1989 (Anm. 3), S. 28.

33 Vgl. ebenda.

34 Vgl. ebenda S. 26.

35 Vgl. ebenda S. 28 f.

36 Vgl. ebenda S. 198–202.

37 Vgl. ebenda S. 202–206.

38 Vgl. ebenda S. 206–210.

39 Vgl. ebenda S. 210.

40 Vgl. ebenda S. 198–210.

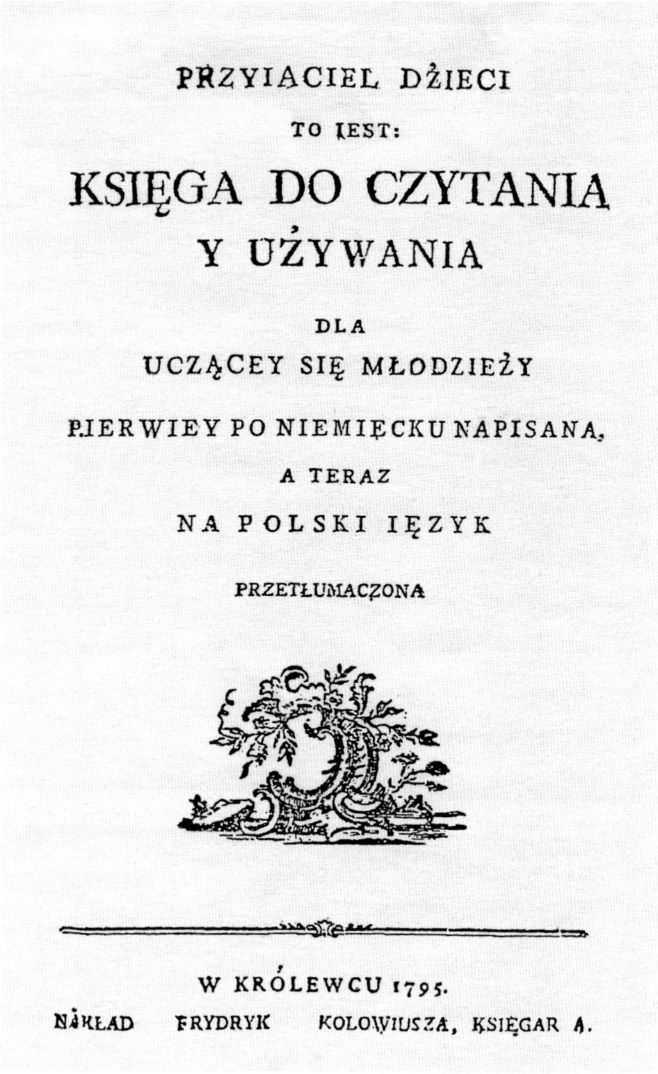
PRZYIACIEL DŻIECI
TO IEST:
KSIĘGA DO CZYTANIA
Y UŻYWANIA
DLA
UCZĄCEY SIĘ MŁODZIEŻY
PIERWIEY PO NIEMIĘCKU NAPISANA,
A TERAZ
NA POLSKI IĘZYK
PRZETŁUMACZONA

W KRÓLEWCU 1795.
NAKŁAD FRYDRYK KOLOWIUSZA, KSIĘGARA.

kanntwerden auch des ›Kinderfreunds‹. Zudem hatte die Obrigkeit mit ihrem Streben, das technisch-handwerkliche und ökonomische Wissen des Volkes zu heben, einen günstigen Nährboden für das Aufgehen der Reformsaat – zu der Rochows ›Kinderfreund‹ zu rechnen ist – gelegt.[41] Die deutschen Kleinstaaten traten im Bildungswesen in einen Konkurrenzkampf, weil die Bedeutung des Wissens mehr und mehr erkannt wurde.[42]

Ein Grund für die große Verbreitung des ›Kinderfreunds‹ war sicher, dass zwischen Fibel und Bibel ein zeitgemäßes Lehr- und Lesebuch auf dem Buchmarkt fehlte. Da der ›Kinderfreund‹ die bestehenden gesellschaftlichen Verhältnisse kaum in Frage gestellt hat und grundsätzlich konfessionelle Neutralität verkörperte, wurde er für Schulreformer in vielen deutschen Territorien interessant. Ein weiteres Argument für die Verbreitung war die Preisgünstigkeit, die durch den Verzicht auf eine Bebilderung und durch den relativ geringen Umfang des Werks erreicht wurde.

Die didaktische und methodische Qualität des ›Kinderfreund‹ wird u.a. in den Beiträgen von Sandfuchs, Keck u.a. in diesem Beibuch zur Ausstellung »Vernunft fürs Volk« herausgearbeitet.

Dass Rochows Werk während der 70er Jahre des 19. Jahrhunderts endgültig aus den Schulen verdrängt wurde, war durch eine intensive Neuproduktion von Lehrbüchern und durch die neuen gesellschaftlichen Verhältnisse (Industrialisation) bedingt. In den Volksschulen hatten sich zudem einige Wissensgebiete aus dem muttersprachlichen Unterricht – wie beispielsweise der sog. Anschauungsunterricht – zu verselbständigen begonnen.[43] Immerhin blieb Rochows Schulbuch über 100 Jahre lang wirksam; bis zum heutigen Tag gibt es keinen schulischen Bestseller, der in Auflagenzahl und pädagogischer Bedeutung Rochows ›Kinderfreund‹ ebenbürtig ist.

41 Vgl. Michael Freyer: Kulturgeschichte. Aspekte der durch Friedrich Eberhard von Rochow maßgeblich beeinflussten Volksschulentwicklung. In: Matreier Gespräche [1982]. Otto Koenig 70 Jahre. Wien/Heidelberg 1984, S. 175–192.

42 Vgl. ebenda S. 183 f.

43 Vgl. ebenda S.182. Zur Entwicklung der Anschauungsbücher innerhalb der Lesebuchreihen für die Primarschulen vgl. Michael Freyer: Diätetik, Gesundheitslehre, Biologie an europäischen Primärschulen 1770–1945. In: Würzburger medizinhistorische Mitteilungen, hrsg. von Gundolf Keil, Bd. 2. Würzburg 2001.

Das Besucherbuch der Reckahner Schule (1772–1805)

Joachim Scholz

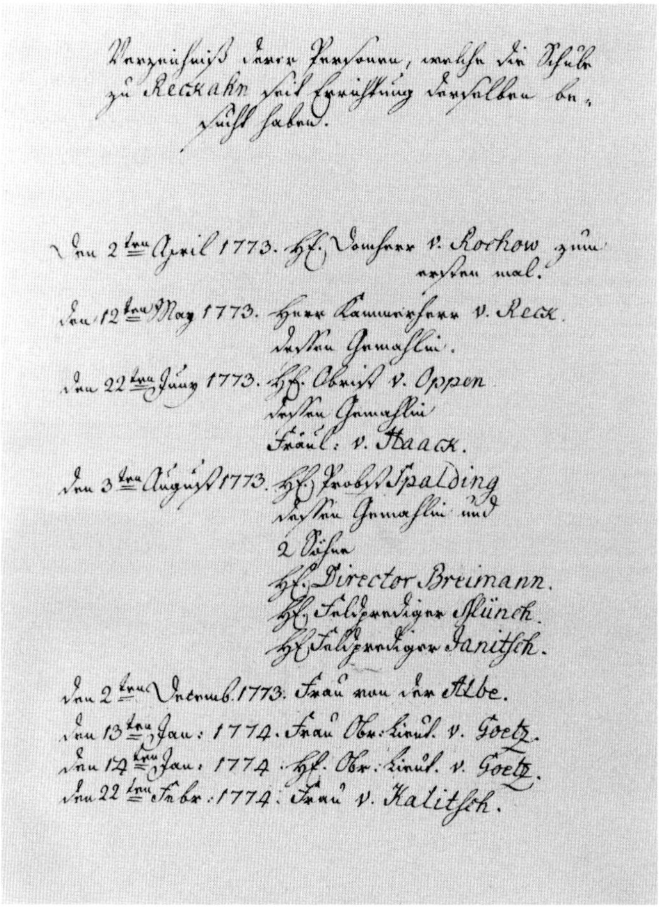

Verzeichniß derer Personen, welche die Schule zu Reckahn seit Errichtung derselben besucht haben.

den 2ten April 1773. Hr. Domherr v. Rochow zum ersten mal.

den 12ten May 1773. Herr Cammerherr v. Reck. nebst Gemahlin.

den 22ten Juny 1773. Hr. Obrist v. Oppen nebst Gemahlin Fräul: v. Haack.

den 3ten August 1773. Hr. Probst Spalding nebst Gemahlin und 2 Söhne Hr. Director Breimann. Hr. Feldprediger Münch. Hr. Feldprediger Janitsch.

den 2ten Decemb. 1773. Frau von der Albe.

den 13ten Jan: 1774. Frau Obr: Lieut. v. Goetz.

den 14ten Jan: 1774. Hr. Obr: Lieut. v. Goetz.

den 22ten Febr: 1774. Frau v. Kalitsch.

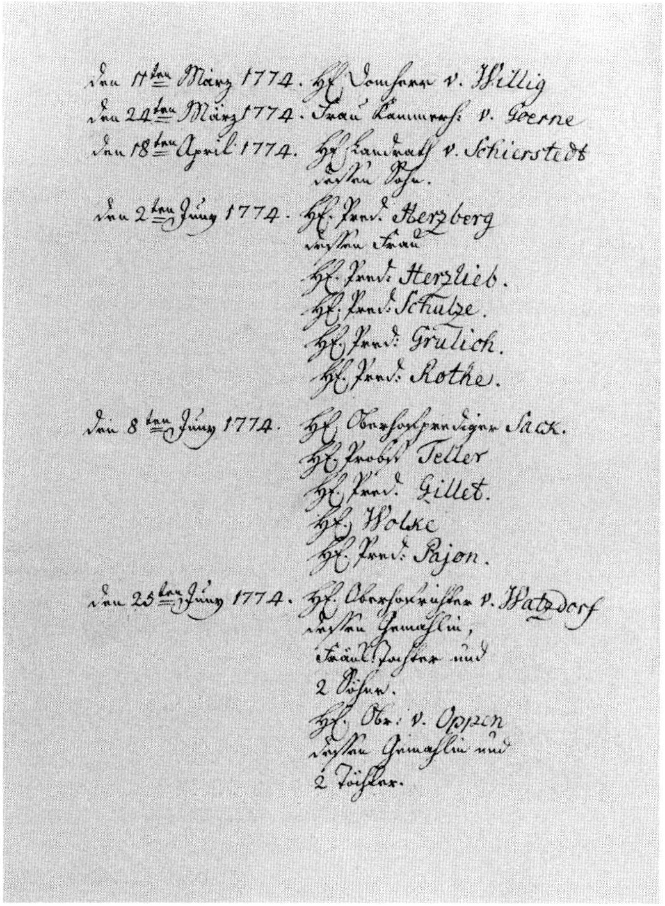

den 11ten März 1774. Hr. Domherr v. Willig

den 24ten März 1774. Frau Cammerräthin v. Goerne

den 18ten April 1774. Hr. Landrath v. Schierstedt nebst Sohn.

den 2ten Juny 1774. Hr. Pred. Herzberg nebst Frau. Hr. Pred. Herzlieb. Hr. Pred. Schulze. Hr. Pred. Grulich. Hr. Pred. Rothe.

den 8ten Juny 1774. Hr. Oberhofprediger Sack. Hr. Probst Teller Hr. Pred. Gillet. Hr. Wolke Hr. Pred. Pajon.

den 25ten Juny 1774. Hr. Oberforstmeister v. Watzdorf nebst Gemahlin, Fräul. Schwester und 2 Söhne. Hr. Obr: v. Oppen nebst Gemahlin und 2 Töchter.

Seite 1 und 2 des Verzeichnisses der Besucher der Reckahnschen Schule

Vorbemerkung

Im Stadtmuseum Brandenburg befindet sich eine gebundene Handschrift, die das *Verzeichnis der Besucher* der *Reckahner Schule* enthält.[1] Diese für die Wirkungs- und Rezeptionsgeschichte der Reckahnschen Musterschule grundlegende Quelle (siehe Beitrag Keck, Pfeiffer, Schreiter, Kopitzsch, Markussen) wurde bisher noch nicht nach statistischen Gesichtspunkten ausgewertet. Die nachfolgende Darstellung enthält sich bewußt jeglicher Interpretationen der Auswertung, da diese an anderer Stelle in diesem Beibuch zur Ausstellung ›Vernunft fürs Volk‹ nachlesbar sind. Neben dem Besucherverzeichnis enthält die Handschrift noch ein Schüler- und Bücherverzeichnis.[2]

1 Dies liegt in gedruckter Form vor: Verzeichnis der Besucher der Reckahnschen Schule von 1772/1805. In: Fritz Jonas/Friedrich Wienecke (Hg.): Friedrich Eberhard von Rochows sämtliche pädagogische Schriften. IV. Band. Berlin 1910, S. 437–463.

2 Vgl. dazu Gisela Wall: Friedrich Eberhard von Rochow und die Schule in Reckahn im Spiegel eines zeitgenössischen Dokuments. In: Günther Mangelsdorf (Hg.): Brandenburger Blätter. Beiträge zur Regionalgeschichte des Brandenburger Havellandes. Band 4. Brandenburg (Havel) 1983, S. 26–40.

Besuche und Besucher

Zahl der Besuche:	1457
Zahl der Besucher:	1176

Die Identität der Besucher geht aus dem Besucherbuch nicht immer eindeutig hervor. Von einem Mehrfachbesuch wurde bei ein und derselben Person nur dann ausgegangen, wenn Name, Beruf und die Angabe über den Herkunftsort übereinstimmten bzw. die Identität der Person (etwa bei karrierebedingten Veränderungen) außer Zweifel stand. Auf diese Weise ließen sich 1176 Besucher ermitteln.

Geschlecht	Gesamt	%
männlich	835	78,2
weiblich	233	21,8
Summe	1068	100,0

Bei 108 Besuchern waren die Angaben über ihr Geschlecht nicht zu ermitteln. Dabei handelt es sich um 103 Schüler, die in Begleitung von Lehrkräften aus Brandenburg Reckahn besuchten, sowie um fünf, nur als ›Kinder von …‹ vermerkte Besucher.

Adlige und nicht adlige Besucher

	adlig		nicht adlig	
	absolut	%	absolut	%
männlich	191	22,9	644	77,1
weiblich	130	55,8	103	44,2
Summe	321	30,1	747	69,9

Herkunftsorte der Besucher

Es wurde die Zahl der Besuche (nicht die der Besucher) ausgezählt. Zugrunde liegt die in Luftlinie gemessene Entfernung zwischen Reckahn und den Herkunftsorten der Besucher. Sind als Herkunftsorte Regionen aufgeführt, so wurden deren Hauptstädte zur Entfernungsermittlung gewählt (z. B.: ›Schweden‹ – Stockholm, ›Kurland‹ – Riga).

Die entferntesten Regionen sind:

Siebenbürgen	ca. 1.100 km
Livland	ca. 1.000 km
Schweden	ca. 900 km
Kurland	ca. 800 km

Entfernung der Herkunftsorte von Reckahn

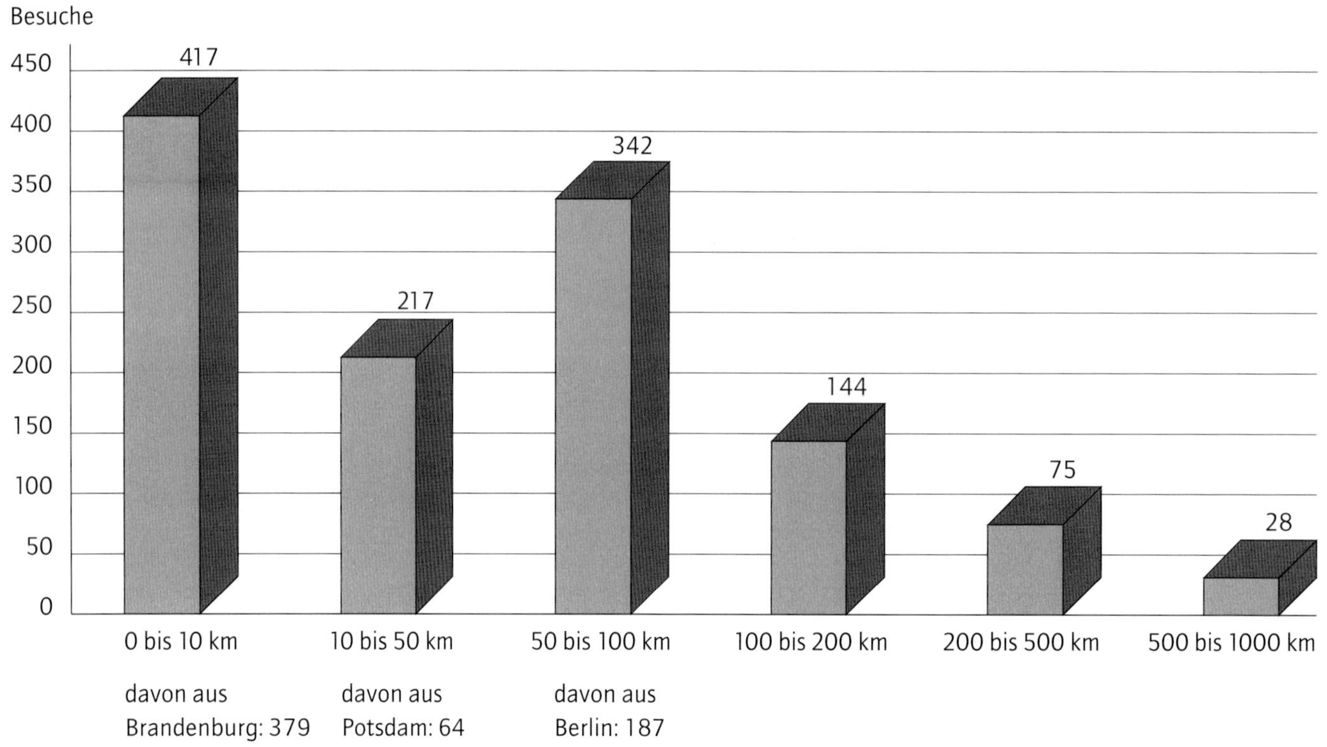

Häufigste Herkunftsorte

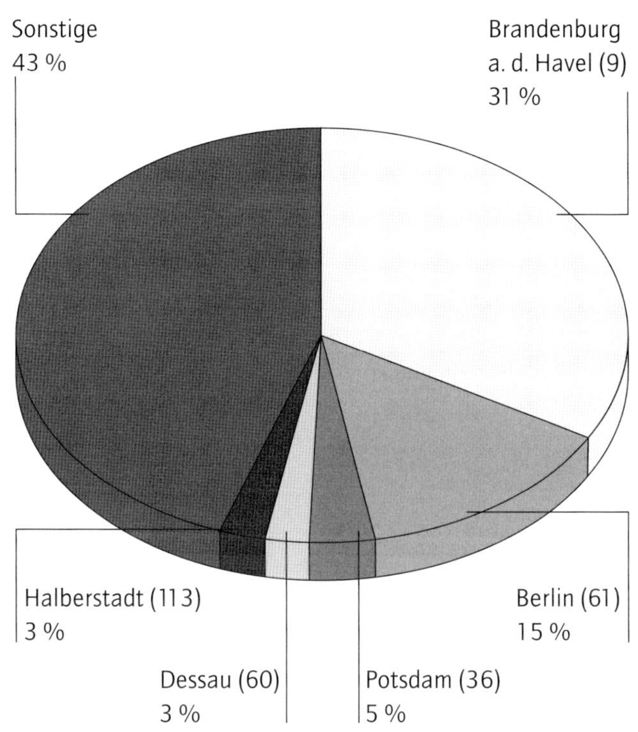

Berufsgruppen

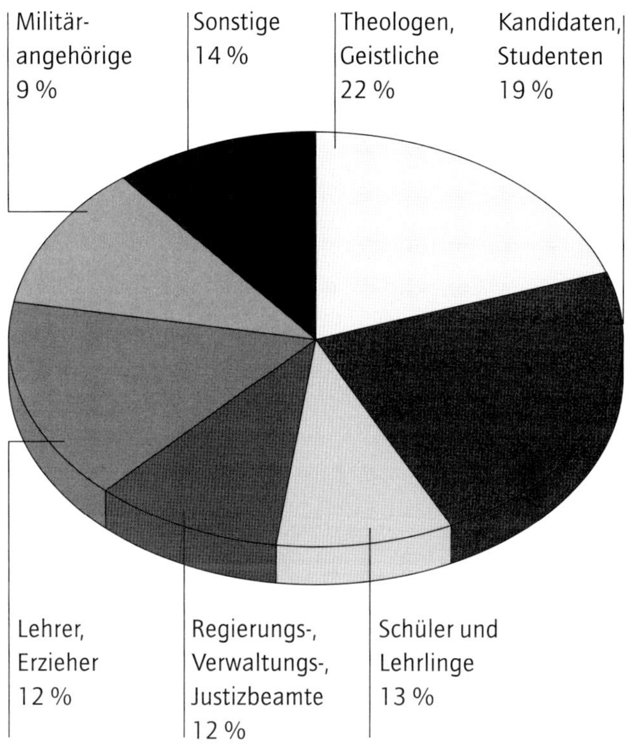

Die meisten Besuche kamen aus:	
Brandenburg a.d. Havel	30,6 %
Berlin	15,1 %
Potsdam	5,2 %

Berufsgruppen

Bei 818 Besuchern waren Titel und Berufe vermerkt, die folgende Zuordnung erbrachten:

Berufsgruppe	Gesamt	%
Theologen, Geistliche	178	21,8
Kandidaten, Studenten	152	18,6
Schüler u. Lehrlinge	110	13,4
Regierungs-, Verwaltungs-, Justizbeamte	98	12,0
Lehrer, Erzieher	96	11,7
Militärangehörige	73	8,9
Wissenschaftler, Universitätsangehörige	37	4,5
Bedienstete u. Sekretäre	20	2,4
Handwerker, Gewerbetreibende	19	2,3
Adelseliten	15	1,8
Künstler, Kulturschaffende	13	1,6
Land- u. Forstwirte	4	0,5
Mediziner	3	0,4
Summe	818	100,0

Hospitanten

Als Hospitanten (Auskultanten genannt) kamen 87 Personen nach Reckahn. Dies waren Personen, die sich längere Zeit in Reckahn aufhielten, im Unterricht hospitierten und sich auf diese Weise auf den Lehrerberuf vorbereiteten.

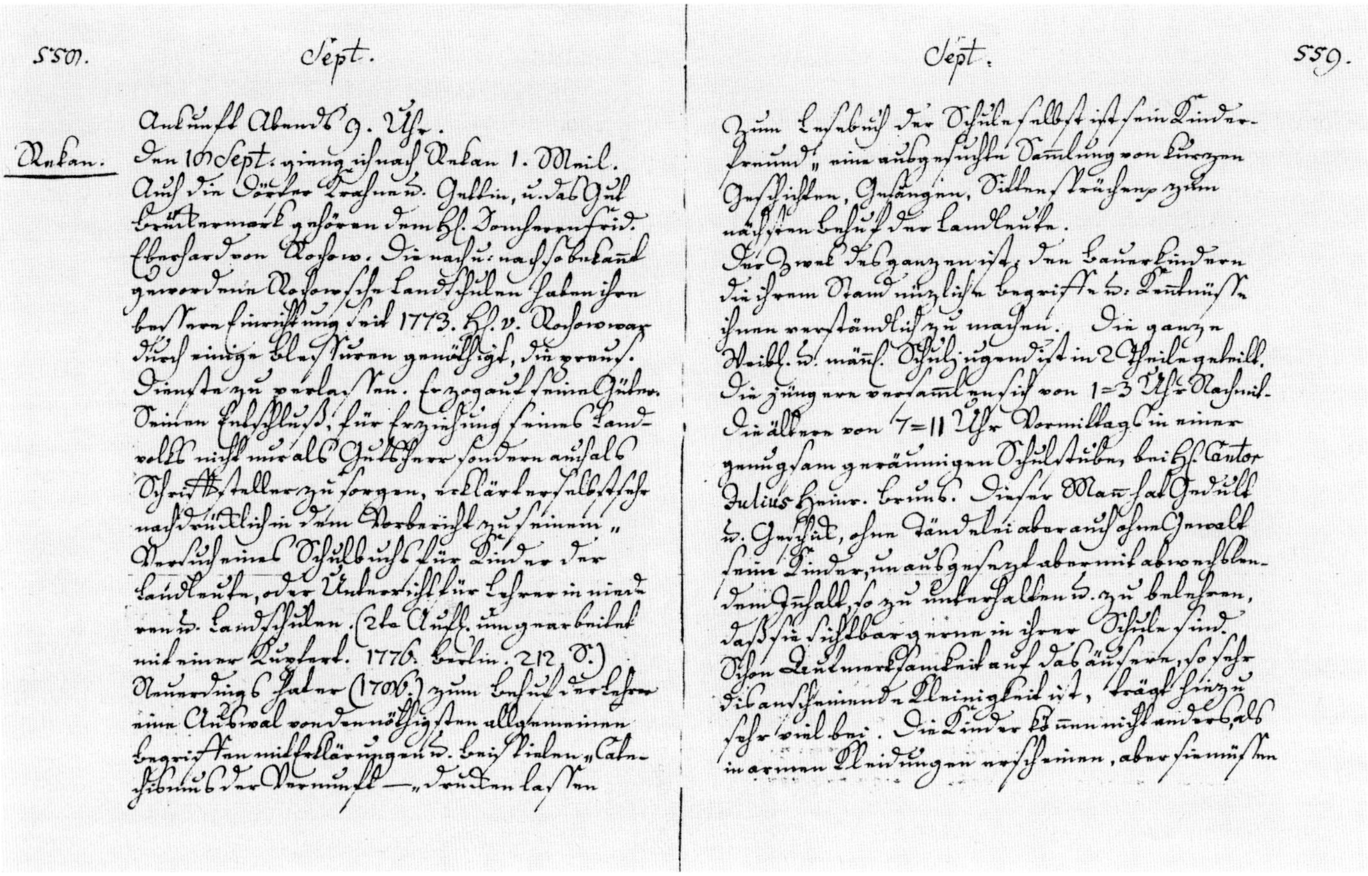

Unveröffentlichter Tagebuchauszug des Hospitanten Heinrich Eberhard Gottlob Paulus (1761–1851), siehe Eintrag Besucherverzeichnis (Anm. 1), S. 456

Rochow und die Lehrerbildung: Versuch zu einer historisch-pädagogischen Rezeptionsanalyse

Rudolf W. Keck

Die Situation der Landschule und ihrer Lehrer – Ansätze für Rochows Reform

Bevor wir auf die Rezeption der Rochowschen Landschulreform näher eingehen, scheint es sinnvoll, auf jene Reformansätze hinzuweisen, die für Rochow als Orientierung dienen konnten. Die Ausgangslage ist mit den Worten der preußischen Verordnung von 1722 eindrucksvoll gekennzeichnet, wenn ausgeführt wird, ›daß zu Küstern und Schulmeistern auf dem platten Lande außer Schneidern, Schmieden, Ratmachern und Zimmerleuten sonst keine andern Handwerker angenommen werden‹[1]. Die Verordnung artikuliert trotz der Begrenzung des Lehrer-Rekrutierungskreises einen Fortschritt, d.h. bietet eine gewisse Absicherung der Existenz für die Tätigkeit des Schulehaltens. Allerdings: Lehrersein auf dem flachen Lande blieb gekoppelt mit einem handwerklichen Beruf und war in der Hauptsache ausgerichtet auf eine *Winterschule*, da Sommers die Kinder in der Landwirtschaft gebraucht wurden. Außer Küstern und Handwerkern waren in den Städten auch ehemalige Gymnasiasten, meist Kurrendeschüler und Choristen, als Lehrer tätig. Im ganzen wenig erfreuliche Schulzustände. Der Unterricht erschöpfte sich meist in religiöser Katechese, der auch Lesen und – wenns hoch kam – etwas Schreiben zugeordnet wurde. Vereinzelt kam es auch zu einem Unterricht im Rechnen. Eine eigentliche Lehrerausbildung existierte also nicht.[2] Mit Recht wurde von den weitblickenden Zeitgenossen der Kern der Schulnöte gerade im Mangel an geeigneten Lehrern bzw. dafür qualifizierenden Ausbildungsmöglichkeiten

1 L. von Roenne: Die Verfassung und Verwaltung des preußischen Staates, Bd. I. Berlin 1855, S. 63.

2 Vgl. Gunnar Thiele: Geschichte der preußischen Lehrerseminare. Berlin 1938, S. 6 f., 37 – 40.

gesehen. Für die Landschullehrerausbildung wurde Rochow beispielgebend, als er sich seit den 60er Jahren Gedanken über die Schulzustände in seinen Gutsschulen machte.

Für Rochows Reformüberlegungen standen ihm *vier beispielgebende Orientierungen* zur Verfügung.

Die *erste Orientierung* bot der vom preußischen König wohl geachtete Theologe und Pädagoge August Hermann Francke (1663–1727), der in seinem Waisenhaus in Halle neben einem 1707 begründeten ›Seminarium Selectum Praeceptorum‹ für Schullehrer an höheren Schulen 1717 ein ›Institut der Praeparandi‹ für Lehrer der niederen deutschen Schulen gegründet hatte. Das Seminarium schloss sich organisch an ein ›Seminarium Praeceptorum‹ für angehende Theologen an, das Francke bereits 1696 in Halle eingerichtet hatte.[3]

Die *zweite Orientierung* gab für Rochow der in Preußen einflussreichste Franckeschüler, Johann Julius Hecker (1707–1768), der 1735 zum Schulinspektor und Prediger am Potsdamer Waisenhaus (siehe Beitrag Schreiter) bestellt wurde.[4] Nachdem er 1753 zum Vortragenden Rat im geistlichen Departement in Brandenburg avanciert war, gewann das 1748 in Berlin in organisatorischer Einheit mit der dortigen Realschule verbundene Lehrerseminar entscheidenden Einfluss. Allerdings muss für die Zeit der Rochowschen Reformjahre in Reckahn der Einfluss des Berliner Seminars als sehr reduziert betrachtet werden. Erst das General-Landschul-Reglement vom 12. August 1763 schuf eine akzeptablere Grundlage. Aus der Hand Heckers hervorgegangen kann es für Preußen als erstes staatliches Schulgesetz Geltung beanspruchen, die für die örtlichen Schulverhältnisse eine feste Norm vorgab. In § 15 hieß es: ›Daß keine zu Schulmeistern und Küstern angenommen werden sollen, als welche in dem Kurmärkischen Küster- und Schullehrerseminar in Berlin eine zeitlang gewesen und darin den Seidenbau sowohl als die vorteilhafte bei deutschen Schulen der Dreifaltigkeitskirche eingeführte Methode des Schulhaltens gefaßet haben‹[5]. Im gleichen Jahr fordert Hecker in einem Promemoria ›bessere Auswahl der Lehrpersonen, bessere Vorbildung, besseren Unterricht und bessere Gehälter‹[6]. Doch das General-Landschul-Reglement fand eine höchst widerständige Akzeptanz[7] – diese bezog sich nicht zuletzt auf die Verpflichtung der Gemeinden, die Schullehrerstellen mit einer deutlichen Hebung des Salärs zu versehen.[8]

Es sind noch zwei weitere Orientierungsmöglichkeiten für Rochows Initiative in Reckahn in Betracht zu ziehen, die aber wohl eher in dem Sinne wirkten, wie man die Ausbildung zum Lehrer an Landschulen nicht organisieren sollte. Eine solche Fehlorientierung bot die *seminaristische Einrichtung im Kloster Berge bei Magdeburg*, die unter Abt Steinmetz 1736 begründet worden war. Allerdings rekrutierte Steinmetz seine Lehreranwärter sozusagen aus Verlegenheit. Die Bedienten der jungen Adligen, die das Paedagogium von Kloster Berge besuchten, mußten während der freien Zeit, in der die Adligen den Unterricht besuchten, beschäftigt werden. Das Rezept war einfach: auch die Bedienten wurden mit Unterricht versehen und zwar in den Grundfertigkeiten Lesen, Schreiben und Rechnen. So entstand quasi als Nebenprodukt ein Lehrerseminar, das wohl auch zeitweilig Handwerksburschen aufnahm. Carl Kehr vertritt die These, dass die Lehrerausbildung als Abfallprodukt wohl wenig gewirkt hat.[9]

Auch eine *vierte* mögliche Orientierung nennt Kehr im Blick auf die Nachbarschaft Halberstadts, die Rochow vermutlich gekannt hat: Das 1767 von dem Pfarrer Andreas P. Ch. Herbing in Nachterstedt gegründete ›Pensionat für Bauernsöhne‹ war auch eine Einrichtung ›zur Bildung tüchtiger Lehrer und Erzieher für die niedrigsten Menschenklassen und vorzüglich auf dem Lande‹[10]. Auch diese Lehrerausbildungsstätte war eher ein Nebenprodukt des privaten Progymnasiums, dessen Lehrplan, wie Kehr aufgrund seines Aktenstudiums nachweist, die Interessen einer Ausbildung zum Lehrer an Landschulen verfehlte.[11]

Selbstverständlich hat Rochow in der Reckahner Musterschule eigene Akzente gesetzt. Wenn man den ›Kinderfreund‹ durchblättert, fällt auf, dass Rochow bzw. Bruns ihre besondere Aufmerksamkeit auf das Katechisieren gerichtet haben. In der sokratischen Katechese ging es weniger um die Übungsfolge vom Buchstabieren und Lesen zum Auswendiglernen und Tabellarisieren, sondern vor allem um das *Anregen zum Denken*, das zum Sprechen und zur Sachkenntnis führen sollte. Diese Funktion sollten Rochows moralische Geschichten des Kinderfreunds bekommen.

Rochow und das Halberstädter Lehrerseminar

Als Mitglied des Halberstädter Domkapitels (siehe Beitrag Sippach) hatte Rochow intensiven Kontakt mit dem Rektor der Halberstadter Domschule Christian Gottfried Struensee (1717–1782), der bereits durch Lehrtätigkeit im Kloster Berge (1741–1747) Erfahrungen in der Lehrerausbildung mitbrachte. Höhepunkt von Struensees immer enger werdenden Kontakten mit Rochow stellt das Jahr 1776 dar, als ihn das Halberstädter Domkapitel zum Assessor der neu errichteten ›beständigen Kirchen- und Schuldeputation‹ des Domkapitels, also zum Chef aller Schulen des Domkapitels wählte. Hatte doch schon ein Königlich-Preußisches Dekret vom 11. 10. 1775 das Domkapitel angewiesen, dass kein Lehrer im Fürstentum Halberstadt angestellt werden dürfe, der nicht vor dem Konsistorium eine Prüfung abgelegt habe. Dies brachte den Stein zur Gründung eines ›Seminars für Landlehrer‹ im Domgymnasium ins Rollen. Schon im Schreiben Rochows an Minister von Zedlitz vom 27. Februar 1773 schrieb Rochow über Struensee: ›Der Konsistorialrath Struensee ist, als Schulmann betrachtet, wirklich groß! Die Domschule ist stärker als manche Universität. Ich habe ihn deshalb auch freundlich sondiert, ob er nicht Dorfschullehrer in seiner Schule bilden, sie auch in ökonomischen Wissenschaften lehren und sie richtiger Denken lehren wolle, als dies bisher üblich gewesen‹[12]. Schon in den Halberstädter Domschulprogrammen von 1767 und 1768 verfolgte Struensee den Reformansatz, das ›Volksschulwesen nach Rochowschen Principien umzugestalten‹[13].

Im Programm des Domgymnasiums von 1770 unterbreitet Struensee sodann den folgenden Vorschlag, ohne Rochows Namen zu nennen: ›Es ist nichts weiter als eine schädliche Bequemlichkeit, wenn man alle Verbesserungen im Schulwesen von der hohen Obrigkeit erwartet und zur Abstellung gewisser Mängel keinen Finger rührt. Diese Bequemlichkeit, welche mit dem großen Grundsatze unseres Erlösers: Liebe deinen Nächsten wie dich selbst, im Widerspruch steht, findet sich jetzt besonders im Bezug auf das Dorfschulwesen. Der Bauernstand ist ein gar ehrenwerter und nützlicher Stand, und es ist deshalb nothwendig, daß man auch den Lehrern der Bauern mehr Achtung erweise, als dies derzeit geschehen‹[14]. Im Anschluss ruft Struensee zur Gründung eines ›Vereins zur Förderung der Landvolksschule‹ und einer Unterstützungskasse für Schullehrer auf.

Die Übernahme der Leitung des Landschulwesens durch Struensee als Assessor der ›beständigen Kirchen- und Schuldeputation‹ durch Dekret vom 12. Juni 1776 zwang diesen zum Handeln. Das Dekret legte fest, ›daß ein hochwü. Domkapitel künftig die Direktion und Aufsicht der Schulanstalten, sowohl über die dortige Domschule, als über alle ihrer Jurisdiktion unterworfenen Patronats- und Landschulen und über das zu errichtende Schulmeister-Seminarium [...] allein führen und regulieren solle, daß unseren Allerhöchsten Intentionen gemäß die Kinder zu ihrem zukünftigen Stande geschulter und brauchbarer gemacht werden‹[15]. *Der Veranlasser des Dekrets, das zur unmittelbaren Erhöhung der Lehrerbesoldung und zur Gründung des Seminars führte, war von Rochow.* Struensee war nun in der Doppelposition, sowohl Rektor der Domschule als auch Inspektor und somit Leiter des Landschulwesens zu sein. Die Verbindung beider Funktionen garantierte die Einrichtung des Seminars am Domgymnasium.

Die Einrichtung des Gymnasiums bot zwei Positionen unter der Schülerschaft an: neben den Schülern, die zur Studienbefähigung an Universitäten ausgebildet werden sollten, gab es Stipendienschüler: *die Choristen und Currendaner.* Die *Choristen,* d. h. Schüler, die vom Freitisch und von Geld- bzw. Kleiderunterstützungen lebten und dafür einen geregelten Chorgesang im Dom gewährleisteten, hatten am fremdsprachlichem Unterricht des Gymnasiums ›keinen Anteil‹, wohl aber verdienten sie Geld durch Privatunterricht in den Elementarfächern. Aus dieser Gruppe rekrutierten sich schon vor der Gründung des Seminars einzelne Schullehrer. Für die Choristen hatte sich schon der Brauch durchgesetzt, daß sie solange im Gymnasium in der Prima blieben, bis sich ihnen eine Schullehrer- und Kantorstelle anbot. Ab 1774 startete Struensee mit dieser Rekrutierungsgruppe einen Probelauf, wobei sie vor ihrem Weggang bei Katechisationen des Kantors hospitieren musste. Die Choristen waren somit eine wichtige Gruppe für das Lehrerseminar.

Die andere Gruppe der Seminaristen rekrutierte sich aus der Einrichtung der *Currende*, d.h. 10–15jährige Schüler der Domschule, die das Privileg hatten, in der Domfreiheit vor den Häusern zu singen und dafür Geld für Ausbildungszwecke zu sammeln. Mit dieser Currende-Gruppe, die eigentlich nicht zum Universitäts-

3 Vgl. ebenda S. 312 f.

4 Vgl. Friedrich-Franz Mentzel: Ein erfolgreicher Pietist an König Friedrichs Hof? Der Briefwechsel von Johann Julius Hecker und Gotthilf August Francke (1746–1763). In: Berliner Aufklärung: Kulturwissenschaftliche Studien. Hrsg. v. Ursula Goldenbaum und Alexander Košenina. Hannover 1999, S. 13–40.

5 H. Lewin: Geschichte der Entwicklung der preußischen Volksschule. Leipzig 1910, S. 75 f.

6 Ebenda.

7 Vgl. Wolfgang Neugebauer: Absolutistischer Staat und Schulwirklichkeit in Brandenburg-Preussen. (= Veröffentlichungen der Historischen Kommission zu Berlin; 62). Berlin/New York 1985.

8 Vgl. Thiele: Lehrerseminare (Anm. 2), S. 170.

9 Vgl. Carl Kehr: Die Geschichte des Königlichen Schullehrer-Seminars zu Halberstadt. Festschrift zur Jubelfeier seines hundertjährigen Bestehens am 10. Juli 1878. Gotha 1878, S. 42.

10 Zit. nach ebenda S. 43.

11 Vgl. ebenda.

12 Zit. nach ebenda S. 39.

13 Ebenda S. 41.

14 Zit. nach ebenda S. 40.

15 Zit. nach ebenda S. 48.

Carl Abraham von Zedlitz, Büste von Reinhold Böltzig, um 1905

studium gelangen konnte, wurde in Halberstadt dann 1778 der Anfang in der Lehrerausbildung gemacht. 1779 waren es erst zwölf Currendaner, 1781 wurde bereits eine dritte Klasse gebildet. Kehr berichtet von Hospitationen der Domherren, unter ihnen von Rochow, der im Oktober 1778 ›dem Unterrichte neun Stunden lang zuhörte‹[16] und jährlich an seinem Geburtstag zwanzig Taler den Seminaristen spendete, bis das Wöllnersche Religionsedikt von 1788 die Schulaufsicht und auch das Halberstädter Seminar in andere Bahnen lenkte.

Rezeptionsspuren in Rochows Briefwechsel und im Besucherbuch der Reckahnschen Musterschule

Der Briefwechsel Rochows mit Pädagogen, Lehrerbildnern und einflußreichen Vertretern der Aufklärungsgesellschaft in kirchlichen und politischen Ämtern ist ein aufschlußreicher Quellenbestand, um Einfluss und Verbreitung von Rochows pädagogischen Reformideen zu verfolgen. Gleiches gilt für das ›Verzeichnis der Besucher der Reckahnschen Schule (1772–1805)‹. Im Rahmen dieses kurzen Aufsatzes können nur wenige Zusammenhänge in knappester Form dargestellt werden.

Von herausragender Bedeutung für die Rezeption ist der Briefwechsel zwischen zwischen Basedow und Rochow (siehe Beitrag Overhoff) und die Korrespondenz zu Johann Ignaz Felbiger (1724–1788), die zwischen 1772 und 1775 intensiv geführt wurde. In dieser Zeit wurde die Schulreform nicht nur im nunmehr zu Preußen gehörenden katholischen Schlesien, sondern auch im gesamten von Habsburg beeinflussten katholischen Länderkreis nach vorne gebracht. Insbesondere geschah dies über die ›Allgemeine Schulordnung für die Deutschen Normal-, Haupt- und Trivialschulen in den sämtlichen kaiserlichen Erbländern‹ von Felbiger aus dem Jahr 1774. Von gleicher rezeptionsgeschichtlicher Bedeutung ist auch der Schriftverkehr zwischen Rochow und Franz-Ludwig von Erthal (ausführlicher Brief von 1791), dem Fürstbischof von Bamberg und Würzburg, der mit Felbigers Reform für die spätere Verbreitung der Reformideen in den katholischen Landschulen wichtig ist.

Von besonders großer Bedeutung ist für den näheren evangelisch beeinflußten Wirkungskreis Rochows die sehr intensive Beziehung zu Karl Abraham von Zedlitz (1731–1793), dem gewissermaßen ersten Kultusminister Preußens (von 1771–1788). Dieser Briefverkehr beginnt schon in der Frühzeit der Rochowschen Schulreform-Aktivitäten. Gegen die Absicht des preußischen Königs, Dorfschullehrer aus Sachsen zu beziehen, schrieb Rochow (Brief vom 20. Januar 1773) abwehrend: ›wie wir in der Halberstädtischen Domschule sehen: Niemand lehrt nach einer Methode besser, als der ihren Nutzen an sich selbst erfahren hat‹. Im Kontext dieser Korrespondenz besuchte Zedlitz Reckahn erstmals am 18. 8. 1774. In einem Brief vom 6. Mai 1779 rief er schließlich Rochow zur Mithilfe bei der Einrichtung von Lehrerseminaren auf, da in der Reckahner Schule wohl der einzig richtige Weg eingeschlagen werde. Die Rochowsche Musterschule in Reckahn war ein überaus frühes Instrument schulpädagogischer Innovation.[17] Verschaffen wir uns kurz einen Überblick über die ›Pädagogische Wallfahrt‹, die von 1772 bis 1809 insgesamt ca. 1.350 Besucher nach Reckahn in die kleine, gerade neu erbaute Schule führte.

Die Hauptthese unserer Analyse des Besucherverzeichnisses macht sich am Interesse der Besucher fest, wonach davon auszugehen sein dürfte, daß die Motivation der Besucher in der Mehrheit von der Absicht getragen war, Rochows Ideen und ihre reale Umsetzung im Unterricht als modellhaft für Modernisierungen im je eigenen Wirkungskreis anzusehen. Der hospitierte Unterricht stand dann einmal exemplarisch für die Aufrechterhaltung einer ganzjährigen Pflichtbeschulung der Landbevölkerung ohne Ansehen ihrer sozialen Voraussetzungen, sodann als Modell für eine aufklärungsorientierte Lehrart und schließlich als Modell für eine leistungsfähige Lehrerausbildung im ländlichen Raum. Die dreifach verknüpfte Wirkungsannahme führte zu unterschiedlichen Besucherandrangsperioden. Die *Hochzeit der Rezeption* liegt in der ersten Dekade, also in der Zeitspanne von 1773 bis 1783; die Besucherzahl liegt hier bei ca. 700 Einträgen. Die *erweiterte Rezeptionszeit* setzen wir von 1784 bis 1794 an, dem Todesjahr von Lehrer Bruns; in dieser Periode wird das Modell Reckahn von

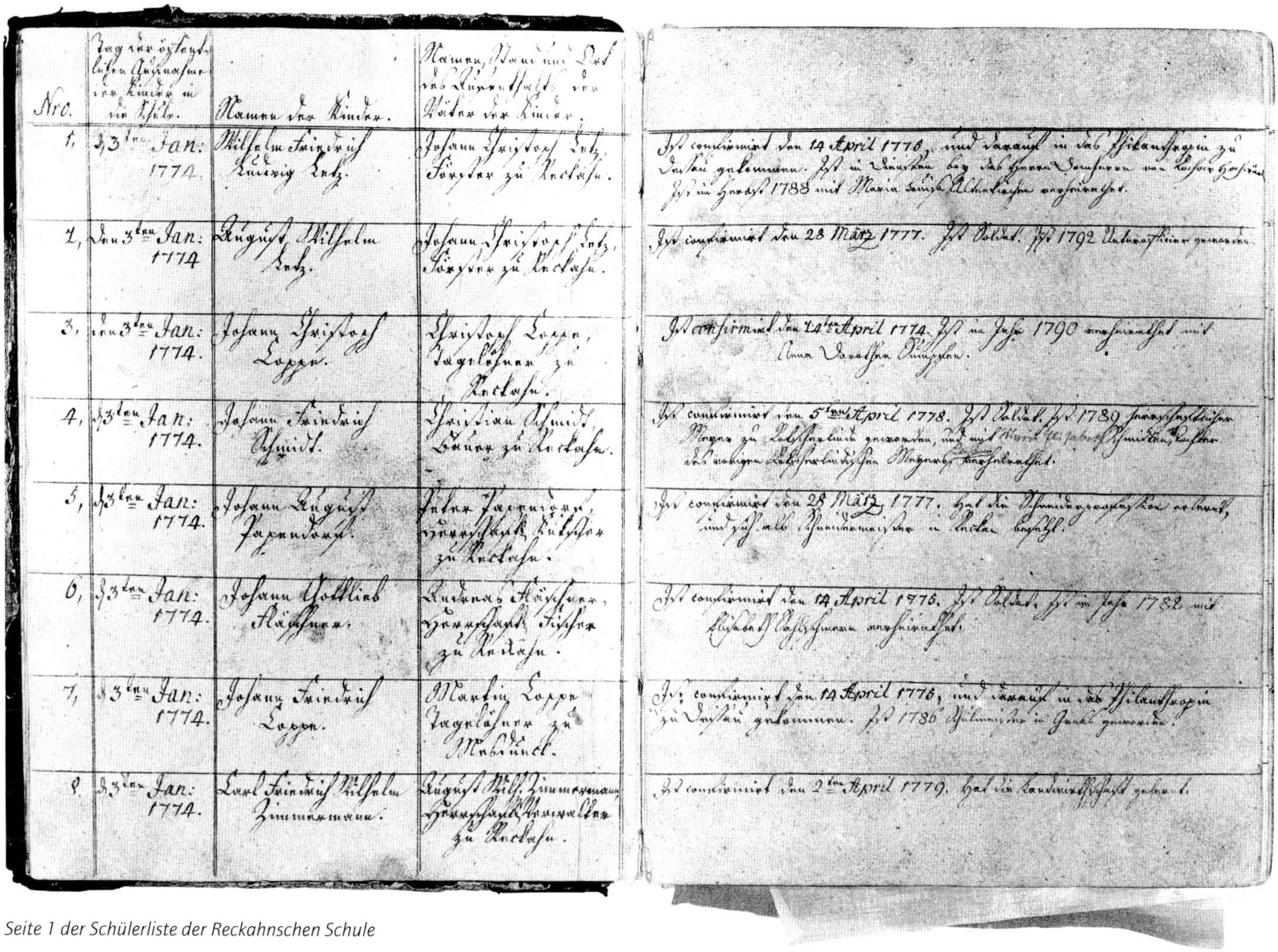

Seite 1 der Schülerliste der Reckahnschen Schule

ca. 515 Besuchern aufgesucht. Und die Zeit von 1795 bis 1807, in der immerhin noch ca. 135 Interessierte kamen, ordnen wir der *Spätrezeption* zu.

Die Besucher reisten vornehmlich aus Brandenburg und Berlin an, sodann aus den umliegenden Nachbarstaaten wie Sachsen, Sachsen-Anhalt, den Herzogtümern Braunschweig und Lippe, aus Stendal, aus Schlesien, aus Ost- und Westpreußen. Über diesen nachbarschaftlichen Nahbereich hinaus stellten sich auch zahlreiche Besucher aus dem Süden Deutschlands ein: aus Württemberg, Baden und dem Elsaß, aus der französischen Schweiz, aus Siebenbürgen und Ungarn. Aus dem Norden kamen Besucher aus Dänemark, Schweden, Holland, Kurland und Livland, Riga und Danzig.

Versucht man die Besucher nach ihrer Stellung gegenüber Rochow, ihrer sozialen Position und Kondition zu ordnen, so lassen sich einige *Gruppentypisierungen* vornehmen, denen bestimmte Merkmale und Gemeinsamkeiten eigen sind. Zunächst ist auffällig, daß eine große Zahl immer auch wiederkehrender Personen als persönliche *Gäste und Freunde* Rochows bzw. Familienmitglieder im weiteren Sinn durch Namenseintragung der Schuleinrichtung ihr Interesse kund tun. So etwa die Besucher aus den Familien von Reck, von Oppeln, von Götz, von Görne, von Kalitsch u. a. – samt und sonders Träger von Schulpatronaten auf ihren eigenen Gütern. Daneben zeigen sich auch Personen, die mit großer Regelmäßigkeit sich als *Freunde der Schulreform* als besonders verbunden ausgeben.

Besonders auffällig ist unter den häufigen Besuchern eine Personengruppe, die, von ihrer Funktion her, *Chefs* bzw. *hohe Offiziere von preußischen Regimentern* und Bataillonen sind; neben den ordinierten Predigern und Theologen stellen sie die größte Besuchergruppe dar. Unter dem Gesichtspunkt der Rezeption sind sie deshalb von besonderer Bedeutung, da sie unmittelbar an der Rochowschen Schuleinrichtung Modell nehmen für die Modernisierung ihrer *Garnisonschulen*.

Eine weitere wichtige Gruppe, denen ein konkretes Rezeptionsinteresse von Amts wegen unterstellt werden darf, ist die der *höheren Geistlichen*: Im Range von Konsistorialräten finden sich

16 Ebenda S. 72.

17 Vgl. Hanno Schmitt: Versuchsschulen als Instrument schulpädagogischer Innovation vom 18. Jahrhundert bis zur Gegenwart. In: Jahrbuch für Historische Bildungsforschung Bd 1, hrsg. v.d. Historischen Kommission der DGfE. Weinheim und München 1993, S. 153–178.

Christian Gotthilf Salzmann

die Berliner Spalding, Dieterich, Büsching, Zöllner und Teller durch mehrfache Besuche in Reckahn ein, nicht zu vergessen der für das Unterrichtswesen in Preußen zuständige und schon genannte Minister von Zedlitz, der an Rochows Reform, nicht zuletzt mit Hinsicht auf die Lehrerausbildung auf dem Lande, besonders Maß nimmt. Die starke Beziehung zu Halberstadt wird durch den Besuch von Domherren und Direktoren des Domgymnasiums Struensee und Fischer unterstrichen. Aus Dessau kommen (siehe Beitrag Hirsch) Generalsuperintendent De Marees und Rektor Neuendorf. Daneben Mitglieder des Basedowschen Philantrophins in Dessau – Ch. H. Wolke, der allein viermal den Unterricht hospitierte, oder Ch. G. Salzmann, E. Ch. Trapp, J. H. Campe, allesamt Namen mit großem Klang in der Pädagogikgeschichte. Sodann finden sich weitere erlauchte Namen von Aufklärungspädagogen wie Abt Resewitz vom Kloster Berge (1778), Rektor Stuve aus Neuruppin, später Braunschweig (1787–1788), Heinrich Gottlieb Zerrenner, Johann August Nösselt, Theologe und Professor aus Halle, ebenso wie sein Kollege August Hermann Niemeyer (siehe Beitrag Hirsch), der 1781 und 1793 zu Besuch kommt oder wie Villaume aus Halberstadt (1781), F. W. Wilberg aus Ziesar oder Ch. G. Struensee. Die Mitglieder der Mittwochsgesellschaft aus Berlin Ch. W. Dohm und F. Nicolai (1787–1790) sollen ihres hohen Einflusses wegen nicht verschwiegen werden.

Besucher mit konkretem schulbezogenem *Reforminteresse* kamen aus dem Potsdamer Militärwaisenhaus (siehe Beitrag Schreiter), dem Halleschen Waisenhaus, dem Salzmannschen Schnepfenthal, dem Schindlerschen Waisenhaus in Berlin, aus den verschiedenen Berliner Gymnasien, den Berliner und Potsdamer

Garnisonschulen, dem Brandenburger Domgymnasium und regelmäßig aus der Ritterakademie Brandenburg.

Besondere Hervorhebung verdienen in unserem Zusammenhang die ›wallfahrenden‹ und hospitierenden *Inspektoren und Leiter* von inzwischen entstandenen und an Reckahn maßnehmenden *Lehrerseminaren* wie J. L. Tamm aus Wörlitz (siehe Beitrag Hirsch), Struensee, Walkhoff[18] und Nachfolger Bastian aus Halberstadt, Friedrich A. Junker vom Lehrerseminar Braunschweig, D. G. F. Herzberg vom Landschulseminar Berlin, K. Ph. Funke aus Dessau, Kricke aus Detmold, Jeziorowski vom Seminar Züllichau, Kluckhohn von der Musterschule Friedrichshagen und der Leiter des ältesten Stadtlehrerseminars August Ludwig Hoppenstedt aus Hannover (Besuch 1788), der an seinem Seminar – durch die Anregung von seiten Rochows – eine Kurzausbildung für Landschullehrer (ab 1789) parallel schaltete.[19]

Von Bedeutung sind natürlich die *Hospitanten* und sogenannte *Kandidaten*, die als Lehramts- und Theologieaspiranten teilweise für einen längeren Zeitraum nach Reckahn kamen. Im Verzeichnis werden sie als ›Auskultanten‹ geführt. Solche Lehramtsaspiranten tauchen erstmals im Juni 1775 auf, ab 1777 nimmt dann diese Form der Lehreraus- und -fortbildung stark zu. So zähle ich für den Zeitraum von 1777 bis 1783 ca. neunzig solcher Hospitanten, meist aus der Mark Brandenburg; von 1784 bis 1793 sind es um die siebzig (als Herkunftsorte werden jetzt auch Meiningen, Braunschweig und Kurland angegeben) und von 1794 bis 1809 weitere ca. zwanzig, die fast ohne Ausnahme aus Brandenburg stammen. Dazu kommen noch Studenten aus Halle und hospitierende Gymnasiasten aus Brandenburg. Die Rezeption über diese Hospitantengruppe dürfte den direktesten Weg in eine Schulreform im Rochowschen Sinne eingeschlagen haben; sie bleibt jedoch im Wesentlichen auf das Brandenburgische Umland bezogen.

Schließlich verdient auch noch jene Gruppe von Besuchern besondere Erwähnung, denen damals eine ausnehmende Aufmerk-

Joachim Heinrich Campe erzählt den ›Robinson‹

August Hermann Niemeyer

Johann Friedrich Wilberg

samkeit und Beachtung von seiten der Öffentlichkeit galt: die *fürstlichen Gäste*. So besuchte z. B. sowohl Prinz Leopold von Braunschweig Reckahn, als auch Fürst Friedrich Franz von Anhalt (siehe Beitrag Hirsch), oder etwa seine ›Durchlaucht von Württemberg‹. Diese fürstlichen Besucher zogen meist eine Reihe von Nachfolgebesuchen nach sich. Dies wird beispielhaft an den relativ häufig im Verzeichnis genannten Besuchern aus dem *Herzog-*

18 Vgl. J. F. Walkhof: Umständlichere Nachricht vom Schulmeister-Seminario eines hochwürdigen Domkapitels zu Halberstadt. In: Landschulbibliothek. Oder Handbuch für Schullehrer auf dem Lande. 3 Bd. Berlin 1785, S. 93–117. Vgl. auch Nachricht von dem neu angelegten Schulmeisterseminarium zu Halberstadt. In: Landschulbibliothek. Oder Handbuch für Schullehrer auf dem Lande. 2. Bd. 4 Stck. Berlin 1781, S. 176–180.

19 Vgl. Rudolf W. Keck: Das Lehrerseminar zu Hannover im Rahmen historischer Konzepte zur Lehrerbildung in Deutschland. In: H.-D. Schmid (Hg.): Beiträge zur Geschichte der Lehrerbildung. Hannover 1985, S. 20.

tum Württemberg deutlich.[20] Es mag interessant sein, sich einige Personen der aus Württemberg anreisenden Gruppe – insgesamt elf Personen – näher anzuschauen, um damit Auskunft über Rezeptionswege und ihre Schwierigkeiten zu erhalten. Unter der Kennzeichnung ›Durchlaucht‹ dürfte sich der am Hofe Friedrich des Großen aufgewachsene und die Aufklärung für das Land ›Wirtemberg‹ erschließende Herzog Carl Eugen verbergen, der Gründer der aufklärungsorientierten *Hohen Carlsschule*, die zunächst als Militärakademie fungierte, ab 1770 aber den akademischen Weg einschlug, sozusagen als Konkurrenz für die Universität Tübingen. Die württembergischen Besucher in Reckahn sind entweder reformaufgeschlossene Kandidaten und Magister der Theologie, die der württembergischen Kirche häufig Valet sagten, wie Hartmann, Paulus, Burk und wohl auch Mieg oder Personen aus dem herzoglichen Zuständigkeitsbereich wie die Regierungsräte Normann und Mandelsloh, beides Carlsschüler und spätere Minister, oder Personen aus dem herzoglichen Gefolge. Die Rückwirkung der letzten Gruppe auf die württembergische Schul-Modernisierung und Lehrerbildung war bis zur Wende des Jahrhunderts gebremst. Dies gibt auch die Darstellung der Schulverhältnisse durch Friedrich Nicolai in seiner Reisebeschreibung von 1796 wieder, der dem württembergischen Schulwesen einen ›mystisch-pietistisch-oettingerischen-bengelisch-theologischen Zuschnitt‹[21] bescheinigt.

Schlußbemerkungen

Wie wir am Beispiel Württembergs erkennen, war in vieler Hinsicht und in verschiedenen deutschen Ländern die Zeit für die Reform des Schulwesens und der Lehrerbildung noch nicht reif; auch in Preußen erkennt man die Notwendigkeit einer Bildungsreform erst im Zusammenhang mit dem Reformdruck um die Jahrhundertwende, erst recht durch die napoleonische Besetzung.[22] Nach Rochows Tod (1805) hat die Pädagogik von Johann Heinrich Pestalozzi (1746–1827) den schulpädagogischen Diskurs beherrscht.[23] Insgesamt haftet Pestalozzi bis heute die Gloriole eines ›Vaters der Volksschule‹ an.[24] Demgegenüber ist die Rochow-Rezeption weniger spektakulär, sie rankt sich weniger um eine Kultfigur. Karl Friedrich Riemann (1756–1812) verdanken wir durch seine ›Beschreibung der Reckahnschen Schulen‹ von 1781 (Berlin und Stettin; 4. Aufl. 1809), erst recht aber durch seine Rochow-*Verteidigung* gegenüber einer Überwucherung durch die einsetzende Pestalozzi-Verehrung ein differenziertes Bild. Im Vergleich zu Pestalozzi müssen die Reformbemühungen Rochows als *Pionierleistung*, als Dammbruch für die pädagogische Aufklärung bezeichnet werden, denn die Pestalozzirezeption nach 1800 lebt durchaus von dem Impuls, den Rochow gesetzt hat. Rochow vollzieht den Paradigmenwechsel der pädagogischen Aufklärung ›nach unten‹, rückt das ›Volk‹, speziell das Landvolk, in den Mittelpunkt der Reform. Unter diesem zentralen Gesichtspunkt muss die Rezeptionsgeschichte Rochows betrachtet werden. Bereits in seiner ersten Schrift ›Versuch eines Volksbuchs für Kinder der Landleute oder zum Gebrauch in Dorfschulen‹ (Berlin 1772) beschreibt Rochow eine seiner auf die Lehrerbildung bezogenen pädagogischen Visionen: ›Wie man bei kranken Säuglingen verfährt, wenn man ihren Ammen Arzneimittel verordnet, so bessert man die Schulen, wenn man die Bildung der Lehrer fördert‹[25]. Zur Sorge um die Qualität der Schule kam die Sorge um die Qualität der Lehrer. Neben der sachlichen Qualifizierung der Schullehrer setzte er sich auch für deren angemessene Besoldung ein. Ein Seminarlehrer und Inspektor müsse mindestens genauso gut bezahlt werden wie ein Opernsänger.[26]

Exlibris Friedrich Nicolai

20 Sr Durchlaucht und Kammerdiener des Prinzen von Württemberg (1779) RegR von Mandelsloh und dessen Bruder 1778; RegR von Normann (1780); Cand. Hartmann (1776); Mag. Burk (1781); Baronin von Gündling (1785); Mag. Paulus (1787); Mag. Mieg (1795), Mag. Burk (1781).

21 Friedrich Nicolai: Beschreibung einer Reise durch Deutschland und die Schweiz. Berlin 1783–1797, hier Bd. 10, S. 71.

22 Vgl. Hanno Schmitt/Frank Tosch (Hrsg.): Erziehungsreform und Gesellschaftsinitiative in Preußen 1798–1840. (= Bildungs- und kulturgeschichtliche Beiträge für Berlin und Brandenburg; 1). Berlin 1999.

23 Vgl. Hanno Schmitt: Pestalozzi und der pädagogische Diskurs der Philanthropen in der Spätaufklärung. In: Jahrbuch für Historische Bildungsforschung Bd. 3. Weinheim und München 1996, S. 49–65.

24 Vgl. Fritz Osterwalder: Pestalozzi – ein pädagogischer Kult. Weinheim 1995.

25 Zit. nach Kehr: Schullehrer-Seminar (Anm. 9), S. 19.

26 Vgl. ebenda S. 48.

Kupferstich, Mitte des 18. Jahrhunderts

Von Reckahn nach Potsdam: Die philanthropische Reform des Potsdamer Militärwaisenhauses 1779–1796

René Schreiter

In der Geschichtsschreibung des Großen Militärwaisenhauses zu Potsdam ist der intensive Kontakt zwischen den Rochowschen Schulen zu Reckahn und der Waisenhaus-Schule fast vergessen. Verschiedentlich wurde zwar die Einführung der Rochowschen Erziehungsmethode in der preußischen Erziehungsanstalt erwähnt[1], doch die Wege, die zur Reorganisation des Schul- und Erziehungswesens der Anstalt führten, blieben letztendlich unerforscht. Das Besucherbuch der Reckahner Dorfschule, das als bedeutsame Quelle 1176 Besucher für die Jahre zwischen 1776 und 1799 überlieferte, wovon allein etwa ein Dutzend aus dem Potsdamer Waisenhaus stammte (vgl. Besucherliste)[2], wurde bislang für die Beziehungen zwischen der Reckahner Musterschule und dem Potsdamer Militärwaisenhaus nicht ausgewertet. Der vorliegende Beitrag möchte deshalb folgende Frage untersuchen: Inwieweit beeinflußten einzelne am Militärwaisenhaus tätige Personen, die das Reckahner Besucherbuch aufführt, die Waisenerziehung im Sinne der Rochowschen Landschulpädagogik und setzten dabei Anregungen von ihren Besuchen in Reckahn um?

Das 1724 von König Friedrich Wilhelm I. im pietistischen Geist August Hermann Franckes begründete Potsdamer Militärwaisenhaus nahm Soldatenkinder ab dem sechsten Lebensjahr auf, um sie vor Verwahrlosung zu schützen, ihre schulische Ausbildung zu gewährleisten und sie schließlich zu einer ›annehmlichen Profeßion‹[3] zu führen. Doch innerhalb weniger Jahrzehnte degenerierte das Waisenhaus unter Billigung des königlichen Nachfolgers, Friedrich II., zur Zucht- und Arbeitsanstalt, aus der die Potsdamer Manufakturen kostengünstige Arbeitskräfte bezogen. Die schulische Ausbildung der Zöglinge sank auf ein unbeschreiblich niedriges Niveau, Schule und Erziehung wurden Nebensache. Von dem ursprünglich über den gesamten Tag verteilten Unterricht blieben den Kindern vormittags höchstens vier Stunden, die restliche Zeit verbrachten sie in den Manufakturen des Waisenhauses, den Fabriken Potsdams und im Seidenbau. Bis zu 35 Stunden in der Woche mußten sie dabei arbeiten.[4] Neben der körperlich schweren Arbeit wurde vor allem seit dem Siebenjährigen Krieg die dauernde Überbelegung zum größten Übel der Anstalt.[5]

Zeitgenössische Forderungen nach Reformierung des Schulwesens konnten sich jedoch aufgrund der zu hohen Kosten lange nicht durchsetzen. Erst die philanthropische Bewegung und die damit verbundenen Schulversuche Rochows im unweit Potsdam gelegenen Reckahn führten auch am Militärwaisenhaus zu Veränderungen. Unter den hier angestellten Personen, die zu der Rochowschen Dorfschule von Reckahn reisten, um sich mit der vorbildlichen Schul- und Unterrichtsorganisation vertraut zu machen, befanden sich zunächst Vertreter der vorgesetzten Behörden und Verwaltungsinstanzen.

Als erster Besucher aus dem Waisenhaus weilte am 6. Juni 1776 ein Mitglied der ›Administration‹[6], Kriegsrat Christian Wilhelm Deutsch, in Reckahn zu Gast. Er war im Jahr 1772 in die Verwaltung des Militärwaisenhauses als Verantwortlicher für die Rechnungsführung berufen worden. In seinem zehnjährigen Schaffen in Potsdam erwarb er sich große Verdienste um die

1 Vgl. z.B. Bernhard R. Kroener: Bellona und Caritas. Das Königlich-Potsdamsche Große Militär-Waisenhaus. Lebensbedingungen der Militärbevölkerung in Preußen im 18. Jahrhundert. In: Potsdam. Staat, Armee, Residenz in der preußisch-deutschen Militärgeschichte. Im Auftrag des Militärgeschichtlichen Forschungsamtes hrsg. v. Bernhard R. Kroener unter Mitarbeit von Heiger Ostertag. Frankfurt/M., Berlin 1993. S. 231–252; Wolfgang Neugebauer: Truppenchef und Schule im Alten Preußen. Das preußische Garnison- und Regimentsschulwesen vor 1806 besonders in der Mark Brandenburg. In: Festschrift der Landesgeschichtlichen Vereinigung für die Mark Brandenburg zu ihrem hundertjährigen Bestehen 1884–1984. Berlin 1984, S. 227–263. Die noch heute ausführlichste Darstellung zum Waisenhaus im 18. Jahrhundert: [August Zarnack:] Geschichte des Königlichen Potsdamschen Militärwaisenhauses, von seiner Entstehung bis auf die jetzige Zeit, hrsg. zur 100jährigen Stiftungsfeier der Anstalt. Berlin 1824.

2 Fritz Jonas/Friedrich Wienecke (Hg.): Friedrich Eberhard von Rochows sämtliche pädagogische Schriften. 4. Bd. Berlin 1910, S. 437–463.

3 Seiner Königl. Majestät in Preußen General-Reglement für Dero Waysenhaus zu Potsdam, 1. November 1724. In: Corporis Constitutionum Marchicarum. Sechster Theil: Von Miscellaneis, und Supplementis derer vorhergehenden fünf Theile bis 1736. 2. Abtheilung. Berlin 1750. Nr. CLXX

4 Geschichte Militärwaisenhaus (Anm. 1), S. 400.

5 Die im Stadtarchiv Potsdam befindlichen Seelenlisten der Stadt Potsdam verzeichnen – wenngleich lückenhaft – für den Zeitraum 1777–1799 neben den Belegungsstärken des Waisenhauses auch die Namen der Präzeptoren und Verwaltungsbediensteten und bilden damit eine wichtige Quelle. Für das Jahr 1777 waren 1.132 [!] Knaben und 695 Mädchen (Film 30, Bl. 64/65) in der Anstalt erfaßt. Erst 1796 regelte ein Erlaß die Zahl auf 800 Kinder.

6 Die ›Administration‹ war für Fragen der Speisung, der Bekleidung und des Kassen- und Rechnungswesens zuständig. Vgl. Geschichte Militärwaisenhaus (Anm. 1), S. 199 f.

Besucher des Potsdamer Militärwaisenhauses in der Reckahner Musterschule

6. 6. 1776	Kriegsrat Deutsch
19. 11. 1776	Der Etatsminister v. d. Schulenburg Exzellenz (Levin Rudolf v.d. Schulenburg, Direktor des Großen Militär-Waisenhauses zu Potsdam)
28. 7. 1778	Herr Prediger Wiegand aus Potsdam nebst einem Lehrer vom Waisenhaus
30. 1. 1779	Kriegsrat Deutsch
24. 2.–28. 3. 1779	Herr Retscher, Kantor am Waisenhaus
28. 3. 1780	Herr Generalmajor von Rohdig Kriegsrat Deutsch
17. 7–13. 8. 1780	Herr Lammert, Schullehrer bei dem Pfuhlschen Regiment (Nr. 46) in Berlin, später wirkte L. am Großen Militär-Waisenhaus zu Potsdam, gest. 1795
21. 9. 1780	Herr Kandidat Herzberg, Lehrer am Waisenhaus
23. 9. 1780	Herr Kandidat Gruft, Lehrer am Waisenhaus, und dessen Bruder
4. 3.–26. 9. 1780	Herr Kandidat Karl Friedrich Riemann, Lehrer am Waisenhaus
27. 10. 1780	Herr Kandidat Schmidt, Lehrer am Waisenhaus
27. 8. 1781	Herr Kantor Christoph Lindemann
15. 9. 1788	Herr Kandidat Winkler, Lehrer am Waisenhaus
20./21. 8. 1789	Herr Kandidat Dreger, Lehrer am Waisenhaus
13.–22. 10. 1791	Herr Prediger Riemann aus Neu-Küstrinchen
25. 8. 1797	Herr Prediger Riemann aus Neu-Küstrinchen
22. 7. 1799	Herr Lindemann, Lehrer am Waisenhaus

Neuorganisation der Anstaltsschule und muß als der eigentliche Wegbereiter eines im philanthropischen Geiste reformierten Erziehungswesens am Militärwaisenhaus angesehen werden.

Deutsch interpretierte die schulischen Mißstände an der Potsdamer Anstalt als Folge der Dominanz von Manufaktur- und Fabrikarbeit. Gleich zu Beginn seiner Dienstzeit im Waisenhaus knüpfte der Kriegsrat enge Briefkontakte zu bekannten Pädagogen seiner Zeit, so zu Basedow, Felbinger und Campe. Auch mit Rochow stand er im Austausch.[7] Bei Reisen in ihre Anstalten holte sich Deutsch Anregungen und beriet sich mit den Erziehungsreformern, wie das Schulwesen auch im Militärwaisenhaus zu verändern sei. Deutsch traf Campe persönlich, als dieser sich für einige Zeit in Potsdam aufhielt. Unmittelbar nach seinem ersten Besuch in Reckahn begannen Deutschs Aktivitäten für eine Reformierung der Waisenhausschule. Bis zum Jahre 1779 erarbeitete er mit Genehmigung des Direktoriums einen vollständigen Plan zur Verbesserung des Erziehung- und Bildungswesens im Waisenhaus.[8] Zwei einflußreiche Verbündete bekam er mit der Berufung des Feldpredigers Johann Gottlieb Kletschke zum Feldprobst und der Einsetzung des Potsdamer Kommandanten, Generalmajor Friedrich Wilhelm von Rohdich, zum Mitaufseher bei der Waisenhaus-Administration. Mit Unterstützung von Kletschke und Rohdich konnten Deutschs pädagogische Reformanstrengungen im September 1779 durch die Gründung einer ›Schulkommission‹ verbessert werden; Deutsch wurde Mitglied des Reformgremiums. Die fünfköpfige Kommission sollte die dringend notwendige Qualitätsverbesserung des Unterrichts gewährleisten und die

Knabenhaus in der Potsdamer Lindenstraße, nach 1772

Instruction

für die Lehrer

des

Pozdamschen Waisenhauses.

Berlin 1779.

Gedrukt bei Christian Sigismund Spener.

Waisenkinder künftig wieder zu einer planmäßigen Unterrichtung führen. Als Basis für ihr Wirken erließ die Schulkommission noch im gleichen Jahr die vom Geist der Rochowschen Pädagogik durchdrungene *Instruktion für die Lehrer des Potsdamschen Waisenhauses*. In Anlehnung an die von Rochow formulierte Forderung nach entsprechend gebildeten und fähigen Lehrern verlangte das Gremium von jedem in Zukunft einzustellenden Lehrer, ›daß er nicht nur die nöthigen Fähigkeiten zum Unterricht habe, sondern sich auch bemühe, durch sein Beispiel eben so sehr, als durch seinen Unterricht zu nüzzen.‹[9] ›Je eifriger und treuer‹ die Lehrer die Schulstunden gestalteten, ›je praktischer sie ihren Unterricht, und je eindringlicher sie denselben für die Kinder machen‹[10], desto größer sei der Erfolg bei der Bildung und Erziehung der Kinder zu spüren.

Ausgerichtet an der Reckahner Schule[11] gliederte sich der Unterricht in verschiedene Stufen, in die die Anstaltsschüler nicht

7 Vgl. Richard Boschan: Das Bildungswesen in der Stadt Potsdam bis zur Wiederaufrichtung des preußischen Staates. Potsdam 1912, S. 30. Jonas/Wienecke (Anm. 2) überliefern keine Briefe aus dem Schriftwechsel Deutsch-Rochow.

8 Vgl. Geschichte Militärwaisenhaus (Anm. 1), S. 473.

9 Instruktion für die Lehrer des Potsdamschen Waisenhauses. Berlin 1779, S. 2.

10 Ebenda S. 1.

11 Vgl. zum Unterricht an den Rochowschen Schulen Karl Friedrich Riemann: Beschreibung der Reckahnschen Schule. 3. umgearb. Aufl. Berlin/Stettin 1798. Zur Person Riemanns vgl. unten.

Mädchenhaus in der Potsdamer Lindenstraße, nach 1772

entsprechend ihres Alters, sondern abhängig von den erlangten Kenntnissen und Fähigkeiten wechselten. So differenzierte sich der Sprachunterricht (siehe Beitrag Gessinger) in vier aufeinander aufbauende Phasen: 1) die *ABC-Klassen* für die jüngsten Schüler, 2) die *Buchstabier-Klassen*, 3) die *Lese-Klassen*, wobei die ›Lehrer sich fleißig des Rochowschen Schul-Buchs zu bedienen‹[12] hatten, und 4) die *katechistischen Klassen* für die beiden evangelischen Konfessionen.

Kriegsrat Deutsch verfaßte ein in den *Instruktionen* verschiedentlich erwähntes *Lese- und Buchstabierbuch*, das ab 1779 im Waisenhausunterricht zur Verwendung kam.[13] Eine ausführliche Charakterisierung des Schulbuchs überliefert der Pädagoge August Zarnack[14], wobei er das Lehrbuch methodisch als seiner Zeit weit voraus charakterisiert:

›Namentlich erhellet aus einer, jenem Buchstabirbuche beigefügten Anweisung für die Lehrer, zum Gebrauche desselben, daß er dasjenige, was zu unseren Zeiten *Olivier* und *Stephani* als Lesemethode aufgestellt, und damit Aufsehn in den Schulen erregt haben, schon wenigstens zwanzig Jahre früher gekannt und empfohlen habe.‹[15]

Deutschs erstem Reckahn-Aufenthalt am 6. Juni 1776 folgten weitere Besuche am 30. Januar 1779 sowie am 28. März 1780. Auf dieser letzten Reise – ein Jahr, bevor er die Anstalt verließ – wurde er von dem bereits erwähnten Generalmajor von Rohdich begleitet. Aufgrund seiner militärischen Verdienste besaß der 1719 in Potsdam geborene Rohdich eine hohe Anerkennung bei Friedrich II.[16] Der Direktion unter Rohdich war es zu verdanken, daß dem Militärwaisenhaus die finanziellen Mittel zur Reorganisierung von Friedrich II. genehmigt wurden.

Um der Rochowschen Methode innerhalb der Lehrerschaft eine fundierte Basis zu verschaffen, erwirkte die Potsdamer Schulkommission 1780, daß der seit 1779 am Waisenhaus unterrichtende Pfarrerkandidat Karl Friedrich Riemann für *ein halbes Jahr nach Reckahn geschickt wurde*. Hier hatte er sich eingehend mit der philanthropischen Pädagogik vertraut zu machen und nach der Rückkehr seine neuen Erfahrungen und Kenntnisse, in Zusammenarbeit mit den anderen Lehrern der Anstalt, in die Umgestaltung der Waisenerziehung einfließen zu lassen. Aufgrund der späteren Anerkennung, die sich Riemann mit seiner bereits erwähnten *Beschreibung der Reckahnschen Schule* sowie weiteren pädagogischen Schriften verschaffen konnte, sind – im Gegensatz zu den meisten anderen Anstaltslehrern – Riemanns pädagogische Aktivitäten und Verdienste relativ umfassend überliefert. Riemann arbeitete nach seinem Theologiestudium in Frankfurt/Oder von 1779 bis 1784 als Präzeptor am Potsdamer Waisenhaus. Danach wurde er – wie es üblich war – ordiniert und erhielt die reformierte Predigerstelle in Neuküstrinchen im Kirchenkreis Königsberg, wo er bis zu seinem Tod 1812 blieb.[17] Noch von Neuküstrinchen aus reiste Riemann zweimal (1791 und 1797) nach Reckahn.

Riemanns Verdienst war es, neben Rochows eigenen Schriften die Reckahner Schulen einem großen Publikum bekannt gemacht und die darin praktizierte Lehrmethode verbreitet zu haben. Das Buch erschien innerhalb relativ kurzer Zeit in drei Auflagen, wobei

Knabenhaus in der Potsdamer Waisenstraße (heute Dortustraße), nach 1772

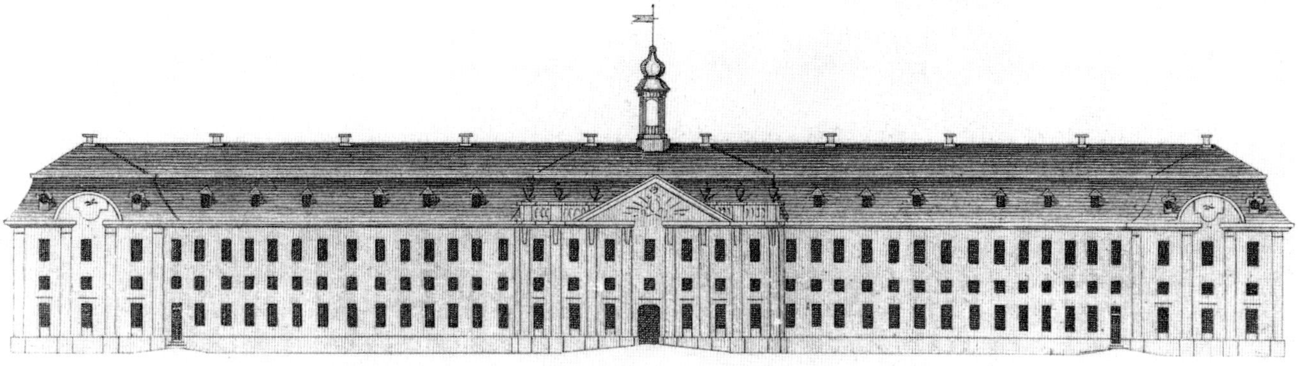

Potsdamer Militärwaisenhaus vor dem Umbau, 1772

der Verfasser jede einzelne Auflage umfangreichen Überarbeitungen unterwarf.[18] Riemanns Darstellung schildert zuerst diejenigen Veränderungen, die Rochow an der äußeren Struktur und dem Aufbau der Schule vornehmen ließ, um dem künftigen Schulbetrieb die entsprechenden Voraussetzungen zu schaffen. Wichtigster Punkt war hier die Teilung der Schulkinder in zwei leistungsabhängige Klassen[19], was – wie bereits gezeigt – auch im Potsdamer Militärwaisenhaus aufgegriffen und umgesetzt wurde. Von den beiden Klassenstufen ausgehend, erläutern mehrere Kapitel den Aufbau des Unterrichts, die einzelnen Inhalte der Schulstunden sowie die zur Erreichung der Unterrichtsziele eingesetzten Unterrichtsmaterialien. Die Intentionen, die Riemann mit seinem Buch verfolgte, beschränkten sich jedoch nicht darauf, eine bloße Beschreibung der Rochowschen Schulen zu geben. Riemann wollte in erster Linie den Nutzen und die Vorteile der Reckahner Methode demonstrieren. Lehrern, die diese Methode übernehmen wollten, aber aufgrund der Reisebedingungen im 18. Jahrhundert nicht in der Lage waren, die Musterschule selbst zu besichtigen, wurde durch Riemanns *Beschreibung* eine unterrichtspraktische Anleitung gegeben (siehe Beitrag Sandfuchs und Markussen). Auch nach Riemanns Weggang aus Potsdam hat er sich für die Reformation des niederen Schulwesen eingesetzt. Verschiedene Aufsätze und Publikationen zeugen von diesen Bemühungen.

Als weiterer Schritt zur Verbesserung des Schulwesens im Militärwaisenhaus erfolgte 1780 die Berufung eines in den Rochowschen Schulen arbeitenden Lehrers an die Anstalt. Der in der Halberstädter Domschule ausgebildete Johann Christoph Lindemann (1754–1813) war seit 1774 Küster und Lehrer an der im Geiste Rochows reformierten Göttiner Dorfschule. Riemann urteilte über die Arbeit seines Kollegen in Göttin, daß Lindemann ›mit Geschicklichkeit und Treue sein Amt dort verwaltete.‹[20] Mit dem 2. November 1780 wurde Lindemann als Lehrer am Militärwaisenhaus tätig. Ein Brief vom 1. Dezember an seinen früheren Dienstherrn gewährt Einblick in den Alltag der Waisenhaus-Lehrer:

›Meine jetzigen Schularbeiten bestehen in 16 Stunden wöchentlichen Unterrichts, wovon 8 zu Rechen-, 4 zu Lese, 2 zu Sitten- und noch 2 zu Erklärungsstunden des hiesigen Buchstabierbuchs angesetzt sind.

Außerdem habe ich noch verschiedene Inspektionen auf dem Hofe und in den Versammlungsklassen. Ich habe indessen die Ehre, Ihro Hochwürden [Rochow] aufrichtig zu sagen, daß es mir

12 Instruktion (Anm. 9), S. 10.

13 Dem Verfasser des vorliegenden Aufsatzes war es trotz intensiver Recherchen bisher nicht möglich, ein Exemplar dieses Lesebuches aufzufinden, so daß zu dessen Beurteilung Aussagen Dritter herangezogen werden mußten.

14 Zarnack war zwischen 1815 und 1824 Erziehungsdirektor im Waisenhaus und prägte die Pädagogik der Anstalt nachhaltig. Vgl. Christian Wilhelm Spieker: Das Leben Joachim August Christian Zarnacks. Frankfurt/Oder 1830.

15 Geschichte Militärwaisenhaus (Anm. 1), S. 474 f., Anm. (Hervorhebungen im Original gesperrt).

16 Vgl. von Puttkamer: Friedrich Wilhelm von Rohdich (Vortrag Nr. XXXV). In: Mitteilungen des Vereins für die Geschichte Potsdams. Potsdam 1864, o. S.

17 Evangelisches Pfarrbuch für die Mark Brandenburg seit der Reformation. Hrsg. v. Brandenburgischen Provinzialsynodalverband. Bearb. von Otto Fischer. Bd. 2/2: Verzeichnis der Geistlichen in alphabetischer Reihenfolge. Berlin 1941, S. 698.

18 Die variierenden Titel ließen den umgearbeiteten Inhalte erkennen: hieß die Erstausgabe von 1781 noch Versuch einer Beschreibung der Reckahnschen Schuleinrichtung, wiesen die folgenden Ausgaben von 1791 bzw. 1798 aus, als Praktisches Handbuch für Lehrer in niedern Bürger- und Landschulen eingesetzt werden zu können.

19 Vgl. Riemann: Beschreibung (Anm. 11), S. 20 ff.

20 Ebenda S. VII.

hier gefällt. [...] Das Verhältnis zwischen mir und den übrigen Präzeptoren ist das, was die Höflichkeit mit sich bringt.‹[21]

Lindemann scheint die Arbeit am Waisenhaus weiterhin *gefallen* zu haben, da er die Stelle bis zu seinem Tod 1813 begleitete. Seine Kenntnisse vom Göttiner Schuldienst stellten für die Neuorganisation des Anstaltsschulwesens ebenso wie Riemanns Erfahrungen eine große Bereicherung dar. Als Lehrer bei Rochow hatte Lindemann eine Fibel verfaßt, mit der die Kinder der ersten Klasse der Reckahner Schulen lernten.[22] Jonas/Wienecke bemerkten zu dem Lehrbuch: ›Nach einem Schulbericht aus dem Jahre 1787 wurde im ersten Leseunterricht das ABC-, Buchstabier- und Lesebuch für die kleinen Schulen in den preußischen Landen gebraucht.‹[23] Lindemann hatte die Fibel in einer, den jüngsten Schülern angepaßten, kindlichen Sprache abgefaßt, die mit dem Erlebnis- und Erfahrungshorizont aus der unmittelbaren Umgebung der auf dem Land aufwachsenden Kinder arbeitete. Demgemäß kleidete der Verfasser seine aufgeklärten Ansichten über wünschenswertes Benehmen in Vergleiche mit der Tierwelt:

›Die dummen Ochsen und Pferde stoßen und schlagen sich einander wohl; aber Kinder, die verständiger seyn wollen, als das dumme Vieh, dürfen so was viehisches kein einziges mal thun. [...] O wie unangenehm klingt es, wenn zwey Hunde gegen einander bellen! Eben so übel klingt es auch, wenn sich zwey Kinder zanken. Menschen sind darum bey einander, auf daß sie sich lieben, und einander nützen.‹[24]

Im Anschluß an die Fibel gab Lindemann Handreichungen und Ratschläge zum Gebrauch des Lehrbuches ›für Anfänger und noch nicht viel geübte Schullehrer‹[25] ganz im Sinne der in Reckahn üblichen katechetischen Lehrart.

Ein weiterer Aufsatz Lindemanns über den Mathematikunterricht in den ersten Klassen offenbart seinen aufgeklärten Geist und sein modernes Verständnis vom Lehrerberuf:

›Der Hauptzweck [des Rechnens] ist wol dieser: den Verstand der Kinder aufzuklären und sie beym Rechnen über ihre eigne, sowohl jetzige und künftige Angelegenheiten, selbst denken zu lehren. [...] der Lehrer [hat] darauf zu denken, wie er ihnen das Rechnen so angenehm machen könne, daß sie Vergnügen daran finden, sich gern damit zu beschäftigen [und] ihnen so viel als möglich durch Beyspiele versinnliche und vor die Sinne bringe!‹[26]

Lindemann ist ganz sicher seinen Kollegen am Potsdamschen Waisenhaus, die mit der neuartigen Lehrmethode weniger vertraut waren, eine große Hilfe gewesen.

Weitere Angehörige des Präzeptorenkollegiums des Waisenhauses folgten Lindemann und Riemann nach Reckahn, um mit

Blick auf das Potsdamer (Militär-)Waisenhaus, um 1930

Hauptgebäude des Potsdamer (Militär-)Waisenhauses in der Lindenstraße

der mustergültigen Einrichtung und ihrer Pädagogik bekannt zu werden. Ihre Namen sind in der abgedruckten Tabelle zusammengestellt. Leider gibt es keine Quellen, die über die jeweilige pädagogische Unterrichtspraxis berichten. Der durch die Reckahner Musterschule beeinflußte Reformprozeß am Potsdamer Militärwaisenhaus fand 1796 seinen vorläufigen Abschluß, als die Schulkommission eine neue Erziehungs- und Schulordnung in Kraft setzte. Die 1795 ausgelaufenen Unternehmerverträge waren nicht verlängert worden[27], so daß die Mädchen und Jungen der Potsdamer Anstalt endlich einen geregelten, vielleicht sogar philanthropischen Unterricht erhalten konnten.

21 Fritz Jonas/Friedrich Wienecke (Hg.): Friedrich Eberhard von Rochows sämtliche pädagogische Schriften. 3. Bd. Berlin 1904, S. 274

22 Als Teil eines 1779 von Lindemann verfaßten, aber erst 1785 publizierten Aufsatzes wurde diese Fibel abgedruckt. Christoph Lindemann: Von der Verbesserung des ABC-, Buchstabier- und Anfangs- oder ersten Lesebuchs, welches in Dorfschulen gebraucht wird. In: Landschulbibliothek. Oder Handbuch für den Schullehrer auf dem Lande. 3. Stück. Berlin 1785, S. 1–32.

23 Jonas/Wienecke (Anm. 21), S. 467. Ihre Quelle spezifizierten die beiden Autoren leider nicht näher.

24 Lindemann (Anm. 22), S. 13.

25 Ebenda S. 17.

26 Vgl. Christoph Lindemann: Praktische Vorschläge, Anfängern das Rechnen lehren und -lernen zu erleichtern. In: Landschulbibliothek. Oder Handbuch für den Schullehrer auf dem Lande. 3. Bd. 4. Stück. Berlin 1785, S. 5–44, hier S. 5 und 9.

27 Vgl. Geschichte Militärwaisenhaus (Anm. 1), S. 137 ff.

Armes Kind im Winter

Wege der Schulreform: Hamburg, Lübeck und Reckahn

Franklin Kopitzsch

Schloß und Schulhaus im märkischen Reckahn, die Wirkungsstätten des Aufklärers und Reformers Friedrich Eberhard von Rochow und des Lehrers Heinrich Julius Bruns, waren wichtige und weithin ausstrahlende Knotenpunkte im Kommunikationsnetz der Aufklärung als praktischer Reformbewegung. Im Museum, das in der Reckahner Schule an Rochow und Bruns erinnert, zeigt eine Karte eindringlich auf, wie stark Reckahn in den regionalen, nationalen und internationalen Gedanken- und Erfahrungsaustausch eingebunden war, welche vielfältigen Wirkungen von hier ausgingen. Hanno Schmitt und Frank Tosch haben mit Recht betont, daß der Ort ›lange vor der preußischen Reformphase im letzten Drittel des 18. Jahrhunderts zu einem pädagogischen Mekka‹[1] wurde. Die lange Liste der Besucher, die sich bei Rochow und Bruns einfanden[2], verdient eine eingehende Analyse (siehe Beiträge Keck und Scholz), führt sie doch direkt in aufklärerische Lebenswelten und zum Bemühen um ›Verbesserungen‹. Und es ergeben sich mehr als einmal bemerkenswerte Zusammenhänge. Der General Johann Anton Andreas von Scholten, der in Treuenbrietzen und Stettin die Aufklärung förderte und sich für bessere Schulen einsetzte, widmete Moses Mendelssohn 1786 in der ›Berlinischen Monatsschrift‹ einen warmherzigen Nachruf.[3] Von Scholten war 1779 in Reckahn, Männer aus seinem Umkreis in Treuenbrietzen wie in Stettin kamen ebenfalls dorthin.[4] 1783, vier Jahre nach von Scholten, verzeichnet die Gästeliste den ›Geheimrat Freiherr v. Grote aus Breese bei Tannenberg‹[5] (gemeint ist das kurhannöversche Dannenberg im Wendland). Von Grote, damals kurkölnischer, später preußischer Diplomat in Hamburg, widmete Gotthold Ephraim Lessing 1781 in Breese das erste Denkmal auf deutschem Boden. Christian Cai Lorenz Hirschfeld, der in Theorie und Praxis die Gartenkunst in die deutsche Aufklärungsbewegung einbrachte, hat den Park von Breese mit dem Denkmal in seinem ›Gartenkalender auf das Jahr 1783‹ beschrieben.[6]

Mit von Grote, der 1826 hamburgischer Ehrenbürger wurde, in Anerkennung seines fünfzigjährigen diplomatischen Wirkens in und für Hamburg wie für seine Wohltätigkeit, ist ein Bogen von Reckahn in den deutschen Norden geschlagen. Ein zentrales Thema der Hamburger Aufklärung, vor allem auch der Hamburgischen Gesellschaft zur Beförderung der Künste und nützlichen Gewerbe, der Patriotischen Gesellschaft von 1765, dem Mittelpunkt und Motor von Reformen in vielen Lebensbereichen, war die Armenfrage. 1788 gelang mit der Allgemeinen Armenanstalt eine weit über die Stadt hinaus im In- und Ausland vielbeachtete Innovation. Armut wurde nun nicht mehr allein oder in erster Linie als Folge von Faulheit und Müßiggang gesehen, sondern in ihren konjunkturellen und strukturellen Ursachen erkannt. Den arbeitsfähigen Armen Arbeit zu beschaffen, den kranken Armen ärztliche Versorgung und Betreuung, den alten Armen Unterstützung zu gewähren und den Kindern der Armen den Zugang zu Erziehung und Bildung zu ermöglichen, war das anspruchsvolle und ehrgeizige Programm der neuen Einrichtung, die von den Bürgern selbst verwaltet wurde und von Anfang an für Publizität sorgte und Rechenschaft über ihre Tätigkeit ablegte. Begünstigt durch die Hochkonjunktur, die Hamburg im Jahrzehnt der Französischen Revolution erlebte, wirkte die Armenanstalt äußerst erfolgreich.[7]

Die Anstalt schuf ein eigenes Schulwesen, eine der Wurzeln der modernen Hamburger Volksschule.[8] Die Schule in Reckahn

1 Hanno Schmitt/Frank Tosch: Vernunft fürs Volk. Friedrich Eberhard von Rochow. In: Preußen-Jahrbuch. Ein Almanach. Berlin 2000, S. 88–89, hier S. 89. Vgl: auch Gerhard Sprenger: Weltbürger oder Patriot? Vor 250 Jahren wurde Friedrich Eberhard von Rochow geboren. In: Jahrbuch für brandenburgische Landesgeschichte 35 (1984), S. 92-116, hier S. 113.

2 Vgl. Verzeichnis der Besucher der Reckahnschen Schule von 1772/1805. In: Fritz Jonas/Friedrich Wienecke (Hg.): Friedrich Eberhard von Rochow: Sämtliche Pädagogische Schriften. 4. Bd., Berlin 1910, S. 437–463.

3 Vgl. Franklin Kopitzsch: ›Freie Associationen‹, ›thätiger Gemeingeist‹ und Aufklärung. In: Erich Donnert (Hg.): Europa in der Frühen Neuzeit. Festschrift für Günter Mühlpfordt. Bd. 4. Deutsche Aufklärung. Weimar/Köln/Wien 1997, S. 661–678, hier S. 673 f.

4 Vgl. Verzeichnis (Anm. 2), S. 445; siehe auch S. 444, 452, 456, 459, 460.

5 Ebenda S. 450.

6 Vgl. dazu Franklin Kopitzsch: Lessing und Hamburg. Aspekte und Aufgaben der Forschung. In: Wolfenbütteler Studien zur Aufklärung 2 (1975), S. 47–120, 3 (1976), S. 273–325, hier 3 (1976), S. 274 f., S. 309 ff., Anm. 407–416.

7 Vgl. dazu zuletzt Erich Braun/Franklin Kopitzsch (Hg.): Zwangsläufig oder abwendbar? 200 Jahre Hamburgische Armenanstalt. (= Schriften der Hamburgischen Gesellschaft zur Beförderung der Künste und nützlichen Gewerbe – Patriotische Gesellschaft von 1765; 3). Hamburg 1990.

8 Vgl. Hartwig Fiege: Geschichte der hamburgischen Volksschule. Bad Heilbrunn, Hamburg 1970, S. 11, 25–30. Eingerichtet wurden eine Industrie- und eine ›Literar-‹ bzw. ›Lehrschule‹. An letzterer unterrichteten die in Reckahn ausgebildeten Lehrer. Siehe jetzt auch Rüdiger Fechner: Die Bildungspolitik der Armenanstalt zwischen Finanzkrise und politischer Ideologie. In: Braun/Kopitzsch (Anm. 7), S. 97–106, hier S. 98.

war für die Schuldeputation des Armenkollegiums ein Vorbild, ›zwei geeignet erscheinende Lehrer‹[9] wurden dorthin gesandt, von den mehrmonatigen Aufenthalten erhofften sich die Verantwortlichen eine ›vernünftige, ihren Fähigkeiten, ihren Verhältnissen angemessene Leitung zu Gott, zur christlichen Rechtschaffenheit, und zu allem, was ihnen zu ihrem künftigen Fortkommen zu einem thätigen, fröhlichen, nützlichen, wohlgefälligen Leben gut und brauchbar sein kann‹[10]. Einer der beiden Lehrer besuchte anschließend Dessau, Berlin, Potsdam, Magdeburg, Halberstadt, Göttingen und Celle, um auch dort gemachte Erfahrungen für Hamburgs neues Projekt nutzen zu können. Aus dem Reckahner Besucherverzeichnis wissen wir, daß sich vom 24. April bis 27. August der Inspektor Buchtmann und vom 24. April bis 28. September der Lehrer Barkhalm weiterqualifizierten.[11] Einer der Hamburger Aufklärer, die sich um die Armenanstalt große Verdienste erwarben, war der Jurist Johann Arnold Günther, der als Sekretär der Patriotischen Gesellschaft wichtige Impulse und 1789 eine neue demokratische Verfassung gab, der in der Gesellschaft, seit 1792 auch im Rat der Stadt, dem Senat, für Reformen eintrat. Günther vertraute auf den Fortgang der Aufklärung durch Erziehung, Bildung und Publizität.[12] Ein Jahr nach seinem frühen Tode erschien 1806 ein Verzeichnis der Bücher und Schriften, die er der Patriotischen Gesellschaft hinterlassen hatte. Der ›Jugend- und Volksbildung‹ galt sein besonderes Interesse, von Rochows Werken besaß er dessen ›Handbuch für Lehrer in katechetischer Form, die aufklären wollen und dürfen‹, den ›Katechismus der gesunden Vernunft‹, die ›Kleine Logik oder Vernunft-Anwendungslehre‹, die ›Geschichte meiner Schulen‹, den ›Kinderfreund‹ und den ›Versuch eines Schulbuchs für Kinder der Landleute‹[13]. Auch Carl Friedrich Riemanns Beschreibung der Reckahnschen Schule hatte Günther erworben – in den Ausgaben von 1781, 1792 und 1798.[14]

Hamburger Armen-Anstalt, im Garten Gedenksteine der Gründungsinitiatoren von 1788

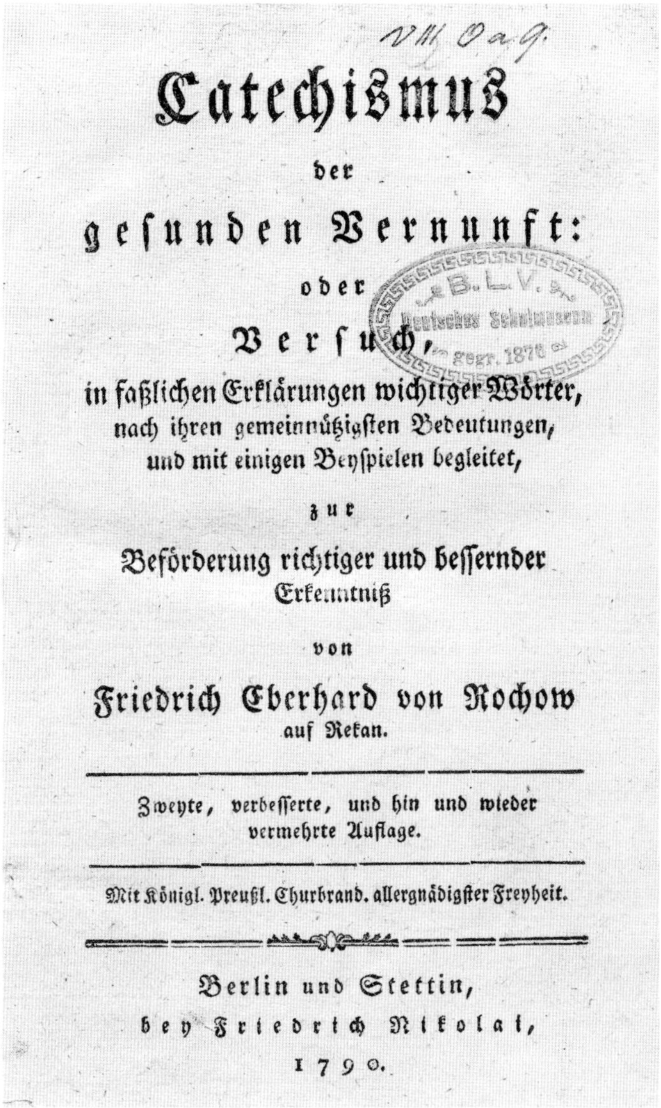

VIII Oa 9

Catechismus
der
gesunden Vernunft:
oder
Versuch,
in faßlichen Erklärungen wichtiger Wörter,
nach ihren gemeinnützigsten Bedeutungen,
und mit einigen Beyspielen begleitet,
zur
Beförderung richtiger und bessernder
Erkenntniß
von
Friedrich Eberhard von Rochow
auf Rekan.

Zweyte, verbesserte, und hin und wieder
vermehrte Auflage.

Mit Königl. Preußl. Churbrand. allergnädigster Freyheit.

Berlin und Stettin,
bey Friedrich Nikolai,
1790.

Als die ›Gesellschaft der Freunde des vaterländischen Schul- und Erziehungswesens‹, der 1805 gegründete Hamburger Lehrerverein, aus dem der Landesverband Hamburg der Gewerkschaft Erziehung und Wissenschaft hervorgegangen ist, 1828 ein gedrucktes Verzeichnis der Bibliothek herausgab, war auch von Rochow vertreten: mit dem ›Katechismus der gesunden Vernunft‹ und dem ›Kinderfreund‹[15] in der Nürnberger Ausgabe von Johann Ferdinand Schlez (siehe Beitrag Freyer).

Auch in Hamburgs Nachbarstadt Lübeck fanden von Rochows und Bruns' Reformen Beachtung und Nachahmung. Aus dem Verzeichnis der Besucher ist zu entnehmen, daß am 11. und 12. Juli 1783 ›Herr Pred. Polcho aus Lübeck und dessen Frau‹[16] in Reckahn

9 Martin Brandt: Die Bestrebungen der Hamburgischen Armenanstalt von 1788 zur Erziehung der Armenbevölkerung. Ein Beitrag zur Geschichte der Industrieschule. Phil. Diss. Hamburg 1937, S. 45.

10 Ebenda S. 46.

11 Vgl. Verzeichnis (Anm. 2), S. 458.

12 Günther wird ausführlich behandelt in Franklin Kopitzsch: Grundzüge einer Sozialgeschichte der Aufklärung in Hamburg und Altona. 2. Aufl. Hamburg 1990. (= Beiträge zur Geschichte Hamburgs; 21), vgl. Register S. 854 f.

13 Verzeichnis der Bibliothek welche der hamburgischen Gesellschaft zur Beförderung der Künste und nützlichen Gewerbe von ihrem verdienten Mitgliede Herrn Senator Johann Arnold Günther Lt. d. R. im Jahr 1805 hinterlassen ist. Hamburg 1806, S. 153, Nr. 1855 und 1856, S. 154, Nr. 1861, S. 156, Nr. 1890 und 1898.

14 Vgl. ebenda S. 154, Nr. 1862–1864.

15 Verzeichniß der Büchersammlung der Gesellschaft der Freunde des vaterländischen Schul- und Erziehungswesens in Hamburg 1828. Hamburg 1828, S. 26. Zum Kontext siehe Franklin Kopitzsch: Der Aufklärung verpflichtet. Zu den Anfängen der Hamburger ›Gesellschaft der Freunde des vaterländischen Schul- und Erziehungswesens‹. In: 175 Jahre Gesellschaft der Freunde des vaterländischen Schul- und Erziehungswesens. Gewerkschaft Erziehung und Wissenschaft Landesverband Hamburg. Redaktion: Ludolf Mevius. Hamburg o. J. (1981), S. 16–33.

16 Vgl. Verzeichnis (Anm. 2), S. 450.

zu Gast waren. Johann David Polchow war Prediger in Genin, einem Dorf südwestlich von Lübeck, das dem dortigen Domkapitel unterstand, 1768 hatte er Catharina Maria Hölcke, eine Predigerswitwe geheiratet.[17] Von 1765 bis 1801 wirkte Polchow, unterstützt von dem Geniner Schulmeister Johann Peter Wichmann, als Schulreformer, auch als Autor von Schulbüchern. ›Es ging ihm dabei vor allem um die Einführung neuer Lehrbücher, Verbesserung der Vorbildung und der wirtschaftlichen Situation der Schulmeister und die Verbesserung der Unterrichtsmethode mit dem Ziel, die Schüler zu christlichem und vernünftigem, selbständigem Handeln anzuleiten‹[18]. 1792 wurde in Genin eine Industrieschule errichtet. Auch eine Lehrerbücherei und Lehrerkonferenzen verwirklichte Polchow, der sich als ›der erste Schulmeister im Kirchspiel‹[19] sah. Er reiste nicht nur nach Reckahn, sondern auch nach Potsdam, Halle und Göttingen, informierte sich ferner in Hannover,

Mädchen werden durch eine Lehrerin im Spinnen unterrichtet, 1817

Carl Schmidt-Carlson: Lübeck, um 1840

Kiel, Bremen, Hehnstedt, Ludwigslust und Halberstadt.[20] Von Rochows ›Kinderfreund‹ und Rudolph Zacharias Bechers ›Noth- und Hülfs-Büchlein‹ hatte Polchow in seinem Kirchspiel bekannt gemacht.[21] Polchows und Wichmanns Reformen weisen vielfache Parallelen zu von Rochows und Bruns' Arbeit in Reckahn auf. ›Lange bevor allerdings in den niederen Schulen der Stadt reformerische Tätigkeit Wirkung zeigen sollte‹, gelangen in Genin ›schrittweise Verbesserungen‹[22]: 1791 berichtete Polchow der Gesellschaft zur Beförderung gemeinnütziger Tätigkeit, der Lübecker patriotischen Sozietät, ›Über die seit 25 Jahren in den Geniner Schulen vorgenommenen Verbesserungen‹[23] und gab der Reform in der Stadt damit erste Anregungen.

Was sich hier skizzenhaft für die Reichsstädte an Elbe und Trave zeigen läßt, bestätigt exemplarisch die weitreichende Wirkung, die von Reckahn ausging. Persönliche Kontakte, durch Korrespondenz und Besuche geknüpft, und Rezeption der Schriften des Reckahner Gutsherrn und Reformers hatten erheblichen Einfluß auf ›Verbesserungen‹ der Schulen nicht nur in Deutschland, sondern strahlten auch auf die Schweiz, Ungarn, das Baltikum und Dänemark (siehe Beitrag Markussen) aus. Diesen Verbindungen weiter nachzuspüren, ist eine lohnende Aufgabe historischer Bildungsforschung. Die Motive und Interessen, Grenzen und Leistungen der Reformer sind auch für die Gesellschaftsgeschichte relevant. Innovation und Modernisierung, Verbesserung nicht nur der Schulen, sondern auch der Lebensbedingungen allgemein, gingen im 18. Jahrhundert oft – dies belegt auch der hier skizzierte Kontext – von einzelnen Persönlichkeiten, von kleinen Gruppen Gleichgesinnter und von Aufklärungsgesellschaften aus.

D. N. Chodowiecki: Betteljunge im Berliner Tiergarten gezeichnet, 1758

17 Vgl. Dietrich Wölfel: Polchow, Johann David. In: Biographisches Lexikon für Schleswig-Holstein und Lübeck. Bd. 7. Neumünster 1985, S. 169–171.

18 Ebenda S. 170. Siehe auch Horst Weimann: Vom Lübecker Landschulwesen um 1800. In: Zeitschrift des Vereins für Lübeckische Geschichte und Altertumskunde 34 (1954), S. 66–72, hier S. 70 ff.

19 Ebenda S. 71.

20 Vgl. ebenda S. 71 f. Zur territorialen Einordnung vgl. Wolfgang Prange: Der Landesteil Lübeck. In: Albrecht Eckhardt in Zusammenarbeit mit Heinrich Schmidt (Hg.): Geschichte des Landes Oldenburg. 3. Aufl. Oldenburg 1988, S. 549–590, hier: Das Lübecker Domkapitel, S. 553 ff.

21 Vgl. Claus-Hinrich Offen: Schule in einer hanseatischen Bürgergesellschaft. Zur Sozialgeschichte des niederen Schulwesens in Lübeck (1800–1866). Lübeck 1990. (= Veröffentlichungen zur Geschichte der Hansestadt Lübeck, Reihe B; 17), S. 83, Anm. 5.

22 Ebenda.

23 Ebenda. Zu den späteren Reformen in der Stadt ist Offens Buch grundlegend.

Peter Cramer: Dänischer Bauer mit Sohn, vor 1782

Friedrich Eberhard von Rochows Einfluss in Dänemark

Ingrid Markussen

In Dänemark weiß jeder, dass die dänische Volksschule und dänisches pädagogisches Denken von den Schul- und Bildungsansichten des Pfarrers und des Politikers N. F. S. Grundtvig durchdrungen sind. Grundtvigs Einfluss ist in der umfassenden Literatur gut dokumentiert und seine pädagogischen Gedanken sind in Briefsammlungen und Textausgaben herausgegeben. Aber nur wenige wissen, dass die moderne, demokratische, dänische Volksschule von einem deutschen Gutsherrn aus Brandenburg derart beeinflusst ist, dass dieser Einfluss auf verschiedene Weise dem von Grundtvig gleichkommt.

Friedrich Eberhard von Rochow (1734–1805) gründete in den siebziger Jahren des 18. Jahrhunderts drei Musterschulen in den Dörfern Reckahn, Göttin und Krahne seiner Gutsherrschaft. Mit der Eröffnung dieser drei Schulen, der Einrichtung einer pädagogischen Lehrerbildung, der Einführung eines epochemachenden neuen Lesebuches *Der Kinderfreund* und der Einführung neuer Unterrichtsmethoden diente von Rochows Schule als einzigartiges Modell für dänische Schulplanung und Schulgesetzgebung in den nachfolgenden Jahrzehnten. In der dänischen Allgemeinen Schulordnung von 1814 findet man nur wenige Paragraphen, die sich nicht durch von Rochows Schuldenken Anregungen geholt haben. Trotzdem ist von Rochow heutzutage außerhalb des Kreises von Schulhistorikern unbekannt[1], und weder seine pädagogischen Ideen noch seine Kinderbücher sind im 20. Jahrhundert ins Dänische übersetzt worden.

Die Geschichte der Einwirkung von Rochows auf die gesamte dänische Schulentwicklung ist eine interessante Folge von neuen Auffassungen, sowohl von Staat und Bevölkerung als auch von Aufklärung, Vernunft und Bildung. Sie ist zugleich eine Folge von dem großen Einfluss deutschen Aufklärungsdenkens auf die dänische gesellschaftliche Entwicklung und auf die Bedeutung einzelner Menschen für den Lauf der Geschichte.

Wie kam es dazu, dass ein Gutsherr im 18. Jahrhundert sich zu einem international anerkannten Spezialisten in Schulfragen entwickeln konnte? Rochows eigene Erklärung kann man seinen Schriften entnehmen. Mit seiner militärischen Ausbildung nahm er am Siebenjährigen Krieg (1758–1764) teil. Nach dem Ausscheiden aus dem Militärdienst (siehe Beitrag Schmitt und Pachali) war Rochow bei seiner Heimkehr über die materielle und geistige Not, die unter den auf seinen Gütern lebenden Bauern herrschte, tief erschüttert. Er versuchte die erbärmlichen Existenzbedingungen der Bauern durch Agrar- und Bildungsreformen zu verbessern und richtete für den Rest seines Lebens das Hauptaugenmerk darauf, den Bildungsstand der Bauern anzuheben.[2] Den Ansporn und die philanthropischen Grundideen bekam er von dem Pädagogen Johann Bernhard Basedow (1723–1790), dessen Schriften er in den sechziger Jahren des 18. Jahrhunderts kennenlernte (siehe Beitrag Overhoff).

Basedows pädagogisches Denken stellt die Ideengrundlage für den Großteil der in den folgenden Jahrzehnten im dänischen Schulbereich unternommenen Reformschritte dar. Dennoch war es nicht Basedow, der die Reformen der dänischen Landschulen beeinflusste. Die für seine Internatsschule, das Dessauer Philanthropin, geltenden Grundsätze und seine pädogogischen Gedanken trafen besser auf die wohlhabendere Bevölkerung unter dem städtischen Bürgertum zu. Stattdessen war es Friedrich Eberhard von Rochow, der – gestützt auf Basedows Pädagogik – in Reckahn ein Schulwesen aufbaute, das sich in perfektem Einklang mit der dänischen Reformpolitik im Landwirtschafts- und Schulbereich befand.

Als Gutsherr war von Rochow stark daran interessiert, die landwirtschaftliche Produktion und ›die gemeine Wirtschaft‹[3] zu verbessern. Nach Leschinsky/Roeder war er vom ökonomischen Denken des sogenannten Physiokratismus beeinflusst. Außerdem

1 Von Rochows pädagogische Gedanken und ihre Bedeutung für die Entwicklung des dänischen Schulwesens sind in folgenden Werken erwähnt: Joakim Larsen: Bidrag til den danske Skoles Historie. Bd. 2 1784–1818 (1893), Fotografisk optrykt. Unge Pædagoger, Kopenhagen 1984; Ingrid Markussen: Visdommens Lænker. Studier i enevældens skolereformer fra Reventlow til skolelov. Landbohistorisk Selskab 1988; Ingrid Markussen: Til Skaberens Ære, Statens Tjeneste og Vor Egen Nytte. Pietistiske og kameralistiske ideer bag fremvæksten af en offentlig skole i landdistrikterne i 1700-tallet. Odense University Studies in history and social sciences vol. 187. Odense 1995.

2 Fritz Jonas/Friedrich Wienecke (Hg.): Friedrich Eberhard von Rochows sämtliche pädagogische Schriften. 4 Bde. Berlin 1907–1910; Bd. 3, S. 9; Manfred Heinemann: Schule im Vorfeld der Verwaltung: Die Entwicklung der preussischen Unterrichtsverwaltung von 1771–1800. Studien zum Wandel der Gesellschaft und Bildung im neunzehnten Jahrhundert. Göttingen 1974. Heinemann sagt auf Seite 113: ›Wie ein Militär seine Schlacht plante, so ging von Rochow an die Rationalisierung seiner Gutsherrschaft‹.

hat Rochow den bedeutenden deutschen Kameralisten Johann Heinrich Gottlob von Justi rezipiert. Die Wirtschaftstheorie, die als Kameralismus bezeichnet wird, diskutierte nach 1750 praktische Agrarreformen wie Auswechslung und Verbesserung der landwirtschaftlichen Methoden, neue Erzeugnisse usw. Sowohl in Deutschland wie auch in Dänemark wurden Gesellschaften und Zeitschriften zur Verbreitung der physiokratischen Ideen (siehe Beitrag Böning) gegründet.

Die Auffassung der Kameralisten und Physiokraten von der Landwirtschaft – als einzige produktive Tätigkeit – hatte entscheidenden Einfluss auf die dänische Politik und erklärt u.a., weshalb die dänische Zentralverwaltung Ende des 18. Jahrhunderts der Schulreform für die Bauernschaft einen so hohen Stellenwert beimaßen. Der große Einfluss von Rochows auf die dänische Schulentwicklung ist in diesem Licht zu sehen. Erst nachdem die Erarbeitung einer Schulordnung für die Landbezirke ungefähr 1805 im großen und ganzen beendet war, begann die dänische Zentralverwaltung eine systematische Zusammenstellung von Ideen für eine Schulreform des städtischen Schulwesens. Von Rochows Organisationsmodell für seine Schulen auf Reckahn war so allgemein brauchbar, dass diese Ideen sich auch dafür einsetzen ließen.

Von Rochow war ein wirtschaftlich bewusster Gutsherr. Er konzentrierte sich nicht einseitig auf Schulreform. Er richtete Armenkassen ein, hob die bäuerliche Gemeinschaft auf, unternahm eine Neugliederung der Felder, schenkte vereinzelten Bauern Grundbesitz und ersetzte den Frondienst durch Geldbeträge usw. Diese seine Ideen lagen in der Zeit. Rochow initiierte die Märkische Ökonomische Gesellschaft zu Potsdam (siehe Beitrag Tosch), um seine Ideen weiter auszubreiten. Vor allem wollte Rochow aber den Bauern Mut machen, ihre Vorurteile zu verwerfen und stattdessen nach ihrer Vernunft zu handeln.

Wie bereits erwähnt, initiierte Rochow ab 1772 auf seiner Gutsherrschaft eine fundamentale Reform der Landschulen. In den folgenden Jahrzehnten wurde Reckahn – wie es der Pädagoge Johann Georg Krünitz ausgedrückt hat – *das Mekka der Pädagogik.*[4] Das Schulwesen erfuhr eine Neuordnung und neue Schulgebäude wurden errichtet. Man wollte Lese-, Schreib- und Rechenunterricht für alle, sowohl Jungen wie auch Mädchen. In Fächern, die sich mit dem Alltag der Bauernkinder befassten, wurden landwirtschaftlich relevante Unterrichtsinhalte eingeführt. Neben einem schülerfreundlichen Schulmilieu wurden die Kinder von ihrem Lehrer Bruns sokratisch unterrichtet (siehe Beitrag Sandfuchs).

Es war dieses philanthropische Landschulsystem, das Johann Ludvig Reventlow in den achtziger Jahren des 18. Jahrhunderts auf sein Gut Brahetrolleborg auf Fünen (Dänemark) übertrug. Später kommen wir auf die Schulreformen auf Brahetrolleborg

Rochowsches Schulhaus (erbaut1773) mit Kirche in Reckahn

Pflügende Kinder Ende des 18. Jahrhunderts

zurück. Von Brahetrolleborg wurden die Ideen in den neunziger Jahren des 18. Jahrhunderts auf das dem Bruder Reventlows gehörende Gut Christianssæde auf Lolland und von dort auf andere schulinteressierte Gutsherrschaften weitergeführt. Etwa um die gleiche Zeit wurden die Ideen in die staatlichen Schulreformen der Königsgebiete auf dänischem Nordseeland einbezogen. Im Jahre 1799 mündeten die Ideen in einen Vorschlag zur neuen landesweiten Schulordnung und veranlassten einen großangelegten Schulversuch, der nach 1809 sämtliche Schulen der seeländischen Landbezirke erfasste. Die Ideen wurden 1814 endlich in einer Schulordnung für Land- als auch Stadtbezirke zusammengefasst. Mit Ausnahme einer einzigen Änderung im Jahre 1899 war die Allgemeine Schulordnung von 1814 bis 1937 gültig. Einige wenige der grundlegenden Prinzipien der Schulordnung gelten heute noch.

Die deutschen Kreise in Dänemark

Vor dem gerade skizzierten Hintergrund wollen wir kurz innehalten und zu verstehen versuchen, wie von Rochows Schulgedanken sich so schnell und effektiv in dänische Schulpolitik umsetzen ließen. Eine der Ursachen ist zweifelsohne der damalige Einfluss deutscher Kreise in Dänemark.

Das ganze 18. Jahrhundert hindurch bestanden enge Beziehungen zwischen dem dänischen Königreich, deutschen Ländern und Preußen. Das Herzogtum Schleswig-Holstein war dabei der Brückenkopf zwischen dem dänischen und dem deutschen Territorium. Viele dänische Gutsherren, Politiker und Kulturträger waren deutscher Herkunft. Viele von ihnen besaßen Güter in den Herzogtümern und hatten Verwandte südlich der dänischen Grenze. Sie sprachen gewöhnlich Deutsch, verfolgten deutsche Literatur, deutsches wirtschaftliches und politisches Denken und hatten in ihrer Jugend ein paar Jahre an deutschen Universitäten verbracht; am häufigsten in Leipzig, Jena und Halle. In Dänemark wurden Rochows Schulgedanken – wie schon erwähnt – eben von den Brüdern Reventlow eingeführt, die dem deutschen Kreis einflussreicher Gutsherrschaften angehörten.

Die Reventlow-Familie war Ende des 17. Jahrhunderts aus Deutschland zugewandert. Obwohl die Familie nicht zu den wohlhabendsten Adelsgeschlechtern des Landes gehörte, gelang es ihr allmählich, immer näher in das Machtzentrum des absoluten Königs zu kommen. Beim Tode des Vaters im Jahre 1774 übernahm Christian Ditlev Reventlow die Güter Christianssæde und Pederstrup auf Lolland, und Johan Ludvig Reventlow Brahetrolleborg auf Fünen. Als Lehnsgraf bzw. Baron wurden die Brüder eng

3 Achim Leschinsky/Peter Martin Roeder: Schule im historischen Prozess. Zum Wechselverhältnis von institutioneller Erziehung und gesellschaftlicher Entwicklung. Stuttgart 1976, S. 344.

4 Johann Georg Krünitz: Landschulen sowohl wie Lehr- als auch Arbeits-oder Industrie-Schulen betrachtet. Berlin 1794.

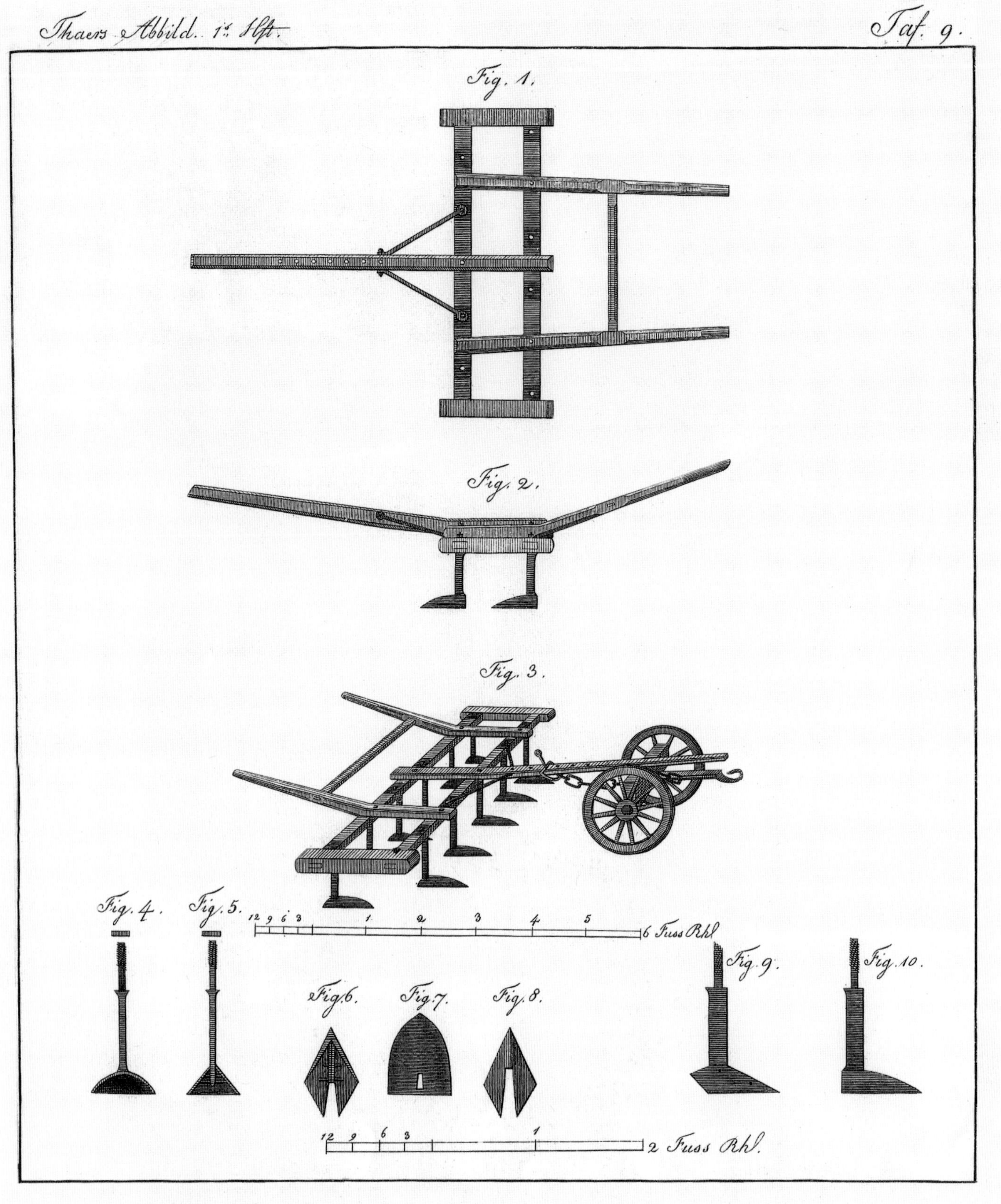

Aus: Thaers ›Beschreibung der nutzbarsten neuen Ackergeräthe‹, 1. H., 1803

mit dem dänischen Staat verknüpft. Dies erklärt den großen Einfluss ihrer progressiven Agrar- und Schulpolitik auf die Entwicklung des Landes. Als Leiter der Rentenkammer stand Christian Ditlev Reventlow an der Spitze der Reformen. Unterstützung bekam er von seinem jüngeren Bruder, der auf seinem eigenen Gut Brahetrolleborg die neuen Massnahmen ausprobiert hatte.

Die dänischen Agrarreformen

Die dänischen Agrarreformen, die in den achtziger und neunziger Jahren des 18. Jahrhunderts durchgeführt wurden, befreiten die Bauern erheblich früher als in Preußen von der Herrschaft der Gutsherren. Die Reformen sicherten den Bauern Darlehen zu, die sie in die Lage versetzten, das von ihnen bewirtschaftete Land zu erwerben, die Dorfgemeinschaft zu verlassen und auf das Land zu ziehen, das sie um die Bauernhöfe herum zusammenbringen konnten. Der Ackerbau wurde reformiert, neue Geräte und neue landwirtschaftliche Methoden wurden eingeführt, und der Pflanzenbau und die Viehzucht wurden verbessert. Nach zwei Jahrzehnten hatten diese Reformen die Existenzbedingungen der dänischen Bauernschaft und das Aussehen der dänischen Landschaft grundlegend verändert.

Erforderlich für alle diese Reformen war die bessere Aufklärung der Bauernschaft, die sich jetzt auf ein selbständigeres, jedoch auch isolierteres Dasein als vormals einstellen musste. Zur Bewältigung dieser Situation war bessere Erziehung und Bildung, u.a. durch Reformierung des Landschulwesens, notwendig. Dabei muss man jedoch die Schulreform im Zusammenhang mit einer ganzen Reihe von zusätzlichen Massnahmen sehen, die dazu dienten, die Bauernschaft funktionsfähiger zu machen. Auf Brahetrolleborg wurden z.B. ein Schulgarten angelegt, Unterricht in Garten- und Pflanzenbau usw. erteilt, und Abendunterricht in Lesen und Schreiben für Erwachsene ermöglicht. Weberstuben, Spinnereien und Werkstätten für männliche Handwerker wurden aufgebaut. Die Ideen verbreiteten sich von dort nach anderen Gütern. Begriffe wie Geschicklichkeit, Arbeitsamkeit, Arbeitsbetrieb, Betriebsamkeit, Emsigkeit, Gewerbsamkeit, Kunstfleiß usw. waren in der pädagogischen Debatte in Deutschland wie auch in Dänemark präsent. Wie auf Reckahn wollte man die dänischen Bauern nicht nur zu äußerer Disziplin, praktischer Arbeit und Tüchtigkeit heranbilden; sie sollten auch lernen, dass Arbeit eine Grundhaltung war, mit der es galt, den Tag und das Jahr zu planen, um so eine effektive Bewirtschaftung der Landwirtschaft zu ermöglichen und den Ertrag zu steigern.

Brahetrolleborg

Wie schon erwähnt, begann die Landschulreform auf Brahetrolleborg. Dort wurde im Jahre 1785 auf Grund von Rochows philanthropischer Schulpädagogik ein neues Schulreglement eingeführt. Angesichts des großen Interesses für Rochows Schulreformen auf Reckahn liegt es nahe, sich zu fragen, ob Reventlow nicht einer der vielen Besucher auf Reckahn gewesen war. Es sieht aber nicht so aus. In dem auf Reckahn geführten Besucherbuch (siehe Beitrag Keck) fehlt sein Name, obwohl mehrere Dänen nachweislich die Rochowsche Musterschule in Reckahn besucht haben. Der Kontakt zu diesen Besuchern ist wahrscheinlich. Der veröffentlichte Schriftwechsel gibt allerdings keinen diesbezüglichen Hinweis.[5] Der Biograph der Reventlow-Familie, der Historiker Louis Bobé, führt an, dass Johan Ludvig Reventlow im Dezember 1789 einen sehr schmeichelhaften Brief von Rochow erhielt.[6] Dieser Brief gehört nicht zu den bisher veröffentlichten Briefen.

In den Brahetrolleborg-Archiven befindet sich ein Buch, aus welchem deutlich wird, wie Reventlow mit dem Rochowschen Gedankengut in Berührung gekommen ist. Es handelt sich dabei um Carl Friedrich Riemann: *Beschreibung der Reckahnschen Schule.*[7] Die erste Ausgabe des Buches erschien im Jahre 1780, d.h. drei Jahre vor der Reformierung des Schulwesens auf Brahetrolleborg. In dem sich auf Brahetrolleborg befindlichen Exemplar des Buches sind Zettel eingesteckt, die ergeben, wie Johan Ludvig Reventlow mit seiner charakteristischen fliegenden Handschrift die Hauptzüge des Schulsystems von Rochows skizziert hat. Die Notizen sind in Dänisch geschrieben, woraus sich schließen lässt, dass sie als Information für dänischsprechende Lehrer auf Brahetrolleborg bestimmt waren. Das ganze Buch ist außerdem voll von Unterstreichungen mit roter Tinte, die die Gründlichkeit zeigt, mit welcher Reventlow sich in die Gedanken von Rochows hineinversetzt hat.

Nach dem neuen Schulreglement durften Kinder nicht ausgeschult werden, bevor sie alles, d.h. sowohl gedruckte Schrift als auch Handschrift, lesen konnten sowie auf vernünftige Weise die wichtigsten Teile des Christentums erläutern und so viel rechnen und schreiben konnten, wie erforderlich war, um nicht von anderen betrogen zu werden.[8] Zur Überprüfung des Unterrichts wurde ein Schulausschuss eingesetzt, dessen Mitglieder neben Reventlow der Pfarrer, eine rechenkundige Person und einige Bauern waren. Der Ausschuss tagte ungefähr ein Mal pro Monat, um sich mit Klagen über nicht zum Unterricht erschienener Schüler zu beschäftigen oder sich auch über Bestrafung ungehor-

5 Louis Bobé: Efterladte Papirer fra den Reventlowske Familiekreds 1795–1931. 12 Bd.

6 Ebenda Bd. 2, S. 221

7 Carl Friedrich Riemann wurde im Jahre 1780 von einem von den großen Waisenhäusern Potsdams eingesetzten Schulausschuss nach Reckahn entsandt. Er hielt sich für ein halbes Jahr auf Reckahn auf und schrieb auf dieser Grundlage seinen Bericht. Das Buch hatte hohe Durchschlagskraft in Dänemark. Gerhard Petrat: Schulunterricht. Seine Sozialgeschichte in Deutschland 1750–1850. München 1979, S. 27–36, gibt eine gründliche Erläuterung darüber, wie Riemanns Bericht über die Reckahnsche Schule in Deutschland aufgenommen wurde.

8 Vgl. Ingrid Markussen: Visdommens lænker (Anm.1.), S. 15.

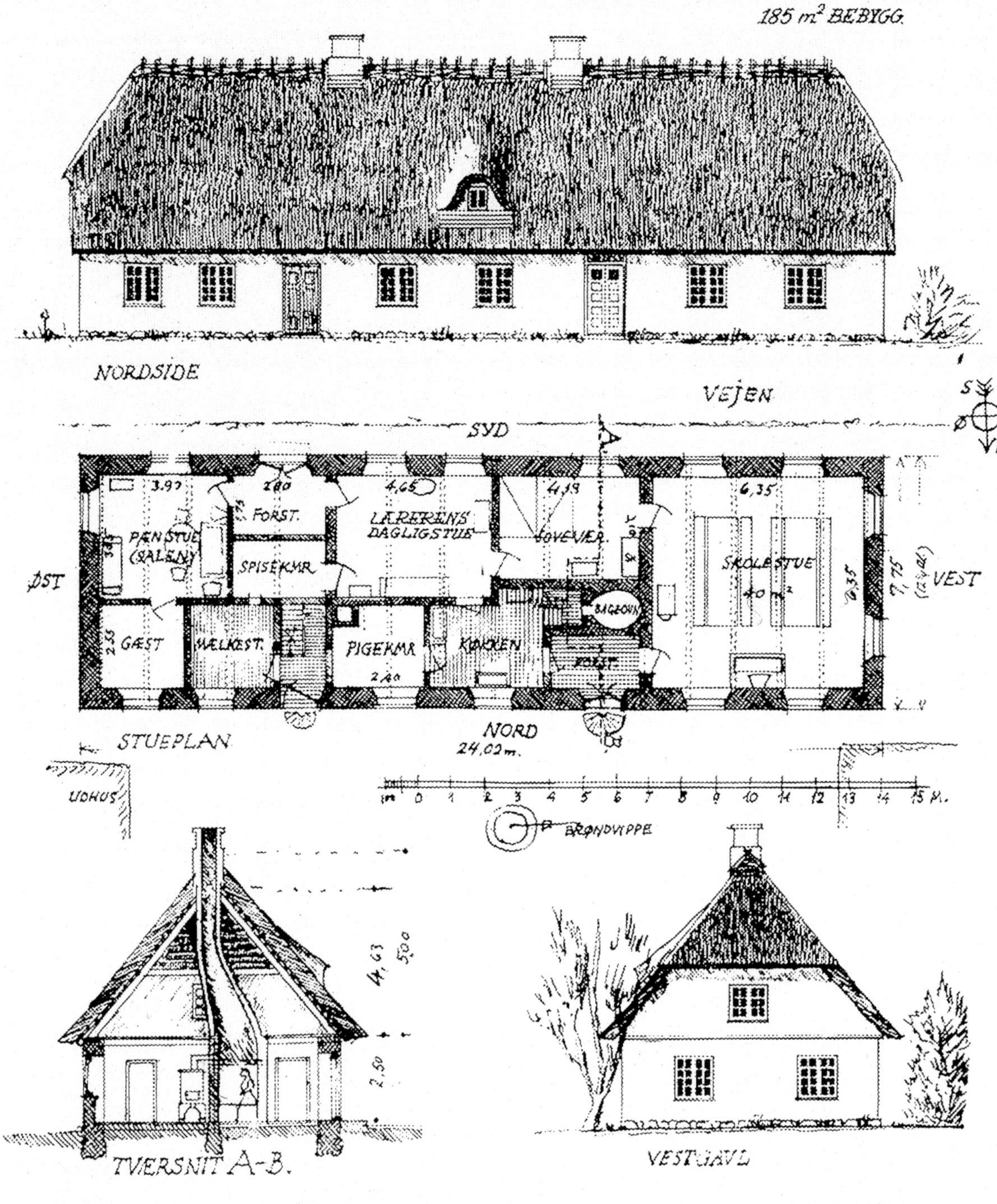

Schule auf Brahetrolleborg, um 1817

samer Schüler, Examensplanung beim jeweiligen Schulschluss, Einschreibung neuer Schüler und Entlassung der älteren Schüler zur Konfirmation zu informieren.[9]

Die Schüler wurden je nach Lernniveau in zwei Klassen aufgeteilt. Der Unterricht sollte als Klassenunterricht gegeben werden, d. h. der Lehrer sammelte die Aufmerksamkeit der Kinder um seine Person und seinen Unterricht. Dies war etwas ganz neues gegenüber früherem Unterricht, in dem alle Kinder der Schule in einer Lerngruppe zusammen saßen. Wie Rochow setzte auch Reventlow stark auf den Lese-, Schreib- und Rechenunterricht der Schule. Den Kindern sollten nicht länger Schreibfertigkeiten anhand eines Fibelbrettes und religiöser Sentenzen beigebracht werden. Sowohl der Graf als auch seine Frau waren schon vor 1785 damit beschäftigt, große Buchstaben auszuschneiden, die anschließend auf Karton festgeklebt wurden. Die Buchstaben wurden vom Lehrer zwecks gemeinsamer Erlernung vor der Klasse hochgehalten.

Selbst als die Kinder lesen konnten, wurde der Katechismus auf Rat Basedows und Rochows nicht benutzt. Stattdessen wurden folgende moralische Lesebücher verwendet: Jacob Friederich Feddersen: *Jesu Christi Levnetshistorie for Børn* von 1777 und *Christelig Sædelære* von 1784. Feddersen hatte auch die Reckahnsche Musterschule besucht. Sein Buch baut auf biblischem Moralunterricht auf. Das zeigt, dass Reventlow Bücher mit einer christlichen Grundhaltung nicht aus dem Leseunterricht der Schule entfernen wollte. Dies gilt in gleicher Weise auch für Rochows Schulen.

Die große Wende im Leseunterricht kam durch Rochows Lesebuch *Der Kinderfreund*[10] (siehe Beiträge von Freyer und Böning). Das Lesebuch wurde auf Veranlassung von Johan Ludvig Reventlow schnell ins Dänische übersetzt und von den Schulen auf

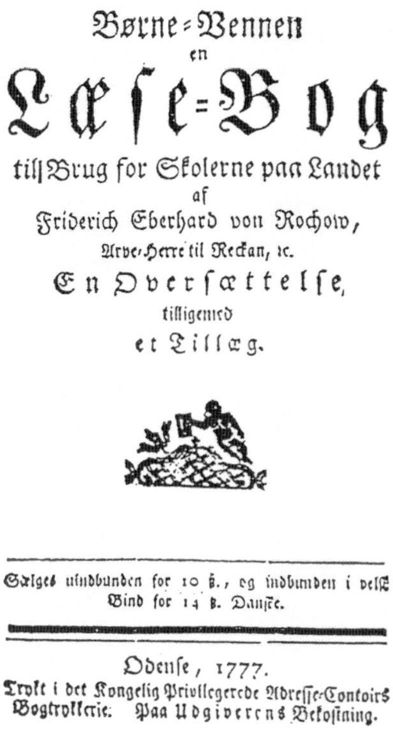
Børne=Vennen
en
Læse=Bog
till Brug for Skolerne paa Landet
af
Friderich Eberhard von Rochow,
Arve=Herre til Reckan, rc.
En Oversættelse,
tilligemed
et Tillæg.

Sælges uindbunden for 10 ß., og indbunden i velß Bind for 14 ß. Danske.

Odense, 1777.
Trykt i det Kongelig Privilegerede Adresse=Contoirs Bogtrykkerie: Paa Udgiverens Bekostning.

XVC 270.
Feddersens
kleine vermischte
Schriften.
Erste Sammlung.
Gelegenheitspredigten.
Deutsche Lehrer-Bücherei
Frankfurt und Leipzig,
1784.

Brahetrolleborg eingesetzt. Im Jahre 1777 und in späteren Jahren kamen neue Übersetzungen dazu.[11] Wir werden uns später mit den Unterrichtsprinzipien, die mit Rochows Lesebuch in Dänemark eingeführt wurden, näher befassen.

Auch der Schreibunterricht wurde nach Rochows Modell ein Pflichtfach und erfuhr eine Reformierung. In den Archiven auf Brahetrolleborg befindet sich ein ganz neuer Typ von Lernmaterial für den Schreibunterricht, das auf Brahetrolleborg erarbeitet wurde. Es handelt sich um die handgeschriebene Vorschriftssammlung des Pfarrers Carl Christian Birch. Sie ist eingebunden und nimmt nicht weniger als 153 Seiten ein. Der Titel der Sammlung ist: *Forskifter med Anviisning til den rette Brug af dem.*

9 Das schöne Protokoll des Schulausschusses befindet sich heute im Schulmuseum in der Schule von Gærup, die eine von Reventlows drei Gutsschulen war. Sie entspricht der Rochow-Schule in Reckahn.

10 Der Kinderfreund. Ein Lesebuch zum Gebrauch in Landschulen. Brandenburg und Leipzig 1776.

11 Joakim Larsen Bidrag (Anm. 1), S. 165. D. E. Rugaard: Skole-Bibliotek eller Fortegnelse over danske Skrifter angaaende Opdragelses – og Underviisnings-Væsenet, sagviis opstillet i alfabetisk Orden. En Haandbog i den populære pædagogisk-didaktiske Literatur indtil Slutningen af 1846, ledsaget med methodiske Indledninger samt kritiske Oplysninger og Bemærkninger, 1847, S. 89 ff.

Johan Ludvig Reventlow (1751 – 1801)

Christian Ditlev Reventlow (1748 – 1827)

Udarbejdet til Skolernes Nytte i Brahetrolleborg Sogn[12]. Bei Rochow hat sich Birch Anregungen dahin gehend geholt, auf den Schreibunterricht von Mädchen besondere Rücksicht zu nehmen. Sonderabschnitte, die direkt auf Mädchenunterricht zielten, waren damals nicht üblich. Vielmehr war es Tradition, solange die Eltern über die Teilnahme ihrer Kinder am Schreibunterricht entschieden und dafür bezahlten, dass Mädchen meist gar keinen Schreibunterricht bekamen. Rochow war der wärmste Befürworter für einen besonders auf Mädchen ausgerichteten Unterricht.[13]

Auch Johan Ludvig Reventlow hat sich für eine bessere Beschulung von Mädchen eingesetzt. Mädchen sollten nicht nur denselben Lese-, Schreib- und Rechenunterricht wie Jungen bekommen, sondern auch speziellen Handarbeitsunterricht besuchen.

Interessant ist es zu sehen, dass von Rochow und später Carl Christian Birch ein Interesse für alttestamentliche Texte wie Siraks Worte der Weisheit und Salomons Sprichwörter als Grundlage der Erlernung von Lese- und Schreibfertigkeiten hatten. Birch führt an, dass Kinder und Jugendliche hier nützliches Wissen erwerben könnten. Die Sprichwörter und die Worte der Weisheit könnte es den Kindern veranschaulichen, wie sie in Wort und Schrift und in ihrem Umgang mit anderen Menschen sich als klug, verständig, tugendhaft und behutsam zeigen könnten. Den Kindern konnte aus diesen Texten auch Moral beigebracht werden. Die Mischung von alttestamentlichen Worten der Weisheit, moralischen Abschnitten über die Pflicht gegenüber König, Vaterland, Arbeitgeber usw. und sachlichen Abschnitten mit geographischen Tabellen, Rechnungsaufstellungen über Einnahmen und Ausgaben usw. zeigen, dass Birch anhand des Schreibunterrichts Aufklärung und Vernunft verbreiten wollte. Das entsprach wiederum Rochows Geist.

Die Entwicklung nach 1790

Im Jahre 1792 wurde auf Christianssæde bei Christian Ditlev Reventlow ein neues Schulreglement beschlossen. Organisatorisch und inhaltlich richteten sich die Reformen im großen und ganzen nach der auf Brahetrolleborg. In einem Punkt stand Christian Ditlev Reventlow Rochow näher als es Johan Ludvig Reventlow tat. Wie Rochow begann auch Christian Ditlev Reventlow mit der Lehrerbildung. Das war schon im Jahre 1779, als er den Lehrern eine höhere Vergütung durch die Niederlegung gewisser Küsterämter zusicherte. Auf Christianssæde erfassten die Reformen insgesamt 15 Schulen. Da Christian Ditlev Reventlow eine völlig andere Position in der dänischen Zentralverwaltung als sein Bruder innehatte, war das, was sich auf seinem Gut abspielte, von allergrößter Wichtigkeit für die Verbreitung von Rochows Ideen auf die landesweite Schulpolitik. Christiansæde diente auch als Modell für die Allgemeine Schulordnung von 1814.[14]

In der Kopenhagener Zentralverwaltung wurden die aufklärungspädagogischen Ideen der deutschen und dänischen Pädagogik und der entsprechenden Praxis nach 1789 im sogenannten *Store Skolekommission* (Großer Schulausschuss) zusammengeführt. Der erste Schritt der Schulreform war die Einführung einer besonderen Lehrerbildung. Im Jahre 1791 wurde das erste Lehrerseminar in Kopenhagen eingerichtet. 1794 richtete Johan Ludvig Reventlow ein Seminar auf Brahetrolleborg ein, in dem eine fortschrittlichere Ausbildung angeboten wurde.[15] Das Seminar war ein imposantes Bauwerk, dessen Aufführung eben so viel kostete wie der Bau von 25 neuen Volksschulen. Im Jahre 1802 richtete Christian Ditlev Reventlow ein weitaus bescheideneres Seminar auf Christianssæde in der Stadt Vesterborg ein. Die Leitung des Seminars übernahm P. O. Boisen. In den folgenden Jahren kamen viele zusätzliche sogenannte Pfarrhausseminare hinzu, und zwar im Zuge der Beschleunigung der Schulreformen in den Landbezirken im ganzen Land.

In der Lehrerbildung wurde Rochows sokratische Unterrichtspraxis ein wichtiger Teil des Unterrichts. Wichtig war auch wieder Riemanns *Beschreibung*, die jedoch nicht nach der deutschen Ausgabe, sondern in Form der freien, vom Bischof Frederik Plum im Jahre 1804 herausgegebenen Bearbeitung benutzt wurde. Der Titel lautet: *Haandbog for Lærere og Opsynsmænd ved Borger- og Almueskoler. En frie Omarbeidelse af Riemanns Beschreibung der Reckahnschen Schule. Odense 1802*. Mit Frederik Plums *Håndbog* wurde Rochows Pädogogik auf das allgemeine dänische pädagogische Denken übertragen. Nur wenige Bücher haben in den beiden ersten Jahrzehnten der Lehrerbildung eine größere Rolle gespielt als eben Plums *Håndbog*.

Der Kinderfreund

Wie schon gesagt, wurde Rochows Kinderfreund (siehe Beiträge Freyer und Böning) schnell ins Dänische übersetzt und auf Brahetrolleborg benutzt. Nach und nach erlangte das Lesebuch kolossale Bedeutung für den Leseunterricht in dänischen Schulen. Die Hauptzüge des Kinderfreunds bildeten für viele Jahrzehnte den Ausgangspunkt für alle dänischen Lesebücher. Das Ziel war, durch das Lesebuch moralisch gute und ihrem Stande gemäß brauchbare Menschen zu schaffen. Es war nicht beabsichtigt, Menschen über ihren Stand zu erheben, sondern ihre Moral zu heben und sie für den Stand, in welchem sie sich befanden, zu qualifizieren. Dieses Ziel sollte mit Hife von *Verstandesübungen, sprachlicher Schulung, Sachkunde und moralischer Bildung* erreicht werden.[16] Eine pädagogische Errungenschaft war die Idee, dass das Lesebuch der sprachlichen Schulung der Schüler (siehe Beitrag Gessin-

Einzig erhaltenes Bild des Brahetrolleborg Seminars, um 1805

ger) und der Vermittlung logischen Denkens zugrunde gelegt werden sollte. Rochow stellte die Muttersprache in den Mittelpunkt allen Lernens, dadurch wurde sein Kinderfreund ein Grundbuch für den Unterricht sowohl in Religion, Moral, Naturkunde als auch in Geographie und Geschichte. In Dänemark gab es erst in den dreißiger Jahren des 19. Jahrhunderts wieder eine Neuorientierung mit der Einführung belletristischer Texte und lustiger Geschichten in den Lesebüchern (auch diesmal nach deutschem Vorbild).

Rochows Einfluss auf die Entwicklung der dänischen Volksschule war von so weitreichender Bedeutung, dass diese durchaus mit derjenigen von Grundtvig vergleichbar ist. Rochows Einfluss bezog sich auf eine öffentliche, kostenlose Grundschule, die beiden Geschlechtern und den verschiedenartigen sozialen und religiösen Gruppierungen in der Bevölkerung denselben Unterricht zusprach. Der Unterricht wurde auf eine allgemeine moralische und eine praktisch-berufliche Bildung konzentriert, die allmählich eine nationale Prägung erhielt.

Es ist bemerkenswert, dass nur wenige Menschen in Dänemark die hier dargestellten schulgeschichtlichen Zusammenhänge kennen. Es ist deshalb erfreulich, dass die Rochow-Ausstellung dazu beitragen kann, Friedrich Eberhard von Rochow den ihm zustehenden Platz in der Schulgeschichte zu geben. Hoffentlich hört man das Echo dieser Ausstellung auch im entfernten Dänemark.

12 Ingrid Markussen: Til Skaberens Ære (Anm.1.), S. 192 f.

13 Friedrich Eberhard von Rochow: Stoff zum Denken. Braunschweig1775.

14 Ingird Markussen: Christian Ditlev Reventlow og skolerne på Christianssæde. Lolland-Falsters Historiske Samfund. Årbog 1988, S. 42–64.

15 Ingrid Markussen: Brahetrolleborg Skoleholder-Seminarium 1794–1826. Fynske Årbøger 1993, S. 57–73.

16 Ingrid Markussen: Til Skaberens Ære (Anm. 1), S. 183 f.

Barockkirche in Reckahn

Was würde Rochow dazu sagen? Eine erinnernde Predigt aus heutiger Sicht

Gerke Pachali

Ein überzeugter Preuße des 20. Jahrhunderts, der evangelische Pastor Martin Niemöller, erzählte einmal aus seinem Leben: Er habe als Achtjähriger seinen Vater, der auch schon Pastor war, einmal begleitet, als er zu einem sterbenden Weber ging, und er, Martin, habe in der ärmlichen Wohnung des Webers an der kahlen Wand den Satz auf schwarzem Samt in Perlen gestickt unter Glas und Rahmen hängen sehen: ›Was würde Jesus dazu sagen?‹[1] Diese Frage ist ihm später zur Leitfrage seines Lebens geworden. Mit ihr ist er ›vom U-Boot zur Kanzel‹, zum Widerstand gegen Hitlers Alleinherrschaftsanspruch, nach Sachsenhausen gekommen, und nach dem Zweiten Weltkrieg zum Streiter gegen die deutsche Wiederbewaffnung und die Atomrüstung geworden. Es reizt mich, eine solche Leitfrage zu Problemen unserer Zeit an Friedrich Eberhard von Rochow zu stellen: Was würde Rochow dazu sagen? Mit ihr lassen sich gegenwärtige Fragen mit Rochows Ansichten bzw. Antworten vergleichen. Ich wähle drei Stichworte, die in der ökumenischen Versammlung 1983 in Vancouver als Hauptthemen der Kirche formuliert wurden: *Gerechtigkeit, Frieden, Bewahrung der Schöpfung*. Zwar wird niemand erwarten, daß Rochow aus seiner Zeit prophetisch in unsere hineinspricht, aber die Richtung seines Denkens und Handelns deutet an, wo wir ihn heute finden könnten.

Gerechtigkeit

Das Vancouver-Stichwort meint den Ausgleich zwischen Reichtum und Armut. Rochow hat es zu seiner Zeit vorbildlich gelehrt und praktiziert. Gerne zitiert wird seine Forderung: ›Der Edelmann muß seine Jahreseinnahme nicht in vier, sondern in fünf Quartale einteilen. Das fünfte Quartal muß zu Ausgaben bestimmt sein, die er seines Standes wegen zu machen hat. Versteht man unter Standesausgaben [...] die Verwendungen für Arme und Unglückliche, Großmut und Freigebigkeit gegen Hilfesuchende, so ist dies nur die Umschreibung der Worte »noblesse oblige« welche oft nachgesprochen, aber selten befolgt werden.‹[2] Das ist das Doppelte des biblischen Zehnten, gut lutherisch. Aber die Einnahme soll nicht, wie in jüdischer und christlicher Tradition, teils dem Tempel bzw. der Kirche und teils den Armen, sondern ungeteilt den Armen zugute kommen. Welch edle Gesinnung! Wenn man sie mit den reichen Leuten unserer Zeit vergleicht, z. B. denen, die in großen Firmen hunderte von Milliarden zum Aufkauf anderer

Stiftungsinschrift über dem Eingangsportal der Reckahner Kirche

Großfirmen ausgeben, aber fünf Milliarden für ehemalige Zwangsarbeiter nicht aufbringen.

Mit der Gründung einer Armenkasse für seine Güter und mit seinem Engagement für die preußischen Armenhäuser[3] hat Rochow seiner Forderung Taten folgen lassen. Er war kein Sonntagsredner. Noch eine Nachbemerkung zum Stichwort ›Gerechtigkeit‹: Ausgleich zwischen den reichen Industriestaaten und den armen Ländern des Südens (Vancouver) – daran hat Rochow natürlich nicht denken können. Aber er hatte von Gellert gelernt:

Wer dieser Erden Güter hat,
und sieht die Brüder leiden,
und macht die Hungrigen nicht satt,
läßt Nackende nicht kleiden;
der ist ein Feind der ersten Pflicht
und hat die Liebe Gottes nicht.

1 Walter Feurich (Hrsg.): Martin Niemöller: Was würde Jesus dazu sagen? Reden – Predigten – Aufsätze 1937–1980. Berlin 1981, S. 279.

2 Fritz Jonas/Friedrich Wienecke (Hrsg.): Friedrich Eberhard von Rochows sämtliche pädagogische Schriften, 4. Bd., S. 408. (Im folgenden abgekürzt: JW mit Band- und Seitenzahl.) Martin Luther hat in seiner Schrift ›Von Kaufshandlung und Wucher‹ (Weimarer Ausgabe, Bd. 15, S. 321, Z. 25–34) darauf hingewiesen, daß Joseph in Ägypten in den sieben reichen Jahren den Fünften genommen hat, 1. Mose 41, 34, während sonst der Zehnte ›nach göttlichem und natürlichem Recht der allerbilligste (=angemessene) ist‹.

3 Jonas/Wienecke: Rochow (Anm. 2), Bd. 4, S. 407–410.

Die erste Pflicht (die Liebe zu Gott) und die zweite Pflicht (die Liebe zum Nächsten), das Doppelgebot der Liebe, war Rochow Selbstverständlichkeit. Ich bin sicher, daß er etwas gegen den Hunger in der Welt unternommen hätte. Vielleicht würde er heute mit mir zusammen vor einem Brandenburger Einkaufszentrum Flugblätter für die Aktion ›Brot statt Böller‹ verteilen (ich schreibe dies ein paar Tage nach dem Silvester der Jahrtausendwende). Gegen Klamauk und Aberglauben! Vernunft fürs Volk!

Frieden

Rochow war in der Welt des Landedelmanns aufgewachsen. Der preußische Ständestaat des 18. Jahrhunderts war ihm niemals fragwürdig. Sein Vater hatte die Reckahner Kirche bauen lassen, da war er noch ein Kind. Er sah auf der Wetterfahne des Kirchturms, über der Eingangstür und an der Patronatsloge sein Familienwappen. Er wußte, wer er war: Ein Rochow. Als Offizier im Siebenjährigen Krieg, knapp 22 Jahre alt, hat er seine tapferste Kriegstat vollbracht: Die Gefangennahme eines österreichischen

Patronatsloge mit Familienwappen, um 1740

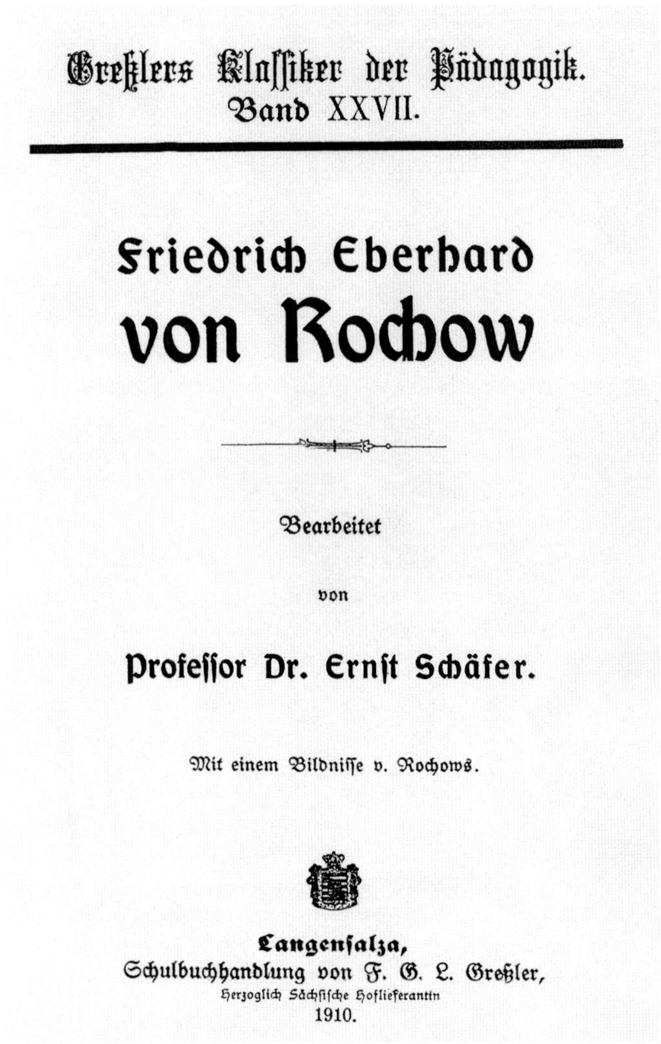

Greßlers Klassiker der Pädagogik.
Band XXVII.

Friedrich Eberhard
von Rochow

Bearbeitet

von

Professor Dr. Ernst Schäfer.

Mit einem Bildnisse v. Rochows.

Langensalza,
Schulbuchhandlung von F. G. L. Greßler,
Herzoglich Sächsische Hoflieferantin
1910.

Brigadekommandeurs. Vor fast hundert Jahren hat mein damaliger Amtsvorgänger Friedrich Buchholtz aus Rochow einen vorbildlichen ›Soldaten und Kriegshelden‹ gemacht. Das gelang ihm, indem er Rochows weitere Kriegserlebnisse kräftig umdeutete: Rochow ›focht wieder heldenmütig in der Schlacht bei Prag mit und nahm an der Belagerung dieser Stadt teil.‹[4]

In der Rochow-Biographie Ernst Schäfers, die ein Jahr nach Buchholtz Schrift erschien, wird uns detailliert und mit Nachweisungen mitgeteilt, daß Rochows Einheit in der Schlacht in der Reserve blieb, und bei der Belagerung hatte sie auch nichts zu tun.[5] Pfarrer Buchholtz erzählt weiter: ›Bald aber wurde seinen Kriegstaten durch Gottes Fügung ein Ziel gesetzt [...] auf dem Rückmarsche wurde Friedrich Eberhard an der recht Hand so schwer verwundet, daß er ohnmächtig ins Lager getragen werden mußte.‹[6] Bei Schäfer erfahren wir: Rochow hatte Streit mit einem Kameraden. Sie duellierten sich mit der blanken Waffe, und daher kam die schwere Verwundung.[7] Buchholtz erzählt weiter: Rochow mußte ›schweren Herzens [...] seinen Abschied aus dem Militärdienst erbitten. Er erhielt denselben in ehrenvoller Weise.‹[8] Wieder lesen wir die Gegendarstellung: Der König war ›sehr ungehalten‹ wegen des Duells und vermutete, Rochow wolle sich vom Militärdienst drücken; darum solle er ›platt cassiert seyn‹ (d.h. ohne Umschweife entlassen).[9] Vier Jahre später wurde Rochow vom König zum Rittmeister ernannt. An dieser Stelle kommt Pfarrer Buchholtz mit Schäfer wieder zusammen.

Das Beispiel meines Amtsvorgängers hat mich gewarnt, aus Rochow herauszulesen, was mir wohlgefällt. Wir haben sowieso schlechte Erfahrungen damit, daß historische Persönlichkeiten zu »Wegbereitern« oder gar »Vorkämpfern« erhoben werden. Darum stelle ich nur einiges zusammen, was Rochows *Haltung zu Krieg und Frieden* verständlich macht.

• Rochow war sechseinhalb Jahre alt, als das ›Campement‹ auf den Gütern seines Vaters stattfand. Dies Ereignis und die Folgen für die Güter einschließlich der Verhandlungen über den Schadenersatz sind an dem Kind schwerlich vorübergegangen.[10]

• Aus dem *Kinderfreund*: ›Wenn eine Gesellschaft sehr zahlreich ist und aus vielen Dörfern und Städten besteht, so nennt man sie einen Staat. Oft entstehen da Streitigkeiten, und es geht Gewalt für Recht. Diesen Zustand nennt man Krieg. Verwüstung, Hunger, Krankheiten und Mühseligkeiten sind die Folgen desselben. Der angegriffene Staat verteidigt sich und sein Eigentum, so gut er weiß und kann. Die stärksten und muntersten Bewohner desselben müssen die alten und schwächern beschützen, indem sie sich dem andringenden Feinde entgegenstellen und ihn hindern, größern Schaden zu tun.‹[11]

• Rochow ist sich mit dem Verfasser der *Beschreibung seiner Reise von Berlin über Potsdam nach Reckahn* Büsching darin einig, daß der Krieg schädlich ist. Von seiner Reise nach Reckahn nach Berlin heimgekehrt, erfragt Büsching die Einwohnerzahlen der Güter: ›Daß jetzt an 400 Seelen weniger da sind, als 1755 waren, ist ein sehr wichtiger Umstand, der unvermerkt vorteilhaft gebraucht werden kann, um die Schädlichkeit des Krieges zu zeigen. Eben deswegen wäre es sehr gut, wenn ich genau wüßte, wie es sich mit der Bevölkerung vor, in und nach dem Kriege verhalten habe?‹[12]

Friedrich Wilhelm Gotthilf Frosch (1776–1834)

Steinpyramide auf dem Krähenberg bei Reckahn

• Um 1790/91 ließ Rochow die Steinpyramide auf dem Krähenberg bei Reckahn bauen zur Erinnerung an das Heerlager und an den ›großen unersetzten Schaden dieser Güter‹.[13]

Rochow war kein Pazifist. Die Friedensbewegung seiner Zeit hat ihn kaum erreicht[14], und Kants Programm ›Zum ewigen Frieden‹ (1795) kam für ihn zu spät. Der Krieg war ihm ein Ärgernis. Er raubt die Ernte, das Vieh und die Menschen. ›Friede ernährt, Unfriede verzehrt.‹[15] Ein gerechter Krieg kann nötig sein. Dafür braucht der Staat Soldaten.

Ein Zwischengedanke: Jesus gibt auf die Frage nach Krieg und Frieden die Antwort: Selig sind die Pazifisten (das ist die wörtliche

4 Friedrich Buchholtz (1897–1931 Pfarrer in Krahne): Friedrich Eberhard von Rochow – Ein Bild seines Lebens und Wirkens. Zur 100. Wiederkehr seines Todestages. Brandenburg 1905, S. 7–9.

5 Ernst Schäfer: Friedrich Eberhard von Rochow. Ein Bild seines Lebens und Wirkens. Gütersloh 1906, S. 13–14. E. Schäfer war Pfarrerssohn aus Hamburg, hatte Theologie und Geschichte studiert und die Rochow-Biographie erarbeitet, als er Privatdozent der Geschichte und Archivar in Rostock war. Vgl. Biographisches Lexikon für Mecklenburg, hrsg. von Sabine Pettke, Bd. 2., Rostock 1999, S. 220ff. Schäfers Schwiegervater war der Pfarrer Benjamin Lutze, seit 1876 Pfarrer in Berlin. Friedrich Buchholtz (Anm. 4) stammte aus Rhinow, wo sein Onkel Pfarrer war. Vgl. Otto Fischer: Evang. Pfarrerbuch für die Mark Brandenburg, Band II/1. Berlin 1941. Ich vermute, Buchholtz und Schäfer haben sich gut gekannt – und nicht gemocht.

6 Buchholtz: Rochow (Anm. 4), S. 8.

7 Schäfer: Rochow (Anm. 5), S. 14.

8 Buchholtz: Rochow (Anm. 4), S. 8–9.

9 Schäfer: Rochow (Anm. 5), S. 15.

10 Ebenda S. 16.

11 Der Kinderfreund. Neueste … Ausgabe. 1805 (JW 3, 367).

12 Büsching an Rochow, 11. Juni 1775, (JW 4, 104).

13 Klaus Witt: Die Steinpyramide von Reckahn im Wandel der Zeiten. Reckahner Museumsblätter Nr. 1, 1995. Witt hat die Geschichte der Pyramide und alle Zusammenhänge bis 1995 ausführlich und mit Nachweisen dargestellt. Nachtragen will ich, daß auch die zweite ›Friedenstafel‹ gestohlen worden ist. Leider ist der Diebstahl wieder nicht aufgeklärt worden. Die unsäglich verständnislose Arbeit der Kriminalpolizei Brandenburg/H. und der Staatsanwaltschaft Potsdam hat kein Ergebnis gebracht.

14 In seinen ›Berichtigungen. Zweiter Versuch…‹ (JW 2, 289ff.) teilt Rochow mit, daß er z.B. St. Pierres ›Project de paix universelle …‹ kennt, aber daß es erst dann Sinn ergibt, wenn es in die ›Theokratie‹, d.h. in ›Gottes Regiment durch Vernunft und Gewissen‹ (JW 2, 314) hineingestellt wird. Dann aber ist es ein ›höchst mögliches Projekt‹ und nicht ›bloß chimerisch‹ (ebenda). In seine praktisch-pädagogischen Schriften hat er diese Erkenntnis nicht mehr eingebracht. Da blieb er beim Ständestaat, bei der Lehre vom gerechten Krieg und bei der Notwendigkeit einer Armee.

15 Der Kinderfreund, Lesestück Nr. 30.

Übersetzung von Matth. 5, 9). Rochows Antwort zeigt seinen Abstand zu Jesus.

Zum Stichwort ›Frieden‹ noch eine Anmerkung: Der letzte Pfarrer von Krahne, der im Geist von Friedrich Eberhard von Rochow tätig war, Frosch, zog mit den jungen Männern seines Krahner Lehrerseminars in den Krieg gegen Napoleon. Frosch hatte seinen Meister verstanden.

Bewahrung der Schöpfung

Ich bin mir sicher: Rochow wäre heute ein Mitstreiter in der ökologischen Bewegung. Sein Verständnis der Natur als Schöpfung Gottes läßt sich so klar belegen, daß einzelne Nachweise überflüssig sind. Besonders schön hat es Gellert in seinen ›Geistlichen Oden und Liedern‹ (1757) gedichtet. Rochow kannte sie in- und auswendig. Die ganze Schöpfung lobt Gott.

Dich predigt Sonnenschein und Sturm,
dich preist der Sand am Meere.
Bringt, ruft auch der geringste Wurm,
bringt meinem Schöpfer Ehre!
Mich, ruft der Baum in seiner Pracht,
mich, ruft die Saat, hat Gott gemacht;
bringt unserm Schöpfer Ehre![16]

Rochow hat an einfachen Beispielen klargemacht, wie in der Natur alles zusammenhängt, und welche Folgen es hat, wenn der Mensch in dieses Ökosystem eingreift. Wer Vogelnester zerstört, vertreibt die Vögel aus der Gegend. Der Frühling wird ›traurig und still‹. Die Raupen fressen alles kahl, weil kein Vogel sie wegfrißt, und die Leute bekommen kein ›nützliches Obst‹.[17] Wem das zu hausbacken vorkommt, der möge bedenken: Auch der ›Naturschutzbund Deutschland e.V.‹ (NABU) hat einmal – vor gerade erst 100 Jahren – als ›Bund für Vogelschutz‹ angefangen und ist inzwischen zu einem kräftigen Partner der ökologischen Bewegung geworden.

Was würde Rochow dazu sagen? Meine Leitfrage stelle ich jetzt im Blick auf einige heutige Probleme:

• Zur BSE-Krise. Wer die Tiere nach Gottes Willen wachsen läßt und sie dann schlachtet, braucht keine Angst zu haben. Aber eben ›jedes nach seiner Art‹ (1. Moses 1). Rinder bekommen pflanzliche Nahrung, kein Tiermehl.

• Zum Verkehrsproblem. 25 Hektar Land gingen in der Hitlerzeit durch den Autobahnbau für die Land- und Forstwirtschaft in der Reckahner Gemarkung verloren. War das ›nützlich‹? Und noch einmal 25 ha gingen nach der ›Wende‹ verloren, als die Autobahn auf das Doppelte verbreitert wurde, damit die unzähligen Autos freie Fahrt hätten. Bei einem Tempolimit von 100 km/h wäre diese Verdoppelung überflüssig gewesen. Auch die Zahl der Verkehrstoten wäre nicht so erschreckend gestiegen. Was würde Rochow dazu sagen? Er war stets für den Fortschritt, aber mit Vernunft!

• Zum Energieverbrauch. Zu Rochows Zeit ging es ums Holz. ›Auch bei der Holzwirtschaft ist die Sparsamkeit vortrefflich. Das hölzerne Geräte in Acht genommen, nach den Gebäuden zu rechter Zeit gesehen [...] die nötigen Backöfen nach bessern Verhältnissen gebaut und mit Sparsamkeit geheizt, die Stuben öfters nicht zur Ungebühr heiß gemacht: so kann viel Holz gespart werden. Es ist aber nicht genug, wenig Holz zu verbrauchen, sondern man muß auch wieder viel anlegen, weil es sonst noch alle wird. An den Gehegen, Gräben und wüsten Orten sind immer Gelegenheiten, Holz zu pflanzen oder Holzsamen zu säen.‹[18] Sparsamkeit, Wirksamkeit und Nachhaltigkeit – Rochow hat zu seiner Zeit schon gewußt, wie man es macht.

Zusammenfassung: Was würde Rochow dazu sagen?

Zum Teil sehe ich seine Antworten auf die drei Problemkreise Gerechtigkeit, Frieden und Bewahrung der Schöpfung als aktuell bzw. als gleichbleibenden Auftrag an. Die Gerechtigkeit im Sinn des Ausgleichs zwischen arm und reich liegt noch vor uns; im Blick

Schulhaus im Jahre 1955 (siehe Anmerkung 21)

Stephan Rudolph (1729–1803)

auf die Weltarmut ist Rochows Ansatz zu erweitern. Der Frieden ist im 21. Jahrhundert nicht mehr mit Soldaten zu halten. Die Zeit hat sich so geändert, daß Rochows Antwort nicht mehr weiterhilft, auch wenn sie immerzu wiederholt wird. Und beim letzten, wonach ich ihn gefragt habe, bei der Bewahrung der Schöpfung, sehe ich in ihm einen brauchbaren Vorläufer.

Nachbemerkungen: Rochow hatte einen soliden Glauben an die Möglichkeiten der Schule. Als er sein erstes Schulhaus plante, wollte er daran schreiben: ›Auch Schulen sind Tempel Gottes‹. Er hat dann wohl gezweifelt, ob dieser Satz den Reckahnern verständlich sei, und ließ stattdessen anschreiben: ›Lasset die Kindlein zu mir kommen und wehret ihnen nicht. Marci X.XIV‹.[19]

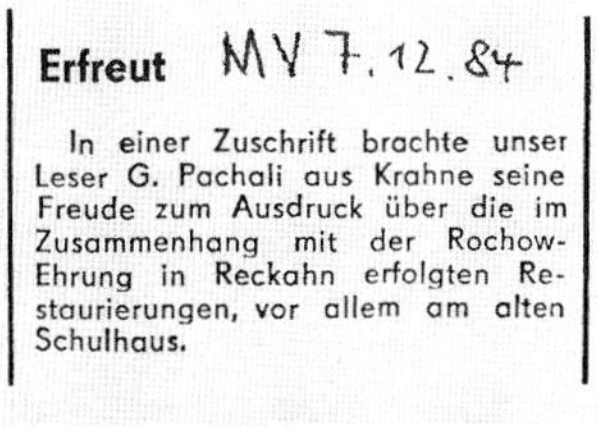

Erfreut MV 7.12.84

In einer Zuschrift brachte unser Leser G. Pachali aus Krahne seine Freude zum Ausdruck über die im Zusammenhang mit der Rochow-Ehrung in Reckahn erfolgten Restaurierungen, vor allem am alten Schulhaus.

Siehe Anmerkung 21

Beide Sätze legen sich gegenseitig aus: Auch die Schule sollte ein Ort sein, an dem die Kinder zu Jesus und seiner Lehre geführt werden.

Das Jesuswort ist immer wieder mißverstanden worden. Die Reckahner Volksmeinung ist: Der Spruch paßt gut, weil das Haus für die Kinder gebaut ist, egal, ob Schule oder Krippe oder Museum. Das andere Mißverständnis: ›Damit sprach Rochow das Gewissen der Eltern an, die sich häufig dem Schulbesuch der Kinder widersetzten, weil sie auf deren Arbeitskraft nicht verzichten wollten bzw. konnten‹.[20] Beide Mißverständnisse schreibe ich aber nur auf, um sie der Nachwelt zu überliefern. Wenn ich bei Rochows Verständnis der Schule bleibe, dann lese ich die Giebelinschrift so: Die Schule lehrt das Volk den richtigen Zugang zu Gott und den richtigen Umgang mit der Welt.[21]

Meine Eingangsfrage stelle ich am Schluß anders: Was würde Jesus zu Rochow sagen, der so anregende Antworten gibt? Ich stelle mir vor, Jesus würde zu ihm sprechen wie zu dem Schriftgelehrten, mit dem er über das Doppelgebot der Liebe diskutierte. ›Da Jesus aber sah, daß er verständigt antwortete, sprach er zu ihm: Du bist nicht ferne von dem Reich Gottes.‹ (Markus 12, 34).

16 Evang. Gesangbuch 1993, Nr. 506

17 Der Kinderfreund, Lesestück Nr. 10.

18 Versuch eines Schulbuchs. 3. Aufl. (JW 3, 330).

19 Brief an Felbiger vom 27. Nov. 1772 (JW 4, 22). Ob die Änderung vom damaligen Krahner Pfarrer Stephan Rudolph empfohlen worden war, läßt sich nicht mehr feststellen. Behauptet wird es so von Ernst Krüger (Lehrer in Mörz bei Belzig), der 1905 ein kleines volkstümliches Heft über Rochow veröffentlicht hat, S. 8.

20 Wolfgang Rocksch: Friedrich Eberhard von Rochows Wirken für die Bildung aller Kinder des Volkes. In: Rat des Bezirkes Potsdam, Abt. Volksbildung (Hrsg.): Friedrich Eberhard von Rochow (1734–1805). Zum fortschrittlichen pädagogischen Erbe des märkischen Schulreformators. Potsdam 1984, S. 12.

21 Die Inschrift hat in den letzten Jahrzehnten manches erlebt, was ich hier festhalten will. 1955 habe ich als Schüler auf einer Radtour das Reckahner Schulhaus fotografiert. Auf dem Foto ist die alte Inschrift zu erkennen, auch die originale Putzquaderung der Hausecken. In den 60er Jahren war der Putz so schlecht geworden, daß er erneuert werden sollte. Daraufhin hat mein Amtsvorgänger, Pfarrer Walther Haase, das Evang. Konsistorium in Berlin gebeten, sich bei der Staatlichen Denkmalpflege für die Erneuerung des Bibelspruchs einzusetzen. Dieser Einsatz war vergeblich. Am 19. Sept. 1968 wurde die Straßenfront neu verputzt. Der Bibelspruch wurde entfernt. Als Haase das Institut für Denkmalpflege, Arbeitsstelle Berlin, danach fragte, bekam er die Antwort: Das Institut habe dazu keine Weisung gegeben, es sei auch nicht befugt dazu. Die Verantwortung liege beim Rat der Gemeinde Reckahn. Aber die Schrift war nicht vergessen. Als im August 1981 ein Teil der alten kleinen Inschrift unter dem Giebelfenster abgeplatzt war und erneuert werden sollte, habe ich mich darum bemüht, den Bibelspruch gleich mit erneuern zu lassen. Der verantwortliche Denkmalpfleger hatte Unterstützung versprochen, bekam dann aber doch ›kalte Füße‹. Weder er noch die Bürgermeisterin von Reckahn kamen zu dem verabredeten Ortstermin. Damals stand das Reiterstandbild Friedrichs bereits wieder Unter den Linden, die DDR hatte ihr preußisches Erbe entdeckt. Nur mit dem Bibelspruch taten sie sich noch schwer. Erst 1984 zum 250. Geburtstag Rochows wurde das Schulhaus renoviert und der Bibelspruch wieder angemalt. In einem kurzen Leserbrief an die Lokalredaktion der ›Märkischen Volksstimme‹ habe ich meine Freude darüber ausgesprochen, daß der Spruch wieder da ist. Der Brief wurde zunächst nicht veröffentlicht, erst auf meine Nachfrage hin erschien er dann in dieser verkürzten Fassung. *Erfreut, MV 7.12.84. In einer Zuschrift brachte unser Leser G. Pachali aus Krahne seine Freude zum Ausdruck über die im Zusammenhang mit der Rochow-Ehrung in Reckahn erfolgten Restaurierungen, vor allem am alten Schulhaus.* Auf telefonische Rückfrage sagte mir die Lokalredakteurin, sie hätte nicht mehr Platz gehabt, dann aber meinte sie schließlich: In einer sozialistischen Tageszeitung muß ja nicht unbedingt ein Bibelspruch erwähnt werden. Tempi passati!

Schloss Reckahn (fertiggestellt 1729), rechts Giebel des Herrenhauses (1605)

Zur Geschichte von Schloss und Schule Reckahn

Otto Günther Beckmann/Frank Brekow

Historisch interessierte Besucher des rund 430 Einwohner zählenden Ortes Reckahn, ca. 10 km südlich von Brandenburg a. H. gelegen, sind immer wieder von dem bis heute erhalten gebliebenen barocken Ensemble von Kirche (1741), Schloss (1729) mit Park und Schulhaus (1774) fasziniert. Unmittelbar neben dem Schloss befindet sich ein weitaus älteres Herrenhaus (1605) mit einem Renaissancegiebel. Beide Häuser befinden sich am westlichen Ende des Dorfes Reckahn und sind eng mit dem Wirken des märkischen Adelsgeschlechts derer von Rochow verbunden. Im Beitrag werden einige Facetten zur Geschichte des historischen Ensembles und des Geschlechts der Rochows in Reckahn betrachtet. Dabei stehen Schloss und Schulhaus, die unmittelbar mit dem Wirken von Friedrich Eberhard von Rochow (1734–1805) verbunden sind, im Mittelpunkt der Darstellung.

Die Rochows und Reckahn bis zum 18. Jahrhundert

Sicher scheint, dass die Familie von Rochow (siehe auch Beitrag Escher) bereits im 12. Jahrhundert in Reckahn ansässig war. Zu diesem Zeitpunkt dürfte sie einen ›befestigten Platz‹ nördlich des heutigen Dorfes bewohnt haben.[1] Mit der Abtrennung der Reckahner Linie unter Dietrich II. von Rochow im Jahre 1520 wird das Vorhandensein eines ersten ›Herrenhauses‹ sehr wahrscheinlich. Tatsächlich ist auf der ältesten überlieferten Darstellung Reckahns aus dem Jahre 1563 ein solches dargestellt. 1601 wurde Tobias von Rochow mit Reckahn belehnt. ›Unter seiner Herrschaft entstand um 1605 das heute noch vorhandene zweigeschossige Herrenhaus mit Schweifgiebeln, das unbekannte Wittenberger Baumeister erbauten‹[2]. 125 Jahre später genügte dem damaligen Besitzer, Friedrich Wilhelm von Rochow (1690–1764), der alte Renaissancebau nicht mehr, und so entstand zwischen 1726 und 1729 das bis heute existierende Barockschloss.

Nach Gramann und Schwieger[3] setzt sich in architektonischer Hinsicht der Grundkörper des Herrenhauses aus einem Sockelgeschoss und einem Hauptgeschoss zusammen. Die Mitte des Gebäudes wird sowohl hof- als auch gartenseitig durch zweigeschossige plastisch stark hervortretende Mittelrisaliten betont. Das Gebäude ist mit einem Mansarddach gedeckt, das von Dachhäuschen und Fledermausgauben durchbrochen wird. Insgesamt handelt es sich um einen verputzten Ziegelsteinbau mit elf

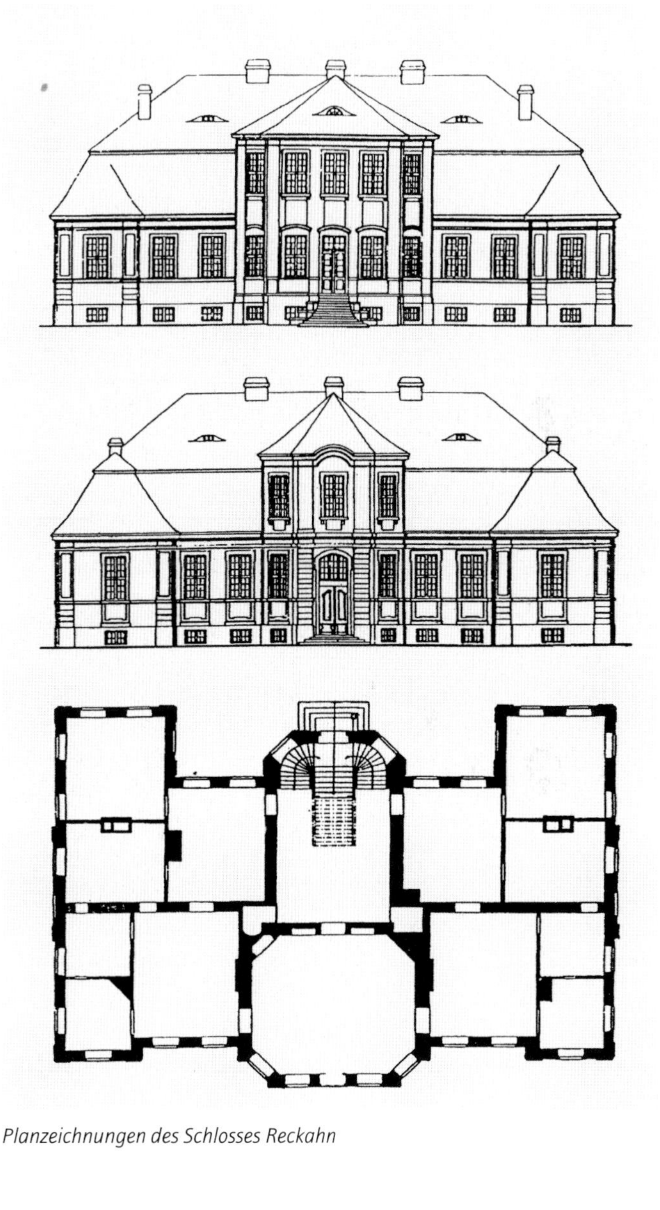

Planzeichnungen des Schlosses Reckahn

1 Vgl. Marcus Alert/Bernd Maether: Schlösser und Gärten in der Mark. Reckahn. Berlin 1995, S. 1.

2 Ebenda S. 2.

3 Vgl. Gramann & Schwieger GbR, Potsdam: Herrenhaus Reckahn (Landkreis Potsdam-Mittelmark) Restauratorische Untersuchung der Fassaden im Auftrag der Brandenburgischen Schlösser GmbH, Potsdam. November/Dezember 1999, S. 4 (Mas.).

Leopold Fürst von Anhalt-Dessau (1676–1747)

Fensterachsen an den Längsseiten (Hoffassade und Gartenfassade) und sechs Fensterachsen an den Querseiten. Während die horizontale Gliederung der Fassaden durch die Putzsockel, Fensterbankgesims und Gebälk charakterisiert wird, erfolgt die vertikale Gliederung der Fassaden durch Pilaster und Lisenen sowie durch das Zusammenspiel von Tür- und Fensterrahmungen und gerahmten Brüstungsfeldern.

Mit der Vollendung dieses Herrenhauses durch Friedrich Wilhelm von Rochow wurde das bisherige alte Gutshaus als Wirtschaftsgebäude in den Komplex mit einbezogen. Das neue Schloss als symmetrisch eingeschossige Dreiflügelanlage mit kurzen hofseitigen Flügeln, Putzgliederung und steilem Mansardwalmdach bot dem in Berlin im Staatsdienst tätigen (Vater von Friedrich Eberhard) von Rochow einen repräsentativen Sommersitz. Verhältnismäßig großzügige Gartensäle und ein großes Vestibül belegen diese Nutzung ebenso wie die geringe Zahl zu Wohnzwecken eingerichteter Räume. Gleichzeitig erfolgte die Anlage eines etwa drei Hektar großen Parks.

Wenige Jahre nach seiner Fertigstellung nahm das preußisches Militär das Schloss in Anspruch. In Abwesenheit von Friedrich Wilhelm von Rochow ist Reckahn zwischen April und September 1741 Standort eines 42 000 Mann starken Heerlagers. Dessen Kommandeur, Feldmarschall Graf Hans Heinrich von Katt, der im Schloss residierte, starb hier im Mai 1741. Als neuer Kommandeur folgte Feldmarschall Leopold von Anhalt-Dessau (der Vater von Franz; siehe Beitrag Hirsch). Für das Schloss brachte das Treiben der Militärs – entgegen häufig geäußerter Ansicht – wenig Schaden. Die Güter indessen hatten durch das Lager einen ›unersetzten Schaden‹ von 29.274 Talern erlitten[4] (siehe Beitrag Niedermeier), der erst nach 30 Jahren unter Friedrich Eberhard von Rochow, Sohn des Friedrich Wilhelm von Rochow, wieder ausgeglichen werden konnte. Dieser hatte Schloss und Gut 1760 von seinem Vater übernommen. Ende des 18. Jahrhunderts ließ Friedrich Eberhard von Rochow das Umfeld des Gutshauses verändern. Der Park erhielt Gräben und eine Fasanerie.

Als der Berliner Oberkonsistorialrat Anton Friedrich Büsching Reckahn im Jahre 1775 besuchte, charakterisierte er das Schloss in der ›Beschreibung seiner Reise von Berlin über Potsdam nach Reckahn‹ folgendermaßen: ›Das jetzige Haus Reckahn ist ein wohlgebautes steinernes Gebäude, welches die untersten halb unter der Erde liegenden Wohnungen ungerechnet zwey Stockwerke, und inwendig nicht nur eine gute Einrichtung, sondern auch eine schöne Ausmeubilierung hat. Der hinter demselben liegende Garten ist beydes zum Nutzen und zum Vergnügen eingerichtet‹[5].

In der von Büsching skizzierten Umgebung entwickelte Rochow seine fortschrittlichen Ideen in Erziehung, Landwirtschaft und Ökonomie und machte Schloss Reckahn zweifellos zu einem Treffpunkt der Vertreter der ›Aufklärungsgesellschaft‹ im ausgehenden 18. Jahrhundert. Bemerkenswert ist, dass Büsching in der Einleitung seiner o.g. Reisebeschreibung bekannte, dass ›Reisen

Anton Friedrich Büschings
Königl. preuß. Oberconsistorialraths etc.
Beschreibung
seiner Reise
von Berlin über Potsdam nach Rekahn
unweit Brandenburg,
welche er vom dritten bis achten Junius 1775
gethan hat.
Mit Landcharten und andern Kupferstichen.

Zweyte stark vermehrte Ausgabe.

Frankfurt und Leipzig, 1780
im Verlag der Haude und Spenerschen Buchhandlung.

75. Geburtstag von Hans von Rochow (19. 8. 1918), hinten rechts: Harry von Rochow

[...] nicht mehr meine Sache [ist]‹, und er dennoch sein Reisemotiv zum Reckahner Schloss erkennen lässt, wenn er festhält: ›Ich würde auch die kleine Reise, welche ich am dritten Junius 1775 antrat, nicht unternommen haben, wenn nicht Rekahn, dahin sie gerichtete war, wegen des Herrn Domherrn von Rochow und dessen Frau Gemahlin, ein Ort wäre, der mehr als hundert andere besucht zu werden verdient, ja wenn nicht das von diesem seltenen Patrioten eingerichtete Schulwesen, wegen seiner Vortrefflichkeit würdig wäre, besehen, gepriesen und nachgeahmt zu werden‹[6]. Sowohl dem Ehepaar Rochow als auch ihrem Schulprojekt galt also das Interesse der zahlreichen Besucher (siehe Beitrag Keck). Aus der Reisebeschreibung von Büsching lässt sich auch herauslesen, dass die Rochows sehr darauf bedacht waren, ihren Gästen frohe und angenehme Stunden (siehe Beitrag Pfeiffer) in den exklusiv ausgestatteten Räumen des Schlosses bzw. im Park oder auch in der nahen wohlgepriesenen Natur Reckahns zu bereiten. All diese Orte erzeugten ein Ambiente, in dem die Rochows mit ihren zahlreichen Gästen intensive Gespräche führen konnten.

Das Schloss Reckahn im 19. und 20. Jahrhundert

Nach dem Tode von Friedrich Eberhard von Rochow am 16. Mai 1805[7], dessen Ehe kinderlos geblieben war, kamen Schloss und Gut in den Besitz einer Erbengemeinschaft.[8] Das Schloss wurde zu dieser Zeit nur selten bewohnt. 1807 fiel ein Teil der wertvollen Ausstattung plündernden französischen Soldaten zum Opfer. Erst als der spätere preußische Innenminister Gustav Adolf von Rochow das Anwesen 1816 in seinen Besitz nahm, erfuhr auch das Schloss eine Aufwertung. König Friedrich Wilhelm besuchte seinen Minister in Reckahn[9], die literarisch begabte Gattin des

4 Vgl. Peter-Michel Hahn/Hellmut Lorenz (Hg.): Herrenhäuser in Brandenburg und Niederlausitz. Berlin 2000, S. 485.

5 Anton Friedrich Büsching: Beschreibung seiner Reise von Berlin über Potsdam nach Reckahn unweit von Brandenburg, welche er vom dritten bis zum achten Junius gethan hat. Frankfurt und Leipzig 1775, S. 217.

6 Ebenda S. 1 (Ausgabe 1780).

7 Den Friedhof in Reckahn, in dem das Ehepaar Rochow beerdigt ist, ließ Friedrich Eberhard von Rochow neu errichten.

8 Vgl. Adolph Friedrich August von Rochow: Nachrichten zur Geschichte des Geschlechts derer von Rochow und ihrer Besitzungen. Berlin 1861, S. 188.

9 Vgl. ebenda S. 193.

Schlossherren arbeitete an einer Darstellung des höfischen Berliner Lebens. Diese kurze Zeit der Blüte in der Mitte des 19. Jahrhunderts wurde abgelöst durch die Nutzung des Schlosses als Sitz eines Gutes ab der Mitte des 19. Jahrhunderts bis zum Ende des I. Weltkriegs. Ende des 19. Jahrhunderts waren die Innenräume ganz offensichtlich noch aufwendig ausgestattet und dekoriert. E. Schneider schreibt 1897 in einem Bericht einer ›Wanderfahrt am 15. August nach Brandenburg a. H. und Reckahn‹: ›Wir betraten nun das Herrenhaus; in der geräumigen Eingangshalle befinden sich große Wandgemälde, theilweise durch feindliche Säbel sehr beschädigt. In den angrenzenden, behaglichen Räumen sehen wir Ahnenbilder, sowie überaus reiche und mannigfaltige Geweihsammlungen‹[10]. Ganz offensichtlich hatte die Jagdleidenschaft des Friedrich Eberhard von Rochow im Verlaufe des 19. Jahrhunderts weitere Anhänger aus dem Kreise der jeweiligen Erben gefunden.

Das bauliche Ensemble von Schloss und Park wurde um 1910 abgeschlossen, als am südlichen Rande des Landschaftsparks das Erbbegräbnis der Familie von Rochow entstand, wo bis 1945 14 Familienmitglieder beigesetzt wurden.[11] Der letzte Gutsherr auf Reckahn, Harry von Rochow, lebte mit seiner Frau vor allem auf Schloss Gollwitz. Reckahn wurde als eines der Zentren der märkischen Pferdezucht bewirtschaftet. Noch 1942 wurden Sanierungsmaßnahmen am Schloss durchgeführt. Mit dem Tod des letzten Besitzers im Sommer 1945 ging die Geschichte dieser märkischen Adelsfamilie in Reckahn zu Ende.

Nach Ende des II. Weltkrieges waren im Schloss zunächst bis 1946 sowjetische Truppen untergebracht. In den Wirren dieser Zeit gingen Teile des Gutsarchivs (siehe Beitrag Heegewaldt) ebenso verloren wie die Ausstattung und die Mehrheit der umfangreichen Schlossbibliothek. Wie in einem Brief vom 21.10.1945 festgestellt wird, ›befanden sich im Schloß damals noch wertvolle Täfelungen und Wandmalereien, u. a. im sogenannten Didozimmer. Außerdem waren noch alte Möbel vorhanden, darunter ein Bureau von 1760, ein süddeutscher Eichenschrank von 1625, eine Truhe von 1600, ein Hamburger Schrank vom Anfang des 18. Jahrhunderts, Rokoko- und Empire-Spieltische mit prachtvollen Intarsien sowie barocke Tische‹[12]. Die Gebäude des Gutshofes, Pferdeställe, Remisen und Scheunen, die den Wirtschaftshof nach Westen abgrenzten, wurden 1947/48 abgerissen und das Material für den Bau von Häusern für Neubauern verwendet.[13] Felicitas von Rochow bemühte sich um ein Restgut in Reckahn, was ihr jedoch verweigert wurde. Das Schloss bezogen im Sommer 1946 mehrere Umsiedlerfamilien. Außerdem wohnten hier Lehrer der Schule. Der starke Zuzug von Umsiedlern führte schon 1946 dazu, dass das alte (Rochowsche) Schulhaus für Schulzwecke zu klein geworden war. Damit sollte ein neues Kapitel im Reckahner Schloss beginnen.

Der dringende Bedarf an neuen Unterrichtsräumen hatte in Reckahn zur Folge, dass im Schloss ab September 1946 einige Räume als Klassenzimmer eingerichtet wurden. Hier wurden 107 Kinder der Klassen 1 bis 8 unterrichtet, 23 Kinder aus Reckahn,

Gartensaal Schloss Reckahn als Klassenzimmer, um 1946

52 aus Göttin und 32 aus Krahne. Die 1. und 2. Klasse wurden gemeinschaftlich unterrichtet, ebenso die 3. und 4. Klasse. In diesen Klassen wurden nur Kinder aus Reckahn unterrichtet. Von der 5. bis zur 8. Klasse wurden auch die Kinder der Nachbardörfer beschult, wobei jede Klasse der ›Zentralschule‹ eigenständig unterrichtet wurde.

Die Situation der Schule war kompliziert. Die meisten Lehrer waren Neulehrer. Unentbehrliche Arbeitsmaterialien wie Schreibpapier waren kaum vorhanden, so dass sich beispielsweise Lehrer Kieser mit zerschnittenen Messtischblättern behelfen musste. Die fehlenden Schulbücher ersetzte die ›Schulpost‹. Die Sanitäranlagen waren unzureichend, Heizmaterial war kaum vorhanden. Hilfreich war, dass die Schlossbibliothek auch Lehrbücher aus der Zeit vor 1933 umfasste, die nun wieder genutzt wurden.

Durch die zentralen staatlichen Festlegungen zur weiteren inhaltlichen Gestaltung des Schulwesens in den Jahren 1949/50 wurde es notwendig, auch die Schule im Schloss zu verändern. So erfolgten in diesen Jahren für 130.000 Mark umfangreiche Umbauarbeiten im Schloss, um fortan alle Räume für den Unterricht nutzen zu können. In diesem Zusammenhang wurden auch Veränderungen des Grundrisses vorgenommen. Dabei nahm die wert-

Fachkabinett für Physik/Chemie, um 1978

volle Ausstattung, Tapeten und Öfen, unersetzbaren Schaden. Nach dem Umbau verfügte die Schule über sechs Unterrichtsräume, ein Fachkabinett für Physik/Chemie, ein Lehrerzimmer und ein Schulleiterzimmer. Mit der Einführung der zehnklassigen Schule und der Ausrichtung auf eine polytechnische Bildung und Erziehung ab 1959 veränderte sich auch die Strukturierung der Reckahner Bildungsstätte.

In den sechziger Jahren wurde eine neue Heizungsanlage in der Schule eingebaut. Außerdem kam noch ein Werkraum hinzu, der im Gutspark errichtet wurde. Aus dem ehemaligen Stall auf dem Schlosshof entstanden Lehrerwohnungen mit drei Wohneinheiten. Eine Renovierung der Fassade des Schlosses erfolgte 1972.

Ab 1969 wurde Reckahn zur zehnklassigen Polytechnischen Oberschule (POS) umgestaltet. Die 9. und 10. Klasse wurde nicht mehr im nahen Ort Ziesar unterrichtet. Gleichzeitig wurde der Mehrstufenunterricht (1. und 2. Klasse sowie 3. und 4. Klasse) aufgehoben. Die POS hatte nunmehr einen Einzugsbereich der Dörfer Reckahn, Krahne und Göttin mit insgesamt 14 Klassen. Neben den Räumen im Hauptgebäude (Schloss) standen weitere Räume für Klasse 3 und für den Hort (mit 3 Räumen) im Nebengebäude (ehemaliges Gutshaus) zur Verfügung. Schließlich entstand eine Schulküche im Keller des Schlosses (1959), der Turnraum befand sich außerhalb der Schule im Saal der vormaligen Gaststätte Wilke. Jeweils zwei Klassen der Unterstufe waren in den alten (Rochowschen) Schulhäusern in den benachbarten Orten Göttin und Krahne untergebracht. Gleichzeitig wurde der Schulbusverkehr in die Nachbardörfer eingerichtet.

Als 1981 im benachbarten Ort Golzow ein Schulneubau errichtet wurde, verblieben in Reckahn – nunmehr Teiloberschule – nur die Schüler der Klassen 1 bis 4. Nach 1990 wurde die Schule in Reckahn eine Filiale der Grundschule Golzow. 1996 wurde der Schulbetrieb nach fünf Jahrzehnten im Reckahner Schloss gänzlich eingestellt. Noch bis 1998 diente das Schloss den Hortkindern des Dorfes als Freizeitstätte.

Reckahn und Anfänge einer Ausstellungstätigkeit zum Erbe Rochows

Anlässlich des 250. Geburtstages von Rochow am 11. Oktober 1984 wurde in der Stadt Brandenburg/H. eine Festveranstaltung und ein Kolloquium unter der Leitung von Prof. Dr. Gerd Hohendorf, Akademie der Pädagogischen Wissenschaften der DDR, zum Thema ›Das Wirken Friedrich Eberhard von Rochows und die

Rochow-Ausstellung zum 250. Geburtstag, 1984

Gedenktafel am Rochowschen Schulhaus, 1984

Wahrung seines progressiven Erbes in der sozialistischen Schulentwicklung‹[14] durchgeführt. Die Teilnehmer der Tagung besuchten auch Reckahn, weihten am Schulhausgiebel (siehe Beitrag Pachali) eine Gedenktafel[15] ein und eröffneten im Schloss eine erste zusammenhängende Ausstellung über das Leben und Wirken des Schulreformers Friedrich Eberhard von Rochow. Allerdings blieb diese Ausstellung in der Folgezeit weithin unbeachtet und war nicht von Dauer. Nach der politischen Wende in der DDR entstand im Jahre 1990/91 auf Initiative des Reckahner Lehrers Otto Günther Beckmann eine schulgeschichtliche Sammlung und Ausstellung in zunächst drei Räumen der oberen Etage des Schlosses. Hierzu konnte u.a. das erste Inventar einer historischen Schulstube erworben und gezeigt werden. Die Ausstellungskon-

10 Der Artikel ist in ›Mitteilungen Touristenklub‹, Bd. 6, 1897, S. 123–125 erschienen.
11 Vgl. Hahn/Lorenz: Herrenhäuser (Anm. 4), S. 486.
12 Alert/Maether: Reckahn (Anm. 1), S. 4.
13 Vgl. ebenda; vgl. hierzu auch Hahn/Lorenz: Herrenhäuser (Anm. 4), S. 486.
14 Zum Kolloquium erschienene Broschüre: Friedrich Eberhard von Rochow (1734–1805). Zum fortschrittlichen pädagogischen Erbe des märkischen Schulreformators. Hrsg. vom Rat des Bezirkes Potsdam, Abteilung Volksbildung. Potsdam 1984.
15 Diese trägt die Aufschrift: ›Dieses Haus liess der Schulreformer F. E. von Rochow (1734–1805) als Dorfschule errichten. Hier wurden seine Ideen durch den Lehrer H. J. Bruns verwirklicht.‹

Anfänge des Schulmuseums im Schloss mit O. G. Beckmann, 1991

zeption sah u.a. die Würdigung der Verdienste des Schulreformers bei der Entwicklung der ländlichen Volksschule vor. Die guten Ausstellungsbedingungen im Schloss trugen wesentlich dazu bei, dass bis Ende 1990 bereits über 1000 Besucher zu verzeichnen waren. In kurzer Zeit wuchs das öffentliche Interesse für diese neu entstandene Kultureinrichtung sprunghaft an; insbesondere Schulklassen, Lehrerkollegien und Wandergruppen waren fortan die häufigsten Besucher im Schloss.

Im September 1991 wurde in Reckahn die Nutzung des bis dahin als Kinderkrippe genutzten originalen Rochowschen Schulhauses beendet. Bis 1946 war hier über 170 Jahre ununterbrochen die Schule im Ort eingerichtet. Vor diesem Hintergrund reiften bei den Initiatoren um O. G. Beckmann, Doris Letz und Günter Mikalo der Gedanke, in den Räumen der einstigen Rochowschen zweiklassigen Landgnadenschule ein Schulmuseum einzurichten. In diesem – bereits am 26. Februar 1992 – eröffneten Schulmuseum sollte fortan ›in einer Gedenkstätte umfassend das Leben und Wirken von Friedrich Eberhard von Rochow mit besonderer Berücksichtigung seiner Verdienste als »Vater der preußischen Volksschule« dargestellt werden,

- die Leistungen des Lehrers Heinrich Julius Bruns als »Schul-Meister von Reckahn« eine gebührende Würdigung erfahren,
- die Rochowsche Schule als »Geburtsort« und Stätte der Erprobung des »Kinderfreundes« erlebbar gemacht werden sowie
- die regionale Schulgeschichte der Mittelmark ab dem 17. Jahrhundert bis in die Gegenwart dokumentiert werden, um die Auseinandersetzung mit Schulgeschichte vor Ort, insbesondere unter Schülern, Lehrern und Eltern anzuregen‹[16].

Wichtig bleibt in diesem Zusammenhang, dass das Schulmuseum bis heute zu den wenigen Kultureinrichtungen in der Trägerschaft des Schulverwaltungs- und Kulturamtes des Landkreis Potsdam Mittelmark zählt. Dadurch wurde es u.a. möglich, dass das Schulhaus in den Jahren 1994–1998 mit einem Finanzierungsvolumen von ca. 800.000 DM umfassend saniert werden konnte. Nach der Sanierung des Hauses ist der bereits von Rochow ausgewählte programmatische Spruch ›Lasset die Kindlein zu mir kommen und wehret ihnen nicht‹[17] auf der Giebelseite des Hauses wieder in deutlich sichtbaren Lettern zu lesen.

Nach dem Umzug der schulmusealen Ausstellung Ende 1991 vom Schloss in das nur 300 Meter entfernte Schulmuseum wurden einige Räume des Schlosses weiterhin für Ausstellungsvorhaben genutzt. So realisierten die Mitarbeiter des Schulmuseums Reckahn Sonderausstellungen im Schloss, eine ›Historische Lesebuchausstellung zum »Kinderfreund«‹ (1994)[18], eine Exposition zum ›Heerlager des Jahres 1741‹ (1996)[19] und schließlich konnte in Zusammenarbeit mit dem Schulmuseum Bergisch-Gladbach – Sammlung Trier – eine Ausstellung zum Thema ›Seidenbau in Preußen‹ (1997) gezeigt werden. Von 1997 bis 1999 befand sich im Schloss eine historische Schulbuchsammlung mit ca. 6.000 Bänden.

Vom 23. bis 25. September 1994 fand auf Einladung des Landrates des Kreises Potsdam-Mittelmark sowie der Bildungshistoriker der Universität Potsdam anlässlich des 200. Todestages des Dorfschullehrers und Kantors Heinrich Julius Bruns (1746–1794) ein dreitägiges Lehrerfest in Reckahn bei Brandenburg/Havel statt. Im Mittelpunkt des wissenschaftlichen Teils dieses Lehrerfestes stand ein von der Professur für Historische Pädagogik und der ihr angeschlossenen Forschungsstelle für Berlin-Brandenburgische Bildungsgeschichte organisiertes Kolloquium im Schloss Reckahn, das die Verdienste und das Wirken des Lehrers Bruns[20] an der Rochowschen Schule in Reckahn erstmals zu thematisieren suchte. In den Jahren 1999 und 2000 wurden umfangreiche Sanierungs- und Erhaltungsarbeiten im äußeren Bereich des Schlosses (Fassade, Dach) durch die Brandenburgische Schlösser GmbH realisiert, um das leerstehende Haus nach Auszug von Schule und Hort nicht dem Verfall preis zu geben. Im Februar 1999 fand ein Arbeitsgespräch[21] zu Perspektiven des Schlosses Reckahn als künftige museale Kultur- und Bildungsstätte statt. Im Jahre 2000 gelang es auf Initiative des Fördervereins ›Historisches Reckahn e.V.‹, hierzu ein einzigartiges Projekt mit einem Gesamtfinanzierungsvolumen von ca. sieben Millionen DM auf den Weg zu bringen. Das Preußenjahr 2001 der Länder Berlin und Brandenburg hat es ermöglicht, dass das Rochowsche Schloss vollständig saniert wird und dass darin eine Dauerausstellung mit dem Titel ›Vernunft fürs Volk – Friedrich Eberhard von Rochow im Aufbruch Preußens‹ eingerichtet wird. Damit wollen die Initiatoren[22] den Grundstein für ein künftiges Haus der brandenburgisch-preußischen Bildungsgeschichte legen und so zur aktiven und produktiven Auseinandersetzung mit diesem märkischen Reformer beitragen. Vielleicht ist dies – mit Blick auf den 200. Todestag von Friedrich Eberhard von Rochow im Jahre 2005 – die beste Antwort unserer Tage, Rochow dauerhaft im Bewusstsein zu halten.

Seidenbau und Schule

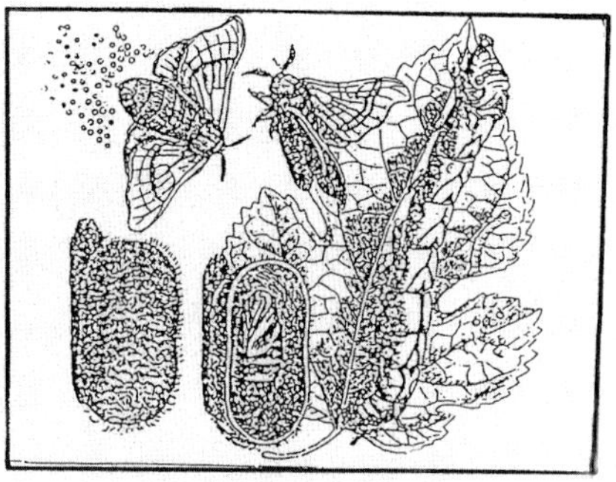

Seidenbau in Preußen
in
historischen Dokumenten
mit
einer Einleitung
von
Frank Brekow

Reckahner Museumsblätter Nr. 2 (1997)

Titelblatt zur Reckahner Ausstellung der Sammlung Trier (Schulmuseum Bergisch-Gladbach)

16 Frank Tosch/Otto Günther Beckmann: Die Rochowsche Schule in Reckahn: Vom ›Muster aller Landschulen‹ zum Schulmuseum. In: Ullrich Amlung/Jürgen Helmchen/Uwe Sandfuchs (Hg.): Das Schulmuseum. Aufgaben, Konzeptionen und Perspektiven. (= Dresdner Studien zur Erziehungswissenschaft und Sozialforschung). Weinheim/München 1997, S. 133–147, hier S. 133. Hier ist der Prozess von der Idee bis zur Einrichtung des Schulmuseums ausführlich dargestellt; neben einer Skizze des Ausstellungsaufbaus sind ebenso museumspädagogische Formen, Forschungstätigkeit sowie Fragen der Öffentlichkeitsarbeit im Zeitraum 1992–1996 erfasst.

17 Vgl. Das Neue Testament. Markus 10.14.

18 Vgl. Otto Günther Beckmann: Historische Lesebuchausstellung zum ›Kinderfreund‹ im Schloß Reckahn. In: Frank Tosch (Hg.): ›Er war ein Lehrer‹. Heinrich Julius Bruns (1746–1794). Beiträge des Reckahner Kolloquiums anlässlich seines 200. Todestages. (= Quellen und Studien zur Berlin-Brandenburgischen Bildungsgeschichte; 2). Potsdam 1995, S. 121–133.

19 Diese Ausstellung wurde unter Federführung von Klaus Witt erarbeit.

20 Alle Beiträge des Kolloquiums vgl. Tosch: ›Er war ein Lehrer‹ (Anm. 18).

21 Dies fand am 19. Februar 1999 auf Einladung des Landrates des Kreises Potsdam-Mittelmark (Lothar Koch) sowie der Professur für Historische Pädagogik der Universität Potsdam (Prof. Dr. Hanno Schmitt) und der ihr angeschlossenen Forschungsstelle für Berlin-Brandenburgische Bildungsgeschichte (Dr. Frank Tosch) mit namhaften Experten aus dem gesamten Bundesgebiet statt.

22 Für Idee, wissenschaftliche Konzeption und Beratung der Ausstellung zeichnen Prof. Dr. Hanno Schmitt und Dr. Frank Tosch (Universität Potsdam) verantwortlich; die Gestaltung hat Gerd Frey & Team (Berlin) übernommen.

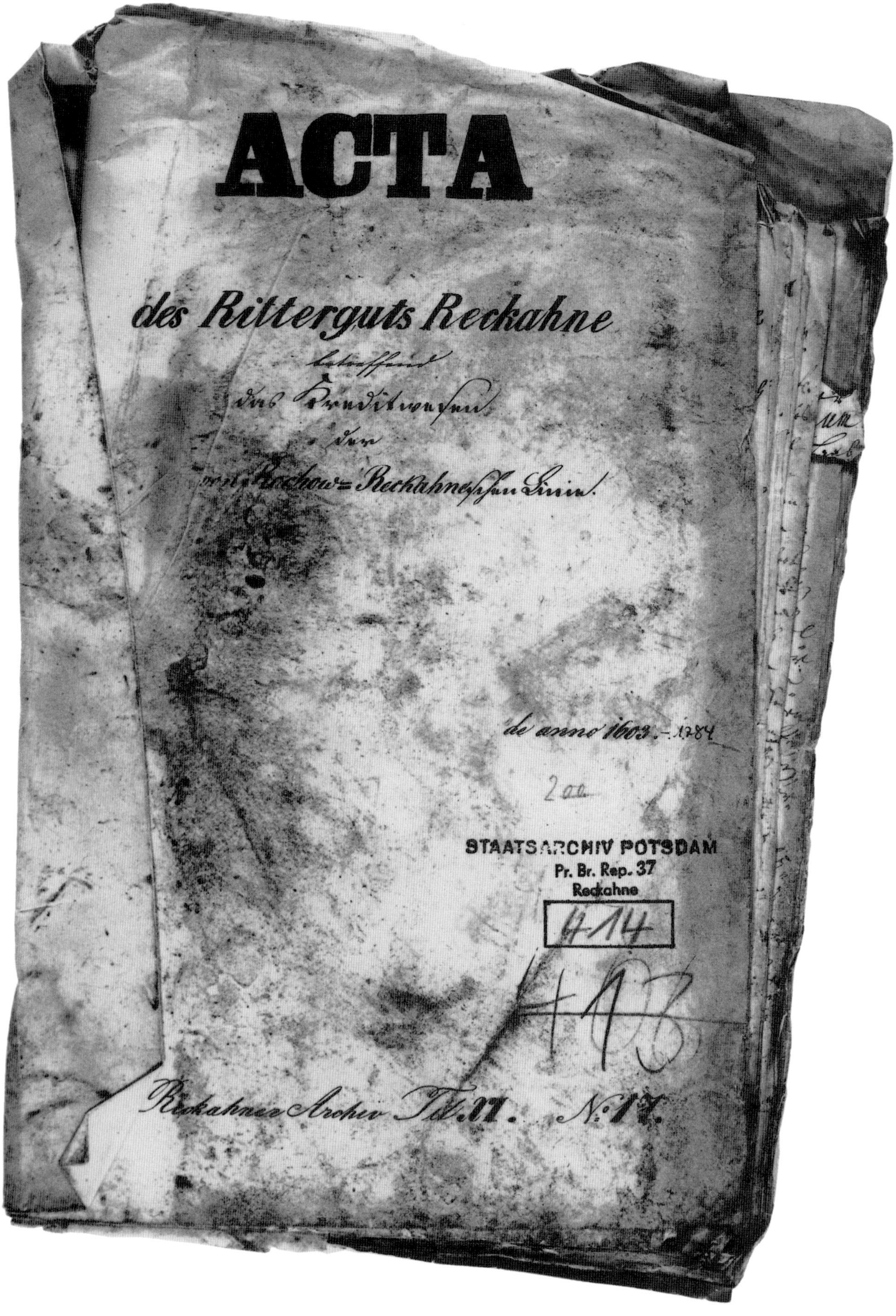
ACTA
des Ritterguts Reckahne
de anno 1603. - 1784
STAATSARCHIV POTSDAM
Pr. Br. Rep. 37
Reckahne
414

Das Gutsarchiv der Familie von Rochow auf Reckahn

Werner Heegewaldt

Besitzgeschichte

Das südlich von Brandenburg (Havel) im Planetal gelegene Rittergut Reckahn gehört zu den ältesten brandenburgischen Besitzungen der weitverzweigten Familie von Rochow. Neben der altmärkischen Stammheimat war das zum Uradel zählende Geschlecht vor allem in der Zauche (siehe Beitrag Escher) und im Havelland begütert. Bereits in einer Urkunde von 1351 werden außer Reckahn (*Rickan*) noch zehn weitere Lehngüter in der Zauche erwähnt.[1] Mittelpunkt und Stammsitz der auch als ›Rochow-Winkel‹ bezeichneten Herrschaft war bis zum Tode von Hans VIII. von Rochow im Jahre 1520 die Burg Golzow. Mit der Erbteilung unter seinen vier Söhnen wurde die Reckahner Linie begründet, die bis zu ihrem Aussterben im Jahre 1805 bestand, und unter deren Agnaten der Güterbesitz durch weitere Erbteilungen und Verkäufe häufig wechselte. Anfang des 17. Jahrhunderts wurde das Dorf Reckahn zum eigenen Rittersitz, auf dem sich der Kreiskommissar der Zauche, Tobias von Rochow, ansässig machte und 1605 das bis heute erhaltene – alte – Gutshaus errichten ließ.[2] Die Herrschaftsrechte (Gerichtsbarkeit, Polizeiverwaltung, Kirchenpatronat – bis 1828 mit Krahne verbunden) über Reckahn waren in der Hand des Gutsbesitzers gebündelt, so daß er die alleinige Dorfobrigkeit darstellte. Zum Gut gehörten um 1800 die Dörfer Reckahn, Krahne und Göttin mit den auf wüsten Feldmarken im 18. Jahrhundert errichteten Vorwerken Brückermark, Mesdunk und Rotscherlinde.[3] Wenngleich diese Besitzungen nach Erlöschen der Reckahner Linie durch den Tod des kinderlosen Friedrich Eberhard von Rochow wiederum unter fünf Rochowschen Stämmen aufgeteilt wurden, verblieben sie doch bis zur Enteignung im Jahre 1945 Eigentum der Erben. Einen Eindruck von Umfang und Ertrag der Güter geben die statistischen Informationen im letzten brandenburgischen Güteradreßbuch von 1929. Während Reckahn und Göttin (Eigentümer: Harry von Rochow auf Gollwitz) mit 944 bzw. 575 ha Fläche einen Grundsteuerreinertrag von 9.994 bzw. 3.471 Reichsmark erzielten, wies Krahne zusammen mit Rotscherlinde (Emmy von Schierstedt geb. von Rochow zu Dahlen bei Görzke) einen Umfang von 1.665 ha mit einem Grundsteuerreinertrag von 12.588 Reichsmark auf.[4]

Bestandsgeschichte

Die Reste des Gutsarchives von Reckahn (1 Urkunde und 454 Aktenbände im Zeitraum von 1572–1911) gelangten im Februar 1950 in das Brandenburgische Landeshauptarchiv in Potsdam und sind dort als Bestand Rep. 37 Reckahne[5] für die Benutzung zugänglich. Das Schicksal der Archivalien gleicht dem vieler anderer brandenburgischer Adelsarchive, die beim Vormarsch der Roten Armee geplündert und zerstört oder nach Ende des Zweiten Weltkrieges durch Unverstand und Not ganz oder teilweise verlorengegangen sind.[6] Im Falle von Reckahn liegen genauere Nachrichten durch einen Augenzeugenbericht vor. Der Lehrer Richard Kieser[7] in Krahne kannte das Gutsarchiv nicht nur aus eigenen landesgeschichtlichen Forschungen, er hatte sich bereits

1 Glindow (Glinde), Göhlsdorf (Golistorff), Göttin (Gettin), Golzow, Grebs (Grepts), Groß Kreutz (Creutzwitz), Krahne (Kranaw ?), Pernitz (Bernitz), Plessow und Rotscherlinde (Röcks). – Urkunde vom 21. Dezember 1351, abgedruckt nach einer im Archiv zu Golzow befindlichen Abschrift aus dem Geheimen Staatsarchiv, in: Adolph Friedrich August von Rochow: Nachrichten zur Geschichte des Geschlechts derer von Rochow und ihrer Besitzungen. Berlin 1861, Beilage 31. Vgl. auch: Golzower Nachrichten bis 1602. Manuskript aus Riedels Nachlaß. Brandenburgisches Landeshauptarchiv (BLHA), Bibliothek Ms. 12, Bl. 17 f.

2 Vgl. Udo Geiseler u. Christiane Salge: Reckahn (m. Abb). In: Herrenhäuser in Brandenburg und der Niederlausitz. Kommentierte Neuausgabe des Ansichtenwerkes von Alexander Duncker (1857–1883). Hg. v. Peter-Michael Hahn u. Hellmut Lorenz. Bd. 2, Berlin 2000, S. 483–486.

3 Zur Besitzgeschichte vgl. die Artikel im Historischen Ortslexikon für Brandenburg. Teil V. Bearb. von Peter P. Rohrlach. Weimar 1977. S. a. die Hypothekenüberlieferung der Güter im BLHA Rep. 23 A RHD Nr. 757–759 u. 792–793 sowie im Geheimen Staatsarchiv PK (GStA), X. HA Pr. Br. Rep. 4 A Hypotheken-Akten Rittergüter Nr. 247 u. 248.

4 Landwirtschaftliches Adreßbuch der Rittergüter, Güter und Höfe der Provinz Brandenburg (= Niekammer's Landwirtschaftliche Güter-Adreßbücher Bd. VII), 4. Aufl. Leipzig 1929, S. 177 bzw. 174.

5 Die Bestandsbezeichnung enthält die ältere Schreibweise des Ortsnamens.

6 Vgl. dazu Werner Heegewaldt: Überlieferungsgeschichte, Erschließung und Eigentumsverhältnisse brandenburgischer Gutsarchive. In: Im Dienste von Verwaltung, Archivwissenschaft und brandenburgischer Landesgeschichte. 50 Jahre Brandenburgisches Landeshauptarchiv. Beiträge der Festveranstaltung vom 23. Juni 1999. Hg. v. Klaus Neitmann. Frankfurt (Main) 2000, S. 53–58.

Stammtafel des Rochowschen Geschlechts – Reckahner Linie

		Hans VIII., der Ritter, auf Goltzow ꝛc., 1467, † 1520. Gemahlin von Holleben.
		Dietrich II. auf Reckahn und Goltzow, Amtshauptmann zu Zossen, 1513, † 1551, Stammvater der **Reckahn**schen Linie. Gem. von Alten.
Karl I. 1551, 1571.	Dietrich III., brandenburg. Rath, 1551, † 1586. Gem. v. Flans.	**Anton** auf Reckahn und Goltzow, brandenburgischer Rath, 1551, † 1613. Gem. v. Lützendorf.
		Tobias auf Reckahn ꝛc., Commissarius des Zaucheschen Kreises, 1590, † 1638, Gem. 1) Löser, 2) v. Quitzow.
		Daniel Heinrich I. auf Reckahn ꝛc., Commissarius des Zaucheschen Kreises, 1622, † 1662. Gem. v. Buch.
	Tobias Wilhelm, 1663.	**Hans Heinrich II.** auf Reckahn ꝛc., Landrath des Zaucheschen Kreises, 1653-1713. Gem. 1) v. Brösigke, 2) v. Ilow, 3) v. Treskow.
	Daniel Heinrich II., 1784-1804.	**Friedrich Wilhelm III.** auf Reckahn ꝛc., preußischer Staatsminister, 1690-1764. Gem. v. Görne.
Friedrich Wilhelm VI. geb. 1724.	Eberhard Wilhelm.	**Friedrich Eberhard** auf Reckahn ꝛc., Domherr zu Halberstadt, Johanniterritter, 1734-1805. Mit ihm starb die Reckahnsche Linie aus. Gem. v. Bose.

in seiner Funktion als ehrenamtlicher Archivpfleger der Brandenburgischen Archivberatungsstelle darum bemüht, nichtstaatliches Archivgut zu erfassen und sicherzustellen. Aus der Rückschau berichtet er über das Kriegsende in Reckahn: ›In den ersten Maitagen 1945 kamen die sowjetischen Soldaten auch in die Dörfer des Rochow-Winkels südlich von Brandenburg a. Havel [...] Sie quartierten sich in dem schönen Schloß [Reckahn] ein, das um 1720 gebaut wurde [...] Die fremden Gäste brauchten bald mehr Platz und räumten [...] die Zimmer aus. Die Akten des reichhaltigen Gutsarchivs, vornehmlich Akten des 17. und 18. Jahrhunderts, wurden auf den Hof geworfen und verschwanden dort durch Feuer, Nässe, Diebstahl usw. bis auf den kleinen Rest, der später in das neuerrichtete Landesarchiv Potsdam gerettet wurde.‹[8] Die zum Teil irreparablen Schäden, die Witterung und Ungeziefer den Akten zugefügt haben, sind den Akten heute noch anzusehen. In einem Schreiben vom 31. 10. 1949 teilte Kieser dem Minister für Volksbildung, Wissenschaft und Kunst in Potsdam mit, daß es ihm ›unmittelbar nach dem Zusammenbruch [gelang,] den grössten Teil der Aktenbestände [...] sicherzustellen‹ und sie in einem ›Bodenraum der Zentralschule‹, dem Gutshaus von Reckahn, einzulagern. Bedingt durch einen beruflichen Wechsel könne er jedoch nicht mehr für die Sicherheit der Archivalien garantieren und rege daher eine Überführung in das Geheime Staatsarchiv nach Berlin-Dahlem an. Da eine Abgabe an das im Westsektor von Berlin liegende ehemalige preußische Zentralarchiv politisch nicht opportun war, wurde der Bestand an das Deutsche Zentralarchiv in Potsdam überführt, das nach eigener Mitteilung vom 19. 11. 1949 ›vorläufig die Aufgaben des noch im Entstehen begriffenen Landesarchivs Brandenburg übernommen‹ hatte.[9] Im welchem Umfang Archivalien vernichtet wurden, kann heute nicht mehr genau festgestellt werden, da über Geschichte und Inhalt des Archives nur vereinzelte Nachrichten vorliegen. Bei einer Umfrage der Brandenburgischen Archivberatungsstelle teilte der Eigentümer von Reckahn, Harry von Rochow, am 20. 7. 1937 lapidar mit, daß ›in Reckahn noch eine Anzahl von Akten [liegen], die noch leidlich geordnet sind und zum Teil noch Bezug haben auf den Pädagogen Friedrich Eberhard von Rochow sowie auf den Minister von Rochow aus der Zeit der Könige Friedrich Wilhelm des III. und IV.‹ Der ehrenamtliche Archivpfleger für den Kreis Zauch-Belzig, Pfarrer Widdel, beschreibt den Bestand als ›Urkunden und Akten (Familie von Rochow) ca. 1450–1870. Die Pergamenturkunden sind mit Papierakten zusammen aufbewahrt‹.[10] Im Vergleich von einem nur noch fragmentarisch erhaltenen Registraturverzeichnis aus der Mitte des 19. Jahrhunderts mit dem heutigen Bestand läßt sich feststellen, daß ungefähr die Hälfte der darin genannten Aktentitel noch vorhanden sind.[11] Das Repertorium enthält aber keinerlei Angaben über Urkunden und ist nicht weiter fortgeschrieben worden. Auch ist zu vermuten, daß die häufig getrennt aufbewahrten Familienarchivalien nicht

Giebel des von Tobias von Rochow 1605 errichteten Herrenhauses

7 Geb. in Thale/Harz 5. Januar 1900, gest. in Friedrichsdorf bei Gütersloh 15. Juli 1985. Zuletzt als Rektor in Berlin-Lichtenrade tätig. 1935–1939 Archivpfleger für den Westteil des Kreises Teltow. – Für die Mitteilung des Sterbedatums danke ich Herrn Dr. Bahl von der Landesgeschichtlichen Vereinigung in Berlin, der Kieser angehörte.

8 Richard Kieser: Die Zauche erkauft nach dem Dreißigjährigen Krieg den Frieden. In: Jahrbuch für Brandenburgische Landesgeschichte. Bd. 12. Berlin 1961, S. 85–99, hier S. 85.

9 BLHA Beständeakte Rep. 37 Reckahne. Kiesers Angaben über den Zeitpunkt der Sicherstellung und die Menge der Archivalien widersprechen sich teilweise. Vgl. Kieser: Zauche (Anm. 8), S. 85.

10 GStA I. HA Rep. 178 B 3 Nr. 2260 (Reckahn). Zum gewünschten Besuch der Facharchivare aus dem Geheimen Staatsarchiv kam es infolge des Kriegsausbruches nicht mehr. Ebenda Nr. 2231, Bericht Widdel vom 28. 12. 1936.

11 Vgl. Rep. 37 Reckahne Nr. 448.

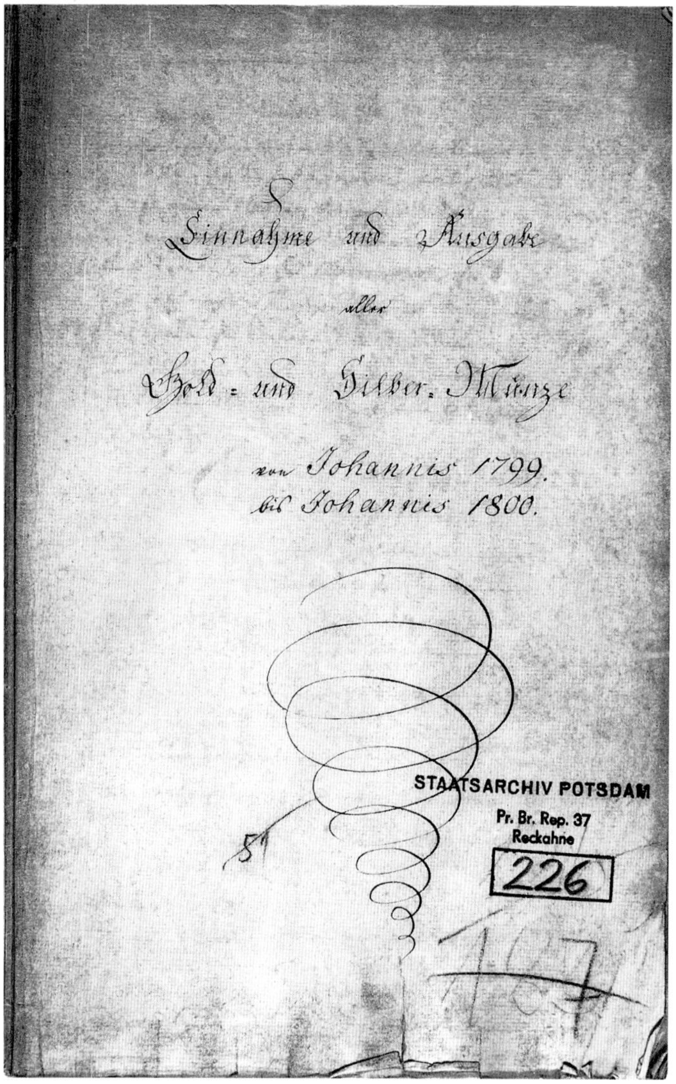

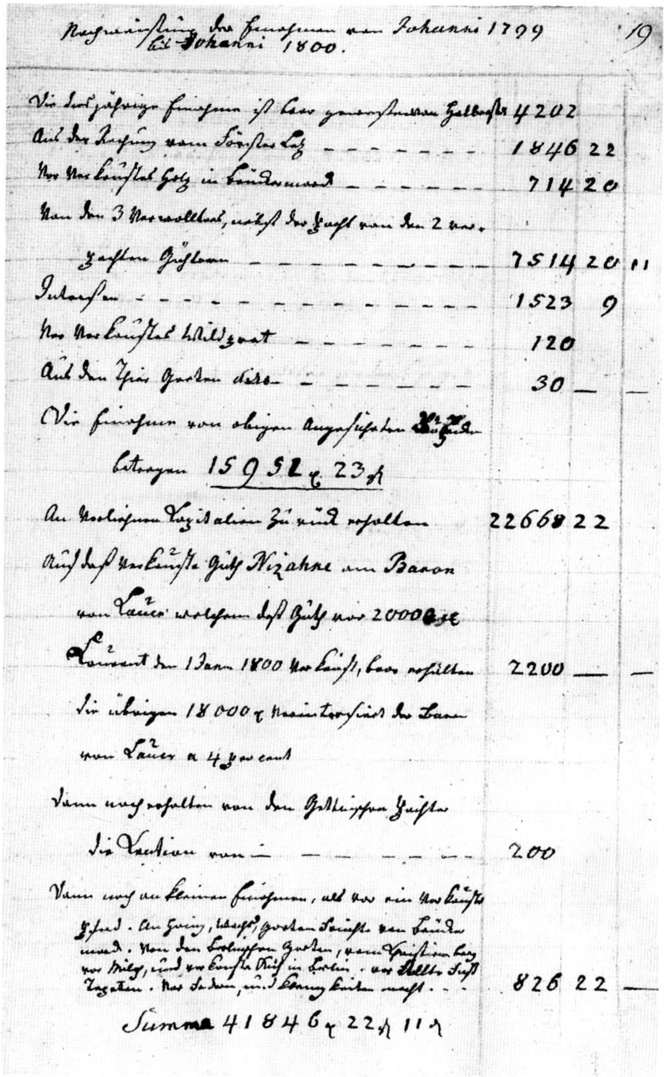

als Registraturgut verstanden und daher nicht darin erfaßt wurden. Während sich Überlieferungslücken gerade bei den Urkunden durch ältere Editionen oder Abschriften schließen lassen, sind die Karten vollständig und beim Aktenbestand wesentliche Teile unwiederbringlich verloren gegangen.[12] Herausragendes Beispiel ist die von Richard Kieser auszugsweise publizierte *Geldeinnahme zu den kgl.-schwedischen Satisfaktionsgeldern 1. Termins in anno 1648*, die eine genaue Übersicht von sämtlichen Bewohnern des Zauchischen Kreises und ihrer wirtschaftlichen Verhältnisse bot.[13] Nach Büschings *Beschreibung seiner Reise von Berlin … nach Rekahn* dürften bereits während des ersten Schlesischen Krieges empfindliche Verluste in der Gutsüberlieferung eingetreten sein. Er berichtet, daß im Jahre 1741 das preußische Heer unter dem Kommando des Feldmarschalls von Katte für mehrere Monate sein Lager zwischen Göttin, Krahne und Rotscherlinde bezog und die Güter durch die biwakierenden Soldaten erheblich in Mitleidenschaft gezogen wurden. Im April 1741 brannten sogar Dorf, Vorwerk und Schäferei Krahne vollständig ab. ›Das adeliche Haus [in Reckahn] wurde unbeschreiblich verwüstet. Die Bediente[n] des Feldmarschalls, hielten sich in der Gerichtsstube auf, und verbrauchten die Acten und Familienurkunden nach ihrem Belieben, woraus ein unersetzlicher Verlust entstand.‹[14] Der Aktenbestand wurde 1961 im Brandenburgischen Landeshauptarchiv in Form eines Findbuches erschlossen. Die Kurzbeschreibung im Anhang enthält die Gliederung des Bestandes unter Angabe des zeitlichen Umfanges und der Anzahl der Archivalien. Die in Klammern gesetzten Jahreszahlen verweisen auf eine abschriftliche Überlieferung. Die Einteilung in Patrimonialherrschaft, Gutswirtschaft und Familienarchiv spiegelt die verschiedenen öffentlich-rechtlichen, ökonomischen und privat-familiären Bereiche einer Gutsherrschaft wider. Während Patrimonium und Gutsökonomie breiter dokumentiert sind, enthält das Familienarchiv nur wenige Aktenbände. Der wechselhaften Besitzgeschichte entsprechend weist das Gutsarchiv auch Akten der zeitweise damit verbundenen Rittergüter Brückermark, Göttin, Krahne, Mesdunk und Rotscherlinde auf.

Der Nachlaß von Friedrich Eberhard von Rochow ist im Gutsarchiv nicht überliefert. Die Quellenangaben in den biographischen Werken über den Pädagogen lassen vermuten, daß bereits im 19. Jahrhundert kein eigentlicher Nachlaß mit Korrespondenzen, Werkmanuskripten und Selbstzeugnissen mehr vorhanden war.[15] Die erhalten gebliebenen Teile des Adelsarchives bieten jedoch andere Möglichkeiten dem Wirken der tatkräftigen und facettenreichen Persönlichkeit nachzuspüren. Neben der Tätigkeit als Gerichtsherr, Kirchen- und Schulpatron lassen sich in den Akten auch seine Bemühungen um Veränderungen in der Gutswirtschaft und verbesserte gutsherrlich-bäuerliche Verhältnisse verfolgen (siehe Beitrag Böning). Ein anderer Bereich, der in der biographischen Literatur bisher wenig Beachtung fand, sind die persönlichen Rechnungen des Domherren (siehe Beitrag Sippach). Die zwar lückenhaft, aber mit acht Bänden aussagekräftig dokumentierten Bände von 1777–1800 spiegeln minuziös seine Einnahmen und Ausgaben wider. Sie ermöglichen nicht nur eine Rekonstruktion der Vermögensverhältnisse des Rittergutsbesitzers, Domherren und zeitweiligen Ritterschaftsdirektors, sie geben auch interessante Einblicke in die Reckahner Alltagswelt, die Winteraufenthalte im Berliner Haus ›am Achteck‹ und die Reisen. Exemplarisch genannt sei die Rechnung für 1799/1800, in der Einnahmen von 41.846 Talern Ausgaben von 48.329 Talern gegenüberstehen. Trotz Defizit, das aus Rücklagen gedeckt wird, bleibt die Bilanz positiv, da mehr als 23.000 Taler wiederangelegt werden. Als Einzelposten erwähnenswert sind unter den Erträgen die Einkünfte aus dem Domstift Halberstadt, der Verkauf des Gutes Nitzahn, die beträchtlichen Kapitalzinsen und -rückzahlungen und die Gütereinnahmen. Unter den Ausgaben erscheinen u.a. Lehnsschulden, Kapitalanlagen, Lohnkosten und Pensionen, die während der Berliner Zeit sprunghaft ansteigenden Lebenshaltungskosten, Geschenke für die Ehefrau, Ausstattungsgegenstände für das Berliner Haus, Bücher, Zeitschriften und Vereinsbeiträge, Reisen nach Bad Doberan und Halberstadt, regelmäßige Spenden für soziale Zwecke, nicht unbeträchtliche Spielverluste sowie das von Rochow gestiftete Denkmal für den Großen Kurfürsten in Fehrbellin. Eine Auswertung dieser sozialgeschichtlich reizvollen Quelle wäre wünschenswert.

12 15 abschriftlich in Akten überlieferte Urkunden aus dem Zeitraum 1378–1655 sind im Urkundeninventar des BLHA, Rep. 37 Reckahne erfaßt. Vgl. auch A.F. Riedel: Codex diplomaticus Brandenburgensis. 1. Hauptteil, Bd. X, Berlin 1856, S. 103, 106, 124, 151–153, 162–165, 397 u. Rochow: Nachrichten (Anm.1), Beilage 126 u. 132 (Auszüge aus dem Kopialbuch Reckahn 1535–1719).

13 Kieser: Zauche (Anm. 8).

14 Anton Friedrich Büsching: Beschreibung seiner Reise von Berlin über Potsdam nach Rekahn unweit Brandenburg ... Leipzig 1775, S. 219.

15 Fritz Jonas u. Friedrich Wienecke (Hg.): Friedrich Eberhard von Rochows sämtliche pädagogische Schiften. 4 Bde. Berlin 1907–1910.

Kurzbeschreibung des Bestandes Rep. 37 Gutsarchiv Reckahne

Bestandsumfang:
1 Urkunde 1648 – 454 Akten (1378, 1452–1455) 1572–1911

Bestandsgliederung:
Urkunden: Lehnbrief 1648 (1)
Akten:
A. Patrimonialherrschaft
1. Besitz-Sachen von Reckahn mit Brückermark, Göttin, Krahne, Mesdunk u. Rotscherlinde (1378, 1454–1455, 1525–1655) 1624–1911 (24 Akteneinheiten), darin: Urkundenabschriften – 2. Grundstücks- u. Pacht-S. 1621–1884 (37) – 3. Grenzregulierungs-S. (1452, 1687) 1723–1823 (4) – 4. Dienste u. Abgaben (1609) 1714–1774, 1813–1816, 1873 (5) – 5. Separations- u. Ablösungs-S. 1772–1879 (28) – 6. Hütungs-S. 1712–1772, 1816–1819 (5) – 7. Forst- u. Jagd-S. 1672, 1695–1871 (12) – 8. Wasser-S.1664–1677, 1728–1800, 1829–1846 (5) – 9. Kirchen- u. Schul-S. 1668–1872, 1897 (6) – 10. Jurisdiktions-S. 1602–1878 (13), darin: Gerichtsprotokolle 1602–60, 1713–1772 u. 1861–78; Hofbriefe der Untertanen 1671–1822 – 11. Steuern u. Versicherungen 1623 – 1879 (4) – 12. Militaria 1814, 1856 (2) – 13. Registratur-S. 2. Hälfte 19. Jh. (1).
B. Gutswirtschaft
1. Güterbewirtschaftungs-S. (1669)–1879 (76), darin: Wirtschaftsbetrieb Rittergut Hammer, Kr. Driesen 1847–1855. – 2. Rechnungen 1758–1805, 1851–1880 (195), darin: Einnahmen u. Ausgaben von Friedrich Eberhard v.R. 1777–1800 (8, lückenhaft).
C. Familienarchiv
1. Familien-S. 1572–1784, 1813–1878, 1905–1907 (38), darin: Testamente u. Erbvergleiche 1572–1712, 1838; Gotth. Friedr. v. R.: Nachrichten über Brandenburg (Havel) u. dessen Altertümer, 1820; Sammlung von Lacksiegelabdrücken o. J.

Archivhilfsmittel:
Findbuch für den Aktenbestand von 1961 und Urkundenregesten (Kartei)

Literatur:
A. F. A. v. Rochow: Nachrichten zur Geschichte des Geschlechts derer von Rochow und ihrer Besitzungen. Berlin 1861. – Herrenhäuser in Brandenburg und der Niederlausitz. Kommentierte Neuausgabe des Ansichtenwerkes von Alexander Duncker (1857–1883). Hg. v. Peter-Michael Hahn u. Hellmut Lorenz. Bd. 2, Berlin 2000, S. 483–486.

Abbildungsnachweis

Legende: l. Sp. = linke Spalte
r. Sp. = rechte Spalte

Archiv für Kunst und Geschichte Berlin
S. 77
Bibliothek für Bildungsgeschichtliche Forschung, Berlin
S. 32 (l. und r. Sp.), 36, 38, 39, 40, 42, 45, 48 (l. und r. Sp.), 49, 50, 53, 54, 56, 57, 58, 63 (r. Sp.), 65, 66 (l. und r. Sp.), 68 (l. und r. Sp. bd.), 69, 70, 71, 84, 94, 101, 102, 112, 113, 122, 123, 125, 128, 130, 131, 133, 136, 137, 142, 143, 144, 145, 146, 147, 150, 154, 156, 157, 159, 160, 161, 165, 170, 172, 176, 178 (r. Sp.), 179, 180, 183, 188, 189, 190, 191, 209 (l. Sp.), 217 (l. Sp.), 218 (r. Sp.), 227 (l. Sp.)
Bildarchiv Preußischer Kulturbesitz, Berlin
S. 44, 52, 61, 206, 212, 213
Geheimes Staatsarchiv Preußischer Kulturbesitz, Berlin
S. 73, 208, 209, 210, 211
Universitätsbibliothek der FU Berlin
S. 59
Museen und Gedenkstätten der Stadt Brandenburg an der Havel
S. 10
Dommuseum Brandenburg/Havel
S. 12 (r. Sp.), 14, 15, 16, 23 (l. Sp.), 80, 200
Stadtarchiv Brandenburg/Havel
S. 12 (l. Sp.)
Universitätsbibliothek Braunschweig
S. 64, 224
Anhaltische Landesbücherei, Dessau
S. 30
Gleimhaus Halberstadt
S. 86, 87, 88, 89, 91 (r. Sp.), 92, 114 (l. Sp.), 129
Städtisches Museum Halberstadt
S. 90
Städtisches Museum Halberstadt (Sammlung Gleimhaus)
S. 85 (l. und r. Sp.)
Universitätsbibliothek Halle
S. 62
Schloßmuseum Jever
S. 118
Museum für Kunst und Kulturgeschichte der Hansestadt Lübeck
S. 218
Brandenburgisches Landeshauptarchiv, Potsdam
S. 20 (l. Sp.), 22, 244, 248
Forschungsstelle für Berlin-Brandenburgische Bildungsgeschichte, Universität Potsdam
S. 17, 19, 23 (r. Sp.), 28 (l. und r. Sp.), 29, 31, 33, 35, 37, 47, 60, 63 (l. Sp.), 72, 75, 78, 107, 114 (unten), 119, 124, 138, 140, 141, 155, 162, 163, 164, 168, 169, 173, 174, 175, 178 (l. Sp.), 182, 187, 197, 198, 202, 203 (r. Sp.), 204, 205, 219, 222, 223, 232, 233, 235, 237, 238, 243, 246
Universitätsbibliothek Potsdam
S. 132, 134, 135
Schulmuseum Reckahn
S. 11, 82, 83, 193, 201, 230, 231, 236, 242
Brandenburgisches Landesamt für Denkmalpflege, Wünsdorf
S. 247
Naturschutzbund Deutschland – Landesverband Brandenburg
Innenklappe
Kulturstiftung Dessau Wörlitz
S. 106, 110, 111, 115
Stiftung Preußische Schlösser und Gärten Berlin-Brandenburg
S. 79
Privatbesitz
S. 13, 18, 24, 34, 74, 91 (l. Sp.), 109 (r. Sp.), 120, 126, 151, 152, 153, 167, 184, 186, 192, 196, 203 (l. Sp.), 216, 217 (r. Sp.), 220, 226, 227 (r. Sp.), 228 (l. und r. Sp.), 229, 234, 239, 240, 241
Archiv E. Hirsch
S. 103, 108, 116, 117
Archiv M. Niedermeier
S. 81, 109 (l. Sp.)
Archiv R. Pfeiffer
S. 95, 96, 97, 98, 99, 100, 104, 105

Autorenverzeichnis

Dr. Peter Albrecht
Akademischer Direktor am Institut für Sozialwissenschaften der Technischen Universität Braunschweig

Dipl. Päd. Otto Günther Beckmann
Leiter des Schulmuseums und der Gedenkstätte ›F. E. von Rochow‹ Reckahn

Prof. Dr. Holger Böning
Neuere Literatur und Geschichte der deutschen Presse an der Universität Bremen, Institut für Deutsche Presseforschung

Dipl. Lehrer Frank Brekow
Bereichsleiter Touristik bei der Brandenburger Arbeitsförderungs- und Strukturentwicklungsgesellschaft mbH in Brandenburg

Dr. Felix Escher
Historiker, Vorsitzender der Landesgeschichtlichen Vereinigung für die Mark Brandenburg

Dr. H.-P. Michael Freyer
Institut für Anthropologische Bildungsforschung der Universität Erlangen-Nürnberg und Institut für Geschichte der Medizin der Universität Würzburg

Prof. Dr. Joachim Gessinger
Geschichte der deutschen Sprache, Universität Potsdam

Werner Heegewaldt
Wissenschaftlicher Archivar im Brandenburgischen Landeshauptarchiv Potsdam

Prof. em. Dr. Erhard Hirsch
Kulturhistoriker: Spezialgebiet Dessauer Aufklärung, Universität Halle-Wittenberg

Prof. Dr. Rudolf W. Keck
Schulpädagogik, Historische Bildungsforschung der Universität Hildesheim

Prof. Dr. Franklin Kopitzsch
Geschichte der Frühen Neuzeit an der Universität Bremen, Honorarprofessor am Institut für Sozial- und Wirtschaftsgeschichte der Universität Hamburg

Prof. Dr. Philos. Ingrid Markussen
History of Ideas, Department of Cultural Studies, University of Oslo, Norway

Prof. Dr. Christine Mayer
Erziehungswissenschaft mit besonderer Berücksichtigung von Bildungstheorie und Geschlechterverhältnisse, Universität Hamburg

Dr. Michael Niedermeier
Leiter der Arbeitsstelle Goethe-Wörterbuch. Berlin-Brandenburgische Akademie der Wissenschaften

Dr. Jürgen Overhoff
Wissenschaftlicher Mitarbeiter, Institut für Pädagogik der Universität Potsdam

Gerke Pachali
Pfarrer in Krahne

PD Dr. Rüdiger Pfeiffer
Musikwissenschaftler, Hochschullehrer für Historische und Systematische Musikwissenschaft, Universität Potsdam; Otto-von-Guericke-Universität, Magdeburg

Prof. Dr. Uwe Sandfuchs
Grundschulpädagogik und Historische Pädagogik, Technische Universität Dresden

Prof. Dr. Hanno Schmitt
Historische Pädagogik, Geschichte der Pädagogik, Geschichte des Erziehungs- und Bildungswesens, Universität Potsdam

Joachim Scholz, M. A.
Erziehungswissenschaft/Soziologie Wiss.-techn. Mitarbeiter am Institut für Pädagogik der Universität Potsdam

René Schreiter, M. A.
Doktorand am Historischen Institut der Universität Potsdam

Antje Sippach
Projektmitarbeiterin im Ausstellungsprojekt ›Vernunft fürs Volk – Friedrich Eberhard von Rochow im Aufbruch Preußens‹ im Schloss Reckahn

Prof. h.c. Dr. Gerhard Sprenger
Herausgeber des ›Archivs für Rechts- und Sozialphilosophie‹ der Universität Bielefeld

Prof. Dr. Heinz Stübig
Erziehungswissenschaft mit besonderer Berücksichtigung der Historischen und Vergleichenden Erziehungswissenschaft an der Philipps-Universität Marburg

Prof. Dr. Heinz-Elmar Tenorth
Historische Erziehungswissenschaft der Humboldt-Universität zu Berlin

Dr. Frank Tosch
Leiter der Forschungsstelle für Berlin-Brandenburgische Bildungsgeschichte, Universität Potsdam

Dank der Herausgeber

Unser Dank gilt allen Personen, Institutionen und Kooperationspartnern (vgl. S. 4), die Begleitbuch und Ausstellung finanziell, beratend und durch Leihgaben unterstützt haben.

Begleitbuch

Für redaktionelle Mitarbeit, Kopie- und Recherchetätigkeit (alle Universität Potsdam):
Christina Günther-Fontaine
Dr. Jörg-W. Link
Joachim Scholz
Kristof Talacek
Judith Büschel

Für Bildbeiträge:
Allen Autoren und den im Abbildungsnachweis genannten Institutionen (vgl. Abbildungsnachweise S. 251)

Für Geduld, Mühe und kollegiales Verständnis:
Allen Autoren (vgl. Autorenverzeichnis S. 252)
Henschel Verlag in der Verlagsgruppe Dornier
Hans Spörri, Fotosatz und Lithos: typossatz GmbH Berlin
Förderverein Historisches Reckahn e.V.

Ausstellung

Vernunft fürs Volk – Friedrich Eberhard von Rochow im Aufbruch Preußens
Schlossmuseum Reckahn
Dorfstraße 37, 14778 Reckahn
Dauerausstellung ab 3. August 2001

Für die Gestaltung:
Gerd Frey & Team, Berlin

Für die Projektkoordination in Reckahn:
Antje Sippach

Für Beratung des Ausstellungsprojekts:
Ministerium für Wissenschaft, Forschung und Kultur des Landes Brandenburg
Museumsverband des Landes Brandenburg e.V.
Brandenburgische Schlösser GmbH
Architekturbüro Manfred Thon, Brandenburg/Havel
Gerd Biegel, M.A., Braunschweigisches Landesmuseum
Dr. Ullrich Amlung, Rauschenberg

Für Leihgaben (Stand 1. Juni 2001)
Bergisch-Gladbach:
Schulmuseum (Sammlungen Cüppers und Trier)
Berlin:
Bibliothek für Bildungsgeschichtliche Forschung
Museum für Kindheit und Jugend im Stadtmuseum
Brandenburg/Havel:
Domstift Brandenburg, Dommuseum
Domstiftsarchiv und -bibliothek
Stadtmuseum
Bremen:
Institut für Deutsche Presseforschung, Universität Bremen
Dessau:
Kulturstiftung Dessau Wörlitz
Museum für Stadtgeschichte
Gymnasium Philanthropinum
Dresden:
Staatliche Kunstsammlungen
– Mathematisch-Physikalischer Salon
– Kunstgewerbemuseum
Gatersleben:
Institut für Pflanzengenetik und Kulturpflanzenforschung
Halberstadt:
Gleimhaus
Städtisches Museum
Halle:
Dr. Jörn Garber
Krahne:
Evangelische Kirchengemeinde, Pfarrer Gerke Pachali
Leipzig:
Stadtgeschichtliches Museum, Coffee Baum
Luckau:
Heimatmuseum
Meißen:
Staatliche Porzellan-Manufaktur
Müncheberg:
Deutsches Entomologisches Institut, Zentrum für Agrarlandschafts- und Landnutzungsforschung
Potsdam:
Brandenburgisches Landeshauptarchiv

Allen nicht namentlich genannten privaten Leihgebern

Personenregister

Es wurden nur Namen aus dem Haupttext – nicht aus den Anmerkungen – aufgenommen.